지구환경 및 자원 외교

이석조 지음

국민대학교출판부

지구환경 및 자원 외교

초판인쇄 2010년 9월 13일
초판발행 2010년 9월 17일
초판 2쇄발행 2011년 2월 18일
저　　자 이 석 조
발 행 인 이 성 우
발 행 처 국민대학교 출판부
주　　소 서울시 성북구 정릉동 861-1
전　　화 (02)910-4243
팩　　스 (02)910-4030
등록년월일 1975년 6월 17일
등록번호 제6-33호
인　　쇄 (주)동아종합인쇄

ISBN 978-89-7812-294-8 93300

가격 : 25,000원

오늘날 지구환경문제는 매우 중요한 세계적 이슈의 하나가 되어 있다. 46억년 지구역사 이래 지구상에 이렇게 많은 사람이 한꺼번에 산 적도 없었고 인간의 생존활동에 의해 지구환경이 대량으로 훼손되거나 파괴된 적도 없었다. 세계 제2차 대전 이후 이러한 문제, 즉 대량의 지구환경훼손 문제는 모두가 사람에 의해서 발단된 인류공동의 문제로서 공동의 대응노력이 필요하다는 인식이 급속히 확산되어 왔다. 한편으로는 그러한 공동의 노력이 진행되고 있지만 현실적으로 선진국과 개도국간의 입장이 다르고 각 나라마다 자국의 이해관계에 얽매여 서로 밀고 당기고 하는 현상이 광범위하게 나타나고 있다. 이러한 가운데 지구환경문제는 점점 더 심각한 국면을 맞고 있다고 볼 수가 있다.

우리나라에서 지구환경문제에 대한 관심이 일기 시작한 것은 88올림픽이 끝나고 1990년 전후 우리나라가 세계 속으로 도약을 하는 때와 맥을 같이 한다. 지구환경문제의 심각성에 대해 늦게나마 인식을 하기 시작한 것이다. 그러나 선진국에 비해 그 인식의 정도는 높지 않다고 볼 수가 있다. 많은 경우에 쓰레기 문제, 수질 및 공기 오염, 황사현상 등 단편적으로만 인식이 되어 있다. 더욱이 국제사회에서 지구환경문제를 해결하기 위하여 전반적으로 어떠한 노력이 진행되고 있는지에 대해서는 관심의 정도가 높지 않다. 우리나라가 선진사회로 진입하기 위해 발돋움 하는 이 때에 우리는 이 중요한 문제에 대해 올바른 인식을 가지는 것이 필요하다고 본다. 지구환경문제는 정부의 소수 관계인사나 학계 전문가 몇 명만이 선도해서 해결해 나갈 문제가 아니고 우리나라 국민의 전반적인 인식의 증대가 필요하다 하겠다. 이것이 우리나라가 선진국으로 갈 수 있는 필요충분 자격조건이라고 본다.

이 책의 일차적인 목적은 국민대학교 교양학부 학생들의 교재로 사용하기 위해서 저술한 것이다. 지구환경 및 자원 외교는 교양학부에서 다루니만큼 전문적으로 깊게 들어가기 보다 지구환경문제가 어떤 것인지, 국제적으로 어떠한 공동의 노력이 있는지 또 우리나라의 위치는 어디쯤 있는지 등에 대해 객관적이고도 균형있는 상식을 형성하는 데 도움을 주기 위함이다. 국민대학교는 2009학년도부터 지구환경 및 자원외교 강좌를 신설해서 운영하고 있다. 아마도 지구환경문제를 외교적 차원에서 다루는 강좌를 가진 대학교는 국민대학교가 유일하지 않을까 싶다. 필자는 이 강좌를 처음부터 맡아왔으나 마땅한 교재가 없어 가르치는 교수나 학생들이 다 같이 큰 불편을 겪는 것을 체험했다. 그래서 그 동안 필자가 유엔 구주사무소가 있는 제네바 및 환경문제를 총괄적으로 다루는 국제기구인 유넵(United Nation Environment Programme) 현장(나이로비, 케냐)에서 근무하면서 정립된 환경문제의 방향, 그 방향 아래 찾아본 각종 참고자료와 짧지만 국민대학교에서 강의를 하면서 느끼고 생각한 것들을 모아서 교재를 만들 생각을 하게 되었다. 앞으로 이를 토대로 더욱 발전해 나가기를 바란다.

생각해 보면 국민대학교의 지원이 없었다면 결코 이 책은 발간되지 못했을 것이다. 이 교재를 편찬하는 데 도움을 주신 국민대학교 이성우 총장님과 윤종렬 교무처장님을 비롯한 학교당국에 감사를 드린다. 또한 이 책을 만드는 데는 다수의 관련 자료들이 참고되었다. 이 책의 말미에 있는 주요 참고자료의 리스트가 있지만 특히 다시 한 번 언급하고 자 하는 자료는 21세기 환경외교(환경부의 김찬우 국제협력관), 지속가능한 사회(밀브레스), 플랜B 3.0(레스터 R. 브라운), 무역과 환경(김원태 한서대 교수), Beyond the Limits (Donella Meadows 등) 등의 저서들은 이 책의 내용에 많이 원용되고 있다. 이들 자료가 없었다면 이토록 짧은 시간에 이 책이 완성될 수가 없었을 것이다. 인용된 부분마다 일일이 주석을 달아야 하지만 시간 관계상 본의 아니게 빠진 곳이 많이 있다. 그러나 이 책의 공(功)이 있다면 모든 공은 이들 자료에게 돌리고자 한다. 간접적으로나마 지면을 빌어 감사의 말씀을 전한다. 물론 여기에 언급되지 않은 참고자료들도 많이 있을 것이다. 일일이 언급을 하지 못했지만 관련되는 모든 분들에게도 감사의 말씀을 드린다.

이 교재를 통해 지구환경문제에 관심 있는 분들이 쉽게 문제의 본질에 다가 설 수 있으면서도 균형있는 지식을 습득할 수 있다면 큰 보람으로 생각한다.

2010년 7월말

일산에서 저자 씀

CONTENTS 목 차

서론

주변 환경, 환경미화, 사회적 환경 등에서 보는 것처럼 환경이란 말은 오래 전부터 매우 다양하게 광범위하게 쓰여져 왔다. 그러나 요즘 전 지구를 휩쓸고 있는 환경이란 단어는 쓰인 지가 얼마 되지 않지만 경제, 정치, 사회, 문화와 같이 오래된 단어와 맞먹을 정도가 되었다. 여기에서 쓰이는 환경을 다른 뜻의 환경과 구분해서 부르기 위해 지구환경이라고 부르기로 한다.

지구환경문제가 대두된 것은 20세기 중반부터였다. 자구에서는 환경과 관련된 각종 질병, 기상변화, 다양한 생물종의 변이, 환경오염 등 종전에 볼 수 없었던 각종 환경현상들이 지속적으로 나타나고 있다. 이러한 현상들은 인류의 생존을 위협하고 있기 때문에 우리에게 심각하게 다가오고 있는 것이다.

인간의 행위에 의한 지구 공통의 문제

이러한 현상들은 우주의 영향을 받거나 지구자체에 의한 자연현상이 아니고 바로 사람들이 살아가면서 나타내는 행위로부터 영향을 받는 현상인 것이다. 이러한 현상들 중에 상당한 부분은 개별적으로 독립된 현상이 아니고 지구공통적인 현상이란 것을 인식하는 데에는 긴 시간이 소요되지 않았다. 물론 지구환경에는 우주로부터 오는 영향도 있을 것이다. 6천 5백만 년 전의 공룡이 멸종된 것은 우주로부터 온 거대한 운석이 유타칸 반도에 충돌한 결과라고 과학자들은 보고 있다. 요즘 태양 흑점이 우리의 일상생활에 큰 영향을 미친다는 것은 다 알려진 사실이다. 또한 북극권의 오로라에서 보여주듯이 과학적으로 점차 입증되어 가고 있는 태양풍 같은 현상도 지구환경에 영향을 미치는 것으로서 상정해 볼 수가 있다. 또한 지구자체의 자연현상도 지구환경에 큰 영향을 미치고 있다. 지진이라든지 화산폭발, 지각변동, 태풍, 해일 같은 천재지변적 자연현상이 지구환경에 영향을 주는 것도 주지의 사실이다. 그러나 여기서 우리가 공부하고자 하는 지구환경문제는 우주나 자연 그 자체로부터 나오는 현상이 아니라 인간의 행위가 지구환경에 영향을 미쳐서 나타나는 현상에 대한 것이다.

지구환경외교의 시작

외교란 여러 국가의 이해관계가 걸쳐있는 사안에 대해 어떤 구체적인 목표를 놓고 국가간에 이해관계를 절충하는 국가행위라고 말할 수가 있다. 두 개의 국가간에 이러한 국가행위를 하는 행위를 양자외교라 하고 세 개 이상의 국가간의 행위를 다자외교라고 한다. 보통 다자외교는 국제회의에서 다루어지고 있다. 국제회의는 복수의 국가가 합의하여 개최한다. 오늘날 주요 사안별로 이를 다루는 국제기구가 구성이 되어 있고 이 국제기구가 보통 국제회의를 주관하고 있다.

현재 국제사회에는 지구환경보호라는 공통의 목표가 세워져 있고 이 공통의 목표와 각국의 이익보호라는 양 축을 두고 지구환경외교가 성립하는 것이다. 1970년대 전후 극히 일부 사람, 일부 국가 이외에는 지구환경문제에 대해 인식이 부족했다. 무엇보다 대다수의 국가나 사람들이 빈곤과 생존경쟁에 사로잡혀 있었기 때문에 지구환경이라는 문제를 의식할 겨를이 없었다. 또한 지구환경문제를 입증할 만한 과학적 증거도 확보되어 있지 않았다. 지구환경문제가 인류에게 심각하다는 인식을 확산하고 공감을 갖도록 하는 데에는 비정부기구(NGO, Non Governmental Organization)들의 역할이 컸다. 많은 사람들이 지구환경문제의 심각성을 인식하게 됨에 따라 각국은 정부차원에서 이에 대한 공동대처를 해나갈 필요성을 느끼기 시작했다. 지구환경문제의 심각성이 증대됨에 따라 1972년 스웨덴에서 세계 각국의 정상들이 모여 환경문제에 관한 유엔인간환경회의 (United Nations Conference on the Human Environment)를 개최하였다. 그로부터 환경문제에 대한 정부간 대처가 시작되었는데 이것이 곧 환경외교의 시작이었다고 볼 수가 있다.

지구환경문제 협상의 장

지구환경외교라함은 지구환경보호라는 공통의 목표를 해결하기 위해서 공동의 노력을 해 나가는 과정이라고 볼 수가 있다. 그러하기 때문에 지구환경외교는 주로 다자외교에서 행해진다고 할 수가 있다. 다자외교는 국제기구가 주관하는 것이 보통이며 다자외교 협상은 보통 국제회의를 통해 이루어진다. 지구환경문제를 해결하기 위한 공동의 노력에 있어서는 각국에게 주어지는 부담이 어떠한 기준을 가지고 어떻게 나누어 질 것이냐에 대해서 상호 균형된 합의점을 찾아내는 것이 중요하다. 예를 들어 지구 전체의 온실가스 감축이라는 큰 목표아래 우리나라의 현실에 비추어 어떠한 감축 일정을 받아들일 것인가를 놓고 국제적인 합의점을 찾아가는 것이다.

우리나라는 기후변화협약과 교토의정서의 당사국이고 OECD에도 가입해 있지만 기후변화협약이 제시하는 온실가스 의무감축대상에는 포함되어 있지 않다. 그러나 교토의정서 이후에는 우리나라도 어떤 형태의 감축의무를 져야 할 것으로 인식되고 있어 어느 정도의 감축을 해나갈 것인가를 두고 국제사회와 협상을 하고 있는 중이다. 그러하기 때문에 지구환경문제의 협상의 장은 대개 유엔 등 국제기구에 의해 주관되는 국제회의에서 이루어 진다. 그 좋은 예로 2009년 있었던 코펜하겐 기후변화 회의를 들 수가 있다. 현재 기후변화문제뿐만 아니라 많은 분야에서 관련되는 국제회의가 진행 중에 있으며 그 주관은 대개 유엔 등 국제기구가 하고 있다. 그 대표적인 회의가 1972년 스톡홀름 회의 이후 매 10년마다 개최되는 세계정상회의인데 여기서는 지구환경문제에 관한 전반을 논의하고 있다. 분야별로는 위에 말한 기후변화문제에 관한 회의뿐만 아니라 인구증가, 에너지 효율화, 개도국 빈곤퇴치 등 지구환경과 관련되는 각종 정책문제, 오염문제, 사막화방지문제, 생태계훼손문제 등을 다루는 국제회의가 상시 개최되고 있다.

이러한 상황을 머리 속에 그리면서 앞으로 지구환경문제에 대해 공부해 보자.

제1부

지구환경문제와 환경논의의 국제적 동향

제1장 위기의 지구환경

1. 왜 위기인가[1](거시적 고찰)

우리나라에서만 보면 "왜 지구가 위기인가?" 하는 데 대해서 쉽사리 이해가 되지 않는다. 물도 부족하지 않고, 천재지변도 별로 없다. 식량부족이라고 하지만 산업과 서비스에서 번 돈으로 수입을 하니까 식량부족을 별로 느끼지 못한다. 오존층파괴와도 관계가 없다. 석유는 원래 없으니까 좀 비싸졌다는 생각은 들지만 그 대신 석유를 이용해서 돈을 많이 버니까 크게 구애되지 않는다. 사막화 현상도 없고 숲이 사라진다고들 하는데 우리나라는 언제부터인지 산이 늘 푸르고 숲이 많아 졌다.

우리나라 안에서 바깥 사정을 잘 모를 수 있다는 좋은 예가 있다. 2010년의 겨울은 오히려 지구한랭화를 걱정해야 될 정도로 유난히 길었던 것처럼 느껴진다. 눈도 많았고 4월에도 추웠다. 그러나 그해 4월은 전 지구적으로 볼 때 유난히 더운 해로 기록된다고 한다. 지구 전체의 평균기온이 높았다는 이야기다. 우리나라 안에서 생각하는 것과 큰 차이가 있다. 이와 같이 전 지구적으로 보면 우리나라 내에서 느낀 것과는 다른 현상들이 나타나는 경우가 적지 않다. 그리고 그 영향이 우리에게 급박하게 다가오고 있다는 것을 알면 우리도 사실 다급하다는 것을 알 수가 있다. 우리는 오늘날 지구의 상황을 균형있게 보기 위해서 거시적 고찰과 미시적 고찰을 해 볼 필요가 있다.

우리가 위기에 처한 지구의 상황을 알아보기 위해서는 먼저 왜 위기라 하는가 하는 이유를 먼저 살펴보고 그 다음에 위기의 원인이 무엇이고 그 원인은 어떤 배경에서 나왔나 하는 것을 살펴볼 필요가 있다. 그렇게 함으로써 우리는 좀 더 나은 앞으로의 대처방안을 생각해 낼 수가 있을 것이다.

환경과 문명

먼저 인류의 문명이란 차원에서 한번 접근해 보자. 우리는 화려한 첨단 기술문명에 압도되어 우리의 생존이 지구의 자연계와 그것이 제공하는 자원에 전적으로 의존한다는 사실을 잊기 쉽다. 그러나 우리는 농업에 우호적인 환경을 얻기 위해서 지구의 기후체계에 의존하며 민물을 얻기 위해서는 물의 순환주기에 의존할 수밖에 없다. 또 지구가 오늘날과 같은 생물학적으로 생산적인 행성이 되게 해 준 토양을 갖게 된 것은 장기간에 걸쳐 지질변화가 바위를 흙으로 바꾸어준 덕분이다. 사람들은 생태계가 마련해주는 산물과 서비스에 의지하여 살아가고 있다. 그 예로는 수질정화, 수분, 탄소격리, 홍수조절, 토양보존 등이 있다. 이러한 생태계가 고장이 날 때는 사람들이 살 수가 없고 그 사회는 쇠퇴한다. 역사적으로 볼 때 환경적 요인으로 쇠퇴한 문명들이 있었다. 수메르 문명과 마야 문명 등이 그 예이다.[2)]

고대(기원전 3천년)의 초기 수메르 문명은 그 전에 존재했던 어떤 문명보다도 더 발전했던 문명이었다. 수메르 문명도 다른 문명과 마찬가지로 물을 중심으로 발달했다고 볼 수가 있다. 그러나 그 관개 시스템에는 식량공급의 기반을 붕괴시킬 수 있는 환경적 결함이 있었다. 즉, 유프라테스 강을 가로질러 구축된 댐 뒤에 가두어진 물은 복잡한 수로를 통해 농토로 유입되었는데 그때 일부 관개용수는 스며들어 땅 밑으로 흘러갔다. 지하배수가 잘 안 되는 지역에서는 서서히 지하수면이 높아져갔다. 물이 지면보다 높게 올라가자 물은 대기 중으로 증발하기 시작했고 그 결과 염도가 높아져 갔고 결과적으로 토양 표면에 축적된 염분이 토지의 생산성을 떨어뜨렸다. 밀의 생산량이 줄어들자 수메르인들은 염분에 대한 저항력이 더 강한 보리 재배로 전환했다. 그렇게 함으로써 수메르의 쇠퇴는 조금은 연기되었지만 이것은 생산성 저하의 근본 원인을 제거하는 것이 아니라 임시방편에 불과했다. 소금의 축적은 계속되었고 결국 보리의 생산량도 줄어들었다. 식량 공급이 줄자 한때 위대했던 이 문명은 붕괴되었다.[3]

수메르 문명과 비슷한 문명이 있었다. 중미에서 발달했던 마야문명이다. 마야문명은 서기 250년부터 그 문명이 몰락한 900년까지 약 650년 동안 번성했다. 마야인들도 물을 정교하게 운용해서 생산성이 높은 농업을 발전시켰다. 운하를 이용한 관개수로를 만들고 흙을 돋우어 올린 땅에서 경작을 했다. 그러나 어느 시점에서 산림황폐와 토양침식이 누적되어 농업을 붕괴시킨 것이다. 지속적으로 나무를 남벌하여 표토상실을 초래하였고 이것이 결국 식량부족을 초래하여 부락간의 전쟁을 유발시켰고 결국 문명의 붕괴로 이어진 것으로 추정되는 흔적이 나타난다.

인도 최대의 유적지인 아그라의 타지마할에서 불과 20킬로미터도 채 떨어지지 않은 곳에는 무골왕국의 3대 악바르 왕이 지은 페테브르 시크리 성이 폐허가 된 채 남아있다. 페테브르 시크리 성은 1571년부터 1585년에 걸쳐 악바르 왕이 새로운 수도로 계획하여 국력을 기우려 완성하였으나 성이 완성된 이후 이 부근에는 8년 동안 비가 오지 않아 하는 수 없이 천도계획을 포기해야만 했다. 이러한 예도 환경적 원인으로 쇠퇴한 문명인 것이다.

과거 쇠퇴한 문명의 사례들은 단편적 붕괴요인으로 멸망했지만 현대문명은 복합적인 붕괴요인을 가지고 있다. 2002년 마티스 웨커네이걸이 이끄는 과학 팀은 인류의 집단수요가 1980년경에 처음으로 지구의 재생능력을 초과했다고 결론지었다.[4]

- 자연계에 대한 전 세계의 요구가 자연계의 지속가능한 생산능력을 25퍼센트 초과했다. (생태계 훼손)
- 사람들의 요구는 자연의 용량을 초과하여 지구의 숲은 점점 축소되고 있고 매년 지나친 가축의 방목으로 방대한 면적의 초지가 사막으로 변하고 있다. (산림 축소, 사막화 확대)
- 지하수가 자연적으로 다시 채워지는 양보다 더 많은 물을 퍼 올리기 때문에 지하수가 고갈되어가고 있다.(물 부족)

또한 1,360명의 과학자들이 4년에 걸쳐 연구한 결과인 "새천년 생태계 평가보고서"는 24개의 주요 생태계 서비스 중 15개가 그 질이 저하되고 있거나 한계점에 다다랐다고 지적했다.[5] 이렇게 해서 사람들은 보다 환경이 나은 곳으로 이주하지 않을 수 없게 되고 환경난민이 발생한다. 이러한 현상들은 지구환경 시스템이 악화되어 가는 것을 뜻한다. 이는 지구의 경제구조를 재편해야 할 필요성을 나타내고 있지만 아직도 현실적으로는 많은 사람들이 인식하지 못하고 있을 뿐이다.

실패국가군

이런 상황에서 어떤 정부가 영토의 일부 또는 전부에 대한 통제력을 상실할 때 또 국민의 개인적 안전을 보장하지 못할 때 붕괴한다. 우리는 그러한 국가를 실패국가라고 볼 수 있다. 실패국가에서는 내전에 빠지고 내부 갈등이 국경을 넘어 번진다. 실패국가는 인구 및 환경과 밀접한 연관을 가지고 있다. 루안다 사태시 이웃 나라인 콩고 내전으로 번진 것이라든지, 다로푸르 학살이 차드 사태로 번진 것과 같이 국가 실패는 흔히 이웃 나라로 전염이 된다. 결국 실패국가군이 많아질 때 문명은 위협을 받게 된다.

실패국가, 또는 실패하고 있는 국가들에 대한 가장 체계적인 분석은 평화기금(Fund for Peace)과 카네기국제평화재단(Carnegie Endowment for International Peace)이 합동으로 진행하고 있는데 그 결과는 매년 『포린 폴리시』(Foreign Policy) 7-8월호에 발표된다. 전 세계 수천 개의 정보원에 근거한 이 귀중한 분석 작업은 현재 세계에서 일어나고 있는 변화와 넓은 의미에서 세계가 어디로 가고 있는가를 꿰뚫어 보고 있다. 이 분석에서 각 나라들은 열두 개의 사회적, 경제적, 정치적, 군사적 지표들에 근거해 등급이 매겨진다. 각 지표별로 1점에서 10점까지 점수가 주어진다. 지표별 점수가 합산되어 그 나라의 지표가 되는데 이것이 실패국가지수(Failed States Index)이다. 최고 점수인 120점은 그 사회가 모든 면에서 완전히 실패했다는 것을 뜻한다. 2005년부터 시작된 최초의 실패국가지수에서는 100점 이상을 받은 나라 수가 2006년과 2007년에 12개, 2008년에는 13개, 2009년에는 14개로 늘어났다.

		2005년	2006년	2007년	2008년	2009년
100점이상 나라수		7	12	12	13	14
90점이상 나라수		33	28	32	35	38
북한	랭킹	13	14	13	15	17
	점수	95.7	97.3	97.3	97.7	98.3

- 실패국가군(2009년) : 소말리아, 짐바브웨, 수단, 차드, 콩고, 이라크, 아프가니스탄, 기니아, 중앙아프리카공화국, 파키스탄, 아이보리코스트, 아이티, 버마, 케냐, (이상 100점이상) 나이지리아, 에티오피아, 북한, 예멘, 방글라데시, 동티모르 등 20개국
- 실패국가지수는 단기적 경향이지만 매년 늘어나고 있음.
- 실패국가지수는 인구 및 환경지표와 밀접한 연관이 있으며 20개국 중 17개국이 높은 인구증가율 나타냄(북한은 다른 이유).

문명의 티핑 포인트[6)](Tipping Point)

앞에서 말한 실패국가들은 위협에 대처하는 능력이 뒤쳐진다. 에이즈, 인구증가문제 같은 사안은 실패국가군에서는 대처하기가 어렵지만 진보된 국가들은 잘 대처하고 있다. 그러나 물 관리와 대수층 안정, 석유감소와 탄소배출 감소문제, 식량문제 등 몇몇 중요한 문제들은 진보된 국가들도 감당할 수 없다.

이 중 식량문제의 예를 들어 보자. 식량문제는 21세기에 들어오면서 점차 심각해져 가고 있다. 지난 10년간 세계 곡물재고량은 40년이래 최저수준으로 떨어졌다. 이는 일시적 원인에 기인한 것이 아니라 물 부족, 경작지 부족과 기상이변과 같은 구조적인 원인에 기인하고 있다고 추정된다. 식량사정은 인구의 증감, 나아가 인류문명의 흥망과 매우 밀접한 관련이 있다. 이러한 식량위기의 시기에 사람들은 식물을 이용한 에탄올 연료 생산에 열을 올리고 있다. 앞으로 세계의 곡물가격은 석유가격과 맞먹을 정도로 상승할 가능성이 크다.

과거 문명의 몰락은 단 하나의 환경적 추세에 의해서 나타났고 다른 세계와는 격리된 채 일어났다. 그에 비해 현재 우리는 복합적 환경문제에 직면해 있다. 그러나 과거와 다른 것은 우리는 격리되어 있지 않고 모두가 하나가 되어 있다는 것이다. 이것은 다른 말로 하면 모두 함께 나서지 않는다면 모두 이 붕괴되는 문명의 희생자가 된다는 것을 뜻한다.

거대한 시장의 붕괴

다음은 현대사회를 떠 받치는 중요한 기둥 중의 하나인 시장경제의 상황에 대해서 살펴 보자.

무엇보다 지금 현대사회는 시장경제체제의 거대한 붕괴의 위험이 있다. 알다시피 오늘날의 시장은 수요와 공급에 의해 가격이 결정된다. 이 때 형성된 가격을 우리는 직접가격이라고 한다. 직접 상품의 제조에 들어간 가격이기 때문이다. 그러나 상품에는 간접비용도 있다. 예를 들면 그 상품을 만드는데 공기나 물과 같이 공짜로 얻은 원료비용, 담배의 예에서 보는 것과 같이 그 상품으로 인해 상품의 사용과정에서 나타나는 피해, 그리고 정부나 각종 단체로부터 받는 보조금 같은 것이 간접비이다. 제품의 간접비용을 가격에 흡수하지 못하게 되면 그 제품은 진정한 시장가격을 반영하지 못하는 셈이다. 이와 같은 맥락에서 오늘날의 시장은 자연의 서비스를 적절하게 평가하여 가격에 포함시키지 못한다. 시장은 지속가능한 생산한계점을 존중하지도 않고, 장기보다는 단기를 선호하고, 미래세대에 대한 배려를 별로 하지 않는다.

휘발유 값에는 정제해서 주유소까지 운반하는 비용만을 반영하고 있다. 여기에는 석유산업에 대한 세금감면, 정치적으로 불안정한 중동에서 석유에의 접근로를 보호하기 위해 급격히 늘어나는 군사비, 오염된 공기를 마심으로써 생기는 호흡기 질환을 치료하는 비용 같은 건강관리 비용 그리고 기후변화에 따르는 비용 같은 것은 반영되어 있지 않다.

또 하나 예를 들어보자. 근래 들어 자주 있는 홍수도 시장왜곡이 가져온 재앙의 한 예이다. 벌목을 많이 하여 홍수의 원인이 되는데 벌목을 한 목재의 가격에는 홍수의 피해에 대한 가격산정이 되지 않는다. 살아있는 나무가 벌목된 나무의 3배 이상 가치가 있다고 보면 살아있는 나무 한 그루에는 목재 가격의 두 배나 되는 간접비용이 있다. 만일 나무 한 그루에 현재보다 세 배나 비싼 가격이 매겨졌다면 목재 값은 세배 이상 올라 갈 것이다. 나무를 아끼든지 아니면 목재 값에서 상당부분은 회수해서 사회간접비용에 충당해야 된다.

우리는 중요한 비용을 장부에 기재하지 않고 있다. 경제성장과 국제무역 및 투자의 증가 같은 주요경제지표에 초점을 맞추고 있지만 간접비용을 포함시키면 현재의 경제구조는 아주 다른 그림이 될 것이다. 지금 세계의 많은 경제학자들이 이 간접비용을 중시하고 이의 타당성을 인정하고 있다. 다시 말하자면 환경보호의 요소가 있는 간접비용을 시장경제체제에 포함하지 않는다면 현재의 시장경제는 붕괴할 수 밖에 없다는 것이다. 이 시장이 붕괴되지 않도록 하자면 결국 환경비용을 가격체제에 포함시키는 새로운 시장경제체제가 성립되어야 할 것이다.

현재의 중국 경제 모델이 주는 교훈

세계인구의 1/5을 가진 중국은 시장도 거대하고 세계의 공장 역할을 하고 있다. 우리는 지구환경문제의 미래를 생각할 때 오늘날의 중국의 역할을 생각하지 않을 수 없다. 중국은 현재 지상에서 가장 거대하고 가장 빠른 속도로 성장해 가고 있으며 따라서 이 상태가 지속된다면 간다면 2030년경 중국은 오늘날의 미국 이상의 비중을 차지할 것이기 때문이다.

현재에도 중국은 곡물, 육류, 석유, 석탄, 강철 같은 주요자원을 미국보다 더 많이 소비하고 있다. 이산화탄소의 배출량은 2007년부터 미국을 능가하여 세계 제1의 온실가스 배출국이 되고 있다. 현재 곡물은 미국보다 3분의 1, 육류는 2배, 강철은 3배를 더 많이 소비하고 있다. 중국은 점차 식량생산량이 줄어들어 급기야는 곡물부족국가가 될 것이다. 세계 식량생산은 현재에도 줄어들고 있는데 중국의 식량소비량이 많아진다는 것은 세계 식량시장에서 식량부족 현상을 초래하고 식량가격의 폭등을 가져올 것이다. 현재 매년 천삼백만명의 아사자 수는 더욱 늘어날 것이다.

2030년에는 중국의 1인당 소득은 오늘날 미국의 소득과 비슷해 질 것으로 예상된다. 2030년의 중국인들이 오늘날의 미국인들이 소비하는 정도로 종이를 소비할 때 중국 인구 14억6천만 명은 현재 전세계 생산량의 두 배에 해당하는 종이를 필요로 하게 된다. 그렇다면 숲은 어떻게 될까? 2030년에 중국인들이 현재의 미국인들처럼 네 사람에 석대 꼴로 자동차를 소유한다면, 중국은 11억 대의 자동차를 갖게 될 것이다. 현재 전세계의 자동차 수는 8억6천만대인데 그 경우 어떤 현상이 나타날까? 우선 도로, 주차장을 마련하기 위해서 현재 쌀을 경작하고 있는 만큼의 면적을 포장해야 할 것이다. 그리고 하루에 9800만 배럴의 석유를 필요로 할 것이다. 현재 전 세계의 하루 석유 생산량은 8500만 배럴인데 세계 석유량이 이를 감당할 수 있을까? 아니면 세계 사람들은 중국인들 때문에 석유 사용을 제한해야 할까?

중국이 주는 교훈은 서구의 경제모델, 즉 화석연료에 기초한 자동차 중심의 쓰고 버리는 경제가 중국에 그대로 적용될 수 없다는 것이다. 중국에게 서구의 모델이 통할 수 없다면 인도에도 통할 수가 없고 다른 많은 개도국에 적용될 수가 없다. 인류 모두가 똑 같은 자원, 즉, 석유와 곡물과 강철에 의존하는 점점 더 통합되어 가는 세계경제에서, 서구의 경제모델은 이제 선진공업국들에게도 적용될 수 없게 되어간다. 따라서 서구의 경제모델, 즉, 시장경제를 배경으로 하고 석유를 중심으로 하는 대량소비, 대량생산 체제는 이제 일대 수정을 해 나가지 않을 수가 없다.

2. 위기의 현상[7](미시적 고찰)

위와 같이 지구 전체를 한 눈에 보면 현재의 지구환경 상황, 즉 위기에 처한 지구의 상황을 보다 일목요연하게 이해할 수가 있다. 이렇게 거시적 고찰을 통해 이해한 후에 구체적으로 어떤 현상들이 있는지를 살펴보면 우리의 이해를 더 깊이 만들 수가 있을 것이다. 이것을 미시적 고찰이라고 하자. 이미 앞에서 말한 바와 같이 위기의 현상은 복합적으로 다양한 모양으로 나타나고 있다. 그 중에서 핵심이 되는 중요한 현상으로는 석유의 고갈, 석유의 사용으로 인한 기후변화문제와 지구온난화로 인한 해수면 상승문제, 앞으로 늘어나는 인구에 따른 식량증산문제, 물 부족 상태, 생태계 훼손문제 같은 것을 들 수가 있다. 이러한 현상들을 하나씩 짚어 보자.

석유문제

20세기는 석유의 세기라고 해도 과언이 아니다. 즉, 석유를 기반으로 한 문명이다. 값싼 석유의 공급이 빠른 속도로 증가하면서 전 세계의 식량 생산이 늘어나고 인구가 증가했으며, 증가된 인구로 인해 빠른 도시화가 진행되고 있다. 1900년에는 인구의 13퍼센트만 도시에 살았지만 21세기에 와서는 전체 인구의 절반이 도시에 살고 있다. 기차, 자동차, 항공기 때문에 인간의 이동능력은 폭발적으로 향상되었다. 20세기에 와서 석유는 에너지 원이 될 뿐만 아니라 비닐론, 플라스틱, 합성섬유 등의 물질 생산에 필수적인 구성요소가 된다. 무엇보다 석유는 비료를 생산하고 관개용 펌프, 트랙터를 움직일 뿐 아니라 농산물을 운반하는 데 이용되기 때문에 식량과도 밀접한 관계에 있다.

이 모두가 석유가 있었기 때문에 가능한 일이었다. 그러나 지금의 추세로 보면 석유는 고갈되어 가고 있는 것이 분명하다. 지금까지 발견된 석유의 총량은 약 2조 배럴인데 그 중 1조 배럴은 이미 채굴되었고 이제 1조 배럴만 남아 있다. 그러나 남아있는 1조 배럴은 채굴하기가 쉽지 않은 석유다. 즉, 육지에서 멀리 떨어진 바다, 깊은 지하에 묻혀 있거나 위험한 지역에 있기 때문에 채굴하는 데 더 많은 비용이 들 것으로 예상된다. 이것은 새로운 매장량의 발견이 한계에 다다랐다는 것을 뜻한다. 그래서 전문가들은 석유생산은 이미 정점에 도달했거나 아니면 조만간 도달해서 앞으로는 석유생산이 계속 줄어들 것으로 예측하고 있다. 앞으로 타르샌드에 저장되어 있는 석유나 오일세일의 석유를 뽑아내는 방법도 생각해 보고 있지만 여기에도 과도한 비용과 비환경적인 문제가 있고 이것은 결국 석유고갈의 속도를 다소 늦출 수 있을 뿐 근본적으로 문제를 해결하는 것은 아니다.

화석연료[8]의 하나인 석유는 다른 한편으로는 온실가스의 주요한 요소로서 기후변화에도 핵심적인 역할을 하고 있다. 석탄과 더불어 석유는 이산화탄소배출의 주범인 것으로 나타나고 있다. 석유는 양면성을 가지고 있다. 그래서 석유와 같은 기능을 하는 대체에너지 개발이 현재 전세계의 관심이 되어 있다. 화력발전소 대신에 풍력, 태양광 및 태양열 에너지가 나오고 전기 배터리 등 기타 많은 대체 에너지가 현재 개발되는 중에 있다.

지구온난화와 해수면 상승

지난 1만년 동안 인류의 문명은 비교적 기후가 안정된 기간에 진화되어 왔다. 그러나 이 시기가 끝나가고 있다. 우리는 새로운 시기, 기후가 자주 그리고 급격히 예측할 수 없게 된 시기로 접어들고 있다. 오늘날 우리는 과학기술의 덕분에 지구가 더워지고 있다는 것을 알고 있을 뿐 아니라 높아진 기온이 가져온 몇몇 결과를 우리 눈으로 목격할 수가 있게 되었다. 세계 도처에서 고산의 빙하들이 녹고 있는 것을 보고 있다. 중국의 논과 인도의 밀밭에 관개용수를 제공하는 강들의 수원인 히말라야 빙하들이 빠른 속도로 줄어들고 있다. 그린란드와 남극 서부의 빙원들이 녹고 있다. 만일 이러한 현상이 계속될 경우 21세기 말에는 해수면이 지금보다 상당히 높아져서 전 세계인구의 10분의 1이 주거지를 옮겨야 할 상황이 될 것이다. 그렇게 될 경우 우리나라도 예외는 아닐 것이다.

기후변화의 결과 농산물도 크게 영향을 받을 것이고, 기온의 상승으로 강력한 열파(熱波)는 인명피해를 가져오기도 한다. 2003년 유럽에 덮친 열파로 5만 이상의 인명을 잃었다. 이탈리아에서만 만8천명이 죽었고 프랑스에서도 약 만5천명이 희생당했다. 이 숫자는

9.11 테러로 희생된 사람들의 18배가 넘는다. 기후변화로 폭풍의 강도도 높아지고 있다. 우리가 기후를 변화시킴으로써 우리가 이해하지 못하는 환경추세를 작동시켜 예측할 수 없는 결과를 초래하고 있다.

<기온 상승과 그 결과>

미국 항공우주국, 즉 NASA의 과학자들은 지구평균온도의 변화를 측정하기 위해서 전 세계 800여 개의 측후소로부터 자료를 수집한다. 그 결과 1970년 이후 지구의 평균온도는 섭씨 0.6도 상승한 것으로 나타났다. 기상학자들은 20세기 중 기록상 가장 따뜻했던 스물 세 해가 1980년 이후에 나타났다는 사실에 주목한다. 대기 중의 이산화탄소의 양은 산업혁명 이후 상당히 증가했다. 산업혁명 당시 277ppm[9]이던 것이 2007년에는 384ppm으로 증가했다. 이것은 주로 화석연료를 태움으로써 방출되는 탄소 때문인 것으로 밝혀지고 있다. 더 많은 탄소가 대기 중에 축적됨으로써 기온이 상승한다는 것이 과학의 힘으로 밝혀졌다. IPCC[10]는 이와 같은 대기중의 탄소 증가량을 감안할 때 21세기 말에는 지구의 평균온도가 섭씨 1.1-6.4도 상승할 것이라는 예측을 하고 있다.

기온이 상승하면 작물의 수확량이 감소하고 강의 수원이 되는 산간 지역의 눈과 얼음이 녹는다. 더욱 파괴적인 폭풍우가 일어나고 가뭄피해 지역이 증가하며 들불이나 산불이 더욱 자주 일어나게 된다. 또한 모든 생태계가 기온 상승의 영향을 받게 된다. 2007년 IPCC 보고서는 섭씨 1도의 기온이 상승하면 모든 종의 30퍼센트가 멸종위기에 빠질 것이라고 지적하고 있다.

◎ 기후변화가 작물 생산량에 미치는 영향

오늘날의 농업은 약 1만1천년 전부터 거의 변하지 않은 기후체계에 의해 형성되어 왔다. 만일 기후가 변화한다면 농업체계가 변할 것은 명백하다. 기온이 상승하면 광합성 작용이 줄어들거나 심지어 완전히 정지될 수 있고 수분이 제대로 이루어지지 않으며 작물에 탈수 현상이 일어난다.

오하이오 주립대학의 모한 왈리교수는 연구에서 기온이 상승하면 식물의 광합성 작용이 20도까지는 증가하고 35도까지는 최고치를 유지하다가 그 이후 감소하고 40도가 되면 광합성 작용은 완전히 정지한다고 했다. 온도가 지나치게 올라가면 옥수수 술이 금방 마르기 때문에 수분이 제대로 이루어 질 수가 없게 되어 결과적으로 생산성 저하를 가져온다. 작물생태학자들은 연구결과 기온이 섭씨 1도 올라갈 때마다 밀과 쌀, 옥수수의 생산량이 10퍼센트씩 줄어든다고 밝혔다.[11)]

기온상승과 물과의 관계

기온이 1도만 상승해도 강수량이 눈으로 내리는 비율이 현저히 떨어지고 우기에 홍수가 자주 일어나고 강으로 흘러드는 눈 녹은 물은 감소하게 된다. 또한 건조기에 강에 물을 대주는 빙하가 녹고 있어 건조기에 물 부족이 더욱 심각해질 것으로 예상된다. 히말라야 산맥, 티베트 칭하이 고원의 빙하와 인도의 강고트리 빙하는 녹는 속도가 점점 빨라지고 있고 킬리만자로 산은 조만간 눈 없는 산으로 변할 것으로 예상된다. 또한 남아메리카의 빙하 가운데 80퍼센트가 앞으로 15년 이내에 사라질 것이라는 연구 보고도 있다.[12)]

기후변화와 높아지는 해수면

먼저 말한 산지에서 녹는 얼음은 강물의 양에 영향을 미칠 뿐 아니라 해수면을 상승시키는 역할을 한다. 크게 볼 때 지구의 두 거대한 빙원인 남극과 그린랜드가 모두 녹는다면 해수면은 매우 상승할 것으로 예상된다. IPCC도 21세기에는 해수면이 최소 2미터는 상승할 가능성이 높다고 지적하고 있다. 2005년에 실시한 연구보고서인 <따뜻해지는 북극의 영향>은 북극이 지구의 다른 지역보다 거의 두 배나 빨리 더워지고 있고 기후 모델들이 예측했던 것보다 훨씬 빠른 속도로 녹고 있다고 했다.

과학자들은 북극해에 양성 피드백 루프(positive feedback loops)가 이미 시작된 것으로 보고 있다. 양성 피드백 루프 가운데 두 가지 현상이 주목을 받고 있다. 하나는 알베도 효과다. 알베도 효과는 얼음이 녹은 북극 바다는 햇빛의 94퍼센트를 흡수해서 빠른 속도로 온도가 높아진다는 것이다. 다른 하나는 윤할유 효과다. 표면의 얼음이 녹기 시작하면 녹은 물의 일부가 빙하에 생긴 틈을 통해 아래로 스며들어 빙하와 그 밑에 있는 바위 사이의 면에서 윤활유 역할을 하게 된다는 것이다. 이렇게 되면 빙하의 이동이 빨라지고 빙산의 일부가 대양으로 떨어지는 현상을 촉진하게 된다. 또 비교적 따뜻한 물이 빙하를 뚫고 흐르면 단순한 전도를 통해 열이 전달되는 것보다 더 빨리 표면의 열이 얼음장 안 깊숙이까지 전달된다.

북극해 얼음이 모두 녹는다 해도 해수면에는 큰 영향을 미치지 않는다. 얼음이 이미 물속에 잠겨있기 때문이다. 그러나 그 얼음이 다 녹으면 햇빛이 더 많이 열로 지구에 흡수될 것이기 때문에 북극지방의 기후를 더 따뜻하게 변화시킬 것이다. 이것은 결국 그린랜드의 빙하에까지 영향을 미치게 될 가능성이 크다. 그린랜드가 녹는다면 해수면에 직접 영향을 미치게 된다. 최근 연구결과에 의하면 그린랜드 빙원의 녹는 속도가 빨라지고 있다고 한다. 자주 TV에서도 보여주고 있듯이 남극의 빙하는 계속 부서져 바다로 떨어지고 있다.

이와 같이 남극, 북극과 그린랜드의 얼음이 녹는다면 6억 명 이상의 난민이 발생할 것으로 추정된다. 이 난민들은 주로 30여 개의 섬나라뿐 아니라 중국, 인도, 방글라데시, 일본, 이집트, 인도네시아, 미국 등에서 발생할 것으로 예상된다. 이 경우 상하이, 콜카타, 런던, 뉴욕 같은 도시들이 그 일부 또는 전부가 물에 잠기게 되며 생산성이 높은 방대한 농토도 유실될 것이다. 이렇게 되면 3면이 해안인 우리나라도 영향을 받지 않을 수가 없을 것이다.

◎ 더욱 파괴적인 폭풍우

열대 해양의 표면 수온이 상승하면 더 많은 에너지가 대기로 방사되어 열대폭풍 체제에 추진력을 더해준다. 2005년 8월 허리케인 카트리나는 역사상 가장 큰 재정 피해를 준 허리케인으로 기록이 되고 있다. 카트리나는 2004년과 2005년에 미국 남동부를 덮친 여덟 개의 허리케인 가운데 하나였다. 1998년 중부 아메리카를 덮친 허리케인 미치도 1만2천명의 사망자를 냈으며 2004년에 일본은 기록적인 10개의 태풍을 맞았다. 그 해 미국도 4개의 대형 허리케인을 맞았다.

세계은행 수석 경제학자를 역임한 니콜라스 스턴은 기후변화의 장기적 비용이 세계총생산의 20퍼센트를 넘을 가능성이 있다고 했다. 이에 비해 기후를 안정시키기 위해 온실가스 배출을 줄이는 단기적 비용(스턴의 추산에 의하면 세계총생산의 1퍼센트)은 아주 적은 비용에 불과하다고 하겠다.[13)]

식량사정의 악화

1950년 이후 현재까지 세계 곡물수확량은 세배 이상 늘어났다. 1950년의 6억3천만 톤

생산에서 29억 톤으로 늘어났다. 특히 1950년부터 1973년까지 생산량이 두 배 증가했는데 이것은 지난 1만년 동안 인류가 수확량을 늘린 것만큼 수확량을 증가시킨 것이다. 이렇게 곡물생산이 증가한 주된 이유는 토지생산성이 높아진 때문이다. 그리고 이것은 대부분 석유 덕분이다. 토지 생산성 상승의 이유는 다음의 세 가지이다.

- 전세계 관개면적이 세 배 증가
- 전세계 비료 사용량이 열 배 증가
- 종자개량 성공

세계식량사정은 3대 곡물, 즉, 밀, 쌀, 옥수수의 증산에 크게 좌우된다. 2006년 현재 세계 옥수수 수확량은 7억 톤이었고 밀 수확량은 6억 톤, 쌀 수확량은 4억2천만 톤이었다. 그런데 이러한 곡물생산량은 소비량에 미치지 못해서 세계 곡물재고량은 최저 수준으로 떨어졌다. 해마다 전세계적으로 증가되는 7천만 명이라는 인구증가를 충족해야 하는데다 자동차 연료에 쓰일 에탄올 생산에 곡물이 전용되기 때문이다.

세계 식량문제에 있어 먹구름이 머리 위에 있다. 물 부족, 기후변화의 영향, 농경지감소, 곡물의 에탄올 전환 등 때문이다. 물 부족은 심각하다. 세계의 지하수 면은 낮아져 있고, 물이 농촌보다 도시 쪽으로 우선 공급되고 있기 때문이다. 물은 대체로 농업용수가 70퍼센트고 공업용수가 20퍼센트, 생활용수는 10퍼센트에 불과하지만 생활용수에 우선 공급되고 있는 것은 농촌과 도시간의 우선순위 문제이다. 또한 기온이 높아지면 더욱 파괴적인 홍수나 극심한 가뭄 등 기상이변이 일어나서 식량생산에 악영향을 끼칠 가능성이 크다. 한편, 도시화가 확대되고 공업화가 급격히 진행되고 있는 곳에서는 주택, 공장, 도로, 주차장이 들어서기 때문에 그 만큼 경작지가 줄어들게 된다. 더욱 문제가 되는 것은 가장 생산성이 높은 농지가 잠식되고 있다는 것이다.

무엇보다 현재 가장 활발하게 진행되는 에탄올 연료 생산은 옥수수와 사탕수수, 야채기름 등 곡물을 원료로 사용하기 때문에 식품경제와 에너지경제는 통합될 가능성이 크다. 세계 설탕수확량의 10퍼센트가 에탄올 연료 생산에 사용되기 때문에 설탕 가격이 치솟고 있다. 유럽연합은 자동차 연료의 10퍼센트를 식물에서 얻는다는 목표를 달성하기 위해서 인도네시아, 말레이지아 같은 데서 야자를 수입하고 있다. 그 결과 이들 나라들에서는 야자유 농원을 건설하기 위해서 열대우림이 벌채되는 사태를 맞고 있다. 에탄올 연료가 증산됨에 따라 세계 식품 값이 치솟고 있다. 제일 타격을 많이 받는 나라는 옥수수를 주식으로 하는 나라이다. 세계에는 20여 개 국의 옥수수를 주식으로 하는 국가가 있다. 사실 100리터의 에탄올 연료를 만들자면 한 사람이 일 년간 먹는 옥수수가 들어간다. 사정이 이러한데도 사람들은 더 많은 이익을 남기기 위해 식량을 에너지로 전환하고 있다. 따라서 식량가격은 올라갈 것이고 에너지 가격과 식량가격은 시소 게임을 하듯이 상승곡선을 이루어 나갈 전망이다. 식량증산에 따라 기아인구는 감소하다가 1984년부터 다시 상승하기 시작했다. 2000년 이후 현재 매년 전세계에서 천3백만 명의 아사자가 생기고 있다. 유엔이나 국제사회에서의 노력에도 불구하고 이러한 희생자는 계속 발생할 것으로 생각된다.

세계 식량문제에 있어서 무엇보다 중국의 상황이 관심을 끈다. 중국은 1998년 이래 공업화에 따른 영향으로 식량생산에 차질을 빚고 있다. 또한 공업화의 영향으로 경작지가 줄어들고 경작인들도 줄어들고 있다. 환경도 악화되어 사막화가 계속 진행 중이고 물도 부족해 지고 있다. 중국의 곡물 수확량은 1950년 9천만 톤에서 1998년 3억 9200만 톤까지 증가했다. 그러나 이후 5년간 계속 감소해서 2003년에는 3억 2200만 톤이 되었다. 밀 수확량은 1997년에 1억 2300만 톤으로 정점에 달한 후 떨어지기 시작해서 현재는 1억 톤 이하로 줄었다. 이는 경작지의 비경작지로의 전용, 고부가가치 채소 등 기타 작물로의 전환, 다모작에 필요한 노동력 부족현상, 물 부족, 사막화 확대 등 때문이다.

10년 전까지만 해도 중국은 콩 자급자족국가였으나 2004년에는 2,200백만 톤 규모의 콩 수입국이 되었다. 또한 중국은 호주, 캐나다, 미국으로부터 800만 톤의 밀을 수입함으로써 하루 밤 사이에 세계 최대의 밀 수입국이 되었다. 만일 중국이 수요의 20퍼센트인 8천만 톤의 곡물을 세계시장에 의존한다면 곡물 수출국에 엄청난 부담을 줄 것이다. 그리고 다른 곡물 수입국을 불안정한 상태로 몰아 갈 수가 있다. 이렇게 해서 중국은 곡물 재고량이 30년 만에 최저 수준으로 떨어졌다. 만일 중국이 농산물 수요를 충족시키기 위해 외부로 눈을 돌리기 시작한다면 세계시장은 위기에 처할 것으로 예상된다.

심각해지는 물부족 상태

지구촌의 물 부족은 세계적인 현상이 되고 있다. 최초의 우주인들이 우주선에서 지구를 보면 아프리카에 있는 차드 호수를 볼 수 있었다고 한다. 그러나 이제는 그 모습을 볼 수가 없다고 한다. 이 호수는 지난 40년 동안에 96퍼센트가 줄어들었다. 물 부족의 주요 원인은 여러 가지를 들 수가 있다. 무엇보다 기후변화를 들 수가 있다. 올라가는 기온이 물의 기화 속도를 높이고 강우 패턴을 바꾸며, 건기에 강물의 수원이 되는 빙하를 녹이고 있기 때문이다. 또 하나의 원인은 대수층의 물을 너무 과도하게 퍼 올림으로써 지하수면이 상당히 낮아진 데 있다. 물 부족의 보다 더 근본적인 원인은 인구의 증가에 따른 물 수요의 증가다. 1950년에 비해 인구는 두 배반 증가했지만 물의 공급인 수문체계는 그대로이다. 이미 언급한 바와 같이 물과 식량의 관계는 밀접하다. 우리가 매일 마시는 물은 4리터인데 하루 먹는 양식을 생산하는 데 필요한 물은 최소한 2천 리터가 된다. 농업용 관개, 생활용, 공업용 세 부문에서 물에 대한 수요가 증가하면서 세 부문 간의 경쟁이 치열해 지고 있다. 언제나 지는 쪽은 농업부문이며 이는 식량 감소의 원인이 되고 있다.

<낮아지는 지하수면, 말라가는 강물, 사라지는 호수>

많은 나라에서 증가하는 물 수요를 충족시키기 위해 대수층의 물을 지나치게 많이 끌어 올리고 있다. 지하수면이 낮아지기 때문에 더 깊은 땅속에서 물을 길어 올리고 있다. 대수층은 다시 채워 지지만 모든 대수층이 그런 것은 아니다. 제주도 물처럼 화석대수층은 다시 채워지지 않는다. 대수층이 다시 채워진다 하더라도 시간이 걸린다. 문제는 채워지는 속도보다 더 빠른 속도로 길어 올리는 데 있다.

물 부족을 겪고 있는 나라들의 식량생산 감소는 당연하다. 세계은행의 연구는 중국이 북부에 있는 인접한 하이강, 황하강과 훼이강 유역에서 지하수를 끌어올려 농업용수로 사용하고 있다고 밝혔다. 1톤의 곡물을 생산하기 위하여는 천 톤의 물이 필요한데 하이강 유역에서만 매년 400억 톤의 물이 부족하므로 대수층이 고갈될 경우 매년 곡물 수확량은 4천만 톤이 감소할 것이 예상된다.

많은 사람들이 겨우 생존에 필요한 식량을 얻고 있는 인도의 경우는 더 심각하다. 2천백만 개의 우물을 팠기 때문에 인도 전역에 걸쳐 지하수면이 낮아져서 이를 퍼 내기 위해서는 더 많은 에너지가 필요하게 될 것이고 궁극적으로는 빗물에 의존할 수 밖에 없는 상황이 되어가고 있다. 인도에서의 물 문제는 정치문제화 되어 가고 있고 부족간 싸움의 원인이 된다.

파키스탄의 경우도 마찬가지다. 발푸치스탄 지방의 경우 지하수면이 매년 3.5미터씩 낮아지고 있는데 전문가들은 이런 추세라면 앞으로 10년 이내에 이 지방의 지하수는 바닥이 날 것이라고 보고 있다. 이는 앞으로 이 지역의 곡물 생산량이 줄어들 것을 예고하고 있다. 이란 역시 대수층이 말라가고 있는데 체나란 평원의 경우 매년 2.8미터씩 지하수면이 낮아지고 있다. 사우디아라비아, 예멘 등 중동국가들도 지하수면이 낮아지고 있어 앞으로 농업뿐만 아니라 식수조달도 어려운 상황에 놓일 전망이다. 이와 같이 대수층 물의 지나친 사용은 많은 국가들에서 거의 동시에 진행되고 있으므로, 대수층 고갈과 그에 따르는 곡물 수확량 감소는 거의 같은 시기에 모든 나라에서 일어날 것으로 예상된다.

지하수면은 숨겨져 있는 반면 강들은 노출되어 있다. 많은 강들이 건기에는 말라버리는 경우도 있고 완전히 사라져 버린 강들도 있다. 지난 반 세기 동안 물 수요가 세 배로 늘어나고 수력발전에 대한 수요가 그 보다 더 빠르게 증가하면서 많은 강들을 마르게 했다. 1950년 이후 높이가 15미터가 넘는 대규모 댐의 수는 5천 개에서 4만5천 개로 늘어났다. 이 댐들은 흐르는 강물의 일부를 빼앗는데 강물의 흐르는 힘으로 에너지를 만든 후 강물을 놓아준다고 하지만 물이 갇혀 있는 동안 그 물은 증발되어 손실되는 물의 양은 대략 10퍼센트가 된다.

물에 대한 수요가 증가하고 있기 때문에 강물이 바다에 이르는 경우가 거의 없다. 황해에 이르기 전에 약 4천 킬로 미터를 흐르며 다섯 개의 성을 지나는 황하는 압박을 받아 종종 바다에 이르기 전에 말라버리곤 한다. 나일강 역시 바다에 이르지 못하고 말라버리기 일쑤다. 아스완댐[14]이 건설되기 전에는 매년 약 320억 입방 미터의 물이 지중해까지 도달했지만 아스완 댐 건설 후에는 지중해로 들어가는 물의 양이 20억 입방 미터로 줄어들었다. 인더스 강 역시 물의 수요가 점점 증가함에 따라 이 강물이 마르기 시작했다. 중국의 댐 건설로 메콩강 하류에 있는 나라들은 강물이 줄어들고 있다고 불평을 한다. 상류의 사람들이 더 많은 물을 차지하면서 세계의 곳곳에서는 하류의 사람들과 대립되는 상황이 전개되어 중요한 정치문제로 등장하고 있다.

강물이 줄어들거나 완전히 사라져버리고 지하수면이 낮아짐에 따라 호수들이 점차 작아지고 어떤 경우에는 아예 지도에서 사라져 버리고 있다. 사라지는 호수들은 중앙아프리카의 차드 호수, 중앙아시아의 아랄 해, 갈릴리 호수 등이다. 요르단 강의 수량은 이스라엘을 통과하면서 더욱 줄어들기 때문에 사해는 갈릴리 호수보다 한층 더 빠른 속도로 줄어들고 있다. 아랄해는 1960년 이후 그 수량의 5분의 4를 잃어버렸다. 모스크바의 지도자들은 시르다리아 강과 아무다리아 강 유역 일대를 소련 섬유공업에 원료를 공급하는 광대한 면화재배지로 만들기로 결정을 했다. 면화재배가 확대되면서 아랄해에 물을 대주는 두 강의 강물이 더 많은 농업용수로 전용이 되었고 바다가 줄어들면서 물의 염도가 높아져 고기들이 모두 죽어버렸다. 매년 5만 톤의 해산물을 생산하던 한 때 융성했던 수산업이 사라지고 물고기 가공 공장과 어선의 일자리도 사라져버렸다. 매년 두 강에서 유입되던 650억 입방 미터의 수량이 이제는 15억 입방 미터로 줄어들었다.

호수들이 사라지는 현상이 가장 두드러진 곳은 중국이다. 황하의 주류가 통과하는 중국 서부의 칭하이성에는 한 때 4,770개의 호수가 있었지만 지난 20년 동안에 2천 개 이상이 사라져 버렸다. 베이징을 둘러싸고 있는 허베이성의 사정은 한층 더 심각하다. 전역에서 지하수면이 낮아지고 있는 상황에서 1,052개의 호수 가운데 969개가 사라지고 남은 것은 불과 83개에 불과하다. 모든 대륙에서 호수들이 사라지고 있으며 그 원인은 똑 같다. 강물을 지나치게 많이 다른 용도로 전용하고 있다는 것과 대수층의 물을 지나치게 많이 퍼올리는 것이다. 지난 반세기 동안 정확히 몇 개의 호수가 사라졌는지 알지 못하지만, 적어도 수천 개의 호수가 이제 옛날 지도에만 존재할 뿐이다.

<도시로 이주하는 농부들>

세계의 큰 도시들은 모두 큰 강 유역에 자리를 잡고 있다. 도시들이 물 소비를 늘린다면 다른 강에서 물을 끌어 오거나 농업에 이용되는 물을 빼앗는 수밖에 없다. 도시와 농촌간의 물 경쟁은 점차 치열해지고 있다. 이 경쟁이 가장 두드러지게 나타나는 곳은 인도 남부 동해안에 위치한 인구 7백만의 도시 첸나이를 들 수가 있다. 도시 정부가 일부 도시 거주자들에게 물을 제 때 공급해 주지 못하자 물을 농부들로부터 사서 공급하는 물탱크 트럭 사업이 등장했다. 농민들로서는 농사를 짓는 것보다 물을 파는 것이 훨씬 더 이익을 얻는다는 것을 알았다. 그러나 결국은 농촌에도 지하수면을 낮추어 우물을 마르게 할 것이고 농촌에 있는 사람들은 생계를 모두 잃게 될 것이다. 이러한 현상은 중국이나 미국에서도 일어나고 있으며 점점 확산되어 나갈 것으로 예상이 된다. 세계의 농부들은 물 전쟁에서 지고 있다. 매년 7천만 명씩 늘어나는 인구를 먹이려고 노력하는 농부들을 도와주지는 못할망정 오히려 물을 빼앗아 가고 있는 것이다.

<국제적인 물 분쟁>

식량 1톤을 생산하기 위해서 물 천 톤이 들어가므로 곡물수입은 물을 수입하는 셈이다. 그래서 각국은 그들의 물 계정의 균형을 맞추는 데 곡물을 이용하고 있다. 어떤 의미에서는 곡물 선물거래는 물 선물거래라고 볼 수가 있다.

세계에는 많은 물 부족국가들이 있는데 이들 나라들은 세계 곡물시장에서 곡물을 수입하고 있으며 늘어나는 도시의 물 수요를 충당하기 위해서 농업부문에서 관개용수를 끌어올 수 밖에 없다. 중동에서 일어나는 미래의 전쟁은 석유가 아니라 물 때문에 생길 가능성이 크다는 말을 흔히 듣는다. 실제로 물을 얻기 위한 경쟁은 세계 곡물시장에서 이미 일어나고 있다. 재정적으로 튼튼한 나라들이 이 경쟁에서 잘 견딜 것은 물론이다. 이와 같이 물이 중요하기 때문에 물을 둘러싼 국제적 분쟁 가능성이 있지만 지금까지는 물로 인한 전쟁은 아주 적었다. 물로 인한 긴장은 사회 안에서 더 자주 조성되는 경향이 있다. 이러한 분쟁의 사례들은 광범위하다. 인도와 중국에서 나타나고 있는 마을 사이의 분쟁, 파키스탄이나 중국에서 볼 수 있는 상류와 하류의 물 사용자 사이에 분쟁이 있다. 이라크는 터키의 유프라테스강에 건설되는 댐에 대해 우려하고 있으며, 시리아가 강물을 다 써버려 이라크의 기본적인 수요를 충당할 수 없을 가능성에 대해 우려하고 있다. 실제 지난 수십년 동안 유프라테스 강의 유량은 반으로 줄었다. 이스라엘과 팔레스타인 분쟁의 내용에는 물 사용과 관련되는 부분도 있다. 이스라엘의 인구는 팔레스타인 인구의 배이지만 물 사용에 있어서 이스라엘은 팔레스타인 보다 7배나 많이 배정이 되어 있다. 이와 같이 많은 경우에 분쟁의 핵심에는 물을 얼마나 공평하게 분배하느냐에 있다.

앞으로 새로 증가하는 인구의 대부분은 물 부족국가들에서 나올 것으로 보인다. 이들 나라들의 국민은 대개 가족계획에 대한 저항이 심하다.[15] 우리는 물 사용의 효율을 높임으로써 인구를 안정시키기 위한 시간을 벌 수가 있을 것이다. 물 사용의 효율적인 기술이란 효율적인 관개기술, 공업용수 재활용, 도시의 물 재활용 같은 것이 될 것이다.

오염의 문제

오염은 물과 공기 만이 아니고 땅도 오염이 된다. 인간, 동식물을 포함하여 지구상에 존재하는 모든 유형체는 오염의 대상이 된다. 우리가 먹는 곡식이나 동물 그리고 바다에 사는 물고기까지도 오염이 됨은 물론이다. 오염물질이 자연적으로 발생할 수도 있고 동식물의 생존의 결과 나타날 수도 있다. 그러나 현재 문제되고 있는 오염원은 대개 인간과 관계되고 있다. 일상생활뿐만 아니라 산업활동과 농업활동의 결과 생성되는 것이 많다. 요즈음은 서비스 분야도 중요한 오염원이 되고 있다. 인간이 생존하면서 사용하거나 버린 유해한 가스나 유해한 물질이 공기로, 물로 또 땅속으로 스며든다. 식물이나 동물도 오염된 물과 양분을 섭취함으로써 그 자체가 오염될 뿐만 아니라 궁극적으로 오염물질이 우리 몸 속으로 오염물질이 들어올 가능성이 크다.

유해한 오염의 성분은 매우 다양해서 한 마디로 말할 수가 없다. 그러나 대체로 사람 몸 속에 들어가면 해로울 것으로 생각된다. 물과 공기는 직접적이고 단기간에 인체에 영향을 미치기 때문에 더욱 중요하다. 지금 전 세계에 큰 문제 중의 하나가 식수문제다. 전 세계 192 개국 중에 식수 부족 국가가 100개가 넘는다. 우리나라도 한 때 식수부족 국가로 분류되어 있었다. 전 세계 68억 인구 중에 식수가 부족해서 고생하는 사람들이 10억 명이 넘는다. 식수는 그 양 자체도 부족하지만 오염이 되어서 위생적으로 마실 수 있는 물이 점차 줄어 들고 있다.

스트레스를 받는 자연계

우리 말에 신토불이(身土不二)라는 것이 있다. 즉, 그 땅에 사는 사람들의 건강은 땅 자체의 건강과 분리해서 생각할 수 없다는 것이다. 지금 세계에서 굶주리는 약 8억 6천만 명의 대부분은 토양이 침식되어 얇아진 땅에서 살고 있다. 무자비하게 확장되는 인간의 요구가 숲과 방목지, 수산자원에 감당할 수 없는 스트레스를 가하고 있다. 이런 과정에서 우리는 오랫동안 우리와 함께 이 행성을 공유하고 있는 식물 및 동물의 종을 파괴하면서 살고 있다. 세계적으로 새로운 종이 진화하는 속도보다 훨씬 빠른 속도로 기존의 생물종이 사라지고 있다.

<줄어드는 숲과 그 대가>

20세기 초에 지구의 숲 면적은 50억 헥타르로 추산되었지만 지금은 40억 헥타르 이하로 줄어 들었다. 남아 있는 숲은 개발도상국들에 있는 열대 및 아열대 숲과 산업화된 국가에 있는 온대 및 한대 숲으로 반반씩 나뉘어져 있다. 1990년 이후 개발도상국들에서 1년에 약 1300만 헥타르씩 숲이 사라졌다. 10년마다 전체 숲의 약 3퍼센트, 넓이로는 남한보다 더 넓은 면적의 숲이 없어지는 셈이다. 반면에 선진국에서는 매년 숲이 560만 헥타르씩 늘어나고 있다. 따라서 숲의 순손실은 매년 7백만 헥타르가 넘는다.

현재 우리나라를 비롯하여 중국, 필리핀, 태국 등 많은 나라에서 산림벌채를 금하고 있다. 숲이 제공하는 서비스가 그 숲에서 나오는 목재보다 사회에 훨씬 더 값질 수도 있다는 사실을 차츰 알게 된 것이다. 점점 더 많은 나라들이 산림 황폐화와 관련된 위험을 인식하기 시작했다. 중국, 뉴질랜드, 필리핀, 스리랑카, 태국, 베트남 등 주요 숲에서의 벌목을 전면적 또는 부분적으로 금하는 나라들이 늘어가고 있다. 그러나 불행하게도 한 나라의 벌목 금지가 벌목을 다른 나라로 이전시키거나 불법 벌목을 조장하는 경우가 많다.

숲에 가해지는 압력은 계속 높아지고 있는데 땔나무, 종이, 목제의 사용이 증가하고 있다. 2005년 전세계에서 베어진 35억 입방 미터의 나무 가운데서 절반을 넘는 양이 연료로 사용되었다. 아프리카나 인도 같은 개발도상국에서는 연료로 사용되는 나무가 전체의 약 4분의 3을 차지한다. 목재를 얻기 위해 벌목하는 것도 숲이 사라지는 원인이다. 21세기 들어 지구에 남아 있는 자연 숲에 악영향을 미치는 가장 두드러진 사건은 중국에서 나무 생산품들이 폭발적으로 증가했다는 사실이다. 중국은 현재 전 세계에 가구, 마루바닥재 합판과 기타 건축 자재들을 공급하고 있다. 이런 건축 자재들을 국내외 시장에 공급하기 위해서 중국 국경 밖에서 불법적으로 숲을 벌채하고 있다. 중국의 벌목회사들은 목재를 얻기 위해서 인도네시아, 미얀마, 파푸아뉴기니, 시베리아 등지를 넘어서 이제 아마존 유역과 콩고 분지까지 진출하고 있다.

아마존 숲은 1970년대 비해 이제 약 20퍼센트가 상실되었다. 또한 세계에서 두 번째로 큰 콩고분지 숲도 벌목업자, 광산업자, 농부들에 의해 한 해에 약 160만 헥타르씩 줄어들고 있다. 바이오 디젤에 대한 수요가 치솟으면서 보르네오와 그 밖의 지역에 남아있는 열대우림이 위협을 받고 있다. 2009년 대지진의 참사를 겪은 인구 천만 명의 아이티 경우 한 때 국토의 대부분이숲으로 덮여 있었으나 숲은 국토의 4퍼센트밖에 안 된다. 나무가 사라지면 빗물이 대양으로 흘러가는 속도가 빨라지고 내륙에 내린 빗물을 재활용할 기회가 줄어든다. 수문지질학자 짐 엔스콤은 다음과 같이 숲과 물의 순환에 대해 설명한다.

> "태양의 에너지를 이용해서 나무들은 지하수면에서 물을 퍼 올린다. 물은 뿌리와 줄기를 지나 잎에 이르고 증발과정을 통해 대기 중으로 들어간다. 나무들이 퍼 올리는 물의 양을 합칠 때, 숲은 매일 수백만 리터의 물을 대기 중으로 올려 보낸다. 지역의 기후조건에 따라 이렇게 대기 중으로 올라간 물은 비로 다시 내려 작물들의 생육을 돕는다. 숲이 사라지면 이러한 강우가 줄고, 따라서 농작물의 수확량도 줄게 된다"

<토양침식>

지구의 지표를 덮고 있는 표토의 얇은 층이 문명의 토대이다. 대개 깊이가 15센티미터 되는 이 표토는 장구한 세월에 걸쳐 형성된 것이다. 흙은 식물이 자랄 수 있는 매개체가 되었고 식물은 흙이 침식되는 것을 막아 주었다. 그런데 인간의 활동이 이 관계를 교란시키고 있다.

지난 세기의 어느 시기부터 넓은 지역에서 토양침식이 새로운 흙의 형성을 능가하기 시작했다. 그렇게 되면 토지의 고유한 생산성이 떨어지게 되고 문명의 토대가 무너지게 된다. 20세기 들어 인구가 증가하면서 많은 나라들은 매우 취약한 토지로 농토를 확장하게 되었다. 과도한 경작을 하게 되면 그 땅에는 토양침식이 일어나서 준사막화 현상을 일으킨다.

19세기 후반과 20세기 초 미국 대평원에서 지나치게 경작지를 확장한 결과 1930년 대의 황진지대가 새로 형성되었다. 결과적으로 수십만 명의 농가들이 캘리포니아 주로 이주를 했다. 그 30년 후 소련에서 역사가 되풀이 되었다. 1954년에서 1960년에 걸쳐 추진된 처녀지 개간 정책의 핵심은 초지를 개간해서 광대한 농토를 이룬다는 것이었다. 그러나 그곳에는 황진지대가 조성이 되어 실패로 끝났다. 황진지대가 형성되면 먼지폭풍이 발생한다. 즉, 황사현상이다. 이러한 황사현상은 아프리카의 사하라 지역뿐 아니라 아시아 지역에도 발생한다. 이것은 바람에 의한 표토상실을 뜻한다. 오늘날 먼지폭풍의 발생건수는 점점 더 증가하는 상황에 있다.

토양이 침식되는 것은 홍수나 강물의 흐름 같이 물에 의해서도 일어난다. 특히 나무가 없는 나라에서는 이러한 침식이 많이 일어나고 있다. 침식된 표토는 저수지나 수원의 바닥을 메워 저수 용량을 줄인다. 침식된 토양의 많은 양은 강물에 의해 바다로 유입되고 있다.

<사막의 확장>

육지는 지구 표면의 3분의 1이고 바다는 3분의 2를 차지하고 있다. 지구 육지의 10분의 1이 경작지이고 10분의 4가 방목지다. 현재 방목지에는 약33억 마리에 달하는 소, 양, 염소가 있다. 이들을 돌보는 목축업자들이 약 2억 명이 된다. 그러나 지나친 방목은 목초지를 파괴한다. 가축들이 토양을 보호하는 식물을 파괴하고 바람은 흙을 날려 보냄으로써 생산적인 방목지를 사막으로 변화시킨다. 과도한 방목의 초기 단계에서는 땅의 생산성이 낮아져 비용이 올라가는데 이 과정이 계속되면 식물이 죽고 토양이 침식되어 결국에는 그 땅이 황무지나 사막으로 변하게 된다. 어떤 원인으로든 땅을 보호하는 풀이나 나무가 제거되면 토양은 바람과 물에 의한 침식에 취약해 진다. 사막화 초기단계에서는 흙의 미세한 입자들이 바람에 의해 제거되어 먼지 폭풍을 일으키게 된다. 일단 미세한 입자들이 제거되면 다음에는 거친 입자인 모래들이 역시 바람에 의해 운반되어 지역적인 모래폭풍이 된다.

대규모 사막화는 아프리카와 아시아에서 집중적으로 일어나고 있는데 이 두 곳의 인구는 50억 명이 된다. 아프리카에서 가장 인구가 많은 나라인 나이지리아는 매년 사막화로 35만천 헥타르의 방목지와 경작지를 잃어버리고 있다. 나이지리아의 인구는 1950년 3,400만에서 2006년에는 1억 4,500만 명으로 네 배나 증가했다. 가축 수는 600만에서 6,700만으로 열 한 배나 증가했다. 이 나라의 북부는 서서히 사막으로 변하고 있다. 이란 또한 사막화가 심각하다. 2002년 모래폭풍이 남동부 지방인 시스탄-발루체스탄의 124개 마을을 묻어버려 그곳 주민들은 다른 곳으로 이주할 수 밖에 없었다. 아프가니스탄의 상황도 비슷하다. 레지스탄 사막이 서쪽으로 이동하면서 농경지역을 잠식하고 있다. 유엔환경계획 조사단은 100개 마을이 먼지와 모래에 파묻혔다고 보고했다. 중국의 사막화는 최악의 경우이다. 사막학자인 왕타오 교수는 1950년에서 1975년까지 매년 평균 1,560 평방 킬로미터,

1975년부터 1987년 사이에는 사막화 면적이 연 2,100 평방 킬로미터의 땅이 사막으로 변했다고 한다. 왕타오 교수는 지난 반세기 동안에 중국 북부와 서부에 있는 약 2만4천 개의 마을이 모래에 덮여 완전히 또는 부분적으로 버려졌다고 보고했다.

많은 나라들에서 인구와 가축 수가 계속 증가하면서 사막화를 진행시키는 원인인 지나친 방목과 경작, 지나친 벌목은 더욱 심해지고 있다. 생산적인 토지가 사막으로 변하는 것을 막는 길은 인간과 가축의 수가 늘어나는 것을 막는 길 밖엔 없다.

<어업의 붕괴>

2차 대전 후 인구의 증가와 늘어나는 소득이 해산물에 대한 수요를 기록적인 속도로 증가시켰다. 이에 따라 거대한 냉동처리시설을 갖춘 선박 등 어로기술의 발달이 수산회사로 하여금 늘어나는 세계의 수요에 대응하도록 했다. 해양 어획량은 1950년의 1900만 톤에서 1997년에는 9,300만 톤으로 증가했다. 해양어업은 여러 가지 위협에 직면하고 있지만 그 중에도 과다한 어획이 직접적인 생존의 위협이다. 새로운 기술이 개발되면서 남획을 가능하게 한 것이고 결과적으로 많은 어종이 멸종위기에 처해 있다. 캐나다-독일 연구팀의 연구는 해양에 사는 몸집이 큰 물고기의 90퍼센트가 지난 50년 동안에 사라졌다고 결론지었다.

전 세계에서 어업이 붕괴되고 있다. 200년 역사를 가진 캐나다의 대구잡이가 1990년대초에 쇠퇴해서 4만 명의 어부들과 가공업자들이 실직되었다. 유럽에서도 대구 잡이가 쇠퇴하고 있고 곧 붕괴될 것으로 예상된다. 대서양에서 남획된 참다랑어의 개체 수는 무려 94퍼센트나 줄어들어 멸종위기에 처해 있다. 반세기 전만 해도 매년 3,500만 파운드의 굴을 생산하던 미국 체스픽만의 굴 생산량도 매년 100만 파운드로 줄었고 카스피해의 철갑상어의 수확량도 1977년 2만 8천 톤에서 2006년에는 461톤으로 줄어 들었다. 어떤 어업이 붕괴되면, 그 붕괴가 남아있는 어업에 더욱 큰 압력으로 작용한다. 따라서 연쇄적으로 모든 어업이 붕괴의 길을 걷게 된다. 이것은 지역적으로도 마찬가지다. 한 곳에서의 고갈은 다른 곳의 고갈을 초래한다. 그래서 어업붕괴는 전세계적으로 일어나고 있다고 봐야 한다.

남획만이 세계 해산물 공급을 위협하는 유일한 요인은 아니다. 물고기의 서식지가 붕괴되면 물고기도 자연히 사라지게 된다. 현재 해안의 습지, 망그로브 늪, 산호초 같은 물고기의 서식처가 심하게 훼손을 당하고 있다. 현재 산호초는 해조류, 파괴적 어로행위, 준설, 침니, 퇴적, 각종 오수배출 등으로 그 생존을 위협받고 있다.

아이러니컬하게도 오늘날 어선단의 용량이 지나치게 커진 한 가지 이유는 그 동안 정부들이 보조금을 주어가면서 새로운 어선과 어로 장비에 투자하도록 한 데 있다. 앞으로 늘어나는 해산물 수요를 더 이상 대양에서 충족할 수가 없다. 어류 양식을 늘리는 것이 한 가지 방법이 될 수는 있으나 물고기들에게 옥수수나 콩을 사료로 준다면 육지 자원에 대한 압력이 가중될 수 밖에 없는 모순이 있다.

<사라지는 동식물>

고고학 기록에 의하면 생명체가 탄생한 이래 최소한 다섯 번의 대규모 멸종사태[16]가 있었는데 가장 최근의 대량멸종사태는 약 6천 5백만 년 전에 있었다고 한다. 우리는 지금 여섯 번째 대량 멸종사태의 초기 단계에 있다고 환경론자들은 보고 있다. 자연현상으로 야기된 이전의 멸종사태와는 달리 이번 멸종사태는 인간이 그 원인이다. 지구의 긴 역사에서 처음으로 한 종(인간)이 지구 생명체의 대부분을 멸종시킬 수 있는 단계까지 진화한 것이다. 다양한 생명체가 사라지면 그들과 함께 수분, 종자전파, 곤충통제, 자양분 순환 같은 자연이 제공하는 서비스 역시 감소한다. 그렇게 되면 지구 생태계에 되돌릴 수 없는 변화가 나타나게 된다.

수많은 종들이 서식지 파괴로 위협을 받고 있다. 지구의 생물다양성에 가해지는 가장 큰 위협 가운데 하나는 열대우림의 상실이다. 아마존의 열대우림을 태운다는 것은 유전정보의 커다란 창고 하나를 태워버리는 것이나 마찬가지다. 상승하는 기온, 화학적 오염 또는 낯선 종의 도입으로 인한 서식지 변화 역시 식물 및 동물의 멸종을 가져올 수 있다. 우리가 물려받은 다양한 생명체들이 계속 줄어든다면 결국에는 우리도 가난해 질 수밖에 없다.

296종의 영장류 가운데 인간을 제외한 대부분이 멸종위기에 처해 있다. 약 1만 종의 새들 가운데 12퍼센트, 5,416종의 포유류 가운데 20퍼센트, 조사된 물고기 종류의 39퍼센트가 위험에 처해 있는 것으로 IUCN은 보고하고 있다.[17] 물고기가 위협을 받는 중요한 이유는 남획과 수질오염, 강과 민물 생태계에서 지나치게 물을 끌어 쓰는 것이다. IUCN의 조사에 따르면 북아메리카의 호수와 강에 서식했던 물고기 종류의 65퍼센트가 멸종되었거나 멸종위기에 빠져 있다고 한다. 유럽에서는 한 때 서식했던 265종의 민물고기 가운데 109종이 생존을 위협받거나 멸종위기에 처해 있다고 한다. 남아메리카의 97종의 물고기 가운데 3분의 1이 멸종을 방지하기 위한 특별보호를 필요로 한다고 한다.

오늘날 생태계에 가장 큰 위협이 되고 있는 것은 현재 브라질에서 진행되고 있는 급격한 경작지 확장이다. 소를 방목하기 위해서, 콩을 심기 위해서, 그리고 에탄올을 얻기 위한 사탕수수를 경작하기 위해서 넓은 땅이 개간되고 있다. 생물의 종을 보호하는 노력의 성공여부는 근본적으로는 기후와 인구를 안정시키는 데 달려 있다.

문명쇠퇴의 조짐들

우리가 사는 목적은 뭐니뭐니 해도 결국 건강하게 오래 그리고 행복하게 사는 것이다. 그런데 현재 우리나라 사람들의 평균수명은 얼마일까? 우리나라는 비교적 높은 평균수명을 나타내고 있다. 현재 아프리카 많은 나라들은 평균수명이 40세 밖에 안 된다. 이들 나라의 평균수명이 짧은 이유는 에이즈와 기아 그리고 다른 질병과 위생문제 때문이다. 평균수명이 짧은 나라는 아프리카만이 아니다. 러시아도 남자의 경우 60세가 채 안 된다. 일본과 스웨덴에서 평균수명이 80 이 넘는다면 아프리카 나라들과는 거의 배가 차이가 난다. 세계에서 가장 부유한 10억 명과 가장 가난한 10억 명 사이의 사회적, 경제적 격차는 역사적으로 전례를 찾아볼 수 없을 정도로 크다. 그 격차는 영양상태, 교육, 질병패턴, 가족의 크기, 평균수명 등에서 점점 더 벌어진다. 세계식량농업기구(FAO)는 8억 6,200만 명이 영양부족에 시달리거나 자주 굶는다고 보고했다. 한편 16억 명이 영양과다, 과체중 상태에 있어 고통을 당하고 있다고 한다. 아이러니컬 하지 않는가?

앞으로 환경오염 때문에 평균수명이 짧아지는 나라가 발생한다면 평균수명이 긴 나라와 짧은 나라간의 격차는 더욱 심화될 것이다. 세계보건기구는 매년 세계에서 300만 명이 대기 오염으로 인해 사망하는 것으로 추산하고 있다. 이 숫자는 교통사고 사망자의 3배에 달하는 숫자다. 그리고 알츠하이머 병과 파킨슨병, 운동신경 질환 같은 것도 살충제의 축적, 중금속이나 화학물질의 체내 유입과 관련된 환경질환일 가능성이 크다고 한다. 오늘날 얼마나 많은 화학물질이 만들어지고 있는지는 아무도 모른다.

<쓰고 버리는 경제의 종말>

한 번 쓰고 버리는 경제는 지구의 지질학적 한계와 정면충돌하는 코스를 달리고 있다. 도시 근처의 매립지가 동이 나는 것은 물론이고 일회용품을 만들고 수송하고 버리는 데 쓰이는 석유까지 고갈되어 가고 있다. 석유 이외의 천연자원도 고갈되어 간다. 2000년 기준 납 매장량은 14년, 아연 매장량은 16년, 구리 매장량은 65년을 지탱할 수 있는 것으로 보고 있다.

현재 세계의 대도시들은 모두 쓰레기 매립으로 골머리를 앓고 있다. 그 중 하나의 매립지가 뉴욕이다. 뉴욕에는 매일 1만2천 톤의 쓰레기가 나오고 최소한 수십 킬로미터 어떤 경우에는 매립지가 500킬로미터 가량 떨어져 있다. 매일 쓰레기를 실어 나르기 위해 600대의 트럭을 동원해야 될 정도이다. 중국 대도시의 쓰레기 대란도 문제다. 중국의 쓰레기의 상당량은 재활용 되거나 태워지거나 퇴비로 쓰이지만, 그 보다 많은 양이 매립지에 버려지거나 공터에 그냥 방치되고 있다고 한다.[18] 우리나라도 앞으로 쓰레기 처리문제와 관련해서 많은 문제가 발생할 가능성이 크다.

쓰레기 문제는 근본적으로 개혁되어야 한다. 쓰레기를 적게 발생하는 방안을 찾아 내어서 생활 습관화해야 하며 한 번 쓰고 내버리는 경제를 바꾸어야 재사용, 재활용하는 경제로 바꾸어야 한다. 현재 쓰레기를 처리하는 각 종 방안이 고안되고 있다. 과학기술의 발달로 어느 정도까지는 쓰레기 문제를 해소할 수 있을 지도 모른다. 쓰레기를 완전히 처리할 수는 없다. 쓰레기를 태우면 태우는 대로, 묻으면 묻는 대로 또 다른 문제가 야기 되기 때문이다.

<인구증가와 자원분쟁>

인구가 증가함에 따라 생명을 지탱해 주는 자원의 양이 줄어들고 자원을 차지하려는 경쟁이 치열해진다. 그 가장 좋은 예가 석유자원이다. 세계 전쟁의 상당 수가 석유 확보와 관련된 전쟁이라 할 만큼 분쟁의 불씨이다. 미국의 이라크 침공도 석유자원 쟁취와 관계가 있는 것으로 분석되고 있다.

토지에 접근하려는 경쟁이 사회적 긴장의 가장 중요한 원인이 된다. 인구의 증가로 1인당 경작지가 반으로 줄었다. 1953년에 1인당 경작지가 0.23 헥타르이던 것이 2007년에는 0.1 헥타르로 줄었다. 1인당 경작지의 축소는 생계수단을 위협할 뿐 아니라 생존 자체를 위협한다.

인구가 가장 빨리 늘어나는 지역 가운데 하나인 아프리카 사헬 지구는 토지 부족으로 인한 분쟁이 번져가고 있다. 수단에서는 북쪽의 무슬림과 남쪽의 기독교도들 사이에 20년 이상 내전이 계속되면서 200만 명이 죽고 400만 명 이상이 고향을 떠났다. 2003년 수단

서부 다르푸르에서 일어난 분쟁은 두 무슬림 그룹, 즉 낙타 목축업자와 가난한 농민 사이의 분쟁이다. 정부군은 아랍 민병들을 지원하고 있는데 민병들은 아프리카계 수단인들을 그들의 땅에서 몰아내기 위해 대량 학살을 자행하고 있다. 쫓겨 난 아프리카계 수단인들은 이웃 나라인 차드의 난민 캠프로 몰려들고 있는데 지금까지 이 분쟁으로 약 20만 명이 살해되고 25만 명이 난민 캠프에서 굶주림과 질병으로 사망했다. 1950년 900만 명이던 수단 인구가 2007년에는 3,900만으로 늘어났다. 소의 숫자도 700만 마리에서 4천만 마리로 늘어났고 양과 염소도 1,400만 마리에서 1억 1,300만 마리로 늘어났다[19]. 이런 상황에서는 어떤 초지도 살아남을 수가 없다. 이러한 토지와 관계되는 분쟁은 알제리, 나이지리아, 말리, 루안다 등 아프리카 곳곳에서 일어나고 있다. 아프리카만이 아니고 인도에도 종교 세력간에 토지를 둘러싼 분쟁이 치열하다.

수자원을 둘러싼 분쟁도 곳곳에서 일어나고 있다. 인도는 2050년에 17억 명이 될 전망이다. 늘어나는 사람 수와 줄어드는 물 공급이 충돌할 수 밖에 없는 형편이다. 강을 공유하고 있는 국가들 간에 물의 분배를 둘러싸고 생겨나는 갈등이 정치 분쟁의 원인이 되고 있다. 인도 이외에도 그러한 가능성이 큰 나라들이 나일강 유역에 있는 이집트, 수단, 에티오피아 등이다. 또한 시리아, 이라크가 티그리스와 유프라테스 수계의 물을 나눠 쓰고 있다. 상류를 지배하고 있는 터키가 관개와 발전에 쓸 물을 확보하기 위해 티그리스 강에 거대한 댐을 건설할 계획을 세우고 있다. 당연히 그 하류에 있는 시리아와 이라크는 이 계획에 대해 우려하고 있다. 중앙아시아의 아랄 해 분지에서는 아랄 해로 흘러 들어가는 두강, 아무다리아와 시르다리아의 물 분배를 둘러싸고 다섯 나라 간에 불안한 사태가 전개되고 있다. 카자흐스탄, 키르기즈스탄, 타지키스탄, 투르크메니스탄, 우즈베키스탄의 물 수요는 이미 두 강의 수량을 25퍼센트를 초과하고 있다.

<늘어나는 환경난민>

아프리카의 사하라 이남 지역, 주로 사헬 국가들에서의 사막 확장은 수백만 명을 고향에서 몰아내고 있다. 유엔은 이 지역에서 2020년까지 6천만 명의 난민이 발생할 것이라고 예상했다. 2003년 10월 중순 이탈리아 당국은 아프리카 난민을 싣고 이탈리아로 향하는 배 한 척을 발견했다. 그 안에는 많은 사람들이 이미 죽어 있었고 산 사람들도 있었다. 산 사람들은 기력이 다해 죽은 자를 바다에 던져 넣을 힘조차 없었다. 이들은 리비아에서 출항한 소말리아인으로 추정은 되지만 자기 나라로 송환될까 봐 아무도 밝히지 않았다.[20]

2050년까지 30억이라는 엄청난 인구가 추가되고 이들이 대부분 물이 부족한 국가에서 태어난다고 볼 때 물 부족으로 인한 난민이 증가될 것이다. 확대되고 있는 사막 역시 많은 난민을 만들어 낼 것이다. 난민을 만들어 내는 새로운 원인은 해수면 상승이다. 해수면 상승으로 인한 난민은 이제 막 나타나기 시작했지만 그 수는 장차 수억 명에 달할 가능성도 있다. 1930년대 미국의 황진지대는 3백만 명을 이주시켰지만 중국의 황진지대에서 전진하고 있는 사막은 수천만 명을 이주시킬 수도 있다.[21] 이란에서 넓어지는 사막이나 물 부족으로 버려진 마을의 수는 이미 수천 개에 이른다.

3. 지구 위기의 배경

지구 나이는 대략 46억년으로 측정되고 있다. 지구의 나이를 측정하는 것은 과학이 발달했기 때문에 가능하다. 동위원소(isochron)이나 우라늄(U-238) 측정방법을 동원하면 지구의 나이는 대략 45.5억년이 된다. 이 지구의 나이를 1년짜리 달력으로 만들면 대강 다음과 같다. (밀브래스의 지속가능한 사회 서론 인용)

1월 1일 0시
(약46억년전) — 지구 탄생, 불덩어리로서 생명이 없었음

3월
(약 33억년전) — 최초의 지구생명 (미생물micro organism)탄생
이후 약 20억년간 미생물만 존재
(대기 산소 0.0001%)

8월
(약20억년전)

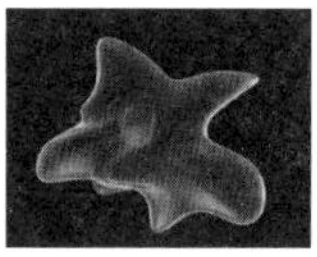

단세포 동식물 출현
(미생물의 작용으로 산소 21%)

11월
(약6억년전) — 눈덩이 지구 2천5백만 년(약 이틀간) 지속, 이후 지구온난화보다 복잡한 구조의 동식물 출현

12월13일
(약2억2천만년전)

공룡 출현

15일
(약1억9천만년전)

포유류 동물 출현

26일
(약65백만년전)

공룡 멸종

31일17시경
(약 3백5십만년전)

오스트랄라 피타쿠스 출현

31일23시
(약50만년전)

현대인류 호모 사피엔스(homo sapience) 출현

31일 23시 58분
(약 1만1천5백년전)

마지막 빙하기
인류 문명탄생

이 달력에서 한 달은 3억8천3백만 년, 하루는 1,273만 년, 1시간은 53만 년, 1분은 8,830년, 1초는 147년이 된다. 사람의 평균수명을 80으로 볼 때 사람은 대략 0.5초 정도 사는 셈이다. 이 지구달력에 대해 설명을 해보자면

1월 1일 0시에 지구가 탄생했을 때 지구는 불덩어리로서 생명체가 없었다.

3월에 최초의 지구생명체인 미생물[22](micro organism)이 생겨서 이후 8월까지 약 20억년 동안 지구에는 미생물만 존재하였다. 그 당시 지구대기에는 산소가 0.0001퍼센트 정도였으나, 단세포생물인 미생물이 번식하고 생존하면서 산소를 많이 생성해 냈다. 미생물의 생존은 다른 생명체의 모태가 되었다.

8월에는 간단한 구조의 생물이 출현하기 시작했다.

11월초 약 6억5천만년 전 시아노 박테리아와 풍화작용 결과 CO_2 감소되어 지구냉각기 시작되어 눈덩이 지구가 약 2천5백만 년 간 지속되었다. 그 후 화산폭발 등 영향으로 다시 CO_2 증가, 지구 온도가 상승되었는데 이 과정에서 과산화 수소가 분해되어 산소가 대량 생산되었다. 이 결과 보다 단세포 생물에서 다세포 생물이 많이 출현함으로써 복잡한 구조의 동식물이 출현했다.

12월 초순 약 2억5천만년 전 페롬기[23] 말 화산폭발 발단이 되어 이산화탄소, 메탄 하이드레이트 확산으로 지구온도가 상승하여 지구생물 95퍼센트가 멸종되었다. 중순에는 공룡과 포유류 동물이 출현했다. 공룡은 12월 13일 경 출현하여 지금부터 약 6천5백만 년 전인 12월 26일 경에 멸종했다. 멸종의 원인으로는 여러 가지 설이 있으나 소행성의 지구 충돌에 따른 충격설이 유력하다.

12월 27일경 지금부터 약 5천만년 전에 공룡이 멸종되고 영장류가 출현했다.

12월 31일에 영장류 중에서도 인류의 조상이 탄생하였다. 현재까지 발견된 가장 오래된 인류화석은 약 350만년 전의 것으로서 그 이름을 오스트랄로 피테쿠스[24]로 명명했다. 그러나 이 보다 더 오래된 인류가 생존했을 가능성이 크지만 그 증거를 발견하지 못했을 뿐이다.

위의 설명에서 보듯이 지구역사에서 인류문명은 극히 최근의 일이며 산업혁명은 지금으로부터 불과 2초 전에 일어났다. 오늘날 우리가 보는 지구의 환경문제가 대부분 산업혁명 이후에 나타난 현상으로서 이는 환경문제가 인구의 증가와 산업의 발달과 밀접한 관계가 있다는 것을 뜻한다.

지구환경문제의 역사적 배경

이러한 지구환경문제의 원인 중에 가장 중요한 것 중의 하나가 과학기술의 발달이라고 볼 수가 있다. 왜냐하면 과학기술의 발달은 식량증산과 평균수명 연장을 통한 인구증가를 가져왔고 또한 전례 없이 자연을 대량으로 파괴해 왔기 때문이다. 이러한 관점에서 18세기 중엽인 지금부터 약 250년전에 시작된 산업혁명은 지구환경 변화에 매우 중요한 계기가 되었다. 산업혁명으로 인간은 기계의 힘을 빌려 종전과는 차원이 다른 힘을 이용하기 시작했다. 기계의 힘으로 농지개간도 광범위하게 이루어지기 시작했고 교통과 통신의 혁명을 가져왔다. 이러한 변화는 결국 식량증산, 의학발전을 통한 인구의 증가를 가져왔고 보다 효율적인 체제로 경제구조의 변화를 가져왔다.

환경문제가 대두된 가장 중요한 원인으로는 a. 인구의 팽창 b. 지속적인 성장추구 c. 과학기술의 발달 d. 자원의 고갈 등을 들 수가 있다. 20세기 들어와서 과학과 의학의 발달, 교통과 통신의 발달은 세계를 더욱 좁게 만들었다. 좁아진 세계는 한편으로는 평균수명을 연장시키고 식량증산을 가져와서 인구를 증가시켰으며 다른 한편으로는 국가간 또는 세력간의 이해관계에 따라 대립과 갈등을 겪게 되었다.

20세기 중반 양대 전쟁을 끝낸 세계는 정치적으로는 냉전구도하에 미소를 중심으로 자유민주주의와 공산주의간의 대립체제를 이루었으며 경제적으로는 산업사회체제를 갖추었다. 이에 따라 양대 진영은 체제경쟁에 돌입했으며 자유민주주의는 시장경제체제 바탕위에 대량생산체제를 확립하였다. 대량생산체제하에서는 소비가 미덕인 시대가 되어 상품의 재고가 넘쳐나게 되었다. 이 결과 자원이 남용되고 소비가 조장되어 오염과 폐기물이 바다를 이루기 시작했다. 이러한 현상이 전세계적으로 일상화 됨에 따라 지구의 자정능력은 한계에 부딪치게 되고 생태계는 훼손되어 지구환경문제가 가시화 되기 시작했다. 이것이 오늘날 우리가 목격하는 지구환경문제의 현상의 발단이다.

두 차례의 세계대전 후 과학기술과 의학은 더욱 발달하게 된다. 세계인구증가는 이러한 변화과정을 잘 반영하고 있다. 산업혁명 당시 6억 명이던 인구가 20세기 초에는 15억 명, 1950년에는 25억 명이 되었고 2010년 현재는 68억 명으로서 70억 명을 목전에 두고 있다. 이러한 규모의 인구는 지구 유사이래 일찍이 없었던 상황이다. 앞으로 전 세계 인구가 더욱 증가될 전망이어서 지구환경 문제는 더욱 더 심각한 상황으로 전개될 가능성이 크다. 증가된 인구가 좀 더 건강하고 행복하게 오래 살아 보려는 개인의 욕망을 충족시키기 위해 국가와 사회는 지속적으로 경제성장을 도모하려고 노력한다. 즉, 지수적(exponentially)으로 증가하는 인구와 지속적으로 추구하는 경제성장이 지구환경 악화의 원천이라 할 수가 있다.

이러한 과정에서 국가간에는 잘 사는 선진국과 못 사는 개도국으로 구분이 되고 있다. 대체로 선진국들은 산업혁명의 물결을 타고 자본을 축적하면서 산업을 발전시켜왔고 따라서 경제성장도 이루어 복지를 추구할 수 있는 국가군이다. 이에 비해 개도국들은 뒤늦게 출발하여 경제성장을 이루려고 노력하고 있으나 선진국과의 기존의 격차를 줄이지 못할 뿐 아니라 오히려 그 간격이 더욱 더 벌어지고 있는 상황에 있다.

4. 지구와 인간 능력의 한계

인류가 번성하고 있는 한편으로는 자원이 고갈되어 가고, 다른 한편으로는 생태계가 훼손되고 지구의 자정능력이 포화상태에 이르고 있다. 지금까지 우리는 지구가 무한한 수용능력을 가진 것으로 착각해 왔다. 그러나 근래에 와서 지구에도 한계가 있다는 것이 밝혀졌다. 이는 워낙 많은 사람들이 생활하면서 마구 쓰고 버리기 때문이다.

지구의 생명유지체계는 과거나 현재 본질적으로 전과 같은 상태를 유지하고 있다. 50년 동안 물 사용량이 3배 증가했지만 담수 생산체계는 불변이고 해산물 수요는 5배 늘어났지만 지속가능한 어획량은 그대로이다. 탄산가스 배출량은 5배 증가했지만 탄산가스 흡수량은 50년 전과 비슷하다. 이 모든 현상의 원인은 인간이 제공한 것이다.

인구 수용능력의 한계

현재의 68억 인구는 유사이래 최대이지만 어느 선이 적정선인지 확실치 않다. 어떤 나라에서는 인구가 증가된다고 걱정을 하는가 하면 또 어떤 나라에서는 인구가 감소한다고 걱정을 하고 있다. 그러나 전체적으로는 인구는 계속 증가하고 있다. 지구의 인구 수용능력은 인간의 삶의 방식과 과학 기술수준 등과 큰 관계가 있겠지만 그렇다고 지구가 무한정 인구를 수용할 수 있다고는 보지 않는다. 인구학자들의 인구과도기 이론에 의하면 선진국 형태는 낮은 출생률과 낮은 사망률에서 낮은 인구증가율이 나타나고 있고 개도국 형태는 높은 출생률과 높은 사망률에서는 낮은 인구증가율, 높은 출생률과 낮은 사망률에서는 높은 인구증가율로 나타난다.

인구증가가 문제가 되는 것은 지구생명유지체계는 본질적으로 같은 상태를 유지하면서 인구가 증가되면 지구생명유지체계에 과부하 상태에 이르기 때문이다. 아무리 과학기술이 발달한다 하더라도 지구생명유지체계를 무한정 늘릴 수는 없는 것이다. 이런 상황에서 세계 각국은 인구문제에 대해 상반된 견해와 정책을 가지고 있다. 환경문제에 있어서 인구문제야 말로 한 나라로 봐서도 중요하지만 전세계로 봐서도 더욱 중요한 문제이다. 동시에 인구문제는 매우 민감한 정치적 사안이다. 그러하기 때문에 환경문제를 다루는 국제회의 같은 기회에서 인구문제는 언급하기를 꺼린다. 잘 못하면 비판의 대상이 되기 때문일 것이다. 좋은 예가 브란트란트 보고서다. 1987년 브란트란트가 지속가능성문제를 발표할 때 이상하게도 인구문제에 대한 언급을 회피했던 것이다. 이와 같이 인구 문제는 국제사회에서 의식적으로 거론하기를 회피하는 경향이 있다. 그 대신 인구문제와 간접적으로 연관이 되는 빈곤타파 문제나, 교육문제나 여성문제, 에이즈 등 질병 같은 사안에서 우회적으로 거론하는 경향이 있다. 사실 인구증가문제는 이러한 사안과 밀접한 관계가 있다.

장래의 인구증가에 대해서는 다양한 주장이 있다. 인구증가문제에는 워낙 변수가 많아서 객관적인 전망을 세우기가 쉽지 않다. 2050년에 인구가 얼마나 될 것이냐에 대한 전망보다 인구가 어느 정도 선에서 머물러야 하는지에 대한 목표를 설정하는 것이 더 타당할 수도 있다. 그렇게 되면 우리는 지구의 인구수용 능력이 얼마가 될 것이냐에 관심을 가지게 될 것이다. 많은 지구환경 전문가들이나 전문가들은 대략 85억 명 전후가 지구의 인구수용능력의 한계일 것으로 상정하고 있다. 만일 에너지와 자원을 획기적으로 대체하거나 절약하고, 식량을 획기적으로 증산하고, 생태계를 되살릴 수 있고, 친환경적으로 쓰레기를 처리할 수 있는 획기적인 방법이 나온다면 현재의 인구수용의 한계를 다소 늘릴 수가 있을 지도 모른다. 그러나 생태계의 구조는 매우 복잡하게 상호 연관되어 있기 때문에 부분적인 과학기술의 발전으로 이 복잡한 상황을 해결하기는 어려울 것이다. 결국 지구가 무한정 인구를 수용할 수는 없다는 결론에 도달한다.

자원의 고갈

자원에는 석유와 광물 등 천연자원뿐만 아니라 식량과 수자원 같은 것도 있다. 이러한 자원은 과거에는 무한정한 것으로 알려져 왔으나 많은 사람이 대량으로 사용하고 버리기 때문에 그 한계가 있다는 것이 알려지고 있다. 자원의 기본적인 양은 과거와 현재에 있어 큰 차이가 없으나 차이는 인구가 훨씬 많아졌다는 점과 과학기술의 발전으로 이러한 자원을 대량으로 채취하고 이용할 수 있게 된 점이다.

자원에는 재생가능한 자원과 재생불가능한 자원이 있다. 재생가능한 자원의 예는 나무같이 베어내더라도 시간이 가면 다시 자라나서 원래의 상태가 될 수 있는 자원이고 재생불가능한 자원의 대표적인 예가 석유, 석탄 등 화석연료와 광물자원이다. 재생가능한 자원은 과도한 채취를 하지 않도록 지속가능한 자원이용과 관리를 하는 문제가 있다. 재생불가능한 자원은 대체자원 문제와 관계가 있다. 대체자원문제는 과학기술문제와도 관련이 되고 과학기술발전은 투자와도 관련이 되기 때문에 결국 시장경제체제와도 관련이 된다. 그러나 재생이 되지 않는 천연자원은 유한해서 언젠가는 고갈될 운명이기 때문에 몇 가지 연관되는 문제가 있다. 대체자원이 기능과 용도 면에서 천연자원을 완벽히 대체할 수 있는가, 천연자원이 고갈됨으로써 환경에 부정적 영향을 미치지 않는가, 천연자원이 고갈되는 속도와 대체자원 개발속도가 비슷하게 맞추어질 수 있는가 하는 문제들이다.

<식량증산과 경작지의 한계>

식량은 1950년 10억 톤에서 2000년 28억 톤으로 증산되었으며, 매년 2.7퍼센트 증가되고 있다. 그럼에도 불구하고 2000년 현재 5억-10억 명은 만성적 영양실조 상태에 있으며 이 중 5살 이하의 어린이도 2억 명 이상이 된다. 또한 연간 천3백만 명이 굶어 죽고 있다. (매일 3만5천명 아사, 대부분 어린이).

한편, 식량증산의 속도는 경작지 축소, 물 부족, 종자개량의 한계 등으로 1980년대 이후 현저히 저하되었다. 전세계 경작가능 면적은 20억-40억 헥타르이나 이 중 현재 15억 헥타르가 실제로 경작지로 이용되고 있으며 경작가능면적은 점차 감소되고 있다. 경작지 감소의 주요원인은 빈곤, 주거, 과도한 방목, 무지, 용도전환 등이다.

<수자원의 한계>

물의 수요는 인구 및 자본의 증가와 함께 지수적으로 증가하지만 근본적으로 수문체계, 즉 지표의 물이 증발되어 비로 떨어지고 그 빗물이 고이게 되는 기존의 체계는 큰 변동이 없다. 오히려 지하수와 기존의 강 호수 등 물이 줄어들고 있다. 더욱이 지구환경의 악화와 더불어 오염된 물이 증가됨에 따라 물 부족, 특히 식수 부족이 더욱 심각하게 대두되고 있다.(제6장 수자원 분야 참조)

<화석연료의 한계>

지구온난화의 주범인 화석연로는 현재 에너지의 88퍼센트를 차지하고 있으며 소비가 증가되는 추세에 있어 급속히 고갈될 가능성 있다.[25] 화석연료의 매장량과 현재의 이용속도로 보아 고갈되는 데에는 어느 정도의 기간이 필요한지 추정할 수가 있다. (제12장 자원의 현황과 자원외교 참조)

<기타 천연자원의 한계>

제고량의 잔존기간

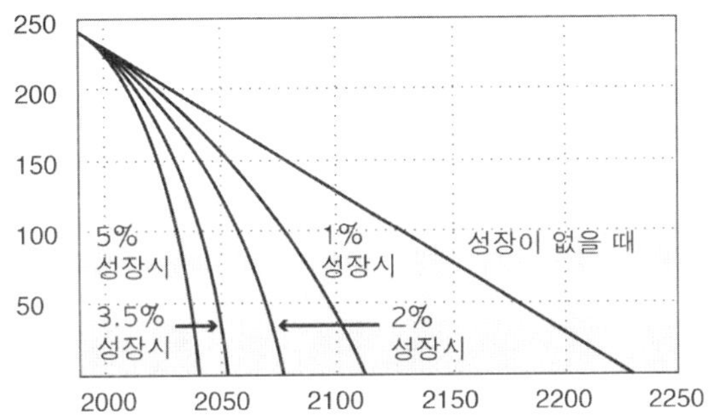

소비증가에 따른 에너지 고갈연도

이미 말한 대로 자유시장경제체제 하에서 대량생산, 대량소비는 자원을 고갈시키는 방향으로 나가고 있다. 당장 쓰이지 않는 물건도 재고로 쌓아서 소비자들을 기다린다. 소비가 미덕인 경제체제는 결국 과도하게 자원을 소비하는 결과를 낳아서 자원을 고갈시키고 생태계를 훼손하게 된다. 자원이 고갈되어 가고 있다는 증거는 자원개발비가 더 든다는 데서 찾을 수가 있다. 석유의 발굴서부터 퍼 올리기까지 비용이 점차 올라가며 새로운 유전의 발굴속도가 현저하게 떨어져 가고 현재 가지고 있는 유전과 석유생산 속도로 보면 석유고갈은 눈 앞에 다가온 것으로 추정된다. 마찬가지로 다른 모든 광물자원도 개발비용이 점차 많이 들고 있어 부존 자원이 고갈되어 간다고 추정을 할 수가 있다.

지구의 흡수능력의 한계

지구는 너무 커서 사람이 어떠한 충격을 가하여도 거뜬히 다 받아 줄 것이라고 믿어왔다. 지구의 자정능력을 믿기 때문이다. 그러나 그것도 인구가 많아지고 인간의 대량소비체제하에서는 한계가 드러나고 있다. 대기나 땅에도 사람이 쓰고 난 폐기물을 흡수하는데 한계가 있고 물에도 그 한계가 있다는 것이 밝혀졌다.

<유해가스 흡수능력 한계>

바다에서는 플랑크톤이 탄산가스를 흡수하는 주요 소스이며 땅에서는 삼림이나 나무에서 탄산가스를 흡수하여 오고 있으나 플랑크톤의 양이나 삼림의 크기는 점차 줄어들고 있는 상황이다. 현재 빠른 속도로 CO_2나 오염이 대기 중으로 배출되고 있으며 이는 플랑크톤이나 삼림으로 흡수하는 능력을 훨씬 초과하는 것으로 측정되고 있다. 이 문제는 전반적인 생태계의 건전성과 관련이 있으며 생태계 보존 차원에서 접근할 필요가 있다.

<유해물질 통제의 한계>

현대에는 각종 화학물질이 생산되어 많은 나라에서 사용되고 있다. 그 사용의 결과 중금속이나 유해화학물질(toxic chemicals)이 국경 없이 이동하고 있다. 화학물질은 대체로 인체에 해로운 영향을 주기 때문에 이를 통제해야 할 필요성은 크나, 워낙 광범위한 지역에서 광범위하게 사용되고 있기 때문에 이를 통제하기가 매우 어려운 상황이다. 유해물질의 통제는 결국 다자적인 국제협력에 맡길 수 밖에 없다. (제8장 폐기물 및 유해물질 분야 참조)

<폐기물 처리능력의 한계>

폐기물은 그 양이 많아서 처리하기가 어려워 모든 나라의 골치거리가 되고 있다. 폐기물 처리장소에도 한계가 있고 가까운 장소로부터 점차 먼 장소까지 이용됨으로써 폐기물 운반에도 막대한 에너지가 소요된다. 우리나라도 전체적으로 볼 때 매일 5천 톤 정도의 폐기물이 나온다. 폐기물의 처리로는 가장 쉬운 방법이 매립하는 방법이나 매립장소의 한계가 있다. 그 이외에도 소각, 약품처리 등 방법이 있으나 완전한 처리 방법은 아니다. 가장 다루기 힘든 유해물질은 폐기물이나 유해화학물질 폐기물 같이 지구의 생화학적 과정을 위협하는 폐기물이다. (제8장 폐기물 및 유해물질 분야 참조)

과학기술의 한계

과학은 양면성을 가지고 있다. 즉, 이로운 점과 해로운 점이다. 과학의 결과물이 이롭게 이용될 때에는 과학이 고마운 수단이 된다. 그러나 장기적으로 볼 때 과학기술은 결코 객관적이거나 가치 중립적이라고 볼 수가 없다. 과학을 주도하는 사람이나 세력이 누구냐에 따라 그 결과물의 영향이 달라질 수가 있는 것이다. 갈릴레오 이후 과학자들이 과연 종교나 정치로부터 독립적인 영역을 가지고 있을까? 과학기술이 시장경제와 결탁할 경우 장래에 대해 무감각하게 되며 근시안적 태도를 가질 가능성이 크다. 따라서 미래 자원고갈과 환경악화의 방향으로 나갈 가능성이 크다. 과학만능 생각은 불안하다. 지구 운명을 생각하고 인류의 복지를 생각하면서 장기적인 안목을 가진 주체가 과학을 주재하는 것이 바람직하지만 과연 그러한 상태가 가능할까?

기술은 끊임없이 발전해 나가는 것으로 인식되고 있다. 특히 자본주의 시장경제체제 하에서는 투자의 양과 질에 비례하여 기술이 인간의 의도대로 개발될 수 있다고 믿고 있다. 그러나 기술개발의 속도는 반드시 투자에 비례할 수가 없고 또 개발이 불가능한 영역도 있을 수 있다. 우리는 그러한 상황을 기술의 한계라고 부를 수가 있을 것이다.

5. 지구환경문제의 특성

앞에서 말한 대로 우리는 지구환경문제가 대두한 주요 원인과 그 배경을 알게 되었고 환경문제의 주요한 현상들을 살펴보았다. 이러한 지구환경문제에는 많은 특성이 있지만 그 중 몇 가지 중요한 특성을 보면 다음과 같다.

국경이 없는 문제, 인류 공통의 문제

환경문제는 국경이 없이(transboundary) 진행된다. 예를 들어 오염된 공기가 위로 올라가면 한 곳에 머물러 있지 않고 대기층에서 널리 퍼지게 된다. 해마다 겪는 황사현상에서 보듯이 황사가 중국에서 나와서 우리나라뿐만 아니라 일본과 미국에까지 나타난다. 인체에 유해한 중금속이라든지 수은, 또는 살충제 같이 독성 화학성분을 가진 물질도 여러 가지 형태로 한 지역에서 다른 지역으로 이동할 수가 있다. 이러한 특성 때문에 지구환경문제는 어느 지역의 문제라기 보다 인류 공동의 문제로 인식되어야 하고, 따라서 모두가 협력해서 대처해 나가야 될 사안이다.

지구 자정능력(自淨能力)

자연은 우리에게 엄하면서도 살 터전을 제공해 주면서 스스로 원래대로 환원하는 복원력이 있다. 이것을 우리는 지구의 자정능력이라고 부른다. 지구에 자정능력이 있기 때문에 사람들이 지구를 더럽혀도 시간만 주면 다시 원래 자리로 환원이 된다. 그러나 사람들은 지구에 시간적 여유를 주지 않고 지속적으로 누적적으로 충격을 줘 왔기 때문에 이제는 많은 시간을 줘도 제 자리로 돌아올 수가 없는 상황이 되어 가고 있다.

원인과 현상간의 갭(gap)

냉장고, 에어컨 등에 주로 쓰였던 냉매체 프레온 가스는 대략 지상에서 10-50 킬로미터 정도 떨어져 있는 대기의 오존층까지 올라 가는 데 대략 12년에서 30년 정도 걸린다. 오존층에 구멍이 난 현상을 발견했다고 하면 이것은 이미 최소한 12년 전에 원인행위가 있었다는 뜻이다. 이것을 원인과 현상간의 갭이라고 부른다. 환경문제에 있어서 많은 경우에 이러한 갭이 있다. 이 갭 때문에 환경정책 수립에 있어서 늘 장기적인 대책을 요하면서도 사람들의 인식을 전환시키는 데는 시간이 많이 걸린다. 앞서 말한 자정능력이 약화됨과 동시에 이 갭은 점점 단축되어가는 경향이 있다.

원인과 현상의 복합성

지구환경문제와 관련되는 주요한 현상에는 대개 여러 가지의 원인이 복합적으로 작용을 하고 있다. 예를 들어 숲이 사라진다고 하면 기후변화로 인한 물 부족이 그 원인인가 하면 산성비 같은 오염현상도 그 원인 중의 하나다. 마찬가지로 지구환경문제와 관련되는 주요한 현상은 한 가지의 영향만을 가져오는 것이 아니라 복합적인 영향을 가져온다. 예를 들면 기후변화라는 현상은 농사에 영향을 주고 사람의 건강에도 영향을 주고 해수면 상승과 생태계의 변화를 가져 오기도 한다.

인위적으로 환경변화를 가져올 때 그에 따르는 영향은 복합적으로 또 장기적으로 나타날 수가 있다. 따라서 개발이나 인위적 환경변화의 경우에는 장기간 그 영향에 대한 원인과 대책을 미리 연구 검토하여야 할 것이다.

지구환경문제의 남북문제화

환경문제가 유엔 등 국제무대에서 다자외교의 대상이 됨에 따라 환경문제의 발생원인과 해결방식을 두고 선진국과 개도국간에 대립양상이 심화되고 있다. 즉, 선진국은 개도국들도 지구차원의 환경보호를 위해 동참해 줄 것을 요구하고 있는 반면, 개도국은 지구환경문제 발생에 대한 선진국의 역사적 책임을 강조하고 개도국에 대한 재정 및 기술지원을 요구하고 있다. 이러한 입장의 차이가 지구환경문제의 분야별 곳곳에서 나타나서 거의 일반화 되고 있다. 개도국과 선진국이 지속가능발전을 위해 협력을 하자면 선진국측에서는 실질적인 대개도국 재정 및 기술지원을 해야 하고 개도국측은 재정 및 기술지원을 효율적으로 이용할 수 있는 태세를 갖추어야 할 것이다. 그러나 현실적으로 선진국측은 대체로 개도국에 대한 재정 및 기술지원에 인색한 태도를 나타내고 있고 개도국은 재정 및 기술지원을 수용할 태세가 되어 있지 못하다.

[주] 제1장 위기의 지구환경

1) 거시적 부분은 Plan 3.0B, Lester R. Brown, 2008, 영신사 제1부 위기에 빠진 문명 인용 Sandra Postel, Pillar of Sand(New York, W.W. Norton & Company, 1999), p.13-21.
2) 제레드 다이아몬드 『문명의 붕괴』
3) Lester Brown 『Plan B 3.0』 새로운 세계로 들어가기 '환경과 문명'
4) Mathis Wackernagel, "Tracking the Ecological Overshoot of the Human Economy," Preceedings of the National Academy of Sciences, vol. 99, no.14(9 July 2002), p.
5) "새천년 생태계 평가보고서" 중 한계점에 다다른 예를 들면
   - 대양어류의 4분의 3이 남획되고 있거나 한계점 이상으로 남획되어 멸종위기로 내몰리고 있다. (어족자원 멸종위기, 어업붕괴)
   - 아마존의 열대우림 등 적도의 우림 역시 격심한 시련을 겪고 있다. 아마존 열대우림의 절반이 벌채되거나 약화되면 숲이 유지될 수 없는 임계점에 이를 가능성이 크다. 즉, 팁핑 포인트에 이른다.
6) tipping point, 임계점, 이 점을 넘으면 다시 원래대로 돌아가기 가기 힘든 점
7) Plan 3.0B Lester R. Brown, 제1부 위기에 빠진 문명
8) 화석연료는 여러 가지 에너지 자원 중 하나로서 오래 전에 지구에 서식했던 유기체의 잔존물로 인하여 생성된 에너지 자원이다. 화석연료는 모두 재생불가능한 에너지이다. 화석연료의 종류로는 석유, 석탄, 천연가스, 타르샌드(혹은 오일샌드), 혈류암 등이 있다. 화석연료는 산업혁명 후 계속 그 사용이 증가되어 왔으며 20세기에 와서는 그 중에서도 석유가 가장 유용한 자원이 되어 왔다.
9) parts per million, 즉 백만분의 일로서 퍼센티지로 환산할 때는 10,000으로 나누면 된다. 예를 들어 대기중의 이산화탄소 농도 277ppm이라면 277/10,000=0.0277퍼센트 이다.
10) IPCC는 기후변화를 평가하는 세계적 정부간 기구로서 1988년 유엔총회 결의로 1989년 유엔환경계획(UNEP)과 세계기상기구(WMO)에 의해 기후변화와 기후변화가 환경 및 사회경제 상황에 미치는 영향을 과학적으로 분석하기 위할 목적으로 세워졌다. IPCC는 정부간 기구로서 유엔과 WMO 회원국 모두에게 개방되어 있고 회원국들이 IPCC의 활동에 기여하고 있다. 과학적이고 정부간 기구라는 성격이기 때문에 IPCC는 정책결정자들에게 정확하고 균형있는 정보를 제공해 주고 있다. IPCC의 보고를 지지해줌으로써, 각 정부는 그 내용의 권위를 인정해 준다. 제32차 IPCC 총회는 2010년 10월 부산에서 열릴 예정이다.
11) Mohan Wali, "Assessing Terresterial Ecosystem Sustainability", Nature & Resource October-December 1999, p. 21-23.
12) Emily Wax, "A Sacred River Endangers by Global Warning", Washington Post, 17 June, 2007.
13) Sir Nicolas Stern, The Stern Review on the Economics of Climate Change (London : HM Treasury 2006), pp. vi-ix.
14) 나일강 하류 아스완시에 이집트가 건설한 댐으로서 나일강의 범람을 막고 관개 및 농경을 위한 전력발전이다. 현대적 의미의 댐은 1960년에 시작되어 1970년 완공되었다.
15) 1980년 인도의 수상 인디라 간디는 총선에서 패배하여 실권했는데 그 이유는 바로 인구문제 때문이었다. 당시 인디라 간디는 수상으로서 선거캠페인에서 인구를 줄이고 삶의 질을 높인다는 뜻에서 콘돔을 무료로 배부하였는데 이것이 인구말살정책으로 비추어져서 결국 총선 패배라는 결과를 낳은 것이다.
16) David Quammen, "Planet of Weeds," Harper's Magazine, October 1998
17) Species Survival Commission, 2007 IUCD Red List of Threatened Species at www.iucnredlist.org updated 12 September 2007

18) 신화통신 "급속한 도시화의 쓰레기 문제", 2006.8.18
19) FAO 전자 database, www.faostat.fao.org
20) 2004.6.16 뉴욕 타임지 "Where the Land is a Tinderbbox, the Killing is a Frenzy"
21) 중국 과학연구원의 왕 타오 교수 "중국 북부지역의 모래 사막화의 진화와 제어" 논문
22) 스트로마 톨라이트와 같은 단세포 생물과 식물이 산소를 생성하였는데 스트로마 톨라이트는 해조류로서 일종의 단세포 생물로 호주 등지에 서식하고 있으며 무기호흡을 통해 산소를 생산했다.
23) 페름기(Permian)는 고생대의 마지막 여섯 번째 시기로 2억9천9백만 년 경부터 2억5천백만 년 경 사이 약 4천8백만 년 기간이다.
24) Australopithecus는 신생대 제3기 중신세로부터 제4기 홍적세에 살았던 화석인류로 약 500만년전에서 50만년전 사이에 아프리카 대륙에서 생존하였다. 1973년 미국의 요한슨과 화이트 등에 의해 에티오피아의 아파르 계곡에서 일명 루시라고 불리는 오스트랄로 피테쿠스 아파렌시스가 발견되었다.
25) 녹색성장시대 에너지이야기, 권민철, (주)하이미디어피앤아이, p.97.

TIP 석유고갈(Oil Peak)은 언제 올까?

석유는 소멸할 것인가라는 질문의 답은 너무도 자명하다. 석유는 유한한 자원이므로 고갈될 수밖에 없다. 다만 언제쯤 고갈될 것인가라는 의문만 남아 있다. 고갈 시점을 나타내는 개념이 오일피크다. 1950년대 지질학자 킹 허버트 박사가 제시한 '허버트의 법칙'이라는 이론이다. 그에 따르면 땅 속의 오일 저장량이 50퍼센트 이하 수준이면 그 때부터는 생산량이 급격히 떨어진다고 한다.

이 법칙을 이용해 허버트는 미국의 오일피크 시기를 1965년부터 1972년 사이라고 내다봤다. 그의 예측이 맞는지는 알 수 없다. 미국의 에너지부는 세계 오일피크 시기를 2026년에서 2047년 사이로 예측했다. 국제에너지기구(IEA)는 앞으로 30년간 석유와 석유제품에 대한 수요는 해마다 1.6퍼센트씩 증가할 것으로 보고 있다. 그리고 석유 생산은 해마다 20퍼센트씩 감소할 것으로 계산했다. 결국 앞으로 30년간 석유는 지금보다 3.6퍼센트씩 부족해진다는 말이다. 그런데 개별 국가들이 어느 정도의 실질적인 감소를 경험하게 될지는 전혀 알 수 없다. 유가가 상승할 경우 부유한 나라는 석유를 사용하지만 어떤 가난한 나라는 석유를 사용할 수 없게 될 수도 있다. 특히 일부 산유국들이 자국의 매장량을 아끼기 위해 고의적으로 생산량을 축소한다면 부족 사태는 생각보다 더 심각해 질 수 있다. 산유국들이 기술문제를 핑계로 대고 생산노동자들의 파업을 유도한다면 이런 일은 얼마든지 가능하다. 중요한 것은 오일피크에 미리미리 대비해야 한다는 점이다. 10년 뒤에 고갈된다면 더 강력하게 석유 이후의 시대를 대비해야 할 것이고, 앞으로 100년이 더 남았다면 좀 더 여유롭게 준비하면 된다.

제2장 지구환경문제 해결을 위한 국제적 노력

1. 지구환경보호를 위한 국제적 노력의 배경과 현황

기계의 발명으로 시작된 산업혁명은 말 그대로 인류사에서 아주 중요한 혁명이었다. 인류의 문화는 대략 2만년도 안 되는 역사를 가지고 있는데 이 기간에 인류는 두 번의 혁명을 거쳐 왔고, 이제 세 번째 혁명의 시기에 있다고 한다. 첫 번째 혁명은 만 여 년 전 불의 발견으로서 시작된 농업혁명이고 두 번째 혁명은 불과 250년 전의 일로서 산업혁명이다. 세 번째 혁명은 통상 정보혁명으로 알려지고 있지만 아직 그 이름이 어떻게 붙여질 지 확실치는 않다. 그러나 컴퓨터와 관련되어 있는 것만은 확실하다.

산업혁명 이후 인간은 각종 에너지를 이용한 다양한 종류의 기계를 만들어 엄청난 힘을 얻을 수가 있었다. 이 힘의 소스는 처음엔 열이었지만 차츰 전기로 발전했다. 열과 전기를 일으키는 매체는 석탄과 석유다. 산업혁명이 있었다고 금방 사회가 변한 것이 아니다. 200년이란 세월이 필요했다. 기계를 움직이는 매개체인 석유를 이용하게 되고 기계가 더 정교하게 발전하게 된 것이다. 과학기술의 발전의 중요한 계기가 아이러니컬하게도 두 번에 걸친 세계 전쟁을 포함한 전쟁이었다. 세계대전은 많은 사람들을 한편으로는 희생시켰지만 이러한 희생을 딛고 나온 것이 과학문명과 의학의 발전의 계기가 된 것이다. 그 결과 정치, 경제, 사회, 문화, 군사적 변화를 가져 온 것이다.

식량이 증산되고 유아사망률을 줄여 평균수명을 연장한 것이 제2차 대전 이후 인구가 급격히 늘어난 이유이다. 증가된 인구가 새로이 활력을 받은 교통통신 수단의 발달, 시장경제와 자유민주주의의 확산, 컴퓨터의 등장, 향상된 경제규모 등으로 대량생산대량소비 체제를 확산해 왔다. 이러한 체제는 결국 지구에게 충격을 가함으로써 지구환경문제는 전례 없는 속도로 심각히 대두되고 있다. 좀 더 생각해 보면 인구의 증가를 가져온 식량증산, 이를 가져온 과학의 발달을 이야기할 수가 있다. 결국 과학기술의 발달이 사회체제의 변화에 중요한 역할을 한 셈이다. 과학의 발전에 따른 축적된 결과가 바로 지금 우리가 보고 있는 지구환경파괴 현상이라고 보면 될 것이다.

지구환경의 악화조짐은 세계 제2차 대전 이후부터 대두되었다. 1952년 런던 스모그 사건[1], 1954년 로스엔젤레스 스모그 사건[2], 1950년대 말 중금속 카드뮴 중독으로 인한 이따이이따이병, 수은 중독에 의한 미나마따병 등 단편적으로 보이는 현상들이 나타났다. 그러나 이러한 현상들은 모두 환경문제라는 공통성을 가졌다는 것이 오래지 않아 인식되었다. 지구환경문제의 공통성과 인류의 공동 책임을 인식시키는 데에는 누구보다도 비정부단체인 NGO[3]의 역할이 컸다. 정부기구가 아닌 NGO는 활동하는데 형식에 좌우되지 않아서 매우 기민하게 상황에 대처할 수가 있다. 또 무엇보다 NGO는 지역적인 이해와 정파적인 이해를 초월해서 활동할 수가 있기 때문에 보편적 가치를 확산시키는 데에는 큰 역할을 할 수가 있다. 이러한 NGO의 활동으로 지구환경문제는 많은 사람들에게 인식되기 시작했다. 이에 따라 사람들은 지구촌 공동의 문제를 해결하기 위해서는 개별국가 차원의 대처보다는 국가간 협력과 시민들의 참여를 통해서 공동으로 대처해 나가는 것이 유리하다는 판단을 하기 시작했다.

지구환경문제에 대한 인식의 확산과 지구환경 보존을 위한 운동 전개

환경 NGO들은 1950년 전 후부터 생겨나서 활동을 시작했다. 이들 NGO는 지구환경에 대한 여론 환기뿐만 아니라 감시 역할도 한다. NGO는 형식에 구애되지 않고 발 빠르게 활동할 수가 있고 지역적 이해를 초월해서 기득층의 이해관계에 대한 압력단체로서의 역할을 할 수 있다. 이 점에서 NGO는 정부나 제도권 단체, 기구와 차별된다고 할 수가 있다. 또한 NGOs는 비영리기구로서 권력이나 이윤을 추구하지 않고 인간의 가치를 옹호하며 시민사회의 공공성을 지향하면서 시민의 자발적인 참여와 연대에 의하여 시민사회에서 활동하고 있는 시민사회단체를 의미한다.

NGO라는 용어는 유엔에서 처음 사용되었다. 유엔에 다양한 부속기구들이 생겨나고, 동시에 국제사회에서 민간단체들이 활발한 활동을 펼치면서 유엔기구들은 정부기구가 아닌 민간단체들과도 파트너십을 형성하게 되었는데 이 때 사용된 용어가 NGO였다. 이는 정부기구에 대칭되는 용어라고 볼 수가 있다. NGO는 단순히 정부기구가 아니라는 점에서 광의로는 기업과 시민 사회단체 모두를 포괄할 수 있지만, 협의로는 비정부, 비영리 민간단체를 지칭하는 용어로 사용되고 있다. 그렇지만 유엔은 이에 대해 명쾌한 개념정의를 미루어 오다가 1994년에 NGO에 대한 개념정의를 밝히는 보고서를 내놓았다. 유엔의 정의에 의하면 NGO란 크게 두 가지 범주로 나누어 지는데 첫째 유형은 활동목표와 방법이 사회운동 그리고 사회운동 창설과 관련되는 조직들이며, 둘째 유형은 사회운동에서 출범해서 사회운동이 제도화된 현실을 대표하는 NGO들이 포함된다. 그러나 유엔의 이러한 정의는 오히려 혼란을 가중시켰다는 평가를 받았다. 한편 세계은행 또한 공식적으로 매우 포괄적인 NGO의 개념을 정의하고 있다. 이에 의하면 'NGO란 정부로부터 완전히 혹은 상당부분 독립적이고 이윤을 목적으로 운영되지 않으며 자신들의 회원들에게, 혹은 사회 전체에 인도주의적, 사회적 문화적 이해를 충족시켜 주기 위해 존재한다'고 하였다.

어쨌든 오늘날 광의의 지구환경보호라는 목적의 NGO들이 많이 있으며, 여기에는 국제적인 NGO도 있고, 또 지역적인 NGO와 국가단위의 NGO들도 있다. 국제적인 NGOs로는 로마클럽, 국제자연보존연맹(IUCN), Green Peace, Biosphere Expedition, Birds and Life International, Earthwatch, Friends of the Earth, Global Vision International, World Wide Fund for Nature 등 수 많은 단체들이 활동하고 있다. 그리고 African Conservation Foundation, European EcoForum, Amazon Watch, North American Native Fishes Association 등과 같은 지역적 NGO가 있고 그 밖에 훨씬 더 많은 수의 국가별 NGO들이 있다.

IUCN(세계자연보존연맹, 1948년, 본부 스위스)
WWF(1961, 스위스)
그린피스(1968, 네델란드)

<로마클럽>

NGO의 하나인 로마클럽은 지구환경문제에 대해(서) 선각자적인 비전을 제시했다. 로마클럽은 1968년 이탈리아의 기업인인 아우렐리오 피체가 결성한 지성인 모임이었다. 처음에는 소수의 학계, 과학자, 산업계, 외교관 등이 참석한 소규모 모임이었으나 '성장의 한계'(The Limits to Growth)를 발표한 이후 세계적인 think-tank가 되었다. 본부는 스위스(Winterthur)에 있고 매년 한 번씩 정기 총회가 열리고 있다.

로마클럽은 이 비전을 구체화하기 위해서 MIT공대에 지속적인 성장의 가능성에 대한 연구를 의뢰하였다. MIT공대 연구팀은 성장과 관련되는 인구증가율, 식량, 부존자원, 총생산량, 오염, 복지 등 요인과 투자와의 상관관계를 통해서 장기적으로 어떠한 사회를 구축하느냐에 대한 연구결과[4]를 내어 놓았다.

로마클럽은 ① 인구의 증가와 ② 경제의 양적인 성장을 어느 선에서 멈추지 않는다면 자원의 한계와 지구환경문제의 부정적 효과로 인해 경제성장은 21세기 중 멈출 것이라는 결론을 내렸다. '성장의 한계'(The Limits to Growth)는 전세계에 신선한 충격을 주었다. 성장은 오랫동안 하나의 발전 이데오르기로 형성되어 왔다. 성장하지 못하면 퇴보함을 뜻하고 성장을 목표로 모든 경제활동을 경제성장률이라는 단일 척도로 환원시켰다. 이에 따라 우리는 "더욱 많은(more)"이라는 용어에 큰 가치를 두게 되었고 과잉경쟁심을 가지게 되었다고 했다. 로마 클럽의 보고서인 성장의 한계는 전세계에 성장에도 한계가 있다는 새로운 인식을 각인시키면서 지구환경문제에 관하여 선각자적인 방향을 제시하여 1972년 세계최초의 환경정상회의 개최에 영향을 줬다.

◎ 성장의 한계여부

로마클럽의 보고서인 '성장의 한계' 이래 지속적인 성장의 가능성 여부에 대한 논쟁이 일어났다. 유기체의 성장은 태어나서 성장하고 소멸하는 법칙이 있지만 유기체가 아닌 경제성장에도 한계가 있느냐 하는 것이다. 그 논쟁은 아직까지 뚜렷한 결론이 없이 계속되고 있다. 이 논쟁의 주요 이슈는 다음과 같다.

- 인구는 어디까지 성장할 것인가?
- 시장경제가 자원을 고갈 시킬 것인가?
- 식량증산은 지속될 수 있는가?
- 과학기술은 경제성장을 지속적으로 이끌 수가 있을까?

◎ 로마클럽의 결론에 대한 반론

로마클럽의 결론은 지구환경보호에 지대한 영향을 미쳤지만 그러나 지구환경문제에 대해 낙관론을 가진 사람들이 여전히 우세한 가운데 이 논쟁은 진행 중에 있다. 이러한 사람들의 반응을 나타내는 이면에는 다음과 같은 배경이 깔려 있는 것으로 보인다[5].

- 인간이 총명하다는 자만심
- 과학기술에 대한 맹신
- 시장기능에 대한 맹신

지구환경문제 해결을 위한 국제적 노력의 개요

지구환경보호를 위한 움직임은 주로 선진사회에서 나타났고, 개발도상국들은 지구환경문제에 대한 관심이 부족했다. 따라서 지구환경문제는 선진국이 끌고 개도국이 끌려가는 양상을 띠게 되면서 지구환경문제에 관한 개도국과 선진국의 입장차이를 뚜렷이 나타냈다. 즉, 개도국은 개발에 우선을 두고 지구환경문제는 2차적으로 생각하고 있다는 것이 드러났고, 이 문제는 선진국으로부터 재정과 기술지원이 없으면 지구환경 보호문제를 다룰 수 없다는 태도를 나타냈다. 이러한 개도국의 태도에는 자국의 개발과 성장이 급선무라는 인식과 함께 지구환경문제에 대한 선진국들의 역사적 책임과 자원수탈이라는 의식이 깔려 있는 것이다. 그러나 선진국측은 지구환경문제의 근본적 원인 중의 하나가 개도국측의 인구증가인 만큼 개도국의 책임을 강조하면서 개도국의 지원에 대해서는 인색한 태도를 견지하고 있다.

이러한 입장차이로 인해 1980년대 후반 지속가능개발 개념이 나올 때까지 지구환경보호문제는 큰 진전을 이루지 못하였다. 그러나 지속가능성개발 개념이 대두되었음에도 불구하고 여전히 선진국과 개도국간에는 재정 및 기술지원 문제를 둘러싸고 대립이 지속되고 있어 지구환경문제 해결을 위한 세부 사안에 대해서는 개별국가들이 국익차원의 대응을 하고 있는 실정이다. 또한 지구환경문제 해결을 위한 세부사안에 대해서는 개별 국가들간의 이해관계가 매우 복잡하게 얽혀 있다. 국가간의 이해관계는 국가별, 지역별 또는 이해집단별로 복잡하게 전개되고 있다.(예 : 산유국, 열대우림 자원국, 도서국가, EU, 농업국 등)

세계 최초의 환경정상회의가 1972년 스웨덴의 스톡홀름에서 개최되었다. 세계 최초로 지구환경문제를 다루기 위한 세계정상회의가 개최되었다는 것은 지구환경문제가 그 만큼 중요한 사안이라는 것을 뜻한다. 따라서 지구환경문제에 대한 정상회의를 개최했다는 그 자체로서 의의가 크다. 이후 매 10년 마다 세계환경문제의 상황을 점검하고 향후 행동 방향을 결정하기 위한 세계정상회의가 개최되고 있다. 그간의 정상회의 개최 현황은 다음과 같다.

1972년 스웨덴 스톡홀름 정상회의(유엔환경인간회의)

지구환경상황 점검

UNEP

UNEP 창설
환경보호우선을 주장하는 선진국과 개발우선을 주장하는 개도국간의 대립, 행동 방향 설정에 실패

1982년 케냐 나이로비 정상회의
세계자연헌장 채택
선진국과 개도국간 대립으로 큰 성과 없었으나 대립을 해소하기 위한 위원회 구성 지지.
(1983년 유엔총회 결의에 의해 환경과 개발에 관한 세계위원회(브란트란트위원회)구성)

(1987년 브란트란트위원회의 도쿄선언, 지속가능개발개념제시)

1992년 브라질 리우 정상회의(유엔환경개발회의)
리우선언 및 의제 21 채택
지속가능개발 개념 공식채택(선·개도국간 합의)
지속개발위원회(CSD) 설치
기후변화협약, 생물다양성협약, 산림원칙 등 성립

1997년 유엔환경특별총회(지속가능발전 점검 및 지속가능발전에 대한 의지 표명)

2002년 요하네스버그 정상회의[6](지속가능발전세계정상회의)
리우 회의 후 상황 평가와 향후 실천계획
중기 이행계획 채택
파트너십 이니시어티브 도입

(2012년 브라질 리오데 자네이로 개최 예정)

한편, 이러한 세계정상회의와는 별도로 국제사회에서는 중요한 지구환경문제에 대해서는 오존층 보호협약, 사막화 방지협약 등과 같이 분야별로 관련 협약을 채택하였으며, 환경업무를 관장하기 위해 기존의 국제기구 내에 환경업무를 추가하거나 새로운 국제기구를 만들었다. 또한 지역환경을 다루기 위한 지역기구[7](EU, OECD등)도 지역환경문제를 다루고 있으며, NGO나 민간단체도 지구환경문제에 깊이 개입하게 되었다.

<일반적 논의 동향>

1972년 지구환경문제가 공식화된 이래 가장 특기할 사항중의 하나는 무엇보다 지속가능발전 개념이 성립된 것이다. 지속가능발전이 성립함으로써 선진국과 개도국 모두 환경

보호와 경제 및 사회발전을 동시 추구하는 방향으로 나가게 되었다. 그러나 현실적으로 지구환경보호를 위한 수단인 재정 및 기술에 대해 선진국과 개도국간의 이견으로 지구환경보호를 위한 행동은 원만하게 진행되지 않고 있다.

한편, 지구환경을 보호하기 위한 수단으로 무역조치가 대두되고 있다. 또한 무역조치가 국제협약에 포함되기 시작했으며 WTO 같은 국제기구에서도 무역조치에 대한 논의를 하고 있다. 지구환경을 보호하기 위한 무역조치의 필요성은 인식되고 있으나 현실적으로 자의적인 무역조치는 무역왜곡을 초래하여 세계무역질서에 혼란을 초래할 가능성이 있다.

국제사회는 중앙집권적 성격의 사회가 아니므로 지역환경은 1차적으로 해당 지역에서 해결하는 것이 바람직하다. 이러한 관점에서 각 해당 지역에서의 환경논의가 활성화 되고 있으며 동북아 환경협력도 이러한 추세에 발맞추어 황사문제, 산성비문제, 해양오염 문제 등을 다루기 위해 진행 중이다.

<분야별 논의 동향>

위에서 말한 것과 같이 지구환경문제에 관해 세계 정상회의라는 큰 틀 아래에서 분야별로 협약이 체결되고 있다. 오존층 보존, 멸종위기의 동식물 보호와 같이 성공적인 사례도 있으나 지구환경문제에서 가장 시급하고도 중요한 기후변화문제와 관련된 조치는 각국의 첨예한 이해관계 대립으로 아직까지 큰 진전이 없는 상황이다. 지금까지 진행되고 있는 주요 분야별로는 대기분야, 생태계분야, 산림분야, 해양분야, 폐기물 및 유해물질 처리분야 등으로 나눌 수가 있다. 분야별 상세 내용은 제2부에서 다룬다.

◎ 대기분야

대기분야에서 국제적 노력은 무엇보다 기후변화협약을 들 수가 있으며 그 이외에도 오존층 보호를 위한 비엔나협약과 몬트리올의정서, 산성비, 황사방지를 위한 지역협력 등이 있다.

(상세는 제4장 대기분야 참조)

◎ 기후변화협약

기후변화협약은 1992년 리오회의에서 채택되어 1995년부터 효력이 발생되었다. 기후변화협약은 기후변화에 관한 과학적 기초를 제공한 IPCC의 보고서[8]를 토대로 온실가스 감축을 통해 지구기후를 안정화시키는 것을 목적으로 하고 있고 이러한 목적달성을 위해 가입국들이 노력해 나간다는 내용을 담고 있다. 온실가스 감축이 기후변화협약의 핵심사안이지만 각국간의 입장 차이가 커서 강제성이 결여된 협약이 되었다.

이에 기후변화협약 당사국들은 온실가스의 실질적 감축을 위하여 노력한 결과 1997년 교토의정서를 채택하게 되었다. 그러나 교토의정서 역시 이해당사국의 입장 차이로 2005년에 가서야 효력이 발생하게 되었다. 교토의정서에는 OECD와 CIS 국가를 비롯한 40개국이 온실가스 감축의무 부담을 지도록 되어 있으며 부담내용은 다음과 같다.

- 부담내용 : 1990년 기준 차등부담 적용
- 이행기간 : 2008년-2012년 기간
- 주요결정 : 배출거래제도 등 신축성 메커니즘 확정

교토의정서 이후(2012년 이후) 새로운 온실가스감축 체제를 마련 중에 있다. 새로운 체제에서는 개도국이더라도 온실가스를 많이 배출하는 중국, 인도, 우리나라 같은 산업국을 포함시키려는 움직임이 있다. 2009년 12월 코펜하겐 당사국 회의에서는 새로운 체제를 확정하려는 시도는 각국간의 첨예한 이해관계 대립으로 성사되지 못하였다. 그러나 이러한 시도는 계속될 전망이다.

몬트리올의정서

몬트리올 의정서는 프레온 가스를 포함한 오존층 파괴물질을 통제하기 위하여 1987년에 체결된 의정서로서 비엔나 협약(1985년)에 근거를 둔다. 모든 나라로부터 연차적으로 오존층 파괴물질을 통제하는 스케줄을 만들어 시행 중에 있다. 오존층을 보호하기 위하여 95종의 규제물질이 있으며 위반시 무역보복까지 할 수 있는 강제적인 규정을 포함하고 있으나 개도국에 대하여는 유예기간을 주고 있다. 우리나라도 1992년 가입하였다. 환경문제의 특성중의 하나인 원인제공과 현상간의 갭[9](delay) 으로 2050년경까지 오존층은 계속 파괴될 것으로 예상된다. 그럼에도 불구하고 오존층 보호노력은 지구환경보호를 위한 국제적 노력 중에 가장 성공적인 사례로 손꼽히고 있다.

생태계분야

많은 사람들이 생태계의 중요성을 잘 모르고 있다. 생태계란 물, 흙, 돌, 나무와 숲, 공기 등의 자연상태라고 말할 수 있다. 산림축소, 토양의 황폐화, 사막화 확대 등 생태계가 자꾸 파괴되어 가고 있다. 산성비와 산림남벌은 산림을 축소시키고 있으며, 화학비료의 남용, 살충제의 과다사용 등 무절제한 경작방식으로 인한 토양의 생산성 감소와 황폐화는 토양의 유실을 가중시켜 급기야는 사막화 현상을 심화시킨다.

생태계를 보존하기 위한 국제적 노력으로는 무엇보다 생물다양성 협약과 바이오안전성 의정서 등 협약의 세부규칙을 제정하기 위한 협상 등을 들 수가 있다. 또한 동식물 서식지인 열대우림 보호를 위한 국제열대목재기구(ITTO) 설립, 사막화방지협약, 습지보존협약, 산림원칙 같은 것도 있다. (상세는 제5장 생태계 분야 참조)

생물다양성협약

인간의 생산 및 소비활동으로 인한 환경오염과 생태계 파괴는 생물종의 서식환경을 극도로 악화시키고 있다. 관련 학계에 의하면 연간 2만5천-5만종의 생물종이 멸종되고 있으며, 이와 같은 속도가 진행된다면 향후 10-20년간 현존하는 500만-1천만 생물종의 10-20퍼센트가 사라지게 될 것이라고 한다.

80년대까지 생물 및 유전자원은 자원보유국의 의사와 관계없이 자원 비보유국에 의해 이용되어 왔다. 자원 이용국은 주로 선진국이며 자원 보유국은 개도국이었다. 생물자원과 유전자원은 생태계의 중요한 부분으로서 인류의 공동재산이라는 개념아래 이를 체계적으로 보호하고 관리하기 위해 생물다양성협약이 체결되었다. 이에 따라 생물자원과 유전자원 보유국은 이에 대한 배타적 권리를 인정받는 대신 생물자원과 유전자원을 보호하고 관리할 책임을 지게게 되었다. 즉, 생물자원과 유전자원 보유국은 지속가능한 이용을 위하여 자원을 이용하는 국가에 대한 접근제한을 할 수가 있으며 자원 이용국은 자원 보유국의 동의 아래 일정한 대가를 지불한 후 이를 이용할 수 있다는 내용이다.

바이오안전성의정서

LMO(Living Modified Organism)의 국가간 이동 시 건강에 부정적 영향을 방지하기 위한 목적으로 성립한 국제협약으로서 LMO(Genetically Modified Organism) 또는 GMO 제품에 대한 사전 통보를 충실히 했느냐를 규정하는 내용이다.

◎ 멸종위기동식물거래협약

멸종 위험에 처한 3만 여종의 동식물에 대한 거래규제를 목적으로 하며 이 중 800여종은 상업용 거래를 중단시켰다. 이 협정에는 위반할 경우 무역에 대한 무차별 보복을 규정하고 있다. 우리나라도 1993년 가입했다. 처음에 우리나라는 이 협약에 큰 관심이 없었지만 무역조치에 의한 무역영향 가능성이라는 국제적 압력에 굴복하여 이 협약에 가입하지 않을 수 없었다.

◎ 사막화방지협약

사막화 현상은 기후변화, 생물다양성과 같이 범지구적 현상이다. 현재 100여 개국이 사막화 영향하에 있으며 사막화는 산림황폐화, 토양침식, 황사와도 관련이 있다. 사막화 방지문제에 효과적으로 대처하기 위해서는 국제적 협력이 필요하다. 1994년 협약이 채택되어 1996년 발효하였으며, 2006년 현재 194개국이 비준하였다. 우리나라도 1999년에 비준하였다.

우리나라는 사막화와 직접적인 관계는 없으나 국제적 위상 제고뿐만 아니라 황사문제에 있어서 간접적으로 관계가 있다. 이에 따라 ODA(Overseas Development Assistance) 차원에서 산림녹화 및 사방기술 등으로 중국의 사막화 방지를 지원하고 있다.

◎ 습지보존협약(람사르협약)

습지는 생태계의 보고로서 습지를 보호하기 위한 국제적인 노력의 결과 1971년 람사르협약이 채택되었다. 현재 전세계에 약 1,700개의 습지가 보존가치가 있는 습지로 등록되어 있다. 우리나라는 1999년 가입하였으며 현재 강원도 인제군 대암산 용늪을 비롯하여 경남 우포늪, 전남 장도습지, 전남 순천만 갯벌, 제주 물영아리오름 등이 국제습지로 등록되어 있다.

산림원칙 산업활동으로부터 배출되는 공해물질의 증가, 산성비의 증가 및 무차별적인 벌목은 지구표면의 산림, 특히 열대우림을 대량으로 파괴하고 있다. 산업혁명 이전에 지표의 약 16퍼센트를 차지하던 열대림은 현재 약 7퍼센트로 줄어들었다. 지구 전체로 보면

약 50억 헥타르의 숲 중에 10억 헥타르의 숲이 사라지고 지금은 40억 헥타르 정도밖에 남아있지 않다. 산림파괴는 생물종의 서식지를 감소시킴으로써 결과적으로 생물종의 감소를 야기하고 전세계적인 차원에서 CO_2의 흡수능력을 저하시킴으로써 지구온난화를 촉진시킨다. 생물다양성의 원천이면서 CO_2 흡수원으로서 중요한 산림보존을 위하여 국제협약 채택의 필요싱이 있으나 개도국과 선진국간의 내립 등 국제적 합의에 노날하지 못했다. 그러나 1992년 리오 정상회의 당시 구속력 없는 산림원칙을 선포한 바 있으며 이는 앞으로 산림협약의 방향을 나타내고 있다.

산림자원은 지구환경에 있어 매우 중요하므로 이는 개별 국가의 주권에 속하기도 하지만 공동 재산 성격을 가지며 다른 국가에 대한 환경적 피해 방지 요구할 수 있는 한편 지속가능한 채취를 할 책임을 진다. 즉, 산림원칙도 생물다양성협약과 비슷하게 개도국의 산림보전에 대한 대가를 지불하며 산림제품에 대한 개도국의 시장접근 보장, 산림으로부터 나오는 이익에 대해 상호합의하에 분배와 기술 및 노우하우의 이전을 요구할 수 있도록 선언하고 있다. 그러나 산림원칙은 구체성과 강제성이 결여되어 있으며, 선언적 의미가 강하다.

해양분야

바다는 육지보다 배 이상 면적이 넓다. 바다는 바다생물의 서식지로서 해산물을 생산해내기도 하지만 폐수나 쓰레기의 투기대상이 되기도 한다. 핵폐기물, 산업폐기물 등 각종 폐기물의 해양투기 및 산업폐수, 생활폐수 등 육상에서 발생한 오염물질의 해양유입은 적조현상을 유발시켜 해양생태계를 파괴할 뿐만 아니라 어패류 체내에 중금속의 농축을 가져와 궁극적으로 인간건강을 위협한다. 해양어족자원을 보호하는 국제협약으로는 유엔해양법협약, 앞서 말한 생물다양성협약, 멸종위기에 처한 동식물거래협약(CITES), 국제습지보전협약 등이 있다. (상세는 제7장 해양분야 참조)

또한 해양생태계를 보전할 목적으로는 폐기물 해양투기를 금지하는 런던협약, 선박의 통상적 활동 또는 사고로 인해 발생되는 해양오염 방지를 위한 해양오염방지협약, 산호초를 보호하기 위한 국제산호초 이니시어티브 등이 있다. 해양오염 원인은 대체로 다음과 같다.

하천 또는 육상을 통한 유입	44 퍼센트

육상오염물질의 대기를 통한 유입	33 퍼센트
해양수송활동	12 퍼센트
해양투기	10 퍼센트

런던협약 (1972년 채택, 1975년 발효)

폐기물을 해상에 투기하는 행위를 방지할 목적으로 채택되었다. 런던협약의 내용을 강화한 의정서가 1996년 채택되었으며 이에 따라 투기금지품목(positive listing system)이 명시되고 투기지역에 내수도 포함되었다. 우리나라는 1992년 런던협약에 가입하였으나 해양투기행위가 계속되고 있는 실정이다. 특히 하수 침전물의 경우 75퍼센트가 바다로 들어간다. 이는 미국, 일본 등 선진국이 모두 1퍼센트 이내인 것과 대비된다.

투기지역은 동해상 3개 지역, 서해상 1개 지역 및 공해다. 서해는 폐쇄해역이므로 그 피해가 더욱 심각하다. 해양오염방지법, 폐기물 관리법 등 체제에도 불구하고 대량투기를 하고 있으며 인접 지역해[10]에 산업폐기물 대량투기 국가로는 우리가 유일하다. 런던협약 및 동 의정서에는 위반시 강제적 규정이 없어 현재로서는 실효성이 의문시되나 지속적 위반시 국제적 압력을 초래할 수가 있다.

육상기인 오염방지행동계획

유엔환경계획(UNEP)의 이니시어티브로 육지에서 바다로 흘러가는 폐기물을 방지하기 위하여 시작된 캠페인이다. 1985년 몬트리올 가이드라인을 채택하였으며, 1995년에는 육상활동으로부터 해양환경을 보호하기 위한 기준(GPA)을 마련했다. 우리나라도 대형유류오염사고, 하수처리 미비로 인한 적조현상, 콜레라발생 등 우려가 있어 GPA의 국내법적 기반을 마련해야 한다.

폐기물 및 유해물질 처리분야

많은 화학물질이 선진국에서 생산되고 있다. 그러나 지금은 선진국의 기술과 자본으로 개발도상국에서도 많이 생산해 낸다. 1981년 보팔사고[11]로 알려진 가스 폭발 사고의 예와 같이 위험하기 때문에 선진국들은 생산지를 개도국으로 옮긴다. 생산과정에서도 문제이지만 쓰고 난 화학물질은 위험한 폐기물이 된다. 이 폐기물은 이리 저리 옮겨 다닌다. 화공약품, 살충제, 비료, 농약 등 독성을 가진 화학물질과 산업화의 결과로서 발생하는 각종 산업폐기물이 불법 또는 재활용 명분으로 처리시설을 제대로 갖추지 못한 개발도상국에 수출, 방출됨으로써 환경 및 인간건강에 심각한 영향을 미친다.

1970년대부터 유해 폐기물의 국가간 이동문제가 발생, 인체에 대한 위험성이 제기되어, 유해폐기물의 교역을 극소화 하고, 국가간 마찰을 해소할 필요성이 대두되었다. 이에 따라 1987년 유엔총회의 결의를 거쳐 정부간 회의를 개최하게 되었다. 현대사회에서 유해화학물질이 다량 생산되어 유통됨으로써 인체에 해로운 결과를 가져올 가능성이 크므로 이에 대한 통제의 필요성이 제기되었다. 살충제, 농약 등 화학물질은 대부분 유해한 것으로 나타나고 있으나 그 생산에 대한 직접적인 통제와는 별도로 그러한 물질의 유통에 대해 사전통고, 수출금지 등의 조치를 취하도록 했다.(상세는 제8장 폐기물 및 유해화학물질 분야 참조)

◎ 바젤협약

협약은 유해폐기물 이동시 발생가능한 사고예방 위해 폐기물 이동절차를 통제하고 유해 폐기물의 생산을 최소화하며 유해폐기물의 개도국으로의 이동을 금지하는 데 그 목적이 있다. 유해폐기물의 국가간 이동 및 그 처리 통제를 목적으로 1989년 채택(스위스 바젤)되어 1992년 발효되었다. (우리나라 포함 105개국 서명)

◎ 로테르담협약

유해화학물질 교역시 교역국간에 자발적으로 사전통고승인절차를 거치도록 함으로써 유해화학물질의 통제를 용이하도록 하는 제도이다. 협약의 주요내용으로는 사전통고승인절차(PIC)를 채택하고 PIC 대상 품목은 당사국 총회에서 결정하도록 했다. 1989년 UNEP 집행위원회 주관으로 시작되었으며 1998년 협약이 채택되어 2004년 발효되었다. (현재 73개국이 서명, 비준, 우리나라는 99년 서명, 2004년 비준)

◎ 스톡홀름협약

잔류성 오염물질(POPs)에 대한 생산통제 또는 수출규제를 목적으로 한다. 잔류성오염물질이란 분해되지 않고 동식물 체내에 축적되는 유독성 화합물질이며 바람과 해류를 따라 장거리 이동할 수 있는 물질이다. 대부분 인위적으로 생성된 화합물로서 살포, 연소시 발생한다. 스톡홀름에서는 12종의 POPs 지정하였으며 12개 POPs의 근절 및 저감, POPs 수출금지 및 신규 대상물질의 선정 및 통제를 하고 있다. 2001년 협약이 채택되어 2004년 발효되었다. (현재 151개국 서명, 76개국 비준, 우리나라는 2005년 비준)

2. 국제환경 논의에 있어 대두되는 주요 사안

1970년대 지구환경문제가 대두된 이래 약 30년 이상 지구환경문제가 논의되고 그 인식이 확산되어 왔다. 그 동안 국제사회에서 지구환경문제 논의과정에서 공통적으로 대두되고 있는 주요한 사안들을 살펴보면 다음과 같다.

인류의 미래와 관계되는 기본 정책적 문제

인류의 미래에 영향을 미치는 사안들이 많이 있을 것이다. 그 중에서 인구증가문제, 개발과 환경의 조화문제, 개도국 지원문제, 빈곤퇴치문제 등 몇 가지 주요한 사안에 대해 살펴 보자.

<인구증가문제>

인구증가문제는 지구환경문제의 핵심이다. 그러나 인구증가문제는 국내 및 국제적으로 매우 민감한 정치적인 문제이기 때문에 이 문제를 본격적으로 환경 이슈화 하지 못하고 있다. 그러나 모든 환경문제는 인구문제, 즉 인구증가 문제와 직간접적인 관계가 있다. 선진국은 개도국의 인구증가문제가 환경저해의 중요한 원인임을 지적하고 개도국의 인구증가 둔화를 요구하고 있다.

<지속가능발전의 추구(개발과 환경의 조화문제)>

앞서 말한 바와 같이 지속가능발전은 개도국과 선진국이 지구환경 보호를 위해 같이 나아가야 할 키워드가 되었다. 그러나 개도국은 선진국의 재정적 기술적 지원 없이는 이를 추구하기가 어려운 상황이다. 이 문제는 다음 항에서 좀 더 자세히 살펴보기로 한다.

<개도국 지원문제>

현재 세계는 나라 수로 보나 인구로 보나 양적으로는 개도국이 압도적으로 높은 비중을 차지하고 있다. 그러나 개도국은 자력으로 환경보호를 할 형편이 못되며 선진국의 지원이 필요한 상황이다. 거의 모든 문제에서 선진국의 개도국지원문제가 대두되고 있다.

지속가능한 개발은 개도국의 개발의지와 선진국의 환경보호 의지가 타협을 한 개념이다. 개도국의 지속가능한 개발을 위하여는 연간 약 6천 억불의 예산이 필요하나 이중 1,250억불을 선진국, 국제금융기구 등 국제공동체로부터 조달해야 된다고 밝히고 있다(WSSD). 국제사회는 이러한 재원을 조달하기 위해서 다음과 같은 제반 방안을 제시하고 있으나 선진국측의 적극적인 지원 자세가 결여되고 있어 필요한 만큼의 재정지원이 어려운 상황이다.

○ 선진국들이 GDP의 0.7퍼센트까지 기여할 것
○ GEF, 지역개발은행, 세계은행, IMF 등 국제금융기구 예산을 활용
○ 실질적인 대개도국 재정지원인 Debt for Swap, JI, 온실가스배출 거래제도, 국제항공세 등
○ 능력형성, 기술이전 등

재정지원 이외에 개도국은 기술지원도 필요하다. 개도국은 지구환경 악화에 대한 선진국측의 보다 큰 책임을 강조하고 환경친화기술의 이전을 원하고 있다. 그러나 선진국은 지적소유권 제도의 중요성을 강조하고 있고, 기술무상 이전에 대해서는 부정적이다. 지적소유권제도란 기술의 시장경제체제로서 기술발전의 모태라고 보기 때문이다. 선진국 측은 공적으로 소유된 기술의 이전은 가능하다고 하지만 공적 소유 하에 있는 기술의 분야가 매우 제한되어 있다. 이는 기술문제가 부의 창출에 있어 핵심적인 사안임을 간접적으로 보여주는 예이다.

앞서 말한 인구증가율 둔화도 교육수준과 소득수준의 향상을 통해 가능 하므로 결국

이 문제도 선진국의 도움이 필요한 실정이다.

<빈곤퇴치문제>

개도국지원문제 중에서 빈곤퇴치문제는 지속가능발전에 있어서 가장 큰 장애물 중의 하나로 인식되고 있다. 특히 최빈국[12)]으로 분류되고 있는 40여 개국에서 나타나고 있는 빈곤은 생존과 직결되어 있으므로 인도적 차원에서도 문제가 되어 있다. 빈곤문제가 해결되지 않고는 지속가능발전을 기대하기가 어렵다는 데에는 이견이 없다. 그러나 최빈국의 빈곤문제를 해결하기 위해서는 현재 선진국 그룹에서 지원하고 있는 정도로는 부족하며 앞으로 보다 효율적인 지원체계가 수립과 관련하여 논의가 계속될 것이다.

빈곤에는 절대적 빈곤과 상대적 빈곤이 있다. 상대적 빈곤은 어느 나라에나 존재하고 있으며 정치적인 면이 깊이 관계되고 있다. 이에 비해 절대적 빈곤은 주로 개도국에 존재하며 인도적 측면이 개재되어 있다. 물론 선진국에서도 절대적 빈곤이 포켓처럼 존재하고는 있지만 절대빈곤에 대해서는 복지차원의 정치적 역량에 의해 크게 완화될 가능성이 크다. 그러나 개도국의 절대적 빈곤은 구조적이며 광범위하게 퍼져 있어 개도국의 정치적인 역량으로 이를 해소하기가 어렵다. 그래서 이의 완화를 위해서는 외부의 지원이 필요하다.

절대적 빈곤은 국제사회에서는 인도적 차원에서 구제해야 될 사안이 되어 왔다. 그래서 많은 선진국들은 개도국의 빈곤퇴치를 지원하기 위하여 여러 가지 방법으로 지원을 해오고 있다. 그러나 개도국들은 대개 부패가 만연하고 사회가 분열되어 있어서 이러한 지원을 효과적으로 이용하지 못하는 경향이 있다. 그리고 무엇보다 자립보다는 원조에 기대는 경향이 고착화 되어 간다.

또 다른 차원에서 볼 때 선진국들의 개도국 지원의 배경은 무엇인가 하는 점이다. 이 문제는 다소 세계역사 및 국제정치적인 면을 내포하고 있다고 본다. 인도적 지원은 인권이니 민주니 자유니 하는 요소들과 함께 현대사회에서 식민통치와 밀접한 관계가 있다. 서구 식민세력이 개도국 사회를 지배할 때 식민통치의 부작용을 완화시키는 수단이 아니었나 하는 생각을 하게 된다. 개도국에서 인도적 지원을 함으로써 개도국에서 자국의 이미지를 제고하여 장기적으로 자원획득이나 시장확보 등에 있어서 유리한 위치를 확보한다는 뜻이 있다고 본다. 얼른 보기엔 불쌍하고 못 사는 사람들을 도와준다는 뜻 같지만 실제 내막적으로는 냉철한 계산이 깔린 지원이라는 것이다. 현재 국제사회에서 선진국들이 대개도국 지원에 소극적인 태도를 나타내는 것을 보면 선진국의 진정한 지원의 면이 보이지 않는다. 한편 우리나라도 지금 선진국과 개도국의 중간에서 이들을 잇는 역할을 하겠다고는 공언하고 있으나 분명한 철학적 바탕이 선행되어야 할 것이다.

기타 주요하게 대두되고 있는 사안

지구환경문제와 관련하여 앞서 열거한 사안들 이외에도 국제적으로 거론되고 있는 사안들이 많이 있다.

그 중에서도 무역과 환경 및 국제규범의 형성에 대해 살펴 보자.

<무역과 환경>

선진국들은 자국 내에 높은 환경보호 기준을 마련해 놓고 환경보호를 위해 일방적인 무역조치를 취하는 사례가 늘고 있는 한편, 다자적 무역규제 또한 시도하고 있다. 월경성 지구환경문제의 해결에는 다자간 협력이 적절하며 현재 약 200개의 국제환경협약 중 약 18개의 협약이 무역조치를 포함하고 있다. 1987년에 체결된 몬트리올의정서의 무역규제가 효시이다.

WTO 체제에서 환경보호를 위한 무역규제와 관련하여 논쟁이 있다. 환경론자는 환경 세이프가드가 없으면 환경이 훼손될 것이라 하고, 자유무역론자는 국제무역 증대는 소득 증진으로 환경보전에 도움이 될 것이라고 주장한다. 또한 선진국과 개도국간에도 이견이 있다. 개도국은 무역규제가 불공정한 차별과 보호무역수단으로 악용될 가능성이 있다고 주장하고 있는 반면, 선진국은 자유무역을 주창했지만 필요시 규제를 할 수 있다고 주장하고 있다.

현재 WTO 체제하에서 무역과 환경에 대해 논의를 계속하고 있고 앞으로 도하개발체제하에서도 이 문제는 지속될 것으로 예상된다. 논의의 핵심사항 중의 하나는 공정 및 생산방식에 대한 문제다. 공정 및 생산방식(PPM, Process and Production Method)이란 어떤 제품의 공정 및 생산방식에 환경을 저해하는 요인이 있을 경우, 비록 그 제품이 환경을 저해하지 않는 유사제품과 차이가 없다 하더라도 이에 대한 차별을 할 수 있다는 것이다.

도하개발아젠다에서 환경개선이라는 주제가 들어감으로써 더욱 어렵고 복잡한 양상을 띨 가능성이 크나 환경문제가 점차 더 중요한 양상을 띠게 될 것이므로 도하개발체제 이후 그린라운드의 도래가 예상된다.(상세는 제9장 무역과 환경참조)

<국제환경 규범의 형성>

국제환경협력이 진행됨에 따라 국제규범이 형성되고 있으며 이미 확고하게 형성되어 자리를 잡고 있는 규범도 있으며 아직 일부에서만 통용되는 부분적 규범도 있다.

◎ 국제환경법의 연원과 특성

국제환경법 분야에서는 국제기구 또는 국제회의에서 작성된 환경관련 문서들이 법원형성과 발전에 역할을 한다. 또한 국제기구의 행위는 구속력 없는 권고에 불과하지만 국제사회의 행위에 영향을 주고 관습법형성에 기여할 뿐 아니라 조약체결의 기초가 되기 때문에 중요한 보조법원이 된다. 이러한 국제환경 규범은 다음과 같은 특성이 있다.

- 각 부문별 별도의 규범과 여러 부문에 걸친 규범이 있지만 최근 각 부문을 통합 접근하는 추세다.
- 환경관련 입법에는 과학 등 다양한 분야의 전문가가 동원된다.
- 대부분 Soft law로서 강제규범 아니다.

◎ 국제환경 규범의 일반원칙

국제환경 규범의 역사는 일천하지만 대체로 다음과 같이 몇 가지 주요한 사안에 대한 원칙이 확립되어 있다.

- 월경성 오염에 관련된 일반원칙으로는
  - ○ 자연자원에 대한 주권적 권리와 다른 국가의 환경에 피해를 주지 않을 의무가 있으며,
  - ○ 국제협력의 원칙이 형성되어 있고
  - ○ 오염자 부담 원칙(Pollutor Pays Principle)이 적용되는 경향이 강하다.
- 자연자원 및 국제공역의 보존과 이용에 대하여 공평하게 보존할 책임과 공평하게 이용할 권리를 기준으로 일반원칙이 형성되어 있다.

새로 부각되는 개념과 원칙

아직 확고한 원칙으로 보기는 어려우나 일부 국제사회에서 상당히 인정되어 있는 몇 가지 원칙이 있다. 이는 아직도 이에 대해 반대하는 측이 있다는 뜻도 된다.

- 지속가능한 개발의 원칙
- 공통의 그러나 차별화된(Common But Differentiated) 책임의 원칙
- 사전예방원칙(Precautionary Principle)
- 사용자 부담의 원칙(User Pays Principle) 등이 대두되고 있으나 아직 확실한 규범으로 자리잡지는 못하고 있다.

3. 지속가능발전

지속가능성이란 개념은 극히 근래에 나타난 말이다. 지속가능발전은 영어로 Sustainable Development 인데 이 용어를 찾아내는데 20년이란 시간이 소요되었다. 1972년 스톡홀름 정상회의에서 나타난 개발과 환경보호를 두고 개도국 진영과 선진국 진영의 대립은 평행선을 그었다. 이 개념이 공식적으로 등장하게 된 것은 1992년 리우정상회의이다. 이는 마치 아라비아 숫자의 '0' 이라는 숫자가 아주 쉬운 개념 같지만 '0'이외의 다른 숫자가 먼저 나오고 한 참 후에 발견된 것과 같다. 영(zero)이란 숫자는 처음부터 존재한 것 같아도 사실은 인도에서 7세기경에 만든 수이다.

지속가능성 개념은 개발(development) 부문에서 출발했으나 그 후 채취, 생산, 관리, 경영 등 모든 부문에서 사용하게 되었다. Development를 처음에는 개발로 번역을 하였으나 지금은 발전으로 번역을 하고 있다. 개발이라면 자칫 개도국이 한정된 인식을 준다. 발전이 개발보다 더 포용력 있는 뜻으로 이해될 수 있기 때문이다.

지속가능성 개념의 대두

지속가능한 개발이란 장기적 관점에서 환경적인 요인을 감안하여 어느 정도 여유를 두

고 개발한다는 뜻이다. 예를 들어 어떤 크기의 숲을 보존하기 위해서 그 숲의 20분의 1 크기의 구역에서만 나무를 베어낼 수 있도록 하고, 베어낸 자리엔 20년 만에 그 만한 키의 나무가 자랄 수 있는 묘목을 심는다는 뜻이다. 여기에서 20분의 1이란 할당과 그에 해당하는 묘목을 심는 노력이 필요하게 된다. 이러한 대책 없이 그 숲을 베어내기만 한다면 숲은 곧 사라질 것이다. 절대빈곤이 있는 곳에서는 지속가능한 개발은 통하지 않게 된다.

> "1,000평 크기의 땅이 있는데 이 땅을 완전 경작을 했을 때 1톤의 쌀이 생산이 되어서 네 식구를 1년 동안 겨우 먹여 살렸다고 한다면 이 가족은 생존을 위해 계속해서 이 땅을 경작을 해 나갈 것이다. 이 가족이 계속해서 10년 동안 경작을 하면 어떻게 될까? 모든 땅은 이용기간과 비례하여 생산성이 떨어질 수 밖에 없게 되는데 땅의 생산성이 떨어져서 이 땅에서 700kg의 산출이 났다면 그 때 그 가족에게는 배고픔이 올 수밖에 없다. 즉, 절대적 빈곤이 심화된 것이다. 절대적인 빈곤이 심화되면 이런 상황에 있는 사람들은 '지속가능한 개발'을 할 수가 없게 된다. 이러한 절대빈곤은 결국 환경의 파괴, 즉 이 경우에는 표토(토양 상층부) 상실을 통한 경작지의 황폐화를 초래할 수 밖에 없다. 이들에게는 당장의 배고픔을 해소하는 데만 관심이 있으며 지속적인 경작에 의해 앞으로 경작지가 황폐화될 수 있다는 미래의 가능성에 대해서는 관심이 없다. 이 가족은 상실된 쌀의 산출을 보상받기 위해서 더 많은 땅을 개간하게 될 것이며 같은 방식으로 계속 토지의 생산성을 떨어뜨리면서 생존의 위협과 싸울 수 밖에 없다."

이것은 아주 단순해 보이지만 절대적 빈곤과 지속가능한 개발간의 관계를 잘 보여주는 예이다. 지속가능성이란 개념은 한 마디로 현재보다 못하지 않는 상황을 미래까지 이어간다는 뜻이다. 영어로 sustainable은 '지탱하면서 계속한다'는 뜻이 있는데 이것을 우리말로 지속가능성이라고 번역을 했다. 그러나 완벽한 번역은 아닐 수 있다. 좀 더 길게 설명을 하자면 '최소한 현재의 상태를 유지하면서 보다 나은 방향으로 지속되는 것'이라고 할 수가 있을 것이다.

지속가능개발 용어가 처음으로 대두된 것은 대략 1970년대 중반이며 공식화된 개념으로 등장한 것은 브란트란트 위원회의 보고서다. 이 개념이 지구환경정책 방향으로 공식적으로 채택된 것은 1992년 리우정상회의에서이다. 지속가능성개념이 나온 연혁을 보면 다음과 같다.

- IIED(International Institute for Environment and Development)

1972년 스톡홀름의에서는 환경의 중요성 인식했으나 '지속가능성'이란 용어를 사용하지는 않았다. 처음으로 이 용어를 사용한 사람은 1970년대 중반 IIED 설립자인 Babard Ward로 알려져 있다. 그는 환경보호와 경제적 개발을 연결해서 지속가능개발이란 용어를 사용하였다.

- 브란트란트 위원회

1983년 유엔 총회는 개발과 환경보호 문제를 해결하기 위한 방안으로 환경 및 발전에 관한 세계위원회를 발족시켰다. 지속가능성 개념은 1987년 "환경 및 발전에 관한 세계위원회"위원장인 브란트란트(노르웨이 수상)의 '우리들의 공동 미래(our common future)'라고 불리는 보고서에서 처음으로 나타났다. 여기서는 지속가능한 개발을 다음과 같이 설명했다.[13)]

> "지속가능한 개발은 '다음 세대가 필요를 충당하기 위한 능력을 훼손함이 없이 현 세대에 부응하는 수준의 개발이다.(Sustainable Development is development that meets the need of the present without compromising the ability of future generations to meet their own needs.)"

OECD는 '필요'와 관련, 인간은 의.식.주와 같은 물질뿐만 아니라 깨끗한 환경, 교육, 보건, 등과 같은 사회적 권리도 필요로 하고 있다고 전제한다. OECD는 이러한 필요를 인간의 복지(human well-being)로 정의하며, 복지를 달성하기 위해서는 자연자본, 인공자원, 인적자본, 사회자본 등 4가지 자본이 효과적으로 활용되어져야 함을 지적하고 있다.

지속가능발전은 현 세대의 복지를 최대화하기 위해 노력하더라도 이러한 노력이 미래세대의 복지를 감소시키는 방향으로 작용하지 않도록 하는 세대간의 형평성 개념도 동시에 고려하여야 한다. 성책은 경제 사회발전의 기본이 되는 자연환경을 미래세대의 복지도 지탱할 수 있도록 유지시키는 테두리 내에서 계획되어야 할 것이다.

지속가능발전 개념의 보편화에도 불구하고 이를 이해하는 시각은 다양하다. 대표적으로 지속가능발전의 세 측면(three pillars)으로 일컬어지는 경제성장, 환경보호, 사회발전을 서로가 독립된 영역으로 간주하는 시각과 상화의존적(interdependent)인 것으로 보는 시각이 존재한다. 전자의 시각으로는 경제가 어려운 경우 환경보호, 사회발전보다 경제 성장에 우선 순위를 부여하게 되며, 과학적인 증거가 불충분할 경우 사전 예방적 조치를 취하는 데 반대하는 입장을 취하게 된다. 그러나 브란트란트 보고서의 핵심은 후자의 시각이며 이러한 시각 하에 세 측면을 통합적으로 고려하는 의사결정이 이루어져야 한다고 본 것이다.[14)]

- 리우선언과 아젠다 21

지구환경보호 및 지속가능한 개발의 추진에 있어 중요한 지침 역할을 하는 리우선언과 아젠다 21은 '친환경적(environmentally friendly)으로 지속가능한 개발'을 명시하였다.

지속가능발전의 현실적 적용을 위한 국제적 노력

앞에서 말한 바와 같이 지속가능발전의 개념은 이미 브란트란트 위원회에서 나왔다. 그러나 이 개념을 공식화하고 실제 현실에 적용을 하기 시작한 것은 1992년 리우정상회의에서부터이다. 리우정상회의에서는 리우회의 결과, 즉, 리우선언과 아젠다 21의 이행상황을 검토하고 감시하기 위해 유엔경제사회이사회(ECOSOC) 산하에 지속가능발전을 전담할 기구로 지속가능발전위원회(CSD, Committee on Sustainable Development)를 창설하였다.

리우정상회의 이후 국제사회는 지속가능발전 개념을 모든 분야, 특히 지구환경분야에 적용하기 위해 노력해 왔으며 지속가능성은 국제사회에서 최고의 가치가 되어 왔다. 이러한 최고의 가치가 어느 정도 실현하고 있는 지에 대해 점검을 해 볼 필요가 있었다. 리우정상회의 5년 후인 1997년 지속가능성발전의 중요성을 부각시키고 지속가능발전을 지속시키려는 정치적 의지를 보이기 위해 유엔환경특별총회를 개최하였다.

지속가능발전의 현실적 적용과 관련해서 무엇보다 중요한 계기가 2002년 남아프리카 요하네스버그에서 개최된 지속가능발전 세계정상회의이다. 이 회의에서는 리오정상회의 이후 지속가능발전의 상황을 점검하고 향후 10-20년간 실천계획을 천명하였다.

<요하네스버그정상회의와 지속가능발전>

요하네스버그정상회의에서는 리우정상회의 이후 10년간 국제사회의 지속가능발전 정도는 기대에 미치지 못하고 있으며, 어떤 점에서는 10년 전보다 상황이 더 악화된 것으로 평가하였다.

> "세계 인구는 2000년에 60억에 도달했으며, 앞으로 계속 증가할 것으로 전망된다. 이러한 상황에서 빈부의 격차가 심화되고 있는데, 15퍼센트의 세계 인구가 56퍼센트의 소비를 차지하고 있고, 12억 명이 하루 1불 이하로 생활하고 있으며, 약 9천만 명이 영양부족 상황에 처해 있다. 또한 보건문제도 지속가능한발전을 저해하는 중요한 문제로 대두되고 있다.
>
> 11억 명이 안전한 식수를 얻지 못하고, 24억 명이 위생시설의 혜택을 보지 못하고 있다. 에이즈는 아프리카 국가의 산업활동 노동력에 심각한 타격을 주고 있다.
>
> 자연자원도 심각하게 훼손된 것으로 나타나고 있다. 1990년대에만 전체 산림의 4퍼센트가 감소되었다. 산림이 파괴됨에 따라, 목초지와 습지 등 생태계가 훼손되어 대략 800여 생물종이 멸종하였으며 1만종 이상이 멸종위기에 처해 있다. 수산자원의 1/4이 과잉 어획되고 있으며 산호초는 인간과 기후변화에 의해 전체의 27퍼센트가 감소되었으며, 추가로 32퍼센트가 가까운 시일 내에 파괴될 위기에 처해 있다. 지난 10년간 화석연료 사용은 10퍼센트 증가했으며, 선진국의 소비는 개도국의 10배에 달하고 있다."

아젠다 21의 계획과 실제 국제사회의 이행간에는 상당한 갭이 존재한다. 이러한 원인 중의 하나로 아젠다 21에서 기대했던 신규 및 추가재원이 제공되지 못한 점이 지적되고 있다.

국제적으로 공적개발원조(ODA, Official Development Assistance), 대외원조의 규모는 1992년의 583억불에서 2000년에는 531억불로 감소되었다. 국제무역과 외국인 직접투자는 지속적으로 증가해 왔으나 이들의 혜택을 받지 못하고 있는 국가 및 지역도 존재하고 있다.

요하네스버그 선언과 이행계획

요하네스버그정상회의의 결과는 요하네스버그 선언과 이행계획에 나타나 있다. 요하네스버그 선언은 지속가능발전에 대한 국제사회의 의지를 재확인하고, 빈곤퇴치와 인류발전을 위한 실질적 계획을 채택하기 위해 요하네스버그 정상회의가 개최되었음을 확인하였다. 이행계획은 향후 10년-20년 동안 세계가 지속가능발전을 위해 나가야 될 방향과 구체적 사안들을 명시하고 있다.

• 요하네스버그 선언

요하네스버그 선언은 빈곤퇴치, 소비 및 생산패턴 변경, 자연자원 보호가 지속가능발전에 필수 요건임을 지적하고, 세계화의 혜택과 비용이 불균등하게 배분되고 있으며 개도국이 특히 어려움에 직면하고 있음을 지적하였다. 이 선언은 또한 맑은 물, 위생, 주거, 에너지 보건, 식량안보, 생물다양성 등 기본적인 요구사항을 충족시키는 한편, 재원, 시장개방, 능력형성, 기술이전, 인적자원개발, 교육 및 훈련 등을 제공하는 것이 중요함을 지적하고 있다. 한편, 지속가능발전에 심각한 위협이 되는 만성기아, 영양실조, 외국인 점령, 무장분쟁, 마약, 부패, 테러, 증오, 에이즈 등에도 적극 대처할 것을 촉구하고 있다.

요하네스버그선언은 선진국에 대해 국제적으로 합의된 공적개발지원(ODA)의 수준(GNP의 0.7퍼센트)을 달성할 것을 촉구하고, 아프리카 개발파트너십(NEPAD)을 지지하고 군소도서국가, 최빈개도국을 지원할 것을 요청하고 있다. 또한 지속가능발전을 위해 모든 차원의 관리체제(governance)의 강화 및 개선이 중요함을 지적하고 유엔이 지도적인 역할을 수행할 것을 요청하면서 요하네스버그 이행계획의 실천을 촉구하였다.

• 요하네스버그 이행계획(JPOI, Johannesburg Plan of Implementation)

요하네스버그정상회의가 채택한 이행계획은 빈곤퇴치, 생산 및 소비패턴 변경, 기후·생태계·해양 등 자연자원 보호, 세계화, 보건, 군소도시국가 지원, 아프리카 지원, 여타 지역

지원, 재원 및 기술 등 이행수단 마련, 지속가능발전 관리체제 등으로 구성되어 있다. 이행계획은 법적 구속력은 없으나 도덕적 구속력이 있다고 봐야 한다. 그러나 무엇보다 각 분야별 국제적 노력에 있어 나아가야 할 방향에 대한 이정표 역할을 하는 데서 그 의의를 찾을 수 있다.

요하네스버그정상회의의 최대 사안인 빈곤퇴치와 관련하여 각국은 빈곤이 지속가능발전의 최대 걸림돌이라는 데 공감하며 에너지, 교육, 보건, 농촌개발 등을 통해 빈곤을 타파하는 데 의견을 모았다. 빈곤퇴치를 위한 실질적 조치로 자발적 성격의 세계연대기금[15)] (World Solidarity Fund)의 설립을 합의하였으며, 2015년까지 안전한 음용수[16)]와 위생시설을 이용하지 못하는 인구를 1/2로 감축하기로 합의하였다.

이행계획은 지속가능한 소비 및 생산을 가속화하기 위해 10개년 계획을 수립하기로 하였으며 2020년까지 화학물질이 인체와 환경에 부정적 영향을 최소화할 것을 요구하였다. 재생에너지의 공급비율과 관련, EU는 구체적인 목표를 요구하였으나 공급비율의 대폭 증대를 촉구하는 선에서 타협이 이루어졌다[17)]. 또한 기후변화 대응을 위한 교토의정서에 대한 비준을 촉구하였다.

경제 및 사회발전의 수단인 자연자원의 훼손을 반전시키기 위한 노력이 촉구되었으며, 이와 관련, 2010년까지 생물다양성 감소추세를 대폭 완화하고, 2015년까지 고갈어족자원을 최대지속가능생산 수준으로 회복하도록 하였다. 어족자원 관련 연안국이 요구한 해양보호 구역은 국제법과 과학적 정보에 기초하여 설정하도록 하고, 개도국이 요구한 공해상 어족자원 배분문제는 지역수산기구에서 검토하기로 하였다.[18)]

유전자원의 활용에 따른 이익의 공평한 분배문제와 관련 자발적 성격의 본 가이드라인[19)] (Bonn Guideline)을 고려하고 생물다양성협약의 테두리 내에서 국제적 체제(regime)의 형성을 위한 협상할 것을 요구하였다.

이행계획에는 각국이 민감하게 생각하는 보조금 관련 도하개발아젠다(DDA) 협상을 마무리하고, 환경에 상당한 부정적 효과가 있고 지속가능발전과 양립할 수 없는 보조금을 개혁할 것을 촉구하고 있다[20)]. 구체적으로 시장왜곡적 에너지 보조금을 단계적으로 철폐하고, 불법·비보고·비규제 조업 및 과잉조업을 조장하는 수산 보조금을 제거할 것을 요구하고 있다. 또한 농업 분야의 수출보조금 철폐 및 감축, 무역왜곡적 국내보조의 대폭 감축을 요구하고 있다.

리우정상회의 이후 새롭게 대두된 세계화를 겪으면서 많은 개도국들이 변방화(marginalization) 되고 있다는 우려가 제기되었으며, 이를 해결하기 위해 브레튼우즈체제와 WTO간의 긴밀한 협력, 무역에 있어 개방된, 비차별적, 공정한 무역체제 형성이 목표로 제시되고 있다. 그 외 개도국의 선진국 시장에 대한 실질적 접근, ODA의 비중 축소에 따른 외국인 직접 투자의 활용, 선·개도국 간의 정보격차(digital divide) 축소 등 방안이 합의되었다.

지속가능발전의 주요 요소로 보건이 강조되었으며, 2010년까지 에이즈를 25퍼센트 감소하는 조치를 취하고, 2015년까지 2000년 대비 영유아 사망률의 2/3 감축, 임산부 사망률의 3/4을 감축하기로 하였다. 그 외 지속가능발전이 특히 이루어지지 않고 있는 군소도서국가를 위해 채택된 바베이도스 행동계획의 이행을, 아프리카를 위해서 2001년 채택된 새로운 아프리카개발파트너십(NEPAD)의 이행을 지원하기 위한 국제사회의 노력을 촉구하고 있다.

지속가능발전 문제의 핵심인 재원 관련 선진국에 대해 GNP의 0.7퍼센트를 ODA로 제공할 것을 촉구하고[21)], 새로운 재원이 제공되지 못하고 있는 상황에서 지속가능발전의 이행수단으로서 무역의 중요성이 강조되었다. 뿐만 아니라 기술에 대한 접근 및 이전문제, 과학 및 교육, 능력형성, 의사결정을 위한 지구환경정보의 중요성도 지적 되었다.

지속가능발전을 위한 관리체제문제는 건전한 관리체제(good governance)가 지속가능발전에 필수적임을 확인하였다. 한편, 지역 차원에서는 유엔 지역위원회의 활동을 강화하고, 국제적으로는 유엔경제사회이사회 산하의 지속개발위원회(CSD)를 강화하고 유엔환경계획(UNEP)은 지속가능발전의 한 축인 환경분야 역할을 강화하도록 하였다.

이행계획에 대한 평가

1992년~2002년간 이행계획에 대한 평가는 대체로 지속가능발전 정도가 만족스럽지 못한 것으로 나타났다. 요하네스버그정상회의에서 많은 관심이 쏠린 재생에너지와 관련하여 구체적인 목표가 설정되지 못하고, 재원과 무역에서는 몬테레이와 도하에서의 합의를 뛰어 넘지 못했다. 그러나 유엔천년정상회의의 개발목표(빈곤인구, 음용수, 보건, 교육 등)를 재확인하고 위생, 화학물질, 어족자원, 생물다양성 등 분야에서 구체적 목표를 설정한 것은 큰 성과로 평가된다.

요하네스버그정상회의의 결과물인 이행계획은 리우정상회의의 결과물인 아젠다 21과는 달리 구체적 실천방안을 포함시켰다. 그 결과 구체적으로 실천이 이루어질 경우 국제사회의 지속 가능발전에 큰 진전이 있을 것으로 예상된다.

◎ 파트너십 이니시어티브(Partnership Initiative)

요하네스버그정상회의에서는 지금까지의 경험을 통해 부족하게 느꼈던 국제적 공약을 실천하는 문제와 관련하여 새로운 실험을 시작했다. 즉, 정부, 국제기구, 산업계, NGOs 등 주요 그룹이 협력하여 지속가능발전 사업계획을 제출하면 이를 유엔 차원 활동으로 승인하는 파트너십 이니시어티브를 추진하였다.

파트너십 이니시어티브에 포함될 수 있는 사업은 2002년 제4차 준비회의에서 채택한 발리지침(Bali Guiding Principles)에 따르도록 하고 있다[22]. 파트너십 이니시어티브가 요하네스버그 정상회의에서 채택된 선언문과 이행계획에 대한 정부차원의 공약을 약화시킬 수도 있다는 우려도 제기되었으나, 정부 차원의 협력만으로는 충분하지 못했던 재원, 기술의 부족문제를 완화해 주는 역할을 할 수 있을 것이다.

<국제사회의 지속가능발전의 추구>

요하네스버그정상회의는 경제, 환경, 사회 측면을 동시에 고려하는 지속가능발전이 국제사회가 추구해야 할 발전 패러다임이라는 것을 재확인하고 구체적 실천계획인 이행계획을 채택하였다. 이행계획이 권고하고 있는 내용은 국제사회가 향후 10-20년간 실천하고 나아가야 할 방향을 제시하고 있다. 이행계획도 각국이 실천전략을 수립하고 이행할 것을 요구하고 있다.

국가실천전략을 수립하는 데 있어 보다 관심을 기울여야 할 점은 이해당사자(stakeholders)의 참여를 확대하는 것이다. 정부뿐만 아니라 기업, NGOs, 여성, 청소년 등 모든 이해당사자의 의견이 충분히 수렴되어 국가실천전략이 수립되어져야 한다. 이해당사자의 의사결정에의 참여는 균형이 잡히고 실천이 가능한 전략수립을 위해 반드시 필요하다.

환경을 보호하면서 경제성장, 사회발전을 동시에 추구하는 지속가능발전은 국가 전체의 총체적 노력이 요구된다. 중앙정부에서는 지속가능발전을 중심으로 한 정책일관성을 확보하기 위해 조정 능력을 대폭 강화해야 하며 필요할 경우 조직도 개편해야 한다. 또한 지방정부에서는 지방 실정에 맞는 실천전략을 수립하고 이행해야 한다.

이행계획은 그 자체가 완결된 계획은 아니다. 목표와 달성 연도에 합의한 분야도 있고, 원칙적인 내용에만 합의하고 구체적인 내용은 관련 국제기구에서 후속 협상에 맡긴 분야도 있다. 또한 이행계획에 따른 실천 정도는 유엔 등 국제기구를 통해 점검[23] 되어 나갈 것이다.

우리나라는 자체적으로 지속가능발전 전략과 계획을 세우고 이를 실천해 나갈 뿐만 아니라 이러한 국제사회의 후속협상과 점검을 하는 모임에 적극 참여해서 국제사회의 지속가능발전에도 적극 기여해야 한다. 경제성장을 통한 빈곤퇴치에 대한 우리의 경험을 다른 개도국들과 공유하기 위해서 기술지원 프로그램과 공적개발원조를 계속 확충해 나가야 할 것이다.

OECD에서 지속가능 발전 논의

우리나라도 1996년 말부터 회원이 된 경제협력개발기구(OECD: Organization for Economic Cooperation and Development)는 일종의 선진국 그룹이라고 할 수 있다. OECD는 회원국 뿐만 아니라 국제사회 전반에 고용의 기회와 삶의 기준을 향상시키고, 지속가능한 경제성장을 확보하기 위해 경제 및 사회적 문제들에 대한 조화롭고 상호 지지적이며 건설적인 접근방법에 대해 논의하고 발굴하는 장을 제공하는 것을 기본적인 목적으로 하고 있다. 이러한 목적에 따라 OECD는 경제, 환경, 사회적 측면을 포괄하는 지속가능발전 문제를 분석하고 전략적인 방향을 제시하고 있으며 지속가능발전 논의에 있어서 선도적인 역할을 하고 있다.

OECD는 모든 주제의 논의에 지속가능발전을 그 중심에 놓고 있다. 경제, 사회 및 환경에 있어 지속가능발전이 동시에 추구되어야 할 것으로 규정하고 있으며 어느 한 두 분야에만 추구되어서는 안 된다는 의견이 지배적이다. Donald Johnston OECD 사무총장은 세 축이 모두 중요하나 환경이 지속가능발전의 기본이 될 것이라는 개인적 견해를 제시한 바가 있다[24].

앞서 말한 대로 브란트란트위원회는 '우리들의 공동 미래(Our Common Future)'에서 지속가능 발전을 미래세대의 필요를 충족시키면서 현세대의 필요도 충족시키는 발전으로 정의했다. OECD 도 지속가능발전은 현재와 미래세대간의 형평성을 고려하면서 인간의 복지(human well-Being)를 최대화하는 발전으로 정의하고 있다. 여기에서 복지를 실현하기 위해서는 경제성장, 환경보호, 사회발전이라는 세 가지 축이 동시에 고려되어야 한다고 보고 있다.

지속가능발전은 세대간의 형평성을 고려하여야 하며 이를 위해 많은 사안들이 정책결정시 고려되어야 한다. 특히 미래세대의 범위, 현 세대와 미래세대 복지의 가치 비교, 기술 진보를 고려한 자원의 활용 정도, 그리고 미래의 불확실성 등에 대한 고려가 필요하다. 그러하기 때문에 정책은 보다 장기적인 관점에서 결정되는 것이 바람직하다 하겠다.

지속가능발전과 관련하여 OECD의 역할 및 노력은 대체로 다음과 같다.

① 연구·개발, 포럼 주최, 각종 자료, 통계 수집 및 발간, 정책지원, 국별 정보수집, 개도국 지원 등 기능을 하며 타 국제기구, 시민사회 및 NGO 들과 협력을 통하여 그 목적달성을 촉진한다. ② CSD의 지속가능발전 연례전문가회의(AMSDE)를 통해 CSD에 정규적으로 기여하고 있다. ③ OECD가 지속가능발전 논의에 있어 선도적인 역할을 한다. ④ 이러한 역할에 따라 환경세, 배출거래제등 시장에 기초한 정책수단 활용과 보조금개혁[25] 등에 대한 정책을 제시한다. ⑤ 회원국들의 사례 연구를 통해 지속가능발전과 관련된 정책의 일관성과 통합성을 높일 수 있는 체크리스트를 작성한다.

지속가능발전의 현실적 한계와 지속가능발전을 위한 정부의 역할

이미 설명한 국제사회의 주요한 노력은 순조롭게 진행되는 것보다는 어려운 상황에 직면해 있다. 이러한 어려운 상황을 우리는 한계라고 말할 수가 있을 것이다. 이러한 한계는 주로 개도국과 선진국의 입장차이에서 나온다. 좀 더 부연하면 지구환경문제에 있어서 개도국이 환경보호를 실천할 능력이 부족한 데 있다고 볼 수가 있다. 개도국측은 선진국측이 당연히 재정, 기술 등을 지원해야 한다고 주장하면서 충분한 지원을 해 줄 것을 요구하고 있다. 그 배경에는 선진국측의 역사적 책임과 선진국의 방만한 소비생활 패턴의 무책임성을 염두에 두고 있다. 한편 선진국은 선진국대로 개도국의 인구증가와 부정부패, 환경을 고려하지 않는 개발정책, 비효율성 등 국가관리능력의 부족을 탓한다. 이러한 대립사안을 보면 재정문제와 기술이전문제, 인구증가문제, 구조적 빈곤문제 등으로 요약된다. 이러한 대립이 곧 지속가능개발의 현실적 한계라고 말할 수 있다.

민주주의와 자유시장체제 아래에서는 정부의 역할을 가능한 대로 줄이고 민간기업이나 개인의 역할을 강조하고 있다. 자유시장경제에서 이윤창출은 최고의 가치가 되어 왔고 정부의 간섭은 부정적인 것으로 인식되어 왔다. 그러나 몇 몇 분야에서는 오히려 정부의 간섭이 필요한 것으로 검토되고 있다. 시장경제체제로는 불완전한 면이 있기 때문이다. 특히 자본주의와 공산주의간의 이데올르기적 대립이 종식된 이래 정부의 역할에 관심이 모아지고 있다. 즉, 정부의 간섭을 줄이고 좀 더 시장기능을 강화해서 보다 효율적으로 부의 창출을 가져오느냐 아니면 정부의 역할을 강화해서 빈부의 격차라든지 자원의 고갈 같은 현상에 대처하느냐 하는 기로에 있다. 이러한 관점에서 지구의 장래를 위해 정부의 역할에 대해 생각해 볼 필요가 있다.

<자원고갈 문제와 미래세대에 대한 고려>

천연자원은 언젠가는 고갈되게 되어 있다. 그러나 자원의 개발속도, 자원의 소비형태, 대체자원의 개발여부 등에 따라 자원의 고갈 속도는 달라진다. 현존하는 자원을 얼마나 사용하고 후세대에 물려줄 것인가는 개인이나 시장이 결정할 수 있는 문제가 아니며, 정부가 사회적 공감대에 바탕을 두고 미래세대의 이익과 현재 세대의 이익을 결정하는 위치에 있다.

비슷한 맥락에서 현재 정부나 지방자치단체가 장기채권발행과 같은 수단을 통해 미래세대에 대해 부담하기 어려운 부채를 지우는 것은 미래세대의 이익을 고려하지 않는 처사라고 볼 수가 있다. 미래세대의 이익은 현재의 정치적 현실적 이해관계의 희생이 되어서는 안 될 것이다.

<인구문제>

모든 장기적인 정부정책의 기본이 되는 인구문제는 바람직한 수준에서 장기적으로 안정되도록 해야 한다. 또한 인구문제는 인구수뿐만 아니라 인구구조도 중요하다는 점을 염두에 두고 장기적인 정책이 필요하다. 인구는 강제로 조절할 수는 없지만 어떤 유인요인을 가진 정책으로써 어느 정도 조절이 가능하며 정부는 장기적인 목표(long-term projection)을 세워 이를 실천해 나가야 한다. 오늘날 인구문제에 관해 한 가지 희망은 인구는 교육수준이 높고, 빈곤이 적은 지역에서 잘 조절이 되고 있다는 점이다. 그렇다면 결국 인구문제는 빈곤퇴치와 깊은 관계가 있다고 할 것이다.

<지속가능한 성장정책>

현재와 같은 성장정책은 필연적으로 자원의 고갈을 가져오고 오염을 증가시키며 식량부족 상황을 초래할 것이다. 경제성장은 양적인 성장보다 질적인 성장, 즉 지속가능한 성장정책으로 전환해 나가야 한다. 정부의 모든 정책에는 지속가능성 문제가 고려되어야 하므로 전체적인 총량보다 분야별 균형발전을 통해 개별적인 삶의 질을 높일 수 있도록 고려되어야 한다. 따라서 빈부격차의 해소라든지 분야별 불균형의 해소, 공공재의 강화 같은 정책은 정부의 모든 정책 중에 우선순위의 상위에 속하여야 한다.

이러한 질적 성장문제는 환경보존문제뿐만 아니라 산업구조 개편과 관계가 되므로 자연히 장기적인 계획이 필요하게 된다. 따라서 성장문제를 정치적으로 이용하기 시작하면 질적 성장정책은 실현되기가 어려울 것이다. 이러한 우려는 정치수준이 낮은 후진국에서 특히 문제가 될 수 있다. 따라서 개도국에서의 정치개혁은 매우 중요한 사안이 되고 있다.

<시장경제에 있어서 정부의 개입문제>

시장 원리를 광범위하게 채택하여 활용한다고 하더라도 기본적으로 환경문제는 시장실패의 문제이므로 환경문제의 해결에 있어서 정부 개입의 여지가 있다. 정부가 적정한 선에서 국민의 소비욕구를 건전하고 지속가능하고 환경친화적이 되도록 계도해야 한다. 현재 지구환경문제에 있어서 최대의 현안인 기후변화문제는 온실가스배출 감축문제로 압축이 되고 있다. 현재의 산업구조로 봐서 이윤극대화를 추구하는 민간기업에 자율적인 감축을 맡긴다면 이는 결국 환경보호에는 차질이 발생할 가능성이 크다.

또한 환경과 관련되는 보조금이나 세금이 조정되어야 한다. 현재 각 정부는 환경을 훼손하는 방향의 보조금을 국내 정치적인 이유로 지원해 오고 있다. 또한 많은 경우에 간접비용이 상품의 가격에 반영되지 못함으로써 시장가격이 왜곡되고 있다. 정부도 이러한 간접비용의 일부를 부담함으로써 시장가격 왜곡에 일조를 하고 있다.

<빈부의 격차 해소문제>

빈곤은 개도국의 구조적 문제이기 때문에 지속가능발전을 저해하는 원인이다. 또한 빈곤문제는 이념과도 관련이 되는 정치 문제이기도 하다. 절대적 빈곤 못지 않게 상대적 빈곤 또한 중요하므로 빈부의 격차를 근본적으로 해소하는 것이 절대적 빈곤 못지 않게 중요하다. 개도국의 빈곤문제는 개도국이 빈곤구조를 벗어날 수 있도록 개도국의 능력을 개발하고 기술을 지원해 주는 것이 재정적 지원 못지 않게 중요하다.

한편, 빈곤문제는 인류애 및 인도적 문제와 관련되기 때문에 잘 사는 나라들은 자국의 밖에 있는 빈곤국가들의 문제에 대해서도 관심을 가지고 가능한 범위 내에서 지원을 해주는 체제를 갖추어야 한다. 우리나라가 선진국이 되기를 희망하지만 선진국이 된다는 것은 이러한 의무, 즉 개도국을 도와주는 책임을 져야 하고 이를 위하여는 먼저 국민적 인식이 확산되어야 할 것이다.

[주] 제2장 지구환경문제 해결을 위한 국제적 노력

1) 런던스모그 사건 1952년 12월 1주일 동안 지속되어 4천 명 이상 사망했다. 그 후도 계속 12월이나 1월 무풍 시기에 수백 명의 희생자 발생했다. 주로 공장 및 빌딩의 난방시 석탄 연소에서 발생한 아황산가스가 원인이었다.
2) 1940년대부터 로스앤젤리스에서 스모그 현상이 발생하여 식물에 피해를 주었고 1950년대부터는 사람에게도 피해를 주기 시작했다. 자동차 배출가스에서 많이 나오는 질소산화물, 탄화수소 등이 햇빛과 작용하여 생성된 여러 가지 산화성 물질이 원인이었다. 이러한 현상을 광화학 스모그라 부른다.
3) NGOs는 non-governmental organizations 로서 비정부기구로서 민간단체이다.
4) MIT공대의 연구 결과를 토대로 1972년에 출판된 로마 클럽의 보고서인 성장의 한계(The Limits to Growth)는 당시까지 성장에는 한계가 없다는 인식에 정면으로 도전하면서 지구환경문제에 관하여 전세계에 새로운 인식을 각인시켰다.
5) 레스터 밀브래스의 지속가능한 사회(Envisioning a Sustainable Society : Learning Our Way Out) 제2장 성장위주의 현대 사회에 대한 비판
6) WSSD 회의에서는 다음과 같은 내용이 이루어졌다.
   - 리우회의 이후 평가
     1992년 리우회의 이후 10년간 국제사회의 지속가능발전 정도가 기대에 미치지 못함을 확인하였다.
   - 요하네스버그 선언(Johannesburg Declaration)
     지속가능발전에 대한 국제사회의 의지를 재확인하고 빈곤퇴치 등 지속가능발전의 필수요건에 대해 지적하였다.
   - 이행계획(JPOI) 10-20년의 중기계획 수립
     빈곤퇴치, 생산 및 소비패턴 변경, 자연자원 보호, 세계화, 보건, 군소도서국가 지원, 아프리카 지원, 재원 및 기술수단 등 이행수단 마련, 지속가능발전 관리체제 강화 등이 포함되었다.
   - 파트너십 이니시어티브
     정부, 국제기구, 지방정부, 산업계, NGO 등 주요 그룹이 협력하여 지속가능발전 사업을 제출하면 WSSD 차원의 활동으로 승인키로 하였다.
7) 지역기구(regional organization)는 국제기구이지만 그 회원이 지리적 영역이나, 경제블록 같이 특정국에게만 허용되어 있다는 점에서 일반 국제기구와는 다르다. 대부분의 지역기구는 이미 확립된 세계적 국제기구 또는 다른 지역기구와 연계하여 활동을 한다.
   지역기구의 예로는 아프리카 연합(Africa Union), 유럽 연합(European Union), 미주기구(Organization of American States), 동남아시아연합(Association of Southeast Asia), 남아시아 지역기구(South Asian Association for Regional Cooperation) 같은 것을 들 수가 있다.
8) IPCC 제4차 보고서(2007년) 요지
   ◇ 대기 중 온실가스를 낮은 수준(445-550 ppm)으로 안정화 시키기 위해서는 향후 10-15년 내 범지구적 배출이 정점에 달한 뒤 감소하여 금세기 중반에 2000년 수준의 절반이 되어야 한다.
   ◇ 이를 위해서는 선진국들의 2020년 배출량이 1990년 대비 25-40퍼센트 감소해야 한다.
9) 환경에 있어서 원인과 현상간의 gap은 많은 경우에 일어난다. 그 대표적인 예가 오존층을 파괴하는 물질인 프레온가스의 예이다.
   냉매체인 프레온 가스가 냉장고나 에어컨에서 나와서 지상 15-50km 오존층까지 도달하는 데는 대략 10년 이상이 걸린다. 우리가 오존층 피괴현상을 목격한다면 이는 최소한 10년 이전에 지상에서 방출되었던 오존층이 원인인 것이다.
10) 지역해(Regional Sea)는 흑해, 지중해, 북서태평양해 등 지역별로 연안국들이 공동관리하는 바다이

다. 현재 유넵은 지역해 프로그램에 세계 지역해를 10개 지구로 나누어 각 지역해 별로 관계국들간에 친환경적인 관리를 격려하고 있다. 10개의 지역해 구역은 지중해, 쿠웨이트 지역, 서부 및 중앙아프리카, 남동태평양, 홍해 및 아덴만, 광역 카리비안, 동아프리카, 남태평양, 흑해, 북서태평양 등이며 효율적 관리를 위하여 각 지역마다 관련 협정(Conventions 또는 Protocols)을 체결해 있다.

11) 보팔사고

12) 최빈국(Least Developed Countries, LCD)는 유엔 분류에 의해 사회경제적 발전 정도와 인간 개발지표가 낮은 국가를 말하는데 다음의 세 가지 기준에 의하여 선정된다. (①3년간 평균 GNI가 $905 보다 낮고, ②영양, 보건, 교육 및 문맹율에 기초한 인적 자원이 취약하고, ③농산물 생산의 불안, 상품 및 서비스 교역의 불안, 비전통 행위의 경제적 중요도, 영세 경제의 핸디캡, 천재지변에 영향을 받는 인구의 비율 등에 기초한 경제의 취약성) 2009년 1월 말 현재로 최빈국 수는 49 개국이다.

13) The World Commission on Environment and Development, Our Common Future, Oxford University Press, 1987, p.43.

14) 김찬우저 21세기 환경외교 지속가능발전 개념, p.38-39.

15) 개도국에서 빈곤을 퇴치하고 사회발전을 도모하기 위한 세계연대기금은 제57차 유엔총회에서 결의되었다. 또한 2003년 7월에는 유엔경제사회이사회의 지지도 받았다. ECOSOC 결의안은 이 기금의 운영을 하기 위하여 고위급 위원회를 구성하도록 하고 UNDP 행정관(administrator)이 책임을 지도록 하였고 이 기금과 관련하여 UNDP뿐만 아니라 시민사회와 공적 및 사적 분야에서도 관심을 가질 것을 요청하였다.

16) 물 문제는 에너지문제와 더불어 인류가 직면한 가장 큰 도전이다. 유엔은 2003년 3월 일본에서 개최된 제3차 세계물포럼을 계기로 세계물개발보고서를 발표했다. 이 보고서는 물 공급은 줄어드는 반면 물 수요는 급증하고 있어 20년 후면 1인당 평균 물 공급량은 1/3이 감소할 것이며, 21세기 중반이 되면 많게는 60개국의 70억 인구, 적게는 48개국의 20억 인구가 물 부족 사태에 처할 것으로 전망하고 있다. 또한 이 보고서는 한국은 수질 면에서는 세계 8위, 1인당 물 공급량에 있어서는 세계 146위로 평가하였다.

17) EU는 재생에너지 공급비율을 2010년까지 전 세계적으로 15퍼센트 달성, 선진국은 2000년 대비 2퍼센트를 증대하는 목표를 채택할 것을 주장하였다. 이에 대해 77그룹은 개도국에게 필요한 것은 재생에너지 문제가 아니라 에너지에 대한 접근 문제임을 주장하였으며 미국, 일본 등은 국가별 상황에 따른 에너지 정책의 자율성을 강조하고 수량화된 목표에 반대하였다. EU는 구체적인 목표 설정이 좌절됨에 따라 WSSD에서 국가별, 지역별, 전 세계적 목표를 설정하는 것을 목표로 하는 "The Way Forward on Renewable Energy"선언을 발표하였다. 이 선언에는 EU 국가 이외에 동구권, 군소도서국가 등이 참여하고 있다. 교토의정서는 2004년 러시아가 비준서를 기탁하여 교토의정서 발효요건을 충족시킴으로써 2005년 2월부터 발효되었다.

18) 공해 및 EEZ 내 경계왕래성 및 고도회유성 어족자원의 배분문제 관련, 개도국은 지역수산기구에서 연안 개도국의 권리를 고려하여야 한다는 문구를 주장하고 한국은 동 문구가 공해상 어족자원(전체 10퍼센트 미만)에 대한 새로운 권리를 창설하는 의미를 가짐에 따라 이를 준비회의에서부터 반대하였다. 한국의 이러한 주장은 노르웨이, 일본, 뉴질랜드, 캐나다, EU, 미국 등의 지지를 확보하여 '연안국의 권리, 의무, 이해관계와 개도국의 특별한 필요'를 고려하는 완화된 표현으로 변경하였다.(JPOI para31(e))

19) 본 가이드라인

20) OECD가 추진하는 회원국들의 보조금 지급 규모는 약 4천억 불이다. 이 중 3/4이 농업분야의 보조금이며, 수송분야가 전체의 10퍼센트를 차지하며, 에너지 생산, 제조업, 수산, 산림 등의 순이다. OECD 지속가능발전 작업반에서는 보조금 중 환경에 유해한 보조금(environmentally harmful subsidies)의 규모를 확인하는 작업을 하고 있으며, 농업, 수산보조금이 특히 문제가 될 전망이다.

21) 개도국에 대한 ODA는 늘어나지 않고 있다. 2009년 말 현재 ODA가 GNI의 0.7퍼센트를 넘는 나라

는 덴마크(0.88), 룩셈부르크(1.01), 네델란드(0.82), 노르웨이(1.06), 스웨덴1.12) 등 5개국 정도이고 DAC 회원국 평균은 0.31이다. 기타 주요국의 ODA 비율은 미국 0.20퍼센트, 일본 0.17퍼센트, 호주 0.30퍼센트, 독일 0.35퍼센트, 프랑스 0.46퍼센트 등이다. 2009년 말 현재 우리나라는 사상 처음으로 0.1퍼센트가 되었다.

22) 발리지침은 제출 사업이 아젠다 21, 유엔의 천년개발목표, 요하네스버그정상회의에서 채택될 선언, 이행계획 등과 관련이 있고, WSSD 차원에서 기획된 국제적, 지역적 사업이어야 함을 요구하고 있다. 또한 사업을 제안할 경우 달성 목표, 추진 일정, 재원조달 계획, 능력형성 및 기술이전 측면, 이행 모니터링 계획 등도 제시할 것을 요구하고 있다.

23) 2003년 4월 뉴욕에서 개최된 제11차 CSD회의에서는 WSSD 후속조치가 논의되었다. 향후 CSD는 이행계획에 따라 2004년부터 2년을 주기로 운영되며, 1차 연도는 WSSD 결과 이행검토(Review Year), 2차 연도는 이행 검토를 토대로 한 정책검토(Policy Year)가 된다. 또한 2004년부터 2017년까지 논의될 주요 의제가 선정되었다. 2004-2005년에는 물, 위생, 인간정주, 2006-2997년에는 에너지, 산업개발, 대기오염, 기후변화, 2008-2009년에는 농업, 농촌개발, 토지, 가뭄, 사막화, 아프리카, 2010-2011년에는 수송, 화학물질, 쓰레기, 광업, 소비생산패턴, 2012-2013에는 산림, 생물다양성, 유전공학, 관광, 산악, 2014-2015년에는 해양과 바다, 해양자원, 군소 도서국가, 재난 관리, 2016-2017년에는 아젠다 21, 아젠다 21 추가 이행계획, JPOI의 전반적 이행점검이 될 예정이다.

24) D. Johnston 사무총장은 지속가능발전에 대한 자신의 견해를 담은 서한을 회원국 대사들에게 보낸 바 있다. (2004.3.19자 서한)

25) 2004년 각료이사회 보고서에 따르면 OECD 회원국들은 연간 4 천억 불 이상의 보조금을 지급하고 있으며 이중 3/4는 농업에(개도국 지원 ODA의 6배 이상 규모), 1/10은 교통에, 나머지는 수산, 임업, 에너지, 제조업 등에 지급하고 있다. 특히 문제가 되고 있는 농법보조금의 경우 환경에 유해한 보조금은 연간 2,350억 불 규모(2000-2002년 기간)이며, 수산보조금은 연간 약 60억 불 규모이나 이중 2/3가 과잉어획능력에 기여하며 수산자원 고갈에 영향을 주고 있는 것으로 추정되고 있다.

제3장 지구환경문제 해결을 위한 국제환경협상 메커니즘

1. 지구환경문제 해결을 위한 국제적 메커니즘 개요

오늘날 지구환경문제는 매우 중요한 문제로 대두되고 있다. 이러한 중요성이 바로 국제환경협상 메커니즘에 적용된다. 제3장에서 말한 바와 같이 매 10년마다 각국의 정상들이 모여서 지구환경문제를 논의하고 있다. 오늘날 환경문제 이외의 어떠한 주제를 가지고도 각국 국가원수들이 한꺼번에 정기적으로 모인 실례가 없다. 이는 그 만큼 지구환경 문제의 중요성을 단적으로 설명해 주는 것이다.

이 정상회의와는 별도로 각 분야별로 국제환경회의가 개최되고 있다. 말하자면 정상회의를 큰 틀로 본다면 그 틀 속에서 각 분야별 논의가 진행된다고 할 수 있을 것이다. 예를 들면 2002년 요하네스버그 정상회의에서 향후 10년간 지속가능개발의 방향과 목표를 설정했다면 각 분야별 회의에서도 설정된 방향과 목표를 염두에 두고 논의를 전개해 나간다. 이러한 메커니즘 하에서 환경문제를 다루는 국제회의와 국제협상이 진행되고 있으며 이러한 진행을 도와주는 것이 국제기구이다. 환경문제를 다루는 국제기구와 환경협상이 이루어지는 국제회의를 살펴보는 것이 환경문제가 국제적으로 어떻게 다루어지는지 이해하는 데 도움이 될 것이다.

환경문제를 담당하는 국제적인 조직

국제적으로 전반적인 환경문제를 전담하는 기구로는 유엔산하의 유엔환경계획(UNEP)이 있다. 유엔과 같은 국제기구는 국가간의 전반적인 국제문제를 다루는 기구인 데 비해, UNEP같은 국제기구는 환경만 전담하는 기구다. 유넵의 창설은 1972년 스톡홀름 회의에서 결정되었는데 처음에는 유럽과 같이 환경을 중시하는 국가들이 환경문제를 전담할 수 있는 권한 있는 기구를 만들고자 시도를 했다.

그러나 미국을 비롯한 나라들이 재정적 부담을 우려해서 반대를 하였기 때문에 오늘날의 힘 없는 기구가 되었다. 예일대학교의 리차드 가드너 교수의 안 중 가장 권한이 적고 독립성이 약한 쪽을 선택한 것이다. 가드너 교수는 유넵 설립과 관련해서 다음과 같은 안을 제의했었다.

① 유엔에 새로운 [환경이사회] 설치
② 새로운 독립 전문기관으로서 [국제환경기관] 설치
③ 유엔총회의 보조기관으로서 [유엔환경기관] 설치
④ 유엔경제사회이사회의 보조기관으로서 [유엔환경위원회] 설치

또한 유넵의 설립장소로 케냐가 선정된 이유는 정치적 이유에서이다. 당시 개도국은 가장 환경이 열악한 아프리카를 설립장소로 선호했는데 만일 UNEP이 명실상부한 세계환경기구가 되었다면 그 장소가 케냐가 되었을 지는 의문이다. 이후 국제사회에서는 오존층문제, 기후변화문제, 사막화문제, 생물다양성문제와 같이 주요 사안별로 협약이나 의정서 등 조약이 체결되었는데 각 조약마다 국제기구 성격의 사무국이 설립되었다. 또한, World Bank와 같이 기존의 국제기구 내에 환경업무를 전담하는 부서가 신설되기도 하였다. 한편

정부 이외의 비정부 단체(NGO)들도 환경전문기구로서 여론 조성, 감시 등 중요한 역할을 하고 있다.

<국제회의와 국제기구간의 관계>

오늘날 광범위한 목적의 국제회의들이 많은 장소에서 하루에도 수십 또는 수백 번씩 개최되고 있다. 국제기구가 주관하는 국제회의도 있고 또 국제기구를 설립하기 위한 회의도 있을 수 있다. 국제기구뿐만 아니라 정부, NGO 그리고 새로 등장하는 국제적 행위 주최들도 국제회의를 개최하고 있다. 국제기구는 그 기구의 설립목적, 즉 그 기구의 고유업무수행과 관련하여 정기 또는 부정기적으로 국제회의를 주관 또는 지원하고 있다.

<국제기구의 개념 및 국제기구의 종류>

국제기구란 3개국 이상의 나라가 설립한 기구 또는 3개국 이상에 걸쳐 있는 단체나 개인들이 설립한 기구를 뜻한다. 따라서 국제기구라는 명칭을 가지기 위해서는 다음과 같은 몇 가지 조건을 구비해야 한다.

① 설립목적(환경보전)이 진정한 의미에서 국제적이어야 한다.
② 설립 헌장이나 정관은 정책결정기관과 임원 등 공식조직을 규정해야 한다.
③ 선거직(의장, 부의장, 위원장 등) 및 임명직(사무총장) 임원이 있어야 한다.
④ 영구적 본부를 가지고 운영의 연속성을 유지해야 한다.
⑤ 기구의 크기에 관계없이 가시적 활동이 있어야 한다.

◎ 지구환경문제를 다루는 국제기구의 종류

지구환경문제를 다루는 국제기구에는 일반적 성격의 국제기구, 지구환경문제를 취급하는 유엔기관과 지구환경문제를 취급하는 국제행정연합 등이 있다.

• 일반적 성격의 국제기구에서 지구환경문제 담당기능 추가

기존의 국제기구 중에서 그 기구의 활동영역과 관련하여 지구환경문제를 취급하는 일이 증가하고 있다. 지구환경문제를 취급하는 몇 가지 일반적 성격의 국제기구의 예를 보면 다음과 같다.

① 세계은행(World Bank)

원래는 전후 부흥과 개발원조를 위하여 1944년 국제통화기금 (IMF)과 함께 만들어진 국제기구이지만 그 자금 원조로 실시된 각종 개발 프로젝트가 자연환경 파괴나 지역주민의 생활환경 악화를 초래한다는 비판을 받았기 때문에 점차로 환경문제를 배려하게 되었다. 1987년에는 은행 내부에 부총재를 장으로 하는 환경국을 설치하였다. 세계은행이 지원하는 개발프로젝트가 환경에 미치는 영향을 조사하여 필요한 경우에는 계획의 변경이나 정지를 가능케 하는 시스템을 도입하였다.

현재 환경국에는 80명을 넘는 직원이 있고 단순히 세계은행이 융자하는 프로젝트의 환경에 대한 영향을 심사하는 것뿐만 아니라 적극적으로 환경을 보전하고 환경 질을 향상시키기 위한 프로젝트를 개발, 이에 대한 자금지원도 병행하고 있다. 세계은행은 그 밖에도 UNDP, UNEP, 지중해환경계획 등과 협력하여 개발이 환경에 미치는 영향문제에 관한 조사연구 등 지원하고 있다.

② 국제해사기구(IMO)

IMO는 해양오염 방지에 중점을 둔 활동을 하였으나 해양환경보호라는 포괄적 임무를 수행하게 되었으며 해양과 관련되는 국제조약의 채택에 기여한다.

③ 유엔식량농업기구(FAO)

농업, 임업, 어업분야의 자원보존 및 이들 분야에 있어서의 인간활동(예 : 비료나 살충제 사용)에 의한 환경영향 등을 조사·연구한다.

④ 세계기상기구(WMO)

세계 기상관측망을 정비, 여러 가지 지구환경 변화를 기상의 관점에서 조사하고 온실효과 기체나 오존층 등 대기환경의 감시 및 연구 활동을 수행하고 있다.

⑤ 유엔교육과학문화기구(UNESCO)

환경교육의 추진, 생물권 보호지역의 설정, 세계의 문화유산 및 자연유산의 보호에 관한 조약('72) 채택 등의 활동을 통하여 지구환경문제를 적극적으로 취급하고 있다.

⑥ 국제원자력기구(IAEA)

원자력의 평화적 이용에 따른 환경과 인체의 영향연구와 국제해양 방사능연구소를 통한 해양 중의 방사성물질의 발생, 방사능 물질의 영향 등을 연구하고 있다.

• 지구환경문제를 취급하는 유엔의 기관

지구환경문제를 다루는 유엔 기관으로는 UNEP과 지속가능개발위원회(CSD) 이외에도 유엔인간주거센타(HABITAT), 유엔개발계획(UNDP)등이 있다.

① 유엔환경계획(UNEP)

지구환경문제를 취급하는 국제기구 중 대표적인 것으로 앞서 말한 대로 스톡홀름 유엔 인간환경회의에서 채택된 인간환경선언 및 환경국제행동계획을 실천하기 위하여 유엔 총회의 산하기관으로 1972년 설립되었다. UNEP의 목표는 삶의 질을 개선하기 위해서 환경을 복원시키도록 지도력과 정보를 제공하여 국제협력을 조성하는 것이다.

UNEP의 가장 중요한 기능인 환경과학과 정보의 조성은 UN체제하에서 환경정보의 광범위한 조사와 분석을 통해 환경상태보고의 다양성을 가져왔고, 환경문제에 대해 광범위한 인식을 창출하였다. UNEP활동의 초점은 첫째, 전문적 지식과 정보 제공을 통해 각종 환경 협약의 목적 달성을 측면 지원하고, 둘째, 해양 생태계 보전을 지원하며, 셋째, 교육훈련·출판·정보교환을 통한 자연 친화적 산업화를 지원하는 한편, 넷째, 환경영향평가, 국제자원정보의 DB화, 환경과 천연자원 네트워킹을 지원하는 데 있다.

UNEP는 스스로 환경문제를 토의하거나 해결책을 입안·집행하는 권한을 갖지 못하고 어디까지나 조정기관으로서의 부차적 역할을 수행한다. 또한 UNEP 자체의 권한·예산·사무국직원의 규모 등에서 크게 제한되어 있기 때문에 지구환경분야에서의 UNEP활동은 일반적으로 기대되는 만큼의 성과를 올리지 못하고 있는 실정이다.

최근에 UNEP이 강조하고 있는 활동분야는

자연자원의 지속가능한 관리와 사용,
지속가능한 생산과 소비,

인간 건강과 복지를 위한 보다 나은 환경조성과
UNEP에 의한 환경정보와 평가계획의 강화 등이다.

② 지속가능개발위원회 및 사무국(CSD)

1992년 리우데자네이로에서 개최된 환경과 개발에 관한 유엔회의(지구정상회의)의 준비와 이 회의에서 채택된 리우선언과 의제21을 실시하기 위하여 설립된 UNEP과는 별도의 조직이다.

③ 지구환경문제를 다루는 기타 유엔기관

유엔에는 그 밖에도 유엔개발계획[1)](UNDP), 유엔인간주거센타[2)](UNHABITAT), 유엔인구기구[3)](UNFPA)등과 같은 기관이 지구환경문제를 취급하는 조직으로서 역할을 하고 있다.

지구환경문제를 취급하는 국제적 시민단체(NGO)

환경NGO는 국가나 정부를 경유하지 않고 직접 환경문제에 관심이 있는 시민을 국제적으로 결집하여 행동하는 성격을 갖기 때문에 환경문제를 각 국가의 정치적·경제적·사회적 국익에 관련시키지 않고 직접 국제문제화 시킬 수 있다는 점에서 국가가 할 수 없는 고유의 역할을 담당하고 있다. 잘 알려진 환경NGO로서는 세계자연보호기금(WWF, '61, 스위스), 세계환경보호연맹(IUCN, '48, 스위스), 환경방위기금(EDF, '67,뉴욕), 국제환경개발연구소(IIED, '68, 런던), 그린피스 ('70, 밴쿠버), 월드워치연구소('74, 워싱턴) 등이 있다.

이들 환경NGO는 국가의 논리로서는 좀처럼 진전되지 않는 국제사회에 있어서의 지구환경문제의 취급에 대하여 연구, 조사, 여론환기, 교육· 개발활동, 국제회의 참가, 가두행동 등을 통하여 일정한 영향력을 행사하고 있다. 예를 들면 앞에서 말한 환경문제를 다루기 위한 세계은행의 조직개편은 환경NGO가 조직한 항의운동의 결과이었다. 또 지속가능한 개발이란 사고를 내놓은 브란트란트위원회도 일종의 NGO였다. WSSD에서 채택된 이행계획에도 정부와 NGO간에 파트너십을 제고할 것을 강조하고 있다.

<지구환경문제를 취급하는 국제기구의 문제점과 해결방안>

현재 지구환경문제를 취급하는 국제기구는 많이 있지만 권위를 가지고 총괄하는 기구가 없는 셈이다. 유넵은 예산권도 없고 회원국들을 이끌어 갈 수 있는 권한이 없다. 지구환경문제에 대해 국가별로 이해관계가 엇갈려 있기 때문에 많은 나라들이 권위 있는 총괄기구를 선호하지 않는다.

또 하나의 이유는 방대한 새로운 기구를 만든다는 것은 그 만큼 나라별로 부담해야 할 예산이 는다는 것도 선뜻 새로운 기구를 선호하지 않는 중요한 이유이다.

지구환경문제를 다루는 국제적 조직의 문제점

현재의 환경문제 관련 국제적 조직의 문제점은 권한이 제한되어 있고 인적·재정적 자원이 부족하다는 것이다. 지구환경문제를 통합적으로 조정할 수 있다면 지구환경 문제를 보다 효과적으로 해결할 수 있을 것으로 전망되지만 문제는 이와 같이 조정을 할 수 있는 조직으로서 어떤 형태가 적절한가 하는 점이다.

앞서 말한 대로 본래는 UNEP이 그러한 조정조직에 해당되는 것이지만 앞에서 본 바와 같이 그 지위, 예산의 한계, 사무국의 소재지 등 본연의 임무에 잘 맞지 않고 여러 가지 장애가 많아 적당한 기구라고 말하기 어렵다. 독립된 국제환경기구의 설치가 한가지 방법이겠지만 미국을 중심으로 새로운 국제기구를 만드는 것에 대해서는 강한 저항이 있어 현실적으로 실현되기 어렵다. 새로운 국제기구를 만든다 해도 기존의 국제기구보다 훨씬 강화된 권한을 기대하기 어렵고 조정기능 역시 매우 제한적일 수밖에 없다.

해결방안에 대한 전망

이러한 사정을 고려하면 현재 지구환경문제에 관한 국제적 조직의 제반 활동을 조정하는 가장 적당한 기구는 유엔경제사회이사회[4](ECOSOC)이기 때문에 이를 강화·활성화시키는 것이 당면의 조정문제를 해결하는 방안이 될 수 있을 것이다. 경제사회이사회는 IMO, 세계은행, UNESCO 등의 유엔전문기관에 대하여도 조정을 위한 권고를 할 수 있는 권한이 있다. 이와 같은 지위와 권한을 갖는 경제사회이사회를 활용하는 것이 지구환경문제의 조정을 위한 열쇠가 될 것이다.

다만, 경제사회이사회에서도 문제가 없는 것은 아니다. 현재의 경제사회이사회는 취급하는 범위가 경제개발, 인권, 기술 등 여러 분야에 걸쳐 있고 현재 54개 이사국에 의해서 구성되어 있으며 연 2회 모두 합쳐 심의할 시간이 8시간 밖에 되지 않기 때문에 환경문제를 다룬다 하더라도 환경문제에 할애되는 시간은 매우 적을 수 밖에 없을 것이다. 따라서 경제사회이사회의 상시 개최, 환경문제를 위한 상설위원회의 설치, 상설위원회의 멤버 축소(30개국 정도), 환경문제 담당사무국의 설치 등이 뒷받침 되는 개혁이 필요할 것이다.

또한 보다 근본적인 개혁이 가능하다면 장기적으로는 경제사회이사회를 경제개발이사회와 사회환경이사회로 분리하는 문제의 심의가 바람직하다고 본다. 그러나 이 문제는 현재 현안중인 안보리 상임이사국확대문제[5] 등 유엔의 개혁문제와 맞물려 있어 상당기간 현 상황대로 진행될 가능성이 크다.

국제회의

앞서 말한 대로 국제환경협상은 대개 국제기구주관으로 개최되는 국제회의 형식을 통하여 전개된다. 그러하기 때문에 먼저 국제회의란 어떤 것인지부터 살펴보고 협상에 대해 알아보기로 한다. 국제환경회의도 일반 국제회의와 그 성격이나 내용에 차이가 없기 때문에 여기서는 일반 국제회의의 경우를 상정한다.

<국제회의(International Conference)의 개념과 참가절차>

국제회의는 회의외교(conference diplomacy)를 통해 국가목표를 달성하는 포럼이다. 국제회의는 누가 주최를 하느냐에 따라 여러 가지로 분류할 수 있으나 여기서는 국제기구가 주최하는 회의를 중심으로 본다. 국제회의의 주체에 따라 정부간 국제회의, 비정부간 국제회의, 정부간 국제회의로 분류한다. 정부간 국제회의는 유엔, UNDP, FAO, IAEA, ILO, IMF 같이 정부간 기구가 주최하는 회의이고 2009년 현재 정부간 기구는 약 6천 개, 비정부간 기구는 약 4만 개 정도이다. 1990년대 제네바에서만도 연 1만회 이상이었는데 뉴욕에서는 그 보다 더 많은 회의가 개최될 것이다. 세계 전체로 보면 대단히 많은 회의가 개최된다. 이로 미루어 우리는 세계적으로 행해지는 국제회의가 얼마나 많은지 짐작할 수가 있다.

국제회의는 초청장을 받고 참석 여부를 결정하게 된다. 누구를 초청 대상으로 할 것인지는 주최측의 결정에 의한다. 그러나 연속적으로 행해지는 국제회의 경우에는 주최자에 관계 없이 대개 초청대상은 전례에 따른다. 이스라엘과 중동국가간의 예에서와 같이 정치적 목적으로 피초청자의 초청여부가 문제될 때[6]도 있다.

국제회의의 주제가 여러 부처의 소관사항과 관련이 있을 경우 초청장을 받으면 주무부처가 관계부처를 포함한 대표단 구성을 의뢰한다. 대표단은 수석대표, 교체수석대표, 대표, 자문관, 옵서버 등으로 구성되고 정부의 국제회의 대표 임명 절차에 따라 정부 훈령안과 함께 대통령 또는 외교부 장관의 재가를 받은 다음 확정된다. 훈령 작성시 우선적으로 고려되어야 할 사항은 첫째 국익이고 둘째 우리의 대외이미지와 신뢰성이다.

국제회의의 대표는 국제회의를 주관하는 측의 대표에게 신임장을 제출한다. 신임장은 대통령이나 외무부장관이 정부대표를 지명하고 이를 증명하기 위해 발행하는 문서이다. 회의와 관련되는 교신은 문서로 하는 것이 좋다. 구두로 한 약속은 책임을 지는 사람이 없다. 실례로 문서 없이 약속만 믿고 일을 진행하다가 실패한 경우가 많다.

<국제회의장 안에서의 일[7]>

국제회의장 안에서는 우선 지켜야 할 예의라든지, 의사결정과정, 발언권 등 회의 진행, 선거와 표결, 기록과 보고 등 회의 참가 전에 미리 알아두어야 할 일들이 있다. 그러나 이러한 일들을 가만히 생각해보면 대개 상식과 관련이 되는 일들이다. 이 때 상식의 기준은 국제화된 상식, 즉 우리나라에만 통하는 상식이 아니고 세계 어디서나 통하는 상식을 말한다. 회의장에서 기본적으로 지켜야 될 몇 가지가 있다.

> 첫째 상대방을 존중해야 하며 상대방을 직접적으로 무시하거나 도발하는 발언은 자제하면서 감정보다 냉철한 외교적인 언사를 써야 한다. 정치적으로 첨예한 대립을 하고 있는 중동과 이스라엘간의 대립, 인도와 파키스탄의 대립, 남북한간 대립 같은 경우에 서로 상대방을 자극하는 발언을 하는 수도 있다. 상대방을 자극하지 않기 위해서는 회원국과 반대되는 의견을 있더라도 반드시 의장을 통하여 의사소통을 해야 하는 것이 좋다. 이 때에도 저속한 용어나 표현을 하면 안 된다. 호칭은 반드시 존칭을 넣어 불러 주는 것이 좋고 (예 : Mr. Chairman, Madam Chair, Mr. President, Madam President등) 참가자 이름을 직접 지칭하는 것은 되도록 자제하는 것이 좋다. 이와 같이 표현을 가능한 한 간접적 우회적으로 하는 것이 좋다.

둘째 회의 시간을 낭비하는 행위는 삼가 해야 한다. 안건과 관련 없는 발언을 하거나 이전 회의에서 이미 결정된 사항을 들고 나와 반대하는 것은 시간 절약을 위해서 자제해야 한다.

선거와 표결

선거와 표결에서는 공평한 지역대표성이 중요하다. 유엔을 포함한 모든 국제기구의 공식적인 자리는 지역배분[8]을 존중하고 있다. 유엔 안보리 비상임이사국 10개국은 라틴아메리카와 카리브 2개국, 동유럽 1개국, 서유럽 및 기타 2개국으로 구성되어 있다. 유엔사무총장 자리도 지역별로 윤번제로 선출된다. 총회 의장, 부의장, 상임위원회 의장 등도 지역별로 배분되어 선출된다. 또한 국제기구의 의장, 부의장, 이사국 같은 직도 지역별로 배분된다.

유엔 총회의 지역분류는 아시아(49), 아프리카(53), 서유럽 및 기타 국가 그룹(26), 동유럽(20), 라틴아메리카·카리브 국가 그룹(33) 및 무소속(미국, 에스토니아, 이스라엘, 신유고등 4)으로 되어 있다. 또 일반 국제기구에서 지역을 세분할 경우에는 동북아시아, 동아시아, 서남아시아, 남태평양, 중동, 중근동, 사하라 아프리카, 동부아프리카, 북부아프리카, 서유럽, 동유럽, 북아메리카, 카리브 국가그룹, 남아메리카 도서국가 등으로 나눈다. 지역대표로 누구를 뽑느냐는 지역그룹이 알아서 할 일이다. 지역그룹 추천을 받았더라도 늘 선출되는 것은 아니다[9].

국가들은 보통 지역별로 분류되지만 호주, 뉴질랜드, 이스라엘 같은 나라들은 서유럽 및 기타 국가그룹으로 분류되기도 한다. (과거 남아프리카도 기타 그룹으로 분류된 적이 있으나 현재는 아프리카에 소속되어 있다. 미국, EU, 일본 같은 나라들은 세계국가로 분류되어 별도의 취급을 받기도 한다.)

국제회의 진행

회의가 시작되기 직전에 의장은 “I declare to open the 20th Session of the Governing Council of UNEP”라고 선언하면 공식회의는 시작된다. 개회식 후 먼저 회의에 관여할 임원을 선거하는데 이 때 선출될 임원은 미리 사전에 지역윤번제 등의 기준에 따라 관련국들간에 이미 타협을 해 두기 때문에 형식적 절차에 불과하다. 그 후 사무국에 의해 미리 준비된 잠정 의제안을 채택하는데 대개 큰 수정 없이 채택한다. 이 경우에도 잠정안에 대한 첨가나 삭제가 발의되어 재청을 받으면 토의에 회부된다.

회의는 토의 내용의 성격, 회의 규모 등에 따라 본 회의와 보조회의로 나누어지는데 보조회의는 세부사항을 토의하며 토의할 세부사항이 많을 경우 여러 개의 보조회의를 운영할 수가 있다. 이 때 본 회의는 보조회의의 속도에 따라 완급을 조절하며 보조회의 결과를 추인하는 역할을 한다.

토의가 개시되면 의제별로 토론에 들어가게 되며 회원국 대표들이 신청시 신청 순서에 따라 발언권을 주게 된다. 발언은 반드시 의장으로부터 발언권을 얻어서 발언한다. 회의 진행에 대해서는 의장이 여러 가지 권한을 행사하게 되는데 발언권 주기, 제한된 시간을 넘기거나, 발언이 주제를 벗어나거나, 중복발언을 할 경우 발언중지, 간단히 요약한 후 발언 넘어가기, 질의에 대한 답변(필요시 사무국이나 전문가의 의견 물음), 서면제출 요구(발언 중 제안이나 요청 같은 것이 불분명하거나 발언이 중대하다고 판단될 경우), 이견조정 또는 이견조정이 실패할 경우 본회의 상정 역할 등을 할 수가 있다.

◎ 동의(Motion)

회원국 대표의 동의가 있으면 동의재정과 동의선언을 거쳐 동의가 확정된다. 확정된 동의는 회원국들간의 토의에 들어가고 필요시 표결까지 갈 수가 있다. 그러나 국제회의에서는 선거 이외에는 가능한 한 투표에 부치지 않는다. 부득이 투표를 할 경우 찬성투표를 먼저 실시한 다음 반대투표를 한다. 투표결과는 반드시 선언되어야 한다.

◎ 회의종결(Conclusion of Meeting)

의장은 종결 전에 회의 내용을 요약하는데 필요시 사무국에 요약을 요청할 수 있다. 의장은 "The Meeting is adjourned" 라고 회의의 종결을 선언한다[10].

<국제회의에서 발언>

국제회의에서 발언신청은 보통 거수(hands raise)로서 하며 의장은 거수된 순서대로 발언권을 부여한다.(사무국은 일일이 거수순서에 따른 발언신청자 리스트를 적어 의장에게 패스) 발언내용은 회의의 범위 내에서만 발언할 수 있으며 이를 위반할 경우 의장은 발언을 중지시킬 수 있다. 대표단의 발언시간에는 보통 제한이 있다. 발언횟수에는 제한이 없으나 의장은 발언을 원하는 사람 모두가 골고루 발언할 수 있도록 배려해야 하기 때문에 두 번째 발언하는 경우는 발언 순서상 우선권을 주지 않는다.

회의 초기에 발언하는 경우 보통 의장의 선임에 대해 축하한다는 표현을 한다. 예를 들어 다음과 같은 표현을 쓴다.

On behalf of my delegation, I would like to convey to you my most cordial and sincere congratulation on your election as President of ---

반박과 해명 발언을 할 수 있으나 감정은 최대한 자제하고 외교적 언사를 해야 한다. 순간적으로는 목소리가 큰 사람이 이길지 모르나 결국은 논리와 점잖은 언어가 지지를 받는다. 원활한 회의진행을 위하여 대체로 반박 발언은 두 번에 한한다.

외교적 언사의 몇 가지 예

우리 말에도 그렇듯이 겸손한 외교적 언사의 표현방법은 무수히 많다. 그 중에 많이 쓰이는 몇 가지 사례를 본다.

(비인칭 대명사 it 많이 사용)

It is a pleasure for me to welcome you to the …

It gives me a great pleasure to welcome you to the…

(자기 이름보다 대표단의 이름으로 표현)

On behalf of the Korean Government, I would like to express our thanks for ….

(부드러운 예의)

I would like to thank you all for being here today…

Would you please join me in giving him a warm applause…

(발언권 - floor)

The floor is given to the representative from the ROK.

The floor is open for discussion.

Thank you Chairman for the floor…

(발언 유도)

I would like to invite questions from the floor.

Are there any questions?

I would like to hear from the floor comments on this issue of …

(유감과 사과의사를 표명할 때)

The Security Council expresses its profound regret over …

My delegation expresses its regret over …

I would like to make an apology about …

(반복해서 우려를 표명할 때)

There are concerns that…

The recent development of the situation is of great concern for all of us …

(찬성 또는 반대할 때 우회적 표현)

I am not in a position to support…

It is with regret but I must say that I am opposed to that …

(상기시킬 때)

I wish to recall…

I want to bring your attention to…

(정확하고 예의 바른 질문을 할 때)

Would you please give a bit more detail about the proposal of …

(예의 바른 답변)

I appreciate the good question raised by the representative from ROK on the issue of…

I am afraid that I am not in a position to answer the question…
If you allow me, I will let the Secretariat answer the question…
I would like to take this opportunity to explain…

(회의 종결)

We have come to the end of this important meeting…
I would like to thank you all for your active contribution for this meeting.
The meeting is adjourned. (gavel 땅땅땅)

(상기시킬 때)

I wish to recall…
I want to remind you of …

(반복 단어 회피)

- Fist, it concerns…
- Second, it relates to …
- Third, it deals with …
- Fourth, it is in regard to …
- Fifth, it involves…
- Sixth, it refers to…
- Seventh, it includes…
- Last, but not least, it is about…

- First, it states…
- Second, it describes…
- Third, it addresses…
- Fourth, it focuses…
- Fifth, it underlines…
- Sixth, it concludes…

<기록과 보고서>

회의 내용을 정리하는 기록과 보고서도 중요하다. 이러한 기록과 보고서는 사무국에서 정리하여 회원국에게 배포한다. 기록에는 의사록(minutes), 요약기록(summary records), 구술기록 verbatim records)이 있고 모든 기록은 회원국들에게 배포되어 정정과정을 거친다.

요약기록(summary records)은 항구적인 기록이 되는 공식문서로서 회의진행을 명료, 간결, 정확하게 묘사하고 발언자들의 견해를 요약해서 채택된 결정을 기록한다. 요약기록에는 회의 개회, 채택된 의제, 임원선출, 정책연설, 주요제의, 제언, 수정 및 논평, 발언자가 토의 기록에 포함시킬 것을 요청한 사항, 실질적인 질문과 답변, 결의문 공동제안자들에 의한 발표, 결정, 판결, 투표, 투표해명, 반박발언, 의사규칙 위반지적, 결의문안, 보고서안 채택 과정, 폐회 때 축하발언, 폐회 등이 포함된다.

회의에는 임원중의 하나인 보고관(rapporteur)이 선출되어 회의보고서를 작성한다. 보고서는 가장 중요한 공식문서이며 보고서는 채택되기 전 그 내용에 대해 전체 회원국의 승인을 받아야 한다.

2. 국제환경협상

협상이 성립하기 위해서는 몇 가지 요건이 있어야 한다.

첫째 협상의 상대방이 있어야 하고,
둘째 협상을 할 이해관계가 있는 대상이 있어야 하며,
셋째 협상을 주관하는 권위가 있어야 한다.

국제환경협상이란 국제사회의 멤버들간에 환경에 관한 어떤 구체적인 목표를 두고 서로의 이해관계를 조율하는 과정을 말한다. 협상을 주관하는 권위는 양자협상에서는 양국정부가 되며 다자협상에서는 보통 유엔 또는 국제기구가 된다. 대개 국제환경협상은 양자협상보다 다자협상의 경우가 많으며 다자협상은 보통 국제기구가 주관이 되어 국제회의 형식으로 협상을 진행한다. 국제환경협상에는 일반적인 협상과는 달리 특이한 점이 있다.

환경문제가 중요한 이슈로 등장은 했지만 아직도 근본적인 문제에 대해서는 환경론자와 성장론자간에는 의견이 상충되고 있다[11]. 각 나라에서는 대체로 환경문제를 담당하는 부서가 있지만 현실적인 경제문제를 담당하는 부서와 환경부서간에는 흔히 이견이 있을 수 있다. 국제회의에서 정부대표가 단일화된 목소리를 가지고 나오는 데는 그만큼 어려운 과정을 거쳐야 한다는 뜻이다. 예를 들어 온실가스 감축문제에 있어서 환경부서는 좀 더 전향적인 태도를 가지는 반면에 산업이나 경제에 관계되는 부서는 업계의 입장을 반영한 현실적인 태도를 견지하게 된다.

이러한 부서간 상충되는 문제에 대해서는 좀 더 상위 권력층에서 조정자 역할을 하게 된다.

국제회의에서는 회의 중 다양한 목소리가 나올 수 있다. 어떤 새로운 제안이 나올 경우 그것이 종전의 입장과 다르고 그 제안이 기존의 훈령의 범위 밖에 영역에 있다면 다시 처음부터 국내의 다른 관계부처와 협의를 거쳐야 한다. 물론 대표단에는 정부에서 어떤 범위를 정한 훈령이 있고 관계되는 부처의 직원이 포함되어 있어도 그 대표단만의 판단으로 처리할 수 없는 경우가 있을 것이다. 어떤 의제든 국제회의에서 이러한 경우가 나타나겠지만 환경문제처럼 많은 부서가 동시에 관계되는 경우는 그리 흔치 않다. 아직도 환경문제는 대부분의 나라에서 새로운 이슈로서 다른 이슈들처럼 축적된 경험이 있거나 전례가 많지도 않다. 또 환경문제의 특성 중의 하나가 다양한 이해그룹의 존재다[12]. 이들 환경 NGO는 거의 모든 국제환경 회의에 옵서버로 참석해서 회의를 감시하고 회의 밖에서 목소리를 냄으로써 여론형성에 큰 영향을 미친다. 따라서 직간접으로 환경문제에 영향을 미치게 된다.

국제환경협상이 이러한 특성을 가지고 있지만 기본적으로는 일반협상과 같은 맥락에서 이해될 수가 있다. 따라서 위에 말한 특성을 염두에 두면서 일반협상의 중요한 면을 살펴본다.

국제협상의 개념

앞서 말한 바와 같이 국제협상은 둘 또는 그 이상 다수의 주체간에 국제적으로 설정된 공동의 목표에 접근하기 위한 교섭 과정이라고 말할 수 있으며 공통의 목표 아래 각 주체의 개별적 목표가 있을 수 있다. 따라서 국제환경협상은 지구환경보전을 목표로 각 주체가 할 수 있는 역할을 설정하는 교섭과정이라 할 수 있다. 협상의 주체는 보통 정부가 되나 정부 이외에도 국제기구, 시민단체, 교전단체 기업 또는 개인과 같은 실체도 될 수가 있다. 교섭의 때와 장소는 협상당사국들이 정하여 결정한다. 국제협상의 장은 보통 국제기구가 주선하는 국제회의가 된다. 교섭과 관련되는 제 비용은 교섭당사국, 즉 교섭주체간에 정하는 규칙에 따른다. 협상의 주체는 보통 정부가 되므로 여기서는 정부간 협상을 염두에 두면서 살펴 보기로 한다.

협상을 성공적으로 이끌기 위한 준비사항[13)]

협상목표가 나타나면 먼저 협상을 할 필요가 있는지 또는 협상의 목적이 달성될 가능성이 있는지를 결정해야 하고 협상의 필요성이 결정되면 협상의 목표를 결정하고 협상에 나설 대표를 선정해야 한다. 협상의 대표가 선정이 되면 협상의 목표를 정해서 정부 훈령을 작성하고 협상에 필요한 모든 정보를 수집하는 한편, 협상전략을 짠다.

<협상의 필요성 검토>

다자협상에서는 먼저 협상을 할 대상의 성격을 확실히 하고 협상을 함으로써 국익에 도움이 되는지, 협상에서 소기의 목적을 달성할 가능성이 있는지 등을 검토한다. 그렇게 한 다음 그 문제가 초국경문제인지, 국제적으로 이미 다루어지고 있는지, 그 문제가 세계 각국의 관심이 있는지, 그 문제를 다룸으로써 장래 어떠한 결과를 기대하는지 등에 대해 검토해 보아야 한다.

<협상의 목표설정과 훈령 작성>

목표설정과 훈령은 주무부서 중심으로 관련부서의 협의를 거쳐 확정한다. 훈령작성시에는 상대방 국가들의 입장 파악 등 객관적 정보에 대해 파악하고 있어야 한다. 훈령은 대표단 활동의 지침이되므로 국익우선으로 하되 현실성이 있어야 한다. 현지에서 훈령내용과 다른 상황이 전개될 경우 훈령에 대한 청훈과정을 거친 후 새로운 지침을 받아야 한다.

<협상대표 선정과 대표의 자질>

협상대표는 무엇보다 설득력을 갖추어야 한다. 설득력과 관계되는 요인으로는 개인적인 자질과 국가적인 뒷받침을 들 수가 있다. 개인적인 자질로는 언어, 전문지식, 판단력, 신뢰성, 용기, 침착성, 인내심, 청취태도 등이 중요하다.

국제회의에서는 주로 영어로 표현을 함으로 무엇보다 영어구사 능력을 갖추어야 한다. 전문지식 또한 개인적 자질로서 매우 중요하고 신뢰성이 없으면 모든 노력이 소용이 없을 정도로 신뢰성도 중요하다. 신뢰도에는 정직성과 정확성이 국제회의 성공에 있어서 중요한 요소이다. 이러한 개인적인 자질에도 불구하고 공식직책이라든지 재정 및 기술원조 능력이 없으면 설득력을 뒷받침하지 못한다. 설득력은 돈으로부터 나온다는 격언이 있다.

<정보수집>

오늘날은 정보의 시대라 할 만큼 정보는 힘이다. 정보가 많으면 협상에서 그 만큼 유리하다. 정보가 많다고 모두 다 활용할 수 있는 것은 아니다. 활용할 수 있는 살아 있는 정보를 획득하고 그 정보를 활용할 수 있도록 분석하고 판단해야 한다. 정보를 획득하기 위해서는 무엇보다 재외공관을 활용하는 것이 좋다. 일선에 있는 외교관들은 살아 있는 정보를 수집하는 것이 그들의 중요한 업무 중의 하나다. 정보를 수집하는 데서부터 이를 활용하기까지 부단한 노력이 필요하다.

협상전략

협상을 성공적으로 이끌기 위해서는 협상에 임하는 전략도 중요하다. 전략에 있어서 중요한 것은 협상내용에 대한 폭넓은 지지와 이해관계를 가진 상대방 입장의 균형있는 반영이다. 협상은 어디까지나 진실을 바탕으로 해야 하며 일시적인 속임수를 쓰는 것은 결코 장기적으로 그 협상을 성공적으로 이끌 수가 없다. 그러하기 때문에 협상은 give and take (주고 받음)를 기본원리로 삼아야 하고 협상의 결과 상대방이 얻는 이해도 따져볼 필요가 있다. 그렇게 함으로써 장기적으로 긍정적인 협상의 결과를 유지할 수가 있고 협상의 상대방과도 좋은 관계를 유지 발전시킬 수 있을 것이다.

아무런 전략 없이 임하는 경우와 전략적으로 임하는 경우간에는 협상의 결과에 큰 차이가 있을 수 있다. 아무렇게나 닥치는 대로 대처하는 것보다는 좋은 전략을 세우는 것이 시간도 절약하고 우리 입장을 보다 더 효율적으로 관철할 수 있을 수 있기 때문이다. 전략을 짜는 데에 고려해야 할 중요한 기준은 협상의 목표, 협상에 임하는 상대방에 관한 정보, 균형있는 관점에서의 국익, 우군의 확보 가능성, 협상대표의 선정, 국민여론 등이 될 것이다.

<지피지기>

협상에 임할 때 상대의 전술을 미리 파악하는 것이 중요하다. 반대의 입장에서 상대가 내놓는 첫 번째 제안에 수락의사를 밝히면 오히려 상대방의 전술에 휘말릴 가능성이 있다. 좀 더 상대의 진의를 파악할 시간이 필요하다. 상대가 시간압박을 해 올 때 이를 잘 극복할 줄 알아야 한다. 너무 조급한 태도를 보이면 오히려 상대방 전술에 말려들 우려가 있기 때문이다. 자기 시한에 대해서는 말하지 않고 상대방 시한에 관심을 가지는 것이 좋은 전술일 것이다. 그러하기 때문에 협상을 잘 하려면 상대방에 대한 관찰을 잘 해야 하고 인내심을 가져야 한다.

<최후선 (소위 마지노선)>

협상에서는 자신의 입장 즉, 우리측의 최후선 있어야 한다. 그러나 진실을 바탕으로 해야 한다. 자신의 최후선을 어느 시점에 나타나 보이느냐는 협상의 기술이다. 적절한 시점에 자신의 입장을 나타내 보임으로써 협상을 성공적으로 이끄는 데 도움이 될 수 있다.

<공동입장 견지>

국제회의에서 공동입장을 가진 나라끼리 서로 협조하고 협력하는 일은 협상을 성공적으로 이끌기 위해서 매우 중요하다. 같은 배를 타고 항해하는 것에 비유된다. 그러나 대규모 협상에서 대규모 협상에서 이해관계를 파악해서 협상의 진전을 이룬다는 것은 쉽지 않은 일이다. 회의나 협상의 과정에서 상대방의 태도나 입장을 눈 여겨 관찰하고 분석해봐야 하며, 우리의 우군이 될 수 있는지 타협의 여지가 없는지도 파악해야 한다. 우군이 될 수 있는 복수의 상대방이 있다면 이들을 개별적으로 이용하기 보다는 하나의 이익단체와 같은 이해그룹을 만들 필요가 있는지도 검토해 보아야 한다.

<의장단과의 연관>

협상에 임할 때 의장단과 가까이 하는 것은 여러 면에서 도움이 된다. 무엇보다 회의 진행에 대한 정확하고 신속한 정보를 구할 수가 있고 협상 파트너와의 중재에도 도움을 받을 수가 있다. 의장단에 참여하지 못하는 경우에는 의장동료(Friends of the President)일원으로 협상에 기여할 수 있다. 의장단과 같은 협상의 주도세력과 가까이 함으로써 협상에서 소외되지 않도록 해야 한다.

<패키지 딜[14)]>

각 협상주체마다 사안에 부여하는 의미가 다르므로 사안간 일괄 거래를 통해 모두 만족하는 거래를 할 수가 있다. 여러 가지 이슈가 동시 다발적으로 교착 상태에 있을 때 일괄해결 가능하다. 일괄타결 방안을 패키지 딜이라고 한다. 그러나 이슈가 많은 만큼 타협이 위협받을 가능성도 커진다. 특히 다자협상에서는 그러한 위험이 더 커지게 마련이다. 이슈마다 중요성의 비중이 다르고 이슈에 따라 상대방의 경직된 반응이 나올 수 있기 때문이다. 그러나 한 가지 중요한 이슈가 타결하기 어렵다면 여러 가지 이슈를 한꺼번에 타결하는 것도 중요한 한 이슈를 해결하는 데 도움이 될 수 있다.

합의 추구 방식과 의사 결정 과정

협상에는 크게 귀납적 접근과 연역적 접근이 있다. 귀납적 접근은 주로 양자협상에서 장기적으로 협상을 타결하기 위해 쉬운 문제부터 합의를 보는 방안이다. 남북협상은 여기에 속하며 특히 우리는 쉬운 문제부터 차근히 합의에 도출하여 상호불신 상황을 제거하는 데 협상전략이 있으며 북한은 이와는 대조적이다. 이에 비해 다자협상은 주로 연역적 접근에 따르며 협상의 일반원칙이나 협상방식을 먼저 마련하는 방식이다.

대규모 국제환경회의의 경우 주위원회 또는 전체위원회에서 협상이 진행되며 협상의 결과는 각료급 또는 정상급 본회의(Plenary)에서 채택된다. 국제환경협약의 경우는 부속기구(Subsidiary Bodies)에서 협상이 진행되고 그 결과는 당사국총회(Conference of the Parties)의 본회의에서 채택된다. 공식 의사결정 구조의 하부구조로 작업반(Working Group)이 구성되며, 협상의 규모가 크면 사안별로 Contact Group, Informal Group, Small Group 등 협의체가 구성된다. 협상에 있어서 대부분 쟁점사안은 작업반과 Contact Group에서 다루어진다.

의사결정방식은 원칙적으로 컨센서스(만장일치)다. 국제회의 의사규칙에는 투표에 관한 내용이 포함되어 있으나 의장단 선출과 같은 절차적 문제에 국한된다. 반대가 없으면 컨센서스가 이루어졌다고 본다.

컨센서스 도출을 위한 비공식 접촉은 협상을 원활하게 진행시키는 데 매우 중요하다. 이러한 과정을 거쳐 협상문안이 최종 채택단계에 있을 때는 협상분위기상 컨센서스로 채택하는 데 반대하기가 쉽지 않다. 그러하기 때문에 컨센서스 과정에 동참해서 그 때 그 때마다 적기에 적극적으로 의사표현을 하는 것이 좋다. 극히 중요한 사안일 때 컨센서스에 동참은 하면서도 유보라는 자국의 입장을 기록으로 남길 수도 있다.

협상력 제고를 위한 방안

앞서 말한 협상력과 관련된 여러 가지 방안 이외에 현재의 협상력을 한층 더 높이기 위한 중요한 방안이 그룹협상이다. 이것은 앞서 말한 우군을 보다 장기적 공식적으로 확보하는 방법이라고 말할 수가 있다. 현대 협상에서 그룹의 출현은 1964년 UNCTAD 제1차 총회에서 개도국들이 77그룹을 구성해서 이슈 별로 공동 입장을 취하기 시작한 것이 처음이었다. 이에 대해 선진국들도 그룹B를 형성해서 공동행동을 하기 시작했다. 이렇게 해서 시작된 그룹 협상은 오늘날 광범위하게 적용되고 있다. 국제환경회의에서도 이러한 현상이 강하게 나타나고 있다.

현재 나타나고 있는 그룹의 종류 지역그룹, G-7 같은 정치그룹, 정부간 경제협약에 의한 그룹, 경제발전 정도에 따른 그룹 같은 것이 있다. 국제협상에서 나타나고 있는 소그룹을 나열해 보면 대충 다음과 같다.

- 영연방 51개국
- 노르딕 이사회 (5개국)

- 유럽연합 (30 개국)
- LDC (50개국)
- 소도서국연합 (AOSIS)
- 걸프협력이사회 (6개국)
- 석유수출기구 : OPEC
- 동남아시아 국가연합 (10 개국)
- 비동맹국가 (114개국)
- 77그룹 (133개국, 중국 포함)
- 케언즈그룹 (15개국)
- 빈치클럽 (36개국)
- 시장경제전환국가(EIT) (동구권 국가)
- 연안국 그룹 (미국, 캐나다, 아르헨티나, 호주, 노르웨이 등)
- 조업국 그룹 (한국, 중국, 일본, 폴란드, 몰타, 파나마 등)
- JUSCANZ 그룹 (EU밖의 선진국, 한국도 포함됨)(*)

UNCTAD, UNIDO, FAO 에서 분류하고 있는 그룹은 다음과 같다.

- 그룹 A : 아시아 그룹(45) + 아프리카 그룹(52) + 유고
- 그룹 B : 서유럽 선진국 (31)
- 그룹 C : 라틴 아메리카. 카리브 (33)
- 그룹 D : 중·동유럽 (16)
- 중국 등 무소속 : (10)

* 그룹 A와 그룹 C, 무소속이 합쳐 77그룹 형성 (141)

그룹은 느슨하고 임시적인 성격의 연합이므로 그룹도 그 때마다 상황에 따라 이합집산하며 그 영향력의 부침도 크다. 예를 들면 비동맹그룹은 구소련체제 붕괴 후 크게 약화되었고 중유럽그룹은 EU의 회원이 되어 과거처럼 단결된 모습을 보여주지 못하고 있다. 어느 그룹에 속할 것인가 결정할 때 고려해야 할 사항으로서 국가이익, 동일한 이해관계를 가진 국가 발견, 해당사안에 대한 다수의견 파악, 협상과정에서 변화 파악 같은 것이 있다.

그룹핑과 관련해서 우리나라의 위치는 약하다고 할 수 있다. 우리나라는 과거 그룹 A와

77그룹에 소속되었으나 1996년 OECD 가입 후 77그룹을 탈퇴하였으며 우리나라입장을 잘 대변해 줄 수 있는 77그룹이 아닌 다른 협상그룹에의 참여를 모색해 오고 있다. 현재 JUSCANZ (1999년 참여, 일본, 미국, 캐나다, 뉴질랜드, 호주 등 OECD 국가 중 비EU국가), EIG (Environment Integrity Group)기후변화 협상에서 구성된 그룹으로서 멕시코, 스위스 등) 에 속해 있을 뿐이다. 현재 안정적인 그룹을 찾지 못하고 있고 이는 바로 우리에게 항구적인 우군이 별로 없다는 뜻이다.

그룹협상도 장단점을 가지고 있다. 회의의 결론 도출에 기여한다든지, 약소국들이 자기 입장을 반영하는 데 도움을 받을 수가 있는 것은 장점이다. 그에 반해 그룹협상은 같은 그룹 안에서도 이견 조정이 어려울 수 있으며 그룹 입장이 경직되어 있다는 것은 단점이다. 예를 들어 77 그룹이 서방 선진국 안을 받지 않을 경우 77 그룹내의 어떤 국가가 선진국 안에 동의하더라도 77 그룹을 떠날 수가 없다. 즉, 최대요구와 최소대응 사이에 그룹 내부의 의견조정이 곤란하고 자칫하면 전체협상이 교착될 가능성마저 가져오게 된다. 또한 그룹협상은 그룹 소속국가가 많을 경우 그룹 내 의견을 조정하는 데 시간이 소요되며 신속하게 대응하기가 어려워 질 수도 있다.

3. 우리나라의 국제기구 진출현황과 전망

우리나라 출신의 유엔사무총장도 나왔지만 우리 국력에 비해 아직 국제기구 진출은 활발하지 않다. 이러한 현상은 앞으로 우리에게는 국제기구에 진출할 전망이 밝다는 것을 반증한다.

우리나라의 국제기구 진출 현황

2008년 현재 우리나라 사람들의 전체 국제기구 진출 현황을 보면 41개 국제기구에 305명이 진출해 있다. 좀 더 자세히 보면 유엔산하 기구진출은 76명에 불과한데 이는 유엔인력 4만 명의 약 0.19퍼센트에 불과하다. 우리나라보다 많은 인력이 진출한 나라는 58개국이다. 이를 분석해 보면 다음과 같다.

<언어영향>

영　　어 : 호주, 방글라데시, 캐나다, 피지, 인도, 아일랜드, 자메이카, 미얀마, 네팔, 뉴질랜드, 나이지리아, 파키스탄, 영국, 필리핀, 남아프리카, 스리랑카, 트리니다드토바고, 우간다, 탄자니아, 짐바브웨, 미국

불　　어 : 벨기에, 카메룬, 코트디브와르, 모로코, 스위스, 튜니시아, 프랑스

스페인어 : 아르헨티나, 칠레, 콜롬비아, 멕시코, 페루, 포르투갈, 스페인, 우루과이

아 랍 어 : 이집트, 요르단,

러시아어 : 조지아, 우크라이나, 러시아

<국가 인지도 및 정치적 영향>

중국, 일본, 독일, 브라질, 덴마크, 핀란드, 이탈리아, 네덜란드, 노르웨이, 스웨덴, 팔레스타인

<평화유지군 주둔관계>

사이프러스, 아프가니스탄, 보스니아 헤르체고비아, 브룬디, 차드, 크로시아, 콩고, 에르트리아, 에티오피아, 헤이티, 이라크, 레바논, 라이베리아, 루안다, 세네갈, 세르비아, 시에라리온, 수단, 시리아, 동티모르 등

<유엔기구 소재 등 기타>

케냐, 루마니아

진출 쿼타에 미달

유엔기구의 인사원칙에 의하면 지역별 배분원칙, 국별예산 부담율 대비 적정진출규모 유지원칙이 있는데 2001년부터 우리나라의 유엔 부담율 상승으로 과소진출 국가로 분류되고 있다. 따라서 우리나라 사람들의 유엔기구 진출 가능성은 높은 편이지만 현재 자격

있는 사람들의 응모가 필요하다. 문제는 언어 소통력과 전문성인 것으로 이해되고 있다.

국제기구 직원이 되는 길[15)]

국제기구 직원의 종류로는 전문직원, 사무총장, 사무차장 그리고 그 아래에 다음과 같은 직급이 있다.

D-2 국장급
D-1 부국장급
P-5 과장급 (41-50세)
P-4 과장급 (36-40세)
P-3 실무직원 (31-35세)
P-2 실무직원 (32세 이하)
P-1 실무직원 (32세 이하)
필드전문가 - 기술자, 과학자로서 L-7은 D-2에 해당
일반직원 - 비서, 타이피스트, 운전수 등

국제기구 직원 채용 과정은 다음과 같다.

a. 채용 시기 : 부정기적
채용 공고 : 각 국제기구별로 공고(우리 외교부 웹사이트에 공고 사실 알림)
b. 응모 기간 : 대개 4주 정도
c. 서류 전형 : 대개 제출된 서류를 중심으로 심사
d. 면접 : 서류 심사에 통과하면 국제기구 관계관이 직접 면접
e. 신원조회 및 신체검사
f. 선발위원회 심의 및 사무총장의 승인
g. 후보자에 대한 임용통지서 교부
h. 부임선서 및 임용통지서 서명

JPO는 일종의 인턴으로서 한국정부에 의하여 선발되어 국제기구에 1년간 파견되는데 파견 성적이 좋으면 국제기구 정규직원으로 채용될 수도 있다.

[주] 제3장 지구환경문제 해결을 위한 국제환경협상 메커니즘

1) UNDP는 인간이 보다 나은 생활을 하도록 지식, 경험과 자원이 필요한 나라들에게 이를 연결시켜 주는 유엔의 범세계적인 개발 네트워크이다. 현재 166개 나라에 사무소가 있고 현지 실정에 맞는 제반 방안을 모색하기 위해 노력하고 있다. 2015년까지 빈곤을 반으로 줄이려는 목표를 포함해서 새천년 개발목표(Millennium Development Goals)를 달성하기 위해 세계의 지도자들이 이미 공약을 한 바 있다. UNDP의 네트워크는 이러한 목표를 달성하려는 세계적, 국가적 노력을 연결시켜 주고 조정해주는 역할을 하고 있다. UNDP의 보다 구체적인 활동목표로는 민주적 통치(Democratic Governance), 빈곤감소, 위기방지 내지 극복, 환경과 에너지, 에이즈 등이 있다.

2) 유엔 HABITAT는 인간주거문제를 해결하기 위한 유엔기구이다. 유엔총회는 유엔HABITAT에게 모든 사람들에게 적절한 휴식처(shelter)를 제공해 주기 위해 사회적 환경적으로 지속가능한 도시를 만드는 임무를 주었다. 전세계적으로 볼 때 유례 없이 빠른 속도로 도시가 확장되어 가고 있으며 1950년에 1/3 도시거주민이 오늘날은 1/2이 되었고 2050년에는 2/3가 될 것으로 전망된다.
이러한 현실에서 유엔 HABITAT는 정책결정자들과 지방 정부의 대책 수립에 도움을 줄 계획이다. 유엔 HABITAT의 임무는 인간주거에 관한 밴쿠버 선언과 이스탄불 선언, HABITAT Agenda, 새천년 도시 주거에 관한 선언(Declaration on Cities and other Human Settlements in the New Millennium), 유엔총회 결의 56/206에 근거를 둔다.

3) UNFPA(유엔인구기금)는 모든 여성, 남성과 어린이들이 건강한 삶과 동등한 기회를 가질 권리를 확장하는 것을 목적으로 하는 국제개발기구이다. UNFPA는 국가들이 인구 데이터를 이용해서 빈곤을 감소하고, 임신과 출산을 보호하고. 어린이들이 에이즈로부터 구제하는 정책을 지지하고 도운다.

4) 유엔경제사회이사회(ECOSOC)은 1945년 유엔헌장에 의해 설립되었으며, 14개 유엔전문기구, 각종 위원회와 5개의 지역 위원회들의 경제, 사회 등 관련된 일들을 조정하기 위한 유엔의 주기관이다. ECOSOC은 국제 경제 및 사회 문제를 토의하고, 유엔 회원국들과 유엔체제에 대한 정책 건의를 만드는 중앙무대로서 역할을 한다. 좀 더 구체적으로 ECOSOC은 보다 높은 생활주준, 고용수준과 경제사회 발전을 도모하고, 국제적인 경제, 사회 및 보건 문제의 해결책을 강구하고, 국제적인 교육문화 협력을 촉진하고, 인권과 기본 지유에 대한 보편적 준수를 추진하는 책임을 지고 있다.

5) 유엔은 1945년 창설 당시 회원 수는 불과 50여 개국이었으나 현재에는 거의 200개 회원국을 가지고 있다. 이러한 양적 팽창뿐만 아니라 냉전체제가 사라졌고 종전에 예상하지 못했던 문제들이 대두되어 있다. 이러한 상황변동에도 불구하고 유엔의 조직은 65년 전이나 지금이나 큰 변동이 없다. 따라서 이러한 상황변동에 대응하는 조직개편 중에 가장 중요하고 관심을 끄는 문제가 바로 상임이사국확대문제이다. 안보리이사국은 미, 영, 불, 중국 및 러시아 5개의 상임이사국을 포함하여 15개국이며 상임이사국은 임기가 없이 고정적인 회원자격을 가지고 있다. 무엇보다 중요한 것은 상임이사국에게는 국제정치문제의 논의에서는 거부권이 주어진다는 것이다. 21세기에 들어 경제력, 국제정치적 영향력, 지역대표성 등을 기준으로 이를 확대하려는 움직임이 있으나 중국 등 반대에 봉착하여 진전이 없는 상황이다.

6) 정치적 이유로 초청여부문제가 나타난 예로서 세계의 분쟁지역에 경우가 많다. 세계의 분쟁지역은 이스라엘이 개재된 중동지역, 카시미르 영유권 분쟁인 인도 파키스탄 지역, 구유고가 개입되어 있는 동구권 지역, 한반도 등을 들 수가 있다.

7) 회의장에서 지켜야 할 상식 - 임홍재, 국제회의 참가와 협상

8) 국제무대에서 선거에서 지역배분은 일반화 되어 있다. 의장은 물론 부의장, 보고관 등 모든 선출직은 특별한 경우가 아니면 일단 지역배분의 대상이 되며, 한 명 또는 소수를 뽑는 자리도 지역별로 돌아가면서 맡는 것이 관례가 되고 있다.

9) 1994-95 임기의 안보리 비상임이사국 선출시 케이프 베르데는 아프리카 지역 추천 받았으나 나이지리아가 출마하여 당선(임홍재, 국제회의 참가와 협상)
10) 회의 종결 또는 의제 가결을 선언할 때 의장은 의사봉(gavel)을 세 번 두드린다.
11) 환경론자와 성장론자에 대해서는 결어 지속가능한 사회건설 참조
12) 오늘날 전 세계 6만 여 개의 국제 NGO 중 국제적으로 활동하고 있는 환경 NGO가 얼마나 되는지 공식적 통계가 없다. 그러나 환경 NGO는 다른 분야의 NGO보다 더욱 활발히 활동하고 있는 것으로 일반적으로 알려져 있다.
13) 환경협상을 성공적으로 이끌기 위한 준비사항 - 임홍재, 국제회의 참가와 협상
14) 패키지 딜은 서로 다른 사안들을 교섭하는 협상에서 만일 어떤 특정 사안에 대해 의견이 맞서 교섭에 진전이 없을 때 이를 타개하기 위해 행해질 수 있는 협상수단이다. 이 때 협상주체간의 교착된 사안 이외에 서로 다른 우선순위를 가지고 있는 사안들이 있어야 한다는 조건이 있다.
15) 국제기구 직원이 되는 길은 첫째 국제기구가 요구하는 자격을 갖춘 다음, 직원채용을 공고하는 각 국제기구의 정보를 적기에 입수하는 것이 중요하다. 정보는 해당 국제기구의 채용공고에서 얻어질 수 있고 또한 외교부 인터넷 홈페이지(www.mofat.go.kr)에서 입수할 수도 있다.

제2부

지구환경문제 해결을 위한 분야별 주요 국제적 노력

지구환경문제를 분야별로 나눌 때 여러 가지 기준이 있을 수 있다. 대체로 통상 대기분야, 생태계분야, 산림분야, 해양분야, 폐기물 및 유해화학물질 분야 등으로 나누어 대처해 오고 있다. 이 외에 무역과 환경분야, 자원분야 등이 별도로 논의될 수가 있을 것이다. 제2부에서는 대기분야, 생태계분야, 수자원분야, 해양분야, 폐기물분야 및 무역과 환경 등에 대해 설명을 하고 자원분야는 제3부 지구환경 및 우리의 자원외교에서 별도로 설명하기로 한다. 식량과 인구문제도 지구환경문제에 있어서 중요한 문제이기는 하나 제2장 위기의 지구환경에서 설명한 것으로 가름한다.

대기분야에는 기후변화협약(UNFCCC, UN Framework Convention on Climate Change)으로 대변되는 기후안정화문제, 오존층보호문제, 산성비와 황사문제 같은 사안들이 있으나 제2부에서는 기후안정화문제와 오존층 보호문제에 대해 살펴보기로 한다. 산성비와 황사문제는 제11장 동북아협력에서 간략히 언급하는 것으로 대신한다. 생태계분야에는 생물다양성협약으로 대변되는 생물다양성문제, 멸종위기에 처한 동식물의 국제거래에 관한 협약(CITES), 습지보호협약(Ramsar 협약) 등이 있다. 산림분야에는 국제열대목재협정, 사막화방지협약, 산림원칙성명 등이 있는데 산림도 생태계에 속한다고 볼 수가 있기 때문에 생태계분야에 포함할 수도 있다. 여기서는 후자의 분류방법에 따른다. 수자원분야는 지구환경 특히 기후변화문제와 밀접한 관계에 있는 분야로서 국제적으로 매우 중요하게 다루어지고 있다. 해양분야에는 덤핑(투기)에 의한 해양오염 행위를 방지하기 위한 목적으로 만들어진 런던협약(공식명칭은 Convention on the Prevention of Marine Pollution by Dumping of Wastes and Other Matter, 약칭 London Convention), 육상활동으로부터의 해양환경보호를 위한 범지구적 실천계획과 해양오염방지협약 등이 있다. 폐기물분야에는 유해폐기물의 국가간 이동 및 그 처리 통제에 관한 바젤협약, 바젤협약 책임배상의정서 그리고 유해폐기물의 아프리카 지역 수입금지와 아프리카 국가간 이동을 통제하기 위한 바마코 협약 등이 있다. 유해화학물질분야에는 유해화학물질 이동시 사전승인을 골자로 하는 로테르담 협약과 잔류성 유기오염물질에 관한 스톡홀름 협약 등이 있다.

무역과 환경문제는 그 자체가 환경문제는 아니지만 환경과 밀접히 관련되는 문제란 점에서 우리의 관심을 가질 만하다. 무역과 환경문제 중 환경보호를 위한 무역조치와 자유무역간의 충돌을 국제적으로 어떻게 다루고 있는 지를 살펴본다.

제4장 대기분야

많은 지구환경논의 중 기후변화문제, 오존층 보호문제, 산성비문제, 황사문제, 방사능문제 등을 편의상 대기분야로 분류하여 제4장에서 논의한다. 기후변화문제와 오존층 보호문제를 국제적으로 어떻게 다루고 있는지 살펴보기로 한다. (산성비문제와 황사문제는 제11장 동북아 환경협력, 방사능문제는 제8장 폐기물 및 유해화학물질 분야를 참조하기 바란다.)

기후안정화 문제

1. 기후변화문제의 대두

장기적으로 보면 기후는 불안정하다. 과거 기록상으로 볼 때 지구온난화와 지구냉각화가 번갈아 가면서 변화되어 왔다. 단기적으로는 지구 스스로가 이러한 냉각과 온난의 균형점을 향하여 기후를 안정시키려는 경향이 있다. 예를 들어 6억5천만년 전에는 눈덩이현상이 나타나서 약 2천5백만 년 동안 지구는 얼음 속에 있었다. 또 2억5천만년 전에는 온난화가 와서 생물 멸종을 가져 왔다. 지금까지 수 차례 빙하기가 왔다 갔고 또 언제 빙하기가 올 지 모른다. 마찬가지로 수 차례 온난화가 왔다 갔고 또 언제 온난화가 나타날지 모른다.

지구 냉각이나 온난의 원인은 과학적 연구에 의해 하나씩 밝혀지고 있는 중이다. 지금까지 밝혀지고 있는 지구 냉각의 원인은 어떤 원인에 의해 이산화탄소의 감소, 황산의 증가로 인한 햇빛 반사, 소행성 충돌로 인하여 먼지의 대기층 가림 등을 꼽고 있다. 또한 지구 온난화의 원인으로는 그 어떤 원인에 의한 이산화탄소의 증가, 알베도 효과, 대규모 해저 메탄 하이드레이트의 분출 등을 원인으로 보고 있다.

과거 자연적 현상에 의해 나타나는 기후변화문제는 적어도 수만 또는 수십만 년을 두고 서서히 변했지만 지금 인간의 행위에 의해 나타나는 기후변화는 짧은 기간 내에 변할 것으로 예상된다. 지금 우리가 말하려고 하는 기후변화문제는 자연적 현상에 의해 나타나는 기후변화문제가 아니고 인간의 인위적인 행위에 의해 나타나는 기후변화문제를 말하는 것이다.

기후변화 원인과 영향

기후변화는 늘 일정하게 변하는 것이 아니고 들쭉날쭉 거리면서 장기간에 걸쳐 변화하기 때문에 우리는 매우 혼돈스러워 한다. 그러나 관측을 통해서 전체적인 경향은 나타난다. 이러한 관측에 의하면 지금 나타나는 경향으로 보아 우리는 지금 지구온난화의 과정에 있다고 한다. 과학자들이 기후변화의 원인을 규명하기 위해서 노력한 결과 오늘날 우리가 목격하고 있는 기후변화는 주로 인위적인 온실가스의 과다한 배출 때문이라는 것이 밝혀졌다. 또한 과거 자연적인 기후변화는 매우 긴 시간 동안 이루어졌으나 오늘날 관측되는 기후변화는 짧은 시간대에 일어나고 있다.

<기후변화의 원인>

기후변화의 원인을 과학적으로 분석하자면 매우 복잡하다. 그러나 크게 자연적인 원인과 인위적인 원인으로 나누어 볼 수가 있다.

자연적인 원인

자연적인 원인은 기후시스템 요소의 변화와 요소간의 상호작용에 의해서 발생한다. 대표적인 예로는 화산분화에 의한 성층권의 에어로졸 증가, 태양활동의 변화, 태양과 지구의 천문학적 상대위치변화 등이 있다. 또한 기후시스템의 5가지 주요 구성요소인 대기권, 수권, 빙권, 지권, 생물권 등 각 요소들이 각기 상호 작용하여 끊임없이 변화하기 때문이다. 자연적 원인은 크게 내부적 요인과 외부적 요인으로 구분이 되는데 내부적 요인은 기후시스템 자체의 변화에 의한 것이고 외부적 요인은 태양풍과 같이 외부적 요소에 의한 것이다.

인위적인 원인

인간 활동이 대규모적으로 기후에 영향을 미치기 시작한 것은 산업혁명 초기인 18세기 중엽부터이다. 농업이나 공업 등 생산활동에 의해서 야기되는 삼림파괴, 이산화탄소 방출, 산성비, 프레온가스 등에 의한 오존층파괴 등이 있으며 특히 온실가스에 의한 지구온난화가 대표적이다.

기후 시스템을 움직이는 에너지원은 태양으로부터 도달하는 복사에너지이다. 태양에너지는 주로 가시광선의 형태로 지구에 도달하며 이 에너지 중에서 약 30퍼센트 정도는 지구 외부로 방출되지만 나머지 약 70퍼센트는 흡수되어 지표면의 온도를 상승시킨다. 대기는 적외복사를 흡수하거나 방출하는 미량기체를 포함하고 있다. 우리가 온실가스(greenhouse gas)라고 부르는 이 미량기체는 지표와 대기, 구름으로부터 방출되는 적외복사를 흡수하고 지표를 포함한 모든 방향으로 적외복사를 방출함으로써 대기 중에 열을 가두는 역할을 하고 있다. 온실가스에 의한 이와 같은 열 조절 메커니즘을 온실효과(greenhouse effect)라고 한다. 대기중의 1퍼센트 미만을 차지하는 온실가스는 지구 외부로 방출되는 적외선을 흡수하여 대기 중의 에너지 흐름을 조정하는 역할을 한다. 이산화탄소는 대기 중에서 자연적으로 발생하기도 하지만 최근 관찰되는 급격한 증가는 사람들 화석연료 사용과 산림 벌채에 기인하는 것으로 평가되고 있다.

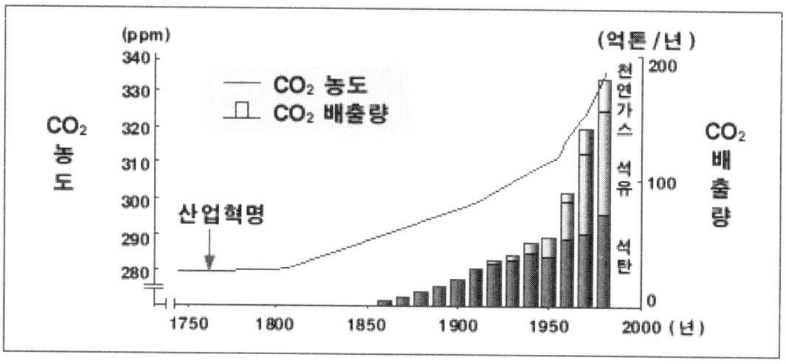

전 지구의 CO_2 농도는 산업혁명 이전에는 280 ppm이었으나 2000년 현재 지구의 CO_2 농도는 379.1 ppm이다.

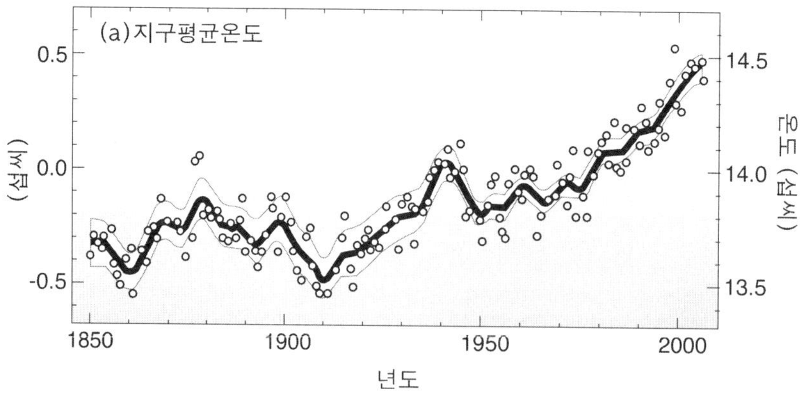

2007년 IPCC 발표에 의하면 1906년-2005년간 지구 평균온도는 섭씨 0.56-0.92도(평균 0.74도) 상승했으며 현재의 추세가 계속되면 금세기 말 최대 6.4도, 해수면 59센티미터 정도 상승될 것으로 예상하고 있다.

<기후변화는 어떤 영향을 초래할까>

지구온난화의 영향은 정치 경제 사회 문화 등 모든 분야에 걸쳐 영향을 미친다. 단순한 기온변화뿐만 아니라 농업, 공업, 수산업 등 많은 분야에 걸쳐서 나타난다. 기후변화의 영향은 그 범위가 넓어서 우리의 일상생활 전반에 걸쳐서 나타난다고 보면 될 것이다.

① 집중호우, 초대형 태풍, 가뭄, 폭염 등 이상기후와 사막화 확대
② 빙하해빙과 해수면 상승
③ 작물 재배선 등 생태계 변화, 전염병 확산
④ 식량생산에 악영향
⑤ 에너지 등 자원 낭비 등
⑥ 물 부족 현상 심화
⑦ 토양유실, 생물종 멸종 등 생태계 위협

북극 해빙속도가 최근 2년간 10-15배 증가했으며 해수면은 지난 40년간 매년 1.88 mm씩 상승하고 있다. 또한 열대성 생물종이 북상하고 있으며 아열대성 전염병이 확산되고 있다. 섭씨 3.5 도 상승시 생물종의 40-70퍼센트가 멸종되는 것으로 연구되고 있다.

우리나라에서도 기후변화 조짐이 있다. 지난 100년간 한반도의 기온은 섭씨 평균 1.5도 상승했으며 제주지역 해수면은 지난 40년간 22 cm 정도 상승했고, 1920년 이래 겨울은 한 달 정도 단축되고 여름은 20여일 길어진 것으로 조사되었다. 또한 2003년 매미, 루사 등 초대형 태풍이 집중되어 그 피해액은 2000년 이래 매년 2.7조원 이다. 집중호우도 매년 2.8일로 평균 0.8일 증가되었고 폭염피해 사망자수는 최근 10년 동안 2,127명, 열대병인 말라리아 환자는 2007년 경우 2,227명이다. 21세기 말 우리나라의 평균기온은 1971-2000년 평균기온 대비 4도 정도 상승하고 강수량은 17퍼센트 증가될 것으로 예상된다. 또한 21세기 말에는 동해안과 서해안 중부까지 아열대성 기후가 북상해 올 것으로 예상되며, 해수면이 1미터 정도 상승해서 여의도 면적의 300배 가량의 땅이 침수될 것으로 예상된다. (국립기상연구소)

2. 기후변화문제 해결을 위한 국제적 노력

온실가스에 의한 기후변화문제가 제기된 것은 1970년대부터지만 과학적 근거가 나타난 것은 1980년대 후반이었다. 1979년 제1차 세계기후회의(WCC)를 계기로 국제적 대응이 시작되었다. 그 이후 1985년 세계최초의 지구온난화 회의(빌라크 회의), 1988년 토론토 회의를 거쳐 유엔에서 정부간 전문가 그룹인 IPCC를 창설하여 과학적 검토를 시켰다. IPCC는 1990년 8월 처음으로 기후변화에 대한 과학적 검토결과 보고서를 유엔에 제출하였다. IPCC는 기후변화에 대하여 1990년 당시 전세계 이산화탄소 배출량을 밝히면서 이산화탄소 배출량과 기온상승간에 관계가 있다 하고 향후 이산화탄소 배출량을 줄이지 않을 경우 비극적 결과가 올 수 있음을 경고하였다.

1990년 11월 스위스 제네바에서 137개국 정부대표가 모여 기후변화협약을 체결하기로 합의한 후, 1년 반에 걸쳐 6차례의 정부간회의(INC: Intergovernmental Conference)가 개최되었다. 이 회의에서는 130개국의 정부대표가 참석하여 기후변화협약안을 만들었으며 1992년 6월 리오회의에서 기후변화협약안이 채택되었다.

기후변화협약(UN Framework Convention on Climate Change, UNFCCC)의 성립

1992년 6월 리오에서 채택된 기후변화협약은 1994년 3월 50번째 비준국이 기탁을 함으로써 발효되었다. 우리나라는 1993년 12월 가입하였으며 2009년 3월 현재 192개국이 가입하고 있다.

<기후변화협약의 협상과정>

기후변화협약의 협상은 1991년 2월부터 1년 반에 걸쳐 있었다. 이 협상은 이해당사국의 첨예한 대립 속에 진행되었다. 주요 대립은 선진국과 개도국간의 대립이며 미국과 EC 등 선진국간의 대립도 엿볼 수 있었다.

제1,2차 INC회의(1991.2월 워싱톤, 1991.6월 제네바)

회의 벽두부터 선진국과 개도국간의 의견차이가 노정되었다. 개도국측은 회의원칙이 선행되어야 한다며 회의원칙에 개발권 부각을 염두에 둔 반면, 선진국측은 회의원칙보다 본론 토의를 먼저 시작할 것을 주장하였다. 이러한 선진국과 개도국간의 대립 속에 특히 온실가스 감축의무 문제인 규제약속(commitment) 논의 시 의견차이가 심했다. EC, 스웨덴, 노르웨이, 캐나다, 호주, 뉴질랜드는 적극적이었고 특히 EC는 2000년까지 1990년 수준으로 의무화하여 온실가스배출 규제기준 및 규제일정을 구체화 할 것을 주장하였다. 이에 비해 선진국 중 미국과 영국은 소극적인 태도를 보였으며 개도국은 규제약속에 소극적이었다. 개도국 중 산유국은 민감한 반응을 보였으며 도서국들은 매우 적극적이었다. 일본은 중재안을 제출하였으나 그 내용은 자발적으로 공약(Public pledge)을 하고 나중에 검토(review)하는 것이었다.

제3차 INC회의(1991.9월, 나이로비)

규제약속문제와 관련 EC는 일본의 중재안을 비판하였고 산유국은 중국, 인도의 인구당 기준에 의한 규제기준에 반대 하였으며 호주는 산유국 입장을 지지했다. 싱가포르는 도서국가 입장을 지지했으며 미국은 기후변화협약은 기후변화에 대처하기 위한 장기적인 목표 설정과 향후 국제협력 방안의 도출을 위한 틀이 되어야 한다면서 CO_2에 대한 구체목표나 일정설정, 일률규제에 반대했다. 우리나라는 개도국의 에너지다소비 산업구조의 특수성이 인정되어야 하며 환경기술의 실질적 이전의 필요성을 강조하였다. 이에 대해 호주와 산유국들이 호응했다.

제4차 INC회의(1991.12월 제네바)

제5차 INC회의(1992.2월 뉴욕)

주요 조항별로 비공식회의가 실질적인 역할을 했으며 사안별로 입장이 같은 국가끼리 사전협의를 통해 조직적 태도를 보였다. 규제약속에 대해서는 미국의 입장을 상당부분 수용하였으며 직접규제를 포기하고 1990년 수준까지 절감 노력하는 것으로 타협하였다.

<기후변화협약의 주요 내용>

대기 중 온실가스 농도를 안정화 시키는 것을 목표로 하며, 부속서 I 국가(1992년 당시 OECD회원국 24개국과 동구경제전환국 16개국)의 경우 자국에서 배출하는 온실가스의 양을 2000년까지 1990년 수준으로 감축하도록 노력한다는 권고조항을 포함하였다. 기후변화 협약 안을 구상하던 때의 의무부담은 각국의 이견으로 실현되지 못하였고 다만 1990년 수준으로 감축하기로 노력한다는 정도의 권고수준에 그치고 있다. 이것은 기후변화협약 이후 새로운 노력(예 : 교토의정서)이 필요함을 예고하고 있다.

기후변화협약은 전문과 26개 조항으로 구성되어 있으며 주요규정으로는 기본원칙, 의무사항, 재정지원사항, 기술이전, 조직사항 등으로 대별된다.

◎ 전문 및 기본원칙

전문에는 다음의 몇 가지 사항이 규정되어 있다.

- 기후변화와 그로 인한 피해가 인류의 공동관심사임을 선언
- 인간활동으로 인해 온실가스의 대기 중 농도가 급격히 증가, 이로 인하여 온실효과가 가속화되고 있음을 우려
- 온실가스 배출관련, 선진국의 역사적 책임을 인정하고 향후 개도국의 온실가스 배출비중이 가속될 것임을 예견

기후변화협약은 온실가스로 인한 기후시스템의 위험한 변화를 방지할 수 있는 수준으로 온실가스의 농도를 안정화시키는 것을 목적으로 하고 있다(협약2조). 또한 협약은 제3조에서 기본원칙에 대해서 언급하고 있다.

- 공통의 차별적인 책임[1](common but differentiated responsibility)
- 현세대와 미래세대 위해 기후시스템 보호와 이를 위한 선진국의 선도적 역할
- 각국의 능력과 사회경제적 여건 고려 기후변화에 취약한 국가와 과중한 부담국에 대한 특별고려(우리나라와 산유국 입장 반영)
- 예방적 원칙
- 대응정책은 비용절약적이어야 함

- CO_2뿐만 아니라 모든 온실가스 규제(미국 입장 반영)
- 온실가스 배출원 뿐만 아니라 흡수원도 중요
- 지속가능한 발전의 권리 인정(개도국 입장 반영)
- 각국의 지속가능한 경제발전을 위해 개방적 국제경제체제의 도모 필요

의무사항(제4조)

Common but Differentiated Responsibility에 의해 일반의무사항과 선진국 의무사항으로 구분해서 규정하고 있다. 일반의무사항은 모든 협약가입국에 공통적으로 적용되는 의무이고 선진국 의무사항은 OECD 국가 의무사항과 OECD 및 동구권국가(CIS) 의무사항으로 구분된다.

제4조 1항 일반의무사항

a항 (온실가스에 대한 통계보고)

모든 온실가스에 대해 인위적 배출과 흡수에 대한 국별통계를 총회에서 결정하는 방법론에 따라 개발하며, 주기적으로 update하고 공표하며, 총회에 보고해야 한다.

b항 (정책적 의무)

기후변화를 방지하며 이에 대한 적응능력을 도모하기 위한 국가정책을 수립, 시행, 공표하며 주기적으로 update 해야 한다.

c항부터 i항까지는 각국의 노력과 협력사항을 규정

제4조 2항의 선진국가(OECD 및 CIS국가)의 의무사항

a항 (온실가스 배출제한, 흡수 등 국가정책 추진)

온실가스의 인위적 배출을 제한하고 흡수원을 보호, 증진하며, 기후변화 방지에 기여하는 국가정책을 채택하고 추진해야 한다. 다른 국가와 협력하여 공동으로 이행할 수 있다. 이 조항은 기후변화협약에서 핵심조항으로 1년 반간의 협상기간 동안 선진국간 이견이 컸다. EC는 2000년까지 CO_2 배출을 90년 수준으로 동결하자고 주장한 반면,

미국은 특정수준과 특정기간을 명시적으로 표시하는데 반대했기 때문에 결과적으로 사실상 법적 구속력이 없는 형태가 되었다.

b항 (온실가스배출 및 흡수원에 관한 전망자료 보고)

a항의 정책과 시책에 대한 구체적 정보와 이 기간 동안 온실가스 배출과 흡수원에 의한 온실가스 제거에 대한 전망자료를 보고해야 한다.

c항 (온실가스 배출 및 제거 관련 과학적 지식 고려)

온실가스 배출 및 제거의 계산시 현 과학적 지식을 충분히 고려해야 한다. 특히 흡수원의 실질적 능력, 온실가스들의 기후변화에 대한 각각의 기여도를 고려해야 한다. 계산방법은 1차 총회에서 결정하며 그 후 주기적으로 재검토한다.(각 온실가스의 기후변화에 대한 기여도라는 것은 과학자들 사이에서 논의되고 있는 global warming potential에 의거 온실가스의 배출을 계산하자는 것이다. 이는 EC가 이산화탄소의 우선적 규제를 주장한 데 대해 미국이 철저히 반대하면서 주장한 내용이다. 미국의 경우 이산화탄소만을 계산할 것이 아니라 CFCs 등 다른 온실가스도 동시에 고려하자는 주장을 했다. 미국은 이미 CFCs에 대해서는 감축계획이 있기 때문이었다.)

d항 (경과조항으로 이견조정을 차후 당사국회의에 이월)

1차 가입국 총회에서 최신과학정보, 기후변화영향에 대한 최신 평가, 기타 과학, 사회, 경제 정보를 토대로 a,b 항의 적정성을 검토해야 하고 검토 결과에 따라 총회는 적절한 조치를 취해야 한다.

a, b 항의 첫 번째 검토는 제1차 당사국회의에서 하고 두 번 째 검토[2]는 1998년 말 이전에 해야 하며, 그 후 주기적으로 이 협약의 최종목적 (온실가스 안정화)이 달성될 때까지 재검토해야 한다. (이는 일종의 경과조항이며 선진국간의 이견조정을 차후의 가입국회의로 미루기 위한 조항이다. 즉, 선진국 의무조항의 핵심인 제4조 1항 a,b 항이 EC와 개도국이 주장했던 CO_2 의 90년 수준으로의 동결안 보다 훨씬 완화된 형태이기 때문에 향후 이를 강화시킬 수 있는 근거를 마련한 셈이다.)

f항 (국가 리스트 재평가)

총회는 1998년 말 이전에 부속서 I, II에 규정한 국가 리스트를 개정하기 위해 관련

정보를 재평가해야 한다. 우리나라, 멕시코, 싱가포르 등 국가가 재평가 대상이다.

제4조 3항 부속서 II(선진국 의무사항)

부속서 II 국가의 선진국은 개도국의 inventory, 국가보고서 작성에 소요되는 합의된 모든 비용을 충당하기 위해 부가적이며 새로운 재정자금(new additional fund)을 지원해야 한다. 제4조 1항에 규정되어 있는 조치들을 이행하는 데 소요되는 합의된 모든 비용을 충당하기 위해 기술이전자금을 포함한 재정지원을 제11조 재정체계에 따라 개도국과 국제기관간 합의하에 수행해야 한다.

◎ 조직 및 이행기구 관련사항

기후변화협약의 이행을 위한 조직은 가입국 총회, 사무국, 기술자문위원회, 재정기구 등으로 구성되어 있다. 이행위원회는 협약의 이행사항을 평가한다. 이를 위해 개도국의 국가보고서와 선진국의 국가보고서를 검토하는 기능을 갖는다.

<기후변화협약에 대한 평가>

- 기후변화협약은 구체성과 규제성이 결여되어 협약자체가 유명무실해졌다고 볼 수도 있으나 장기적 관점에서 기후변화문제에 대응하기 위한 기본적 토대를 구축했다고 볼 수 있다.
- 기후변화협약은 process oriented 된 협약으로서 장기성을 고려하고 과학적 평가가 진행 중이라는 점을 고려하고 있다.
- 온실가스 규제는 경제적 파급효과가 상당히 클 뿐만 아니라 국가간에 커다란 차이가 있어 즉각적이고 구체적인 협약은 어려울 수 밖에 없다. Framework라는 공식명칭도 이러한 상황을 반영하고 있다. 따라서 앞으로 있을 기후변화협약의 개정이나 의정서 채택이 매우 중요한 의미를 갖는다.
- 재정 및 기술지원문제에 대해서는 선진국과 개도국간의 이견으로 재정지원규모가 합의되지 못했고 기술이전에 대한 명백한 약속이 결여되어 있다. 앞으로 국제사회의 논의 결과에 맡겼다고 볼 수 있다.
- 화석연료 과다의존 경제 및 에너지 과소비형 산업국가에 대한 특별고려가 반영되어,

우리나라의 경우 일정기간의 유예기간을 확보할 수 있는 근거가 마련되었다.

교토의정서 체제 성립

기후변화협약은 매년 당사국회의가 개최된다. 1994년 발효되었고 그 이듬 해 첫 당사국회의가 열렸다. 기후변화협약 제3차 당사국회의는 1997년 교토에서 개최되었다. 교토회의는 기후변화협약에서 규정한 두 번째 검토에 해당하는 기회이었다.

- 1995년 첫 번째 당사국회의(독일 베를린)
  3차 당사국회의에서 온실가스감축을 위한 의정서를 채택할 것과 의정서 작성을 위한 특별작업반 설치 결정
- 1996년 두 번째 당사국회의(스위스 제네바),
  IPCC 제2차 보고서 공식 채택, 2100년까지 평균기온 2도 상승, 해수면 0.5m 상승 예상
- 1997년 세 번째 당사국회의(일본 교토)

교토회의에서는 다음과 같은 중요 사안을 결정했다.

- 온실가스 감축의무 결정 및 의무준수 체계 수립
- 이산화탄소 등 6개의 온실가스 확인
- 시장원리에 입각한 온실가스 감축수단(신축성 메커니즘이라고 부름) 도입
- 새로운 에너지 배출원으로 에너지연소, 산업공정, 농축업, 폐기물 인정

신축성 메커니즘은 공동이행제도, 청정개발체제, 배출권거래제로서 이 제도는 교토메커니즘으로 불리워진다. 공동이행제도와 청정개발체제는 각국마다 온실가스 감축에 소요되는 비용에 차이가 있으므로 비용이 저렴한 곳에서 온실가스를 감축할 수 있도록 하는 제도[3]이며, 배출권거래제도는 여러 종류의 크레딧(배출권)을 거래할 수 있도록 함으로써 의무이행을 용이하게 하는 제도이다.

교토의정서는 1997년 채택되었지만 발효조항[4]을 충족하지 못하여 발효되지 못하고 있던 중 2001년 제6차 당사국회의(본)에서 미국은 공식적으로 교토의정서를 탈퇴했다. 미국

의 탈퇴로 교토의정서 체제와 기후변화협약체제가 전반적으로 위협을 받았으며 그 결과 교토의정서의 발효가 당초 예상보다 늦어졌다. 교토의정서는 2004년 12월 러시아가 비준서를 기탁함으로써 이 조건이 충족되어 그 후 90일이 경과한 2005년 2월부터 발효되었다.

<온실가스 감축의무>

교토의정서 협상과정에서 1인당 온실가스 배출량을 포함한 많은 의무부담의 기준이 논의되었으나 기준에 관하여 아무런 결정을 하지 못했다. 리오회의 아젠다 21에서도 나타난 공통의 차별화된 책임 (common but differentiated responsibility)원칙은 기후변화는 인류의 공동문제이지만 산업혁명 후 선진국의 역사적 책임이 깔려 있다. 그러나 현재 개도국의 온실가스 배출이 현저하게 증대되고 있기 때문에 선진국만으로서 해결하기가 어렵게 되었다. 차별화된 책임을 결정하는데 당사국의 능력원칙도 의무부담을 결정하는 데 중요한 고려 요소가 되고 있다.

교토의정서에서는 2008년-2012년간 부속서 I 국가들이 각국의 1990년 온실가스 배출량을 나라별로 할당(일본 -6퍼센트, EU -8퍼센트, 캐나다 -6퍼센트, 호주 +8퍼센트, 미국 -7퍼센트 등)했다[5]. 그 결과 1990년 수준보다 평균 5.2퍼센트 적은 배출을 하도록 정해졌다. 이러한 의무감축은 강제성을 띠지 않는 기후변화협약보다 진일보한 것이다. 그러나 앞에서 말한 것처럼 세계 최상위권의 온실가스 배출국인 미국은 의무감축에 대해 불만을 가지고 결국 교토체제하에서 탈퇴하게 되었다. 미국의 탈퇴는 명백히 자국이익을 추구한 행위로서 일방주의적인 경향을 띠고 있는 국제정치와 함께 세계여론의 비판을 받았다.

<의무준수체계>

교토의정서의 의무부담은 강제적 규범에 속하기 때문에 의정서 당사국들이 의무를 이행하는 지 여부는 체계유지에 중요하다. 따라서 이를 감시하기 위하여 의무준수위원회를 구성하는 문제와 관련해서 당사국들간의 이해관계가 개입되어 있다. 의무준수위원회는 전체위원회와 2개의 분과위를 통해 기능을 수행하도록 하며 분과위원회는 유엔지역별 1명, 부속서 I 및 비부속서 I 국가 각2명, 도서국가 1명 등 모두 10명으로 구성되도록 하였다.

당사국들이 의무를 이행하지 않을 경우 강제로 이행하도록 하는 조치도 마련했다. 공약기간 만료 전이라면 비구속적인 조기경보 조치를 취하며 공약기간 만료 후라면 1차 공약기간의 경우 1.3배 할증 감축을 부과하고, 배출권 판매자격을 유예하게 된다. 2차 공약기간의 경우 추후 결정하도록 했다. 의무준수문제와 관련해서 국가간 의견대립이 있었는데 의무준수체계의 성격과 관련해서 EU와 개도국은 강한 제제와 준수기금 설치 등 강한 준수체계를 주장한 반면, 미국 등 Umbrella 그룹[6]은 느슨한 체계를 주장했다. 의무준수위원회 기능과 관련, 선진국은 의무준수위원회가 전담할 것을 주장한 반면, 개도국은 의무준수위원회의 기능을 축소하고 중요한 제제문제는 전체위원회(COP, Committee of Parties)에서 결정할 것을 주장하였다.

<온실가스 종류>

교토의정서에서는 다음 6종의 가스를 온실가스로 규정했다. 이에 따라 오늘날 온실가스란 이산화탄소(CO_2), 메탄(CH_4), 아산화질소(N_2O), 수소불화탄소(HFCS), 과불화탄소(PFCS), 육불화탄소(SF_6) 등을 말한다. 온난화 지수는 각 온실가스마다 다르다. 온난화지수는 CO_2를 1로 볼 때 메탄 22, 아산화질소 296, 염불화탄소 1,300-22,200, 육불화황 23,900이다.

구분	이산화탄소	메탄	아산화질소	염화불화탄소
대기체류기간	50-100년	20년	120년	65-130년
지구온난화지수	1	22	296	1,300-22,200
산업혁명이전농도	280ppm	0.7ppm	275ppm	0
1990년 농도	365ppm	1.73ppm	310ppm	280ppm(CFC-11)
				484ppm(CFC-12)

<교토메커니즘[7]>

교토의정서는 교도메커니즘에 대해 일반적인 내용만을 규정하고 있어 당사국들은 교토메커니즘의 운영규칙을 확정하기 위한 협상을 진행하였다. 마라케시합의로 교토메커니즘에 대한 운영규칙이 확정되었으며 교토메커니즘은 현재 활용되고 있다. 교토메커니즘을 확정하는 과정에서 첨예하게 대립된 사안 중 하나는 교토메커니즘을 통한 의무이행이 국내조치를 통한 의무이행에 보조적이라는 내용을 구체화하는 협상이었다. 논의 끝에 교토메커니즘 활용은 국내조치에 보조적이라는 점만 확인하였다. 또한 공동이행제도와 청정개발체제를 통한 원자력 사업에서 발생할 수 있는 온실가스 감축 크레딧은 원자력에 대한 부정적인 인식 때문에 부속서 I 국가가 의무이행에 사용하는 것을 자제하도록 하였다.

신축성 메커니즘은 계속 발전해 나가는 제도이며 선진국을 중심으로 배출거래권 제도나 청정개발제도 같은 것은 상당히 발전되어 가고 있다. 그러나 신축성 메커니즘을 둘러싸고 선진국과 개도국간의 대립이 있으며 현재는 어느 정도 타협이 되어 가고 있다. 주요 대립의 양상을 보면 다음과 같다.

- 신축성 전반

개도국 주장 : 선진국의 국내 계획이 우선할 것

선진국 주장 : 신축성 메커니즘은 비용효과적으로 감축목표 달성 가능

(타협의 결과)

개도국 : 경제적 발전을 위한 온실가스 배출증가의 불가피성 인정

선진국 : 1인당 배출량 차이를 줄이기 위해 상황에 맞는 저감정책 도입.

- 공동이행 감독위원회 구성 문제

선진국은 사업당사국인 선진국만으로 구성할 것을 주장하나 개도국은 선진국과 개도국간의 적절한 배분을 주장한다.

(타협의 결과)

CDM 집행위 구성을 UN지역별 1명, 부속서 I 및 비부속서 국가 각2명, 도서국 1명 등 총10명으로 하고 JI 감독위원회 구성을 동구권 3명, 기타 선진국 3명, 개도국 3명, 도서국가 1명으로 했다.

교토의정서는 온실가스를 효과적으로 감축할 수 있는 제도로 공동이행제도(6조), 청정개발체제(12조), 배출권거래제도(17조)를 도입하였으며, 이 제도를 교토메커니즘(Kyoto Mechanisms)이라고 부른다. 이 제도는 온실가스를 감축하는데 국내조치와 병행하여 신축적으로 이용될 수 있다고 하여 신축성메커니즘이라고도 불리워 진다. 공동이행제도와 청정개발체제는 각국마다 온실가스 감축에 소요되는 비용에 차이가 있으므로 비용이 저렴한 곳에서 온실가스를 감축할 수 있도록 하는 제도이며, 배출권거래제는 여러 종류의 배

출권(크레딧)을 거래할 수 있도록 함으로써 의무이행을 용이하게 하는 제도이다. 비용이 저렴한 곳을 이용할 수 있다는 점에서 기본적으로 시장경제체제 속의 제도라고 볼 수가 있다.

공동이행제도(JI, Joint Implementation)

선진국간에 온실가스 감축을 위한 협력의 형태이다. 부속서 I 국가가 다른 부속서 I 국가에서 온실가스 감축사업을 시행한 경우 배출권(크레딧)을 획득할 수 있도록 하는 제도이다. 한 국가가 JI를 통하여 배출권을 획득할 경우 다른 국가의 배출권이 그 만큼 감소하기 때문에 부속서 I 국가 전체의 배출권에는 변동이 없다. JI를 통한 배출권은 ERUs(Emission Reduction Units)로 불려진다. 마라케시 합의에 따라 JI 사업은 감독위원회(Supervisory Committee)가 관장할 예정이며, JI 사업은 2000년부터 시작한 사업에 한정하며 ERUs는 2008년 발생 분부터 인정된다.

청정개발제도(CDM)

선진국이 개도국에 투자(CDM)해서 발생하는 감축량을 인정받는 제도이다. 이는 선진국의 대개도국 투자를 격려하는 측면이 있다. CDM은 부속서 I 국가가 비부속서 I 국가에서 온실가스 감축사업을 시행한 경우 배출권을 획득하도록 하는 제도이다. CDM의 목적은 부속서 I 국가의 의무이행을 용이하게 하고, 비부속서 I 국가가 부속서 I 국가의 투자로 지속가능발전 추구에 도움을 받을 수 있도록 하는 데 있다. CDM을 통한 배출권인 CERs (Certified Emission Reductions)은 비부속서 I 국가로부터 창출되는 크레딧이므로 부속서 I 국가 전체의 크레딧 총량을 증가시키는 역할을 한다.

CDM 사업은 집행이사회(Executive Board)에서 관장한다. CDM 집행이사회는 베이스라인, 모니터링계획 등과 관련된 방법론 승인, 사업을 인증하고 감축 분을 확인하는 운영기구의 승인 및 취소, CDM의 지역적 분배상황 보고, CDM 등록소 개설 등의 일을 담당하며 운영기구에서 인증한 대로 CERs을 발급하는 역할도 한다. CDM 사업을 통해 발생되는 CERs의 2퍼센트는 개도국의 기후변화 적응을 위한 적응기금(Adaptation Fund)으로 사용된다.

마라케시합의에 따라 CDM 사업은 2000년 1월1일부터 소급하여 인정되며 CERs도 그 당시 발생분 부터 인정된다. CDM 사업 중 흡수원 관련 사업은 조림과 재조림에 국한되며 이 경우 제1차 공약 기간에 획득할 수 있는 CERs은 기준연도 배출양의 1퍼센트에 5배를 한 배출량을 초과할 수 없으며, 제2차 공약기간에 흡수원 사업을 CDM에 포함하는 문제는 재협상이 필요하다. 한편, 재생에너지, 에너지효율 개선 등 분야 소규모 사업은 이들 사업을 필요로 하는 개도국의 사정을 고려하여 간소화된 승인 절차를 거치도록 하였다[8].

배출거래권제도(ET)

배출권거래제도(ET, Emissions Trading)는 부속서 II의 의무부담 선진국국이 의무이행을 위해 배출권을 거래할 수 있도록 하는 제도이다. 배출권에는 JI, CDM 사업에서 발생하는 ERUs(Emission Reduction Unit), CERs(Certified Emission Reduction) 뿐만 아니라 의무부담 선진국에 주어진 배출 할당량에 따른 배출권(AAUs, Assigned Amount Units)과 마라케시 합의로 신설된 의정서 3조3항과 3조4항의 흡수원 활동에 따른 배출권(RMUs, Removal Units) 등 4가지 종류가 있다.

마라케시 합의는 의무부담 선진국이 배출권을 과다 판매할 위험을 최소화하기 위해 이들 국가에 공약기간 중 일정량을 의무적으로 보유할 것을 요구하고 있다. 공약기간 의무보유량(CPR, Commitment Period Reserve)은 초기에 할당된 배출권의 90퍼센트 또는 가장 최근 배출량의 5배 중 낮은 배출량으로 결정된다. CPR 이하가 되는 국가는 배출권을 판매할 수 없으며 CPR을 회복하기 위한 구매만을 할 수 있다.

공약기간 의무보유량은 ERUs, CERs, AAUs, RMUs로 구성되며 이들 배출권들은 상호 호환이 가능하다. 그러나 배출권들의 차기 공약기간 이월(carry-over 또는 banking)과 관련해서는 배출권 간에 차이가 있다. AAUs는 제한 없이 제2차 공약기간으로 이월이 가능하나 ERUs, CERs,는 초기 할당량의 2.5퍼센트 까지만 각각 이월될 수 있으며, RMUs는 제2차 공약기간으로 이월이 허용되지 않는다.

<통계, 보고 및 점검(5,7,8조)>

부속서 I 국가의 의무이행 상황을 점검하기 위해서 교토의정서와 마라케시합의는 엄격한 통계·보고 및 점검 체계를 수립하고 있다. 부속서 I 국가는 개별적으로 배출권 등록소를 마련해야 하며, 온실가스의 배출 및 흡수를 측정할 수 있는 시스템을 갖추어야 한다. 부속서 I 국가는 매년 온실가스 배출 및 흡수 목록을 제출하고, 3-5년 주기로 국가보고서를 제출해야 한다.

부속서 I 국가가 제출하는 연간 배출 및 흡수 목록과 국가보고서는 전문가 풀에서 팀이 구성되어 검토하며, 전문가팀은 제출된 자료에 대한 분석과 점검을 실시한다. 전문가팀은 오류가 있는 데이터의 시정을 요구하거나, 자료를 통해 개별 국가의 의무불이행 문제를 발견하게 될 경우 이 사실을 의무준수위원회에 보고해야 한다.

<의무준수체제(18조)>

교토의정서는 의무불이행을 시정할 제도를 채택할 것을 요구하고 있으며, 마라케시 합의로 의무준수 체제의 구체적인 내용이 결정되었다. 교토의정서 의무준수체제는 지금까지 채택된 환경협약의 의무준수체제 중 가장 강력하다.

의무준수체제는 모든 당사국의 의정서 이행을 지원하는 협조분과(facilitative branch)와 강제분과(enforcement branch)로 이루어지며 분과위 인원은 각각 10명으로 구성된다. 이 두 분과는 의무준수위원회를 구성한다. 의무준수체제에서 문제 제기는 전문가팀 뿐만 아니라 타방 당사국도 할 수 있으며 해당 당사국도 협조분과로부터 도움이 필요한 경우 문제를 제기할 수 있다. 강제분과위 결정에 대하여는 의정서 당사국회의에 45일 이내에 탄원할 수 있으며, 이 경우 강제분과의 결정이 번복되기 위해서는 3/4의 다수 결정이 필요하다.

3. 교토의정서체제 이후에 대한 준비 및 전망

2005년부터 시작된 교토의정서 제2차 공약기간에 대한 협상은 제1차 공약기간의 연장이라기 보다는 새로운 양상을 띠고 있다. 미국의 참여를 확보하고 주요 개도국을 포함하려는 노력이 가장 큰 사안이다. 또한 기술의 중요성이 강조되어 혁신적인 기술을 활용할 수 있는 방안도 논의되고 비용효과적으로 온실가스를 감축하기 위해 도입된 교토메커니즘을 최대한 활용할 수 있는 방안이 모색되고 있다.

기후변화협약은 지구 기후의 안정이 목표이며 지구 기후안정이 달성될 때까지 그 활동이 계속되는 연속적인 협약체계이다. 구체적인 이행을 위하여는 하나의 의정서만(protocol)을 상정하고 있는 것이 아니라 복수의 의정서를 상정하고 있다. 따라서 한시적인 교토의정서 공약기간이 끝나기 전에 그 다음 단계의 협상을 계속 해 나가야 한다. 다음

단계의 협상 대상으로는 미국의 참여 확보, 신축적 방안의 확산 등이 있으나 무엇보다 개도국의 온실가스 감축방안이 주요한 의제가 되고 있다.

개도국 온실가스 감축문제

기후변화체제에서 처음부터 현재까지는 선진국 중심으로 온실가스 감축을 해왔다. 그러나 2000년을 전후해서 중국, 인도 같은 개도국들이 지속적으로 경제성장을 추구하면서 온실가스 배출량이 급증해 왔다. 미국이 2001년 교토의정서를 탈퇴한 이유 중의 하나가 개도국의 온실가스 배출문제였다. 위의 표에서 나타난 바와 같이 개도국의 온실가스 배출량 증가 추이는 충분히 선진국들의 우려를 자아낼 만 했다.

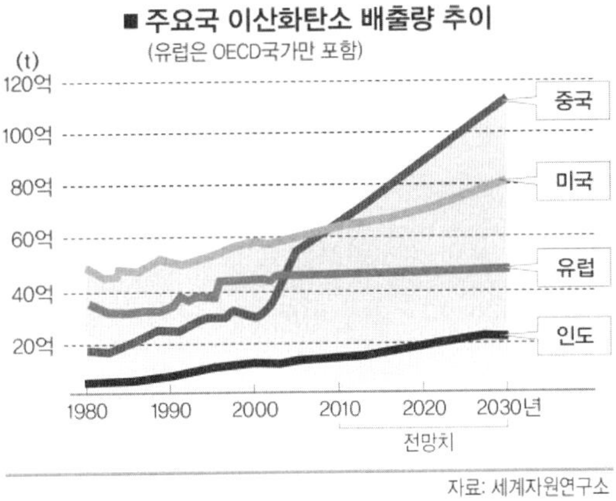

사실 2006년에 중국이 미국의 온실가스 배출량을 추월하여 세계 1위의 온실가스 배출국이 되었다. 중국 만이 아니라 인도, 한국, 멕시코, 인도네시아 같은 개도국들의 온실가스도 급격히 증가 추세를 나타내고 있다. 이에 따라 선진국에서 개도국의 온실가스 감축문제를 제기하기 시작했다. 교토체제에서 다음 체제로 옮겨가면서 개도국의 온실가스 감축문제가 최대의 현안문제가 되어 있다.

주요 CO_2 배출 현황표 (2008년말 기준, 독일 IWR)

1. 중국	68억 970만 톤 (21.62%)
2. 미국	63억 6980만 톤(20.22%)
3. 러시아	16억 8760만 톤(5.36%)
4. 인도	14억 850만 톤(4.47%)
5. 일본	13억 9150만 톤(4.42%)
6. 독일	8억 5739만 톤(2.72%)
7. 한국	6억 6350만 톤(2.11%)
전세계	315억 톤

코펜하겐으로 가는 길

교토의정서체제는 2012년까지 온실가스 배출을 규제하게 되어 있고 그 이후는 새로운 결정이 있어야 한다. 새로운 결정시에는 개도국의 온실가스 감축문제가 포함되는 방향으로 대세가 기울어졌다. 새로운 결정을 하기 위해 국제사회는 2005년부터 움직였다. 2007년 발리회의에서는 2009년 12월 코펜하겐에서 2013부터 2017년까지 5년간 온실가스 감축대상국가와 감축할당량을 결정할 수 있도록 일정을 짰다. 즉, 발리 로드맵이다[9].

미국을 제외한 선진국들은 이미 1990년을 기준으로 해서 2012년까지 온실가스 배출을 평균 5.2 퍼센트 감축을 하고 있고 2013년부터 2017년간 1990년 기준 20-30 퍼센트 감축할 목표를 세울 것을 목표로 하고 있다. 그에 비해 개도국들은 온실가스 감축의 필요성은 인정하면서도 강제적으로 온실가스를 감축하는 대신 자율적인 감축을 주장하고 있다. 선진국들은 이러한 개도국의 입장에 대해 여전히 불만을 가지고 개도국측의 보다 적극적인 자세를 요청하고 있다.

기후변화협약체제는 IPCC의 기술적 조언을 받아 지구의 온실가스감축을 위한 목표를 가지고 있다. 이러한 목표를 단계적으로 실천하기 위하여 노력하고 있는 과정에서 그 첫 이행조치가 교토의정서 체제를 구축하는 것이었다. 교토의정서체제는 2008년부터 2012년까지 5년간의 지구온실가스감축을 위한 체제이고 그 이후의 온실가스 감축방안에 대해서는 새로운 체제를 구축해야 될 상황에 있다.

<IPCC 보고서>

발리 로드맵을 작성하기 위해 국제사회에서 개도국의 온실가스 감축방안을 논의하는 과정에서 IPCC는 2007년 제 4차 보고서에서 다음과 같이 기후변화와 관련되는 중요한 내용을 발표하였으며 이것은 발리 로드맵을 만드는 데 있어서 중요한 기준이 되었다.

- 대기 중 온실가스를 낮은 수준(445-550 ppm)으로 안정화 시키기 위해서는 향후 10-15년내 범지구적 배출량이 정점에 달한 뒤 감소하여 금세기 중반에 2000년 수준의 절반이 되어야 한다.
- 이를 위해서는 부속서 I 국가들의 2020년 배출량이 1990년 대비 25-40퍼센트 감소해야 한다.

IPCC는 기후변화협약 형성 당시부터 현재까지 매우 중요한 역할을 하고 있다[10]. 이는 IPCC가 발표하는 과학적 데이터에 대해 신뢰를 하고 있다는 뜻이기도 하다.

<각국의 입장>

코펜하겐 회의를 앞두고 각 나라들은 자국의 입장정립과 이에 근거한 대응책 마련에 고심하고 있으며 주요국들의 입장은 대체로 다음과 같다.

① EU : 90년 대비 2020년까지 최소 20퍼센트 감축
(미국과 주요 개도국이 상응한 조치를 취할 경우 30퍼센트까지 감축)

② 러시아 : 90년 대비 2020년까지 25퍼센트 감축(단, 주요개도국포함 타국들의 의욕적인 감축 전제)

③ 독일 : 90년 대비 2020년까지 40퍼센트 감축

④ 미국 : 2005년 대비 2020년까지 17퍼센트 감축(1990년 대비 3.5퍼센트), '2050년까지 83퍼센트 감축검토
(2009.6월 관련법안 하원통과, Cap & Trade 공약[11])

⑤ 일본 : 1990년대비 2020년까지 25퍼센트 감축

⑥ 중국 : 2005년대비 2020년까지 GDP당 탄소집약도(배출량/GDP)를 40-45퍼센트 감축

⑦ 인도 : 2005년대비 2020년까지 GDP당 탄소집약도를 20-25퍼센트 감축, 2030년까지 37퍼센트 감축
⑧ 호주 : 2000년 대비 2020년까지 5-15퍼센트 감축
⑨ 뉴질랜드: 1990년 대비 2020년까지 10-20퍼센트 감축
⑩ 브라질 : BAU 대비 2020년까지 36.1-38.9퍼센트 감축
⑪ 멕시코: (선진국지원전제)BAU대비 2020년까지 20.6퍼센트 감축(2006년대비 2.1퍼센트 감축)
⑫ 한국 : BAU 대비 2020년까지 30퍼센트 감축(2005년 대비 4.7퍼센트 감축)

코펜하겐 기후변화 당사국회의의 경과와 향후 전망

교토의정서를 대체할 새로운 구속력 있는 기후협약을 도출하기 위해서 2009년 12월 코펜하겐에서 193개국의 대표(130개국의 각국 정상)이 참석하여 유엔기후변화협약 제15차 당사국 총회가 개최되었다. 성공적인 코펜하겐회의를 준비하기 위해 2007년 이래 국제사회는 발리로드맵을 작성하는 등 노력해 왔으나 결국 핵심사안인 개도국의 온실가스 감축문제를 둘러싼 이견으로 합의 도출을 하지 못했다. 총회 결과, 합의문(Copenhagen Accord)이 정리는 되었지만 총회의 최종승인을 받지 못해 합의문 내용에 대해 구속력을 가지지는 못하게 되었다. 그러나 이 합의문은 공식문서로는 인정이 되었다. 코펜하겐회의에서 나온 제반 사안들에 대한 법적 구속력 있는 논의는 2010년 11월 제16차 멕시코당사국총회까지 연기되었다.

코펜하겐회의에서 제반 사항에 대해 최종합의는 보지 못했으나 많은 쟁점들이 심도있게 논의되었으며 재정 및 기술이전문제 같은 중요한 사안에 대해 의견접근을 보고 있다. 또한 이번 회의에서는 열대우림보호를 위한 구체적 내용 등 주요 사안에 대해서도 선진국과 개도국간의 의견접근이 있었다. 개별 국가들의 중장기 온실가스 감축목표에 대해 시한을 정해 통보하도록 함으로써 멕시코회의까지 활발한 논의가 계속될 것으로 예상된다. 협상의 쟁점, 협상의 경과, 협상평가와 향후 전망 등을 살펴 본다.

<협상을 성공적으로 이끌어 내기 위한 사전 노력>

2009년 9월 22일 유엔에서 기후변화세계정상회의가 개최되었다. 12월에 있을 코펜하겐 회의를 앞두고 코펜하겐회의를 성공적으로 이끌어내기 위한 일종의 정지작업이었다. 이 회의에서 주요관심은 미국 및 중국, 인도 등 CO_2 배출비중이 높은 개도국들의 태도이었지만 이들 국가들의 태도는 모호했다. 공식적으로 배출저감을 위해 노력하겠다고 하였지만 그들은 한결같이 구체적인 목표를 제시하지 않았다. 이것은 코펜하겐회의의 전망을 어둡게 했다. 코펜하겐회의를 염두에 두고 이 회의를 성공시키기 위해 오래 전부터 국제사회는 노력해 왔다. 인도네시아 발리에서 열린 제13차 기후변화당사국총회, 폴란드 포즈난에서 개최된 제14차 총회는 물론 2009년에만 5차례의 협상준비회의가 열렸던 것이다.

한편, 온실가스 감축의무에서 벗어나 있으면서도 기후변화문제에 있어 그 책임을 면할 수 없는 미국은 오바마 행정부가 들어선 이후 정책의 방향을 전환했다. 오바마 행정부의 노력으로 2009년 6월 미국 하원에서 온실가스저감 법안을 통과시켰다. 그에 그치지 않고 미국은 그 여세로 중국 및 인도 등 주요개도국과 양자외교를 통해 이들의 태도를 변화시켜 보려고 노력했다. 그러나 미상원에서 온실가스 저감법안에 대한 심의조차 하지 못한 채 코펜하겐회의에 임했다. 또한 우리나라를 비롯한 많은 개별국가들이 협상을 앞두고 자국의 온실가스 감축정책과 목표를 발표했다. 이는 코펜하겐 협상에서 유리한 고지를 점하려는 개별국가들의 태도를 나타낸다.

<협상쟁점과 논의사안>

코펜하겐회의에서 논의된 주요쟁점사항은 첫째가 선진국과 개도국의 온실가스 감축목표와 감축방식이고, 둘째, 교토의정서체제에 포함되지 않았던 미국과 중국의 참여수준, 셋째, 개도국의 온실가스감축시 선진국측의 재정 및 기술이전 지원 문제 등이다.

개도국의 온실가스 감축목표와 감축방식에 있어서는 우선 비부속서 I 소속 개도국을 대상으로 하되, 개도국의 개념에 대해서 논란이 있었다. 개도국의 개념에 대해서는 코펜하겐회의 준비과정에서 거론이 되었으나 이견이 많아서 진전을 보지 못한 채 논의가 중단되었다. 개도국들은 감축목표를 타의적으로 설정하는 대신 자발적으로 설정하기를 원했고 자발적으로 설정된 목표도 검증에 있어 타의적인 검증을 반대했다. 그러나 이 부분에 있어 선진국은 의무준수체계를 적용해야 한다고 주장하고 있어 논쟁이 계속 되고 있다.

<협상의 경과>

코펜하겐에서의 협상은 이 협상을 위해 준비된 사안들에 대해서 집중적인 논의를 했다. 각국의 정상들이 모인 기회에 미해결 사안에 대해서는 일괄적으로 정치적인 타결도 가능했기 때문에 각국은 첨예하게 자국의 이익을 반영시키려 노력했다. 코펜하겐회의에서는 온도상승 억제목표, 온실가스감축에 대한 국가별 목표, 선진국의 개도국 지원, 개도국의 온실가스감축 검증방법, 열대우림 보호 등 다음과 같은 논의결과가 있었다.

- 2050년까지 산업화 이전 시기보다 지구기온 상승을 2도 이내로 제한
- 2010년 1월말까지 선진국은 2020년까지 교토의정서보다 더 강화된 온실가스 감축목표를 제출하고, 개도국은 온실가스감축 실행방안을 포함한 온실가스 감축계획서를 제출
- 선진국의 개도국 지원은 2010년-2012년간은 3백억불, 2013-2020년간은 연간 천억불 지원
- 개도국 감축방법으로 각 개도국의 감축노력에 대한 모니터링 결과를 매 2년마다 보고서화하여 유엔에 제출
- 열대우림 보호장치로 토착민 지원, 산림이 흡수한 배출량에 따른 배출권 제공
- (추가논의) 이번 회의에서 결정하지 못한 사안은 2010년 말까지 결정하기로 합의

한편, 코펜하겐 협상에서 가장 큰 비중을 차지하는 미국과 중국의 정상들은 문을 걸어 잠근 채 단독회의(Closed Door Meeting)을 하였다. 세계 온실가스의 거의 반을 배출하고 있는 이 두 거대국은 담판을 통해 온실가스 감축목표를 도출하려고 했다. 또한 주최국인 덴마크도 협상을 타결하기 위해 많은 중재노력을 했다. 그 이외에도 유럽 선진국들은 다른 어떠한 대륙의 나라들보다 더 헌신적인 노력을 기울였다. 일본 또한 다른 어떤 나라들보다 지구환경문제에 있어서는 앞서가는 태도를 보이고 있다.

<코펜하겐회의에 대한 평가>

중국과 인도 등은 기후변화문제로 인하여 자국의 개발에 영향을 받게 될 어떠한 상황에 대해서도 계속 소극적인 태도를 보여왔으며 코펜하겐회의에서도 이러한 태도에 변함이 없었다. 이에 비해 EU 국가들은 협상을 성공적으로 이끌어 내기 위해서 적극적으로 노력하였으나 미국과 중국 등 주요국들간의 협조를 받지 못함으로써 빛 바랜 노력이 되

었다. 교토체제를 대신하는 새로운 체제가 2013년부터 시작하기 때문에 아직은 여유가 있다고 볼 수가 있다. 그러나 새로운 체제가 가입국들의 비준동의 등 국내절차를 받는 기간을 감안하면 사실 그렇게 여유가 있는 것도 아니다. 교토의정서는 1997년 채택이 된 이래 발효하기 전까지는 8년이 걸린 전례가 있다. 교토의정서는 당초 2000년부터 발효할 것으로 기대되었지만 가입국들간의 이견으로 발효요건을 맞추지 못했던 것이다. 새로운 체제도 교토체제 이상으로 진통을 겪을지 모른다.

이번 회의가 비록 합의를 이끌어 내는 데는 실패했을지라도 선진국과 개도국들이 기후변화에 대응하는 과정에서 합의를 도출할 수 있도록 하는 내용의 포괄적 선언을 채택함으로써 포스트 교토의정서체제에 대비한 추가 협상의 토대를 마련했다고 평가된다. 또한 개도국들이 기후변화에 적응할 수 있도록 선진국들이 기술이전과 재정을 지원하는 방안에 대해 일부 진전이 있었던 것도 평가할만하다. 온실가스 제1의 배출국인 중국과 인도가 GDP 기준의 온실가스 자발적 감축선언도 의미 있는 진전인 것으로 평가될 수 있다. 개도국의 온실가스감축의 검증방법에 대해 심도 있게 논의하고 의견접근을 보았다는 것도 긍정적으로 평가된다. 이번 회의에서 무엇보다 큰 성과는 모든 국가가 지속가능개발 문제를 자국 정책의 최우선순위에 두기로 약속했다는 것이 될 것이다. 이는 앞으로 국제적인 약속과 관계없이 각 국가의 자율적인 약속이기 때문에 국제사회의 기대가 크다.

협상에서 가장 중요한 핵심은 온실가스배출의 세계1위와 2위이며 전세계 배출량의 약 반을 차지하고 있는 미국과 중국의 태도가 어떠냐 하는 것이다. 이번 회의에서는 이 두 나라의 입장이 매우 중요하다는 것이 다시 한 번 확인이 되었다. 미국과 중국의 태도는 다른 개도국에 대해서도 큰 영향을 미칠 것이다. 만일 미국과 중국이 타협을 하게 된다면 이것은 결국 대세로서 다른 나라들에게도 큰 영향을 미치게 될 것이다.

<향후 전망>

기후변화회의의 최대의 관심은 개도국의 온실가스 감축문제이다. 개도국은 자국이 추진하고 있는 산업개발에 지장을 주지 않는 범위 내에서 온실가스의 자발적인 감축문제를 고려하고 있고 이러한 의도는 매우 강경하다. 다른 한편으로는 중국으로 대표되는 개도국의 감축문제가 미국의 감축문제와도 맞물려 있다. 미국이 교토체제를 탈퇴한 이유 중의 하나로 중국, 인도 등 일부 주요 개도국의 감축문제를 들었다. 만일 중국의 온실가스 감축문제가 해결되고 미국이 그 때까지 감축문제를 해결하지 못한다면 미국에게는 커다란 압력으로 작용할 수가 있을 것이다. 또 그 반대의 경우도 마찬가지의 상황이 될 것이다. 미국뿐 아니라 여타 선진국들이 전방위적으로 압박을 가해올 것이기 때문이다. 그러나 이 두 거대국의 국내상황이 만만치 않아서 단시일 내에 이 문제가 해결되기가 쉽지 않을 전망이다. 금년 11월에 개최될 멕시코 회의에서는 해결될 전망이 그리 밝지 않고 그렇다고 2012년 제18차 당사국 회의 시까지 이 문제가 해결되리라는 보장도 없는 상황이다.

기후변화회의의 핵심은 말할 것도 없이 개도국의 온실가스 감축문제이다. 물론 선진국측도 1990년 기준으로 25퍼센트 전후의 온실가스를 감축해야 될 문제도 있지만 과거의 전례로 보아 미국을 제외한 대부분의 선진국측은 기한 내에 감축목표를 결정할 가능성이 높다. 다만 미국은 국내 산업계의 반발로 인하여 감축목표를 결정할 수 있을 지 미지수다. 현재 개도국의 온실가스 감축문제는 자발적 감축 목표를 정하는 것과 자발적 목표의 감축 이행을 검증하는 것으로 압축된다. 검증의 방법으로 선진국측은 기존의 의무준수체계를 적용하기를 원하고 개도국측은 자율에 맡길 것을 주장한다. 이러한 대립의 상황에서 우리나라는 감축행동 등록부[12)]라는 새로운 제도를 제의한 것이다.

선진국의 개도국에 대한 재정 및 기술지원 문제도 총량에서는 대충 합의를 보았지만 구체적 재원문제를 포함한 각론에 대한 결정도 차기 회의로 미루어져 있다. 멕시코회의 시까지 각국은 각종 기회를 통하여 이에 대한 논의를 해 나갈 것이며 유엔은 이와 같은 미결 의제에 대한 추가적인 논의의 기회를 마련할 것으로 보인다. 그러나 이미 설명한 바와 같이 차기 회의에서 반드시 모든 미결문제에 대해 합의에 이를 것이라는 보장은 없다.

오존층 보호를 위한 노력

1. 오존층 문제의 제기

오존층(Ozone Layer)은 지상 15-50km의 성층권 내에 오존(O_3) 밀집지역을 말하며 이 오존층은 태양열 중 유해 자외선(untra-violet B)을 차단하여 지상의 동식물을 보호하는 역할을 하고 있다. 만일 오존층이 파괴되면 피부암, 백내장, 시력장애 등이 증가되며 식물의 먹이사슬이 파괴되어 인체뿐만 아니라 생태계에도 큰 영향을 미친다. 오존층은 인체와 동물에 나쁜 영향을 미치며 식물과 해양플랑크톤에도 피해를 준다.

- 피부암 - 오존농도 1퍼센트 감소시 3-4퍼센트 증가(매년 약 5만 명의 환자 증가)
- 백내장 - 오존농도 1퍼센트 감소시 0.6퍼센트 증가(매년 약 10만 명 이상 시력 상실)
- 식물의 먹이사슬 파괴(개화 저해, 잎 크기 감소, 농산물 감소)
- 플랑크톤 감소로 해양 먹이사슬 파괴

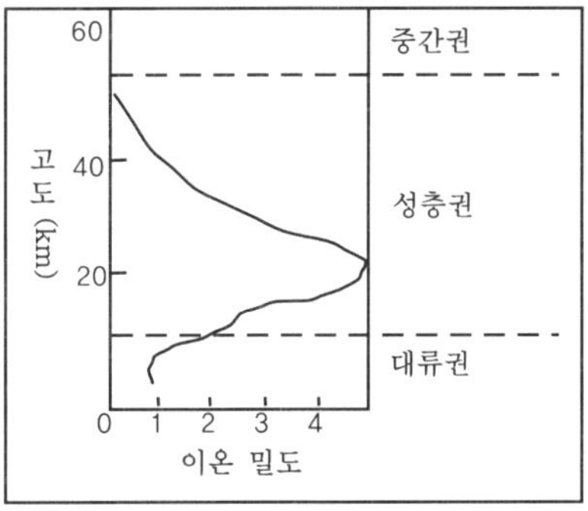

오존층량은 지상기압으로 압축하면 두께가 3mm에 불과하고 재생산 과정이 수십 년이 걸리므로 쉽게 파괴될 수가 있다. 이러한 오존층은 특히 남극 오존층이 계속 파괴되어 1984년에는 1950년대 후반(오존층 측정초기) 대비 60퍼센트 수준에 불과한 것을 발견하였고 1987년에는 10-15km 고도에서 약 95퍼센트가 상실되었음이 관측되었다. 이들 오존층에 유해한 가스는 지상에서 성층권에 도달하는 데 대략 12-30년이 소요된다. 이것은 지금 우리가 목격하는 오존층의 파괴의 원인이 최소한 10여 년 전에 이루어 졌다는 것을 뜻한다. 실제로 몬트리올의정서 발효 이후 오존층 파괴물질 소비가 90퍼센트 감소했으나 기존에 방출된 오존파괴물질의 영향으로 오존층 파괴가 계속되고 있다.

2. 오존층 보호를 위한 국제협력체제 성립

국제적인 오존층 보호는 1974년 미국 캘리포니아대학교의 로랜드(Rowland) 교수와 몰리나(Molina) 박사가 『환경 중의 클로로플로로 카본류』라는 제목의 논문을 과학 잡지 『Nature』에 발표한 후 시작되었다.

이후 과학적인 연구나 조사가 계속되어 구체적인 대응책이 나오기 시작했고 유엔이나 세계기상기구(WMO) 등 국제기구, 각국 정부, 환경단체(NGOs), 프레온 가스 제조기업 등이 적극 대응하였다.

비엔나 협약과 몬트리올 의정서 체제

1976년부터 유넵(UNEP)에서 오존층문제 조사위원회를 설치하여 조사를 하였으며, 1981년부터는 오존층보호를 위한 협약 제정을 준비하였다. 이렇게 하여 1985년 비엔나에서『오존층 보호를 위한 비엔나 협약』을 채택하였다. 그러나 비엔나 협약은 오존층에 영향을 미치는 인간활동을 통제하는 입법 근거만을 규정하였을 뿐 규제에 대한 구체적 내용이 없었다. 따라서 비엔나 협약을 근거로 구체적인 규제 내용을 제정할 의정서를 채택하기 위한 작업이 시작되었다. 그에 따른 작업의 결과 1987년에는 몬트리올에서『오존층 파괴물질에 관한 몬트리올의정서(Montreal Protocol on Substances that Deplete the Ozone Layer)가 채택되었다. 몬트리올 의정서는 1987년 9월에 채택되어 1989년 1월부터 발효되었으며(우리나라는 1992년 2월 협약과 의정서를 동시에 비준, 기탁하여 그로부터 3개월 후인 1992년 5월부터 발효되었다) 협약 발효의 의의는 다음과 같다.

- 규제물질 선정 및 규제일정 채택
- 비당사국에 대한 무역규제

- 선진국과 개도국이 적용할 규제일정의 차등화
- 협약 당사국총회 결정에 의한 의정서 개정허용

몬트리올 의정서의 목표는 CFC(Chlorofluorocarbon), 할론, 메틸브로마이드 등 오존 파괴 물질의 범세계적 생산 및 소비를 감축 내지 폐기함으로써 파괴된 오존층을 회복함으로써 인체 및 환경에 미치는 유해 자외선의 피해를 최소화하는 것이다.

비엔나협약의 주요내용

협약은 부속서에 오존층 파괴 물질을 규제하기 위한 리스트를 열거하고 규제물질별로 감축 또는 전폐일정을 명시하였다. 그리고 협약은 당사국 및 비당사국과의 규제물질 교역에 대한 무역조치를 규정하고 있다.

- 과학적 증거가 가능함에 따라 규제물질을 8종에서 95종으로 확대
- 규제물질의 감축 또는 전폐일정은 선진국, 개도국별로 차등
- 규제물질에 따라 감축 또는 전폐 일정이 다르며 모두 2040년까지 전폐

규제물질	오존층 파괴지수	선진국	개도국	용도	비고
프레온 (CFC)	1	'96.1.이후 전폐 (필수용도제외)	'95-97년평균 소비량기준 ◦ 99.1.1이후 동결 ◦ 2005.1.1이후 50% ◦ 2007.1.1이후 85% ◦ 2010.1.1이후 전폐	냉장고, 에어컨	개도국에 대한 우리나라 수출가능
할론	3-10	'94.1.1이후 전폐	'95-97년평균 소비량기준 ◦ 2002.1.1이후 동결 ◦ 2005.1.1이후 50% ◦ 2010.1.1이후 전폐	소화(消化)제	
기타 프레온 (부속서 나의 1)	1	'96.1.1이후 전폐	'98-2000년평균 소비량기준 ◦ 2003.1.1이후 20% ◦ 2007.1.1이후 85% ◦ 2010.1.1이후 전폐		

규제물질	오존층 파괴지수	선진국	개도국	용도	비고
사염화단소	1.1	'96.1.1이후 전폐	'98-2000년평균 소비량기준 ◦ 2005.1.1이후 85% ◦ 2010.1.1이후 전폐	CFC의 원료	
에틸클로로포름 (부속서 나의 3)	0.1	'96.1.1이후 전폐	'98-2000년평균 소비량기준 ◦ 2003.1.1이후 동결 ◦ 2005.1.1이후 30% ◦ 2010.1.이후 70% ◦ 20151.1이후 전폐		
염화불화탄화수소 (부속서 다의 2)	0.001-0.52	'89년소비량산정치기준 ◦ '961.1이후 동결 ◦ 2004.1.1이후 35% ◦ 2010.1.1이후 65% ◦ 2015.1.1이후 90% ◦ 2020.1.1이후 99.5% ◦ 2030.1.1이후 전폐	2015년 소비량기준 ◦ 2016.1.이후 동결 ◦ 2040.1.1이후 전폐	CFC 대체품	국내에서도 독자기술 개발성공
HBFC (부속서 다의 2)	0.02-7.5	'96.1.1이후 전폐 (필수용도제외)	'96.1.1이후전폐 (필수용도제외)		
메틸 브로마이드	0.7	'91소비생산량산정기준 ◦ '95.1.1이후 동결 ◦ 2001.1.1이후 50% ◦ 2005.1.1이후 전폐 (방역, 선적전 처리 용도제외)	'95-98생산·소비량기준 ◦ 2002.1.1이후 동결 (방역·선적전처리 용도제외) ◦ 2005.1.1이후 25% ◦ 2015.1.1이후 전폐	토양살균, 농산물검역, 선적전처리	우리나라는 검역, 선적전처리 농약 제조용으로 사용

<무역규제>

협약에는 비당사국과 당사국으로 구분하여 무역규제 조항이 있으며 개발도상국에 대하여는 유예기간 설정 등 특별한 고려를 하고 있다.

◎ 비당사국과의 무역규제(제4조)

당사국과의 규제물질 자체의 수출입을 금지할 뿐만 아니라 규제물질을 함유한 제품의 수입도 금지하도록 했다. (제4조3항) 그러나 규제물질을 이용한 제품에 대한 무역규제는 현재로서는 부적절한(not feasible to impose) 것으로 결정하여 앞으로 계속 논의가 있을 예정이다(제4조4항). 몬트리올 의정서상의 무역제한 조항은 규제물질 자체의 교역제한뿐 아니라 공정/생산방식[13](PPMs)까지 대상으로 함으로써 WTO에서 무역과 환경의 조화문제가 부각되는 계기가 되었다.

◎ 당사국에 대한 무역규제

규제물질에 대한 폐기일자 이후 당사자가 필수용도를 제외하고 규제물질의 국내 소비용 생산을 중단하지 못하는 경우, 그 규제물질의 기사용, 재활용 및 재생물질을 폐기목적 이외에 수출하지 못하도록 하였다.

◎ 개도국에 대한 특별고려

규제물질의 폐기일정에는 개도국에게 일정한 유예기간 인정하였는데 CFC, 할론, 메틸브로마이드[14] 등에 대하여는 선진국 전폐일정으로부터 10년간 이용할 수 있도록 하였다. 또한 개도국의 의정서 이행을 지원하기 위하여 다자기금을 설치하기로 하였다.

- 개도국 수혜자격 기준 : 부속서 A 및 B 규제물질의 1인당 생산·소비량 산정치가 각각 0.3kg, 0.2kg 이하일 것
- 다자기금 지원대상 : 대체물질 구입비용, 규제물질 생산시설 전환과 규제물질 대체 사용을 위한 인적자원 재훈련

국제적 노력의 결과

몬트리올 의정서가 발효된 이후 몬트리올 의정서는 다음과 같이 네 차례 개정되면서 보다 더 효과적으로 오존층 파괴물질을 규제하게 되었다. 그 결과 오존층의 상태를 나타내는 성층권 중의 염소 농도는 점차 낮아질 것으로 예상된다. 현재 몬트리올 의정서 체계가 계속 성공적으로 이행될 경우에도 향후 4-50년간은 계속 오존층이 축소될 전망인데 이는 이미 제2장에서 설명한 바와 같이 원인과 결과 간의 갭, 즉 delay 현상때문이다. 오존층

보호를 위한 국제적 노력은 지구환경문제에 있어서 가장 성공적인 사례가 되어 있다.

① 런던개정서(92년8월) : 금지 물질을 8종에서 20종으로 확대
② 코펜하겐개정서(94년6월) : 금지 물질을 20종에서 95종으로 확대
③ 몬트리올개정서(99년11월) : 오존파괴물질 수출입 허가제도 설립과 이행
④ 북경개정서(99년11월) : 코펜하겐개정서 미비준국간의 HCFC 수출입규제

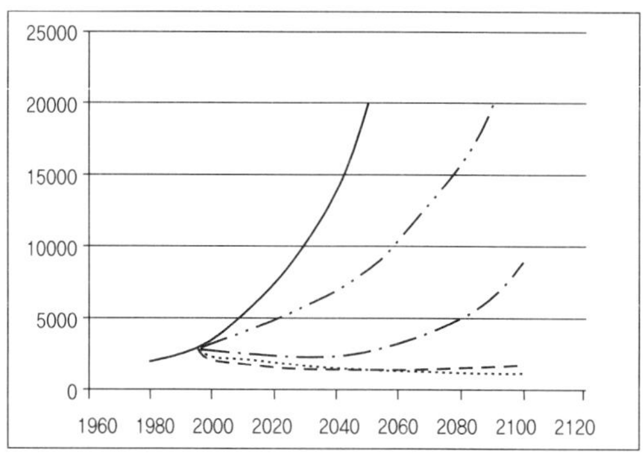

(상기 범례)
———— 규제가 없을 때
—··—·· 몬트리올 의정서(1987) 발효후
—·—·— 런던개정(1990) 발효후
------ 코펜하겐개정(1992) 발효후
·········· 북경개정(1999) 발효후

성층권 중의 염소 농도 예측량

2009년까지 20차례의 당사국 총회가 열렸으며(매년 개최, 특별총회는 1회 개최), 전반적으로 당초 목표대로 오존층파괴 물질 감축 및 전폐 일정대로 진행되었다. 그러나 필수용도의 인정범위를 둘러싸고 갈등이 있었는데 식량저장에 필요한 메틸브로마이드와 불을 끄기 위한 소화제에 사용되는 물질인 할론(halon)이 문제가 되었다. 긴급용도의 필요성을 주장하는 미국과 이에 반대하는 EU가 타협한 결과 최소한도의 범위 내에서 대체물질이 개발될 때까지 인정하기로 한 것이다. 메틸 브로마이드의 경우 아직 대체물질이 개발되지 않고 있는 상황에서 EU가 2005년 이후 증간감축 일정 도입을 제안했으나 개도국측이 반대하여 이 문제는 아직 해결되지 않고 있다. 그럼에도 불구하고 오존층 보호를 위한 국제적 노력은 지구환경문제 해결에 있어서 성공적인 사례로 기록이 되고 있다. 이러한 사례

는 다른 분야의 환경보호에도 긍정적인 영향을 가져다 줄 것으로 기대된다.

돌이켜 보면 오존층 보호를 위한 국제적 노력이 성공한 가장 큰 이유는 오존층파괴에 대한 인식이 전세계적으로 급속히 확산되어 오존층 보호의 필요성에 대한 많은 사람들의 지지를 이끌어 낼 수 있었기 때문이다. 인식의 확산을 가져온 데에는 인공위성 사진이 결정적 역할을 한 것으로 볼 수 있다.

3. 우리나라의 대응

우리나라도 오존층 보호를 위한 국제적 노력에 참여하기 위하여 1992년 2월에 몬트리올 의정서에 가입하였고 그 이후 4차례의 의정서 개정에도 모두 가입하였다. 몬트리올의정서에서도 기후변화협약에서와 같이 우리나라는 개도국에 속해 있어 개도국의 의무사항을 준수하고 있다. 이에 따라 우리나라는 1999년 7월부터 오존층 파괴물질의 생산을 감축 내지 동결 하기 시작하였다. 프레온 가스(CFC)는 자동차, 냉동 냉장기기, 전기, 전자, 건축자재 및 기타 단열재 등 우리나라의 수출산업과 밀접한 관계가 있어 우리나라의 관련 산업에 적지 않은 어려움이 있으나 국제적인 여건변화에 상응하여 전지구적인 오존층 보호운동에 적극 참여하고 있다.

우리나라가 가입하게 된 동기는 93년부터 미가입국에 대한 본격적인 무역규제에 대비할 필요와 대체물질개발 및 사용에 대한 국제적인 협력이 필요이다. 92년 5월 우리나라가 몬트리올 의정서에 가입할 당시 우리나라는 개도국의 규제물질 1인당 소비기준인 0.3kg을 이미 초과하였다. 몬트리올 의정서 가입에 따라 개도국으로서 규제물질의 생산 및 소비량 전폐일정을 준수해야 하고, 비당사국과 규제물질 교역금지 등 의정서상 무역제한 조치를 준수해야 하며, 규제물질의 생산 및 소비량을 매년 사무국에 보고해야 할 의무를 진다. 개도국이기 때문에 다자기금 납부의무는 없다.

의정서 이행현황

우리나라는 몬트리올 의정서에 대하여는 정부와 산업계가 모두 몬트리올 의정서 기준한도 내에 있는 것으로 평가되고 있다. 우리나라의 오존파괴물질의 감축일정은 다음과 같다.

- 1992년부터 1인당 연간 소비량 기준(CFC 및 할론 0.3kg) 준수
- 1999년 7월부터 감축일정 시작
    - CFC : 1999년 7 동결, 2005년 50퍼센트, 2007년 85퍼센트, 2010년 전폐
    - 할론 : 2002년 동결, 2005년 50퍼센트, 2010년 전폐
    - 기타 : 규제물질 감축 및 전폐일정에 따름

<정부의 역할>

국내이행에 필요한 사항을 정하기 위하여 오존층보호를 위한 『특정물질의 규제 등에 관한 법률』을 제정하고 특정규제물질의 제조 판매 및 수입을 산업자원부장관의 허가사항으로 규정하는 등 불법 무역을 방지하고 있다. 또한 의정서 규제조치에 의거하여 허용되는 국내 소비 한도량(부속서 A 물질 : 0.3kg/1인당, 부속서 B물질 : 0.2kg/1인당) 내에서 해마다 약 10퍼센트씩 감축하여 제조, 수입 및 판매계획을 허가하고 있다. 그 외에도 CFC 등 오존파괴물질 사용업자로 하여금 규제물질 배출억제 및 사용합리화를 통하여 원활한 감축을 할 수 있도록 '특정물질사용합리화지침'을 제정해서 각 사업장에서 적용하도록 지도하고 있고, 의정서 규제일정에 따라 연차별 감축계획을 수립해서 매년 말 '특정물질수급조정심의회'에서 다음 연도 생산, 수입량 및 판매계획을 심사, 의결하고 있다. 오존층 파괴물질의 전폐에 따른 국내 산업피해를 최소화하기 위해 기금을 조성하여 대체기술, 기술지도, 융자지원 사업 등을 추진하고 있다. 오존층 파괴물질의 규제가 국내 산업에 미치는 영향을 줄이기 위하여 KIST 주관아래 1990년부터 국책사업으로 대체물질의 개발을 추진하여 현재 여러 가지 대체물질이 개발되어 실용화되고 있다.

한편 환경부는 1998년 12월부터 제주도에 CFC 자동측정기를 설치하여 대기중의 CFC 농도를 상시 관측 하고 있고 이와는 별도로 기상청에서는 우리나라 상공의 오존량 및 오존연직분포를 측정하고 있으며 측정된 자료는 오존층 파괴물질의 감축대책 수립의 기초자료로 이용되고 있다.

<산업계의 이행현황>

자동차 에어컨의 경우 '1996년부터 HFC-134a 대체 냉매체를 적용하고 있다. 냉장고의 경우 이미 HFC-134a 및 HC(Iso butane) 등 대체물질을 적용한 냉장고를 개발하여 상용화

하고 있다.

그러나 세정분야의 경우 대부분의 관련기업이 영세중소기업이기 때문에 자체기술력이 부족하고 자금의 어려움이 있어 CFC 대체사업 추진에 어려움을 겪고 있다. 정부는 기술지도, 대체시설 설치 보조금 지원사업 등을 통해 조속히 대체사업으로 전환하도록 유도하고 있다.

[주] 제4장 대기분야

1) 공통의 차별적인 책임(common but differentiated responsibility)은 기후변화문제에 있어서 모든 국가가 다 책임을 지고 있으나 책임의 정도는 능력의 범위 내에서 진다는 뜻으로서 개도국에게 책임을 경감시키는 근거가 되고 있다.
2) 기후변화협약의 두 번째 검토는 1998년 이전에 해야 한다고 함으로써 결국 이 조항에 의거하여 교토의정서가 성립된 것이다.
3) OECD 국가에서 CO_2 1톤 감축에 따른 한계비용은 25-150불 정도이며, 개도국에서의 한계비용은 5불 미만으로 추정되고 있다. 향후 5-7년 동안에 탄소시장은 250억불 규모로 성장할 것이며 현재 CO_2 1톤당 11불 정도의 시장가격이 형성되고 있다.
4) 교토의정서는 비준서 기탁국의 수가 55개국 이상이 되어야 하고 또한 기탁국의 온실가스 합계가 부속서 I 국가 전체의 온실가스 배출량의 55퍼센트를 넘은 날로부터 90일 이후에 발효하도록 되어 있다.
5) 미국의 탈퇴로 부속서 II 국가는 40개국이 되었다.

호주	+8	오스트리아	8(-13)	벨라루스*	-8
벨기에	-8(-7.5)	불가리아*	-8	캐나다	-6
크로아티아*	-5	체코*	-8	덴마크	-8(-21)
에스토니아*	-8	유럽연합(EC)	-8	핀란드	-8(0)
프랑스	-8(0)	독일	-8(-21)	그리스	-8(+25)
헝가리*	-6	아이슬란드	+10	아일랜드	-8(+13)
이탈리아	-8(-6.5)	일본	-6	라트비아*	-8
리히텐슈타인	-8	리투아니아	-8	룩셈부르크	-8(-28)
모나코	-8	네덜란드	-8(-6)	뉴질랜드	0
노르웨이	+1	폴란드*	-6	포르투갈	-8(+27)
루마니아*	-8	러시아*	0	슬로바키아*	-8
슬로베니아*	-8	스페인	-8(+15)	스웨덴	-8(+4)
스위스	-8	터키	-	우크라이나*	0
영국	-8(-12.5)	미국	-7		

6) Umbrella 그룹은 기후변화협상에서 미국, 일본, 캐나다, 호주, 러시아, 뉴질랜드, 노르웨이, 아이슬란드 등이 결성했다.
7) 김찬우, 21세기 환경외교 교토메커니즘, p.79.
8) 소규모 사업은 ① 15MW 이하 재생에너지 사업, ② 연 15GWh 이하 에너지효율 개선사업, ③ 연 15,000톤 이하 이산화탄소 감축사업으로 지정되어 있다.
9) 발리 로드맵의 구체적인 주요 내용은 다음과 같다. ① 범세계적 장기목표로 2050년까지 온실가스를 50퍼센트 감축할 것을 제시하고, 2020년까지 구체적 수치 설정 없이 온실가스 배출에 대한 상당한 양의 감축에 합의했다. ② 개도국은 온실가스 배출억제를 위해 측정, 보고, 확인 등 가능한 조치를 취하며 선진국은 이를 위한 과학·기술이전, 금융지원, 투자증대 조치를 취한다. ③ 2013년부터 개도국이 자국의 열대우림을 태우지 않음으로써 더 흡수한 이산화탄소량을 판매하는 시스템을 시행한다. ④ 탄소배출권 거래시마다 2퍼센트씩 떼어내 조성한 적응기금을 개도국의 피해복구 및 적응사업에 사용한다.
10) IPCC의 역할: 1988년 유엔총회 결의에 따라 WMO와 UNEP의해 창설되었다. IPCC는 제1차보고서

에서 최근의 기후변화가 인위적인 온실가스 증가에 의한 결과라는 것을 밝히고 향후 급속한 기후 상승을 예견하는 동시에 전세계가 온실가스 감축을 해나가야 된다고 보고했다. 또한 IPCC 2007년 제 4차 보고서에서는 기후변화와 관련되는 몇 가지 중요한 내용을 발표하였으며 이것이 발리 로드맵을 만드는 데 있어서 중요한 기준이 되었다. ① 대기 중 온실가스를 낮은 수준(445-550 ppm)으로 안정화 시키기 위해서는 향후 10-15년 내에 범지구적 배출이 정점에 달한 뒤 감소하여 금세기 중반에 2000년 수준의 절반이 되어야 한다. ② 이를 위해서는 부속서 I 국가들의 2020년 배출량이 1990년 대비 25-40퍼센트 감소해야 한다.

11) 산성비의 원인인 가스의 규제를 시장경제체제에 맞추기 위해 나타난 제도로서 온실가스 규제에 도입한 용어이다. 배출거래와 유사한데, 온실가스 배출한계를 정하고(Cap), 그 한도를 초과한 부분에 대해서는 이를 사고 팔 수 있도록 (Trade) 하는 제도이다.
12) 개도국의 자발적인 감축상황을 유엔이 관리하는 등록부에 올림으로써 공신력을 갖도록 함으로써 선진국측의 의혹을 불식시키자는 안으로서 우리나라가 제안하였다. (상세는 제10장 지구환경문제에 있어서 우리나라 환경외교의 위치와 나아갈 방향 참조)
13) PPM은 상품을 생산하는 과정과 공정에 따라 환경에 유해한지 여부를 결정한다. 예를 들어 할론을 생산하는 과정에서 환경에 유해한 물질이 방출된다면 이러한 생산방법으로 생산된 프레온가스는 규제의 대상이 된다는 것이다.
14) CFCs는 냉매체 물질이며, 할론은 소화전에 쓰이고, 메틸 브로마이드는 식량을 장기간 보관하는 데 쓰이는 물질이다.

제5장 생태계 분야

생태계분야는 매우 광범위해서 일일이 열거하기가 힘들 정도이다. 그러나 이러한 생태계분야를 좀 더 쉽게 이해하기 위해서 몇 가지 중요한 협약이나 국제적 노력을 기준으로 나누어 생각해 볼 수가 있다. 첫째는 생물종, 유전자 및 생태계의 다양성을 보호할 목적의 생물다양성협약, 둘째는 생태계중 특히 멸종위기에 처한 동식물을 보호하기 위한 멸종위기에 처한 동식물의 국제거래에 관한 협약(CITES), 셋째는 지구환경문제의 가운데에서 기후변화, 인구증가, 빈곤, 난개발 등의 영향을 받기도 하는 반면 또한 물 부족, 생태계 파괴, 황사현상 등 각종 지구환경문제의 원인이 되기도 하는 사막화를 방지하기 위한 협약, 넷째는 생태계의 서식지이며 보고인 습지를 보호하기 위한 협약(Ramsar협약), 다섯째는 산림을 보호하기 위한 산림원칙성명, 국제열대목재협정 등이 그것이다.

생물다양성 문제

1. 생물다양성(biological diversity) 문제의 대두

우리는 알게 모르게 생태계(ecosystem)와 늘 연관을 가지면서 살고 있다. 그러나 오늘날 생태계는 지구온난화, 산림훼손, 열대우림감소, 사막화확대, 해양오염, 각종오염, 물부족, 산성비, 산업화 영향 등으로 점차 훼손되고 있다. 생태계는 우리들에게 다양한 이용가치를 준다. 생태계는 한편으로는 경제적 가치가 있지만 다른 한편으로는 생태계가 훼손될 경우 그것이 우리의 삶의 질 자체에 엄청난 부정적 영향을 미친다는 것이다. 이는 마치 석유가 한편으로는 경제적 가치를 주지만 다른 한편으로는 기후변화문제와 같은 환경문제를 일으키는 이치와 유사하다.

생물다양성은 생태계의 다양성 없이는 기대할 수가 없다. 생물다양성은 석유자원과 마찬가지로 지구상에 골고루 분포되어 있는 것이 아니라 지역적으로 편중되어 있다. 생물다양성도 대부분 선진국 보다 개발도상국에 편중이 되어 있다[1). 우리나라는 나라 크기에 비해 다양한 생물종이 존재하지만 생물다양성 부국이라고 보기는 어렵다. 생물종의 원산지를 보면 대개가 개도국이라는 것을 알 수가 있다.

쌀	동남아 또는 중국 남부가 원산지
옥수수	멕시코
감자	칠레
고구마	중앙 남 아메리카
담배	북아메리카(인디안)
고무	브라질
커피	에티오피아

문익점[2)의 목화씨 도입이 말해주듯이 옛날부터 생물다양성에 대한 관념이 있었다. 우리에게 유용한 것들을 많이 토착화시키면 그 만큼 환경보전뿐만 아니라 경제적으로도 득이 된다는 개념이 있었던 것이다. 우리에게 유용한 것들을 많이 토착화시키면 그 만큼 경제

적으로 득이 되기 때문에 각 나라들은 가능한 한 자기들의 땅에 많은 생물종이 있기를 바라게 되는 것이다. 그러나 국제적으로 생물다양성에 대한 인식이 높아진 것은 80년대 이후의 일이다. 생물다양성에 대한 인식이 높아진 이유로는 첫째 과학기술이 발달함에 따라 생물다양성을 이용하여 높은 부가가치를 창출할 수 있는 가능성이 커졌고 둘째 국가주권의식이 높아진 것을 들 수가 있다. 1992년 리오회의 이후 생물다양성에 대한 주권인식이 높아져서 각 국가들이 생물다양성이란 재산권을 보호하고 이용하기 위한 경쟁이 가속화 되고 있다. 과거 세계는 약육강식의 형태가 보여주듯이 강대국들이 약소국들을 지배하면서 선진국들이 다른 나라에 있는 생태계의 가치를 무상으로 이용해 왔다. 그러나 국가주권이 확립되고 지구환경문제에 대한 의식이 확산됨에 따라 개도국들이 자기 땅에 있는 생태계를 보호하려는 움직임이 1980년대부터 구체화 되기 시작했다.

국제적으로는 UNEP, 유네스코, FAO, ITTO(열대목제보호기구) 등 국제기구뿐만 아니라 NGO의 역할에 힘입어 생태계, 생물종 및 유전자의 다양성을 보호하기 위한 협약이 만들어 졌다. 생태계 보호와 관련되는 협약으로는 산림원칙, 습지보존을 위한 람사르 협약, 해양오염방지협약 사막화 방지협약 등이 있고, 생물종의 보호와 관련되는 협약으로는 멸종위기 동식물 거래에 관한 국제협약(CITES), 철새도래지보호협약 등을 들 수가 있다. 생물다양성협약은 생태계, 생물종과 유전자종을 모두 보호하는 포괄적인 국제협약인 셈이다.

생물다양성의 뜻

생물다양성을 말할 때 생물종의 다양성, 생태계의 다양성과 유전자의 다양성을 모두 포함한다. 지구상에 생물종은 줄 잡아 1억 종에 달하는 것으로 추정되지만 많은 생물종이 소멸과 생성을 하는 과정을 반복하고 있는 가운데 생태계의 훼손으로 전반적으로 생물종이 감소하는 것으로 나타나고 있다. 다양한 생물종은 다양한 생태계와 다양한 유전자가 있어야 가능하고 다양한 유전자는 다양한 생태계와 다양한 생물종이 있어야 가능하다. 독립적으로 보이는 생물종도 전체적으로 보면 생태계의 일환으로서 생태계의 범위 안에서 살아가고 있기 때문에 상호의존적이 될 수 밖에 없다. 생태계가 정상적으로 작동하지 않고는 그 안에 존재하는 생물종의 생존은 매우 불안하게 되는 것이다. 인간도 생물종의 하나로서 생태계 안에서 살아가는데 이는 그 만큼 생태계의 영향을 벗어날 수가 없다는 뜻이다.

생물다양성이 갖는 중요성이 큼에도 불구하고 우리는 그 중요성을 모르고 생태계를 해치는 수가 많고 따라서 생태계 안의 생물종이나 유전자의 다양성이 훼손되고 있는 것이다. 그 이유는 무엇보다 생물다양성의 경제적 가치에 대한 정보부족과 그 가치를 산출하는 일이 어렵기 때문에 이를 재산권으로 인식하지 못하기 때문이다.

생물다양성의 가치

생물다양성 자체가 시장에서 거래되는 상품처럼 어떤 가치체계가 설정되어 있지는 않지만 그 경제적 가치는 광범위하고 중요한 의미를 가진다. 그러하기 때문에 각국은 새로운 종자 도입을 위해 노력하고 있다. 생물다양성의 가치는 편의상 생태적 가치, 생물자원적 가치와 사회적 가치로 나누어 볼 수가 있다.

<생태적 가치>

생물다양성은 먹이사슬로서 지구환경보전과 밀접한 관계가 있고 비바람 해일과 같은 자연재해로부터 환경을 보호해 준다. 무엇보다 물을 보존하는 역할을 고려하면 그 가치는 이루 말할 수가 없다.

생태계의 경제적 효과는

① 이산화탄소 분해를 통한 온실효과 감소에 연간 1,350억불,
② 쓰레기 처리에 연간 7,600억불,
③ 미생물에 의한 질소고정에 연간 900억불로 추산된다.(2002년, 한국생명공학연구원)

<생물자원적 가치>

생물다양성은 식품, 의약품, 목재, 관상용 동·식물 출처로서 특히 의약품, 농산품, 종자개량 등은 유전공학의 발달과 더불어 가치가 증대되고 있다.

① 쌀, 옥수수, 밀 등 100여종의 식물이 전세계 식품 공급의 90퍼센트를 차지한다.

② 유전자를 이용한 연간 작물 생산량이 50퍼센트 증가되고 있다.

③ 수산업에서도 해양물고기 채취는 연간 820억불에 이른다.

<사회적 가치>

생물다양성은 윤리적, 미학적, 문화적 가치를 가지고 있다. 생태관광만해도 전세계적으로 연간 수천억 불 상당의 경제적 효과가 있는 것으로 알려져 있다.

2. 생물다양성 보호를 위한 국제적 노력(생물다양성협약)

생물다양성협약(CBD, Convention on Biodiversity) 체결의 필요성은 1980년 대 말에 대두되었다. 앞서 말한 바와 같이 생물다양성 부국은 대개 개도국이지만 실제로 생물다양성을 이용해서 상품을 만들고 부가가치를 높여서 이를 세계 시장에서 판매한 것은 선진국이었다. 이는 선진국이 과학기술을 가지고 있기 때문에 가능했다. 경제적 사회적 가치가 있는 생물다양성에 대한 주권의식이 일깨워지고 지구환경문제가 범세계적으로 심각하게 대두됨에 따라 생물다양성을 보존한 개도국들은 자국 내에 있는 생물다양성을 일방적으로 보호하기 시작하였다. 한편, 생물자원을 무상으로 이용해오던 측에서는 생물자원에 대한 지속적인 이용의 필요성을 인식하게 됨에 따라 생물다양성협약이 성립된 것이다.

1987년 IUCN의 건의에 따라 UNEP 집행이사회에서 협약제정을 위해 특별실무위원회를 소집하였다. 1988년 11월부터 1990년 7월까지 3차례 특별실무위원회가 개최되어 협약의 방향을 결정하였다. 이에 따라 1990년 11월부터 1992년 5월까지 7차례의 정부간 협상위원회가 개최되어 협약안을 마련하였다. 1992년 6월 리오 정상회의(UNCED)에서 협약안이 채택되어 서명을 위해 각국에 개방이 되었다. 50개국이 비준을 한 1993년에 발효되었으며 2008년 현재 190개국이 가입을 하고 있다. 우리나라는 1993년에 비준하였다.

미국은 협약에 서명은 하였으나 비준을 하지 않고 있다. 그러나 미국은 생물종 보존을 위한 완벽한 프로그램을 이행 중에 있다.

생물다양성협약의 목적

생물다양성협약은 생물다양성을 보전하고, 그 구성요소의 지속가능한 이용을 확보하며, 유전자원의 이용으로부터 나오는 이익을 공평하게 분배하는 것을 목적으로 하는(협약 제1조) 국제법이다. 이러한 목적에 따라 협약은 인간의 경제개발활동에 의하여 생물종의 다양성이 현저하게 감소함으로써 자원의 손실 및 생태계가 불안정하게 되는 상황을 막고, 생물다양성과 생물자원이 오랫동안 보존되어 지속가능한 이용을 확보하며 유전자원을 이용할 때 발생하는 혜택을 유전자원 제공국가와 사용국가간에 공평하게 나누기 위하여 제반 규칙을 정하고 있다.

생물다양성협약의 주요내용

협약은 국가가 자신의 자원을 개발할 수 있는 주권적 권리를 인정하는 한편 자신의 관할지역 내에서의 활동으로 다른 국가의 환경에 피해가 발생하지 아니하도록 할 책임을 지우고 있다. 협약의 당사국은 자국내 생물다양성 보전을 위한 국내적 의무뿐만 아니라 상호 합리적인 이용을 위하여 가입국간에 일정한 협력의무를 진다. 이러한 권한과 의무관계를 점검하기 위하여 협약 당사국은 매 2년마다 총회를 개최하여 성과를 점검하고 협약 이행을 위한 세부방안을 논의한다. 협약의 주요내용은 다음과 같다.

<가입국의 생물다양성 보전을 위한 국내적 의무>

협약당사국인 자원보유국은 자원에 대한 주권적 권리를 가지는 동시에 자원을 잘 보존할 의무도 가지게 된다.

- 생물다양성 보전과 지속가능한 이용을 위한 국가전략 수립
- 생물다양성 구성요소의 조사 및 감시
- 보호지역의 설정 등 현지내(situ-in) 보전조치
- 종자은행의 설치 등 현지외(ex-situ) 보전조치
- 제안된 사업에 대하여 생물다양성 보전을 고려한 환경영향평가 수행 등

<지속가능한 이용을 위한 가입국간 협력사항>

자원에 대한 지속가능한 이용을 위하여 협약 당사국간에 접근에 대한 사전승인, 기술이전, 이익배분, 보고서 제출 및 선진국의 대개도국 재정지원 같은 협력사항이 있다.

◎ 타국보유 유전자원의 접근시 해당국의 사전승인을 받는 조치(제15조)

유전자원에 대한 접근은 유전자원 제공국의 사전통보승인(Prior Informed consent)을 받는 경우에 한하며 상호 합의된 조건을 준수하여야 한다. 또한 유전자원의 이용으로 생기는 이익을 유전자원 제공국과 상호 합의된 조건에 따라 공평하게 나누기 위한 입법적, 행정적 또는 정책적 조치를 강구해야 한다.

◎ 생명공학기술 등 생물다양성 보전 기술을 다른 가입국에게 이전(제16조)

개발도상국으로부터의 기술접근 및 기술이전은 상호 합의하에 하되 양허적이고 특혜적인 조건을 포함하여 공정하고 최혜적인 조건으로 제공한다. 단, 특허 및 그 밖의 지적재산권의 적용을 받는 기술은 지적재산권의 보호를 인정하며 그러한 보호와 합치되는 조건으로 접근을 허용하고 기술도 이전할 수 있다. 협약 당사국은 유전자원 제공국, 특히 개발도상국이 상호 합의된 조건에 따라 그 자원의 이용기술에 접근하거나 이전 받을 수 있도록 입법적, 행정적 또는 정책적 조치를 취하여야 한다.

◎ 생명공학의 관리 및 그 이익의 배분(제19조)

협약 당사국은 유전자원 제공국이 그 자원을 기초로 한 생명공학의 연구활동에 참여할 수 있도록 입법적, 행정적 또는 정책적 조치를 강구해야 한다. 유전자원 제공국이 그 유전자원에 근거한 생명공학으로부터 발생하는 결과 및 이익에 대하여 상호 합의된 조건에 따라 우선적으로 접근할 수 있도록 조치를 취하여야 한다.

◎ LMO의 안전한 국가간 이동 및 관리의 국제체계 검토

이에 관한 국제체계의 요구는 2001년 바이오안전성의정서(Biosafety Protocol, 일명 카르

타헤나 의정서)를 채택하도록 한다. (상세는 후술 바이오안전성의정서 참조)

◎ 보고서 제출의무(제26조)

협약규정의 이행을 위하여 취한 조치와 이러한 조치의 유효성에 관한 보고서를 당사국 총회에 제출해야 한다.

◎ 개도국의 협약이행을 위한 재정적 조치 등(제20조 및 제21조)

제1차 당사국 총회시(1994년11월)까지 또는 당사국 총회가 제도적 조직을 지정할 때까지 GEF(지구환경기금)가 잠정적으로 제도적 조직의 역할을 수행하도록 하였다. 그 이후 제9차 당사국 총회(2008년)까지 계속 GEF가 재정기구로서 역할을 하고 있는 것을 보면 재정문제에 있어 당사국들이 추가적인 부담을 꺼려 적극적 개혁을 원하지 않는다는 것을 알 수가 있다.

<식물 보존을 위한 세계전략>

2002년 4월 생물다양성협약 당사국들은 식물 보존을 위한 세계전략(GSPC, Global Strategy for Plant Conservation)을 위한 그랑 카나리아 선언의 권고와 2010년까지 세계 식물 멸종의 속도를 완화하기 위한 16가지 계획[3](sixteen point plan)을 채택하였다. GSPC는 2008년 제9차 당사국 회의(본, 독일)에서 이행상황이 검토되었다.

<생물다양성의 해 지정>

국제생물다양성의 해(The International Year of Biodiversity)는 2010년 일년 내내 세계에서 일어나는 생물다양성과 지구상 생명의 가치를 축하하는 해이다. 국제생물다양성의 해는 2006년 제 61차 유엔총회에서 선언되었다. 국제생물다양성의 해는 많은 나라에서 행동과 이벤트를 통해 생물다양성의 중요성을 일깨워 주는 해가 될 것이다. 또한 이 해는 정책결정자들에게 영향을 미쳐 생물다양성을 정치적 톱 아젠다에 좀 더 가까이 갈 수 있도록 해 줄 것이다.

당사국회의(COP : Conference of Parties)

생물다양성협약의 당사국회의는 협약의 최고 결정기구이다. 당사국회의는 과학, 기술 및 기술자문보조기구(SBSTTA, Subsidiary Body on Scientific, Technical and Technological Advice)의 도움을 받는데 SBSTTA는 생물다양성협약 제25조에 의해 당사국회의에 협약 이행과 관련된 자문을 제공한다.

현재까지 9차례의 당사국회의가 개최되었으며 2010년 10월 11~28일 제10차 당사국회의가 일본 나고야에서 개최될 예정이다.

<제1차-제9차 당사국회의 경과>

처음 3차례의 당사국회의(제1차는 1994년 바하마의 나소, 제2차는 1995년 인도네시아의 자카르타, 제3차는 1996년 아르헨티나의 부에노스 아이레스)에서 당사국회의는 정보센터와 앞에서 말한 SBSTTA의 설립, 임시 재정체계로서 지구환경기구(GEF) 지정, 사무국 장소로 캐나다의 몬트리올 결정 및 생물다양성과 관련된 기타 협약과의 협력 등에 대해 결정하였다. 또한 당사국회의는 생물다양성협약 제8조를 검토하고 지역 및 국제협력과 관련 경험을 확산시키는 일의 중요성을 강조하였다.

제4차 당사국회의(1998년 슬로바키아의 브라티슬라바)에서는 내수(內水) 생태계와 해양 및 해안 지역의 생물다양성에 관한 작업계획을 채택하고 제7차 당사국회의 주요 의제의 하나로 보호구역(PA, Protected Areas)을 결정하였다. 또한 당사국회의는 생물다양성협약 사무총장이 보호구역과 관련된 좋은 관리관행을 조장하는 다른 작업들과 관계를 발전시켜 나가도록 요청하고 해양 및 연안보호구역에 관한 임시 기술전문그룹(Ad Hoc Technical Expert Group)을 설치하였다.

제5차 당사국회의(2000년 케냐의 나이로비)에서는 건조 및 아습지(亞濕地)와 농경지 생물다양성에 관한 작업계획에 대해 결정했다. 또한 당사국회의는 접근 및 이익공유(ABS) 전통지식에 관한 제8조(j), 생태적 접근, 지속가능한 이용, 생물다양성과 관광, 외래종(Invasive Alien Species), 인센티브 조치, 식물보전세계전략(GSPC) 등에 대해 결정하였다.

제6차 당사국회의(2002년 네델란드의 헤이그)에서는 2010년까지 생물다양성 상실비율을 상당한 정도로 줄이는 목표를 포함한 협약의 전략계획을 채택하였다. 회의는 또한 숲의 생물 다양성에 관한 추가작업계획, ABS에 관한 Bonn 가이드라인, 외래종에 대한 기본 원칙,

식물보전 세계전략, 인센티브 조치와 전통지식에 관한 제8조(j) 등에 관해 결정하였다.

제7차 당사국회의(2004년 말레이지아의 쿠알라 룸푸르)에서는 산악 생물다양성, 보호구역 및 기술이전과 협력 등에 관한 작업계획을 채택하였고, ABS 작업반에게 ABS 국제체제에 관한 교섭을 개시할 것을 지시하였다. 또한 당사국회의는 협약이행 검토를 위한 결정, 전략적 계획과 2010년 목표 달성을 위한 진전상황, 문화, 환경 및 사회 영향평가를 위한 Akwe Kon 가이드라인, 지속가능한 이용에 관한 아디스 아바바 원칙 및 가이드라인, 그리고 인센티브 조치, 내수(內水), 해양 및 연안 생물다양성에 관한 결정 등을 채택하였다.

제8차 당사국회의(2006년 브라질의 쿠리치바)에서는 도서 생물다양성에 관한 작업계획과 전통지식, 다른 협약 및 민간분야 약속과의 협력, 공해를 포함한 보호구역, 인센티브 조치, 생물다양성과 기후, 숲, 해양과 연안 및 농경지 생물다양성 등 광범위한 의제들에 대한 결정을 채택하였다. 또한 당사국회의는 제5차 당사국회의에서 결정한 유전자이용제한기술의 실전 테스트 금지를 재확인하고, ABS 작업반에게 가급적 2010년 제10차 당사국회의 이전에 ABS 국제레짐 수립을 위한 작업을 완료하도록 요청하였다.

제9차 당사국회의(2008년 독일의 본)에서는 2010년 목표시한 전에 국제 ABS 국제레짐 수립작업에 대한 로드맵, 보호가 필요한 해양지역에 대한 과학적 기준과 가이드, 협약이행을 위한 자원 동원전략 등을 채택하였다. 또한 당사국회의에서는 생물다양성과 기후변화에 관한 임시기술전문그룹을 설치하였고 바이오연료, 유전자변형 나무, 보호구역 및 해양 비옥화 등에 관한 결정을 채택하였다.

<제10차 당사국회의>

제10차 당사국회의를 준비하기 위해 2010년 5월 10-21일간 케냐의 나이로비에서 제14차 SBSTTA가 개최되었다. 그러나 이 회의에서는 가장 중요한 과제인 ABS에 관한 국제레짐 수립 문제에 대한 진전이 없음을 확인하였기 때문에 제10차 나고야회의에서 심각한 도전이 될 것으로 예상된다.

생물다양성협약 중 유전자원의 논의동향

생물다양성협약 제1조는 생물다양성의 보전, 지속가능한 이용 및 유전자원에 대한 접근과 이익공유를 3대 목적으로 설정하고 있다. 유전자원에 대한 접근과 이익공유 사안은 일반적으로 ABS (Access and Benefit Sharing) 사안으로 일컬어지고 있다. 한 마디로 생물다양성협약체계는 자원 비보유국이 자원을 이용하는 대가를 자원보유국에게 지불하는 체계이고 이것이 ABS로 대변된다고 볼 수가 있다.

<접근과 이익공유사안(ABS) 논의 경과[4)]>

ABS 문제는 1998년 슬로바키아의 브라티슬라바에서 개최된 4차 협약당사국 총회의 결정에 따라 구성된 전문가 패널에서 처음으로 검토되기 시작하였다. 2000년 케냐 나이로비에서 개최된 제5차 협약당사국 총회는 전문가 패널의 작업결과를 토대로 특별작업반을 설치했고, 2001년 10월 본에서 개최된 특별작업반에서 1차 초안이 제출되었다. 그 작업반의 활동결과로 2002년 네덜란드 헤이그에서 개최된 제6차 협약당사국 총회에서 ABS에 관한 본(Bonn) 가이드라인이 채택되었다.

2009년 9월 요하네스버그에서 개최된 지속가능발전세계정상회의(WSSD)에서 채택된 '요하네스 버그이행계획'은 ABS 사안과 관련하여 Bonn 가이드라인을 활용할 것을 권유하는 한편, CBD의 틀 속에서 Bonn 가이드라인도 고려하면서 ABS에 관한 국제레짐(international regime)을 만들기 위한 협상을 해 나갈 것을 촉구하였다. WSSD는 ABS 논의에 강력한 모멘텀을 제공하는 계기가 되었다.

CBD의 2004년 말레이지아 쿠알라룸푸르 제7차 당사국총회는 ABS 특별작업반의 임무를 확정하였으며, ABS 특별작업반은 제7차 당사국총회에서 부여한 임무에 따라 ABS 국제레짐을 구성하기 위한 논의와 협상을 진행하고 있다. 특별작업반은 ABS 국제레짐을 구성하는 원칙, 사회적 규범, 규칙, 의사결정 등을 포함한 단수 또는 복수의 협정을 채택하기 위해 노력하고 있으며 2010년 제10차 나고야 당사국총회에서 채택을 목표로 한다.

ABS 특별작업반이 다루게 될 작업의 범위는 크게 유전자원에 대한 접근과 이들을 활용하여 창출된 이익의 공평한 배분문제, 협약 제8조(j)항의 전통지식문제로 구분된다. 전통지식 문제가 명시된 것은 ABS 문제와 전통지식 문제가 긴밀히 연관이 되어 있음을 의미하며, ABS 특별작업반은 제8조(j)항 작업반과 협력하여 국제레짐 협상을 진행하고 있다.

구체적으로는 ABS 국제레짐에서는 공동연구, 금전 및 비금전적 보상, 기술이전 등의 이익공유방안, 상업화 단계시 이익 공유, 개별국가 법률준수, 사전통보승인(PIC) 및 상호합의 준수, 유전자원 및 전통지식의 원천 공개, 능력형성 지원, 재원 마련, 의무준수체제, 분쟁해결체제, 제도적 측면 등이 검토될 예정이며, 이외에 CBD, Bonn 가이드라인, 국제협약, 국별 입법사례, 사적 계약사례 등도 참고될 예정이다.

<Bonn guideline>

Bonn 가이드라인은 협약당사국 정부와 이해당사자들이 ABS와 관련하여 법적, 행정적, 정책적 조치를 취하거나 계약을 체결할 때 도움을 주기 위한 목적으로 채택되었다. Bonn 가이드라인은 법적인 구속력이 없는 가이드라인이지만 ABS관련 앞으로 있을 새로운 국제레짐의 초석이 될 전망이다. 2002년 9월 남아프리카 요하네스버그 지속가능발전 세계정상회의에서 채택된 요하네스버그 이행계획은 ABS 사안과 관련하여 Bonn 가이드라인의 활용을 권유하는 한편, CBD의 틀 속에서 Bonn 가이드라인도 고려하면서 ABS에 관한 국제레짐을 협상할 것을 촉구하였다. 2004년 쿠알라룸프르 CBD 제7차 당사국회의는 ABS 특별작업반이 WSSD 이행계획에 따라 ABS 국제레짐에 대해 협상을 시작할 것을 요구하였다. 이에 따라 ABS 특별작업반이 활동하고 있다.

Bonn 가이드라인은 협약의 당사국이 접촉창구(National Focal Point)를 지정하고, 접촉창구에서 유전자원접근 신청자에게 사전통보승인(PIC, Prior Informed Consent)과 상호합의를 획득하는 절차, 권한이 있는 행정당국과 토착 및 지역공동체 등에 대한 정보를 제공하도록 하고 있다. 이에 따라 행정당국이 유전자원에 대한 접근을 승인하는 한편, PIC 획득과 상호합의의 요건, ABS 합의의 모니터링, 평가, 이행 등에 대해 조언할 수 있도록 되어 있다. PIC는 권한있는 행정당국으로부터 반드시 획득하여야 하며 또한 유전자원 제공국의 법과 정책이 규정하는 바에 따라 토착 및 지역공동체의 PIC도 획득하여야 한다. 유전자원을 통한 연구 및 개발의 결과, 상업적 및 다른 용도로부터 발생하는 이익은 상호합의 (MAT, Mutually Agreed Terms)하에 공유되어야 한다. Bonn 가이드라인은 MAT의 요소로 유전자원의 종류 및 수량, 사용용도, 유전자원 제공국의 주권인정, 능력형성 지원, 재협상요건, 유전자원의 제3자 이전요건 등을 제시하고 있다.

<ABS 논의의 쟁점사항>

개도국들은 구속력 없는 Bonn 가이드라인으로는 이익공유문제가 해결될 수 없다고 주장하고 구속력 있는 레짐을 주장하고 있다. 이에 비해 선진국들은 비구속적이고 양자적인 접근을 선호하고 있다. 특허를 둘러싸고 유전자원과 전통지식의 원천공개, PIC과 이익공유 조항의 제시여부도 쟁점이 되고 있다. 개도국들은 이러한 조건이 충족되지 않는 경우 허가가 부여되어서는 안 된다는 입장이다. 선진국들은 이러한 조건이 필요하기는 하나 부여된 특허를 무효화할 정도는 아니라는 입장으로부터 이러한 조건은 특허와는 관련이 없다는 등의 의견을 제시하고 있다. 또한 이익공유의 대상과 관련 하여 전통지식이 어느 정도로 활용이 된 경우에 이익공유문제가 발생하는 지도 쟁점이 될 수 있다.

유전자원의 이용과 관련되는 문제

생물다양성 중 유전자원의 다양성이 유전자원을 조작할 수 있는 현대 과학기술에 비추어 볼 때 매우 중요한 이슈로 등장하고 있다. 이는 유전자원들이 다양한 분야에서 상업적 가치를 지니고 있기 때문이다. 유전자원은 제약업계, 유전공학, 종자, 원예, 식물성 약품, 화장품, 식품 및 음료 등에서 큰 부가가치를 창출하고 있다. 제약업계만 놓고 볼 때에도 유전자원으로부터 만들어진 제품의 연간 시장 규모는 천억 불 이상의 규모로 추정되며 세계 10대 제약회사들의 경우 천연제품이 판매에서 차지하는 비중이 최소한 10퍼센트며 어떤 경우는 50퍼센트가 넘는다.

과거에는 자원보유국으로부터 아무런 제약 없이 유전자원을 이용할 수가 있었지만 생물다양성협약이 채택된 후에는 유전자원 보유국의 허가 없이 이에 대한 접근이 원천적으로 어렵게 된 것이다. 협약에는 유전자원에 대한 국가주권, 유전자원접근, 이익공유 등 규정이 있지만 현실에서는 많은 분쟁의 소지가 있다. 대체로 개도국인 자원보유국은 자국의 생물자원 및 유전자원의 강력한 보호 움직임을 보이면서 유전자원으로부터 나오는 이익에 대한 지분에 관심을 가지고 있다. 선진국은 유전자원의 이용에 대한 관심을 가지면서도 기술이전에 대한 소극적 태도로 일관하고 있는 한편, 선진국들간에는 생명산업에 대한 주도권 경쟁이 진행되고 있다.

개도국들과 선진국들간의 이러한 입장 차이 때문에 일종의 타협책으로 구속력 없는 Bonn 가이드라인이 잠정적으로 채택된 것이다. Bonn 가이드라인이라 함은 유전자원의 이용에 관한 가이드라인으로서 협약당사국이 접촉창구를 지정해서 유전자원의 접근 신청자에게 유전자 이용에 대해 사전통보를 해 주는 제도이다. 즉, 유전자원 보유측과 이용자측이 질서있게 이용할 수 있도록 하는 제도이다. 생물다양성협약에 ABS 문제가 직접 언급이 되어 있으나 이 논의는 2002년에 자발적 성격의 Bonn 가이드라인으로 타협을 함으로써 이 타협안에 안주하려는 분위기가 고조되고 있었다. 그러나 이러한 교착상황에서 그 해 지속가능발전세계정상회의(WSSD)에서 ABS에 관한 국제레짐을 협상하도록 요구함에 따라 ABS 논의는 탄력을 받았다. 현재 ABS 논의는 CBD, FAO, WTO, WIPO, UNEP, UNCTAD 등 국제기구에서 다루어지고 있다.

<선진국과 개도국 대립>

ABS의 국제규범화를 둘러싸고 선진국과 개도국간에 의견이 대립되고 있다. 개도국은 선진국이 유전자원을 이용하는 대가뿐 만 아니라 유전자 조작기술 등 필요한 기술도 전수해 줄 것을 요구하고 있다. 따라서 개도국은 ABS의 구속력 있는 국제규범화를 주장하는 반면 선진국은 비구속적이고 계약에 의한 양자적 접근을 주장하고 있다. 유전자원 자체에 대하여는 사전승인제도를 거쳐 허용하고 유전자원 제공국에도 유전자원의 사용이익에 대한 접근권을 허용하는 데에는 원칙적으로 합의를 보고 있다. 그러나 유전자원 재조합 기술에 대한 접근권 문제에 대해서는 선진국측과 개도국측이 첨예하게 대립해 있다. 개도국들은 단지 유전자원의 이용에서 나오는 이익을 배분받는 것을 넘어서 이러한 이익의 창출을 가능하게 하는 기술에 대한 접근권을 보장받음으로써 보다 근본적으로 선진국과 개도국간의 차이를 극복하고 전체 생물다양성의 보전에 이바지할 것이라고 주장해 왔다. 그러나 선진국은 관련 기술에 대한 지적소유권을 강력히 주장하고 있다.

결국 기술에의 접근 및 기술 이전에 관한 의무를 제16조에서 규정하게 되었지만 일반적인 원칙만 나열하고 생명공학기술에 대한 지적재산권 보호도 같이 규정함으로써 실질적인 기술이전의 효과는 미미하게 되었다. 또한 유전자 접근권에 대한 내용도 협약 제15조 제3항의 대상 유전자원에 대한 정의에 의해 다소 모호해 졌다. 즉 협약 발효 이전에 유전자은행이나 현지외 보전시설에 있던 유전자원은 협상의 범주에서 제외된 것이다. 따라서 과거에 선진국이 개도국에서 채취한 유전자원은 접근권의 논의에서 제외되었다. 협약체결 이전에 보유하고 있는 유전자원에 대해서는 협약의 대상에서 제외했기 때문에 유전자원 접근에는 이미 루프 홀이 있었다고 볼 수가 있다.

<전통지식 보호문제>

이익공유의 대상과 관련하여 유전자원과 관련 전통지식이 어느 정도로 활용이 된 경우에 이익의 공유문제가 발생하는지도 쟁점이 될 수가 있다. 개도국은 특허요건에 전통지식에 대해 원천적 공개, PIC과 이익공유 조항을 제시했으나 선진국은 이에 반대하였다. 전통지식을 이용한 생명공학기술은 특허를 받고 전통지식자체는 보호를 받지 못하는 사례가 있음으로 ABS 특별작업반의 협상대상에 포함되어 협상을 진행 중이다. EU는 모든 전통지식이 이익공유 대상이 되는 것이어서는 안 되고 전통지식이 이익창출에 직접 관련이 된 경우에 이익공유를 요구할 수 있을 것으로 주장하면서 어느 정도 타협할 근거를 마련했다.

<사전통보승인시 토착 및 지역공동체 승인 문제>

Bonn 가이드라인은 사전통보승인(PIC)을 반드시 권한 있는 행정당국으로부터 획득할 것을 요구하는 한편, 국내법에 따라 토착 및 지역공동체로부터도 PIC을 획득할 것을 요구하고 있다. 유전자원에 대한 접근을 신청하는 측으로 볼 때는 사전통보승인을 이중으로 획득해야 하는 불편이 있어 문제를 더욱 복잡하게 하기 때문에 불필요하다고 주장하고 있는 반면, 개도국과 NGO는 토착 및 지역공동체의 발전을 위해 이들이 사전통보승인 절차에 개입할 필요성을 주장하고 있다.

관련 국제기구에서 유전자원에 대한 논의

1990년대 이후 관련 국제기구에서 생물다양성문제에 대해 논의하고 있으며 특히 2002년 WSSD 회의 이후 논의가 활발해 지고 있다. FAO, WTO 등 주요 국제기구에서 논의되고 있는 몇 가지의 예를 보면 다음과 같다.

<국제식량농업기구(FAO)>

생물다양성협약이 채택됨으로써 유전자원이 인류의 공동자산에서 각국이 주권적 권리를 갖는 자원으로 변화함에 따라, 식물유전자원이 갖는 식량과 농업에의 특수성을 고려한 식물유전자원조약이 2001년 채택되었다. 생물다양성협약이 유전자원 일반을 다루고 있는 반면에 식물유전자원조약은 식물유전자원의 특수성을 고려하여 별도로 다루고 있다.

식물유전자원조약은 식물유전자원의 보전 및 지속가능한 이용, 이용으로부터 발생하는 이익의 공평한 배분을 목적으로 하고 있으며, 부속서 I에 35개의 식량작물과 29개의 사료작물을 등재하여 다자체제로 관리하고 있다. 식물유전자원조약은 이익을 공평하게 나누는 방안으로 식물유전자원과 관련된 정보교환, 보전 및 이용 등과 관련한 기술이전, 개도국의 능력형성 지원, 제공받은 식물유전자원의 상업화를 통해 창출된 이익에 대해 일정 비율을 신탁기금에 납부하는 등 4가지 방안을 제시하고 있다.

<세계무역기구(WTO)>

WTO는 2001년 도하개발아젠다가 채택됨에 따라 생물다양성협약과 TRIPs 간의 관계, 전통지식과 민간전승물에 대한 검토가 본격화 되었다. 무역관련지적재산권 협정(TRIPs)은 특허를 부여할 없는 대상으로 미생물 이외의 식물과 동물, 비생물학적 및 미생물학적인 제법과는 본질적으로 다른 생물학적 제법을 언급하고 있다. 이 조항은 유전공학에 의한 발명과 관련된 것으로 개정필요성에 대한 논쟁이 지속되고 있다. 개정을 옹호하는 주장에는 모든 생명체에 특허를 부여하지 말아야 한다는 주장으로부터 특허의 대상을 제한할 필요가 없다는 주장 등 다양한 스펙트럼이 존재한다. 전통지식과 관련하여 동 지식이 지재권의 일종인지, TRIPs에서 보호가 되어야 하는 것인지, 아니면 별도의 다자제도를 통해 보호가 되어야 하는 지에 대해서도 논란이 있다.

<세계지적재산기구(WIPO)>

WIPO는 생물다양성협약과 관련된 논의에 영향을 받아 유전자원, 전통지식, 민간전승물(folklore)의 지적재산과 관련된 측면을 검토하기 위해 2000년에 정부간위원회(IGC)를 설치했다. IGC는 유전자원과 관련하여 문제점들에 대한 기본적인 검토는 마쳤으나 이후의 작업방향에 대해서는 합의를 보지 못하고 있다. IGC의 역할과 관련해서 상반된 평가가 존재한다. 긍정적으로 평가하는 측에서는 IGC가 전통지식과 민간전승물의 중요성을 지적하고 국내적으로 보호체제를 구축하도록 촉진하는 역할을 한다고 본다. 부정적으로 평가하는 측에서는 국제적인 보호 메카니즘에 대한 논의에 진전이 없다고 본다. 한편, WIPO는 생물다양성협약의 요청에 따라 지재권 신청시 공개요건, 유전자원 및 전통지식의 원천, PIC 획득여부간의 관계에 대해 기술적 검토를 하고 있다.

생물다양성 및 유전자원 논의와 관련 우리나라의 상황과 대응방향

생물다양성협약이 체결됨으로써 우리에게는 득실이 있다. 생물다양성이 우리나라 경제에 미치는 영향이 큰 만큼 부정적인 측면에 대한 대처를 하는 동시에 긍정적인 측면은 최대한 이용해 나가는 것이 국익에 도움이 될 것이다. 생물다양성협약이 미치는 부정적 측면으로는 생물다양성을 기반으로 하는 국내산업이 위축될 수 있다는 것이다. 우리나라는 생물자원이 부족하고 중진국 기술 수준인 현실에서 자원제공국에 대한 적절한 대가의 지불과 자칫하면 그나마 보유하고 있는 기술을 다른 나라들에게 이전해야 하는 부담을 가질 수 있기 때문이다. 생물다양성협약이 국내산업에 주는 긍정적인 측면으로는 자생동식물자원의 보전 및 개발을 통한 지역산업의 촉진을 도모할 수가 있다는 것과 우리의 뒤떨어진 생명공학 원천기술의 개발과 생물산업의 발전을 촉진하는 계기가 될 수 있다는 것이다.

유전자원에 대한 ABS 논의와 관련하여 이익공유권(benefit-sharing) 측면보다는 유전자원에 대한 접근(access) 문제에 더 관심을 기울여야 할 것이다. 우리는 ABS에 관한 국제협상과는 별도로 개별 국가 차원에서 진행되고 있는 생물다양성과 유전자원 보호를 위한 입법이나 정책에 관심을 가져야 한다. 안데스 공동체(Andean Community), ASEAN, African Union, 코스타리카, 브라질, 인도, 파키스탄, 방글라데시, 필리핀 등 자원부국들이 관련 법을 보유하고 있으며, 이러한 입법 사례는 갈수록 늘어갈 전망이다[5].

ABS 국제레짐이 형성될 때까지는 자발적 성격의 Bonn 가이드라인이 국제적 지침 역할을 수행할 전망이다. 우리나라는 Bonn 가이드라인을 이행하기 위한 기반을 구축하여야 할 것이다. 무엇보다도 우리나라의 ABS 절차 관련 접촉창구와 사전통보승인을 허가할 수 있는 권한 있는 행정당국을 지정하여야 한다. 또한 Bonn 가이드라인에 대한 국내 홍보활동도 적극 전개하여야 한다. 끝으로, 우리나라도 ABS에 관한 국내 법령과 제도를 정비할 필요가 있다. 외국의 기업이나 연구기관 등으로부터 우리의 유전자원에 대한 접근 요청도 생각해 볼 수가 있기 때문에 이러한 경우에도 대비해야 한다.

현재 국내적으로는 ABS 문제를 다룰 만한 체계적인 법령과 제도가 없다. 이러한 기반

구축에도 상당한 연구와 시간이 소요되므로 지금부터 관심을 가지고 준비해야 한다.

3. GMO 문제

GMO 식품의 안전성 여부가 현재 GMO을 둘러싸고 일어나는 논쟁의 핵심이다. 장기적인 측면에서 인구와 식량간의 관계에서 보면 세계식량문제에서 획기적인 돌파구가 없는 한 매우 어려운 상황이 예상되고 있기 때문에 GMO 문제에 대해서는 전향적으로 검토할 필요성이 있다. 그러나 이 경우 GMO 작물의 안전성 문제는 매우 중요하게 대두될 것이다. 2004년 FAO의 식량 및 농업현황 보고서에 의하면 2050년에는 2010년 현재의 68억 명 인구가 90억 이상이 될 전망이며 이들을 먹여 살리기 위해서는 60퍼센트 이상의 식량증산이 필요하다고 하면서 구체적인 해결방안으로 유전자혁명이 필요하다는 점을 지적하였다. 다만 이 보고서는 60-70년대의 녹색혁명이 공공연구기관들에 의해 주도되었고 연구의 결과가 무상으로 공유되었던 것과는 달리, 현재의 유전자혁명이 소수의 다국적기업에 의해 주도되고, 연구도 개도국 빈민들이 필요로 하는 품종보다는 상업성이 있는 품종에 집중된 점과 개도국들이 GM 작물과 관련된 안전성을 스스로 평가할 수 있는 제도 및 능력을 구비하지 못하고 있는 점에 대해서 우려를 제기하고 있다.

GMO의 정의

유전자재조합 기술은 전혀 다른 종류의 유전자를 어떤 생물의 유전자 안에 삽입하는 것으로써 추위, 병충해, 살충제, 제초제 등 유리한 성질만을 취하여 새로운 품종을 만드는 것을 말한다. 유전자 재조합 식품이란 유전자재조합 기술을 이용하여 만든 새로운 농·축·수산물 중 안전성이 확인되어 먹을 수 있는 식품을 말한다. 생명공학 기술을 이용한 생물체에 대한 일반용어의 정의로서 GMO(Genetically Modified Organism)나 LMO[6](Living Modified Organisms)는 비슷한 용어로 혼용해서 쓰인다. GMO는 일반적으로 생산량 증대 또는 유통·가공상의 편의를 위하여 유전공학기술을 이용, 기존의 번식방법으로는 나타날 수 없는 형질이나 유전자를 지니도록 개발된 생물체로 정의된다.

<유전자재조합 기술과 종래의 품종개량 기술과의 차이점>

유전자재조합에 의한 품종개량과 종래의 품종개량은 유용한 유전자를 서로 재조합시켜 원하는 성질을 갖는 품종을 만든다는 공통점을 갖는다.

- 유전자재조합 : 요즘 씨 없는 수박
- 품종개량의 예 : 우장춘박사의 씨 없는 수박

그러나 종래의 품종개량 기술은 각각 원하는 특성을 지닌 유사한 종들을 교배하여 생성된 잡종 중 목적하는 품종만을 찾아내는 것으로, 한 품종을 개발하기 위해서는 많은 시행착오와 시간이 소요되는 것이 일반적이다. 이에 비해 유전자재조합 기술은 원하는 특성을 지닌 유전자를 다른 생물체에 직접 삽입함으로써 목적하는 품종만을 바로 얻을 수 있다.

또한 유전자재조합의 경우에는 삽입하고자 하는 유전자는 같은 생물종에서뿐만 아니라 서로 다른 생물종에서도 얻을 수 있어, 품종개량의 폭이 넓은 것이 특징이다. 즉 유전자재조합 기술을 이용함으로써 다양한 유전자를 직접 도입하여 목적한 새로운 작물을 생산할 수 있으며, 종래의 품종개량에 비하여 그 소요시간이 짧다는 것이 특징이다.

GM 작물 현황

환경단체, 프랑스 등 일부 유럽국가 인체 위해 가능성을 들어 GM 작물 재배에 반대하고 있다. 그에 반해 다국적기업, 연구자, 빈곤퇴치 운동단체 등은 GM 작물 재배에 찬성하고 있다. GMO 작물에 찬성하는 측의 주장은 인체 해성에 대한 명확한 증거가 없고 농약사용 감소 및 노동력 감소에 따른 재배비용이 감소된다는 것이다. 무엇보다 생산성 증대에 따른 식량난 해소에 도움이 되고 GM 작물의 환경친화성을 높이 사고 있다.

2009년 말 현재 전세계 GM 작물은 25개국에 걸쳐 1억 3,400만 헥타르에서 경작되고 있으며 현재까지 세계적으로 허용된 GM 작물의 수는 24작물, 144종으로 알려지고 있다.

2009년 말 현재 주요국가 GM 작물 경작 현황 <자료 : ISAAA>

국가	GM 작물 재배면적 (만ha)	총재배면적중 점유율 (%)	재배작물
미국	5,800	32	콩, 옥수수, 목화, 파파야
아르헨티나	1,900	57	대두, 목화, 옥수수
브라질	1,500	25	대두, 목화
캐나다	700	14	유채, 옥수수,대두
인 도	620	3.5	목화
중 국	380	2.6	목화, 토마토, 고추

GMO 에 대한 논란[7)]

논란의 배경은 주로 인체에 대한 유해성 여부 때문이다. 국제적으로 볼 때 미국과 EU간에 주로 대립이 되어 있으며 EU안에서도 유럽 최대의 농업국가인 프랑스가 반대의 선봉장이 되어 있다. 환경문제에 관한 한 유럽이 미국보다 전반적으로 적용기준이 더 까다롭다. 유럽은 인간 및 환경에 미칠 수 있는 장기적이며 잠재적 위험에 대해 사전예방원칙(precautionary approach)에 따라 대응한다는 입장을 갖고 있다. 이에 비해 미국은 과학적 근거를 중시하는 태도를 보이고 있으며 과학적으로 증명되지 아니한 것에 대한 사전예방조치를 부인하고 있다.

<미국과 EU간의 논쟁>

1998년부터 EU는 미국의 GM 작물에 대해 수입금지 조치를 시작했다. 이에 따라 미국, 캐나다 등이 이러한 조치는 WTO 규정에 위반이라면서 EU를 WTO에 제소했다. 분쟁의 초점은 과학적으로 입증되지 않은 가능성을 이유로 수입규제를 취할 수가 있느냐이다. 미국은 GMO를 전통적 종자개량과 동일하게 취급해야 한다면서 GMO 작물을 달리 취급할 과학적 근거가 없다는 입장인데 비해 유럽은 GMO 작물의 잠재적인 위험을 감안해서 사전예방 원칙을 적용한다는 입장이다.

◎ 미국의 관리체계

미국에는 GMOs를 관리하는 기관이 세 곳이 있다. 미국 농무부(USDA)는 새로운 작물을 시험 재배하는 것을 관리하고 있으며, 환경청(EPA)은 GMOs가 환경에 미치는 영향을 평가하고 있으며, 식품의약청(FDA)은 GM 성분을 보유한 식품, 식품 첨가제, 의약품, 사료 등에 대한 시장판매 허가와 라벨링 문제를 다루고 있다.

미국은 GMOs를 전통적인 종자개량으로 만든 것과 동일한 것으로 보며, GM 식품은 일반식품과 실질적으로 동등하다고 생각하고 있다. FDA는 GM 식품과 일반 식품은 실질적으로 동등하기 때문에 GM 식품의 영양성분이 변화하였거나 부작용을 유발하는 경우가 아니면 라벨링을 요구하지 않고 있다. 미국의 소비자들은 정부당국의 GMOs에 대한 견해를 신뢰하고 있는 것으로 나타나고 있다.

◎ EU의 관리체계

앞서 말한 바와 같이 EU는 GMOs를 새로운 과학의 산물로서 인간 및 환경에 미칠 수 있는 장기적이며 잠재적 위험에 대한 사전예방원칙에 따라 대응한다는 입장을 가지고 있다. 이에 따라 GMOs에 대해 강한 규제장치를 갖추고 있으며, 허가도 상당한 기간의 심사를 거쳐 조심스럽게 부여하고 있다. EU의 소비자들은 광우병, 다이옥신 오염 등의 사태를 겪으면서 정부당국의 식품안전 보장능력에 불신을 가지고 있으며, GMOs에 대해서도 부정적인 견해를 가지고 있는 것으로 나타나고 있다.

EU는 미국과의 분쟁이 진행되고 있는 가운데 GMOs에 대한 라벨링과 추적가능성 규정을 2003년 7월 채택하였으며, GMOs와 그 제품에 대한 종합적인 관리시스템을 구축하였다. 이러한 시스템에 의하면 GMOs 제품의 경우 매 거래시 GMOs 포함 또는 GMOs로 제조 등의 정보가 제공되어 GMOs가 '농장에서 식탁까지'(from farm to fork) 추적될 수 있어야 하며 이러한 정보는 5년 동안 보존되어야 한다. GMOs 관련 정보는 GMOs 라벨 부착, 위해성 발견시 시장에서 제품 회수, 환경영향 모니터링 등의 목적으로 사용되어 진다. 새로운 시스템은 GMOs 라벨을 모든 GM 식품에 부착할 것을 요구하며, GMOs로 만들었으나 유전적으로 변형된 형질이 포함되어 있지 않는 식품에도 라벨을 부착하도록 요구하고 있다[8].

GMOs, GM 식품과 사료에 대한 승인은 매 용도마다 별도로 승인을 받는 것이 아니라 한번의 심사로 모든 용도에 대한 승인을 얻도록 하는 'one door-one key' 정책이 적용되고 있다. GMOs 승인을 접수한 회원국이 유럽식품안전청(EPSA)에 통보하면 EPSA는 인간과 동물에 대한 위해성 평가와 환경 위해성 평가를 실시한다. 집행위는 EPSA의 의견에 따라 승인 또는 거부 결정문을 작성하며, 집행위 결정문은 규제위원회와 각료이사회의 절차로 진행되게 된다. 승인은 10년간 허가되며 갱신은 10년 단위로 이루어진다.

이러한 절차를 거쳐 2004년에는 영국/스위스계 신젠타사의 옥수수와 미국계 몬산토사의 옥수수에 대해 판매를 허가하여 사실상의 실행연기조치(de facto moratorium)를 하였다. EU는 종래의 입장을 누그러뜨리고 대신 GMO 상품에 대한 라벨링 기준을 강화하는 것으로 대처해 나가고 있다. 그러나 EU의 이러한 조치에도 불구하고 미국은 WTO에서의 분쟁해결 절차를 계속 진행하고 있다.

<WTO 분쟁>

위의 미국과 EU간 GMOs 분쟁에서 본 바와 같이 분쟁의 근본원인은 GMOs의 잠재적 위험, 즉 독성, 알러지, 유전자 전이, 일반작물 오염, 경작방식 변경, 생물다양성 영향 등을 어떻게 관리할 것인가 하는 문제에 대해 양자간의 접근방식이 다른 데 기인하고 있다. 미국은 현재의 과학적 지식에 기초한 위해성 평가를 통해 잠재적 위험을 관리해야 한다는 입장인 반면에 EU는 현재의 과학적 지식이 불완전함을 고려하여 사전예방적인 차원에서 GMOs 문제에 접근해야 한다는 입장이다.

GMO 상품에 대한 WTO의 판정에 필요한 논거는 과학적 지식에 기초하는지 여부, WTO 규정과 바이오안전성의정서 간의 적용문제, WTO체제 중 위생 및 식품위생조치(SPS), 동종상품 여부가 될 것이다. EU는 GMO 상품이 SPS협정과 무관하고, 바이오안전성의정서의 적용을 주장하면서 동종상품을 부인하고 있다. 이에 반해 미국과 캐나다는 GMO 상품과 비 GMO 상품은 동종상품으로 봐야 한다는 입장이다.

미국은 EU의 GMOs 허가 절차가 부당하게 지연(undue delay)되고 있으며, 이러한 지연을 초래하고 있는 EU의 GMOs 규제장치가 투명성을 결여하고 있다고 주장하고 있다. EU는 GMOs를 둘러싼 과학적인 불확실성이 크기 때문에 상당한 위해성 평가기간이 필요하며, 생명공학 기술의 급격한 진전과 바이오안전성의정서 채택 등의 국제적인 동향은 사전예방적 접근의 필요성을 더욱 요구하고 있다고 주장하고 있다.

GMOs 문제를 다룰 국제적인 규범과 관련, 미국은 EU와의 GMOs 분쟁이 WTO의 영역에 속하는 것으로 주장하고 있는 반면, EU는 WTO보다는 바이오안전성의정서에서 다루는 것이 더 적절하다는 주장을 하고 있다. 이 문제는 분쟁의 당사자들이 모두 WTO 회원국이지만 바이오안전성의정서에는 EU만이 당사국이며 미국, 캐나다, 아르헨티나는 비당사국임에 따라 문제가 더욱 복잡하다. 미국과 EU간 GMOs 분쟁에서 GMOs 문제를 WTO에서 다룰 수 있다고 하더라도 보통 작물과 GMOs 작물간에 동종상품 여부를 판단하기가 어려워 WTO로서도 판결을 내리기가 쉽지 않을 것으로 보인다.

GMO의 장래 전망

EU에서 제기된 GMO의 안전성 문제는 최종 결론이 나지 않은 상태지만 점차 국제적으로 수입을 허용하는 추세이다. 모든 GMO가 우리들의 건강과 환경에 같은 효과를 주지 않기 때문에 전체를 묶어 좋고 나쁨을 판단할 것이 아니라 개개의 GMO 상품에 대한 안정성 여부에 대한 평가를 거쳐 유해한 부분을 없애거나 개선해 나가야 할 필요가 있다. 현 단계에서는 국가적으로 모니터링과 표지제도를 정착시켜 소비자의 선택권 보장을 확실하게 정착시키고 수입 작물들에 대한 GMO의 안정성 평가를 실시하여 소비자와 국민들이 정확한 선택을 할 수 있도록 하는 수밖에 없다.

앞으로 GMOs의 개발방향으로는 제초제, 각종 병저항성, 해충저항성, 저장성향상 등 영농개선형의 제 1세대 GMO, 품질 및 영양개선 식물의 개발(기능성 식품)의 제 2세대 GMO, 그리고 단백질, 항체 및 효소 등의 유용물질을 GMO에서 생산하는 시스템인 고부가가치의 의약품 효과를 나타내는 제 3세대 GMO로 진행될 것으로 예측된다. GMO의 상업화는 1994년 미국 칼젠(Calgene)社가 잘 물러지지 않는 토마토 (상품명: Flavr Savr)를 개발한 이후 빠르게 진행되었다. 일반인들이 관심을 가지기 시작한 것은 1996년 몬산토(Monsanto) 社가 개발한 제초제에 내성이 있는 콩인 Round-up Ready Soybean (RRS) 그리고 노바티스(Norvartis) 社사의 병충해에 내성이 있는 수수가 본격적으로 상품화 되면서부터이다. 그 뒤 제초제 내성, 병해충 저항성 등 여러 가지 GMO가 앞다투어 개발되었다. 특히 몬산토(Monsanto), 노바티스(Norvatis), 아벤티스(Aventis), 아그레보(Agrevo) 등이 GMO 신제품 개발에 매우 적극적이다.

앞으로 심각해질 것으로 예상되는 식량난을 생각하면 GMO 작물 같은 획기적 기술을 이용한 식량증산 방안이 나와야 한다. 그러나 사람의 건강에 해롭지 않다는 것이 확증이 되어야 할 것이다. 극단적으로는 식량이냐 건강이냐 중에 선택을 강요하게 될 수도 있다.

GMO의 안전성 문제가 해결되면 GM 작물은 인류 식량의 유일한 해결책으로 자리잡게 될 전망이다.

GMO 관련 우리나라의 현황

2010년 현재 우리나라는 GM 작물을 시험 중에 있으나 아직 국내 작물을 상용화하지는 않고 있다. 현재 농촌진흥청에서는 18개 작물, 88종의 GMO를 개발 중에 있다. 그 중 해충 저항성 Bt벼, 비타민 A 강화벼, 제초저항성 고추 같은 작물은 이미 안전성 시험을 거친 단계이지만 아직 투자 부족 등으로 실용화 단계에는 이르지 못하고 있다. 하지만 수년 안에 재배승인된 GM 작물이 상용화될 가능성이 크다. 곡물수요를 충족하기 위해 세계는 GM 작물 개발에 많은 투자를 하고 있다는 점을 고려하여 우리나라도 GMO의 부정적인 측면만 보고 주저해서는 안 될 시점에 와 있다.

우리나라는 농림부에서 '유전자변형농산물표시요령'을, 식품의약품안전청에서 '유전자재조합 식품 표시기준'을 제정한 2001년부터 유전자변형제품과 일반제품을 구분하여 수입하였다. 2009년까지 식용으로 7개작물 66종을 수입했고 사료가공용도 5개 작물 53건이 승인되어 유통되고 있는 것으로 나타났다. 주요 수입국은 미국, 아르헨티나, 브라질, 중국 등이며, 이중 미국이 절대적으로 큰 비중을 차지하고 있다. 위의 미국과 EU간의 분쟁사례에서 시사하는 바와 같이 GMOs 자체가 국제교역의 대상이 되고 있기 때문에 바이오안전성의정서 뿐만 아니라 WTO 규범도 고려하면서 교역 상대국과의 무역마찰을 피하려는 노력도 필요하다.

4. 바이오 안전성 의정서[9)]

생물다양성협약 제19조 3항에 따라 생명공학 기술로 개발과 유전자변형물체가 국경을 이동할 때 발생할 수 있는 부정적 효과를 방지하기 위해 유전자변형물체(LMOs)의 이동을 통제하기 위하여 생물다양성 협약 특별당사국 총회에서 2000년 1월 바이오안전성 의정서(The Cartagena Protocol on Biosafety)가 채택되었다. 바이오안전성의정서는 생물다양성협약을 보조하는 측면이 있다.

의정서는 50개국이 비준을 한 후 90일 경과한 2003년 9월 발효되었으며 2009년 12월 말 192개국이 비준하였다. 우리나라는 2000년 9월 서명하였으나 GMOs에 대한 국내적 논란 때문에 2007년에야 비준하였다.

바이오안전성의정서의 골자는 국가가 자국의 영역 내에 유전자변형물질을 수입하기 전에 필요한 정보를 제공받는 '사전통보동의절차'를 수립하는 것이다. 이러한 사전통보는 리오선언 제15조의 사전 예방원칙을 재확인하고 있다. 바이오안전성의정서는 또한 유전자변형물체에 대한 정보교환을 용이하게 하고 국가들이 의정서 이행을 돕기 위하여 바이오안전성 정보센터(Biosafety Clearing House)를 설립하고 있다.

바이오안전성의정서는 LMOs의 잠재적 위해성에 대한 과학적 불확실성에도 불구하고 사전예방원칙에 입각하여 GMO의 국제간 거래에 법적 구속력을 가지는 최초의 국제협약이다. 바이오안전성의정서는 기본원칙으로 LMOs가 인간의 건강에 부정적인 영향을 초래할 가능성에 대비해서 사전예방원칙을 적용하고 있다. 그러나 미국과 EU간 타협으로써 바이오안전성의정서가 다른 국제규범 당사국의 권리의무와 무관한 것으로 결정되었고 따라서 미국은 WTO 당사국으로서 권리확보 주장하고 EU는 의정서와 WTO간 동등한 지위를 주장하게 되었다.

바이오안전성의정서는 LMO의 국가간 이동시 건강에 부정적 영향을 방지하는 것을 목적으로 한다. 바이오안전성의정서의 대상에는 인체용 의약품은 제외되며 LMOs를 환경방출용, 식용.사료용. 가공용 및 밀폐용으로 구분한다. 이 중에서 식용·사료용·가공용이 전체의 90퍼센트를 차지하고 있다.

○ 환경방출용 - 파종용 종자, 방출용 어류, 미생물 농약, 환경정화용 미생물 등
○ 식용·사료용·가공용 - 콩, 옥수수, 면화 등 유전자변형 농산물
○ 밀폐용 - 과학적, 상업적 연구목적으로 사용되는 LMOs

바이오안전성의정서는 LMOs의 국가간 이동시 사전통보합의, LMOs의 환경에 미치는 영향 및 위해성평가 및 관리, 취급, 운송, 포장표기, 관련사항정보공유, LMOs의 국가간 이동에 의해 초래된 손해에 대한 책임과 피해배상 등을 주요내용으로 하고 있다. 바이오안전성의정서에 의하면 사전통보합의 제도(AIA, Advance Informed Agreement)를 준수해야 한다. 식용·사료용·가공용의 경우 무역거래 전에 관계 당사국이 바이오안전성정보센타(BCH, Biosafety Clearing House)에 무역거래 사실을 통보해야 하며 BCH는 모든 당사국에 이러한 내용을 통보하도록 되어 있다. 관계당사국은 LMOs에 관한 용도, 사전합의 여부 등 사실을 서류 및 포장에 명시해서 소비자를 포함한 관계자들이 이를 인지하도록 해야 한다.

당사국 회의

원칙적으로 1-2년 마다 당사국 회의가 개최되며 현재까지 4차례의 당사국회의가 개최되었다.

- 제1차 당사국 회의 2004. 2.23-27, 쿠알라룸푸르, 말레이시아
- 제2차 당사국 회의 2005. 5.30-6.3, 몬트리올, 캐나다
- 제3차 당사국 회의 2006. 3.13-17, 쿠리치바, 브라질
- 제4차 당사국 회의 2008. 5.12-16, 본, 독일
- 제5차 당사국 회의 2010. 10.11-15, 나고야, 일본 (예정)

제4차 당사국 회의에서는 책임과 보상(liability and redress)에 대한 논의가 있었다. 당초 책임과 보상에 대한 국제적인 체제를 확립하려는 의도는 이루지 못했지만 이 과정에서 나타난 정치적 합의는 확인한 셈이다. 이는 앞으로 법적 구속력을 받는 체제를 향한 진전이라고 볼 수가 있다. 이러한 합의는 민간 책임에 대한 비구속적 가이드라인을 보완하는 등 행정적 접근에 초점을 맞추면서 법적구속력이 있으면서도 보완적인 의정서를 염두에 두고 있다.

당사국 회의는 생물다양성협약 사무총장에게 바이오안전성의정서의 틀내에서 책임과 보상문제에 대한 다음과 같이 논의를 지속할 수 있는 의장단(friends of co-chairs)을 구축할

것을 요청하였다.

- 2009년에 한 차례 공동 의장이 회의를 소집하고 필요하다면 2010년 제5차 당사국 총회 이전에 또 한번의 회의를 소집할 것
- 부속서를 기초로 하여 책임과 보상분야에서 국제적인 세부규칙을 추가로 논의 할 것
- 의장단의 구성은 아시아·태평양지역 6명, EU 2명, 아프리카 그룹 6명, 라틴 아메리카 및 캐리비안 그룹 6명, 그리고 뉴질랜드, 스위스와 일본으로 할 것
- 고문단은 의장단에 의해 선축되는 데 고문단의 참석은 기금의 형편에 따라 결정될 것
- 의장단의 재량에 따라 옵서버 초청 여부를 결정할 것
- 회의의 결과는 제5차 당사국 회의에 보고할 것

이러한 논의에서 알 수 있듯이 앞으로 바이오안전성의정서는 책임과 보상체제 확립이 주요 논의 대상이 될 것이며, 책임과 보상에 관한 국제체제에 제5차 당사국 회의는 중요한 계기가 될 것으로 예상된다.

사전통보합의제도(제6조-제16조)

바이오안전성의정서는 LMOs의 종류에 따라 상이한 수출입 절차를 적용하고 있다. 환경방출용 LMOs의 경우 수출국 또는 수출업자는 AIA에 따라 수입국의 책임기관으로부터 최초 수출에 대해 사전에 승인을 받아야 한다. 수입국의 책임기관은 의정서에 부속서 I이 요구하는 LMOs 관련정보를 접수한 후 90일 이내에 접수사실을 확인해 주고 270일 이내에 승인, 거부, 추가 정보요구, 검토기간연장 등의 결정사실을 통보해 주어야 한다. 수입국은 이 결정을 BCH에게 통보하여야 한다.

식용, 사료용, 가공용의 경우 사전통보합의제도와 다른 절차가 적용된다. 당사국이 LMOs의 상용화를 포함한 국내사용에 관한 결정을 한 경우 이 사실을 15일 이내에 BCH를 통해 다른 당사국에 통보해야 한다. 환경방출용과는 달리 수출국의 책임이 BCH 통보로 완결되며, 수입국이 의정서의 목적과 일치하는 국제규제기준에 따라 LMOs에 대한 결정을 하도록 되어 있다. 밀폐용 LMOs의 경우는 사전통보합의제도가 적용되지 않는다. 밀폐용 LMOs의 수입여부는 수입국의 국내규제 기준에 따라 결정된다.

바이오안전성정보센터(BCH, 제20조)

바이오안전성정보센터(BCH, Biosafety Clearing House)는 의정서를 성공적으로 이행하는데 필수적인 장치이다. 바이오안전성의정서는 각 당사국이 BCH에 국내법률과 가이드라인 현황, 양자·지역·다자협약 체결현황, 위해성 평가 또는 환경평가 결과, LMOs 수입 또는 국내 사용에 관한 결정, 의정서 이행조치 등에 관한 정기보고와 불법적 국가간 이동사례, 의도적인 국가간 이동 등에 관한 정보를 제공하도록 요구하고 있다.

취급, 운송, 포장, 식별(제18조)

식용, 사료용, 가공용 LMOs의 경우 안전한 취급을 위해 상업송장 또는 기타 서류에 LMOs 포함 사실, 환경방출용이 아닌 사실, 추가정보를 위한 접촉창구 등이 명기되어야 한다. 관계당사국은 LMOs에 관한 용도, 사전승인여부 등 사실을 서류 및 포장에 명시해서 소비자를 포함한 관계자들이 이를 인지하도록 해야 한다.

추가 작업분야(제27, 제34, 제35조)

바이오안전성의정서는 LMOs의 국가간 이동시 야기될 수 있는 피해에 대한 책임과 복구(liability and redress) 문제를 다루고 있다. 의정서는 또한 의정서의 이행을 촉진하고 의무불이행 케이스에 대응하기 위한 의무이행체제를 제1차 당사국회의에서 설립하였고 의무이행체제는 대다수 참가국들의 의견을 반영하여 의무 불이행에 대한 제재보다는 의무이행을 촉진하는 방향으로 설립되었다. 의정서의 이행에 대한 평가는 5년마다 주기적으로 실시되고 있다.

바이오안전성의정서와 우리나라

우리나라에는 GM작물의 산출이 없고 연간 약 4백만 톤을 수입하고 있고 수입 GM 작물은 모두 동물용 사료나 가공되어 이용되고 있다. 우리나라는 2002년 3월 유전자변형물체의 국가간 이동 등에 관한 법률을 제정하였다. 그러나 이 법에 따른 시행령과 시행규칙을 제정하지 않았다. 앞으로 국내이행 법률체제를 정비해 나가는 과정에서 바이오안전성의정서뿐만 아니라 WTO 규범과의 합치성을 면밀히 검토하여 불필요한 통상마찰은 피하는 노력을 해야 한다. 우리나라가 바이오안전성 의정서에 2000년에 서명을 하고도 2007년에야 가입하였다는 것은 그 만큼 관심이 적거나 아니면 정치적으로 민감한 사안이라는 뜻이다. 특히 2008년 GMO상품의 국가간 이동에 따른 배상책임 채택을 앞두고 가입한 것은 타의에 의한 비준이란 의미가 강하다고 볼 수 있다.

LMO 상품이 유통될 경우 소비자들이 정확한 선택을 할 수 있도록 모니터링과 표지제도가 정착되어야 한다. 이를 위하여는 수입작물들에 대한 GMO의 안정성 평가가 실시되어야 하고, 표시제도를 발견제도에서 원산지제도로 바꾸어야 한다. 그러나 이러한 변화에는 원가가 상승할 가능성이 있고 자칫하면 기업의 신뢰도가 하락할 소지도 있다. 무엇보다 앞으로 국민들의 인식 수준을 높이는 것이 당면한 과제이다.

멸종위기에 처한 동식물의 국제거래에 관한 협약

1. 협약 채택의 배경

멸종위기에 처한 야생동식물 종의 국제거래에 관한 협약(CITES, Convention on International Trade in Endangered Species of Wild Fauna and Flora, 일명 워싱턴 협약)은 세계 제2차 대전 후 동식물의 남획으로 인한 멸종 가능성이 증대됨에 따라 이에 대한 우려가 커졌다. 한편 동·식물의 미적, 과학적, 문화적 및 경제적 측면에서의 야생 동·식물의 가치가 인식되어 국제적으로 이들 멸종위기에 처한 동식물을 보호하려는 방향으로 나가게 되었다. 1960년대만해도 호랑이라든지 코끼리 같은 동물이 오늘날처럼 그렇게 절박하게 멸종될 것으로는 생각을 못하였고 그 당시에 이러한 동물들을 보호하는 논의는 비교적 새로운 아이디어였다. 논의의 중심은 야생동식물의 국제적 거래, 즉 무역의 제한을 통해 야생동식물을 보호한다는 것이다. 해마다 수십억 달러의 야생동식물이 갖가지 형태로 거래되고 있는 점을 고려하면 매우 효과적이고 타당한 방향이었다. 야생동식물의 거래를 규제하기 위해서는 국제적인 협력이 필요하다. 이에 따라 IUCN에서 1963년 처음으로 멸종위기에 처한 초안을 작성하였고 그 초안을 토대로 1973년 워싱턴에서 80개국이 모여 협약을 채택하였다. CITES의 목적은 특정 야생동식물의 무역이 그 생존을 위협하지 않도록 보장하는 것이다. CITES의 체결 필요성은 이미 많은 동식물이 사라진 지금 생각해 보면 당연하다 하겠지만 1960년대에는 그렇지 않았다. 그 당시 동식물 보호에 관한 논의는 새로운 의제로 받아들여졌다. 해마다, 국제적으로 야생동식물 거래는 수십억 달러에 달하는 것으로 추산되고 있다. 거래의 형태는 살아 있는 동식물과 그로부터 추출된 물질, 예를 들면 식품, 진귀한 가죽제품, 목제 악기, 목재, 관광용 기념품, 약품 등에 이르기까지 광범위하다 하겠다. 결과적으로 많은 종류가 사라졌거나 멸종위기에 처해지게 되었고 그들과 함께 주거지(habitat)도 위협을 받고 있다.

1963년에 IUCN이 동식물보호를 위해 결의안을 채택했고 이 내용을 골자로 한 오늘날의 CITES가 1973년 워싱턴에서 80개국의 대표들이 채택하여 1975년부터 발효하기 시작한 것이다. CITES는 당사국들이 자발적으로 참여하는 국제협정으로서 협정에는 큰 틀만 규정하고 구체적인 이행 관련 사안은 각국의 국내입법에 맡겼다. 당사국들은 CITES를 존중하면서 국내입법을 하기 때문에 멸종위기에 처한 주요한 동식물의 보존을 도모할 수 있게 되었다. 멸종위기에 처한 동식물도 당장 시급한 보호조치가 필요한 종류와 그렇지 않은 경우로 나누어 각각 다른 방법으로 보호조치를 하도록 하였다. 오늘날 이 협정으로 살아 있는 형태로 거래되거나 털이나 약초와 같이 가공된 형태로 거래되든 간에 3만 종 이상의 각종 야생동식물을 보호하고 있다. 고래는 멸종위기에 처해 있으나 포경금지조약이라는 별도의 국제협정을 통해 보호를 하고 있다. CITES는 1975년 7월 협약이 발효되었고 2009년 현재 협약 가입국은 175개국이다. 우리나라는 1993년 이 협약에 가입하였다.

2. 협약의 주요내용

1,000여종의 협약대상 야생동식물을 3개의 부속서에 나누어 등재하고 거래에 대한 부속서 별로 수출, 수입증명서 발급요건을 다음과 같이 규정하였다.(제3조-5조)

① 부속서 I 포함 종(種)의 무역에 대한 규제

- 대상 : 코뿔소, 호랑이 등 현재 멸종위기에 처해 있어 특별히 엄격한 규제를 요하는 야생동식물 및 그 파생품을 대상으로 한다.
- 거래허가 : 수출국의 관리당국이 수출허가서 발급시 수입국의 수입허가서를 확인한다.

② 부속서 II 포함 종(種)의 무역에 대한 규제

- 대상 : 사향노루(Musk deer), 곰 등 형재 멸종위기에 처해 있지는 않으나 엄격한 규제를 요하는 야생동식물 및 그 파생물을 대상으로 한다.
- 거래허가 : 수출국의 관리당국이 일정요건에 따른 수출허가서를 발급한다. 이 때 수입허가서의 확인절차는 불필요하다.

③ 부속서 III 포함 종(種)의 무역에 대한 규제

- 대상 : 개별 당사국이 자국의 관할권내의 야생 동식물 중 일정한 요건과 절차를 적용받아야 하는 규제 대상으로 요청한 종(種)을 대상으로 한다.
- 거래허가 : 이러한 요청국과의 거래시 부속서 II에 준하는 제한을 한다.

④ 무역에 관한 면제 및 기타 특별조치(제7조)

- 야생동식물이 자기 영토를 단순히 통과하거나, 개인소지품, 가재도구, 순회동물원, 과학연구기관간의 비상업적 임대교환 등의 경우에는 위에서 말한 요건과 절차를 면제한다.

⑤ 당사국이 취할 조치(제8조)

- CITES 당사국은 협약을 이행하기 위한 국내적 조치를 취해야 하며, 거래에 관한 기록을 유지하고 이행상황에 관하여 협약 사무국에 정기적으로 보고를 해야 한다.

⑥ 관리당국 및 과학당국(제9조)

- CITES 당사국은 협약의 시행을 위해서 관리당국(Management Authorities) 및 과학당국(Scientific Authorities)을 지정한다.
- 관리당국은 당사국을 대표하여 허가서 또는 증명서를 발급하여 주는 역할을 하며 과학당국은 규제대상 품목의 교역이 종(種)의 생존에 미치는 영향을 관리당국에 자문을 한다.

⑦ 비당사국과의 무역(제10조)

- 비당사국과의 거래에서도 유사한 절차를 적용한다.

3. 협약체결 이후의 동향

CITES는 발효 이후 상당기간 큰 관심을 받지 못하였으나, 환경보호문제에 대한 전세계적인 인식이 증대함에 따라 그 중요성이 부각되었다. 특히 1992년 리오 정상회의에서 채택된 생물다양성협약의 채택은 유전자원 및 종(種) 보호에 대한 인식을 제고시키는 계기가 되었고 따라서 오래 전에 채택된 CITES도 새로이 조명을 받게 되었다.

미국은 1992년 펠리 수정법[10]을 개정하여 CITES 협약정신의 비준수 국가에 대한 무역규제대상을 여하한 제품(any products)으로 확대하였다. 이는 대미 수출이 많은 우리나라에게 부담이 되어 결국 우리나라도 CITES에 가입하는 계기가 되었다. 당사국 회의는 원칙적으로 매 3년마다 개최되며 현재까지 15차례의 당사국 회의[11]를 개최하였다.

4. CITES와 우리나라

우리나라가 멸종위기에 처한 야생동식물 보호를 위한 국제적 조류에 적극 동참함으로써 우리나라가 국제적인 환경보전 노력에 동참한다는 뜻을 가진다. 그러나 우리의 동참은 국제사회, 특히 미국의 무역제제 압력에 굴복했다는 뜻을 간과할 수는 없다. 이 말은 그만큼 우리나라가 자발적으로 국제환경 보전 노력에 동참하는 것과는 차이가 있다는 말이다. 1970년대 말부터 CITES 사무국, UNEP 같은 국제기구뿐만 아니라 IUCN, WWF 같은 국제 환경 NGO들이 여러 차례 우리나라에게 CITES 가입을 종용해 왔다. 그럴 때마다 우리는 약속만 하고 가입을 미루어 왔다. 이러한 국제적인 노력에도 불구하고 우리나라를 포함한 CITES 금지품목의 주요시장을 형성하고 있는 국가들이 소극적인 반응을 보임에 따라 국제사회는 실력으로써 이들 나라들에 대해 압력을 가하기 시작했다. 그 하나가 앞서 말한 펠리 수정법안이고 다른 하나는 EU 등 선진국의 무역제재 압력이었다. 1992년

CITES 당사국 총회에서 협약 비준수 비당사국에 대한 무역제제 압력이었다.

우리나라와 관련해서 특히 문제되는 것은 한약재이다. 예를 들어 웅담이라든지, 우황청심환으로 쓰이는 코뿔소의 코, 호랑이 뼈 같은 것들이 우리나라에서 한약재로 통용이 되면 우리나라 소비시장이 되기 때문에 결국 아프리카나 서남아시아 같은 지역에서 공급지 역할을 하게 된다. 현실적으로 우리나라는 이러한 금지품들의 좋은 시장이 되어 온 것이 사실이다. 우리나라가 협약에 가입함에 따라 협약에서 규정하고 있는 금지품목의 수입을 금지하기 위한 국내입법 조치를 취해야 한다. 그리고 부속서상 종(種)의 표본의 거래에 대한 기록 유지 및 그 내용을 사무국에 제출해야 한다. 그리고 사무국의 운영경비를 유엔분담금 비율에 따라 납부해야 한다. 그렇지만 우리나라에서 과연 이러한 금지품목이 완전히 수입이 금지되었는가, 혹시 밀반입되고 있지는 않는지 장담할 수는 없다. 이는 마치 짝퉁 상품이 단속에도 불구하고 계속 유통되는 것과 비슷한 상황일 지도 모른다.

이행현황

우리나라가 CITES에 가입함에 따라 협약의 이행사항을 국내적으로 수용하는 국내법을 수립하고 이를 시행해야 한다. 또한 CITES와 그 부속서의 주요조항이 개정될 때는 그 변경 내용에 맞추어 국내법을 개정해야 한다. 한편, 멸종위기에 처한 동식물 보호의 필요성에 대한 대국민 홍보와 캠페인을 통해서 국민들의 인식을 높여나가야 한다. 또한 CITES 위반 사범에 대한 관계부처간 협조를 통한 단속도 강화해 나가야 한다.

CITES와 관련되는 국내법으로는 환경부에서 관장하는 '자연환경보전법'과 '조수 및 수렵에 관한 법률' 등이 있고 보건복지부에서 관장하는 '약사법'이 있다. '자연환경보전법'은 규제대상 종(種)의 수출입시 승인과 위반자에 대한 처벌 등을 규정하고 있고 '조수(鳥獸) 및 수렵에 관한 법률'은 조수의 수출입에 관한 허가 및 불법 포획, 채취를 금지하고 있다. '약사법'은 호랑이 뼈, 코뿔소 코 등의 수입, 유통과 이를 이용한 각종 제조를 금지하고, 불법 의약품을 폐기하도록 명령할 수 있다.

관리당국과 과학당국의 현황은 다음과 같다.

	관리당국	과학당국
일반 동·식물	환경부 자연생태과	국립환경연구원(환경부)
약재 동·식물	보건복지부 한의약담당관실	국립보건원(보건복지부)
조류 및 포유류	산림청 국제협력과	산림청 보호과
고래목 및 수산생물	환경부 자연생태과	국립수산과학원(해양수산부)

* 주무 관리당국(Focal Point)은 환경부 지구환경과

사막화 방지협약

'사막화'란 기후 변화나 인간 활동으로 인해 토지가 황폐해지는 현상을 의미한다. 유넵(UNEP, United Nation Environment Programs)의 지구 사막화 평가(1990~1991)에서는 사막화를 '부적절한 인간 활동에 기인하는 건조, 반건조, 건성 반습윤 지역에서 토지의 황폐화 현상'이라고 정의하고 있다. 사막화는 사막의 주변에서 발생하기 쉬우나 반드시 사막 자체의 확대만을 의미하는 것은 아니다. 강한 인위적 충격이 작용하면 사막에서 떨어져 있는 반습윤 지역에서도 사막화가 발생할 수 있다. 사막화현상은 우리나라 기후조건하에서 일어나지 않고 우리와는 완전히 무관한 이야기처럼 여겨져 왔다. 그러나 사막화의 개념을 좀 더 확대해서 단순히 강수량과 습도의 수치를 비교하는 것이 아니라 급격한 농업 생산성의 저하나 주변환경의 황폐화로 본다면 우리나라도 더 이상 사막화와 무관한 상황이 아니다.

인간이 문명을 발전시키면서 끊임없이 환경을 변화시켜왔다고 보면 그로 인해서 문명이 붕괴된 적이 여러 번 있었다. 수메르 문명의 토양 염류화, 크레타 문명의 토양침식, 마야문명의 산림황폐화와 토양침식 등은 결국 문명을 붕괴시킨 원인이 된 것이다. 지난 한 세기 동안 인구의 급격한 증가와 기술의 발달은 토지의 파괴를 가속화 시키고 있다. 여기서 잊지 말아야 할 것은 사막화가 어느 정도 진행되면 다시 원상태로 돌이킬 수 없는 현상이 되어 버리는 점이다.

UNEP에 따르면 지구의 전체 육지 면적의 47.2퍼센트가 건조지역에 포함된다. 건조지역은 연 강수량과 가능증발량의 비율을 지표로 하여 초건조, 건조, 반건조, 건조 반습윤의 4단계로 구분할 수 있다. 초건조에서 건조로 분류되는 지역이 일반적으로 말하는 사막이다. 사막은 전체 육지 면적의 20퍼센트를 차지하고 있으며, 대개 위도 15도에서 35도의 아열대 지역에 집중되어 있다. 현재 사막화가 진행되고 있거나 그 위험에 있는 지역은 초건조 지역 주변에 위치하는 약간 습윤한 지역으로 100여 개국이 사막화 지대를 가지고 있다.

사막이 형성되는 원인에는 자연적 원인과 인위적 원인 두 가지로 나누어 생각할 수 있다. 먼저 자연적 원인으로는 지구의 대기가 순환하는 과정 중에 고기압대가 위치한 곳에서 비가 오지 않게 되어 사막이 형성되는 경우가 있다. 그 예로 사하라 사막을 들 수 있다. 사하라 사막은 기원전 5000년 전 경에는 '녹색사하라' 하고 불려지는 시기가 있었으며, 이 시기에는 현재보다 평균 기온이 1℃ 정도 높았고, 비도 많이 내렸다고 한다. 현재 알제리 남서부 산악지역의 암벽에 조각 되어 있는 그림에는 당시 사람들의 모습 이외에 하마나 악어 등의 대형 수생동물이 그려져 있어 현재의 사하라 사막 주위는 물로 덮여져 있었다는 것을 증명하고 있다. 그러나 현재 사하라 지역은 이 지역 상공의 고기압이 이동하지 않아 사막화가 이루어 졌다.

최근에 사막화로 주목을 모은 지역으로는 사헬지대가 있으며, 사헬지역에서의 사막화의 원인은 강수량의 감소라는 자연적인 원인에 의한 것이다.

여기에 지나친 방목과 경작, 수목의 과잉 벌채 등 인위적인 원인도 한 몫을 하여 사막화를 유발하고 있다. 사헬과 그 남쪽에 위치한 수단 지대 서부에서는 1961년부터 1967년까지 매년 200만 헥타르의 비율로 사막화가 진행되고 있으며 해 마다 그 속도가 빨라지고 있다. 중국에서의 사막화 진행도 심각한 상태인데 중국의 사막화도 주로 지나친 방목과 경작, 수목의 과잉벌채 등 인위적인 원인이라고 본다.

사막화의 진행은 인간사회에 여러 가지 형태로 악영향을 미치고 있으나 그 중에서 가장 직접적인 영향은 토지의 황폐화로 목초지나 농지 등 식량생산기반을 크게 위협하는 것이다. 건조지역의 사막화는 식량부족 현상을 초래하여 환경난민의 발생과 민족 간의 대립 등 사회적 혼란을 초래한다. 예를 들면 1970년대와 1980년대 아프리카 사헬지역의 극심한 한발 때 많은 환경난민이 발생하여 심각한 정치 사회적 문제를 야기하였다. 사막화가 환경에 미치는 영향도 심각하다. 동식물의 서식지를 감소시키고 모래폭풍으로 주거지 지형을 변동시키며 기후변화에도 영향을 미친다. 또한 사막화의 악순환도 초래한다. 즉, 사막화 영향으로 식량생산 기반이 악화되거나 빈곤이 가속화되면 과도한 경작과 방목이 일어남으로써 사막화를 확대시키는 현상을 초래한다. 일단 사막화된 지역은 다시 복구하기가 매우 어렵다. 이 문제는 개발도상국의 빈곤, 식량, 교육, 인구문제 등 사회적, 경제적, 문화적, 정치적 문제와 연관이 되기 때문에 근본적인 대책이 강구되지 않는 한 해결되기가 어렵다.

1. 협약채택의 배경

사막화에 대처하기 위한 국제사회의 본격적인 대응은 1968-1973년간 아프리카 사헬지역에서 극심한 한발이 배경이 되어 1977년에 유엔사막화방지회의(UNCCD)개최를 계기로 국제사회가 그 대응책을 마련하기에 이르렀다. 이 회의에서 사막화방지행동계획(PACD)을 채택하였고 각국 및 국제기구이 해야 할 행동사항들을 권고하는 한편 UNEP 안에 사막화방지계획활동센터를 설치하였다. 이러한 조치에도 불구하고 사막화 문제는 큰 진전을 이룰 수가 없었고 1983-1984년에 아프리카에는 다시 한 번 한발이 닥쳐왔다. 이 한발은 내전과 더불어 정치적 혼란을 초래하였기 때문에 광범위한 지역에 기아와 환경난민이 발생하였다. 그럼에도 불구하고 사막화를 방지하려는 노력은 잔전이 없었는데 그 원인으로는 국제사회에서 사막화에 관한 기초적인 지식과 인식이 부족하고, 사막화를 퇴치하려는 의지와 재원이 부족한 것 등을 들 수가 있다.

이러한 상황에서 1992년 6월 브라질 리오데자네이로에서 개최된 세계 정상회의(UNCED)에서 새로운 국면을 맞게 된 것이다. 즉, 아프리카 여러 나라들을 중심으로 한 개발도상국들의 영향력이 결집되는 계기가 되었다. 이들의 영향력으로 아젠다 21에서 사막화방지협약 체결을 권고한 것이다. 사막화방지협약(UN Convention to Combat Desertification in Those Countries Experiencing Serious Drought and/or Desertification Particularly in Africa)은 1992년 리오 정상회의에서 채택된 아젠다 21의 권고에 따라 결실을 맺은 협약이다.

아젠다 21은 국제적 협력을 통한 사막화 방지를 목표로 1994년 6월 이전에 사막화방지협약안을 작성하도록 하였으며 이를 위하여 제 47차 유엔총회에 사막화방지협약 작성을 위한 정부간 협상위원회(INC, Intergovern- mental Negotiating Committee)를 설치할 것을 권고하였다. 이에 따라 1992년 제47차 유엔총회에서는 정부간 협상위원회의 구성을 결정하였고 정부간 협상위원회는 1993년 5월-1994년 5차례에 걸친 정부간 협상위원회를 개최하여 협약안을 마련하였다.

이렇게 해서 탄생된 사막화방지협약안은 1994년 10월 97개국이 서명하여(파리), 1996년 12월 발효되었다. 2009년 말 현재 가입국은 193개국이며 우리나라는 1994년 6월에 서명, 1999년 8월에 비준하였다.

2. 협약의 주요내용

협약은 전문 및 본문 40조와 5개 지역(아프리카, 아시아, 라틴아메리카, 카리브해, 북부지중해 및 중·동유럽)의 지역이행 부속서로 구성되어 있다. 협약은 개발도상국의 사막화 방지 전략을 돕기 위해 정보를 수집, 분석, 교환하고 사막화 방지 기술을 연구 개발해 이전하는 등 국제협력을 가능하게 해 준다. 또 협약은 회원국에 일관성 있는 사막화 방지 전략을 세울 것과 이를 빈곤 퇴치 전략과 연계할 것을 주문하고 있다. 협약은 심각한 한발 및 사막화와 토지 황폐화 현상을 겪고 있는 개발도상국, 특히 아프리카 국가들을 재정적 기술적으로 지원해 주는 것을 주요 골자로 하고 있다. 협약은 협약상 의무(제4조 및 제6조), 재원(제20조)과 재정체계(제21조), 발효조항 등이 주요 구성요소가 되어있다. 또한 과학이나 기술에 관한 정보의 제공을 위하여 과학기술위원회를 설치할 것을 결정하였다.

협약상 의무(제4조 및 제6조)는 공통의무와 선진국의 의무로 나누어진다. 선진국과 개도국의 공통의무로는 ① 양자, 다자협정을 통한 사막화 방지 장기전략을 수립하고 ② 빈곤퇴치 전략과 사막화 방지 사업을 연계시키며 ③ 재원동원을 위해 기존의 양자, 다자간 재정체계와 협정을 활용할 것을 장려하는 것 등이다. 선진국 의무로는 ① 개도국 피해 당사국, 특히 아프리카 국가와 최빈국의 사막화 방지활동을 지원하고 ② 실질적 규모의 자금 및 기타 형태의 원조를 제공하며 ④ GEF(지구환경금융)통한 추가적이고 새로운 재원동원을 촉진하고 ⑤ 피해 개도국이 사막화 방지기술을 습득하도록 조장하고 촉진 하는 것 등이 있다.

재정체계(제21조)의 내용으로는 당사국회의 재정체계의 운영가능성을 증진하고 유엔 체제 및 다자간 재정기구내의 메커니즘을 통해 재정지원을 장려할 것, 피해 개도국은 국가조정체계(National Coordinating Mechanism)를 구성할 것, 현존하는 재정체계 운용의 효율성을 증대시키기 위한 범세계적 체계(GM, Global Mechanism)를 수립하도록 할 것 등이 있다.

그리고 발효조항(제36조)으로는 이 협정에 50개국 이상이 비준서를 기탁한 후 90일이 경과하면 발효하도록 되어 있다.

3. 협약체결 이후의 동향

협약의 상설 사무국을 독일 본에 설치하기로 결정했으며 범세계적 체계의 수용기관으로는 IFAD(International Fund for Agricultural Development)가 결정되었고(제1차 당사국총회, 1998년 세네갈 다카르) 당사국 총회와 IFAD간에 GM 수용에 대한 양해각서가 체결되었다(제4차 당사국총회, 1999년 브라질 레시페). 그 후 재정지원 확대방안으로 지구환경금융(GEF)를 적극적으로 참여시킬 것을 결정하였으며 토질저하(Land Degradation), 분야를 GEF의 주요 지원대상으로 결정하였다. 또한 각 국가, 소지역, 지역 협약이행보고서를 검토하기 위한 협약이행검토위원회가 설립되어(제5차 당사국총회, 2001년 스위스 제네바) 활동 중에 있다. 제7차 당사국총회(케냐 나이로비)에서 지속가능개발을 통한 사막화 방지를 위하여 GEF의 중요성을 강조하면서 이의 증강을 요청하였다. 제8차 및 제9차 당사국총회(스페인 마드리드 및 아르헨티나 부에노스 아이레스)에서는 사막화 방지를 위한 10개년 계획을 수립하여 2008년부터 2018년까지 이행하도록 하였다. 사막화방지를 위한 10개년 계획의 주요골자는 사막화 당사국들이 그들의 전략을 좀 더 효율적으로 이행할 수 있도록 장기적 전략적으로 지원을 해 준다는 것이다. 이러한 전략을 이행하는 데 필요한 재원을 2년 단위로 결정하며 우선 2010/2011년 재원을 결정하였다.

제9차 당사국 총회에서는 제10차 당사국 총회 개최지로 한국의 창원이 결정되었으며 참고로 그 동안 역대 당사국 총회 개최지를 소개하면 다음과 같다. 당사국 총회는 특별한 사정이 없는 한 매 2년마다 열리도록 되어 있으나 1차-5차 총회까지는 사막화방지협약 체제를 확정하기 위해 매년 총회가 개최되었다.

2007년에는 제8차 당사국총회에서 결정하지 못한 사안을 종결하기 위해 당사국들의 합의에 의해 특별총회가 뉴욕에서 개최되었다.

제1차 이탈리아 로마(1997년)
제2차 세네갈 다카르(1998년)

제3차 브라질 레시페(1999년)
제4차 독일 본(2000년)
제5차 스위스 제네바(2001년)
제6차 쿠바 하바나(200년)
제7차 케냐 나이로비(2005년)
제8차 스페인 마드리드(2007년)
제1차 특별총회 미국 뉴욕(2007년)(제8차 의제6 예산문제 심의종결을 위한 특별총회임)
제9차 아르헨티나 부에노스 아이레스(2009년)
제10차 한국 창원(2011년 예정)

4. 우리나라와 관련되는 사항

제10차 사막화방지협약 당사국 총회를 우리나라에 유치(경남 창원, 2011년)했다는 의미는 매우 크다고 볼 수가 있다. 2년마다 열리는 총회는 유럽에서 4회, 아프리카에서 2회, 남미에서 3회가 개최됐으나 아시아지역에선 우리나라가 처음이다. 이는 국제적으로 우리나라의 위상을 제고하는 데 도움이 될 것이다. 이러한 기회를 살려 사막화 문제에 대한 우리 국내의 인식제고를 함으로써 내실을 기하는 것도 중요하다 할 것이다.

우리나라는 1994년 협약 가입을 위해 서명을 했으나 관심부족으로 상당기간 비준은 하지 않았다. 그러나 국제사회는 우리나라가 협약을 비준해 줄 것을 요청하였으며 그 결과 1999년 8월 비준을 하여 유엔 사무국에 비준서를 기탁하였다. 우리나라는 1999년 11월 제3차 당사국회의(브라질 레시페)에 처음으로 참석하였다. 그러나 우리나라가 비록 뒤 늦게 출발했지만 협약에 가입한 뒤에는 적극적으로 임하고 있다. 사막화는 기후변화 및 생물다양성 등 제반 문제와 연관되는 지구환경문제로서 사막화방지협약 가입은 우리 정부의 지구환경문제 해결의지를 천명한 것으로 설명될 수가 있다. 우리나라가 적극적으로 임하는 이유 중의 하나가 중국과 몽골의 사막화이다. 중국과 몽골의 사막화는 제9장 동북아 환경협력에서 설명하는 바와 같이 황사피해가 우리나라에 많이 나타나기 때문이다.

우리나라의 사막화 방지활동으로는 조림사업, 개도국 사막화방지 연수실시와 국제공동연구에 참가 등의 형태가 있다. 조림사업은 주로 중국 서부지역에서 하고 있으며 내몽골 통료시, 감숙성 백은시, 신강성 투루판시, 영화회족 자치구 평라현, 귀주성 수문현 등 5개 지역을 대상으로 하고 있다. 우리나라에 피해를 주는 중국 고비사막 및 타클라마칸사막에서 발생하는 황사에 대한 보다 효율적인 국제차원의 대응책 수립이 필요하다. 우리나라의 제의로 시작한 한·중·일 환경장관회담(TEMM, Tripartite Environment Ministers Meeting Among Korea, China and Japan)이 1999년 서울에서 개최된 이래 이후 연례적으로 번갈아 가며 세 나라에서 개최되고 있는데 이 회의에서 황사에 대한 공동대응방안을 비롯한 지구환경문제와 동북아 지역환경문제 전반이 논의되고 있다.

황사문제에 대하여 중국과 일본은 소극적인 태도를 보여왔으나 이 회의에서는 3국간에 황사 모니터링 네트워크 구축, 황사대응능력 향상을 위한 훈련, 연구, 교육 등에 협력하는 방안을 모색해 오고 있다. 이 회의에는 UNEP도 참여하고 있으며 이러한 바탕 위에서 아시아 개발은행(ADB)과 지구환경금융(GEF)의 자금지원으로 동북아 황사대응 ADB/GEF 사업이 추진된 바(2003-2004년)도 있다. 참고로 2010년 제12차 한·중·일 환경장관회의(2010.5.23, 일본 홋가이도)의 주요 내용을 살펴보면 다음과 같다.

> '회의에서 3국 장관들은 각국의 국내 환경정책, 동북아 지역 및 국제적 환경문제, TEMM의 역할 등에 대해 논의한 바, 3국은 동북아 지역뿐만 아니라 지구촌 전체가 직면한 환경위기와 금융위기를 극복하기 위해 '저탄소 녹색성장' 정책이 필요하다는 점을 인식하고, 이러한 위기 극복을 위하여 세 나라의 정부뿐 아니라 산업계 및 시민사회 등 모든 부문의 협력이 필요하며, TEMM이 동북아 환경협력에 있어 주도적인 역할을 할 수 있는 협력체로 발전해 나가야 한다는 데 인식을 공유하였다. 아울러 세 나라 장관은 기후변화, 황사, 생물다양성, 동북아 환경협력체계 구축 등 10대 우선협력 분야에 대한 구체적 행동계획(41개 사업)에 대하여 합의하고, 향후 5년간 적극 추진해 나가기로 합의하였다.'

동북아 협력에 관하여는 제9장 동북아 협력에서 다시 살펴 볼 것이다.

국제적인 사막화방지를 위한 행동계획 이행과 관련, 우리나라는 중·장기적으로 환경부문의 공적개발원조(ODA)를 확대하는 계기가 되었다. 이 공적개발원조의 목적 중의 하나가 북한의 산림황폐화 등 동북아 사막화방지를 위한 지역적 협력을 증진시키는 것이다. 우리나라의 산림녹화 및 사방기술은 세계적으로 인정되고 있다. 산림녹화에 관하여는 우리는 세계에서 모범국가이다. 과거 짧은 시간 내에 전국토를 대상으로 산림녹화를 성공한 예는 우리나라가 유일하다. 우리는 피해국에 재원뿐만 아니라 기술과 경험을 지원함으로써 실질적으로 피해국을 돕는 한편 우리나라의 위상을 제고하게 될 것이다.

습지보호협약(Ramsar협약)

습지는 기본적인 환경 서비스를 제공하고 있고 수문체계와 생물종, 유전자와 생태계로 대변되는 생물다양성의 근원을 조절해 준다. 또한 습지는 사회의 경제적, 과학적, 문화적, 관광적 가치를 창출하는 원천이 된다. 무엇보다 중요한 것은 습지는 기후변화 적응과 완화에 있어 절대적 역할을 하는 것이다. 이러한 습지가 지속적으로 파괴되면 생태계 서비스 제공 과정에 심각하고도 돌이킬 수 없는 손상을 가져오는 것이다. 2009년 3월말 현재 람사르 리스트에 포함되어 있는 습지는 약 1,830개로서 그 총 면적은 1억7천만 헥타르 이상이 된다.

습지로부터 나오는 이점은 흔히 과소평가되고 있다. 습지는 생태계에서 가장 중요한 요소인 물뿐만 아니라 식량, 섬유 같은 것을 공급한다. 또한 수질을 개선하고 홍수를 조절하며 문화적 가치를 창출하는 등 인간생활과 복지에 있어서 필요불가결한 서비스를 제공한다. 그러나 이러한 습지는 때론 매우 취약해서 자칫하면 혼란에 빠지거나 훼손된다. 사람들의 잘 못된 물의 사용은 습지에 큰 영향을 준다. 댐의 건설은 물줄기와 생태계에 변화를 가져온다. 오염, 과도한 물의 채수(採水), 무절제한 개발과 관광행위는 호수의 생물다양성을 위협한다. 늪이나 습지들은 산업화에 영향으로 개간이 되고 농지로 바뀐다. 또한 기후변화 역시 습지를 변화시킨다.

많은 생물군(生物群)에게 습지는 매우 중요하다. 예를 들면 물고기, 식용거북(terrapin)과 잠자리나 왜가리, 백로, 백조, 오리, 거위 같은 물새들은 생존기간의 대부분을 습지에서 보낸다. 지구상에서 멸종위기에 처한 조류의 최소한 12퍼센트는 습지에서 살고 있다. 이러한 조류에게 가장 중요한 형태의 습지는 호수와 웅덩이, 강, 늪, 연안의 초호(lagoon) 같은 것이다.

1. 협약체결의 배경

물새의 서식지로 국제적으로 중요한 습지를 보호하기 위해서 각국의 협력으로 성사된 협약이다. 1972년 이란의 람사르(Ramsar)에서 열린 국제회의에서 채택되어 1975년 12월에 발효되었다. 람사르조약이라고도 하며 정식명칭은 '물새 서식지로서 특히 국제적으로 중요한 습지에 관한 협약(The Convention on Wetlands of International Importance, Especially as Waterfowl Habitat)이다. 2009년 현재 가입국 수는 159개국이며 우리나라는 1997년 7월 101번째로 가입하였다. 협약은 사무국은 IUCN이 되며 스위스 글랑에 위치한다.

협약은 습지의 형태에 대한 넓은 의미의 정의를 내리고 있는데 늪, 연안습지, 호수, 강, 물기 있는 초원, 이탄지대(泥炭地垈), 오아시스, 삼각주, 간석지, 해안가, 맹그로브와 산호초 그리고 양어장, 논, 저수지와 소금 가마솥 같은 것을 포함하고 있다. 협약은 현지, 지역 및 국가적 행동과 국제적 협력으로 모든 습지를 보존하고 현명하게 이용하도록 함으로써 전세계가 지속가능한 발전을 이루는데 기여하는 것을 목적으로 한다. 이 협정은 물새 서식지를 염두에 두고 출발하였지만 그 후 서식지에 대한 전반적인 보호와 나아가 생태계 전반의 보존을 염두에 두는 방향으로 나가고 있다.

현재 지구의 생태계는 산림, 토양, 물, 해양, 대기, 얼음과 눈 등 요소들과 관련이 되는데 습지란 이러한 중요한 요소들이 복합적으로 모여있는 생태계의 축소판이라고 볼 수 있다. 이 축소판들은 지구환경의 전반적인 악화에 비례해서 급속도로 훼손되고 있다. 이러한 상황에서 습지를 보호한다는 것은 지구환경 보호라는 측면에서 큰 의의가 있다. 그럼에도 불구하고 조류보호차원은 아직도 습지보호협약에서 큰 비중을 차지하고 있다. 이것은 한편으로는 조류는 오랫동안 과학적인 바탕을 둔 인식의 영향이 크고 또 다른 한편으로는 조류의 생존 자체가 환경분야에서 하나의 좋은 지표가 될 수 있기 때문이다.

2. 협약의 주요 내용

협약은 습지를 보존하고 현명한 방법으로 이용하는데 있어 국제적으로 협력을 하도록 하는 기본골격(framework convention)을 제공한다. 협약은 습지는 현명한 이용에 의해 보존되어야 하고 파손된 습지는 가능한대로 회복되어져야 한다고 하였다. 습지의 현명한 이용이란 지속가능발전의 범주 내에서 환경적 성향의 유지관리를 말하며 생태계적 접근방법으로 달성될 수 있다. 그러므로 습지의 현명한 이용의 핵심은 습지와 그에 딸린 자원을 인류의 이익을 위하여 지속가능한 방법으로 이용하고 보존하는 것이다. 협약 당사국은 국토 이용계획, 적절한 정책과 입법, 관리행위와 국민 교육 등을 통하여 모든 습지를 현명하게 이용하도록 노력하고, 국제적으로 중요한 습지의 목록을 지정하는 한편 이들에 대한 효율적인 관리를 하며, 국제적으로 월경성이거나 공유된 습지, 생물종과 습지에 영향을 줄 수 있는 개발계획 등에 있어서 국제적으로 협력을 한다.

협약 가입시 가입국은 람사르 습지목록에 포함될 1개 이상의 습지를 지정해야 하며 습지는 천연 또는 인공의 하구습지, 만, 갯벌 등 간조시 수심 6미터 미만의 해역 또는 물새 서식지로서 중요한 경우에는 6미터를 넘는 해역도 포함한다. 또한 습지를 선정할 때 생태학, 식물학, 동물학, 수문학(水文學)상의 국제적 중요성을 고려해야 한다(제2조). 람사르협약에 의한 습지목록 포함 여부에 관계없이 국내습지에 자연보호지역(nature Reserve)를 설치한다(제4조). 각 당사국의 비준서 기탁 후 4개월이 경과하면 발효하며, 발효한 날로부터 5년 기간이 경과한 후 체약당사국이 기탁소에 서면 통고하면 폐기 가능하다.

협약 당사국총회는 매 3년마다 개최되어 협약의 적용을 확대하기 위한 정책과 가이드라인을 장려한다. 아프리카, 아시아, 유럽 등 전 세계 6개 지역의 대표로 구성되는 상설위원회(Standing Committee)는 매년 만나서 협약 당사국 총회를 준비한다. 과학 및 기술 검토 패널(Scientific and Technical Review Panel)은 협약의 중요한 문제에 대하여 의견을 제시한다. 각 당사국은 협약 이행과 관련해서 접촉창구(focal point)로서 행정당국을 지정한다. 또한 각 당사국은 수자원, 개발계획, 보호구역, 생물다양성, 관광, 교육, 개발지원 등을 다루는 정부의 모든 부서를 포함하여 국가습지위원회(National Wetland Committee)를 설립하도록 요청되고 이 때 NGO나 시민사회가 참여하는 것도 환영한다.

협약에 등록된 습지의 관리문제가 대두되면 관련국은 몽트르 기록[12](Montreux Record)의 특별 리스트에 등재하고 문제해결을 위한 기술지원을 요청할 수 있다. 당사국 총회에서 지정된 국가(eligible countries)는 '습지보존과 현명한 이용'을 이행하기 위하여 람사르 소규모 펀드(Ramsar Small Fund)와 미래습지펀드(Wetland For Future Fund)의 지원을 요청할 수 있다. 협약은 협약목적을 달성하기 위한 예산을 충당하기 위하여 각 당사국들에게 유엔분담금에 비례하여 일정 비율의 분담금을 부과하고 있다. 이 이외 많은 당사국들이나 기부자들이 특별 람사르 프로젝트를 위해 람사르 소규모 펀드(Ramsar Small Grants Fund), 미래습지펀드(Wetland For Future Fund), 대아프리카 스위스 무상원조(the Swiss Grant for Africa)와 같은 공적기금에 기부금을 제공한다. 또한 다노네 그룹(Danone Group)에 의한 에비앙 프로젝트(Evian Project)나 스타 항공 네트워크(the Star Airline Network)에 의한 생태계 커넥션 같은 사적 기금도 협약목적을 달성하는 데 일조를 한다.

협약은 다른 지구 및 지역 환경문제와 관련되는 협약과 긴밀히 협력한다. 협약은 유네스코의 인간과 생태계 프로그램(Man and Biosphere Programme)은 물론, 생물다양성협약, 사막화 방지협약, 철새보호협약, 세계유산(World Heritage)협약 등과 긴밀히 협력한다. 또한 협약 사무국은 세계은행이나 지구환경기금(GEF) 등과 같은 국제금융기구와도 긴밀히 협력한다. 한편, 협약은 공식적으로 BirdLife International, 국제물관리기구(International Water Management Institute), Wetland International, IUCN와 WWF 등 5개의 국제기구와 파트너 관계를 맺고 있는데, 이들 파트너들은 현장 차원의 지원은 물론 지구적, 국가적, 지역적 차원에서 기술자문을 해 주고 있다. 그 외에도 사무국은 습지과학자사회(the Society of Wetland Scientists), 자연보존(the Nature Conservancy), 국제충격평가협회(the International Association for Impact Assessment), 야생조류 및 습지 트러스트(the Wildfowl and Wetland Trust)와 같은 많은 NGO들과 협조적인 관계에 있고 이들은 과학기술분야 업무에 동참하고 있다.

3. 협약체결의 기대효과와 협약체결 이후의 동향

습지보호협약은 동식물의 서식처 보호목적으로 채택된 최초의 협약이지만 80년대까지는 그 존재 의의가 미미했다. 90년대 들어 생물다양성의 원천으로서 습지의 중요성이 부각됨에 따라 협약의 중요성이 부각되었고 가입국 수도 급증했다. 처음에는 조류보호라는 측면에서 습지보호에 초점을 맞추었지만 차츰 습지가 조류뿐만 아니라 많은 환경문제와도 관련이 있다는 것을 인식하게 되어 전방위적 차원에서 습지의 중요성이 부각되어 왔다. 따라서 협약의 활동 대상은 지표수 모델링부터 지속가능한 수산, 기후변화, 재앙 대책, 경제적 인센티브와 토착 문화에 이르기까지 다양하게 걸쳐 있다. 그렇지만 가만히 생각해 보면 이러한 것들은 당초의 범위로부터 변화가 아니고 사실은 원래 협약 문안에 이미 함축되어 있던 것이다.

근래에 와서 람사르협약은 정책과 기술분야를 폭 넓게 다루면서 매우 적극적으로 임하고 있다. 람사르협약의 활동범위가 넓어졌지만 조류 보호는 여전히 람사르협약 활동의 중요한 부분을 차지하고 있다. BirdLife, IUCN, WWF 같은 국제기구는 여전히 람사르협약의 정책결정에 깊숙이 관여하고 있고 람사르협약의 발전에 지대한 공헌을 해 오고 있다. 이들 기구들은 람사르협약 당사국 총회뿐만 아니라 상설위원회에도 적극적으로 참여하고 있고 특히 BirdLife는 람사르 과학기술평가패널의 핵심 멤버로서 역할을 하고 있다. BirdLife 파트너로서는 람사르협약은 그들이 활동을 하는데 가장 중요한 범세계적 메커니즘이 되어 있다. 많은 파트너들이 각국에서 국제적으로 중요한 습지를 IBA(중요한 조류지역, Important Bird Area)로 지정하는데 기여를 했고 이들 지역을 모니터링하는데 도움을 주었다. 많은 파트너들이 국가습지위원회(National Wetland Committee) 참여를 통해 협약 당사국들의 습지정책 개발 등 협약 이행을 도와주고 있다.

한편, 습지관리에 대한 지역협력도 활발히 진행되고 있다. 지역협력은 지중해습지 이니시어티브(MedWet Initiative)가 먼저 시작되어 다른 지역협력의 모델이 되어서 다른 지역에서도 습지관리를 위한 지역협력이 활발히 이루어 지고 있다. 동북아지역에서는 아직 습지 보호관련 지역협력이 활발하지 않지만 앞으로 이러한 국제적인 추세에 발맞추어 활발하게 전개될 것으로 기대된다.

4. 우리나라와 관련되는 사항

우리나라는 뒤 늦게 협약에 가입하였으며 가입 후 습지 보호에 적극적으로 임하고 있다. 가입시 강원도 양구군 대암산 용늪을 국제 중요 습지 목록에 등록하였으며 현재는 용늪 이외에도 낙동강 유역의 창녕 우포 늪, 신안 장도습지, 전남 순천만 갯벌, 제주 물영아리오름 습지 등 5곳을 등록하였다. 또한 2008년 10월 제10차 람사르총회(경남 창원)를 주최하였다.

우리나라가 람사르협약 가입효과로는 국내습지생태계의 효율적인 보전과 이를 활용할 수 있는 계기를 마련할 수 있으며 장차 예상되는 중국, 일본 등 주변국들과의 지역 또는 양자 차원의 철새보호를 위한 효과적인 조치를 취할 수 있는 기본 여건을 조성한다는 것이다. 또한 이 협약에 가입함으로써 지구환경보존을 위한 우리의 전향적인 자세를 보여주며 우리나라의 대외적인 이미지도 높일 수 있을 것이다.

우리나라의 습지관련 국내법령으로는 습지보전법(1992년), 자연환경보전법, 조수(鳥獸)보호 및 수렵에 관한 법률 등이 있으며, 자연생태계 보전지역으로 을숙도(부산), 대암산지역(철원), 낙동강 하구 등 8개 지역을 지정하고 있다. 또한 조수(鳥獸)보호구로 한강하구, 천수만, 철원 등 560개 지역을 지정해 놓고 있다.

산림보호문제

산림은 예로부터 토양생성, 홍수조절, 온건한 기후유지, 물 저장, 생물다양성 유지 기능을 할 뿐만 아니라, 목재, 땔감, 의약품 원료의 역할을 가지고 있어 매우 중요시 여겨져 왔다. 치산치수란 말에서 보는 바와 같이 한 국가의 유지능력의 기초로서 간주되었다. 오늘날은 거기에 더 추가하여 온실가스인 이산화탄소 흡수원으로서도 역할을 하기 때문에 그 중요도는 더욱 더 높아진 셈이다. 이러한 산림은 20세기 인구의 증가와 산업의 발달에 따라 급속도로 감소되고 있다. 인간이 농업을 시작하기 이전에는 세계의 숲 면적은 대략 60억 헥타로 추정된다.

그러나 세계식량기구(FAO)에 의하면 2001년 현재 세계 산림 총면적은 약 39억 헥타르로서 육지면적의 약 30퍼센트를 점유하고 있는데 없어진 20헥타르의 반은 1950년-1990년 사이에 일어났다고 한다. FAO에 의하면 1990년 이래 매년 2천5백만 헥타르가 사라진다고 한다. 미국만 해도 85퍼센트의 숲이 없어졌고 중국도 3/4가 없어졌다. 중국의 경우 매년 1억 입방 미터의 숲이 사라진다고 한다. 열대우림의 반이 사라졌고 나머지 반도 벌목의 대상이 되고 있다. FAO에 의하면 1990년 이래 열대우림의 경우 매년 1천 7백만 헥타르가 사라진다고 한다.

세계 산림 중 95퍼센트는 천연림이고 나머지 5퍼센트는 인공림이다. 지역별 점유면적을 보면 유럽지역이 전체 면적의 27퍼센트(10억 3천 9백만 ha)로 가장 많은 면적을 차지하고 있고, 그 다음으로 남미지역 23퍼센트(8억 3천 6백만 ha), 아프리카 17퍼센트(6억 5천백만 ha), 아시아와 북중미 지역이 각각 14퍼센트(5억 4천 9백만 ha), 오세아니아 지역 5퍼센트(1억 9천 8백만 ha) 순으로 되어 있다. 또한 세계 산림은 기후대 별로 열대, 아열대, 온대, 한대림으로 구성하는 데 열대림 47퍼센트, 아열대림 9퍼센트, 온대림 11퍼센트, 한대림 33퍼센트를 각각 차지하고 있다. 열대우림은 남미지역 58퍼센트, 아프리카지역 24퍼센트, 아시아지역 17퍼센트로 이 지역, 특히 적도를 중심으로 한 지역에 편중되어 있다. 반면에 온대림과 한대림은 유럽과 북미, 중미지역에 편중되어 있다. 국가별로 산림면적분포를 보면 러시아가 8억 5천 1백만 ha로서 22퍼센트의 점유율을 나타내고 있고, 그 다음으로 브라질, 캐나다, 미국, 중국 등 순이다. 우리나라는 산림면적의 세계점유비율은 0.17퍼센트에 불과하다.

산림이 감소되는 주된 이유는 과잉벌목과 오염, 산성비다. 개도국 정부는 목재를 팔아서 외채를 상환하게 되고 개인은 땔감과 일시적 수익 증가를 도모한다. 건축자재, 제지(製紙), 땔감 용도가 증가하는 한 숲은 감소하기 쉽다. 열대림의 소실원인은 지역에 따라 다르나 농지 전용, 비전통적인 화전이동경작, 과도한 신탄재 채취, 지속가능개발에 반하는 상업성 벌채, 과도한 방목, 단지조성 등이다. 그 배경에는 인구증가, 빈곤, 토지제도 등 여러 형태의 사회경제적 요인들이 얽혀있다.

숲을 보호하는 방법은 벌목을 지속가능한 속도로 조절하고, 목재의 낭비를 방지하며 목재나 종이의 리사이클링을 강화하는 것이다. 스위스나 북유럽에서는 숲의 크기와 나무가 자라는 속도를 계산해서 만약 어떤 수종의 나무가 다 자라는데 20년이 걸린다면 매년 그 숲의 1/20만 베어내게 되고 또 베어내는 만큼 어딘가에 새로운 묘목을 심는 것이다. 또한 벌목에 대한 정부 보조금을 폐지하는 것도 숲을 보호하는 좋은 방법이 될 것이다. 이와 같이 개별 국가단위로 산림을 보호할 수도 있지만 산림은 오늘날 전 지구적인 중요 자산이 되어 있기 때문에 산림을 보호하는 것은 모든 국가의 공동의 책임이 되고 있다. 그러하기 때문에 산림을 보호하려는 국제적인 노력이 활발히 전개되고 있는 것이다.

1992년 리오정상회의에서 채택한 아젠다 21과 산림원칙은 국제적인 산림보호 노력의 최초의 성과이다. 그러나 산림원칙은 하나의 선언에 불과하고 구속력이 전혀 없다. 국제사회는 이에 만족하지 않고 좀 더 구속력 있는 포괄적 국제산림협약을 제정하려고 하지만 국가들간의 이해관계 때문에 아직 성사되지 않고 있다. 한편, 열대림을 보호하기 위해 노력한 결과 1994년 국제열대목제협정이 채택되었고, 온대림 및 한대림의 지속관리에 관한 기준과 지표를 채택하였다. 또한 지속가능한 산림경영을 위하여 국제식량기구(FAO)에서도 활발한 논의를 전개하고 있다.

1. 산림이 가지고 있는 다양한 가치와 산림감소에 따른 문제

산림은 지구생명으로서의 가치가 있다. 산림에는 육상식물의 90퍼센트가 생존하고 있고 엽록소를 갖는 식물은 광합성에 의해 유기물을 생산하여 산소를 발생시킨다. 식물의 생명체는 이와 같이 만들어진 유기물로 구성되어 있고 동물이나 많은 미생물도 직접, 간접으로 식물의 유기물 생산에 의존하여 생명을 이어가고 있다. 또한 산림은 지구상의 탄소순환에도 큰 역할을 한다. 지구상의 식물과 토양은 약 2.2조 톤의 탄소를 고정하고 있다. 이것은 대기 중에 있는 탄소의 거의 3배에 이른다. 산림의 현존량의 변화는 대기 중의 이산화탄소 농도에 영향을 미치고 나아가서는 대기 중 열 보유량이 기온에 영향을 미치게 된다. 또한 산림은 토양을 생성하는데 큰 역할을 한다. 식물의 뿌리와 땅 속의 미생물이 바위를 흙으로 만드는 것이다. 산림은 지구가 생물의 서식에 적합한 환경을 유지시켜 주는데 절대적 역할을 한다.

산림에서 목재가 산출되어 주택 등 건축 재료나 가구의 소재로 이용되는 동시에 종이의 원료로도 이용된다. 개도국에서 문제되는 것은 목재가 땔감으로 쓰이는 것이다. FAO에 의하면 아프리카 개도국들은 전체 에너지의 60퍼센트, 아시아 개도국들은 20퍼센트, 라틴아메리카 개도국들은 10퍼센트를 땔감에서 충당한다고 한다. 2009년 기준으로 전 세계 49개국, 약 8억 명에 달하는 최빈국의 경우는 에너지의 90퍼센트를 땔감에서 충당한다. 산림은 동식물들의 서식지로서도 중요하다. 이들은 상호 복잡한 관계를 유지하면서 일체가 되어 생태계를 형성하고 있다. 특히 열대우림은 지표면의 7퍼센트밖에 되지 않지만 전 지구상 생물종의 반이 서식하고 있다. 산림이 중요한 가치를 가지는 또 하나의 기능은 수자원을 조절하는 기능이다. 산림은 물을 함유하고 있으면서 하천의 흐름을 원활히 하고 하천의 수량을 조절하는 역할을 하고 있다. 따라서 홍수의 조절도 하게 된다. 또한 식물의 뿌리는 토양을 단단하게 하여 토석(土石)의 붕괴를 방지하여 재해를 예방하기도 한다. 산림은 기온과 습도를 조절하는 역할을 하기도 한다. 수목이 많이 있는 경우와 그렇지 않은 경우의 기온 차이는 적게는 섭씨 2-3도 많게는 섭씨 10도까지도 난다. 수목은 증산작용에 의해 대량의 기화열이 소비되어 지표의 온도상승을 방지하고 있다. 또한 수목은 황산화물이나 질소산화물 등 대기오염물질을 흡수하는 능력을 가지고 있다. 예를 들면 평균치의 녹나무(樟木)는 연간 약 130g의 이산화황과 약 160g의 이산화질소를 흡수하는 것으로 계산되고 있다. 그 외에도 수목은 자연친화적인 레크레이션 장소로서도 중요하며 삶의 질을 향상시키는 역할을 하고 있다.

산림이 감소함으로써 위에서 말한 산림의 가치는 줄어들게 되고 그 만큼 부작용이 발생하게 된다. 예를 들어 베어낸 나무의 가치는 살아 있는 나무 가치의 1/3밖에 안 된다는 계산이 나온다. 나무를 베어낸 경우 홍수 조절의 기능이 붕괴되어 홍수의 피해가 생긴다. 홍수의 총 피해액과 목재나 땔감으로서 총 가치를 비교하면 줄어든 가치를 알 수가 있다. 그러나 가치를 수치화하는 과정이 너무 복잡하거나 막연하여 수치화 할 수 없는 경우가 많이 있을 수 있다. 산림이 감소할 경우에 우선 생각할 수 있는 문제는 서식지 붕괴로 인한 생물다양성의 감소, 온실가스의 증가를 통한 지구온난화의 가속화, 물 포집(捕執)기능의 붕괴로 인한 홍수 피해의 증가, 임계점(tipping point)을 초과하여 돌이킬 수 없는 목재자원의 고갈 등을 들 수가 있다.

그 이외에도 산림감소와 연관이 되는 문제로는 사막화, 물 부족, 식량감소, 기후변화, 산불, 사회불안 등 광범위 하다고 볼 수가 있다.

2. 국제적 대응

산림이 훼손되고 있는 지역은 대부분 개도국에 위치하고 있다. 특히 열대우림의 경우가 그러하다. 산림은 위에서 말한 바와 같이 수자원을 보호하고 기후변화를 완화하는 등 전지구적인 역할이 크므로 산림이 어디에 위치해 있든 간에 산림을 보호하는 것은 인류 전체의 과제가 되고 있다. 따라서 현재 다각도로 산림을 보호하려는 국제적인 노력이 전개되고 있다. 그러나 산림이 개발권, 이용권을 둘러싸고 이해당사국들간에 이해관계가 얽혀 있어 큰 진전이 없는 상황이다. 국제적인 노력은 포괄적인 산림보호, 열대림 보호, 온·한대림 보호 등 분야별로 나누어 진다.

2002년 8월 개최된 요하네스버그 정상회의에서 채택된 행동계획(Action Plan)은 산림경영과 관련하여 천연림과 인공림, 목재 및 부산물을 생산하는 산림의 지속가능한 산림경영을 지속가능 발전의 핵심적 요소 중 하나로 명시하고 있고 빈곤타파, 산림황폐방지, 생물다양성 손실 근절, 경관 악화 및 토양황폐화 방지, 수자원관리, 식품안전성제고, 에너지자원 제공 등을 행동계획의 내용으로 하고 있다.

산림원칙과 포괄적 산림협약 제정노력(유엔산림포럼)

산림원칙(Forest Principles, Non-legally Binding Authoritative Statement for a Global Consensus on the Management Conservation and Sustainable Development of all Types of Forests)은 세계 모든 종류 산림의 관리, 보전 및 지속가능한 개발에 관한 전 지구적인 협의의 형성을 촉구한 성명으로서 1992년 6월 리오 정상회의에서 아젠다 21과 함께 채택되었다. 산림원칙은 구속력 없는 성명이지만 지구적 차원에서 산림문제를 해결하기 위한 기본방향을 제시한 것이다. 산림원칙[13]의 주요내용은 산림은 경제발전과 생존을 위해 필수불가결한 요소라는 점이 인식되어야 한다는 것과 현 세대뿐만 아니라 미래 세대의 산림에 대한 사회적, 경제적, 생태적, 문화적, 정신적 수요가 충족될 수 있도록 지속가능한 경영이 필요하다는 것이다.

한편, 리오정상회의가 창설한 CSD(지속가능개발위원회)의 주관으로 포괄적 국제산림협약 제정을 위한 노력을 시작하였다. 그 노력은 긴 과정을 요하기 때문에 이 논의를 위해서는 논의의 장이 마련되어야 했다. 그 첫 단계로 1995년 경제사회이사회(ECOSOK)는 CSD가 제의한 정부간산림패널(IPF)의 설립을 승인하고 1997년 4월까지 IPF(Intergovernmental Panel on Forests)의 논의 결과를 보고토록 하였다. 그에 따라 IPF는 1995-1997 년간 네 차례의 회의를 개최하고 지속가능한 산림관리를 위한 실행권고안을 CSD에 보고하였다. CSD는 이 결과를 그 해 6월에 개최된 유엔환경특별총회(UNGASS)에 보고하였고 유엔환경특별 총회는 IPF의 후속으로 정부간산림포럼(IFF, Intergovernmental Forum on Forests)을 설치하였다. IFF는 4차례의 회의를 거친 후 2000년 4월 IFF의 결정사항을 CSD에 보고하였다. 그 해 10월 유엔 경제사회이사회는 국제산림협정(IAE, International Agreement on Forests)과 그간 IPF/IFF에서 논의한 270여 개의 실행권고안을 채택하는 한편 IFF의 후속으로 유엔산림포럼(UNFF, United Nations Forum on Forests) 설립하도록 하는 결의문을 채택하였다.

유엔산림포럼은 모든 유형 산림의 지속가능한 발전과 보전, 그리고 경영 촉진을 그 주목적으로 한다. 유엔산림포럼의 주요 활동 경과를 보면 제1차 유엔산림포럼은 2001년 6월 뉴욕 유엔본부에서 개최되어, 산림협력체(CPF)의 유엔산림포럼을 위한 역할과 IPF/IFF 실행 권고안의 이행을 위한 5개년 계획(MYPOW) 및 실천계획의 결정이 채택되었고. 제5차 회의(2005.5)에서의 주된 의제는 국제산림협정(IAF)의 구속력에 대한 논의였다. 이어서 제6차 유엔산림포럼(2006.2)에서는 전 지구차원의 지속가능한 산림경영(SFM)의 초석이 마련되었다. 주요 합의사항은 전 지구차원의 SFM 이행 강화를 위한 4가지 범세계적 목표(산림손실 감소, 산림관련 편익증대, SFM을 통한 경영림/보호림의 확대 및 산림분야ODA 증대)를 설정하였고, 차기 회의에서는 개별국가의 특수성이 고려된 차별화된 자발적 이행장치를 개발하고, 지역차원의 이행노력 강화를 위한 다년간 작업계획(MYPOW)을 수립하며, 2015년에 모든 SFM 이행강화 방안을 재논의 하기로 한 것 등이었다.

그 간 유엔산림포럼은 무분별한 산림전용과 산림황폐화의 심각성 및 산림이 주는 사회경제적 혜택의 중요성을 인식하고, 지속가능한 산림경영을 통한 보호림 및 경영림의 증대, 산림분야의 발전을 통해 산림에 의존하는 빈곤계층의 감소 등 국제적으로 합의된 개발목표(새천년 개발 목표-MDGs 등)의 달성에 기여함을 목적으로, UN 체계 내에서 산림분야를 총괄하는 공식기구의 설립 논의를 위한 국제무대의 장으로서 많은 역할을 하여왔다.

<우리나라와 관련 사항>

산림법에 따른 산림법 시행령 및 시행규칙을 1995년에 개정하여 산림기본계획 수립시 지속가능한 산림경영을 고려하도록 하고(시행령 제5조) 지속가능한 산림 경영의 검토기준을 마련했다.(시행규칙 제3조) 2001년에는 산림정책의 기본이 되는 산림기본법을 제정하여 지속가능한 산림경영을 산림관련법의 기본이념으로 채택하였다. 산림기본법에는 국가 및 지방자치단체가 기준과 지표를 설정하여 산림을 운영하고 산림계획시 산림지속성에 대한 측정과 모니터링을 포함하도록 권고하고 있다.

우리나라는 단시일 내에 산림녹화를 이룩한 나라로서 세계의 모범국가가 되어 있다. 그러나 산림에 관한 한 소비국이다. 필요한 목재의 대부분을 수입에 의존하고 있는 실정이다. 산림이 녹화되었지만 수입을 내체할 수 있는 목재는 아니기 때문에 산림녹화와 목재와는 별개로 다루어야 할 것이다. 그럼에도 불구하고 점차 산림 자원화를 위해 산림을 기능별로 중점 육성하고 사유림 지원체계를 강화하여 목재수급 대책을 추진해 나가야 할 것이다. 한편 항구적인 수해방지를 위한 인프라 구축과 산불관리 시스템 구축 및 강력한 산림 병해충 방제를 추진해 나감으로써 기존의 산림도 최대한 보호해 나가야 할 것이다.

열대림 보호(국제열대목재협정 및 국제열대목재기구)

1970년대 들어 주로 개도국인 열대목재생산국의 산림개발에 대한 필요성도 증대한 반면, 열대국가에서 산림황폐화 속도에 대한 우려도 증대되었다. 이에 따라 열대목재의 원활한 생산 및 무역거래촉진 필요성과 지속가능한 산림경영(SFM, Sustainable Forest Management)의 달성이라는 전지구적 당면과제간의 조화를 추구하기 위하여 1976년부터 국제열대목재협정 체결협상을 착수하였다. 1977년에서 1982년까지 6차에 걸친 열대목재협정준비회의를 거쳐 1983년 협정이 채택되었고 1985년 발효되었다. 이 협정을 운영하는 기관으로 국제열대목재기구(ITTO, International Tropical Timber Organization)가 1986년 설립되었다. ITTO는 열대림의 보호와 지속가능한 경영, 이용과 교역을 증진시키기 위한 정부간 기구이며 ITTO의 본부는 일본의 요코하마에 있다.

협정은 한시적이고 그 다음의 협정이 이전의 협정을 승계하는 식으로 이어져 오고 있다. 1983년 협정은 1994년 협정에 의해 승계되었다. 1994년 1월 2000년까지 지속가능한 산림경영을 달성한다는 발리 선언과 이 목표 달성을 위한 '발리기금' 조항 등이 신설된 1994년 국제열대목재협정을 채택해서 1983년 협정을 승계했다. 1994년 협정은 1997년 발효되었고 10년간 유효하다. 1994년 협정의 회원국은 목재 생산국 33개국과 소비국 26개국 등 59개국이다. 이 회원국들은 전세계 열대산림의 80퍼센트, 전세계 열대림 교역의 90퍼센트를 차지한다. 1994년 협정이 2006년 12월 31일 종료됨에 따라 후속협정을 마련하기 위한 협상이 2004년부터 개시되어 2006년 협정이 성립되었고 2006년 협정은 2008년 2월 1일부터 발효되었는데 유효기간은 발효일로 부터 원칙적으로 10년이고 이사회의 특별 투표로 각각 5년과 3년씩 2회에 걸쳐 연장될 수 있다. 2006년 협정의 회원국은 생산국 43개국과 소비국 37개국 등 모두 80개국이다. 2005년 협정은 이전의 두 개의 협정을 바탕 삼아 만들어졌으며, 세계열대목재경제와 열대림 원천에 대한 지속가능한 경영에 초점을 맞추고 있다. 동시에 협정은 목재 무역과 열대림의 향상된 경영을 독려한다. 또한 협정은 비열대목재 교역에 관한 데이터를 포함한 정보공유와 비열대목재와 열대목재간의 연관성을 검토하도록 하는 조항이 있다.

<협정의 주요내용>

협정의 목적으로는 목재 경제와 관련된 회원국간의 협력, 2000년까지 지속 가능한 산림경영에 의한 산림에서 생산된 열대목재만을 국제무역대상으로 한정키로 하는 것을 목표로 하였으나 2000년 제29차 열대림목재기구이사회에서 2000년 이후에도 계속 추진하기로 하였다. 또한 지속가능한 자원으로부터 생산된 열대목재의 국제무역 확대 및 다변화 추진을 목표로 한다.

국제열대목재기구(ITTO)의 조직 및 주요의사결정기구인 국제열대목재이사회의 구성과 이사회의 투표방법에 대해서 규정하고 있다. 회원국의 비중에 따라 차등 투표수를 부여하고 있고 ITTO의 위원회 구성과 위원회의 임무에 대해서도 규정하고 있다. 이사회는 1983년 협정에 의해 설립된 기구의 존속을 결정하고 기구의 조직으로 이사회, 위원회, 보조기구, 사무국장, 직원을 통해 기구의 기능을 수행한다. 이사회는 기구의 최고기관으로 전회원국으로 구성되어 있다. 이사회는 매년 2회 개최되며, 상반기에는 회원국 국가 중 생산회원국에서 순환 개최되고, 하반기에는 사무국 소재지인 일본 요코하마에서 개최된다. 개최비용은 일본 정부가 부담한다. 이사회 투표수의 배분은 생산회원국 및 소비회원국이 각각 1,000표의 총투표 수를 보유하도록 하고 그 총투표 수 범위 내에서 일정한 기준에 따라 배분된다[14].

열대목재 생산을 위한 산림의 지속경영을 위한 기금인 발리기금을 설립하고 기금의 재원을 마련하도록 했다. 발리기금의 목적은 2000년까지 지속가능하게 경영된 산림에서 생산된 열대목재와 목재 부산물만을 교역하려는 전략 수행을 위해 생산회원국이 필요한 투자를 지원하기 위한 것이다. 기금의 재원으로는 회원국의 후원금, 특별회계 운영수입의 50퍼센트 그리고 타(他) 사적, 공적 재원의 원조로 이루어진다.

기구의 위원회는 경제 및 시장정보위원회, 조림 및 산림경영위원회, 임산공업위원회, 재정 및 행정위원회, 이사회 특별투표로 결정하는 기타 위원회와 보조기구로 구성되어 있다. 위원회는 각 분야별로 이사회가 부여한 임무수행, 예비사업 및 사업의 효과적 심사, 감독 및 평가에 대한 보장 책임, 예비사업 및 사업과 관련한 이사회에의 권고, 정책 아이디어 개발 및 이사회에 아이디어 제공 등을 주요 임무로 한다.

<협정 체결 후 동향>

국제열대목재협정은 그 구성이 생산국과 소비국으로 분류되어 있고 NGOs의 회의 참가도 적극 권장하는 독특한 성격을 가지고 있다. 협정하에서 설립된 국제열대목재기구는 현재 산림분야에서 정식 국제기구 성격을 가진 유일한 기구이다.

1983년 협정 당시 가입국이 59개국(생산국 33개국, 소비국 29개국)이었으나 2006년 협정 가입국은 80개국(생산국 43개국, 소비국 37개국)으로 증가되었는데 이는 열대목재의 중요성에 대한 인식이 확산되었음을 나타낸다고 볼 수가 있을 것이다. 또한 목재에 대한 소비요인의 증대를 충족시키기 위한 공급의 증대 필요성에 맞추어 지속경영을 강화해 나가고 있다. 협정에 의한 목재의 규모는 전세계 열대 우림의 75퍼센트, 세계열대목재 교역의 90퍼센트 이상을 포함하고 있어 명실상부한 열대목재 보호조치가 취해지고 있다고 볼 수가 있다.

<우리나라 관련 사항>

우리나라는 2008년 현재 세계 4위[15]의 열대목재 소비국으로 생산국의 산림보호를 위해 목재교역이 제한을 받을 경우 심각한 영향을 받을 수가 있다. 따라서 우리나라는 목재소비에 상응한 목재생산국의 열대목재 보존사업을 적극 지원하면서 ITTO 활동에 적극 참여해 오고 있다.

우리나라는 85년에 가입하였는데 그 당시로서는 세계 제2위의 열대목재소비국이었다. 그 후 1994년 협정에도 1995년에 가입(비준)하였다. 이에 따라 가입국으로서 협정에 의거한 회부를 납부해 오고 있다. 한편, 우리나라는 국제열대목재기구에서 논의되는 내용에 따라 이를 산림정책과 관련 법규에 반영해 오고 있다.

한·온대림 보호(몬트리올 프로세스)

1993년 9월 캐나다 몬트리올에서 온·한대림의 지속가능한 개발에 관한 전문가 세미나가 개최되었다. 이 세미나는 그 당시 이미 진행되고 있는 유럽국가들간의 여사한 목적의 모임, 즉 헬싱키 프로세스에 대한 비유럽국가들의 모임이었다. 몬트리올 프로세스로 알려진 이 모임은 그 후 1995년 산티아고 선언을 채택하게 되는데 이 선언에는 우리나라를 비롯하여 아르헨티나, 호주, 캐나다, 칠레, 중국, 일본, 멕시코, 뉴질랜드, 러시아, 미국, 우루과이 등 12개 국가가 참여했다. 몬트리올 프로세스에 참가한 회원국들의 영향하에 있는 목재와 목재 제품은 세계 전체 산림의 약 60퍼센트, 온· 한대림의 약 90퍼센트, 목재와 목재제품 교역량의 45퍼센트, 그리고 세계 인구의 약 35퍼센트를 차지한다.

일련의 회의를 통하여 기준과 지표목록이 작성되었으며 이 결과 1995년 2월 칠레 산티아고에서 개최된 제 6차 총회에서는 산티아고 선언이 채택되어 부속서로 몬트리올 프로세스 7개 기준과 67개 지표가 공식적으로 채택되었다. 이로서 자발적인 차원에서 지속가능한 산림경영을 추구하는 지역적 차원의 활동이 성립되었다. 사무국은 캐나다의 산림청에 설립되었다. 1996년 제 8차 회의에서는 몬트리올 프로세스 추진과정에서 제기되는 전문 기술적인 해결에 관하여 이론기반을 제공하고자 기술자문위원회(Technical Advisory Committee)를 설치하였다.

[주] 제5장 생태계 분야

1) 생물다양성 부국(Like-Minded Megadiverse Countries)으로는 볼리비아, 브라질, 중국, 콜롬비아, 콩고, 코스타리카, 에콰도르, 인도, 인도네시아, 케냐, 마다가스카르, 말레이시아, 멕시코, 페루, 필리핀, 남아공, 베네수엘라 등 17개국과 호주, 파푸아뉴기니, 미국 등을 들 수가 있다.
2) 고려말기의 문신, 1360년 공민왕 9년에 문과에 급제했다. 1363년 좌정언 때 서장관으로 원나라에 갔으나 덕흥군을 지지했다는 혐의를 받아 귀국과 함께 파직되었다. 원나라에서 귀국시 붓대 속에 목화씨를 넣어 가지고 와서 장인인 정천익과 함께 시험재배에 성공해서 목화씨를 퍼뜨렸다는 이야기가 있다. 그러나 이것은 야사일 뿐 정사에는 나타나지 않는 이야기다.
3) 식물보전을 위한 세계전략 16 포인트
   목표 1 : 완전한 세계식물상(相)을 향한 하나의 진전으로서, 이미 알려진 식물종에 대하여 광범위하게 접근할 수 있는 리스트
   목표 2 : 국가적, 지역적, 국제적 차원에서 모든 알려진 식물종의 보존상태에 대한 일차적 평가
   목표 3 : 연구와 현실적 경험을 바탕으로 식물의 보존과 지속가능한 이용을 위한 의정서 모델 개발
   목표 4 : 세계에 산재해 있는 각 생태지역의 최소한 10퍼센트에 대한 효율적 보존
   목표 5 : 확인된 가장 중요한 식물 다양성 지역의 50퍼센트 보호
   목표 6 : 경작지의 최소 30퍼센트에 대하여 식물 다양성에 합치되는 방향의 관리
   목표 7 : 위협받는 식물종의 60퍼센트를 현지내(in situ) 보존
   목표 8 : 확인할 수 있는 현지외(ex situ)에서 위협받는 식물종의 60퍼센트는 가능하면 원산지에 보존하고, 10퍼센트는 원상복구 프로그램에 포함
   목표 9 : 곡물이나 사회경제적으로 가치를 갖는 식물종의 유전자 다양성의 70퍼센트를 보존하고, 관련되는 토착 및 지역의 지식 보존
   목표 10 : 식물이나 식물군 및 관련 habitat와 생태계를 위협하는 주요 외래종 중 최소 100 종에 대하여 관리계획수립
   목표 11 : 멸종 위협을 받는 야생 식물종의 국제무역 금지
   목표 12 : 식물로부터 만들어지는 제품의 30퍼센트에 대한 지속가능한 관리
   목표 13 : 식물의 원천 및 지속가능한 생계, 지역 식량안보와 건강에 도움이 되는 토착 및 지역 지식, 혁신 및 관행의 저하 중단
   목표 14 : 식물다양성의 중요성과 식물다양성의 보존의 필요성에 대한 교육 및 홍보
   목표 15 : 이 전략을 달성하기 위하여 국가적 필요에 따라 훈련을 받은 후 식물 보존과 관련된 적절한 시설에서 일하고 있는 사람들의 수 증가
   목표 16 : 국가, 지역 및 국제적 차원에서 식물보존활동을 위한 네트워크 수립 또는 강화
4) 김찬우, 21세기 환경외교 06 유전자원접근 및 이익공유 논의, pp. 109-120.
5) The Centre for International sustainable Development Law,2005.2, Overview of the National and Regional Implementation of Access to Genetic Resources and benfit-Sharing Measures
6) GMO와 LMO는 비슷한 뜻으로 쓰이고 있으나 LMO가 좀 더 광범위한 뜻을 가지고 있다. LMOs는 생물인 상태의 그 자체가 생식과 번식이 가능한 것, 즉, 살아있음을 강조한 것으로서 생물다양성협약이나 바이오안전성의정서 등 국제협약에서 주로 쓰이고 있다.
   GMO는 90년대 콩, 옥수수 같은 유전자변형 농산물이 상업화되기 시작하면서 많이 사용되는 용어이다. GMOs를 포함하거나 GMO에서 유래한 원료를 사용한 식품과 사료를 각각 GM 식품, GM 사료라고 한다. 유럽 등 많은 국가에서 GMO라는 용어를 일반적으로 많이 사용하고 있으며, 미국은 GMO 보다 GEO(Genetically Engineered Organism) 또는 바이오텍 제품(Biotech Product)로 부르고 있

다. 우리나라는 유전자변형생물체(LMO법), 유전자변형농산물(농산물품질관리법), 유전자재조합식품(식품위생법) 등 용어를 혼용하고 있다.

7) 21세기 환경외교, 김찬우, 미국과 EU의 GMO 분쟁, p.123.

8) GMOs 라벨은 'This product contains genetically modiies organisms' 또는 'This product is Produced from genetically modified (name of organism)'

9) 21세기 환경외교, 김찬우, 바이오안전성의정서, p.127

10) 펠리 법은 CITES 등 야생동식물 보호협약의 위반 국가에 대한 무역규제를 위해 1978년 Pelly 상원의원이 제안해여 채택된 법이다.

1994년 미국은 협약이행의 태만을 이유로 대만에 대해 펠리 수정법을 적용, 2천만불 상당의 무역규제 조치를 발동한 바 있다. 1997년 곰 및 곰부위인 웅담 거래와 관련하여 우리나라에 대한 미국 NGO의 펠리청원이 있었으나 기각되었다)

11) CITES 당사국회의 역사

제1차 당사국회의, Bern (Switzerland), 2-6 November 1976
제2차 당사국회의, San Jose(Costa Rica), 19-30 March 1979
제3차 당사국회의, New Delhi (India), 25 February - 8 March 1981
제4차 당사국회의, Gaborone (Botswana), 19-30 April 1983
제5차 당사국회의, Buenos Aires (Argentina), 22 April - 13 May 1985
제6차 당사국회의, Ottawa (Canada), 12-24 July 1987
제7차 당사국회의, Lausanne (Switzerland), 9-20 October 1989
제8차 당사국회의, Kyoto (Japan), 2-13 March 1992
제9차 당사국회의, Fort Lauderdale (United States of America), 7-18 November 1994
제10차 당사국회의, Harare (Zimbabwe), 9-20 June 1997
제11차 당사국회의, Gigiri (Kenya), 10-20 April 2000
제12차 당사국회의, Santiago (Chile), 3-15 November 2002
제13차 당사국회의, (Thailand), 2-14 October 2004
제14차 당사국회의, The Hague (Netherlands), 3-15 June 2007
제15차 당사국회의, Doha (Qatar), 13-25 March 2010

12) 몽트르는 스위스 레만 호수 동쪽에 위치한 도시. 몽트르 레코드는 국제적으로 등록된 습지 중에 기술개발, 오염 등으로 본래의 생태적 성격이 위협을 받거나 위협받을 가능성이 있는 습지를 등록한 기록을 말한다. 람사르 기록의 하나로서 유지 관리된다.

13) 산림원칙

I. 전문

산림문제는 환경과 개발에 관계되는 모든 문제에 대해 종합적으로 검토되어져야 한다. 산림의 다양한 기능보전과 지속가능한 개발이 중요하다. 각국은 정부의 적절한 수준에서 이 원칙을 추구해 나가야 할 것이다.

II. 원칙

· 각국은 자국의 자원에 대하여 주권이 있는 동시에 책임도 있다.
· 산림의 기능(생태계 유지, 생물다양성 보고(寶庫), 에너지자원, 탄소의 흡수원, 고용의 창출 등)을 발휘시키기 위한 보존 및 지속적 경영 노력이 중요하다.
· 산림재원과 서비스의 포괄적 평가에 의해 산림자원을 경영해야 할 것이며 그러한 평가방법의 개발이 필요하다.
· 산림면적 및 산림생산성 유지와 증가를 위한 노력은 산림 소실지에 있어 재조림(再造林)등을 통해 이루어져야 한다.
· 모든 국가는 특히 선진국은 세계의 녹화를 위해 선봉에서 행동해야 한다.

· 개발도상국의 산림보존과 지속가능한 경영은 국제적인 재정, 기술 협력에 의해 지원되어져야 한다.
· 산림에 관한 정확한 정보제공은 일반사람들이 이해할 수 있는 합리적인 정책결정에 필수불가결하다.
· 산림정책은 원주민과 그가 소속된 공동체 문화나 사회 조직을 유지시키기 위하여 적절한 지원을 해야 한다. 또한 원주민, NGOs, 여성 등이 산림정책결정에 참여하고 정책의 이행에도 적극 참여하도록 해야 한다.
· 임산물 무역은 국제무역 법규 및 제관행과 합치해야 하며, 자유무역을 촉진시켜야 한다. 또한 부가가치 재산에 대하여는 보다 나은 시장개방의 촉진과 생산품의 원산지에서의 가공을 장려해야 한다.
· 산림에 관한 조사, 연구 및 국제적 정보교환을 강화해야 한다. (자료 : http://mofat.go.kr)

14) 생산회원국 투표수 배분방식
· 1,000표 중 400표는 아프리카, 아시아-태평양, 라틴아메리카의 3개 생산지역에 동등 배분되며, 이 지역 생산회원국들간에 동등히 재분배
· 300표는 생산회원국의 열대림 자원총량에서 각 회원국 점유량에 비례하여 배분
· 300표는 최근 3년간 각 생산회원국의 열대목재 순수출 평균액에 비례하여 배분

소비회원국 투표수 배분방식
· 각 소비회원국 모두 기본 투표수 10표 보유
· 잔여 투표수는 배분전 3년 동안의 열대목재 순수입 평균량에 비례하여 배분
· 이사회는 매 회계년도 첫 회기 초에 그 회계연도를 위한 투표수 배분

15) 2008년 현재 우리나라의 목재 생산 및 수입 현황(단위: 천입방미터)

목재 종류	생산	소비	수입
Log	2,680		5,671
Sawn wood	4,802		966
Veneer	481	211(세계4위)	161(세계1위)
Plywood	764	1,300(세계5위)	1,200(세계3위)

제6장 수자원 분야

세계보건기구(WHO)의 자료에 의하면 지구상의 물은 약 14억 입방 킬로미터 정도가 되고 이 중 97.5퍼센트는 해수(海水)이며 나머지 2.5퍼센트가 담수다. 이러한 담수는 그 분포가 기후와 지형이나 환경조건에 따라 일정하지 않다. 위의 도표에서 보는 것처럼 물이 집중되어 있는 지역도 있고 또 물이 희귀한 지역도 있게 된다. 대체로 중앙아시아나 북부 아프리카, 미국의 서부 지역은 물이 희귀하고 북반구 온대지역에서는 대체로 물이 풍부하게 분포되어 있다. 담수 중에도 이용 가능한 물은 0.01퍼센트인 10만 입방 킬로미터에 불과하다. 이 중에 현재 지구에 생존하는 68억 명이 먹는 음용수는 그의 1퍼센트도 채 되지 않는다. 앞서 말한 바와 같이 담수는 대체로 70퍼센트가 농업용수로 쓰이고, 20퍼센트가 산업용수 그 나머지 10퍼센트가 생활용수로 쓰인다. 생활용수 중의 일부가 식수인데 이 음용수는 인체에 해롭지 않아야 하기 때문에 엄격한 기준이 필요하다. 현재

WHO에서는 이 기준을 제시하고 있고 각 나라에서는 그 나라의 실정에 맞는 기준을 가지고 있다.

담수는 수문(水文)체계에 따라 순환하고 있다. 호수와 강 그리고 바다에서 증발된 수증기가 구름이 되고 비가 되어 지상에 떨어져서 다시 호수로, 강으로 모이고 또 상당부분은 식물의 뿌리에 저장되고 땅속에 고여 있게 된다. 땅속에 고여 있는 물, 지하수는 사용가능한 담수(극지방의 얼음 형태를 제외한)의 97퍼센트를 차지한다. 호수와 강의 물은 궁극적으로 바다로 흘러 들어간다. 이러한 순환체계를 수문체계(水文體系)라고 부른다. 문제는 이 수문체계는 수백 수십 년 전이나 지금이나 큰 차이가 없지만 물을 사용하는 사람의 수가 부쩍 많이 늘어났고 또 물을 이용하는 기술의 발달에도 큰 변화가 있는 것이다. 물은 수문체계에 따라 순환하지만 기존의 물을 담는 그릇, 즉, 호수나 강, 그리고 지하수에 꼭 같은 양의 물이 고이지 않는다는 것이다. 즉, 기존의 수문체계가 붕괴되어 가는 것이다. 이것은 기후변화 등 지구환경에 기인하는 것으로서 홍수와 가뭄이 번갈아 가면서 일어나서 수문체계에 이상이 생겼기 때문이다.

이와 같은 담수의 문제를 우리는 두 가지로 나누어 볼 수가 있다. 하나는 양적인 문제로서 담수의 총량 자체가 부족한 상황이다. 또 하나는 질적인 문제로서 환경의 악화에 따라 물이 있어도 오염이나 독성 때문에 먹을 수 없는 상황이 되어 가는 상황이다. 물은 다른 환경문제와 깊은 연관을 가지고 있어 지구환경문제의 일환으로서 물의 양과 질이 문제되는 것이다. 담수이든 바다 물이든 현재 지구상의 모든 물이 오염의 대상이 되고 있다. 물의 질은 지구환경문제의 바로미터가 되고 있는 것이다. 이와 같이 물의 양과 질이 문제가 되고 있는 근본 원인은 다른 지구환경문제와 마찬가지로 자연적(인 원인)이라기 보다 인위적이라고 볼 수가 있다. 물론 그 저변에는 앞에서 말한 바와 같이 인구증가와 깊이 관련이 되어 있고 또 증가된 인구가 유래 없이 발달한 과학기술을 남용하는 것과도 관련이 있다고 하겠다.

물 부족도 지역마다 정도의 차이는 있지만 지구환경문제로서 지구 공동의 문제가 되어 있다. 지금 당장에 더 심한 곳도 있고 아직은 큰 영향이 없다 하더라도 이대로 가면 조만간 물 문제가 닥칠 지역도 많다. 2010년 현재 세계 인구의 1/6 정도, 즉 12억 인구가 물 부족에 허덕이고 있는 것으로 알려지고 있다. 그리고 이 숫자는 계속 증가되고 있는 추세라고 한다. 이러한 상황을 반전시키기 위한 국제적인 노력도 1990년대 이후 꾸준히 커지고 있다.

1. 물과 관계되는 몇 가지 사안들

물은 공기와 마찬가지로 인류뿐만이 아니라 모든 생태계가 생존하는 데에 필수불가결한 요소이다. 이 때 말하는 물이란 담수를 뜻한다. 바다 물도 중요하지만 인간 및 지상의 생태계 유지에 필요한 물은 담수인 것이다. 이 필수불가결한 물이 일시적으로 부족한 것이 아니라 점차 구조적으로 부족해지고 있다. 담수 중에서 사람이 먹는 식수는 인간의 건강과 직결되는 문제이기 때문에 더더욱 중요해지고 있다. 유니세프에서 조사한 안전한 식수에 접근하는 개도국 통계는 다음과 같다.

Percentage of population with access to safe drinking water (2000)

Country	%	Country	%	Country	%	Country	%	Country	%
Albania	97	Algeria	89	Azerbaijan	78	Brazil	87	Chile	93
China	75	Cuba	91	Egypt	97	India	84	Indonesia	78
Iran	92	Iraq	85	Kenya	57	Mexico	88	Morocco	80
Peru	80	Philippines	86	South Africa	86	South Korea	92	Sudan	67
Syria	80	Turkey	82	Uganda	52	Venezuela	83	Zimbabwe	83
All industrialized countries (as listed by UNICEF) with data available are at 100%.									

위의 도표는 선진국을 100퍼센트로 했을 때 나타나는 수치로서 우리나라의 경우도 아직 선진국 수준에 미치지는 못하고 있다. 그러나 안전한 식수 접근율이 92퍼센트로서 개도국 중에서는 알바니아, 인도, 이란, 칠레 등과 함께 매우 높은 편이다.

물 부족문제

여기서 말하는 물 부족은 지구적으로 볼 때 거시적으로 물 수요와 공급에서 나타나는 현상을 말한다. 또 물 부족은 사용 가능한 물을 대상으로 하고 오염이 된 물은 대상이 되지 않는다. 유엔통계에 의하면 현재 세계적으로 볼 때 약 20억 명만 안전한 식수에 접근할 수가 있으며, 약 9억 명은 안전한 식수에 접근하기조차 어렵다. 약 25억 명 이상이 위생적인 물이나 하수처리시설을 가지지 못하고 있다. 이러한 사정은 개도국에서 일어나며, 1970년 이래 개도국에서의 안전한 식수 접근비율이 많이 개선되고는 있지만 인구증가로 인해 절대적인 수치에서는 크게 개선되지 못하고 있는 실정이다.

앞서 말한 바와 같이 담수는 저수지, 호수, 강 등 지표면을 주로 이용하기 때문에 유한한 공급력을 가지고 있다. 드물게 해수를 담수화(desalination)하기도 하지만 여기에는 막대한 자본과 에너지가 소요되기 때문에 또 다른 문제가 발생하게 된다. 이 때문에 해수의 담수화는 극히 일부에서만 행해지고 있는 것이다. 지하수는 석유를 이용한 모터의 힘으로 그동안 너무 많이 퍼 올려서 그 수위가 내려가 있고 앞으로 더욱 더 수위가 내려갈 것으로 예상된다. 한발은 물 공급의 균형을 깰 수 있다. 그러나 사람들을 파괴적인 한발에 노출되게 하는 것은 바로 사람들의 무분별한 행동 때문이다. 2006년 유엔보고서는 물 위기의 핵심을 관리(governance)문제라는 점에 초점을 맞추었다. 유엔보고서는 현재 물 자체는 충분한데 물 부족의 많은 부분은 잘못된 관리, 부패, 적절한 제도의 부재, 관료주의의 무기력함 그리고 인간의 능력개발과 인프라 구축을 위한 투자 부족에 있다고 말하고 있다. 공식적 데이터도 역시 안전한 물에 대한 접근과 GDP 간에는 상관관계가 있음을 분명히 보여준다. 경제학자들도 물 부족 원인은 재산권, 정부의 적절한 규제의 결여와 물 분야에 대한 보조금에 있으며 그 결과로서 물 값이 턱 없이 낮고 과잉 소비를 부추긴다고 지적하고 있다.

인구증가와 물 문제

유엔의 세계 물 보고서에 의하면 인구증가와 더불어 물의 수요가 증가하고 있기 때문에 1인당 물 공급량은 감소하고 있다고 한다. 1950년 이래 세계인구는 2.5배 증가한 반면 물의 수요는 세 배 이상 증가했다. 1970년에서 1990년 사이에 세계 인구는 개발도상국을 중심으로 약 16억 명이 증가하고 있는 반면 1인당 물 공급량은 1/3이 감소했다고 한다. 이러한 상황에서 개도국에서 일어나고 있는 인구의 도시집중화는 문제를 보다 더 심각하게 만들고 있다. 미국인의 평균 1일 물 사용량은 400-700리터인데 비해 아프리카인들의 경우 한 가족당 하루 평균 사용량은 20리터도 채 되지 않는다. 더욱이 지구상의 10억 명은 음료수를 얻기 위해 세 시간을 걸어야 하고 그렇더라도 많은 경우에 오염된 물을 얻을 뿐이다.

세계보건기구(WHO)에 의하면 2000년 현재 개도국의 도시에 약 1억 7천만 명, 도시 이외의 지역에 9억 2천만 명의 사람들이 안전한 물의 공급을 받을 수 없는 상태에 있다고 한다. 안전한 물의 공급이 되지 아니하면 건강에 손상을 가져와 생산성의 저하, 소득의 감소를 초래하여 빈곤을 초래한다. 2015년까지 세계인구는 71억 명에 도달하며 도시인구가 계속 늘어날 것으로 예상된다. 이 경우 도시의 물 공급이 더욱 심각하게 대두될 것으로 보인다. 도시 물 부족 상황을 완화하기 위해서는 앞으로 도시에서의 물의 공급체제가 정비되어야 하며 이를 위한 투자가 필요할 것이다.

농업용수와 생활용수 문제

지역과 나라마다 차이는 있으나 전세계적으로 볼 때 대체로 농업용수와 생활용수간의 비중은 7대1 정도이다. 그러나 도시인구가 많아지고 소득이 커짐에 따라 농업용수가 도시인구의 생활용수로 전환하는 경향이 대두되고 있다. 소득이 높은 도시인들이 농민보다 영향력이 커진 탓이다. 농업생산성보다 물의 가격이 더 상승하면 농민들은 농업을 희생해서라도 물을 팔아서 소득을 올리려고 할 것이다. 실제로 이러한 현상은 인도 등 도시 생활용수 부족을 겪고 있는 개도국에서 이미 일어나고 있다. 이 문제는 앞으로 식량부족상황이 다가오면 식량문제와도 관련이 된다. 물이냐 식량이냐. 이 둘은 모든 사람에게 우열을 가릴 수 없을 만큼 중요한 것이다. 이 문제는 마치 옥수수를 에타놀로 전환하면 식량부족을 초래할 수 있는 경우와 흡사하다. 물이 부족하면 식량생산에 차질을 빚는다. 식량이 부족하면 농산물의 시장가격이 에타놀 가격과 같아지거나 또는 높아질 때까지 농산물의 가격은 올라간다. 이 경우 농산물의 가격이 올라가면 농산물의 생산이 높아지느냐 하는 문제는 정통 경제학과 새로운 환경경제학에서는 의견을 달리 한다. 전자는 새로운 공급요인이 되기 때문에 결국 농산물의 생산이 높아진다고 주장하는 반면에 후자는 물의 부족뿐만 아니라 기후변화 등 지구환경 악화로 농산물의 증산에 한계가 있다고 주장한다.

기타 물 부족과 관련된 문제들

물 부족은 인간의 건강뿐만 아니라 식량생산에 필요한 농사에도 직접 영향을 미치고 또 물에 오염이 많아지면 생태계에 심각한 훼손을 가하게 된다. 또한 정치적으로 물 부족은 때로는 전쟁까지 일으키는 지역분규도 가져온다.

<생태계 훼손>

물 부족은 많은 분야에 부정적 영향을 미친다. 무엇보다 생태계에 큰 충격을 준다. 모든 식물과 육상야생생물은 적합한 담수원에 의존한다. 야생생물과 식물이 서식하는 늪지대와 하천지역은 전적으로 지속가능한 물의 공급에 달려있다. 숲과 고지대 생태계도 물의 이용이 제한될 때 그로부터 나오는 생산성의 심각한 저하를 가져올 것이다. 인구가 늘어감에 따라 야생생물들을 많은 습지대로부터 몰아내고 거기서 경작을 하고 주거지를 지었다. 또 사람들이 상류의 물줄기를 바꿈에 따라 물이 줄어들고 결국 생태계가 훼손되는 과정을 겪고 있다.

또한 물의 오염은 먹이사슬을 통하여 생태계 전반적인 오염의 가능성이 있다. 예를 들어 오염된 물을 마시는 물고기는 오염이 되며 그 물고기는 그 자신이 오염의 피해를 받게 된다. 또 그 물고기를 먹은 사람이나 다른 동물은 그로부터 나오는 피해를 받게 된다. 오염된 물을 흡수한 식물 또한 마찬가지다. 오염된 식물은 그 자신이 오염의 피해를 받게 되고 결국 사람의 몸까지 오염물질을 침투시키게 된다.

<물과 인간의 건강>

개도국의 37개 주요 질병 중 21개가 물 또는 위생과 관련된 질병이다. 어떤 단일 항목의 질병도 안전한 음료수나 위생적 화장실 보다 더 국가발전이나 국민 건강에 영향을 미치지 못하고 있다. 세계보건기구(WHO)는 물과 관계되는 수인성(水因性) 질병은 세계적으로 가장 많은 사망원인 중의 하나가 되어 있고 특히 5세 이하의 어린이들에게는 수인성 질병이 제1의 사망원인이라고 발표했다. 세계보건기구는 개도국 내 모든 질병의 80퍼센트가 물과 관련되는 질병으로서 연간 약 5백만 명의 생명을 빼앗는다고 추정했다. 수인성 질병 중 설사계통의 질병이 많다. 이는 모든 질병의 4.1퍼센트가 되고 연간 180만 명의 생명을 빼앗는다.

세계은행에 의하면 수인성 질병의 88퍼센트가 비위생적인 식수, 부적절한 위생 때문에 발생하고 있다고 발표하였다. 수인성 질병의 중요한 부분이 수자원의 개발 및 관리와 관계된다고 한다. 세계 많은 곳에서 수질오염, 댐 건설, 관개개발과 홍수 조절 등의 영향은 막을 수 있는 질병의 원인이 되고 있다. 물과 위생은 건강과 질병에 중요한 영향을 준다. 수인성 질병은 사람이 마시는 세균과 화학물질 때문에 발생하는데 예를 들면, 물에서 생명주기를 가지고 있는 주혈 흡충병[1](schistosomiasis), 말라리아 매개체, 그리고 대엽성 폐렴[2](legionellosis) 같은 기타 질병 등이 있다.

개도국 인구의 절반에 해당하는 약 25억 명이 적절한 위생시설을 갖추지 못한 곳에서 살고 있고, 8억 8천 4백만 명이 안전하지 못한 물을 마시고 있다. 안전한 물과 위생서비스에 대한 부적절한 수준의 접근과 비위생적 습관은 매일 수 천명의 어린이들을 병들게 하고 생명을 빼앗아 간다. 그리고 이들을 더욱 가난하게 만들어 일어설 기회조차 박탈하고 있다. 이 밖에도 안전하지 못한 물과 비위생은 어린이, 특히 여아들에게 교육의 기회를 박탈하고 있다. 여성들은 생활의 많은 부분을 물을 길러 오도록 강요당하고 있고 빈곤한 농부와 저임금 노동자들은 질병으로 생산성이 낮고 따라서 나라 경제도 타격을 받고 있다. 이러한 상황하에서는 지속가능한 발전이란 불가능한 것이다.

이들 수인성 질병의 상당부분은 특히 개도국에서 안전한 음료수 공급, 적절한 위생시설 그리고 보다 나은 위생습관으로 막을 수가 있다. 질병의 예방과 통제를 목적으로 하는 정책을 결정하기 위해서는 구체적 상황에 대비한 여러 가지 옵션에 대한 평가를 해 보는 것이 매우 중요하다. 만약 기본적인 안전한 물의 수요에 대해 아무런 조치를 취하지 않는다면 2020년까지 1억3천5백만 명이 목숨을 잃을 것으로 예상된다. 지금까지 항상 개도국 사람들의 절반은 수인성 질병에 시달려 왔다.

<물 부족과 식량감소>

일반적으로 식량 1톤을 생산하기 위하여는 약 1천 톤의 물이 필요하다고 알려져 있다. 한 개의 머스크 멜론을 생산하기 위해서는 200kg의 물이 필요하고 소고기 8온스를 생산하기 위해서는 대략 6천 리터의 물이 필요하다. 돼지고기의 경우 약 3,300 리터의 물이 필요하다. 이와 같이 식량 생산에는 물이 절대적으로 필요하다.

많은 작은 국가들은 이미 물 부족으로 인해 식량을 수입해 오고 있지만 중국과 인도처럼 큰 나라들도 조만간 식량을 수입하게 될 것이다. 중국, 미국, 인도, 파키스탄, 이란, 멕시코 등 많은 나라에서 과도한 취수(取水)로 인하여 지하수면은 이미 많이 내려가 있는 상황이다. 이러한 현상은 결국 물 부족을 초래하여 식량감소로 이어질 것이다. 중국과 인도는 이미 이러한 현상을 경험하고 있다. 식량부족은 궁극적으로 식량가격 인상을 가져올 것이다. 2050년까지 세계인구가 대개 90억 명을 웃돌 것으로 예상되고 있고 증가된 인구의 대부분은 물 부족을 경험하고 있는 개도국에 분포될 것이다. 만약 인구증가가 억제되지 않는다면 물 부족 사태에 대해 평화적인 방법을 얻을 것이다.

중국과 인도보다 인구의 규모는 작지만 대량의 물 부족을 경험하고 있는 나라로 알제리아, 이집트, 이란, 멕시코, 파키스탄 같은 나라를 들 수가 있다. 이들 대부분은 식량을 수입하고 있다. 파키스탄은 아직은 식량자급자족을 하고 있지만 연간 4백만 명 증가라는 인구의 급격한 팽창때문에 이 나라도 조만간 식량 수입국이 될 전망이다.

유엔기후변화보고에 의하면, 갠지스강, 인더스강, 브라마푸트라강, 양자강, 메콩강, 살윈강과 황화강 등 아시아의 거대한 강의 근원인 히말라야 빙하가 기후변화에 따라 2350년경까지 사라질 것이라고 한다. 앞으로 이 지역의 24억 명의 사람들은 수 십 년 안에 곡창은 황무지로 변할 것이고 한발과 홍수를 번갈아 가면서 경험하게 될 것이다. 인도만 하더라도 갠지스강은 5억 명 이상에게 식수와 농업용수를 제공해 주고 있으나 이 역시 빙하가 녹으면 영향을 받을 것이다. 미국 서부해안지대도 록키산맥이나 네바다 산의 빙하로부터 물을 공급받았으나 이 역시 물 부족 사태를 경험하게 될 것이다. 호주의 대부분은 사막 내지 준사막 지대이다. 현재 호주의 많은 도시들이 한발 때문에 만성적인 물 부족상황에 처해 있다. 이들 지역에서의 식량생산은 많은 어려움을 겪을 것이다.

<물 부족에 따른 지역분쟁>

국제하천이란 두 나라 이상을 관류하거나 여러 나라의 국경을 형성하는 하천을 말한다. 세계적으로 이러한 국제하천은 여러 개가 있다. 중유럽의 다뉴브강, 유프라테스강, 티그리스강, 나일강, 갠지스강 등 많이 있다. 국제하천문제를 해결하기 위한 최초의 국제협약이 1986년 채택된 헬싱키규약이다. 헬싱키규약은 구속력이 없으나 수자원분쟁해결의 기초가 되고 있다.

흐르는 강물의 경우 상류국과 하류국 사이에 관할권에 대한 분쟁이 많이 발생한다. 상류국들은 주로 수원의 근원이 자국 내에 있다는 이유로 우선적인 관할 내지 개발권을 주장하는 반면, 하류국은 역사적인 배경을 내세워 상류국의 독점적 관할권을 제약하려고 한다. 국제하천을 에워싼 주요 국제분쟁은 현재 260개가 넘으며 대개 아프리카, 유럽 및 아시아 지역에서 많이 발생한다. 분쟁은 물 취수, 수질관리, 홍수 등을 포함한 상류와 하류의 국가간뿐만 아니라 국경을 이루는 국제하천의 경우 좌우 양 연안 국가 간에 많이 발생한다. 미래의 전쟁은 물 전쟁이 될 것이라는 말도 있듯이 물의 중요성이 더해 감에 따라 물을 둘러싼 국제분쟁은 더욱 증가되고 격화될 것으로 예상된다. 국제하천 분쟁의 경우를 보면 다음과 같다. 국내문제이긴 하나 지방자치단체간의 물 분쟁도 점차 확산되어 가고 있다. 그러나 이는 국제분쟁과는 성격이 달라 각 나라 정부의 책임하에서 해결해나갈 수 밖에 없다.

◎ 요르단강을 에워싼 아랍과 이스라엘의 분쟁

요르단강은 이스라엘, 요르단, 팔레스타인, 레바논, 시리아 등 여러 나라에 걸쳐 있는 국제하천이다. 요르단강의 수량은 1960년대만 해도 12억 입방 미터였으나 최근엔 그 수량이 1억 입방 미터로 줄어 들었다. 관련국들이 매년 엄청난 양의 강물을 농업용수와 식수로 사용했고 파이프라인, 수로, 댐, 수중보를 앞다투어 건설해서 강의 수량과 유속을 크게 감소시켰다. 요르단 강이 흘러 들어가는 사해(死海)의 수위도 매년 1미터씩 낮아지고 있어 50년 뒤엔 지도에서 사라질 것이라는 전망도 있다.

1967년 중동전쟁의 원인 중의 하나에 물 문제가 있었다. 그 만큼 요르단강을 둘러싼 이스라엘과 관련국들의 이해관계는 첨예하다. 지금도 진행되고 있는 중동평화협상에 숨어 있는 중요한 협상항목 중의 하나가 요르단강의 물 문제이다.

◎ 나일강 분쟁

우간다에서 발원하는 나일강은 수단을 거쳐 이집트를 건너가 지중해로 나오는 6,690킬로 미터를 항해하는 세계에서 제일 긴 강이다. 그리고 나일강을 본류로 하는 지류들이 많이 있어 이해당사국들은 더욱 늘어난다. 나일강의 물 문제는 이들 국가들에게는 사활을 건 중요한 사안이다. 특히 이집트는 강력한 국력을 이용해서 아스완댐 건설 등 강물에 대한 강한 집착을 보여왔으며 나일강물을 상류지역 다른 국가들이 임의로 이용할 경우 전쟁까지 불사하겠다고 공언하고 있을 정도이다.

1959년 이집트와 수단이 나일강 수자원 이용에 관한 협정을 체결하였다. 그러나 최근 이집트를 제외한 나일강 주변국들은 이집트의 독점적 지배에 대해 정면으로 맞서고 있다. 우간다, 르완다, 탄자니아, 에티오피아, 케냐 등 나일강 상류지역 5개국은 우간다 엔테베에서 나일강 수자원 이용에 관한 새로운 협약을 조인했다. 이는 1959년의 이집트와 수단간의 협정을 대체하는 조약이다. 이집트와 수단은 상류 국가들이 나일강 물길을 다른 곳으로 돌리거나 수력발전소나 댐을 건설할 경우 발생할 수도 있는 물 부족 사태에 대해 우려하고 있다. 이집트 무하마드 알람 수자원 장관은 새로운 협약은 1999년 세계은행의 후원으로 설립한 나일강 유역 국가간 공동협력기구인 나일강유역구상(NBI)의 사망을 선언한 것이라면서 불만을 나타냈다.

◎ 갠지스강 분쟁

갠지스강은 인도에서 나와 방글라데시를 건너가 벵골만으로 흐른다. 원래 인도와 방글라데시는 갠지스강의 이용에 대한 시한부 협정이 있었는데 1988년 그 협정이 종료되었다. 그 이후 양국간에 물을 에워싼 분쟁이 해결될 기미 없이 교착상태에 있다.

◎ 기타 국제하천 분쟁

터키와 시리아 간의 유프라테스강 분쟁, 헝가리와 슬로바키아 간의 다뉴브강 분쟁, 중국, 태국, 베트남, 캄보디아, 미얀마 및 라오스 간의 메콩강 분쟁, 미국과 멕시코 간의 리오그란데강 분쟁, 이란과 아프가니스탄 간의 헬민드강 분쟁, 페루와 에콰도르 간의 자루밀라강 분쟁, 프랑스와 스페인 간의 카롤강 분쟁, 남아공과 보츠나와 간의 초베강 분쟁, 인도와 파키스탄 간의 인더스강 분쟁, 벨기에와 네덜란드 간의 메유즈강 분쟁 등 많이 있다.

미래의 물 문제

지구상의 담수의 대부분은 북극과 남극의 얼음으로 존재하고 있고 나머지 대부분도 지하수의 형태로 존재한다. 비교적 용이하게 이용할 수 있다고 생각되는 하천이나 호소의 물은 지구상의 물 중에 약 0.01퍼센트인 10만 입방 킬로미터에 불과하다. 그러나 물은 증발, 강우, 유출을 지속적으로 반복하고 있어 1년간에 실제로 사람이 이용할 수 있는 물의 양은 이것보다는 상당히 많다. 유네스코의 자료에 의하면 지구상의 연간 강수량은 577만 입방 킬로미터이고 이 중 119만 입방 킬로미터가 육상에 내리고 나머지는 바다에 내린다고 한다. 119만 입방 킬로미터 중 증발을 하고 남은 것이 약 45만 입방 킬로미터인데 이것이 세계 전체의 수자원의 부존량이고 지하수로 스며 드는 2만 입방 킬로미터를 제외한 나머지 43만 입방 킬로미터가 하천수 등 지표수가 된다고 한다. 또한 하천수도 남미나 아시아 등의 큰 하천에 집중되어 있고 지역적으로 편중되어 있다고 한다.

일상생활을 하는데 필요한 물의 양은 1인당 하루 50리터 정도다. 그 수준 이하인 국가들은 40여 개국이고 이들 중 반 이상이 아프리카 국가들이다. 세계기상기구(WMO)의 자료에 의하면 1995년 현재 세계의 연간 물 사용량은 약 3조 5,720억 입방 미터인데 이것은 1950년의 2.6배라고 한다. 또 이코노미스트와 내셔날 지오그래픽 소사이어티(National Geographic Society)의 조사에 의하면 지난 20년 동안 물 수요 증가는 인구 증가의 2배라고 한다. 이와 같이 물 사용량의 증가는 같은 기간의 인구증가 보다 많고 한 사람당 물의 사용량도 증가하고 있다. 계속되는 지역적 한발, 인구의 도시집중화와 산업성장에 따르는 물 수요 증가량을 감안할 때 2025년 물 수요는 현재보다 약 56퍼센트 증가할 것으로 예상하고 있다. 유엔은 2025년까지 전세계 인구의 30퍼센트에 해당하는 50개국에서 물 부족을 겪을 것이라고 예측하고 있다.

한편 물의 질도 크게 문제가 될 것으로 예상된다. 생활이나 산업폐수나 인간의 활동에 기인하는 오염이나 부영양화, 해수에 의한 염화 등으로 물의 질이 문제가 될 가능성이 높다. WHO에 의하면 안전한 물을 공급받을 수 없는 사람이 2010년에 이미 15억 명에 달한다고 보고하고 있고 이는 인구증가와 더불어 더욱 늘어날 것으로 예상된다. 세계은행(World Bank)의 추계에 의하면 2020년에는 25억 명의 인구가 안전한 물의 공급을 받을 수 없을 것이라고 예측하고 있다.

2. 물 문제 해결을 위한 개별적 노력

적지 않는 나라들이 물 부족을 해결하기 위해 다양한 종류의 기술을 개발한다든지 물의 원천을 보호하는 정책을 개발하는 등 노력을 하고 있다. 적절한 폐수처리시설의 건설과 지하수의 과도한 취수(取水) 억제는 물 부족문제의 해결책 중의 하나이다. 그러나 좀 더 깊이 생각해 보면 보다 더 깊은 문제가 있다는 것을 알 수가 있다. 폐수처리시설은 고도의 자본집약적이기 때문에 상당한 지역에서는 이 기술에 대한 접근조차 사실상 제한되어 있다. 더욱이 많은 나라에서 급격한 인구증가는 이 경쟁에 뛰어 들 수가 없도록 되어 있다. 지하수의 과도한 취수억제는 정치적으로 매우 인기가 없는 조치이고 농민들에게 충격을 준다. 더욱이 이 전략은 필연적으로 현재의 인구수준에서는 세계가 감당할 수 없을 정도로 농산물 감소를 초래할 것이다.

보다 현실적인 수준에서 볼 때, 개도국은 기본적인 하수처리시설이나 오수처리 시스템을 확보할 수 있고 식수와 생태계에 부정적 영향을 최소화하도록 폐수배출구를 설계할 수가 있다. 선진국들은 비용효과적인 폐수와 상수 처리시스템뿐만 아니라 수문학적(水文學的) 수송 모델링에 있어서 기술 공유를 보다 더 잘 할 수 있을 것이다. 개별적인 차원에서 보면 선진국 사람들이 보다 더 물을 절약할 수 있을 것이다. 많은 개인 기업들이 지역 실정에 맞는 낮은 수준의 기술적 방법을 추구하고 있다. 주로 태양열을 이용한 증류방법에 관심이 모아지고 있는데 물이 끓는 온도 보다 낮은 온도에서 정수하는 기술을 개발하고 있다. 한편 고도의 기술과 관련되는 폐수의 처리 및 재이용 기술도 개발하여 일부 선진국에서 현실화하고 있다. 폐수처리는 오염의 방지와 자원의 재활용이라는 이중의 효과가 있지만 자본집약적이고 고도의 기술을 필요로 하여 개도국에서는 현실적으로 실용화하기가 어렵다.

담수화 노력

비용효과적인 방법으로 담수화를 위한 새로운 기술개발이 계속되면서 더 많은 나라들이 물 부족을 일부 해결하기 위한 노력으로 담수화 공장을 건설하고 있다. 그 예들을 보면 다음과 같다.

- 이스라엘은 입방 미터당 53센트 비용으로 담수화 하고 있다.
- 싱가폴은 입방 미터당 49센트 비용으로 담수화 하고 있고 삼투압 처리를 할 수 있는 하수처리를 통해 공업용수 뿐만 아니라 음료수로도 사용할 수 있도록 하고 있다.
- 세계에서 가장 인구가 많은 중국과 인도는 물 수요의 일부를 충당하기 위해 담수화에 눈을 돌리고 있다.
- 파키스탄도 2007년이래 담수화를 추진하고 있다.
- 다윈과 호바트를 제외한 모든 호주의 주도(州都)는 담수화 공장을 이미 건설했거나 추진중에 있다. 멜버른도 2011년까지 호주에서 가장 큰 담수화 공장 건설을 완공하고, 원타기(Wontaggi) 담수공장은 작은 저수지 규모로 상향조정하고 있다.
- 버뮤다도 담수화 공장건설을 완공 중에 있다.
- 미국에서 가장 큰 담수화 공장은 탐파 베이(Tampa Bay)에 있는데 하루 2천5백만 갤런을 생산하고 있다. 현재 100 갤론당 담수화비용은 $3.06 또는 입방 미터당 81센트로서

다소 높은 편이다. 현재 캘리포니아, 아리조나, 텍사스 및 플로리다 주들은 작은 규모의 담수화 공장을 가지고 있다.

• 사우디 아라비아의 경우, 주바일(Jubail)에서 담수화공장 설립 이후, 200킬로 미터 떨이진 수도 리야드까지 파이프라인을 통하여 담수가 공급되고 있다.

2008년 국제담수화협회에 의하면 현재 전세계에는 1만3천 여 개의 담수화 공장이 있으며 이들 담수화 공장은 매일 120억 갤론의 물을 생산해 낸다고 한다. 세계에서 가장 큰 담수화 공장은 UAE에 있는 제벨 알리(Jebel Ali) 담수화 공장인데 매년 3억 입방 미터의 물을 생산해 내고 있다. 미국의 핵항공모함들은 원자력을 이용해서 하루에 4십만 갤론의 담수화를 한다. 1천 갤론을 담수화 하는 데는 약 3불이 드는데 비해 1천 갤론의 생수를 만드는 데는 약 8불이 든다. 담수화를 하는 데는 에너지가 많이 들 뿐만 아니라 경제적 환경적 비용도 많이 들기 때문에 담수화는 일반적으로 물을 확보하기 위한 마지막 수단이 될 것으로 생각되어 왔다. 그러나 이러한 관념도 담수화 비용이 점차 낮아짐에 따라 달라지고 있다. 따라서 향후 담수화를 통한 담수 공급은 급증할 것으로 예상된다.

폐수의 처리기술개발

폐수처리는 폐수와 가정의 하수에서 오염물질을 제거하는 과정이다. 이 처리과정에는 다양한 종류의 오염물질을 제거하기 위해 물리적, 화학적 및 생화학적 과정을 포함한다. 폐수처리의 목적은 폐수액체(treated effluent)와 고체 또는 슬러지를 방출하거나 재사용할 수 있는 상태로 만드는 것이다.

가끔 이 과정에서 부주의로 인해 독성 유기물 또는 비유기물 입자에 오염되기도 한다.

<하수의 개념>

하수는 크게 생활하수와 산업 및 상업하수로 나누어 볼 수 있다. 선진국 사회에서는 가정용 하수를 오수(greywater)와 폐수(blackwater)로 분리한다. 오수는 식물 경작이나 화장실 변기용수 등으로 재사용이 가능하다. 빗물을 받아 운반하는 하수는 일반 하수와는 다른 하수이다. 그렇지만 이 두 용도를 합친 하수도 있다.

<하수처리과정>

하수는 생산된 지역의 가까운 장소에서 오수처리탱크(septic tank) 바이오 필터 등을 거쳐서 파이프 네트워크를 통해 지방자치단체에서 건설한 처리 장소에 모인다. 가정용 하수와 산업용 하수는 달리 취급될 수 있다. 하수가 이 집합장소에 모이면 보통 세 단계의 처리과정을 거친다. 첫 단계는 하수를 침전조에 임시로 모으는데 밑 바닥에 가라앉는 무거운 고체와 위에 뜨는 기름이나 가벼운 고체 같은 것을 제거한다. 남아있는 액체형태의 하수는 두 번째 단계의 처리과정을 거치는데 두 번째 단계는 생물학적 물질을 분해하여 제거한다. 여기서는 미생물을 제거하기 위한 분리과정을 거친다. 세 번째 단계에서는 화학적 소독을 하는 과정이다. 이 세 단계의 처리과정을 거친 후 깨끗해진 물은 그 정도에 따라 재사용할 것인지, 관개용으로 사용할 것인지 아니면 호소나 강물에 방류할 것인지를 결정한다.

선진국과 개도국 구분 없이 이러한 세 단계의 처리과정을 거친다. 다만 그 단계별 처리능력은 선진국 측이 훨씬 뛰어나며 선진국 중에서도 북유럽이나 스위스 같은 나라들은 다른 선진국에 비해 앞서 있다. 예를 들어 제네바에 있는 레만호수는 스위스지역과 프랑스지역으로 구분되는데 이 부근에는 대략 160만 가구가 살고 있다. 스위스와 프랑스는 레만호수를 보호하기 위하여 협정을 맺었는데 그 주된 내용은 양측 모두 레만호수로 향한 하수구에 대한 규제이다. 고체의 슬러지는 물론 오염된 물질을 흘러 들어가지 않도록 하는 약속을 했다. 이에 따라 스위스는 모든 하수처리를 소규모화 하여 각 단위별로 정화한 후 고체는 소각 등 처리하고 액체는 소독과정을 거쳐 재사용하는 방안을 택하면서 레만호수로 흘러 들어가는 폐수가 발생하지 않도록 하였다. 물론 이러한 체제를 구축하는 데에는 막대한 자본이 투자되어야 하고 또한 인체에 무해한 소독, 탈냄새, 슬러지 처리 등에 있어서 적외선요법, 박테리아요법 등 최첨단 기술이 동원되었다.

그에 비해 많은 개도국에서 하수는 아무런 처리 없이 방출되거나 1차적 과정만을 거친 후 방출된다. 라틴 아메리카에서는 하수의 15퍼센트만이 하수처리장을 거치는데 베네수엘라에서는 97퍼센트가 아무런 처리 없이 방출된다. 비교적 발전된 중동의 테헤란에서도 처리되지 않은 하수가 그대로 지하수로 합쳐져 버린다. 사하라 이남지역은 대부분 하수처리시설이 없는 형편이다. 이에 비해 이스라엘에서는 농업용수의 50퍼센트가 처리된 하수로부터 온다. 이스라엘은 앞으로 보다 많은 처리된 하수와 담수화 공장에서 오는 담수를 이용할 계획을 가지고 있다.

물의 원천보호

물의 원천(source of water)은 물 공급량과 공급하는 물의 질을 결정하는 근원으로서 매우 중요한 의미를 갖는다. 물의 원천을 보호하는 것은 인간의 건강, 생태계와 경제와도 관계가 된다. 또한 물의 원천을 보호한다는 것은 지속가능한 수요와 공급을 확보함을 의미하며 이는 미래 세대를 위해서도 매우 중요하다. 지하수를 퍼 올리는 것을 통제한다면 정치적으로 인기가 없다고 하여 이를 무한정 방치한다면 짧은 시간 내에 지하수의 고갈은 확실하다. 그렇다고 무조건 지하수 이용을 막는다면 당장 물 부족상태가 더욱 심각해 진다. 여기에 지속가능한 취수(取水) 방법을 생각하게 된다. 지속가능한 취수란 물이 일정한 시간에 지하에 스며들어 고이는 양만큼 취수를 허용하는 것이다. 현재까지는 지하수가 지하저수지에 고이는 양보다 더 많이 길어 올리기 때문에 지하수면은 계속 내려왔던 것이다.

기후변화나 산림황폐화는 모두 지표수를 불안하게 만드는 원인이 된다. 기온상승은 극지방의 얼음이나 고산지대의 빙하를 녹임으로써 기존 호수나 강물의 기능을 바꾸어 놓는다. 산림황폐화는 나무가 물을 포집하는 효과를 줄임으로써 빗물이 일시에 흘러내리도록 한다. 따라서 지표수를 보호하기위하여는 온실효과를 억제하고 산림을 보호해야 한다. 음용수원은 쉽사리 오염될 수 있고 스트레스에 약하다. 장기간 문제가 방치되면 되돌리는 데는 비용이 많이 들 뿐만 아니라 바로 잡기가 불가능해질 수도 있다. 상수원을 원천적으로 보호하는 것이 오염을 막는 가장 효과적인 방법이다. 잡티 없는 순수한 물이란 현실적으로 자연에는 존재하지 않는다. 물은 항상 미네랄과 어떤 종류든 화학물질을 포함하고 있다. 때로는 자연적으로 이러한 혼합물이 존재하기도 하지만 때로는 인간의 활동에 의해 생긴다. 이러한 오염물질에는 잠재적으로 인간의 건강에 위협이 된다. 이 혼합물에는 비소, 수은, 납 같은 금속, 방사성 혼합물과 기생식물, 박테리아, 원생생물, 독성 남조식물[3]과 같은 미생물 등이 포함되어 있다.

인간활동의 결과에 의한 오염의 원인으로는 농업, 산업활동과 도시 개발을 들 수가 있고 이것은 지표수의 양과 질에 모두 영향을 미친다. 특히 도시 개발은 가능한 지표 수원의 근원을 축소시키고 있다. 그 결과 물은 지하수로 스며드는 대신 그냥 지표면 위로 흘러가 버린다. 더욱이 과도한 사용과 비효율적 사용으로 수량(水量)은 줄어들고, 인간의 활동은 직간접으로 지표수와 지하수에 오염을 초래한다.

수원오염의 종류는 크게 세 가지로 나누어 볼 수가 있다. 하나는 불특정수원오염이고 둘째는 특정수원오염, 셋째는 기타 오염이다. 불특정수원오염으로는 농업 유거수[4](流去

水,runoff), 도시유거수[5], 산성비 및 기타 대기오염 용해물질, 염분 등을 들 수가 있다. 특정 수원오염으로는 산업방출수, 도시폐수, 정화조, 매립쓰레기 등을 들 수가 있다. 기타 오염의 원인으로는 우물, 기후변화 같은 것을 들 수가 있다. 우물 가까이 있는 오염원은 우물의 물에 영향을 미치게 된다. 대기기온의 상승은 강우량을 줄이고 증발을 가중시킴으로써 지표수를 감소시킨다. 이것은 결국 수문체계를 변화시키고 수원(水源)을 변화시킨다. 수온이 상승되면 물 속의 박테리아와 녹조(綠藻, algae)의 수를 바꾸게 된다. 그러나 아직 이러한 변화가 정확히 어떻게 수질을 변화시키는 지는 알려지지 않고 있다.

수원을 보호하기 위하여 정부, 기관과 지역사회는 수원보호계획을 수립하고 있다. 그 대책의 하나가 인간 활동과 자연현상이 수원에 대하여 미치는 영향을 최소화하기 위한 관리전략이다. 이러한 계획을 위하여는 무엇보다 깨끗한 음료수, 지속가능한 서비스와 전반적인 생태계 보호의 필요성을 인식해야 하고 그 인식 위에서 물 관리에 대한 포괄적 생태계 접근방법을 취해야 한다.

3. 물 문제 해결을 위한 국제적 노력

세계적으로 인구는 계속 늘어나고 있는데, 물의 공급은 양적인 면에서나 질적인 면에서 지속적으로 저하되고 있다. 이러한 물의 문제는 세계 2차대전 후 급격히 악화되고 있는 지구환경문제와 맥을 같이 한다고 볼 수가 있다. 따라서 물 문제는 물 자체만 보고서 해결하기 보다는 지구환경문제라는 거시적 관점에서 보고 해결해야 된다는 인식이 대두되었다. 1977년 아르헨티나 필라드에서 개최된 유엔주최의 물 회의가 물에 관한 최초의 국제회의이다. 이 회의에서는 1980년을 '국제 물공급과 위생의 10년'으로 하는 결정이 이루어졌다. 1992년에는 아일랜드 더블린에서 '물과 환경'에 관한 국제회의가 개최되었다. 여기에서는 각국 정부, 유엔기구, NGO 등의 대표가 참석한 가운데 물의 수급과 수질오염, 홍수 등의 문제해결을 향한 행동의 필요성이 논의되었다. 필라드회의는 선언적 의미가 강하고 더블린회의는 실질적 의미가 강하다고 볼 수가 있다.

더블린회의에서는 4개의 항목으로 이루어지는 더블린 원칙을 채택했는데 이는 세계 물 문제에 있어서 중요한 원칙이 되고 있으며 그 이후 물에 대한 국제적 논의는 이러한 원칙을 염두에 두고 이루어 지고 있다.

① 담수는 유한하고 취약한 자원이며 생명의 유지, 개발, 환경에 있어 불가결하다.
② 수자원의 개발과 관리는 이용자, 계획담당자, 정책담당자를 모든 수준의 참가자가 참여하는 접근방법이 되어야 한다.
③ 물의 공급, 관리, 안전성의 확보에 있어 여성의 중심적인 역할을 인정해야 한다.
④ 물은 경제적 가치를 가진 경제재[6](經濟財)로 인식되어야 한다.

같은 해인 1992년 세계환경회의의 최정상이라고 볼 수 있는 브라질 리오데자네이로에서 개최된 세계정상회의(리오 정상회의)에서 채택된 아젠다 21에도 담수자원의 보호 필요성이 포함되어 있다. 이는 물 문제가 환경문제와 밀접히 관련이 되어 있음을 나타내 주고 있다. 리오 정상회의 이후 국제적으로 물의 중요성이 대두됨에 따라 유엔의 후원으로 세계물기구(World Water Organization)가 탄생했다. 1996년 세계물위원회(World Water Council)가 세계물기구를 구성하였고, 1997년 유엔의 후원아래 모로코 마라캐시에서 제1차 세계물포럼(World Water Forum)과 세계물정상회의(world Water Summit)를 개최하였다.

한편, 2002년 남아공의 요하네스버그에서 개최된 지속가능발전세계정상회의(WSSD)를 앞두고 2001년 독일의 본에서 담수에 관한 국제회의(International Conference on Freshwater)가 개최되었다. 여기서는 12억 명의 빈곤층 인구가 안전한 식수가 없어 고통을 받고 있고 25억 명의 인구는 적절한 위생시설을 이용하지 못하고 있는 현실임을 지적하고, 담수자원의 공평하고 지속가능한 사용을 강조한 각료선언문이 채택하였다. 이것이 그 다음 해에 있었던 지속가능한 환경과 개발에 관한 세계정상회의(일명 요하네스버그정상회의)에 반영되었다.

리오정상회의의 아젠다 21(Agenda 21)

리오정상회의에서 채택된 아젠다[7] 21에는 담수자원의 질과 공급보호에 대해 언급하고 있다. 아젠다 21은 담수자원은 지구 수문체계의 핵심 구성요소이며 모든 육지 생태계의 필수불가결한 부분이라는 점, 담수 환경은 지역마다 차이가 있는 홍수, 한발을 포함한 물의 순환에 의해 특징지어 진다는 점, 기후변화와 대기오염이 담수자원과 그 이용 그리고 해수면 상승으로 해안 및 군소 도서의 생태계에 영향을 줄 수 있다는 점 등을 밝히고 있다. 이러한 상황에서 아젠다 21은 전체적인 목적은 지상의 모든 인류에게 생태계의 기능을 보존하고, 자연의 능력범위 내에서 인간의 행위에 적응을 하고 또 수인성 질병의 매개체를 퇴치하면서 양질의 물이 적절히 공급되고 있다는 보장을 하는 것이라고 밝혔다.

아젠다 21은 이러한 목적을 달성하기 위하여는 유한한 수자원을 완전히 이용하고 오염으로부터 이러한 자원을 보호하기 위해서 토착 기술을 포함한 혁신적 기술이 필요하다고 지적하였다. 또한 이젠다 21은 광범위한 부족현상, 많은 지역에서 나타나고 있는 수자원의 점진적인 붕괴와 악화되고 있는 오염은 수자원에 대한 오염의 침해 방지와 함께 수자원에 대한 통합적인 계획과 관리를 요한다고 하였다. 그리고 이러한 통합은 지표수 및 지하수를 포함한 모든 종류의 담수 체계를 다루어야 하고 물의 양적 질적 측면을 고려해야 한다고 명시했고 사회경제적 개발측면에서 수자원 개발의 다면적 성격이 전제되어야 한다고 했다. 기타 수자원 개발시 침전 제어뿐만 아니라 홍수방지와 제어조치가 우선적으로 고려되어야 함을 강조하였다.

아젠다 21은 수자원이 여러 국경에 걸쳐 있는 경우에 기존의 협정이나 법적 근거의 범위 내에서 관련국들간에 협력이 바람직하다고 하면서 동시에 관련국들의 이해를 고려해야 한다고 함으로써 법적인 면과 현실적인 면을 동시에 고려하였다. 아젠다 21은 담수분야와 관련 분야별 프로그램을 설정하고 항목별[8]로 활동의 근거, 목표, 활동과 이행수단 등에 대해 상세히 언급하였다.

밀레니엄개발목표(MDG, Millenium Development Goals)

밀레니엄 개발목표는 2000년 9월 뉴욕에서 192개 국가정상과 23개의 국제기구 대표가 모여 2015년까지 절대 빈곤을 감소시키고, 보건과 교육을 향상시키며, 여성권한을 신장시키고 지속가능한 환경을 확립시키기로 선언한 다음 8개 항목의 국제적인 개발 목표이다.

- 절대빈곤과 기아 퇴치
  현재 전세계에 약 12억 명이 하루 1불 미만으로 살아가고 있으며 이 인구 비율을 2015년까지 절반으로 줄인다.
- 모든 어린이의 초등교육 이수
  현재 전 세계에는 1억 1천 3백만명의 어린이가 학교에 다니지 않고 있다.
- 성(性) 평등 달성과 여성 역량 강화

전세계 문맹의 2/3가 여성이며, 난민의 80퍼센트가 여성이다. 2005년까지 초등학교에서 성차별을 없애고 2015년까지 모든 학교에서 성차별을 없앤다.

- 어린이 사망률 저하

  1980년 대에는 매년 1천 5백만 명의 어린이가 사망했으나 2000년에는 매년 1천 1백만 명의 어린이가 사망하고 있다. 특히 5세 미만 어린이의 사망률을 낮추어야 한다.
- 산모 사망률 저하

  산모 사망률을 3/4 줄인다.
- 에이즈, 말라리아 등 질병 감소

  에이즈의 감염 확산을 막거나 줄이고 말라리아나 기타 질병을 크게 줄인다.
- 지속가능한 환경 개발

  각국의 정책이 지속가능한개발원칙에 따라 지구환경을 파괴하지 않는 방향으로 이루어 지도록 하고, 안전한 식수를 얻지 못하는 인구의 비율을 2015년까지 반으로 줄인다. 2000년 현재에도 약 10억 명의 사람들이 안전한 물을 공급받지 못하고 있다. 또한 2020년까지 최소한 1백만 명의 빈민 지역 거주민들의 삶을 크게 향상시킨다.
- 국제적 협력관계(글로벌 파트너십) 강화

  많은 개도국들은 사회복지분야 보다 국가채무를 갚는데 더 많은 돈을 사용하고 있다는 점을 감안해서 다음과 같은 방향을 제시하였다.

  가. 국가적, 국제적으로 규칙에 의거한, 미래 지향적이고 차별적이지 않은 열린 무역과 금융 시스템을 발전시킨다.

  나. 수출 관세나 쿼터제에서의 혜택, 부채 감소와 탕감, 공적 원조 개발금 지원 등 최빈국의 특별한 요구들을 고려하고, 내륙이나 도서 지역의 특별한 요구를 고려한다.

  다. 장기적인 차원에서 개발도상국의 부채 문제에 포용적으로 대처한다.

  라. 개발도상국과 협력 하에 젊은이들에게 적절한 생산적인 일을 개발한다.

  마. 제약 회사들과 협력하여 개발도상국에 기본적인 의약품을 제공한다.

  바. 민간 부문과 협력, 개발도상국이 커뮤니케이션 기술과 정보 등 새로운 기술의 혜택을 이용할 수 있도록 한다.

위와 같은 목표를 설정한 지 10년이 지났고 당초 목표시한이 이제 5년밖에 남지 않은 시점에서 이를 점검하고 이행을 촉진하기 위하여 다시 2010년 9월 20일-22일간 뉴욕에서 밀레니엄개발목표 정상회의를 개최하기로 하였다. 이 회의에서는 그 동안 절대빈곤, 에이즈, 말라리아와 기타 질병, 깨끗한 음료수 접근 등에 있어서 진전을 이루었지만 여전히 산모 사망, 위생개선 등 일부 주요문제에 있어서는 해야 될 일이 많음을 확인하였다.

요하네스버그의 행동계획(Johannesburg Plan of Implementation)

요하네스버그의 행동계획 제II장 빈곤퇴치와 제IV장 경제 및 사회개발로부터 자연자원근거의 보전 및 관리에 물 문제에 대해 언급하고 있다. 빈곤층의 권익신장을 위한 일환으로 음용수의 이용이 포함되어 있으며 현재 약 12억 명으로 추정되는 음용수의 이용이 어려운 인구를 2015년까지 반감시킨다는 목표를 세웠다. 또한 자연자원의 보전과 관리 측면에서 각국의 수자원에 대한 통합관리 계획 수립을 촉구하고 각국, 특히 개도국의 담수자원 수량(水量) 및 수질관리 노력을 국제적인 차원에서 지원할 것을 약속했다. 한편, 물과 관련되는 능력형성 지원, 재정 및 기술지원 파트너십 등이 이행계획의 주요내용으로 포함되어 있다.

요하네스버그 행동계획 제II장 7항 빈곤퇴치에는 빈곤한 상태에 있는 사람들에게 빈곤에서 벗어날 수 있는 능력을 부여하기 위하여 지속가능한 개발을 위한 국가 프로그램을 개발하도록 하였다. 이 프로그램에는 빈곤한 사람들이 토지, 물, 고용기회, 신용, 교육 및 보건의 혜택을 줄 수 있는 권위, 공공서비스와 관련 제도에 대해 용이하게 접근할 수 있도록 하는 내용이 포함되어야 한다고 규정했다.

행동계획 제II장 8항에는 깨끗한 식수와 적절한 위생의 제공은 인간의 건강과 환경을 보호하기 위하여 필요하다고 하면서 2015년까지 안전한 식수와 기본 위생에 접근할 수 없는 사람의 수를 반으로 줄이자는 제안을 하고 있다. 기본 위생이란 효율적인 가정 위생시설을 개발하고 이행하는 것, 학교 등 공공기관에서 위생시설을 개선하는 것, 안전한 위생 습관을 정착하는 것, 어린이들에 대한 교육 및 구호 활동 등을 포함한다.

행동계획 제4장 경제 및 사회개발로부터 자연자원근거의 보전 및 관리에서는 인간의 활동이 점차 생태계에 충격을 주어 왔다고 하고 지속가능하고 통합적인 방법으로 자연자원을 관리하는 것이 지속가능한 발전을 위해 필수적이라고 보고 있다. 자연자원이 훼손되는 경향을 단시일 내에 되돌리기 위해서는 생태계를 보호하고 토양, 수자원 및 생물자원에 대한 통합적 관리를 달성하기 위한 국가차원(필요하다면 지역적 차원 포함)의 목표가 있는 전략을 이행할 것을 요청하고 있다. 또한 국가 차원의 감시 네트워크와 수자원 데이터 베이스를 설치하고 개발함으로써 개도국과 전환경제들국[9]이 수자원의 양과 질을 감시하고 평가하는 것을 지원할 것을 제의하고 있다.

세계물기구(World Water Organization)

"안전한 음료수와 기초적인 위생은 인간의 생존, 복지와 위엄 유지에 본질적인 요인이다. 앞으로 물과 위생 사안문제를 해결함에 있어 진전이 없다면 다른 모든 것도 이룰 수가 없을 것이다"(반기문 사무총장)

세계 인구의 1/6에 해당하는 12억 인구가 매일 마실 물이 모자라거나 없어서 사투를 벌리고 있다는 현실을 인식하면서 이 절대절명의 사안을 해결하기 위한 유엔의 선도적 조치들(initiatives)이 지난 30년간 있었다. 세계물기구(WWO)는 유엔 및 국제사회의 이러한 의도를 돕기 위해 '국제음료수 공급 및 위생 십년'(International Drinking Water Supply and Sanitation Decade, 1985년), '유엔 밀레니엄 개발 목표' (United Nations Millennium Development Goals, 2000년), '세계 생명수 행동 10년' (International Decade for Action "Water for Life, 2003년) 등과 함께 다음과 같은 목적으로 창설되었다.

- 세계의 취약한 사람들에게 깨끗한 물을 확보해 주는 것
- 깨끗한 물 부족에 대한 근본원인 대처(예를 들면, 지구온난화, 사막화, 전쟁, 부패 등)
- 물 부족 및 비위생적 상황에 의해 야기된 인도적 문제에 대처할 수단 강구(예를 들어 유아 사망, 질병, 간이 교육, 집단 이주 등)

세계물기구는 국제기구, 정부, NGO, 학술기구, 기업 등으로 구성된 비영리기구로서 물 문제에 관한 실질적 토의와 아이디어 공유를 자극하는 다면적 국제운동이다. 세계 물 기구에는 유엔과 세계은행의 전문가들이 집행기구와 자문위원회를 위해 기여하고 있다. 그 외에도 정부간 조직과 유엔 회원국들이 지구 물 문제에 관해 모든 국가의 사람들이 혜택을 받을 수 있는 방법을 강구하기 위하여 광범위한 지원을 하고 있다. 이러한 목적으로 세계물기구는 세계 지도자들과 개혁자들에게 문제해결을 위한 포럼을 제공하고 있고, 기술개발을 장려하고, 공공 및 민간 파트너십 결성이 용이하게 되도록 하고 지속가능한 물

공급을 위한 구체적 행동을 취하고 있다.

세계물기구는 물과 건강, 물 안보 그리고 물에 관한 정상회의개최라는 세 가지 주제를 가지고 있다. 이 중 물 안보란 세계적으로 물의 보존과 보호를 위한 인프라 구축 및 비상 재해 관리와 구호를 뜻한다. 각종 회의의 결과를 이행하는 것이 중요하기 때문에 세계물기구는 이행을 위해 기여자와 국제기구간의 파트너십 구축을 지원하는 한편 물이 부족한 사회에 대한 지원을 위한 구체적 프로젝트를 수립하여 실천하고 있다. 프로젝트들은 일상적 물 접근 개선, 취수(取水) 노력 경감, 수질개선, 수인성 질병 등 물과 관련된 문제들을 다루기 위한 것이다. 세계물기구의 또 하나의 중요한 기능은 물 문제의 중요성을 사람들에게 인식시켜서 물에 대한 패러다임을 변화시켜 나가는 것이다 이러한 변화를 위하여 정부, NGO, 국제기구, 민간기업 등과 파트너십을 구축하고 있다.

세계물위원회(World Water Council)와 세계물포럼(World Water Forum)

세계물위원회는 1996년에 세계물문제에 대한 지구촌의 지대한 관심에 대한 반응으로 창설되었다. 세계물위원회는 지구의 물 문제에 대해 인식을 증대시키고 세계물포럼을 통해 정치적 역량을 동원하며, 정책결정 수준을 포함하는 모든 수준에서 효율적인 물의 관리와 이용을 용이하게 함으로써 위기에 처해 있는 물 문제에 대한 행동을 촉발하는데 그 역할이 있다. 세계물위원회는 유네스코와 유엔경제사회이사회 (ECOSOC)에 의해 특별자문기구의 지위를 부여 받았다.

물 문제에 있어서 포럼은 범지구적 협력을 위한 초석 역할을 하면서 세계 도처로부터 관심 있는 사람들과 정책결정자들이 상호 연결이 되어 토의하고, 물 안보 달성의 해결책을 강구 하는 유일한 만남의 장소가 된 것이다. 이러한 포럼은 개최국과 긴밀한 협조 하에 매 3년마다 개최되고 있으며 물 분야에서 가장 큰 국제적 행사가 된 것이다. 포럼의 중요한 네 가지 목적은 다음과 같다.

① 정치일정에서 물의 중요성 부각
② 21세기에 있어서 국제불문제의 해결을 위한 토론의 심화
③ 구체적인 제안을 통하여 물 문제의 중요성에 대한 세계의 관심
④ 정치적인 약속의 발단

현재까지 5차례의 포럼이 개최되었으며 포럼의 개최 현황은 다음과 같다. 제6차 포럼은 2012년 마르세이유에서 개최될 예정이다.

제1차 포럼 1997년 마라케시
제2차 포럼 2000년 헤이그
제3차 포럼 2003년 교토
제4차 포럼 2006년 멕시코 시티
제5차 포럼 2009년 이스탄불
제6차 포럼 2012년 마르세이유 (예정)

포럼이 진행됨에 따라, 제2차 포럼에서 제시된 세계수자원의 미래상황에 대한 비전을 만들어 내었고 제3차 포럼에서는 구체적인 행동과 약속을 이끌어 내었다. 제4차 포럼에서는 2015년까지 달성하기로 되어 있는 물 관련 밀레니엄 개발 목표를 염두에 두고, 지구적 비전을 지역적 지식까지 포괄하는 구체적 행동계획으로 바꾸기 위한 협력과 조정 체제의 구축을 검토하였다. 2009년 터키의 이스탄불에서 개최된 제5차 포럼에서는 물과 관련된 재앙 방지나 대처에 대해서 논의를 하였고 보다 나은 과학적 연구, 교육, 기술과 재원의 사용, 경험과 최상의 예에 대한 공유의 필요성도 강조되었다.

제5차 회의에서는 물의 권리에 대하여 논의가 되었는데 인권 또는 사회 및 경제권과는 다른 개념으로서 물의 권리 인정 여부가 논의 되었다. 유엔 인권위원회에 의한 인권과 같이 독립된 개념으로서 앞으로 물의 권리에 대한 철저한 검토가 필요하다. 이 회의에서는 물 안보를 위한 각료 이니시어티브가 거론 되었다.

아시아태평양물포럼 (Asia Pacific Water Forum)

아시아 지역간에 제3차 세계물포럼의 후속조치를 이행하고 제4차 세계물포럼을 준비하는 과정에서 많은 물 관련 문제들이 전체 아시아태평양 지역에 공통적으로 걸쳐있다는 것이 분명해졌다. 이 과정에 참여한 이해당사자들(한국물포럼, 일본물포럼, 지역별 지구무 파트너십 등 소지역 조정자들과 지역 물 이해당사자들은 아시아 지역의 다양성은 전혀 방해가 되지 않으며 오히려 구체적인 물 문제에 있어서 문제와 해결방법을 찾아내는데 도움이 된다고 생각했다. 이러한 공통된 인식 위에 이 지역에서 물 문제에 있어서 문제를 발굴하고 문제의 방법을 모색하는데 단결해서 일을 할 수 있도록 아시아태평양물포럼을 결성하기로 이해당사자들간에 의견을 모았다.

이들이 할 수 있는 일은 인프라와 능력형성에 투자함으로써 개선된 물 공급과 위생에 대한 접근성을 높이고, 통합수자원관리(IWRM)을 통해 담수자원의 근본적 공급원으로서 강의 기저를 보호하고 회복하며, 수인성 질병에 대한 취약성을 대폭 감소시키는 등이다. 국제조직부터 지역 NGO에 이르기까지 이러한 방향으로 이미 일을 하고 있고 상당한 성과를 이룬 이해관계자들이 많이 있다. 예를 들어 1990-2002년간 3억 6천 8백만 도시 인구의 35퍼센트가 개선된 음료수를 마실 수가 있었다.

아시아태평양물포럼은 일본몰포럼에 의해 주관되고 있던 제4차 세계물포럼의 지역준비회의에서 참석자들에 의해 제의되었고 각료회의에서 공동 선언까지 발전되었는데 이는 ADB, ESCAP, GWO, FAO, UNEP, UNDP, UNESCO, UNICEF, IUCN 등 아시아 태평양 지역의 많은 기구들의 지지를 받았다. 아시아태평양물포럼의 창설을 요구함에 있어서 이 지역의 물 장관들은 아시아 태평양 지역의 수자원관리에 있어 보다 많은 협조적 노력을 북돋우고 수자원관리를 사회경제적 발전과정에 통합시키기 위한 효율적 제도 설립을 모색하였다. 아시아태평양물포럼은 2006년 9월 아시아 개발은행의 본부에서 출범하였다. 아시아태평양물포럼은 비영리, 비파쟁, 비정치적 독립 네트워크로서, 질 높고 실용적인 상품과 서비스를 제공하기 위해 적절한 기구와 책임 있는 대표성을 가진 포괄적이고, 개방되며 융통성 있는 성격을 가지고 있다.

아시아태평양물포럼의 목표는 아시아와 태평양에서 인간 생존의 근본적인 부분으로서 물을 다루는 풍부한 경험의 역사와 이 지역의 다양성을 활용함으로써 밀레니엄 개발 목표를 달성하고 지속가능한 물 관리에 기여하는 것이다. 특히 아시아태평양포럼은 활력을 불어 넣는 투자, 능력형성 그리고 물 분야에서 지원차원의 협력을 증대시키는 노력을 후원할 것이다. 이러한 목표를 달성하기 위하여 아시아태평양물포럼은 이 지역의 국가와 기구들에게 지역 전략을 확실히 하고 필요한 투자요구를 충족시키는 것을 포함하여 물 문제 해결에 있어 성과를 달성하는데 공통의 강령을 제공한다. 이러한 목표를 위하여 아시아태평양포럼은 기구회원[10]들(member organizations)의 잘 조화된 네트워크를 포함하는 데, 기구회원들은 유능할 뿐만 아니라 물 분야에서 정책 결정자들과 집행자들의 우선적 필요를 충족시키는 높은 질의 상품과 서비스를 가져다 주기 위하여 그들의 자원을 자발적으로 투자하겠다는 의지도 가지고 있다. 아시아태평양포럼은 투자, 약속의 이행, 원가절감 그리고 물 정책과 프로그램에 대한 통합접근과 관련해서 물 분야에서 진행중인 일과 조치들을 더욱 값지게 만들 것이다.

아시아태평양포럼의 조직구조는 고도의 상향식 참여를 기본으로 하는데 간소한 관리 및 행정 구조가 아시아태평양포럼 활동을 조정하는 책임을 진다. 아시아태평양포럼과 집행위원회의 모든 결정은 컨센서스에 의하고, 가능한 한 아시아태평양포럼에 의해 만들어지는 모든 그룹과 위원회는 참여하기를 원하는 회원들을 수용하고 공개된다.

아시아태평양물정상회의(Asia Pacific Water Summit)

제 4차 세계물포럼은 아시아태평양물포럼(APWF, Asia Pacific Water Forum)에게 아시아태평양 물정상회의(APWS, Asia Pacific Water Summit)를 2-3년 마다 개최할 것을 요청하였다. 제1차 아시아태평양 정상회의는 2007년 일본에서 개최하기로 합의하였고 그 다음부터는 아시아태평양 지역의 다른 나라에서 개최하기로 하였다. 정상회의에는 지역 지도자 및 정책결정에서 대표적인 지도자와 함께 실행과 혁신에서 본보기가 될 만한 사안과 대중적 차원에서 실질적인 영향을 미친 구체적 결과물도 나타내 보일 것을 기대한다. 또한 정상회의에는 민간분야, 지방정부, 시민사회와 미디어 뿐만 아니라 물 분야를 넘어서 정부 수반과 재정 및 기획 장관과 같은 톱 레벨의 정책결정자들이 참여하는 것을 기대한다.

정상회의의 기본 목표는 지역의 정치지도자들에게 밀레니엄개발목표를 달성하기 위해 물 문제의 중요성을 인식할 기회를 만들어 주기 위함이다. 정상회의에서 물에 대한 이해관계자들과의 대화는 이러한 인식을 가지는데 도움이 될 것이며, 이것은 물 문제를 그들의 정치 아젠다에서 최우선적으로 고려하도록 함으로써 구체적인 행동으로까지 이어지기를 기대하는 것이다. 제1차 아시아태평양 물 정상회의는 2007년 일본 오이타현에서 개최되었다. 정상회의는 아시아태평양포럼에 의해서 조직되었고 아시아태평양지역의 저명한 인사들로 운영위원회(Steering Committee)가 구성되었다.

제1차 정상회의는 제4차 세계물포럼에서 확인된 ‘물에 대한 재정’, ‘물과 관련된 재해관리’, ‘개발과 생태계를 위한 물’이라는 3개의 중요한 의제에 초점을 맞추었다. 2012년 제2차 아시아태평양정상회의가 개최될 예정이나 현재 주최자와 장소가 결정되지 않고 있다. 물 문제가 중요한 사안이기는 하나 이 문제는 아시아태평양 지역의 각 차원에서 논의되고 있는 점에 비추어 정상회의를 개최하는 것은 다소 중복이라는 비판이 있을 수도 있다.

아시아태평양물각료포럼(Asia-Pacific Ministerial Forum)

제1차 아시아태평양물각료포럼이 2010년 6월 싱가폴에서 개최되었다. 물 안보문제를 다루기 위한 구체적 행동을 시작하는 세계적 계기를 마련하였는데, 건설적이고 유익한 대화 기회를 위해 영향력 있는 대중적 지도자들이 참석하였다. 포럼의 의제는 '물 안보-좋은 관리와 지속가능한 방안'이었고 그 내용은 물 관리에 있어서 아시아 태평양의 다양성과 풍부한 역사가 최대한의 물 안보 정책과 해결방안을 찾는데 도움을 준다는 것이다.

아시아태평양물각료포럼은 제5차 세계물포럼에서 거론된 '물 안보를 위한 각료 이니시어티브'와 맥을 같이 하는 것이다. 이 포럼은 아시아태평양물포럼과 긴밀한 협조 아래 싱가폴 환경부가 조직하였는데, 포럼은 물 지도자들에게 좋은 물 관리의 관행에 대한 의견교환과 각 지역사회에 지속가능한 물 문제 해결을 위한 구체적 방안을 논의하기 위한 대화의 장을 제공해 준다. 아시아태평양물각료포럼이 앞으로 지속될 지 여부는 이미 추진되고 있는 아시아태평양물포럼, 아시아태평양물정상회의 등과의 관계에서 중복성 효율성 등 관점에서 판단될 것이다.

지역협력

물을 둘러싼 지역간 갈등이 고조되어 왔지만 역사는 분쟁보다는 협력이 더 많았음을 나타낸다. 그 열쇠는 강한 제도와 협력의지이다. 그 예로서 인더스강 위원회와 인더스물 조약은 두 차례의 인도와 파키스탄간의 전쟁에도 불구하고 훼손되지 않고 살아 남았다. 그 조약은 양측에게 늘 협의적 견제와 정보교환이라는 큰 틀을 제공했기 때문이다. 1957년에 만들어진 메콩 위원회도 역시 월남전에도 불구하고 살아 남았다. 그와 대조적으로 이집트의 나일강 하류 댐 건설 계획과 같이 불안한 상황이 나타났을 때 지역간 협력을 위한 제도적 장치가 없는데도 분쟁대신 지역간 협력으로 귀착한 경우도 있다.

그러나 현재 여러 국경에 걸쳐 있는 하천의 관리를 관장하는 세계적 기구가 없는 상황에서 국제협력은 UNICEF와 미국의 매립국(Bureau of Reclamation)간에 구성된 메콩 위원회의 예에서와 같이 기관간에 임시협력(ad hoc collaboration)을 통해 이루어진다. 앞으로는 다소 불안한 임시방편에서 좀 더 안정적인 제도화의 방향으로 나아가야 한다. 이제 강한 성격의 국제기구의 형성도 눈 앞에 있고 그러한 국제기구가 형성되면 값 비싼 대가를 치르는 분쟁해결과정 대신에 권위 있는 국제기구의 조기 개입과 관리의 방향으로 나갈 것이다.

모든 성공한 분쟁해결의 공통된 특징의 하나는 협상이 권리의 소재를 가리는 방향으로 나간 것이 아니라 필요성 여부를 중심으로 진행되었다는 것이다. 경작 가능한 토지, 인구, 프로젝트의 기술 적용문제 같은 것이 필요성을 결정하는 데 도움이 된다. 필요성을 근간으로 하는 페러다임의 성공은 요르단강 하구의 물 협정에 반영이 되었는데 그 협정은 바로 Riparian의 권리보다 필요성에 초점을 맞추었다. 이러한 예는 인도와 방글라데시 간에 갠지스강물의 분배에서도 나타난다. 필요성에 근거한 지역적 접근은 물을 필요로 하는 개인의 만족에 초점을 맞추었다. 이러한 접근은 협정을 국익차원에서 바라본다면 결코 해결할 수 없는 분쟁을 없애주고, 제로섬 접근으로부터 물과 그로부터 나오는 이익을 동등히 배분하도록 하는 통합접근으로 나아가도록 했다.

4. 물 부족문제와 우리나라의 상황

우리나라에는 돈을 물같이 쓴다는 말이 있다. 이는 돈을 헤프게 쓴다는 뜻인데 또 한편으로는 물은 무한정하다는 뜻도 있다. 예로부터 우리는 마실 물 때문에 큰 걱정을 한 적이 없다. 또 우리는 대동강 물을 팔아먹은 봉이 김선달이라는 사람을 익히 들었다. 이 말은 공짜인 물 판 대단한 협잡꾼의 이야기이다. 사실 1990년이 올 때까지 우리는 미네랄 워터라는 것을 잘 몰랐다. 어떻게 마시는 물을 사 먹느냐 하는 의구심 때문이다. 우리나라 강수량은 연간 1,245mm로 전세계 평균인 880mm 보다 많다. 또 산과 나무가 많아 일시에 물이 흘러가거나 땅 속으로 스며드는 비율도 다른 나라에 비해 많지 않고 강과 호소, 인공댐 등이 비교적 많아서 물을 담을 용기도 부족하지 않다.

그럼에도 불구하고 우리나라의 물 사정은 점차 악화되고 있다고 판단된다. 그 이유로는 다음의 몇 가지를 생각해 볼 수가 있다.

- 국토에 비해 인구가 많은 것, 즉 인구밀도가 높고 하천의 특성으로서 유량변동계수가 높고
- 오염이 확산되어 있고
- 비효율적 물 관리 문제가 있기 때문이다.

(단위: 억㎥/년)

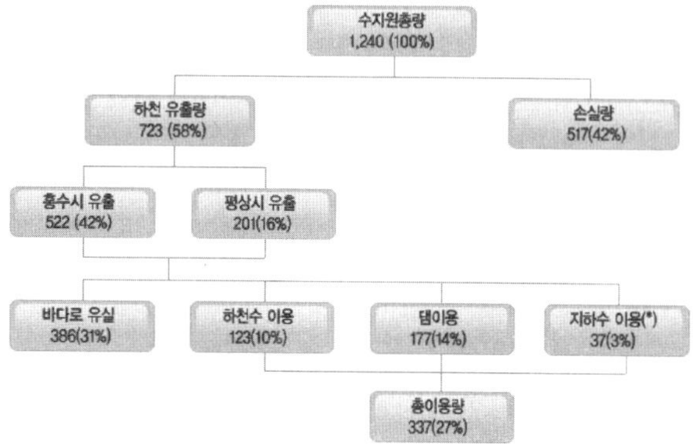

[주]지하수 이용(*) : 제주도 지하염수 이용량 1,472백만 m^3 이 제외된 양임
자료 : 수자원장기종합계획(2006~2020), '06.7 건설교통부

수자원 부존량 및 이용현황 변화

(단위: 억㎥/년)

구분	1965	1980	1990	1994	1998	2003
수자원 총량	1,100	1,140	1,267	1,267	1,276	1,240
총 이 용 량	51.2	153	249	301	331	337
생 활 용 수	2.3(4%)	19(12%)	42(17%)	62(21%)	73(22%)	76(33%)
공 업 용 수	4.1(8%)	7(5%)	24(10%)	26(8%)	29(9%)	26(8%)
농 업 용 수	44.8(88%)	102(67%)	147(59%)	149(50%)	158(48%)	160(47%)
유 지 용 수	-	25(16%)	36(14%)	64(21%)	71(21%)	75(22%)

수자원 총량은 소폭 증가하는 가운데, 댐 건설 등 이수시설의 확충으로 총 이용량은 30여년간 6배 이상 크게 증가하였다. 인구증가로 생활용수의 이용량이 상대적으로 높은 증가세를 보이고 있다.

용수수급 전망

(단위: 백만㎥)

년 도/구 분		2006년	2011년	2016년	2020년
용수 수요량		34,378	35,498	35,800	35,568
- 생활용수		7,877	8,103	8,180	8,195
- 공업용수		2,787	3,178	3,562	3,422
- 농업용수		15,977	15,849	15,690	15,583
- 유지용수		7,737	8,368	8,368	8,368
물 공급량		33,975	35,158	35,300	35,129
과부족량	전 국	Δ 403	Δ 340	Δ 500	Δ 439

주) 지역부족량은 각 지역 부족량의 합이며, 전국 부족량은 공급시설을 확충하여 인접유역의 잉여 수자원을 활용할 경우의 과부족량임
※ 자 료 : 수자원장기종합계획(2006~2020), '06.7 국토해양부

인구밀도와 물

우리나라의 인구밀도는 싱가폴, 홍콩 같은 도시 국가를 제외하고는 방글라데시 다음으로 높다. 거기다 우리나라는 산악지형이 전체의 70퍼센트 이상을 차지하고 3면이 바다로 둘러싸여 있기 때문에 물 부족은 지형적 환경상 이해가 될 만하다. 과거 인구가 적을 때에는 문제가 되지 않았으나 인구가 증가된 데다 도시화가 이루어져서 물 부족이 더욱 심화되고 있다. 그 이유는 생활패턴의 차이, 상수도 시설투자 및 수도요금 수준 등 여러 가지가 있겠지만 도시화와 관련이 많을 것이다. 이와 같은 물 부족 우려에도 불구하고 우리나라 가정의 1인당 물 사용량은 OECD의 다른 나라에 비해 월등 높은 것은 바로 우리나라가 다른 나라들 보다 도시화가 더 되었기 때문일 것이다. 어쨌든 이러한 지표는 우리나라의 경우 아직 물의 수요관리의 여지가 많다는 반증도 된다.

OECD 국가의 1인당 하루 가정용수 사용량

(단위: 리터)

국가명	벨기에	체코	프랑스	독일	헝가리	이탈리아	한국	노르웨이	영국
사용량	122	113	137	116	102	213	183	140	153

유량변동계수(비가 오면 얼마나 바다로 빨리 흘러 나가느냐)

우리나라의 하천은 외국의 주요 하천에 비해 최대유량과 최소유량의 격차가 매우 커 연중 강수량의 변동이 심한 기상조건을 반영하고 있다. 이것은 다목적댐이 건설되기 전에는 4대강 평균치가 400 이상 이었던 점을 감안하면 이러한 특성은 하천의 물 이용 여건이 유럽이나 다른 외국에 비해 상대적으로 열악함을 단적으로 말해 준다. 또한 우리나라 하천유역에는 산지가 많아 홍수기에는 홍수 직후 1~3일 이내에 상류의 물이 하구에 도달하므로, 이수측면에서 보면 강수 특성상 홍수기에 집중되는 강우를 모아 갈수기 동안 사용할 수 있는 합리적인 방안을 강구할 필요가 있다.

우리나라 하천의 특성 (하천유량변동 계수비교)

하 천 명	유량변동계수	하 천 명	유량변동계수
한 강	90	테임즈강	8
낙동강	260	세 느 강	34
금 강	190	라 인 강	18
섬진강	270	나 일 강	30
영산강	130	미시시피강	3
양자강	22	요 도 강	114

※ 하천 유량변동계수는 해당하천의 최대유량과 최소유량의 비로 표시됨

수질오염

수질 오염원의 종류에는 생활 하수, 산업 폐수, 농·축산 폐수가 있다. 전국의 수질 오염 물질의 일일 배출량에서 각 오염원이 차지하는 비율을 살펴보면, 총 연간 1967만 톤의 폐수 중 생활 하수가 58.3퍼센트로 수질 오염원 중 가장 많은 비율을 차지하고 있으며, 산업 폐수가 41.2퍼센트로 그 다음이고, 축산폐수는 0.5퍼센트로 그 비율이 가장 낮다. 오염된 물은 그대로 사용할 수가 없고 사용을 위하여는 특별한 처리를 해야 하며 그 만큼 힘이 든다. 그 보다 오염된 물은 우리가 모르는 사이에 토양이나 공기를 오염시킬 뿐만 아니라 동식물에도 영향을 미쳐 그 오염의 영향은 완전한 치유가 불가능하게 된다.

수질 오염원 중 가장 많은 비율을 차지하는 생활 하수는 가정이나 음식점에서 배출하는 음식물 찌꺼기와 폐식용유, 분뇨 등이 주된 오염 물질이다. 음식물 찌꺼기가 물 속에 들어가면, 이것을 분해하는 호기성 미생물이 증가한다. 유기물은 호기성 미생물에 의해 분해되면서 물 속에 녹아있던 산소량(DO)을 감소시키므로, 산소를 필요로 하는 생물은 살기 어렵게 되고, 호기성 미생물도 결과적으로 감소된다. 그러나 산소가 없는 환경에서도 번식할 수 있는 혐기성 미생물은 증가하게 되고, 이들이 남은 유기물을 분해시킬 때 황화수소나 메탄가스 등이 방출되어 물에서 악취가 나게 된다. 폐식용유는 물을 더럽힐 뿐만 아니라 물 위에 기름막을 형성하여 물 속으로 산소가 녹아 드는 것을 방해함으로써, 수중 생태계에 산소가 부족하게 되고, 결국 수중 생태계를 파괴시킨다. 분뇨에는 질소나 인과 같은 물질들이 들어 있는데, 이러한 물질이 물에 많이 존재하게 되면, 식물성 플랑크톤의 대량 증식이 일어난다. 이러한 현상을 부영양화(eutrophication)라고 한다. 부영양화가 일어

나면, 물 속에 녹아 있던 산소가 소모되어 물고기나 다른 수중 생물이 산소 부족으로 죽게 되며, 조류의 증식으로 물이 탁해지고, 색깔이 변화된다. 바다에서의 부영양화 현상을 적조라고 하며, 대량의 적조가 발생하면 어패류가 떼죽음을 당하게 된다. 합성세제를 구성하고 있는 계면 활성제와 인산염, 그리고 합성세제가 물에 풀어질 때 나오는 거품이 수질 오염의 주원인이 된다. 계면 활성제는 석유계 합성 물질로서 생태계에 독성을 미치고 암을 유발하는 것으로 알려졌고, 인산염은 때를 제거하는 주성분인 계면 활성제를 보조하여 세척력을 높이기 위해 첨가되는 물질인데, 이 물질은 하천이나 호수에 부영양화를, 또한 거품은 수면을 공기로부터 차단하여 산소가 물 속으로 녹아드는 것을 방해함으로써, 수중 생물에게 해를 끼치며, 자정(自淨)작용을 방해한다.

산업폐수는 전국의 수질 오염 물질 일일 배출량에서 산업 폐수는 생활 하수에 비해 양은 적지만, 산업 폐수에 포함되어 있는 각종 유해 성분의 농도가 생활 하수보다 훨씬 높아서 심각한 피해를 줄 수 있다. 또한 산업 폐수는 대부분이 난분해성 물질로서 호기성 미생물에 의해 분해되지 않는 것들이 많다. 불소나 페놀류 등 다양한 화학 물질은 물 속으로 녹아 들어가서 물을 오염시키며, 특히 생체 내로 들어와서 각종 질병을 일으킨다. 공장에서 배출되는 수은, 카드뮴, 납, 구리, 아연 등의 중금속은 생체 내로 들어오면 쉽게 배출되지 않고 농축되어, 심각한 질병을 초래하며 치명적인 피해를 줄 수도 있다. 이러한 과정을 "생물 농축"이라고 한다.

농·축산 폐수는 주로 농촌 지역에서 많이 배출되며, 가축의 분뇨, 농약, 가두리 양식장 등에서 배출되는 물고기들의 배설물과 사체 등을 포함한다. 가축의 분뇨는 생활 하수에서와 마찬가지로 가축의 분뇨에 포함된 질소와 인은 하천을 부영양화시켜 식물성 플랑크톤을 대량 증식시키므로, 물 속의 산소가 고갈되고 물 속 생태계가 파괴된다. 농약은 표적이 되는 생물뿐만 아니라 다른 종류의 생물에도 독성을 끼칠 수 있으며, 잘 분해되지 않고 생태계에 남아 여러 가지 악영향을 미치며, 생체 내에 농축되기도 한다. 특히, 요즈음 여러 곳에 골프장이 생기고, 그 골프장에서 잔디를 기르기 위해 뿌리는 엄청난 농약이 심각한 오염원으로 등장하고 있다. 호수나 강에 설치된 가두리 양식장으로부터 버려진 물고기들의 배설물, 사체 및 먹이는 부영양화를 심각하게 일으키며, 상수원을 직접 오염 시키기도 한다.

물의 효율적 관리문제

물에 대한 비효율적 관리문제는 1994년 낙동강 페놀오염 사고를 계기로 건설교통부 상하수도국이 환경부로 이관되면서 수량은 국토해양부에서, 수질은 환경부에서 농업용수는 농림수산 식품부에서 담당하는 체제로 운영한다. 이후 삼원화된 물 관리체계에서 물 수요 과다예측, 정책결정의 비효율성, 과잉투자로 인한 예산낭비, 도·농간의 형평성 결여 등 문제점이 끊임없이 제기되어 왔다. 물 관리 체계의 효율적 개선을 위해 건교부와 환경부로 나뉜 수량과 수질의 통합관리에 많은 전문가와 학자가 공감하지만 통합방법에서 이해관계자들과 관련부처들간 입장차이로 명확한 결론을 내리지 못하고 있다.

수질과 수량의 이원화된 구조로 인한 왜곡현상은 상수도 분야에서 특히 심하다. 건교부는 광역상수도, 환경부는 지방상수도 업무를 맡고 있는데 광역상수도는 2개 이상 지자체에 수도물을 공급하고, 지방상수도는 단일 지자체나 시·군에 수도물을 공급하는 방식을 말한다. 광역, 지방 상수도의 이원화된 구조에서 과다한 원단위 산정 등으로 인한 과잉투자와 상호 조정 및 연계 부족으로 인한 중복투자로 광역과 지방상수도의 평균 가동률은 각각 48퍼센트와 55퍼센트에 불과한 실정이다. 따라서 재원이 낭비되는 것을 막고 양질의 수도물을 효율적으로 공급하기 위해서는 먹는 물 공급체계의 일원화가 시급하다.

21세기 들어 경제발전을 위한 개발보다 환경보전을 중요시하는 가치관이 급속도로 확산되고 있다. 깨끗한 물과 공기, 수려한 경관의 보전 등 쾌적한 환경에 대한 국민 욕구가 증대하는 시점에서 수자원개발보다는 수질관리를 위한 물 관리방안이 요구된다. 과거에는 주로 물 관련 인프라 구축에 치중했으나 물 관리 중심이 공급 위주에서 수요관리로, 치수 위주의 하천관리에서 하천의 생태환경 조성으로 패러다임이 전환되고 있다. 즉, 유역중심의 수량, 수질 통합관리가 요구된다. 수량과 수질로 이원화된 구조는 유역차원의 물 관리도 어렵게 하고 있다. 수질관리는 유역별로 수계관리위원회를 두어 유역별 오염총량관리제로 전환하고 있으나 수량은 여전히 권역별 또는 생활권 중심으로 공급된다.

물은 순환체계에서 관리해야 하는데, 행정구역 단위로 물을 공급·관리하는 시스템은 비효율적이다. 유역 통합관리를 위해서는 수리권 개념을 분명하게 정립하고 수리권을 유역에서 보유하도록 하여 실질적인 유역관리가 되도록 해야 한다. 또 유역 내 물 관리는 비전문적인 지자체 대신 전문화된 물 전문기업을 육성하여 관리토록 하는 것이 효과적이다. 최근 세계적인 물 시장 개방압력과 구조변화 속에서 정부는 국내 물 산업 육성을 위해 환경부 내 물 산업육성과를 신설하고, '물 산업 육성 5개년 계획수립' 등 노력을 기울이고 있다. 물 산업 육성을 위해서는 '물 산업 육성법'이 조속히 마련돼야 하며, 물 관리 일원화는 반드시 포함되어야 한다. 여기서 말하는 물 관리 일원화에는 단순히 수량·수질의 통합이 아니라 생활·공업·농업용수, 지하수 등의 포괄적인 일원화를 의미한다. 경제협력개발기구(OECD)도 한국 환경정책의 성과를 평가한 결과를 통해 수량과 수질로 이원화된 물 관리 구조를 지적하고 통합을 권고하였다. 소중한 수자원을 효율적으로 관리하고 재정낭비를 줄이며 질적 개선을 통한 물 관련 대국민 서비스를 향상시키려면 수질관리를 주로 담당하는 환경부를 중심으로 물 관리 체계를 일원화해야 한다. 즉, 물 관리 체계의 구조적인 문제를 해결하고 유역통합 관리시스템을 구축하여 물 관리의 일관성·효율성을 향상시켜야 하며, 나아가 국내 물 산업의 지속적인 성장기반을 구축할 수 있도록 모든 역량을 집중하여야 한다.

과연 우리는 물 부족국가인가?

WHO 등 국제사회에서 편의상 물 부족이나 물 기근 여부를 가리는 기준이 있다. 이 기준에 의하면 우리나라는 물 부족국가에 속한다. 그러나 이는 어디까지나 수량(水量)개념에 의하며 물의 사용 가능한 량은 아니다. 따라서 물의 공급과 수요를 어떻게 관리하느냐에 따라 실제로 사람들이 물 부족을 경험하느냐 하는 문제와는 다소 차이가 있다. 수량(水量)개념이 형식상 잠재적인 물 부족 여부를 나타내는 것이라면 실제로 우리나라가 물 부족 국가에 속하는가 여부는 사용가능한 물의 양을 인구수에 나누어 봐야 할 것이다.

물의 풍요, 부족 및 기근 국가 분류기준과 현황

구분	강수량/년	국가명
물 기근 국가군 (18개국)	매년 1,000㎥ 미만 (만성적인 물 부족 경험)	알제리, 바레인, 바베이도스, 부룬디, 카포베르데, 이집트, 이스라엘, 요르단, 쿠웨이트, 리비아, 몰타, 오만, 카타르, 사우디아라비아, 싱가포르, 튀니지, 아랍에미레이트, 예멘
물 부족 국가군 (12개국)	매년 1,700㎥ 미만 (주기적인 물 부족 경험)	벨기에, 코모로, 키프러스, 아이티, 케냐, 모로코, 폴란드, 르완다, 소말리아, 남아프리카공화국, 영국, 한국
물 풍요 국가군 (131개국)	매년 1,700㎥ 이상 (지역적 물 문제만 경험)	미국, 일본, 캐나다 등

국토해양부가 2006년 수정 발표한 '수자원 장기종합계획'에 따르면 우리나라는 2011년부터 물 부족국가가 된다. 전국적으로 따지면 3억 4,000만t, 지역별 부족분을 종합해보면 8억t 가까운 물이 부족할 것으로 예상된 것. 2011년까지는 이제 2년밖에 남지 않았다. 2016년에는 더욱 악화돼 전국적으로 5억t, 지역별로는 9억 7,500t의 물이 부족할 것이라는 게 정부의 예측이다. 2002년 유엔 국제인구행동연구소[11](PAI, Population Action International)가 발표한 보고서에도 우리나라는 물 부족 국가군으로 분류돼 있다. 우리나라 인구가 2025년 최대 5,340만 명으로 늘어 나면서 1인당 가용 수자원량이 연간 1,307㎥으로 크게 줄어들 것이라는 것이다. 보고서가 작성된 2002년 1인당 연간 가용 수자원량 1,493㎥과 비교해보면 200㎥ 가까이 줄어드는 셈이다. 이 같은 전망에 문제를 제기하는 정부부처와 전문가들도 있다. 주로 환경부와 환경 관련 학자들이다.

4대강 준설문제

2010년 7월 현재 4대강(한강, 낙동강, 금강, 영산강)사업은 단순한 건설 공사가 아니라 환경을 복원하고 홍수피해를 최소화하며 건강한 수자원을 확보하는 것을 주요 목표로 하면서 부수적으로 경제, 문화 등을 활성화한다는 대규모 국가사업이다. 이 사업의 당초 계획은 한강, 낙동강, 금강, 영산강 등에 2012년까지 총 14조 원을 투입해 노후 제방 보강과 하천 생태계 복원, 중소 규모의 댐 및 홍수조절장치 건설, 하천 주변 자전거길 조성, 친환경 보 설치 등을 건설하는 것으로 되어있다. 이러한 건설을 함으로써 홍수피해와 물 부족을 근본적으로 해결하고, 수질개선과 건전한 물 생태계를 조성하며, 국민여가문화 수준 및 삶의 질 향상, 녹색 뉴딜 사업으로 지역경제 활성화 견인과 물 관리의 글러벌 리더로서 국가위상을 제고한다는 목적을 내 세우고 있다.

현재 우리나라 강들은 그 동안 준설을 하지 않음으로써 강물의 흐름에 따라 퇴적물들이 쌓여 밑바닥이 높아져 있을 뿐만 아니라 많은 오염물질이 유입해 있어 심각한 오염상태에 있다고 알려져 있다. 만약 강의 밑 바닥이 높아져 있다면 우기에 물을 담는 그릇이 적어져 있기 때문에 홍수에도 취약할 것이다. 또 강물이 오염되어 있어 물을 식수로나 농업용수로 이용하기가 어려운 상황일 뿐만 아니라 주변 환경이 많이 훼손될 것이다. 그러나 이러한 가정은 보다 세밀한 과학적인 검증을 거칠 필요가 있다.

<4대강 사업의 주요내용>

4대강 정비 사업은 한강, 낙동강, 금강, 영산강 등에 2012년까지 총 14조 원을 투입해 노후 제방 보강과 하천 생태계 복원, 중소 규모 댐 및 홍수 조절지 건설, 하천 주변 자전거 길 조성, 친환경 보(洑) 설치 등을 추진한다는 내용이다. 4대강 사업의 주요 내용은 다음과 같다.

- 물 확보를 위한 보(총 16개) 및 농업용 저수지(105개) 둑 높이기 등
- 홍수조절을 위한 바닥 준설(총 5.7억㎥), 노후제방 보강(620km), 강변저류지 건설, 농업용 저수지 둑 높이기(2.6억㎥), 하구 둑 물 빠지는 문 증설, 지류가 합쳐지는 곳에 도류제[12] 설치 등
- 수질 개선 및 생태계 복원을 위한 하·폐수 처리장(207개)과 마을 하수도(589개) 등 환경기초시설 확충, 빗물을 받아두는 시설, 생태유수지(85곳) 등 비점오염원 관리, 지천(48개)및 도심하천(7개) 복원 등 생태하천(929km) 조성
- 자전거길(1,728km) 등 복합공간 창조
- 지방하천정비(367곳, 2,141km), 뱃길 복원(147km) 등 지역발전 지원

<반대론자들의 입장>

이상 설명에서 알 수 있듯이 문제의 본질은 물의 양을 많이 담고 물의 질을 깨끗이 함으로써 이용할 수 있는 물의 원천을 강화하고 홍수를 막으면서 생태계를 복원시킨다는 것이다. 그러나 이에 대한 반대론도 만만치 않다. 반대론은 주로 다음과 같은 논리를 내세운다.

① 과다한 예산지출,
② 생태계를 복원하는 것이 아니라 그 반대로 현재보다 더 훼손할 가능성이 크고 멸종위기의 동식물 멸종과 생태계에 부정적인 영향이 우려된다는 점,
③ 그리고 홍수피해는 4대강보다 작은 규모의 강에서 일어나므로 4대강을 정비함으로써 홍수조절 기능이 의문시 된다는 점, 수질이 개선되는 것이 아니라 오히려 악화될 가능성이 있다는 점,
④ 문화재가 수몰되거나 파괴될 우려가 있다는 점 등

<평가 및 전망>

반대론자들의 논점을 보면 구체적으로 과학적인 근거없이 외형상 그럴 듯한 논리들을 내세우고는 있으나 정치적인 성향에서 반대를 위한 반대의 논거를 내세운다는 인상을 준다. 과다한 예산지출이라는 점은 맞지만 그러나 이 지출도 장기적으로 국익에 도움이 된다면 가능한 일이다. 현재 당장 필요한 지출과 장기적 국익간의 조화와 균형의 문제일 것이다.

생태계 문제도 반대론자들은 생태계 파괴를 우려하나, 이 문제도 많은 연구 조사와 검토가 필요한 부분이다. 확실한 근거 없이 유리한 실례만을 자기 주장에 맞춘다면 논쟁은 끝이 없을 것이다. 생태계는 매우 복합적이어서 당장 눈에 드러나지 않는 것이 훨씬 많다. 쉽게 단정적으로 말할 수 없는 분야가 더 많다는 것을 인정해야 한다. 현재 우리나라 하천이 병들어 가고 있다는 것은 어제 오늘의 일이 아니다. 이제는 근본적으로 치유에 나서야 할 때이고 무슨 조치든 취해야 할 때인 것이다. 멸종위기의 동식물 문제도 생태계의 통합적 차원에서 검토되어야 할 문제이다.

홍수피해가 4대강보다 작은 규모의 강에서 일어난다는 논거도 좀 더 연구 검토되어야 한다. 작은 강들은 대개 큰 강의 지류로서 직·간접으로 상호 연관이 되어 있다고 봐야 할 것이다. 작은 규모의 강에서 홍수가 일어난다고 큰 강과 무관한 것은 아닐 지 모른다. 오히려 큰 강을 다스린다면 작은 강에서의 문제의 근원이 완화될 지도 모르는 것이다.

문화재가 파손될 위험이 있다는 지적은 장래 문화재 복원 가능성을 염두에 둔다면 이는 매우 타당한 지적이라고 본다. 다만, 현재 가능한 방법을 총 동원해서 문화재의 부존 가능성을 조사해 봐야 한다. 문화재가 있을 것이라는 추정만으로는 그 논거가 약하다.

또한 4대강을 추진하려는 정부측이나 반대하는 측도 모두 자기들의 주장을 합리화하는 노력보다 과학적 검증을 통한 보다 과학적인 데이터를 제시하여 상호 설득하는 과정을 거치는 것이 타당하다고 본다. 특히 정부측의 사업추진은 기본 데이터 수집이나 계획에 있어 다소 졸속으로 흐르고 있는 것으로 보인다. 1930년대의 후버댐 건설, 1950년대의 스에즈운하 건설, 1960년 대의 아스완댐 건설 등 외국의 예를 보더라도 원래 이러한 대규모 국책사업은 기본 데이터를 조사하고 전략을 세우는 데만 해도 최소한 3-5년은 걸린다. 그에 비하면 규모면에서 어떠한 외국의 실례들 보다도 작지 않은 4대강 사업에서 정작 기본 데이터를 조사하고 계획을 수립하는데 턱 없이 짧은 기간인 것은 부인할 수가 없다. 또한 무엇보다 이러한 과정에서 광범위한 이해관계자들을 참여시키지 못하고 정부 위주로 소수의 사람들이 참여한 것은 최소한 과정상의 결함이 있다고 보지 않을 수 없다.

[주] 제6장 수자원 분야

1) 달팽이를 숙주로 삼는 기생충에 의해 발생되는 질환으로 치사율은 낮지만 장기간 인간의 몸에 큰 피해를 끼친다. 성장기 어린이의 몸에 감염될 경우 발육부진, 지능저하, 인지능력 장애 등의 영구적인 해를 입게 되며, 성인의 경우에도 장기에 심한 손상을 입을 수 있다. 이 기생충은 민물 달팽이가 사는 곳이면 어디든지 발견되며 아프리카와 아시아 등의 저개발 지역에 2억 1천만명이나 되는 사람들의 몸 속에 기생하고 있다. 기생충에 감염되면 몸이 극도로 약해지고 정신적인 사회생활이 힘들어진다. 주혈흡충병은 워낙 감염율이 높아 사회기반이 붕괴되는 경우도 있어 말라리아와 함께 저개발국의 생존을 위협하는 무서운 질병으로 알려져 있다.

2) 폐엽(肺葉)단위로 일어나는 폐렴. 진성(眞性)폐렴・크루프성(croup 性)폐렴 · 섬유소(纖維素)폐렴이라고도 한다. 원인균(原因菌)은 폐렴쌍구균(肺炎雙球菌)이며, 병변(病變)은 제1기인 충혈기(充血期), 제2기인 적색간변기(赤色肝變期), 제3기인 회색간변기(灰色肝變期), 제4기인 융해기(融解期)로 나뉘어 발생한다. 증상은 먼저 충혈·염성수종(炎性水腫)에 이어, 다핵백혈구(多核白血球)의 유출, 섬유소의 석출(析出 ; 纖維素性炎), 최후에 섬유소의 융해가 나타난다. 갑작스런 오한과 전율을 수반하며, 고열 흉통·호흡곤란 등이 일어난다. 이 형의 폐렴은 대엽을 침해하는 것을 특색으로 하는데, 주로 청년기에 많이 발생한다.

3) 남조식물(藍藻植物:Cyanophyta)이란 박테리아와 함께 원핵생물로 불리는 식물군이다. 대부분이 단세포 또는 군체(群體)를 이루지만 다세포의 사상체인 것도 있다. 남조소 · 홍조소 등의 피코빌린(phycobilin)을 가지고 있으며, 광합성을 하고 독립영양생활을 한다. 동화산물은 덱스트린(dextrin)이다. 물·공기·토양 속이나 또는 암석 위 등 어디에서나 볼 수 있다. 지의류와 공생하는 것도 있다. 이분법·절단법 또는 포자법 등에 의한 무성생식을 하며, 생식세포에 의한 유성생식은 알려져 있지 않다. 약 160속 1,400종이 있다.

4) 흘러가는 물로서 기름, 비료, 농약, 박테리아 및 가축과 퇴비로부터 나오는 영양소 등 성분이 있다

5) 침전물, 영양소, 박테리아, 기름, 금속, 화학물질, 염분, 애완동물 분뇨, 쓰레기 등 건물, 거리 및 보도로 부터 나오는 유거수

6) 인간의 욕망을 만족시킬 수 있는 재(財) 중 희소하게 존재하는 것. 인간의 욕망을 충족시킬 수 있는 것을 재화(財貨)라 하는데 그 중에서 태양열이나 공기와 같이 아무런 노력을 들이지 않고도 얻을 수 있는 재화를 자유재(自由財)라 하고, 어떤 노력이나 회생의 대가로 얻을 수 있는 것을 비자유재라 한다. 비자유재 중에서 권력 · 지위 · 자격 등 자의로 남에게 양도할 수 없는 것을 제외하고 자유롭게 남에게 양도할 수 있는 것을 경제재라 한다. 경제재를 쌀·의복 등 물질재와 채권·특허권 그리고 용역과 같은 비물질재로 나눌 수 있다. 경제재의 희소성은 그 본래적인 효용에 관한 것이 아니고 놓여진 환경에 따라 상대적으로 결정된다. 경제학에서의 재화라고 하는 것은 경제재를 의미한다.

7) 아젠다 21 제2부(개발을 위한 자원의 보존과 관리) 18장(담수자원의 수질 보호와 공급 : 수자원의 개발, 관리 및 사용에 대한 통합 접근방법

8) 수자원의 통합 개발 및 관리, 수자원 평가, 수자원, 수질 및 수문체계의 보호, 식수의 공급 및 위생, 물과 도시 개발, 지속가능한 식량생산 및 농촌 개발과 물, 수자원에 대한 기후변화의 영향 등 항목

9) 전환경제국은 구소련에서 독립한 동구권 국가들을 중심으로 한 국가들을 말하며 시장경제체제로 전환 중에 있다는 뜻이다.

10) 아시아태평양물포럼 회원은 광범위하고 다양한 구성원을 확보하기 위하여 물문제를 해결하려는 의지를 가진 그룹에게 개방이 되어있다,
회원에는 5가지 부류가 있는데 첫째는 물 공급과 물 정책 및 관리에 관계되는 국가, 지역 및 지방기구, 둘째는 물문제와 관계되는 지식을 제공해 주는 대학 및 연구기관, 셋째는 물공급에 책임 있

는 지역사회, 넷째는 물과 관련되는 민간 법인체 그리고 다섯째는 아시아태평양물포럼의 목적을 지지하는 언론매체이다.

11) 1965년에 설립된 NGO로서 인간과 자연이 균형있게 공존하고 빈곤이 최소화될 수 있도록 하며 개개인이 성적 건강을 누릴 수 있도록 하는 것을 목표로 한다.

12) 하천의 합류점이나 호수·바다 등으로 흘러 들어가는 지점에 쌓는 제방. 도수제(導水堤)라고도 한다. 이것은 물길을 안정시키기 위해 쌓는 것으로, 하천의 합류점에서는 대체로 지천(支川)의 흐름에 평행이 되도록 쌓는다. 또한 하구(河口)에 항구가 있을 경우 유수와의 분리를 위해 쌓는다. 이렇듯 하구 부근에는 하천의 소류력(遡流力)을 증대시켜 떠 내려오는 모래에 의한 하구 폐쇄의 방지를 위해 해안선에 거의 직각으로 돌출한 방사제(防砂堤) · 방파제를 겸하여 쌓는 경우가 많다.

제7장 해양 분야

육지보다 배 이상 넓은 바다는 지구상 생명유지 기능(global life supporting system)의 중요한 일익을 담당하고 있다. 바다는 인간에게 먹거리를 제공할 뿐만 아니라 뱃길을 열어주고 꿈을 준다. 또 해저에는 많은 양의 자원이 매장되어 있기도 하고 요즘에는 조력 파력 등 에너지의 원천이 되기도 하다. 무엇보다 바다 그 자체가 복합적인 생태계의 덩어리를 이루고 있어 지구환경에 지대한 영향을 미치는 거대한 생태계를 이루고 있다. 그런가 하면 바다는 무서운 재해를 가져 오기도 하고 또 폐기물이나 유해물질의 투기 대상이 되기도 한다.

이러한 바다의 부정적인 역할을 최소화하기 위해 국제적으로 협력을 하고 있다. 어족자원의 고갈을 막고 해양 생태계를 보호하기 위하여 국제적, 지역적으로 협정이나 협약을 체결하고 있다. 1982년 채택된 유엔해양법협약은 유엔헌장에 비견할 수 있을 정도로 해양문제에 있어서 중요하다. 그러나 이 협약도 해양환경문제를 육상 경제활동에 따른 오염, 선박의 운항 및 사고에 따른 오염, 해상 투기에 의한 오염과 같이 단편적으로 문제를 다루고 있고, 해양환경문제를 하나의 해양 생태계라는 종합적인 시각에서 보지는 못 한다. 해양환경문제를 총체적인 생태계(ecosystem)의 관점에서 보고, 오염문제뿐만 아니라 오염으로 인해 영향을 받는 어족자원을 포함한 해양생물자원과 생태계에 대한 문제로 보기 시작한 것은 1992년 브라질에서 개최된 리오회의에서이다. 이후 해양 문제에 대한 국제적인 접근은 리오회의에서 채택된 행동계획서인 아젠다 21에서 제시된 종합적인 접근에 따라 진행되고 있다.

1. 국제해양 체계의 기본틀

국제해양분야를 관장하는 국제적인 기본 규범으로는 유엔해양법협약(UNCLOS, United Nations Convention on the Law of Sea)과 리오회의에서 채택한 아젠다 21을 들 수가 있다. 유엔해양법협약은 해양세계에 있어서는 헌법과 같은 존재이며 국제법으로서의 체제를 갖추고 있다. 아젠다 21(Agenda 21)은 구속력 없는 선언에 불과하지만 세계정상회의에서 채택된 만큼 그 권위는 인정받고 있다.

유엔해양법협약

유엔해양법협약은 해양에 관한 모든 면을 다루는 법으로서 1982년 채택되어 1992년에 발효했다. 유엔해양법협약은 영해, 접속수역, 배타적 경제수역, 대륙붕, 공해 등의 경계, 환경보호, 과학적 연구, 경제 및 상업적 활동, 기술이전, 해양관련 분쟁해결 등의 내용을 담고 있다. 협약은 해양환경의 보호 및 보전에 관하여 규정하고 있는데 모든 국가가 해양환경의 보호 및 보전을 위한 의무를 부담한다는 원칙을 명시했다. 하지만 그 의무에 대한 강제적인 집행조항은 없어 실질적으로는 선언적 의미가 강하다. 또한 협약은 회원국들에게 모든 오염원으로부터 해양환경 오염을 방지하거나 감소시키거나 통제하기 위해 필요한 조치를 할 것을 요구하고 있고 오염 대응조치를 취할 때 취약한 생태계, 멸종 위기에 처한 생물종의 서식지를 보호하기 위한 조치도 포함할 것을 아울러 요구하고 있다.

협약은 해양오염원에 대해서 상세히 규정하고 있다. 육지로부터 바다로 흘러 들어가는 육상기인 오염, 연안국 내에서 석유 및 가스채굴 등 활동과 인공섬 및 구조물로부터의 오염, 연안국 관할권 바깥에서 심해저 활동으로부터 나오는 오염, 폐기물의 해상투기로 인한 오염, 선박의 사고 또는 통상적인 활동으로부터의 오염, 항공기, 선박 등을 통한 오염 등 6개 카테고리의 해양 오염원에 대해 규정하고 있다. 선박기인 오염, 해양투기, 연안국 관할권 이내와 바깥의 심해저 활동에서 나오는 오염에 대해서는 유엔해양법협약의 규정은 최소한의 규정이기 때문에 각국은 국내법의 수준을 이 보다 낮게 규정하지 말 것을 요구하고 있다. 육상기인 오염과 항공기로부터의 오염에 대하여는 이러한 기준이 없이 각국의 국내법에 맡기고 있다.

협약은 해양환경 오염이 해양생물자원, 인간의 건강, 수산활동, 자연경관 등에 유해한 영향을 미치는 것으로 규정하면서 해양환경 오염의 시각에서 생태계와 생물자원 문제를 보고 있다. 그럼에도 불구하고 협약은 생태계적인 차원에서 오염뿐만 아니라 오염으로 인해 영향을 받는 어족자원, 인간의 건강문제 등 종합적인 시각은 결여되어 있는 것으로 평가된다. 이러한 생태계적인 종합적 시각은 1992년 아젠다 21에서 비로서 나타난다.

아젠다 21

1992년 유엔환경개발회의(UNCED, 유엔 환경과 개발회의)에서 채택된 아젠다 21은 해양, 바다, 연안이 하나의 통합체를 구성하므로 이들에 대해 통합된 접근과 사전예방적인 접근을 요구하고 있다. 아젠다 21의 제17장[1]은 연안 및 해양지역의 통합관리, 해양환경보호, 해양생물자원 보호 및 이용, 기후변화의 영향, 국제 및 지역협력, 소도서 국가 개발 등을 다루고 있다. 의제 21은 이러한 문제들을 다루기 위해 다른 국제협약의 이행을 강조하고 필요하다면 추가적인 국제협약을 채택할 것을 요구하고 있다. 2002년의 지속가능발전세계정상회의(WSSD)에서 채택한 이행계획(JPOI)에는 아젠다 21이 채택된 이후에 제정된 국제협약들이 포함되어 있다.

아젠다 21에서는 해양환경체계(Governance)에 대해 언급하고 있는데 앞서 말한 바와 같이 유엔해양법협약이 해양체계에서 기본적인 틀이 됨을 언급하고 있다. 그 밑에 각종 해양환경보호, 해양생물자원보호, 해양생태계보호 등을 위한 다양한 국제협약을 염두에 둔 것이다[2].

2. 해양환경 관련 협약

해양환경보호를 위한 국제협약으로는 육상오염원 대응 행동계획(GPA, Global Programme of Action for the Protection of the Marine Environment from Land-based Activities), 선박으로부터의 오염대응 협약(MARPOL), 핵물질 운송관련 안전규정, 해상투기활동 대응협약(런던협약), 지역해협약 등이 있다. 해양생물자원 보호를 위한 협약으로는 경계성어족과 고도회유성어족에 관한 유엔어족자원협정(FSA), 어로행위에 관한 FAO 행동규약, 지역수산기구 등이 있다.

해양 생태계를 보호하기 위해서도 여러 가지 국제적인 초치들이 나타났는데 이러한 조치들은 해양법 제정 당시에는 부각되지 않았으나 생태계접근(ecosystem approach)이 강조됨에 따라 부각되었다. 의제 21은 산호초, 맹글로브 등 습지, 해초지역, 어족 번식지역 등의 보호필요성을 지적하였다. 이에 따라 생물다양성협약(CBD)의 자카르타결정(Jakarta Mandate), 국제산호초 보호 이니시어티브, 국제습지보전협약, 도서국가들의 지속가능발전을 지원하기 위한 바베이도스 행동계획(Barbados Programme of Action) 등이 나타났다.

해양오염 방지

해양오염 원인은 대체로 다음과 같다.

하천 또는 육상을 통한 유입	44 퍼센트
육상오염물질의 대기를 통한 유입	33 퍼센트
해양수송활동	12 퍼센트
해양투기	10 퍼센트

여기에서 알 수 있는 것은 육상활동에 따른 해양오염이 전체 해양오염 원인의 약 80퍼센트를 차지한다는 것이다. 농장, 도시 하수도, 도시의 공장뿐만 아니라 발전소, 자동차 등으로부터 나오는 대기중의 오염들이 바다 속으로 들어간다. 바다로 들어가는 오염의 종류도 중금속, 잔류성오염물질 (POPs), 일반 쓰레기, 방사선 물질, 기타 다양한 화학물질 등이다. 이러한 유해 물질들이 누적적으로 바다에 쌓이면 바다의 생태계가 파괴됨은 물론이다. 이에 따라 유엔환경계획(UNEP)은 1982년부터 관심을 가지고 이에 대처하기 위해 노력해 왔다.

<육상기인 오염방지행동계획[3](GPA)>

육상기인 오염방지의 법적 근거는 이미 유엔해양법에 나타나 있다.(유엔해양법 제194조와 207조) UNEP은 육상기인 오염방지의 중요성을 인식하고 1995년 육상기인 오염방지행동 계획은 유엔환경계획(UNEP)의 이니시어티브로 육지에서 바다로 흘러가는 폐기물을 방지하기 위하여 시작되었다. 1985년 몬트리올 가이드라인을 채택하였으며, 1995년에는 워싱턴에서 육상활동으로부터 해양환경을 보호하기 위한 기준(GPA)을 마련했다. GPA는 하수, 잔류성유기 오염물질(POPs), 방사성물질, 중금속, 유류, 영양염류, 침전물, 쓰레기 등 오염물질, 서식지의 변경 및 파괴 등 9개 분야에 대해 영향을 평가하고 대응책을 마련할 것을 요구하고 있다. GPA는 108개 참석국들에 의해 워싱턴 선언과 함께 채택되었다. 여기에서 UNEP은 사무국의 역할을 맡도록 결정되었고 GPA 조정사무소(GPA Coordination Office)가 신설되었다.

GPA 조정사무소는 기본적으로 유넵의 정규예산과 네덜란드, 노르웨이, 핀란드, 벨기에, 미국, 영국 등 여러 정부가 지원하는 기술협력 신용금고(Technical Cooperation Trust Fund)에서 지원되도록 하였다. GPA 조정사무소의 활동 경비에 대해 기부하고자 하면 GPA 이행을 위한 일반신용(General Trust)에 기부할 수 있다. 개별 정부들의 GPA 이행을 위한 프로젝트는 GEF 같은 데서 지원을 받을 수 있다.

2001년에는 첫 정부간 평가회의(IGR)가 열려 몬트리올선언이 채택되었고, 2006년 제2차 정부간 평가회의에서는 북경선언이 채택되었다. 몬트리올 평가회의는 육상기인 오염물질로 인해 해양환경이 크게 악화된 것으로 평가하고 GPA를 국별, 지역별로 시급히 이행할 것을 요구하고 있다. 몬트리올 선언은 GPA를 이행하는 데 있어 각종 정책 및 프로그램에 GPA를 포함하고(mainstreaming), 연안지역과 육상 수계(水系)관리를 통합하는 접근을 하고, 세계은행, 지구환경금융(GEF) 등이 GPA와 관련된 활동을 지원할 것을 촉구하고 있다.

북경선언에서는 참가국들이 GPA를 자국의 국가개발계획, 연안 및 해양에 대한 지배구조(governance) 개선, 파트너십 구축과 자금지원 확보에 통합함으로써 GPA 이행을 개선하기 위한 전략적 정책 가이드를 제시할 것을 요청하였다.

우리나라는 육상기인 해양오염도가 미국, 일본 등 선진국(1퍼센트이내)에 비해 매우 높다. 우리나라가 GPA에 참가는 하고 있지만 아직 국내법적으로 현실적은 대응을 제대로 하지 못하고 있는 실정이다. 그러나 국토해양부에 따르면 우리나라도 육지 중심에서 해양 중심적 환경관리 전략을 세우고 이를 실천해 나가고 있으며 육상기인 오염원의 해양유입 방지가 5대 정책에 포함되어 있다. 현재의 목표는 육상기인 오염도를 20퍼센트 수준으로 낮추는 것이다.

<런던협약 (1972년 채택, 1975년 발효)과 런던의정서(1996년 채택, 2006년 발효)>

런던협약[4]은 폐기물을 해상에 투기(dumping)하는 행위를 방지할 목적으로 1972년에 채택되어 1975년 발표되었다. 런던협약은 해양환경보호를 위한 최초의 범지구적 차원의 협약이다. 런던협약은 투기금지물질을 부속서 I에, 특별허가가 필요한 물질을 부속서 II에 기재하여 투기행위를 통제하고 있다. 런던협약 이후에 나타난 많은 지역협정도 이러한 금지 및 허가목록(black-and-grey-list) 방식을 채택하고 있다. 그리고 부속서 I과 II에 포함되지 않는 물질은 사전에 일반허가를 받아 투기할 수 있다.

우리나라는 1992년 런던협약에 가입하였으나 해양투기행위가 계속되고 있는 실정이다(2005년 기준 매년 천만 톤 이상). 특히 하수 침전물의 경우 75퍼센트가 바다로 들어간다. 이는 미국, 일본 등 선진국이 모두 1퍼센트 이내인 것과 대비된다. 특히 우리나라의 경우 서해는 폐쇄해역이므로 그 피해가 더욱 심각하다. 해양오염방지법, 폐기물 관리법 등 체제에도 불구하고 대량투기를 하고 있으며 인접 지역해에 산업폐기물 대량투기 국가로는 우리가 유일하다. 런던협약 및 동 의정서에는 위반시 강제적 규정이 없어 현재로서는 실효성이 의문시되나 지속적 위반시 국제적 이미지 문제가 발생한다.

해상투기는 전체 해양오염 행위의 10퍼센트 정도를 차지하며 그 내용물은 방사성 폐기물, 준설물, 하수오니, 기타 폐기물로 구분될 수 있다. 해상에 투기되는 준설물은 총 투기물의 85퍼센트 정도가 될 정도로 분량이 많다. 하수 오니(sewage sludge)는 우리나라는 매년 천만 톤 이상의 해양투기 행위가 계속되는 것으로 추정된다. 일부 해양투기는 합법적이며 현재 정부는 동해에 두 곳(포함 동쪽 동해병 울산 남동쪽 동해정), 서해에 한 곳(군산

서쪽 서해병)을 해양투기지역으로 지정해 놓고 있다.

런던협약보다 강화한 런던의정서가 1996년 채택되어 2006년부터 발효되고 있는데 런던의정서에 우리나라는 2009년 1월에 서명을 하였다. 런던의정서는 사전예방원칙과 오염자부담 원칙을 적용하고 있고 8개 허용물질을 제외한 모든 물질의 배출을 금지하고 있다. 또한 해상소각금지, 덤핑·소각을 위한 폐기물 수출금지, 기타 폐기물 배출관리를 위한 당사국의 의무사항 등을 규정하고 있고 적용범위를 내수까지 확대하여 런던협약보다는 한층 더 강화된 것이다. 런던의정서는 투기대상의 범위를 좁혔는데 폐기물 해양 배출시 육상처리가 불가능한 이유를 과학적으로 증명할 것, 생태계에 해가 없다는 것을 증명할 것, 폐기량도 최소화 한다는 것을 입증해야 한다.

이에 따라 지금까지 해양처분에 의존하던 축산분뇨와 하수 슬러지, 음식폐기물의 폐기는 어렵게 된다. 또한 적용범위를 내수까지 확대하였다. 우리나라는 이미 2006년 2월 해양환경관리법령(구해양오염방지법령) 개정시 배출가능품목을 축소 조정하고, 해양배출처리기준을 강화하는 등 의정서 내용의 수용을 완료했기 때문에, 이번 가입에 따른 별도의 국내법적 절차는 필요 없다. 다만, 법대로 시행할 수 있느냐 하는 실천의 문제가 남아 있는 것이다. 우리나라는 런던의정서 가입을 미루어 오다가 2009년에야 서명하였으며 아직 비준은 하지 않고 있다. 현재 런던의정서에는 영국, 독일 등 36 개국이 가입해 있으며, 중국(2006년)과 일본(2007년)도 이미 가입한 것과 비교될 수도 있다. 이는 그 만큼 우리나라가 이 분야에 실천의지와 자신감이 부족하다는 뜻도 된다.

<해양오염방지협약(MARPOL 73/78)>

세계물동량의 급속한 증가에 따라 해상운송수단으로 사용되고 있는 선박이 운항 등으로 인하여 해양환경에 많은 영향을 주고 있어 이에 대한 적절한 규제가 필요하게 되었다. 선박으로부터의 기름에 의한 해양오염의 규제조치로서 1954년 유류에 의한 해양오염방지협약이 있었으나 1973년도 런던에서 개최된 해양오염에 관한 국제회의에서 선박으로부터 배출될 수 있는 기름 이외의 각종 오염물질에 대한 관리 필요성이 대두되었다. 따라서 선박의 운항 등으로 발생될 수 있는 기름 등 각종 오염물질의 배출을 규제하기 위하여 국제해사기구(IMO)에서 해양오염방지 협약을 권고하였다.

해양오염방지협약은 선박의 통상적인 활동 또는 사고로 인해 발생되는 해양오염을 방지하기 위한 협약으로 1973년 채택된 협약과 이 협약이 발효되지 않은 가운데 채택된

1978년 의정서를 지칭한다. 1976년과 1977년에 발생한 일련의 대형 유조선 사고는 1973년 협약보다 강화된 1978년 의정서를 채택하게 된 동기가 되었다. 이 두 개의 협약과 의정서가 합쳐져 하나의 협약으로 기능하며 1983년에 발효되었다. 협약에는 해상 투기를 금지하는 품목들이 6개의 부속서에 나타나 있다. 1973년 협약은 5개의 부속서를 가지고 있으며, 부속서는 유류, 화학물질, 포장상태의 유해물질, 오수, 쓰레기의 해상유출문제를 다루고 있다. 선박으로 인한 대기오염을 다룬 부속서 VI은 1997년에 채택이 되었다.

해상오염방지협약이 주로 선박의 운항에 따른 유류방출을 대상으로 하기 때문에 해저활동에서 기인한 유류의 방출에 대해서는 언급이 없다. 따라서 2010년 4월에 발생한 멕시코만 기름유출 사건[5]이 계기가 되어 앞으로 이러한 유류방출에 대해서도 국제적인 책임문제가 거론되어야 할 것으로 보인다.

<지역해 프로그램>

대부분의 해양문제가 지역적 차원의 문제이므로 지역 실정에 맞게 문제를 다룰 필요가 있다. 유넵(UNEP)은 1974년부터 지중해를 시작으로 전 세계 지역해를 대상으로 한 지역해 프로그램(Regional Seas Programmes)을 추진해 왔다. 현재 14개 지역해를 대상으로 프로그램을 만들어 추진 중이며 5개의 독립적인 지역해 프로그램과 파트너십을 구축하고 있다.

유넵의 지역해 프로그램은 국제협약이 특정분야를 대상으로 하고 있는 것과는 달리 지역해양의 문제를 다루기 위한 대상 범위가 넓은 종합적인 협약이다. 유넵의 지역해 프로그램은 행동계획(Action Plan)을 채택하고 행동계획을 통해 문제를 해결해 나가고 있다. 행동계획에는 모니터링을 통한 환경평가, 훈련 및 긴급대응 등 환경문제 관리방안, 환경 입법, 사무국 설치, 예산문제 등에 관한 내용이 포함되어 있으며 생물다양성 보전, 육상기인 오염원 대응, 통합연안관리 활동 등이 새로 추가되고 있다.

<기타 관련 협약>

국제해사기구(IMO)는 2001년 선박 밑에 발라서 동식물의 부착을 방지하는 페인트가 해수에 녹으면 해양생물을 죽이고 먹이사슬을 파괴하는 것을 방지하기 위해 이러한 유해물질을 사용한 방오시스템(anti-fouling system)의 사용을 금지하는 협약을 채택하였다.

또한 선박의 안전성 확보를 위해 선박의 탱크 내에 싣고 배출하는 밸러스트 워터(Ballast Water)가 물 속에서 미생물의 이동을 초래하여 해양 생태계를 파괴하는 원인이 됨에 따라 밸러스트 워터를 관리하는 국제협약을 채택하였다. 국제적으로는 연간 300억톤의 밸러스트 워터가 이동하고 있고 그 규모는 계속 증가될 전망이다. 협약은 선박이 밸러스트 워터의 기록을 유지하도록 하고 교환기준, 배출지역 및 배출기준 등을 준수하도록 하고, 주요 항만에 침전물 수용시설 등을 규정하고 있다.

해양 생태계 보호

해양 생태계를 보호하기 위한 노력으로는 어족자원보호, 생태계 보호 등을 들 수가 있다. 이러한 노력의 일환으로 어족자원협약이 있으며 그 밖에도 국제산호초 이니시어티브, 일반적인 국제협약으로서 해양에 관계 되는 부분을 언급한 생물다양성협약과 멸종위기에 처한 동식물 거래에 관한 협약, 국제습지보전협약, 이동성 생물종 보호를 위한 협약 등이 있다.

<어족자원협약>

유엔해양법협약에 나타나 있는 경계성어족과 고도회유성어족에 관한 규정의 이행을 위해 어족자원협정[6](FSA)이 채택되었다. 이 협정은 두 어족의 최적 이용을 위해 경제수역과 공해상에서 관리 기준을 정하고 있다.

국제식량농엽기구(FAO)은 1995년 어족자원의 지속가능한 이용을 위해 책임있는 어로행위에 관한 자발적 성격의 행동규약[7]을 채택하였다. 이 행동규약은 어장 및 어족의 관리, 어로 활동, 수산양식, 수산활동을 고려한 연안관리, 가공 및 교역, 과학적 연구 등에 대해 규정하고 있다.

지역수산기구(RFOs, Regional Fisheries Organizations)는 전 세계에 25개가 있다. 이 기구는 모든 해양생물자원을 대상으로 하거나 고래, 참치, 연어 등의 특정 어족을 대상으로 하고 있다. 지역수산기구는 지속가능한 어족의 수준을 파악하여 어획량을 정하도록 함으로써 지속가능한 어족 유지에 유용하다.

<해양 생태계 보호와 관련되는 협약>

생물다양성협약은 육상뿐만 아니라 해양의 생물다양성도 포함한다. 따라서 해양관련 거의 대부분의 국제협약이 생물다양성협약과 관련이 된다고 볼 수 있다. 생물다양성협약 논의시 그 예가 적지 않다. 1995년 제2차 생물다양성 당사국 총회(인도네시아)때 해양과 연안의 생물다양성의 보전 및 지속가능한 이용에 관한 결정문을 채택하였다.

국제산호초 이니시어티브(ICRI, The International Coral Reef Initiative)는 1994년 미국의 주도로 현재 진행되고 있는 심각한 훼손상황이 지속될 경우 빠른 시일 안에 대부분의 산호초가 없어질 가능성이 있다는 인식하에 만들어졌다. 산호초는 바다의 열대우림으로 일컬어질 정도로 서식하는 생물의 종류가 다양하고 지역주민들에게는 식량과 소득원으로서 중요한 역할을 한다. 국제습지보전협약(람사르협약)은 생물다양성 보전을 위해 중요한 습지를 지정하여 보호한다. 현재 등록된 약 1,500개의 습지 중에 육상습지가 대부분이다. 해양 오염방지와 생물자원의 서식지인 해안가의 맹글로브 숲, 산호초, 해초 지역 등은 그 동안 인식부족으로 잘 보호되지 않고 있다. 멸종위기 동식물의 국제거래에 관한 협약(CITES)은 멸종위기 동식물을 부속서 I, II, III에 등재하여 보호하고 있는 데 여기에는 해양생물자원이 많이 있다. 그 예로서 고래, 돌고래, 바다 거북이, 펭귄, 펠리칸, 알바트로스, 해삼, 산호, 상어 같은 바다 생물이 등재되어 있다.

이동성 생물종의 보호를 위한 협약(CMS, Convention on the Migratory Species)도 장거리 이동을 하는 해양생물자원을 부속서에 등재하여 보호하고 있다. 협약은 이들 해양생물들의 이동경로에 있는 국가들이 협정체결 등을 통해 협력할 것을 요구하고 있다. 장거리 이동성 해양생물자원에는 고래, 상어, 참다랑어 등 대형 어족들이 대부분 여기에 속한다.

유네스코는 국제 문화유산 및 자연유산 보호협약을 통하여 보존 가치가 있는 자연유산을 지정하여 보호하고 있다. 이 협약에 따라 지정된 자연유산에는 해양관련 지역이 다수 포함되어 있다. 현재 약 140여 개 국에 걸쳐 자연유산 200개 지역, 문화 및 자연유산 30개 지역이 지정되어 있고 해마다 20-30개 지역이 추가되고 있다.

3. 바람직한 국제해양 체계(국제해양 거버넌스)

해양환경이 그 대상 지역이나 보호 또는 금지 대상이 광범위 하기 때문에 복잡다기한 형태의 체제가 얽혀 있는 것이 현실이다. 사안별로 그 때 그 때 다른 종류의 조치가 취해지고 또 지역마다 다른 사안들이 대두되었기 때문이다. 이러다 보니 국제협약, 이니시어티브(구상), 행동계획 같은 무게가 다른 조치들이 난립하게 되고 또 한 개의 사안이 각기 다른 국제기구에 의해서 독립적으로 다루어지는 등 난맥상이 나타난 것이다. 따라서 유사한 업무간에 상호 조정이 쉽지 않을 뿐 아니라 더욱이 생태계 전체적인 조화를 도모하기가 쉽지 않다. 어떤 사안에 대해 정부 또는 국제기구 상호간에 조정과 협력이 강화되어야 되는지를 찾아내기 위해서 유엔 차원에서 '해양에 관한 비공식협의 프로세스(UNICPOLOS)'가 설치되어 활동하고 있다[8]. 또한 유엔 사무국 내에서도 해양관련 국제기구들간의 업무를 조정하기 위해 UN-Oceans가 설치되어 있다.

해양환경문제에 있어서 생태계 접근은 지구 전체 해양을 대상으로 접근하기 보다는 동일하거나 유사한 생태적 성격을 지닌 지역해 또는 광영해양 생태계(LMEs, large marine ecosystem)를 대상으로 문제를 해결하는 것이 바람직하다[9]. 이와 관련하여 이미 시행하고 있는 유넵의 지역해 프로그램의 활용이 앞으로 탄력을 받을 것으로 보인다. 국제적 차원의 메커니즘과 지역해 차원의 메커니즘이 상충되는 것은 아니다. 국제적 차원의 메커니즘은 특정 문제에 대해 지구 전체적인 추이를 제시하고 문제 대응을 위해 지역해 차원의 메커니즘에게 필요한 재원과 기술지원을 제공할 수 있다. 반면에 지역해 차원의 메커니즘은 그 지역에서의 복합적인 문제에 대해 우선순위를 정해 종합적인 대응을 할 수 있도록 한다. 많은 경우에 국제적 차원의 메커니즘과 지역적 차원의 메커니즘간에 조정과 협력을 통해 보다 효율적으로 친환경 해양을 만들 수가 있다.

4. 국제해양분야에서 우리나라의 위치

우리나라는 3면이 바다로 둘러싸여 있고, 해양에 지속가능발전을 의존하고 있어 해양의 환경문제를 다루는 국제협약이나 국제기구의 활동에 보다 전향적이고 적극적으로 참여해야 할 것이다. 그럼에도 불구하고 지금까지 우리는 해양문제에 대해 국제사회에서 소홀히

해 온 것이 사실이다. 우리의 해양 나아가서 주변과 전 세계 해양을 보호하는 데 앞장 서야 될 입장임에도 불구하고 우리는 국제사회의 해양문제 논의에 소극적인 태도를 견지해 온 것이다. 그나마 다행인 것은 동북아지역의 환경협력 특히, 해양분야의 협력에 대해서는 우리의 주도로 많은 사안들이 논의되고 있다. 해양분야에서는 지역협력이 더 큰 비중을 차지하고 있음을 감안할 때 앞으로 우리나라의 국제해양분야에 대한 기여도는 높아질 전망이다.

해양분야 협력

우리나라는 거의 대부분 해양분야 협약이나 이니시어티브, 행동계획 등에 가입해 있다. 유엔해양법협약을 비롯하여 런던협약과 런던의정서, 육상기인 오염방지 행동계획, 해양오염방지협약, 선박으로부터의 오염대응 협약(MARPOL), 핵 물질 운송관련 안전규정 국제문화유산 및 자연유산 보호협약 등 주요 해양분야 규범의 당사국이 되어 있다. 그러나 우리의 가입시기를 보면 대부분 초기에 가입하기 보다는 규범이 성립하고 난 후 한 참 뒤에 가입이 이루어졌다는 것은 우리가 그만큼 관심이 적었다는 것을 반증하는 것이다. 현실적으로 볼 때, 우리나라는 아직도 손 쉬운 해양투기 현상이 많이 일어났다. 육상기인 해양오염의 경우도 그렇고 서해나 동해 등 인근 해에 대량의 해양투기행위가 지속적으로 이루어졌었다.

해양분야 국제규범은 대부분 강제의무이행 수단이 결여되어 있어 위반 시 제재수단이 없다. 우리나라가 어느 정도 국제규범을 위반하는 지에 대해 정확히 파악하기도 어렵지만 위반했을 경우에 이를 강제하는 수단이 없기 때문에 위반의 경우를 파악하기도 쉽지 않다. 그러나 이러한 위반 행위는 결국 국제사회에 우리나라의 이미지에 부정적인 영향을 미치게 됨으로써 전반적인 우리의 국익에 나쁜 영향을 미치게 될 것이다.

그러하기 때문에 우리는 국제해양협력의 필요성에 대해 인식의 증대가 필요하고 이를 바탕으로 해양 오염자들의 자발적인 노력과 관련 당국의 효과적인 행정능력의 발휘가 요구된다. 해양의 문제는 어족자원이나 오염 같은 단편적인 문제를 넘어서 해양 생태계의 보존 및 지속가능한 이용을 위한 방향으로 접근해야 할 것이다. 이 문제의 첫 걸음은 해양보호, 특히 우리나라의 인근 해를 보호할 필요성에 대해 국민의 인식을 증대시키는 것이다. 이에는 우리나라 정부의 역할만이 아니라 시민단체와 NGO의 역할도 이에 못지 않게 필요하다. 무엇보다 행정당국은 부처간의 업무분장과 업무조정을 통해 일관성 있고 총체적인 접근이 필요하다.

현재 해양분야 환경문제는 해양수산부가 주무부서로 그 동안 노력한 결과 우리나라 해양 사정은 크게 개선되고 있다. 그러나 앞으로 보다 지속적으로 해양환경을 개선하기 위해서는 부처간 또는 중앙부처와 지방자치단체간의 업무협조나 조정을 개선해 나가야 할 것이다. 또한 이 분야의 전문가가 양성되지 않아서 전문적이고 지속적인 조치를 취하기가 어려운 실정이다. 따라서 부처간의 업무분장과 조정, 전문가 양성 등의 기본적인 인프라 개선을 계속 추구해 나가야 할 것이다.

우리나라 해양문제와 해양협력의 사례

국제해양협력을 위한 규범을 비준 등을 통해 우리나라에 받아들이면 우리나라 정부는 이의 이행을 위한 국내법 또는 행정명령을 제정하는 등의 절차를 취해야 한다. 앞서 말한 바와 같이 우리나리는 현재 많은 협력사례를 가지고 있다. 이 중 중요한 몇 가지 사례를 소개한다.

<육상기인 해상오염 방지에 관한 협력 사례 >

우리나라도 육상기인 해상오염 방지를 위한 지구행동계획(Global Programme of Action)의 당사국으로서 우리나라 연안과 인근해를 보호할 법적 책임이 있다. 사실 우리나라 연안에도 하수처리 미비로 인하여 적조현상을 가져오는 해수의 부영양화, 콜레라 등 각종 질병을 발생시키는 오염이 확산되어 왔다. 이에 따라 우리나라 해양수산부는 2009년부터 오염총량관리제를 도입해서 마산만 등 일부 지역에서 시범 실시하고 있다.

오염총량관리제는 오염물질의 배출을 농도가 아닌 총량 기준으로 규제하는 것으로 해양의 자정능력을 초과해서 오염되어 가는 상황을 막기 위한 방책이다. 그러나 이러한 행정당국의 시행에도 문제가 되고 있는 것은 첫째가 정확한 현실판단문제이고 둘째가 엄격한 시행여부이다. 자장능력이 과연 상실되었느냐 하는 현실판단과 만일 자정능력이 이미 한계를 초과했다면 과도기적인 특단조치, 즉 어느 정도 기간 동안 더 엄격한 규제가 설정되고 장기적으로 필요한 규제를 설정하는 것이 순서일 것이다.

이러한 문제들을 과연 행정당국이 어느 정도 의지를 가지고 이행하느냐 하는 것과 앞으로 이러한 시범 사례를 전국적으로 확대해 나가는 정책이 필요할 것이다.

<해양투기 관리 사례>

우리나라는 런던협약과 1996년 런던 의정서 당사국으로 해양투기를 관리해 나갈 책임이 있다. 1996년 런던 의정서가 2006년 발효한 것과 때를 맞추어 우리나라도 2006년 2월 해양환경관리법령(구해양오염방지법령) 개정시 배출가능품목을 축소 조정하고, 해양배출처리 기준을 강화하는 등 의정서 내용의 수용을 실질적으로 완료했다. 그 후 행정정비 등 준비단계를 거쳐 우리나라가 2009년 1996년 런던 의정서에 가입하였음은 이미 설명한 바와 같다.

우리나라는 그 동안 해양투기에 대한 인식부족과 행정능력부족으로 투기행위를 실효적으로 관리하지 못했지만 2006년부터 해양투기에 대한 착실한 관리를 해옴에 따라 우리나라도 명실공히 국제적 추세에 발 맞추어 나가고 있다.

국토해양부가 발표한 통계 자료에 의하면 아래 통계표와 간이 우리나라 인근 해에 대한 해양 투기는 2005년에 피크를 나타내다가 그 후 차츰 감소하여 2009년에는 약 4백8십만 입방미터가 되었다. 그러나 이에 그치지 않고 앞으로 산업폐기물, 유독성 적체 등 국제규범에 의해 금지된 물질의 해양투기를 완전히 근절할 단계에까지 이르러야 할 것이다.

육상폐기물 해양투기량추이

(단위 : 천㎥)

	2000	2001	2002	2003	2004	2005	2006	2007	2008	2009
해양투기량계	7,104	7,671	8,475	8,874	9,749	9,929	8,812	7,451	6,173	4,785
액 상 류	3,795	4,164	4,684	5,259	5,884	5,827	5,190	4,462	3,628	2,734
오 니 류	2,787	3,004	3,074	3,056	3,230	3,115	3,050	2,777	2,505	2,033
무 기 물	444	295	450	368	372	373	216	34	23	9
기 타	78	208	267	191	263	614	356	178	17	9

출처: 국토해양부(해양경찰청 해양투기량 집계자료)

주 : 액상류 - 분뇨, 축산분뇨, 폐수, 음식물류 처리폐수
오니류 - 분뇨처리오니, 폐수처리오니, 가축분뇨처리오니, 하수처리오니
무기물 - 광물성폐기물
기타 폐기물 - 수산가공 잔재물, 원료동식물 폐기물

<러시아의 동해 핵폐기물 투기 관련>[10)]

1972년 런던협약을 채택할 때 고준위 핵방사성 물질은 완전 투기금지대상이 되었고, 저·중준위 핵방사선 물질은 특별허가에 의해서만 투기가 가능하도록 규정되어 있다. 1993년 런던협약 제16차 당사국 회의시 저·중준위 핵방사선 물질도 투기금지 대상에 포함이 되었는데 이 때 러시아는 이 결의안(LC 51,16) 채택에 대해 유보의사를 표명하였다. 그 후 우리나라를 포함한 많은 당사국들이 러시아에게 이 조항의 유보를 철회하도록 촉구하였으나 러시아는 수용준비 중이라는 이유로 아직 유보를 철회하지 않고 있다. 이 문제는 러시아의 핵물질 동해 투기와 관련이 되어 특히 우리의 관심을 끌고 있다.

런던협약 부속서 II에는 중·저준위의 핵물질에 대한 허가 발급시 투기물질의 특성과 구성성분, 투기지역의 특성과 처분방법 등 모든 요인을 고려하도록 되어 있었다. 또한 국제원자력기구는 특별허가를 허용하는 요구조건으로 1) 투기장소가 국내수역, 대륙붕 및 주변 해역 밖으로 나가야 할 것, 2) 투기지역의 수심이 4,000미터 이상일 것, 3) 투기지역의 위도는 북위 50도 내지 남위 50도 사이일 것 등을 내세우고 있다.

한편, 이 협약은 일정한 경우에는 예외를 인정하여 유해물질의 해양투기를 허용하고 있다. 첫째, 기상이변에 따른 불가항력의 경우 또는 인명, 선박, 항공기, 선착장 기타 인공구조물에 대한 위험을 초래하는 경우에, 해양투기가 위난회피의 유일한 수단이고 그로 인해 결과되는 위험이 다른 상황하에서 발생하는 위험보다 적게 되는 한 폐기물질의 종류에 상관없이 해양투기가 가능하다(제 V조 1항). 둘째, 인류건강에 막대한 피해를 주고 다른 해결책이 없는 비상사태의 경우, 부속서 I에 속하는 유독물질이라도 해당국가로부터 특별허가를 발급받아 해양투기를 할 수 있다(제 V조 2항). 셋째, 부속서 I에 해당하는 물질이 물리적, 화학적, 또는 생물학적 과정에 의해 급속하게 해양유기체 및 인류건강에 무해한 물질로 되는 경우에는 해양투기를 금지하지 않는다. (부속서 I, 8항). 넷째, 부속서 I. 1-5에 해당하는 물질이 극소량의 오염물질(trace contaminants)인 경우에도 해양투기를 할 수 있다(부속서 I, 9항). 다섯째, 국제법상 주권면제(sovereign immunity)의 특권이 인정되는 선박이나 항공기의 경우(예:군함, 해군보조함, 국가가 소유하거나 운영하는 기타 선박 내지 항공기로서 정부의 비상업적 업무에 이용되는 경우)에는 유독물질의 해양투기에 관한 이 협약의 규제를 받지 않게 된다. 다만 각 당사국은 주권면제의 특권을 누리는 선박이나 항공기가 런던협약의 목적과 일치하는 방식으로 행동하도록 보장하여야 한다.(제 VII조 4항) 이 같은 예외규정에 비추어 볼 때 고준위핵폐기물과 고준위핵물질이라고 할지라도 제한된 범위 내에서나마 해양투기를 할 수 있는 길이 열려 있고, 중·저준위핵폐기물도 특별허가 없이 투기할 수 있도록 되어 있다. 다만 협약규정에 대한 예외에 해당되는 때에도 인간과 해양환경에 대한 피해를 최소화해야 한다는 일반적인 의무에 따라야 하며, 해당 당사국은 금지된 폐기물의 해양투기 전에 그로 인해 악영향을 받게 되는 국가 및 국제해사기구 등의 국제기구와 사전협의를 하고 국제기구가 권고하는 적절한 절차에 따르되, 실제로 취한 조치와 투기한 유해물질의 내용을 국제기구에 즉시 보고하도록 되어 있다.

그런데 현실에 있어서는 상황이 간단하지 않다. 영국과 러시아를 비롯한 다수의 핵 국가들은 협약규정과 국제원자력기구의 지침을 무시하고 고준위, 중준위 및 저준위의 핵폐기물을 해양에 투하해 왔다. 이러한 투기행위는 결과적으로 인류의 건강과 해양환경을 위태롭게 하기 때문에 대다수 국가들과 비정부간 기구들이 강하게 반대를 했으며, 이에 대한 일정한 제재조치가 요구되었다. 그 결과 1983년에 개최된 런던협약 제7차 협의당사국회의(Consultative Meeting)에서는 핵 물질에 관한 전문가회의의 최종보고서가 제출될 때까지 모든 핵 물질의 해양투기 동결(moratorium)을 촉구하는 결의안을 채택하였고, 1985년 제9차 협의당사국회의에서는 핵폐기물 해양투기의 정치적, 법적, 경제적, 그리고 사회적 측면에 대한 연구와 평가가 이루어질 때까지 모든 핵폐기물의 해양투기를 동결하자는 결의안을 채택 함으로써 이를 재확인하였다. 이들 결의안은 협약 본문을 개정하는 것이 아니라 부속서 개정의 형태로 협약에 포함되며, 법적 구속력이 없어서 협약당사국들을 강제하지 못하기 때문에 이를 준수하지 않아도 국제법위반으로 제재를 가할 수 없도록 되어있다. 러시아는 결의안 표결에서 기권한 후 해양투기를 계속하였으며, 영국은 방사성물질의 해양투기를 포기하지 않을 것이라는 입장을 밝히는 등 몇몇 국가들은 사실상 이 결의안을 따르지 않았다.

1993년 개정안에서 중요한 관심사가 되고 있는 것은 부속서 I, 제 9항에 명시된 최저기준(de minimis level)의 방사능 개념이다. 부속서 I의 제 9항에는 "핵폐기물의 해양투기 금지는 최저기준의 방사능을 포함하는 하수오니, 준설물질 등 폐기물의 해양투기에는 해당되지 않는다"고 규정되어 있다. 즉 최저기준의 방사능을 포함하는 폐기물의 해양투기는 허용된다는 것이다. 여기에서 방사능의 최저기준은 IAEA가 정의하고 당사국이 이를 채택하도록 되어 있다. 이 규정에 의하면 최저기준의 방사능을 어떻게 정의하는가에 따라 투기가능한 방사능물질이 결정되므로 이를 정의하는 문제가 당사국들 사이에서 중심과제로 떠오르게 된 것이다.

1997년 12월에 열린 제 19차 협의당사국회의에서는 IAEA에 의뢰하여 투기예정인 폐기물질이 투기 가능한가 아니면 특별한 평가가 더 필요한가를 결정하는 원칙을 설정하도록 요청하는 데 합의하였고, 이에 따라 IAEA는 관련 보고서를 작성하여 제 20차 협의당사국 회의에 제출하였다. IAEA 보고서는 최소기준 개념에 자연적인 방사능(natural origin)이기 때문에 제어할 수 없는 경우이거나 개인에게 피해를 줄 위험이 극히 낮은 경우에는 런던 협약의 목적상 특정한 물질은 해양투기 금지로부터 제외되어야 한다고 결론을 맺고 있다.

그러나 여기에서 개인에게 피해를 미칠 위험 여부를 판단기준으로 삼는 데에는 논란의 여지가 있다. 방사능이 인간에게 영향이 없음을 정의하는 방법으로는 총량으로 정의하는 방법과 에너지 크기에 의해 정의하는 방법 등이 있다. 이중에서 일반적으로 많이 쓰이는 방법이 총량으로 정의하는 방법인데, 이 방법에 의하면 인체가 노출되는 시간에 비추어 총량이 작은 경우 안전한 것으로 판단하게 되지만, 실제로는 총량이 작더라도 인체에 치명적인 영향을 미칠 수 있는 에너지가 포함되는 경우도 배제할 수 없다. 그와 같은 경우의 확률이 높은 것은 아니지만 가능하다는 점에서 주의를 요한다.

제 20차 협의당사국회의는 IAEA의 보고서를 재검토한 후 최저기준 개념의 정의와 적용에 관한 임시 전문가그룹(Ad Hoc Group of Experts on the Definition and Application of the de minimis Group)을 만들기로 합의하였고, 이에 따라 만들어진 전문가 그룹은 IAEA 보고서를 바탕으로 최소기준 개념의 적용에 관한 지도원칙(Guidelines for the Application of the de minimis concept under the London Convention 1972)을 설정하여 제 21차 협의당사국회의에 제출, 승인을 받았다. 이 지도원칙은 런던협약의 해양투기 금지 규정을 고려할 때 어떤 물질이 비방사성물질로 판단될 수 있는가를 정의하고 있다. 즉 단계적인 평가절차에 따라, 최소기준의 방사성물질이라고 볼 수 있는 물질인가 아니면 더 이상의 평가가 필요한가를 판단하는 것이다. 이 원칙은 앞으로 과학적 기술적 발전에 따라 재검토되어 갈 것이다. 결론적으로 러시아의 동해 핵 물질 투기를 방지할 수단이 현재로서는 없고 다만 러시아가 자발적으로 핵 투기를 중단하기를 바랄 뿐이다.

<북태평양보전실천계획>

북서태평양보전실천계획(NOWPAP, Action Plan For the Protection and Development of the Marine Environment and Coastal Areas of the Northwest Pacific Region)이 채택되었다. NOWPAP은 동북아 해양환경 보호를 위해 한국, 일본, 중국 및 러시아가 참여하고 있는 협력체이다. NOWPAP은 유넵이 1970년대부터 추진해 온 지역해 사업(Regional Seas

Programme)의 일환으로 1994년 서울에서 개최된 제1차 회의에서 설립되었다. NOWPAP은 동해에 대한 명칭 문제로 진통을 겪으면서 교착상황에 있다가 1996년 제2차 회의(동경)에서 대상 해역을 위도, 경도(북위 33°~52°, 동경 121°~143°)로 결정하여 해양환경협력 본연의 업무를 추진할 수 있게 되었다. 이 회의에서는 또한 연간 신탁기금 조성 규모를 연간 50만 불로 결정하여 NOWPAP 활동의 재정적 기반을 마련하였다[11].

사업활동목표는 환경상태의 평가, 효율적 데이터 베이스의 구축, 연안 및 해양환경의 예방적 통합기획, 연안 및 해양환경의 통합적 관리계획 수립 및 채택, 상호지원 규정의 채택 등을 그 내용으로 하고 있으며 이것을 실천하기 위하여 1999년 제4차 회의(북경)에서는 4개 지역활동센터(RAC, Regional Activities Center)를 설립하기로 결정하였으며 이 결정에 따라 한국은 유류오염방제센터, 중국은 데이터센터, 일본과 러시아는 모니터링센터를 설치하게 되었다[12].

2000년 제6차 회의(동경)에서는 NOWPAP 사무국(RUC)을 한국과 일본에 공동으로 설치하는 결정이 채택되었으며, 이 결정에 따라 부산 국립수산과학원과 일본 토야마현에 NOWPAP 사무소가 각각 설치되었다. 이로서 NOWPAP 부산 사무소는 한국에 설치된 유일한 국제기구가 되었다.

[주] 제7장 해양 분야

1) 아젠다 21 제17장에서는 해양, 폐쇄 또는 준폐쇄된 해역을 포함한 모든 바다와 연안지구에 대한 보호와 해양생물자원의 보호, 합리적 이용과 개발을 요청하고 있다.
2) 해양환경보호를 위한 협약으로는 육상기인오염방지행동계획, 런던협약, 해양오염방지협약 등이 있고, 해양생물자원 및 생태계 보호협약으로는 어족자원협약, 생물다양성협약, 국제습지보전협약, 멸종위기에 처한 동식물 거래에 관한 협약 등이 있다.
3) Global Programme of Action for the Pretection of the Marine Environment from Land-based Activities.
4) 런던협약(London Convention)은 1972년 채택되어 1975년부터 발효했다. 사무국은 IMO의 사무국이 겸하고 있다.
5) 2010년 4월 20일 멕시코만 해상에서 발생한 남부 루이지애나주 베니스시에서 남동쪽으로 80여㎞ 떨어진 멕시코만 해상에서 BP가 운영 중이던 석유시추시설 '디프 워터 호라이즌'에서 폭발과 함께 화재가 발생했다. 이후 사고 발생 3개월여 만인 7월 15일 차단돔 설치가 성공할 때까지 하루 3만 5000~6만배럴의 원유가 바다로 쏟아졌다. 미해안경비대의 추정에 따르면 지금까지 유출된 기름의 양은 최소 300만 배럴에서 최대 520만 배럴에 이른다. 미 역사상 최대규모의 기름유출 사고인 1989년 알래스카 해역 엑손 발데즈호 기름유출사건 25만 7000배럴의 최소 10배 규모다. 현재까지 미국 당국의 노력으로 회수한 기름의 양은 약 82만 배럴이고, 26만 배럴은 해상에서 소각했다고 한다. 멕시코만 기름유출은 인근 어업에 타격을 입힐 뿐만 아니라 2,600 여종의 야생 동물을 포함하여 막대한 생태계 파손을 한 것으로 유추된다. 또 이러한 생태계 파손은 그 미치는 영향이 당해 지역의 바다뿐만 아니라 인근해에 까지도 영향을 미칠 것이라는 점에서 해양환경에 미치는 영향이 매우 클 것이다.
6) The United Nations Agreement for the Implementation of the Provision of the United Nations Convention on the Law of the Sea of 10 December 1982 relating to the Conservation and Management of Straddling Fish Stocks and Highly Migratory Fish(Fish Stocks Agreement)
7) Code of Conduct for Responsible Fisheries
8) United Nations General Assembly Informal Consultative Process on Oceans and the Law of the Sea
9) Lee A. Kimball, "International Ocean Governance"(IUCN, 2001)
10) 러시아의 동해 핵폐기물 투기에 대한 국제적 책임(인터넷 구글 사이트)
11) NOWPAP 신탁기금은 연간 50만불 조성 목표에도 불구하고 매년 31만 5천불만이 조성되고 있다. (한국 10만불, 일본 12만 5천불, 중국 4만불, 러시아 5만불)
12) NOWPAP 지역활동센터 : Marine Environmental Emergency Preparedness and Response Regional Activity Center(MER/RAC, 한국), Special Monitoring and Coastal Environmental Assessment Regional Activity Center(CEA/RAC, 일본), Data and Information Network Regional Activitiy Center(VEA/RAC, 중국), Pollution Monitoring Regional Activity Center(DIN/RAC, 중국), Pollution Monitoring regional Activity Center(POM/RAC, 러시아)

제8장 폐기물 및 유해화학물질 분야

인구가 증가하고 산업활동이 왕성해짐으로써 어느 나라 할 것 없이 폐기물이 쌓이게 된다. 폐기물은 특히 먹고 살 만한 선진국에서 개도국보다는 그 처리문제를 더 심각하게 생각하는 경향이 있다. 폐기물을 처리하는 방법이 각국마다 다르고 각국의 책임하에 폐기물을 처리해 나가면서 그 처리기술도 발전시켜 나가고 있다. 폐기물을 처리하는 가장 일반적인 방법으로는 매립, 적체(한적한 곳에 쌓아두는 것), 소각 등이 있다. 그러나 매립과 적체는 공간 확보의 문제와 추가적인 환경의 문제가 있고 소각은 경비문제와 소각 후 나타날 수 있는 또 다른 환경문제(다이옥신 등 유해물질의 대기 오염 등)가 나타날 수가 있는 등 아직도 기술적으로 완벽한 처리방법은 개발되어 있지 않다. 폐기물이 국제적으로 문제가 되는 것은 유해한 폐기물이 국경을 넘어서 다른 나라, 특히 선진국에서 개도국으로 이동하는 경우이다. 선진국들은 폐기물의 자국 내 처리보다 손 쉬운 방법으로서 폐기물의 국경 이동, 즉 수출, 수입을 선택하는 경우가 많았다. 이것은 주로 선진국에서 개도국으로 폐기물이 이동되는 것으로서 폐기물을 수용할 의사와 받아들일 공간이 있는 개도국에 돈을 주고 이동시켰다. 대략 1970년대부터 유해폐기물의 국가간 이동문제가 발생, 인체에 대한 위험성이 제기되어, 유해폐기물의 교역을 극소화 하고, 국가간 마찰을 해소할 필요성이 대두되었다. 이에 따라 1987년 유엔총회의 결의를 거쳐 정부간 회의를 개최하게 되었다. 유해폐기물의 이동은 자칫하면 사고로 이어지고 인명을 살상할 가능성이 있고 또 개도국의 환경을 훼손할 수 있기 때문에 국제적으로 이러한 유해폐기물의 이동을 통제하려는 노력이 있었다. 그 결과로서 바젤협약이 채택되었으며 현재 유해폐기물의 이동 억제와 관련한 국제적인 규범이 되어 있다.

유해화학물질(hazardous chemicals)은 유해폐기물(hazardous waste)과는 달리 현재 상품으로서 정상적으로 거래되어 많은 나라에서 사용되고 있는 화학물질이다. 오늘날 통용되는 화학물질은 약 10만 여 종류가 된다. 유해화학물질에 대해서는 그 물질의 유용성을 인정하기 때문에 이를 전면적으로 억제하기 보다 그 물실이 인체나 환경에 유해한 면을 최소화하기 위한 국제적인 노력이 있다. 유해폐기물 분야와 유해화학 물질 분야는 인체에 해롭다는 점에서 유사성이 있을 뿐 아니라 독성 화학물질도 쓰고 나면 유해폐기물이 되므로 구분을 하기가 어렵다는 점에서 동질적인 면이 있다. 실제로 바젤협약에서도 다수의 화학물질 폐기물도 다루기 때문에 이 두 분야는 서로 그 영역을 넘나들게 된다. 따라서 이 두 분야를 본 장에서 함께 다루고자 한다. 사실 2010년 2월 발리에서 개최된 바젤협약, 로테르담협약, 스톡홀름협약의 공동특별회의는 이러한 공통점 때문에 이들 분야간에 서로 협력해 나감으로써 중복된 부분을 최소화하기 위해서 개최된 것이다. 앞으로 여사한 회의가 더 진화되어 나갈 가능성이 있다.

폐기물 분야

폐기물분야에는 앞서 말한 바젤협약 이외에도 폐기물의 해양투기를 금지한 런던협약, 폐기물의 남극투기를 금지하는 남극 환경보호 의정서(Protocol on Environmental Protection to the Antarctic Treaty)도 있으나 런던협약에 대해서는 이미 앞에서 설명하였고, 여기서는 바젤협약, 바젤협약 책임배상의정서, 유해폐기물의 아프리카지역 수입금지와 아프리카 국가간의 이동을 통제하기 위한 바마코 (Bamako)협약과 남서태평양 도서국가들에 대한 유해폐기물 이동을 제한하기 위한 와이가니(Waigani)협약 등에 대해서만 설명한다.

1. 바젤협약

바젤협약은 폐기물 이동시 발생가능한 사고예방 위해 폐기물 이동절차를 통제하고 유해폐기물의 생산을 최소화하며 유해폐기물의 개도국으로의 이동을 금지하기 위하여 채택되었다. 1970년대 초부터 구미제국을 중심으로 하여 유해 폐기물의 국가간 이동이 발생하게 되었으며, 1980년대 초부터는 구미선진국으로부터 발생한 폐기물이 아프리카 개도국으로 이동되어 방치됨으로써 환경문제가 야기되었다. 이에 따라 인체의 건강 및 환경에 피해를 끼칠 위험성이 있는 유해 폐기물의 국가간 이동과 이에 따르는 문제들을 다룰 수 있는 국제규범의 채택 필요성이 유엔환경계획(UNEP) 등에서 논의되었다. 그 후 1987년 12월 제42차 유엔총회에서 협약채택을 위한 정부간 회의를 개최할 것을 결의하였고, 정부간 회의를 통하여 협약의 초안이 작성되었다. 이런 과정을 거쳐 협약의 초안이 1989년 3월 스위스 바젤에서 채택이 되었고 소정의 절차를 거쳐 1992년 5월 발효되었다. 2009년 말 현재 173개국이 가입하였으며 협약의 사무국은 제네바에 있다. 바젤협약은 유엔환경계획(UNEP)의 업무 중에 포함되기 때문에 유넵이 협약의 사무국 역할을 한다.

1980년대 후반에 선진국에서 환경보호를 강화함에 따라 폐기물 처리비용이 급격히 상승했다. 폐기물 처리에 보다 값싼 방법을 모색하는 과정에서 폐기물을 개도국으로 이동하는 방법이 나왔으며 주로 부유한 유럽에서 개도국이나 동유럽 국가들로 이동하는 결과를 가져왔다. 이러한 사실이 알려지면서 바젤협약의 채택으로 이어졌다. 바젤협약은 유해폐기물의 국제교역을 규제하는 최초의 국제협약으로서 유해폐기물의 생산, 관리, 국경이동과 처리에 따른 나쁜 영향으로부터 인간의 건강과 환경을 보호하기 위해 채택된 것이다. 바젤협약은 유해폐기물 교역을 최소화 하고, 불법교역을 규제하는 등 국가간의 공동지침을 확립하였다. 특히, 협약의 채택으로 개도국은 무분별한 유해폐기물 수입을 사전 통제, 규제할 수 있게 되었고 선진국은 대내적으로는 환경보호 단체 및 여론에 부응할 수 있게 되었으며, 대외적으로는 유해폐기물로 인한 개도국과의 마찰을 해소할 수 있게 되었다. 바젤협약은 폐기물에 대한 관리능력이 있는 국가들간에 재활용을 위한 폐기물 이동을 저해하려는 것은 아니고, 유해폐기물 처리 및 관리능력이 없는 개도국의 환경을 보호하기 위해 유해폐기물을 선진국으로부터 개도국으로 이동하는 것을 금지하려는 것이다.

바젤협약은 유해 폐기물 등의 폐기물의 국경이동에 대해 규정하며 당사국들에게 이러한 폐기물들이 친환경적인 방법으로 관리되고 처리되도록 하는 의무를 지운다. 바젤협약은 독성, 폭발성, 부식성, 가연성, 환경 유해성(ecotoxic), 전염성이 있는 폐기물을 대상으로 하고 있다. 협약의 당사국들은 이러한 폐기물의 이동량을 최소화하고 가능한 한 생산지에 가까운 장소에서 처리하도록 하며, 근본적으로 폐기물 생산을 막거나 최소화하도록 요구된다.

협약의 주요내용

협약은 유해 폐기물의 국가간 이동과 관련하여 규제대상, 유해 폐기물의 종류, 협약 당사국의 권리의무 및 협약 당사국의 협조사항 등을 규정했다. 협약은 전문과 29개 조항 및 6개의 부속서로 되어 있다.

<협약의 적용범위>

협약은 유해폐기물의 종류를 45개로 분류하고 이를 부속서 I에 넣었다. 그리고 이들 45개의 종류를 외형상 열거한 이외에도 유해특성을 가져야 된다고 하고 그 유해성분을 부속서 III에 명시하였다. 유해 폐기물은 1998년에 유해 폐기물 리스트를 채택하여 이를 부속서 III에 합치시킴으로써 이론의 여지가 없도록 하였다. 나아가 이들 분류에 속하지 않더라도 수출, 수입을 하거나 경유하는 국가의 국내법이 유해폐기물로 규정한 폐기물을 포함하도록 함으로써 좀 더 포괄적으로 유해 폐기물을 규정하였다.

또한 방사성폐기물과 선박의 정상 항해 중에 발생된 폐기물은 타 협약에서 규정하기 때문에 이 협약에서는 제외하였다. 그러나 방사성폐기물과 관련하여 국제법 상의 적용을 받지 않는 저준위 및 자연발생 방사성 폐기물은 바젤협약의 적용을 받는다.

<협약 당사국의 의무사항 명시>

협약 당사국은 협약에 의하여 몇 가지 의무를 지게 되며 이에는 통보의무와 일반적 의무가 있다. 협약 당사국은 자국법에 의한 본 협약 부속서 이외의 폐기물에 대한 결정사항 및 변동사항을 협약 사무국에 통보해야 한다.(제3조)

협약 당사국은 유해폐기물 수입금지를 선언한 나라에 대한 수출 금지, 유해폐기물 처리기술이 부족하다고 판단되는 나라에 대한 수출 금지 등 일반적인 의무사항을 이행해야 한다. 또한 협약 당사국은 수입금지를 선언하지 않았다고 하더라도 유해폐기물 수출시 수입국으로부터 서면 동의를 받아야 한다.(제4조)

협약 당사국과 협약 비당사국간 유해폐기물의 수출과 수입은 허용되지 않는다.(제4조 5항)

<유해폐기물의 국가간 이동절차 규정>

유해폐기물의 국가간 이동요건을 수출국이 처리기술, 장소 등을 갖추지 못한 때, 수입국이 재이용 또는 재생산업의 원재료로 사용할 때, 수입국의 기후 등 조건이 수출국에서의 처리보다 환경상 유리하다고 판단될 때로 하였다.(제6조)

수출국은 수입국과 경유국 같은 이동에 관련되는 국가의 주무기관에 문서로써 통지하고, 60일 이내에 서면동의를 받은 후 이동을 시작한다. 만일 이러한 동의 없이 이동을 할 때에는 수출한 물건을 재수입해야 한다.(제8조)

<불법교역 폐기물 및 불법교역자에 대한 조치사항>

불법교역 폐기물은 수출국가가 주관이 되어 자국으로 회수하거나 통보 받은 날로부터 이 협약에서 정한 방법대로 적절히 처리해야 한다. 불법교역자는 당해 국내법의 절차에 따라 처벌 조치를 취하고 관련 당사국은 상호 협조해야 한다.(제9조) 그러나 이 조항을 위반했을 경우 이에 대한 처벌에 대해서는 말이 없다.

<양자, 다자 및 지역협정 체결 권장>

협약 당사국은 제4조 제5항의 규정에도 불구하고 협약의 목적에 상치하지 않는 범위 내에서 협약 당사국간 또는 협약 당사국과 비당사국간에 폐기물의 이동에 관한 협정을 체결할 수 있다.(제11조) 이러한 개별적인 협정은 협약의 전반적인 목적 달성에 도움을 줄 수 있다는 판단 때문이다. 따라서 유넵이나 협약 사무국은 이러한 협정 체결을 지원하고 있다.

협약체결 후 동향

1992년 협약이 발효된 후 10차례의 당사국회의[1]를 거치면서 이동금지 되는 유해폐기물의 범위가 점차 명확해 지면서 확대되어 왔다. 최초의 협약은 느슨하여 실제 이행과정에서 드러난 문제점들은 당사국회의를 통하여 보완, 개선되어 왔다.

<유해폐기물 이동 금지 이행강화>

1992년 12월 1차 당사국회의에서는 선진국에 의한 최종 처리용 유해폐기물의 개도국 이동이 금지되었으며 유해폐기물이 재활용 또는 리사이클링을 위해 국경을 이동할 경우 환경적으로 건전한 방법으로 행해지도록 요구했다. 1994년 3월 2차 당사국 총회에서는 OECD 국가에서 비 OECD 국가로의 유해폐기물 이동이 금지되었고 1997년 말까지 재활용 또는 리사이클링 목적의 폐기물의 수출을 금지해 나가기로 했다. 1995년 제3차 당사국 회의에서는 이미 결정한 바 있는 선진국에서 개도국으로 최종처리용 유해폐기물의 이동 금지를 즉각 이행할 것을 결정하는 한편, 재활용 유해폐기물을 1998년부터 전면적으로 이동금지하는 결정을 하였다. 협정을 개정하는 이러한 조치를 금지조항개정(Ban Amendment)이라고 한다. 개정된 협약이 발효하려면 개정안 채택 당시 당사국의 3/4의 비준이 필요하나 Ban Amendment 의 비준국이 이에 미치지 못하여 1998년부터 유해폐기물의 이동 금지는 이행되지 않고 있다.

이러한 개선에도 불구하고 규제대상 폐기물이 모호하여 실제 적용에 있어서는 어려움이 있었다. 이를 해결하기 위해 1998년 제4차 당사국회의에서는 폐기물 목록의 구체적 리스트를 작성하기로 하여 그 리스트를 협약의 부속서 Ⅷ과 부속서 Ⅸ으로 채택하였다.

◎ Ban Amendment 발효요건

제2차 및 제3차 당사국회의에서 유해 폐기물의 최종 처리나 리사이클링을 위해 부속서 VII 국가(EU, OECD, 리히텐슈타인)로부터 비부속서 VII 국가(기타 국가)로 이동하는 것을 금지하였다. 또한 제3차 당사국회의에서는 이 금지가 바젤협약에 대한 수정으로서 포함되기를(incorporate) 하였다. Ban Amendment는 이러한 배경에서 유래한다.

대부분의 당사국은 협약 개정당시 발효요건(fixed time approach)에 의해 Ban Amendment가 발효하기 위해서는 협약 개정안 당시 당사국의 3/4인 62개국 비준을 발효요건으로 알고 있으나, 현재의 당사국 수의 3/4를 발효요건으로 한다면(current time approach) 사정이 달라진다. 따라서 Ban Amendment가 발효하기 위해서는 이에 대한 해결이 선행되어야 한다. 현재 협약 서명국이 173개국이며 그 3/4는 130개국이 되는데 2009년 말 현재 협약의 비준서를 기탁한 나라의 수는 68개국이어서 Ban Amendment의 발효에는 예상보다 좀 더 시간이 소요될 것으로 보인다.

<책임배상문제>

이와 같이 이미 체결된 협약의 범위 내에서 협약의 이행을 명확히 하는 한편 협약의 이행 과정에서 발생한 피해에 대한 책임배상 문제가 대두됨으로 1999년 12월 스위스 바젤에서 개최된 제5차 당사국회의에서는 책임배상을 위한 책임배상의정서에 대한 논의를 하였다. 이 논의는 불법적인 폐기물 덤핑이나 사고로 인한 투하를 다룰만한 재원이나 기술이 없는 개도국들의 우려에서 1992년부터 논의되기 시작했다. 이 논의는 바젤협약 책임배상 의정서 채택으로 이어졌다.

바젤협약 책임보상의정서는 유해폐기물 등 폐기물의 국경이동의 결과 나타나는 손해에 대한 적절하고도 즉각적인 보상체제를 지원하기 위해 만들어 졌다. 여기에는 이들 폐기물의 불법적 교역으로 인해 발생하는 사고도 포함한다. 의정서는 사고의 경우 누가 재정적으로 책임이 있는지를 말해준다.

<장기 목표 설정 및 조직개편>

또한 제5차 당사국회의에서는 폐기물을 친환경적으로 관리하기 위한 각료선언문을 채택하였다. 각료선언문에서는 바젤협약의 향후 10년간 활동목표로 폐기물의 친환경적 관리(ESM)를 선정하고, 폐기물의 최소화, 청정생산의 장려, 불법교역 감시, 제도 및 기술적 능력형성, 지역센타의 활동 강화 등을 중점적으로 추진할 것을 명시했다. 또한 2002년 12월 제네바에서 개최된 제6차 당사국회의에서는 바젤협약 이행을 위한 10년간 전략계획을 채택했고 제7차 및 제8차 당사국 회의에서는 장기 전략계획의 이행상황을 점검하였다.

제6차 당사국회의에서 훈련 및 기술이전을 위한 바젤협약 지역센터와 바젤협약 이행 및 준수 증진을 위한 이행위원회를 설립했다. 또한 부속기구를 13명으로 구성되는 확대의장단 및 Open Ended Working Group으로 개편했다.

<파트너십 프로그램>

2002년 요하네스버그에서 개최된 지속가능발전세계정상회의에서 처음으로 나타난 정부, 국제기구와 민간간의 자발적 협력을 내용으로 하는 파트너십을 조성하기 위하여 제7차 당사국회의 이래 파트너십 프로그램을 강화하고 있다. 파트너십의 주요 내용으로는 지속가능한 발전의 일환으로 유해물질 생산의 최소화, 유해폐기물의 이동, 유해물질 재사용 등 적절한 처리 및 관리 등이다.

<전자 폐기물의 이동 및 관리문제>

지금까지 주된 산업폐기물 등과는 다른 새로운 개념의 유해폐기물로서 휴대폰 및 컴퓨터 등에 대한 관심이 전반적으로 높아졌다. 제8차 바젤협약 당사국회의에서는 주된 의제가 전자 폐기물에 대한 환경적으로 건전한 관리였다. 우리나라는 휴대폰과 PC을 포함한 전자제품의 세계적인 제조국이다. 따라서 다른 어떤 나라보다도 전자제품의 폐기물에 대해 관심을 가지지 않을 수가 없다. 정부 및 기업이 공동으로 참여하는 바젤협약 최초의 파트너십으로 휴대폰 프로젝트가 진행되어 사용종료(end-of-life)된 휴대폰에 대한 지침을 만드는 중에 있다. 우리나라는 '휴대폰 회수 및 국경이동에 관한 프로젝트' 등에 적극 참여중이나, 우리의 이익을 반영하기 위해서는 관련 업체가 보다 적극적으로 참여하여 우리에게 유리한 방향으로 추진될 수 있도록 노력할 필요가 있다.

2009년 현재 전 세계 휴대폰 사용자는 40억 명 이상이며 현재 휴대폰 생산업체들은 휴대폰 폐기물을 줄이거나 관리하는 방법을 찾아내기 위해 바젤협약과 파트너십을 형성하고 있다. 휴대폰 이외에도 전자 폐기물에는 사용 종료된 컴퓨터, 프린터와 액세서리, TV 세트 등이 있다. 이들 전자제품들은 급속한 기술발전과 신 모델의 등장으로 짧은 주기(short life span)로 교체되기 때문에 폐기물이 많이 나온다. 전자 폐기물에는 수은, 납, 카드뮴 같은 유해물질이 많이 포함되어 있다. 따라서 전자 폐기물을 환경적으로 건전하게 관리하는 문제와 생산 당시 전주기적인 통합된 접근방법에 대해 관심이 모아지고 있다.

<선박해체>

바젤협약 제6차 당사국회의시 환경친화적인 선박해체 문제에 대해 논의하기 시작했다. 친환경적인 선박해체에 관한 기술지침을 채택하고, 기술지침을 적용하는 과정에서 경험한 어려움을 보고해 줄 것을 요청하였다. 국제해사기구(IMO)에서는 선박 소유자들이 바젤협약에서 거론된 기술지침에 따라 선박을 해체하도록 유인책을 수립할 것을 권장했다. 선박해체문제와 관련 어느 시점부터 폐기물로 간주할 것인지, 선박 폐기물의 관할국을 어디로 할 것인지, 여타 국제법과의 관계를 어떻게 설정할 것인지, 선박폐기 의사를 어떻게 확인할 것이지 등 해결해야 할 사안이 적지 않다. 국제해사기구에서도 이미 선박해체와 관련한 법적인 요구사항에 대한 협정에 대해 검토를 시작했지만 바젤협약 차원에서 해야 할 역할이 분명해 지고 있다.

폐기 선박과 관련해서 방기된(버려진) 선박문제가 있다. 버려진 선박이 인간의 건강이나 환경에 영향을 미치는 경우도 상정할 수 있기 때문이다. 따라서 이 문제도 현재 당사국회의나 실무회의에서 논의 중에 있다.

선박해체 문제와 관련해서 세계적인 조선(造船) 국가인 우리나라는 다른 어떤 나라보다도 이해관계가 큰 만큼 많은 관심을 가져야 한다. 우선 선박해체에 관한 우리의 상황을 정확히 파악해야 한다. 우리가 배를 만들어 팔 경우 이와 관련되는 제반 사항, 폐선박의 연간 수출량, 수출 대상국 등을 파악해야 할 것이다.

<잔류성 오염물질>

제6차 당사국회의 결정사항에 따라 스톡홀름 협약에서 규정하고 있는 12종의 잔류성 오염물질을 함유하는 폐기물을 친환경적으로 처리하기 위한 지침을 마련하기 시작했다. 이를 위한 작업반이 구성되어 일반기술지침서와 5개의 물질군별 특정기술지침서를 만들었다. 일반지침서는 잔류성 오염물질 폐기물의 지정기준, 잔류성 오염물질 폐기물의 파괴 및 돌이킬 수 없는 변형기준, 환경친화적인 처리방법의 구성요소 등 일반적인 원칙을 기술하고, 특정기술지침서는 물질별로 세부 적용 가능한 방법론을 기술하고 있다. 제8차 나이로비 당사국회의에서는 잔류성 오염물질 중 DDT와 몇 가지 살충제 그리고 디옥신과 푸란 등에 새로운 가이드라인을 만들었다.

<불법교역과 준수체계>

유해 폐기물 등 폐기물의 불법 국경이동을 탐지하고 저지하는 것은 폐기물 이동에 있어서 매우 중요한 일이다. 현재 불법 유해폐기물 이동은 전세계적으로 보편화되고 있는 상황이다. 앞으로 바젤협약은 바젤협약의 준수체계 문제와 관련하여 유해 폐기물의 불법 국경이동을 탐지하고 저지하는 실효적인 방법에 대해 논의를 해 나갈 것으로 전망된다. 협약준수체계의 목적은 당사국들이 협약 의무를 따를 수 있도록 함으로써 협약의 목적달성을 지원하기 위함이다. 협약준수체계를 관장하는 위원회가 구성이 되어 있는데 구성원은 지역적 안배에 의해 5개 유엔 지역 그룹으로 구성되어 있다.

불법교역은 교역이란 측면에서 세계무역을 관장하는 세계무역기구(WTO) 등과도 관련이 된다. 유해한 폐기물의 수출은 금지될 수 있고 유해한 폐기물의 수입도 허가제로 될 수가 있다. 이 점에서 바젤협약과 WTO 간에는 협력할 여지가 있다.

<로테르담 협약 및 스톡홀름 협약 등과의 공조>

유해화학물질을 다루는 협약이 바젤협약 이외에도 로테르담협약과 스톡홀름협약이 있다. 스톡홀름 협약은 잔류성유기 물질을 규제하는 협약인데 잔류성유기 물질은 대체로 독성화학물질이다. 로테르담협약은 일정한 유해화학물질과 살충제의 국제교역 시 사전통고승인절차를 규정함으로써 유해화학 물질을 관리하는 협약이다.

바젤협약은 폐기물이란 점에서 다른 두 협약과 구분되지만 규제 대상에 독성 또는 유해화학물질이 포함된다는 점에서 유사성이 있고 그 만큼 이 세 협약간에는 협력과 조정이 될 경우 중복을 지양하고 효율성을 제고할 수 있다. 실제 이러한 착상 하에 2010년 2월 발리에서 세 협약간의 공동특별당사국회의가 개최된 바도 있으며 앞으로 이 세 협약은 더욱 협력해 나갈 것으로 예상된다.

<지역협력의 중요성 대두>

2002년 제6차 당사국회의에서는 2010년까지 유해 폐기물 또는 기타 폐기물에 대한 친환경적 관리가 효율적으로 이루어 지도록 하는 것을 내용의 바젤협약의 이행을 위한 전략적 계획에 대해 의견의 일치를 보았다. 또한 당사국회의는 이 전략적 계획을 이행하기 위하여는 지역적 차원에서 지역센터[2]가 중심적 역할을 하는 체제가 되어야 함을 강조하였다.

제8차 당사국회의는 전략적 계획의 이행에 있어 바젤협약 지역 및 조정센터의 역할과 임무에 대해 논의를 하였다. 지역센터는 훈련, 기술이전, 정보제공, 자문 등의 역할을 할 뿐만 아니라 지역 주민들의 인식을 제고하는 데에도 중요한 역할을 하게 될 것이다.

우리나라 관련 사항

우리나라의 바젤협약 가입은 우리나라가 지구환경 보호를 위한 국제적 노력에 동참하는 뜻이 있긴 하지만 이 역시 몇 가지 점에서 볼 때 우리나라는 환경문제에 있어서 전향적인 자세를 나타내고 있지 않다는 점을 말해준다. 즉, 다른 대부분의 환경협약과 마찬가지로 바젤협약이 발효된 후 3년 만에 65번째로 가입한 점, 현재 전세계 173개국이 바젤협약에 가입해 있다는 점, 바젤협약 개정(Ban Amendment)과 바젤협약 책임배상 의정서에는 아직 가입해 있지 않을 뿐만 아니라 본격적인 검토조차 이루어지지 않고 있다는 점 등은 전 세계적으로 볼 때 우리나라가 환경문제에 있어서 선두 그룹에 있지 않다는 것을 나타내 준다.

1995년 바젤협약 금지개정의 채택시 우리나라는 자원 재활용을 위한 폐기물 수입금지에 반대했으나, 유해폐기물 처리능력이 없는 개도국 보호라는 바젤협약의 정신에 따라 우리나라의 태도가 적극 반대에서 소극적 용인으로 변했다. 그러나 여전히 우리나라는 이 금지개정에 서명하지 않고 있다. 현재 우리나라는 폐기물의 수입보다 수출량이 많은 실정이기 때문에 금지개정에 가입한다면 수출에 지장을 초래할 것이다. 그러나 개도국에 대한 유해폐기물의 수출은 윤리적으로도 맞지 않으며 OECD 국가간의 폐기물 교역은 금지개정 발효후에도 가능하기 때문에 우리나라도 금지개정에 가입하는 문제를 적극 검토해야 할 것이다.

우리나라는 1997년 OECD 가입 이후 폐기물 관리 및 수출입에 관련된 OECD 규정에 따라 국내 폐기물 관리법 및 규정을 정비하였으며(1997.12), 1998년 제4차 당사국회의에서 폐기물 리스트가 채택됨에 따라 이 리스트와 OECD 규정에 따라 폐기물 리스트를 고시하였다. 폐기물과 관련이 있는 남극조약(Antarctic Treaty, 1959년 발효)에는 1986년, 환경보호에 관한 남극조약의정서(Protocol on Environmental Protection to the Antarctic Treaty, 1991년 발효)에는 1996년, 남극해양생물자원보존에 관한 협약(Convention on the Conservation of Antarctic Marine Living Resources, 1980년 발효)에는 1985년 가입하였다. 이는 우리나라가 남극에 기지를 확보하여 진출하고 있기 때문에 1980년 대 이후에 가입한 것이다.

2. 바젤협약 책임배상 의정서

협약 제12조 및 제1차 당사국회의 결정에 따라 1993년부터 1999년까지 유해폐기물의 국가간 이동 및 처리과정에서 발생한 손해의 책임과 배상을 규율하는 부속의정서 초안 마련을 위한 법률, 기술전문가 회의를 매년 1회씩 개최하였다. 그러나 배상기금 설치 조항, 배상책임 주체 등에 대한 선진국과 개도국간의 의견 대립으로 의정서 문안 채택이 지연되었다. 바젤협약 채택 10주년을 기념하는 제5차 당사국회의에서 의정서 문안이 타결되지 못할 경우 논의 자체가 실종될 수 있다는 위기감에서 의정서 문안이 최종 타결되었다. 협약의 공식 명칭은 '유해폐기물의 국가간 이동 및 그 처리에서 기인하는 손해에 대한 책임배상의정서'(Basel Protocol on Liability and Compensation for Damage Resulting from Transboundary Movements of Hazardous Wastes and their Disposal)이다.

의정서의 목적은 유해폐기물과 기타 폐기물의 국경이동에서 기인하는 손해에 대해 적절하고도 즉각적인 보상은 물론 책임에 대한 포괄적인 레짐을 제공하는 것이다. 의정서는 사고의 경우 누가 이에 대한 금전적 책임이 있는지, 폐기물이 수출을 위한 수송수단에 실리는 시점부터 국경이동의 각 단계, 국제적인 통과, 수입과 최종 처리 등이 다루어 지고 있다. 의정서가 채택됨으로써 폐기물의 이동과 처리 중에 나타나는 사고로 인한 오염 피해자들에 대한 손해배상 보장을 할 수가 있게 되었고, 폐기물 교역 업계의 부주의에 따른 오염사고의 발생을 감소할 수 있게 되었다. 바젤협약 책임배상 의정서는 환경관련 국제법적 체계에 있어서 책임배상문제를 다룬 최초의 국제규범으로서 핵 물질과 관련된 사고나 유류오염 사고와 관련한 국제적 민사책임배상체제와 함께 앞으로 다른 국제환경협약의 책임배상체제 도입에 영향을 미칠 것으로 전망된다.

의정서는 1999년 제5차 당사국회의에서 채택되었으며 의정서 제20조에 의하면 20개국이 비준서를 기탁한 날로부터 90일 후에 발효하기로 되어 있다. 그러나 2009년 말 현재 23개국이 서명을 하였으나 10개국 밖에 비준을 하지 않아 아직 발효가 되지 않고 있다. 2008년 제9차 당사국회의에서 의정서의 조속한 발효를 위해 비준해 줄 것을 호소한 바 있다.

의정서 주요내용

앞서 말한 바와 같이 의정서의 목적은 불법거래를 포함한 유해폐기물과 그 밖의 유해폐기물이 국가간 이동 또는 처리 중에 발생한 사고로 인해 발생한 손해에 대하여 책임과 배상에 관한 포괄적인 체제(regime)를 마련하는 데 있다. 이러한 목적을 달성하기 위해 의정서는 일정한 적용 범위, 책임의 주체, 여타 책임배상협정과의 관계, 책임배상의 한계, 보험 및 기타 재정적 보증, 배상 메커니즘 등 상세한 내용을 규정하고 있다.

<의정서의 적용 범위(제3조)>

의정서는 제3조에서 적용 시점, 적용의 종료, 적용 당사자 등에 대해 규정하고 있다. 의정서에 의한 책임배상은 폐기물이 수출국의 영토 내에서 운송수단에 적재된 순간부터 적용되고, 폐기물의 종료 통보 시 또는 통보하지 않은 경우 처리 종료시 종료된다. 이 경우 중간처리 및 저장 등의 목적을 가진 폐기물은 해당이 되지 않으며 중간처리 및 저장 등의 목적을 위한 폐기물의 경우에는 후속 처리 종료시 의정서에 의한 책임배상 문제가 종료된다.

의정서는 당사국에서 발생한 피해에 대해서만 적용되며 수출국만이 당사국인 경우 처리자가 폐기물을 인수할 때까지, 수입국만이 당사국인 경우 처리자가 인수한 시점부터 적용된다. 만일 수출국과 수입국이 모두 당사국이 아닌 경우에는 의정서가 적용되지 않는다. 그러나 의정서의 당사국은 아니지만 다자 또는 지역협정의 당사국으로서 경유국인 군소도서국가에 대해서는 의정서가 적용된다.

바젤협약 제11조에 따라 체결된 양자, 다자 및 지역협정의 당사국에서 피해가 발생하고 이 협정이 의정서의 목적을 충분히 충족할 수 있는 책임배상체제를 갖추고 있으며 사무국에도 관련 내용이 통보된 경우에는 의정서가 적용되지 않는다. 또한 국내법으로 지정된 유해폐기물의 경우에는 원칙적으로 의정서가 적용되지 않는다. 그러나 수출국 또는 수입국 또는 수출국과 수입국이 모두 사무국에 통보한 폐기물인 경우와 사고가 유해폐기물로 간주하고 있는 국가에서 발생한 경우에는 의정서가 적용된다.

<무과실 책임의 주체(제4조)>

과실책임이 명백히 밝혀지지 않는 경우에는 무과실 책임이 적용된다. 이 경우 무과실 책임의 주체는 처리자가 폐기물을 인수할 때까지는 수출 통지자가, 인수한 후로는 처리자가 책임을 지며 통보가 이루어지지 않은 경우에는 수출자가 책임을 진다. 수입국만이 국내법으로 지정한 유해 폐기물의 경우 수입자는 최종 처리자가 폐기물을 인수할 때까지 무과실 책임을 진다. 만일 폐기물이 계약대로 처리될 수 없는 경우 통지자가 재수입에 따른 무과실 책임을 지며 불법교역인 경우에는 재수입자가 무과실 책임을 진다.

<여타 책임배상협정과의 관계(제11조)>

의정서와 여타 양자, 다자, 지역협정이 동일한 사고에 대해 동시에 적용이 되는 경우에는, 해당 협정의 당사국에 대해서는 의정서를 적용하지 아니한다.

<책임배상의 한계(제12조)>

과실책임은 무한 책임배상을 한다. 무과실 책임의 금전적 한계는 부속서에 규정되어 있다. 부속서에는 통지자와 수출자의 경우 폐기물량이 5톤 이내인 경우 1백만 SDR[3], 1만톤 이내인 경우 1천만 SDR, 1만톤 이상의 경우 1톤 초과당 1천 SDR을 부과하도록 되어 있다. 최종 처리자의 경우에는 처리 물량에 관계없이 2백만 SDR 이상을 부과한다.

<보험 및 기타 재정적 보증(제14조)>

제4조의 적용범위에 해당하면 책임 있는 사람은 부속서 B의 2항에 명시된 최소 한계 이상의 금액을 보상받을 수 있는 보험(insurance)이나 채권(bond) 또는 금전적 보증(financial guarantee) 체제를 확립해야 한다. 의정서에 의한 어떠한 청구도 보험이나 금전적 보증을 제공하는 측에게 직접해야 한다. 금전적 보증을 제공하는 사람은 의정서 4조의 책임 있는 사람이 청구절차에 참여하도록 요구할 권리가 있고 의정서 4조의 책임 있는 사람이 행사하는 변호권을 행사할 수 있다.

의정서의 영향

바젤협약 책임배상 의정서는 향후 환경관련 책임배상 국제협약의 모델이 될 것으로 보인다. 그러나 이 의정서는 자국에 미치는 영향이 크기 때문에 많은 나라가 비준을 하지 않고 있어, 의정서가 발효되기까지는 상당한 시간이 소요될 것으로 보인다. 그럼에도 불구하고 일단 의정서가 발효된다면 다른 무역제한 조치와 마찬가지로 의정서도 자유무역제도에 대한 심각한 제한으로 작용할 가능성이 크다. 자유무역에 대한 이러한 제한은 지속가능한 발전을 이루기 위한 조치로 정당화 되고 있지만 이 문제는 무역과 환경에서 나타나듯이 WTO와의 충돌을 예고하고 있다.

다자환경협약에 대한 WTO의 부정적 판정이 나온다면 이는 환경론자들의 거센 반발을 받을 것이다. 따라서 환경론자들은 이러한 다자협약이 국제법에서 합법적으로 받아들여지도록 로비를 하고 있다. 바젤협약이 WTO와 타협할 수가 있을까? 바젤협약이 유해폐기물의 무역과 관리에 대해 보다 구체적이고 전문적인 규제 성격을 갖는 한 바젤협약은 당사국들간에 WTO의 무차별 원칙으로부터 합의에 의한 이탈을 뜻한다. 그런데 사실은 역설적으로 이것이 바로 1992년이래 바젤협약과 GATT가 공존해 왔던 배경이기도 하다. 세계 대부분의 국가들이 WTO에도 가입을 했고 또 바젤협약에도 가입을 했다는 것은 WTO의 도전이 있을 것 같지 않다는 예상을 가능하게 한다.

바젤협약의 두 당사자간에 분쟁이 발생하면 그들은 GATT/WTO의 규정을 인용하지 않을 것이다. 만약 바젤협약 당사국들이 리사이클 물질에 대해 1997년 협약개정(Ban Amendment)에 따라 무역금지 조치를 취했다면 그 금지조치는 후법우선의 원칙에 따라 1995년에 채택된 WTO의 의무를 무력화 시킬 것이다. 같은 맥락에서 바젤협약의 금지개정(Ban Amendment)의 비당사국들은 리사이클 물질이나 기타 폐기물의 거래를 금지하는 국가들에 대해 GATT/WTO의 권리를 보유하게 될 것이다. 바젤협약의 금지개정에 대해 만일 WTO 패널이 판정을 내린다면 금지개정을 인정하지 않게 될 가능성이 크다. 이것은 WTO 20조의 예외규정을 적용하여 금지조치를 허용하느냐 하는 문제인데, 환경보호를 이유로 비당사국들에게 강압적인 무역조치를 취하는 것이 정당화할 수가 있을 것 같지가 않기 때문이다. 세계적인 조선(造船)국가인 우리나라는 선박과 관련된 손해배상 문제에 매우 민감할 수 밖에 없다. 더욱이 관련 보험 상품이 없는 우리 보험업계 및 폐기물 수출업계는 이러한 경향에 대해 대비책을 세워 나가야 할 것이다. 의정서가 발효되기 전에 수출업계 및 보험업계들이 의정서의 내용을 이해하여 국내제도를 개선하고 보완해 나가야 할 것이다.

3. 바마코(Bamako)협약

바마코협약의 공식명칭은 '유해폐기물의 아프리카지역 수입금지와 아프리카 국가간 이동을 통제하기 위한 바마코협약[4])이다. 바마코는 아프리카 북부의 말리공화국의 수도로서 1991년 아프리카 통합기구(OAU)의 12개 국가가 유해폐기물의 수입금지를 하기 위해 체결한 국제협약이며 1998년 발효되었다. 1980년대 선진국의 아프리카 지역에 대한 유해폐기물 수출이 급증하면서 환경오염문제가 심각해진 것이 협약 체결의 배경이다. 1987년 일어난 한 예로서 이탈리아 회사인 Ecomar와 Jelly Wax로부터 유해폐기물 18,000배럴이 나이지리아로 수출되었는데 이탈리아 회사는 그 대가로 순다이 나나(Sunday Nana)지역의 농부들에게 매월 미화 100불을 지불하기로 되어 있었다. 라고스 항구에 저장되어 있는 이 유해폐기물은 폴리염화비페닐을 포함한 독성폐기물로 판명이 되어 결국 이탈리아로 되돌아 갔다.

바마코협약은 그 형식에 있어서 바젤협약과 비슷하나 모든 유해폐기물의 수입을 금지한다는 측면에서 바젤협약보다 한층 더 강력한 금지내용을 담고 있다. 바마코협약은 바젤협약에 나타나 있는 어떤 유해 폐기물의 금지에 대해서는 일체 예외가 인정되지 않을 정도이다. 2009년 말 현재 아프리카 33개국[5])이 서명을 했고 이 중 24개국이 바마코협약 사무국인 OAU 사무국의 사무총장에게 비준서를 기탁했다.

협약의 주요내용

협약의 적용범위는 바젤협약과 같은 다른 협약에 의해 관할되지 않는 유해폐기물이다. 건강 및 환경적 요인으로 국내법규에 의해 금지된 유해물질은 이 협약상 유해폐기물로 간주된다. 방사성 폐기물도 이 협약의 적용을 받는다.(제2조)

협약 당사국은 자국의 관할지역내에서 비당사국으로부터 아프리카 대륙으로 유해폐기물의 수입을 금지할 국내적 조치를 취할 의무를 진다. 어떠한 종류이더라도 유해폐기물의 수입은 불법적인 것으로 간주된다. 이를 위하여 모든 당사국은 유해폐기물 수입관련 정보를 사무국에 통보해야 하고 사무국은 이러한 정보를 다른 모든 당사국에도 통보한다. 그리고 모든 당사국은 앞으로 비당사국으로부터 유해폐기물 유입을 금지하기 위해 당사국회의를 통해 협력한다. (제4조) 또한 협약 당사국은 경제수역 및 공해를 제외한 해양 및 내수에 대한 유해폐기물의 투기 금지에 대한 조치를 취하여야 한다. 이러한 금지는 비당사국뿐만 아니라 당사국들도 준수해야 한다(제4조2항).

협약은 유해폐기물의 발생 및 거래를 금지하기 위하여 사전예방조치를 인정하고 있다. 당사국들은 제4조 3항에 오염방지원칙과 청정생산방법에 있어서 사전예방원칙을 존중해야 하고 허용되는 물질을 추구하는 소극적인 방법을 탈피해야 한다고 규정함으로써 보다 적극적으로 유해폐기물 생산, 투기, 거래금지에 임하고 있다.

당사국들은 친환경적인 유해폐기물의 관리를 위하여 각국의 국내법규의 범위내에서 아프리카 지역의 국제기구와의 협력을 강조하고 있다. 이러한 협력은 양자 또는 다자 차원에서 정보교환, 모니터링, 친환경적인 기술개발, 협정체결 등에서 이루어 진다.(제10조 및 제11조) 배상책임에 관하여는 바젤의정서와 같은 의정서안을 준비하도록 했다.(제12조)

이 협약의 재정 및 예산은 각국의 능력에 따라 당사국들간에 분담하도록 되어 있으나 이 협약은 아프리카지역 국가들로서 당사국을 구성하고 있기 때문에 이 협약을 이행하기 위한 예산 및 재정 조달이 어려운 문제이다. 협약 제13조는 비상시의 경우 회전자금(revolving fund)을 이용할 것을 규정하고 있다. 또한 협약은 지역적 차원의 훈련과 기술이전 센터의 설립을 위하여 자발적 기금과 같은 적절한 기금체계를 언급하고 있다. 그러나 회전자금이든 자발적 기금이든 아프리카 이외의 선진국으로부터 지원 없이는 어려운 상황이다.

4. 와이가니(Waigani)협약[6)]

이 협약의 정식명칭은 '남태평양지역에서 유해폐기물 및 방사성 폐기물의 대도서국 수입금지와 유해폐기물의 국경이동 및 관리를 통제하기 위한 협약'이다. 이 협약은 1995년 파푸아 뉴기니아의 와이가니에서 채택되어 2001년 발효되어 매 2년마다 당사국회의를 개최하고 있다. 협약은 태평양 도서국가에 개방되었고 2008년 6월 현재 파푸아 뉴기니, 호주, 쿡 아일랜드, 마이크로네시아, 피지, 기리바시, 나우루, 뉴질랜드, 니우에, 사모아, 솔로몬 아일랜드, 통가, 투발루, 바누아트 등 15개이다. 영국, 미국, 프랑스 및 마샬 아일랜드는 회원국 자격은 있지만 아직 가입하지 않고 있다. 또한 팔라우는 1995년에 서명은 하였으나 아직 비준을 보류하고 있다. 남태평양환경계획[7)](SPREP) 사무국이 와이가니협약 사무국 역할을 하고 있다.

와이가니협약의 목적은 유해폐기물 및 방사성폐기물이 남태평양지역으로 유입되는 것을 줄이거나 방지하는 것이다. 또한 태평양 지역에서 유해 및 독성 폐기물의 생산을 최소화하고, 친환경적인 방법으로 가능한한 폐기물 생산지로부터 가까운 장소에서 폐기물을 처리하도록 지원하는 것이다. 협약은 독성(toxic and poisonous), 폭발성, 부식성(corrosive), 가연성, 생태계 유해성(ecotoxic), 전염성, 방사성 성분을 가진 폐기물을 대상으로 하고 있다. 협약 당사국은 유해폐기물 및 방사성폐기물의 수입을 금지하고 유해폐기물의 생산을 최소화하며 폐기물이 친환경적인 방법으로 다루어지고 처리되도록 협력해야 할 의무를 진다.

협약은 무엇보다 국제적으로 남태평양 지역을 통과하는 선박을 통제함으로써 이 지역에 폐기물 덤핑을 막아주는 역할을 하게 될 것이고 이 지역에 유해폐기물과 방사성폐기물을 제거할 수 있는 지역적 체계를 만들어 줄 것이다. 무엇보다 이 협약이 가져다 주는 큰 이점은 지금까지 자행되어온 유해폐기물과 방사성폐기물의 투기를 막는 제도를 확립하는데 있다. 시급한 위험은 아니지만 간과할 수 없는 효과로는 장래 언젠가는 인체에 해를 끼칠 수 있는 방사성폐기물의 재해 가능성을 줄이는 것이 있다. 협약이 발효됨으로써 당사국들은 해난 사고의 위험으로부터 훨씬 안전하다는 생각을 하게 되었다.

협약의 사무국 역할을 하는 SPREP는 이 지역 주민들의 훈련과 능력형성의 책임을 지고 있다. SPREP의 이러한 활동은 태평양 도서국가들이 친환경적 방법으로 폐기물을 관리하는 능력을 개발시키는 데에 기여를 하고 있다. 기존의 SPREP 활용은 추가적인 비용을 절약함으로써 와이가니협약의 존속과 발전에 큰 도움이 되고 있다. 또한 각 당사국은 자국내에 이 업무를 담당할 당국과 초점(Competent Authorities and Focal Points)을 지정함으로써 예산 절감뿐만 아니라 업무의 효율성도 도모하고 있다.

유해화학물질 분야

오늘날 많은 화학물질이 생산되고 있다. 대개 화학물질은 기술이 발달한 선진국에서 개발되고 생산되어 왔지만 지금은 선진국의 기술과 자본으로 개발도상국에서도 많이 생산해 낸다. 1981년 보팔사고로 알려진 가스 폭발 사고의 예[8]와 같이 위험하고 값비싼 노동력 때문에 선진국들은 생산지를 개도국으로 옮기는 경우가 많았다. 생산과정에서도 문제이지만 쓰고 난 화학물질은 위험한 폐기물이 된다. 이 폐기물은 이리 저리 옮겨 다닌다. 화공약품, 살충제, 비료, 농약, 살충제 등 독성을 가진 화학물질과 산업화의 결과로서 발생하는 각종 산업폐기물이 불법 또는 재활용 명분으로 처리시설을 제대로 갖추지 못한 개발도상국에 수출, 방출됨으로써 환경 및 인간건강에 심각한 영향을 미친다. 유해화학물질의 위험성에 대한 인식은 개도국보다 선진국에서 높아 현실적으로 개도국은 이러한 위험에 대해 더욱 많이 노출되고 있다.

다양한 종류의 유해화학물질과 이를 함유한 상품들이 생산되어 유통됨으로써 인체와 환경에 해로운 결과를 가져올 가능성이 크므로 이에 대한 규제의 필요성이 제기되었다. 이러한 유해화학물질은 한편으로는 생활에 유용한 면이 있지만 다른 한편으로는 인체와 환경에 해롭다. 따라서 이러한 유해화학물질의 생산을 완전히 막기 보다는 유해한 화학물질의 유통에 대한 인지를 강화시키고 안전한 관리를 강화함으로써 안전을 도모하려는 노력이 있다. 일부 화학물질은 일단 방출되면 잔류하거나 장거리 이동성을 가지고 있어 한 국가의 노력만으로 그 부작용을 해결하기가 어렵다. 또한 화학물질의 국제적 교역이 증가함에 따라 크고 작은 안전사고가 일어나서 인체 및 환경에 치명적인 해를 끼칠 가능성도 높아지고 있다. 이에 따라 유넵, OECD, 화학물질안전에 관한 정부간 협의기구(IFCS, Intergovernmental Forum on Chemical Safety), 국제화학물질 안전계획(IPCS, International Plan for Chemical Safety) 등 국제기구를 중심으로 전세계 화학물질 안전관리를 위한 제도적 장치를 마련하고자 노력하고 있다.

이러한 상황에서 1992년 리오정상회의에서 채택된 아젠다 21(제19장)에서는 이의 중요성을 인식하여 '유해 또는 위험한 제품의 불법 국제적 이동방지와 유해화학물질의 안전관리'를 언급하고 있다. 또 2002년 요하안네스버그에서 개최된 지속가능발전 세계정상회의(WSSD)에서도 아젠다 21의 화학물질 안전관리를 재확인하는 한편, 2020년까지 사전예방원칙(Precautionary Principle)에 입각한 위해성 평가(Risk Assessment) 및 위해성 관리(Risk Management)의 실현과 개발도상국의 화학물질관리역량 제고를 통하여 화학물질의 생산과 사용에 따른 건강과 환경에 대한 위해성을 최소화한다는 목표와 행동계획을 채택하였다. 또한 WSSD에서는 이 목표달성에 필요한 구체적인 행동(Action)을 제시하였다. 이러한 세계적 움직임에 발맞추어 각종 협약이 채택되었는데 유해화학물질의 이동을 규제하는 국제협약으로는 유해화학물질의 교역시 사전통고승인 절차를 규정하는 로테르담협약과 잔류성오염물질(POPs)의 생산과 수출을 규제하는 스톡홀름협약이 있다.

1. 로테르담협약

유해화학물질의 통제를 위하여 사전통고승인절차를 규정하고 있는 로테르담협약의 공식명칭은 '특정유해화학물질 및 살충제의 국제교역시 사전통보승인절차에 관한 로테르담협약' (The Rotterdam Convention on the Prior Informed Consent Procedure for Certain Hazardous Chemicals and Pesticides in International Trade)이다. 1987년 유넵과 세계식량기구(FAO)는 공동으로 유해화학물질에 관한 과학적, 기술적, 경제적, 법률적 정보의 상호교환을 통하여 화학물질의 국제거래시 각국 정부의 화학물질 관리능력의 향상을 지원하기 위하여 런던 가이드라인을 채택하였다. 런던가이드라인의 골자는 바로 사전통고승인(PIC, Prior Informed Consent)이다.

1995년 유넵은 FAO과 협의해서 유해화학물질의 교역시 사전통고승인제도의 적용을 법제화하기로 하였다. 이에 따라 6차례의 정부간 협상회의를 개최하여 협약안을 만들었으며 1998년 9월 로테르담에서 열린 협약서명을 위한 외교회의에서 협약안이 채택되었다. 협약의 규정에 의해 50개국이 비준서를 기탁한 후 3개월 후인 2004년 2월 24일부터 발효되었으며 2009년 현재 73개국이 서명하였고 56개국이 비준서를 기탁하였다. 우리나라는 1999년 서명하여 2003년 비준했다. 현재까지 4회의 당사국회의[9]가 개최되었다.

협약의 주요내용

협약은 유해화학물질의 생산이나 유통을 직접 규제하기 보다는 유통되는 유해화학물질에 대한 경각심을 일깨우기 위해 사전통고승인절차와 정보교환을 규정하고 있다. 사전통고승인 절차와 정보교환은 협약의 가장 중요한 핵심사안이라 하겠다.

<사전통고승인절차>

사전통고승인절차(PIC절차)는 정보교환과 함께 로테르담협약의 핵심 조항이다. 협약 부속서 III에 열거된 개개의 화학물질에 대해서 결정지침서(DGD, Decision Guidance Document)가 해당 화학물질의 장래수입을 허용할 것인지 여부에 대해 결정을 취해줄 것을 각 당사국에게 요청한다. 사무국은 이에 대한 각국의 결정내용을 당사국들에게 회람시키고 6개월마다 업데이트 한다. 이에 따라 PIC절차는 모든 당사국에게 협정 부속서 III에 열거된 해당 화학물질에 대한 장래 수입의향에 대한 공개된 사전결정을 할 기회를 주는 셈이고 모든 당사국은 그들의 수출이 수입국의 수입결정에 반하여 행해지지 않을 것이라는 점을 확인시켜 줘야 한다.(제5조)

이 때 수입국은 결정지침서를 접수한 후 9개월 이내에 해당 화학물질의 향후 수입에 대한 의견서를 사무국에 제출하여야 한다. 수출국은 사무국이 발송한 수입국의 결정내용을 수출국내 관련되는 법인(회사) 또는 자연인이 이를 준수할 수 있도록 법적, 행정적 조

치를 취해야 한다.(제10조 및 제11조)

유해한 살충제 등 화학물질의 사용에 따른 문제점을 경험한 당사국은 사무국에 해당 화학물질을 PIC 절차에 포함시킬 것을 제안할 수 있다. 또한 보조기관이 문제점이 있다고 판단하는 화학물질을 PIC 절차에 포함시키기를 당사국 총회에 건의할 수가 있다. 이 경우 당사국 총회는 컨센서스로 PIC 대상물질리스트에 이를 포함시킬 것인지 여부를 결정한다.(제6조 및 제7조)

<정보교환>

정보교환의 대상은 협약 부속서 III에 포함되어 있는 화학물질뿐만 아니라 협약 당사국 내에서 금지 또는 엄격히 제한되어 있거나 개도국 또는 전환 경제국[10](countries with economic transition)에서 사용시 문제를 야기한 유해 살충제를 포함하는 광범위한 화학물질이다.

협약은 당사국들간에 잠재적인 유해화학물질에 대한 정보를 획득하고 유사한 상황에 있는 국가들간에 정보와 경험을 공유할 수 있는 기회를 제공하고 있다. 로테르담협약체제하에서 유해화학물질에 관한 중요한 정보란

- 금지되거나 엄격히 제한되어 있는 화학물질에 관한 최종 규제조치에 대한 공시
- 심각한 유해 살충제 형태에 관한 제안서
- 화학물질검토위원회에 의해 부속서 III 리스트에 포함시킬 것을 권고 받은 화학물질
- 협약 부속서 III에 현재 나타나 있는 화학물질 같은 것이다.

최종 규제조치의 통고

매 6개월마다, 당사국이 제출한 화학물질의 금지나 엄격한 규제에 대한 최종 규제조치의 요약과 협약의 부속서 I의 정보요청서에 나타나는 정보의 요약이 출판되어 PIC Circular에 의해 회람된다.

◎ 심각한 유해 살충제 형태에 관한 제안서

매 6개월마다, 개도국이나 전환경제국가들이 사용시 문제를 야기한 심각한 유해살충제 형태에 관한 제안서의 요약이 출판되어 PIC Circular에 의해 배포된다. 이 요약서는 로테르담협약 데이터베이스에서 찾아볼 수 있다.

◎ 화학물질검토위원회에 의해 부속서 III 리스트에 포함시킬 것을 권고 받은 화학물질

협약 당사국회의는 매 2년마다 개최하고 화학물질검토위원회는 매년 개최한다. 따라서 당사국 회의에 의해 결정되는 부속서 III의 리스트 작성과 화학물질검토위원회에 의한 결정지침서간에는 대략 18개월의 간격이 있게 된다. 만일 당사국회의가 화학물질검토위원회의 권고에 대한 결정을 내리지 못할 경우에는 그 간격은 3.5년이 된다.

이 간격이 있는 기간에 당사국들간에 이러한 화학물질에 대한 정보교환을 활성화하기 위하여 개별화학물질에 대해 최종규제조치의 통고, 관련 지원문서, 화학물질검토위원회에 의해 만들어진 논거와 결정지침서 등이 취합된다.

◎ 협약부속서 III에 나타나 있는 화학물질

부속서 III에는 PIC절차의 대상이 되는 화학물질이 관련되는 결정지침서와 함께 포함되어 있다. 2009년 말 현재까지 29개의 살충제(4개의 매우 유해한 살충제 형태 포함)와 11개의 산업용 화학물질이 있다. 부속서 III 화학물질에 관한 추가적인 정보를 제공하기 위하여 당사국들에 의해 정보교환소(Clearing House Mechanism)가 설립되었다. 이러한 정보에는 금지되거나 엄격히 규제하기 위한 최종규제조치의 추가적 통고도 포함된다.

<로테르담 협약의 사무국>

로테르담 협약의 사무국은 여타 국제기구의 사무국과 유사하게 당사국회의와 협약의 보조기구의 회의를 준비하고, 당사국이나 보조기구가 요구하는 서비스를 하며, 당사국들이 협약을 이행하는 것을 지원하는 기능을 한다. 또한 사무국은 관계되는 국제기구의 사무국들과의 필요한 조정 역할을 하며 협약에서 명시된 기타 임무를 수행한다. 로테르담 사무국은 그 역할을 함에 있어서 UNEP 및 FAO 사무국과 공동으로 일을 할 수가 있다.

우리나라 관련사항

현재 우리나라는 유해화학물질관리법, 산업안전보건법, 농약관리법 등이 제정되어 있고 이에 따라 농약이나 살충제를 포함한 유해화학물질의 생산 및 수출을 금지하고 있다. 따라서 로테르담협약에 따른 별도의 국내법 제정이나 개정이 당장 필요하지 않은 상황이나, 중장기적으로 PIC 대상물질이 확대되고 있기 때문에 이러한 경향이 국내 화학산업에 미칠 영향을 검토하면서 관련 제도를 정비해 나갈 필요가 있다.

2. 스톡홀름협약

DDT와 같이 살포된 후에도 오랫동안 인체나 환경에 오랫동안 머물러 있는 화학물질을 다루는 잔류성유기오염물질스톡홀름 협약의 공식 명칭은 '잔류성 유기오염물질에 관한 스톡홀름협약'(The Stockholm Convention on the Persistent Organic Pollutants)으로서 협약은 잔류성 오염물질(POPs)에 대한 생산통제 또는 수출규제를 목적으로 한다. 잔류성오염물질이란 분해되지 않고 동식물 체내에 축적되는 유독성 화합물질이며 바람과 해류를 따라 장거리 이동할 수 있는데 대부분 인위적으로 생성된 화합물로서 살포나 연소시 발생하며 다음과 같은 특징을 가진다.

- 오랫동안(수년 동안) 변하지 않는다.
- 토양, 물, 공기를 포함한 자연적인 과정을 거쳐 모든 환경에 광범위하게 퍼진다.
- 인체를 포함한 살아있는 유기체의 지방질 세포에 축적되며 먹이사슬 상층부에 집중되어 있다.
- 인체와 야생생물 모두에게 유해하다.

지난 수 십년 동안 자연적인 분출보다 인간의 행위에 의해 POPs가 광범위한 지역에 분출되어 있다. 장기간에 걸쳐 생태계와 생물체에 POPs의 과도한 축적은 먹이 사슬에도 영향을 미쳐 그 결과로서 인간을 포함한 많은 생물종이 유독성분의 나쁜 영향을 받고 있다. POPs에 노출될 경우 나쁜 영향은 암, 알레르기와 과민감성, 중추 및 주변 신경계통의 손상, 재생체계의 붕괴, 면역체계의 파괴를 가져온다. 인간이나 생물들의 이동과 함께 POPs도 이동을 하면서 그 축적은 확산되기 때문에 원래 POPs의 생산지로부터 멀리 떨어진 극지방 같은 곳에 사는 에스키모나 동물들에게도 그 나쁜 영향이 나타나고 있는 것이다.

이러한 현상, 즉, POPs의 장거리 이동성은 어떤 한 정부의 노력만으로 이를 막을 수가 없게 되었다. 이러한 지구 공통적인 문제를 해결하기 위하여 2001년 스톡홀름협약이 성립이 되었다. 유넵의 주창[11]에 의해 시작되었으며 1998년부터 2000년간 5차례의 협약채택을 위한 정부간 협상회의를 거쳐 협약안이 마련되었다. 협약안은 2001년 스웨덴 스톡홀름에서 채택이 되고 서명이 개방되었다. 협약은 50번째 국가(프랑스)가 비준서를 기탁한 날로부터 3개월 후인 2004년 5월부터 발효되었다. 2010년 5월 현재 당사국은 170개국이며 132개국이 비준을 하였다. 우리나라는 2001년 서명하여 2007년 139번째로 비준서를 기탁하였다. 협약은 당사국들에게 POPs를 줄이거나 근절할 조치를 취하도록 요구하고 있다. 협약의 사무국은 유넵이 맡았다.

스톡홀름에서는 처음에 인간의 건강과 생태계에 나쁜 영향을 주는 12종의 POPs 지정하여 이의 근절 및 저감, POPs 수출금지 및 신규 대상물질의 선정 및 통제를 하였다. 12종의 POPs는 다음과 같이 3개의 카테고리로 분류될 수 있다. 처음 12종의 POPs는 화학물질이 더욱 복잡하게 전개되어 감에 따라 그 수가 늘어나게 되었다. 2009년 제4차 당사국회[12]에서는 협약의 부속서를 개정하여 9개의 화학물질을 POPs로 추가하였다.

- 살충제(농약) : aldrin, chlordane, DDT, dieldrin, endrin, heptachlor, hexachlorobenzene, mirex, toxaphene
- 산업용 화학물질 : hexachlorobenzene, polychlorinated biphenmyls(PCBs)
- 부산물 : hexachlorobenzene, polychlorinated dibenzo-p-dioxins and poluchlorinated dibenzofurans(PCDD/PCDF), PCBs

협약의 주요내용

협약은 환경과 개발에 대한 리오선언 원칙 15에서 나타난 예방적 접근을 염두에 두면서 잔류성유기오염으로부터 인간의 건강과 환경을 보호하려는 목적을 내세운다.(제1조) 이러한 목적을 달성하기 위하여 협약은 제반 수단을 강구하고 있다.

<잔류성유기오염을 감축 내지 제거하기 위한 당사국의 의무>

이러한 목적 달성을 위하여 각 당사국은 부속서 A에 열거한 화학물질의 생산 및 사용을 금지할 뿐만 아니라 수출입도 금지하는 법적 행정적 조치를 취해야 할 의무를 지고 있고 부속서 B에 열거한 화학물질의 생산 및 사용도 제한할 의무를 지고 있다. 부속서 A에는 인체 및 환경에 심각하게 부정적 영향을 미치는 POPs를 포함하고 부속서 B에는 DDT 같이 부속서 A에 열거된 POPs보다는 덜 심각하면서도 생활에 필요한 POPs를 포함하고 있다. 그러나 부속서 A나 B의 경우에도 인체 노출과 환경 방출을 막거나 최소화하는 방법으로 할 경우에 허용되는 예외조항도 있다. 예외적으로 인정되는 경우는 해당국은 이를 사무국이 관리하는 등록부에 기록하여야 한다.

<생산원천으로부터의 방출총량 감축>

당사국은 부속서 C에서 열거된 POPs가 우발적이지만 인위적으로 생산이 된 경우 원천으로부터 방출된 총량을 감소시키는 아래의 제반 조치를 취해야 하고 궁극적으로는 완전제거를 목표로 해야 한다.

- 협약이 발효된 후 2년 이내에 행동계획을 수립해서 이를 이행해야 한다.
- 현실적이고 의미있는 수준의 방출 감소나 원천제거를 달성하는데 가능한 조치를 취한다.
- 대체물질 또는 개선된 물질 개발을 촉진해야 한다.
- 최상의 가능한 기술을 개발하고 적용해야 한다.

<재고(stockpile) 및 폐기물로부터의 방출감축 또는 제거>

당사국들은 협약의 부속서 A 및 B에 열거되어 있는 화학물질의 재고(stockpile)와 부속서

A, B 및 C에 열거되어 있는 화학물질을 함유하고 있는 폐기물이 인간의 건강과 환경을 보호하는 방향으로 관리되고 있다는 것을 확인해야 할 의무가 있다. 이를 위해 당사국들은 재고가 부속서 A 및 B에 열거되어 있는 화학물질을 포함하고 있는지 또 폐기물이 현재 사용중인 물품이거나 또는 부속서 A, B 및 C 에서 열거되어 있는 화학물질을 포함하고 있는지를 확인하는 적절한 전략을 개발해야 한다. 또한 당사국들은 부속서 A 및 B에 열거되어 있는 화학물질을 포함하고 있는 재고를 안전하고 효율적이면서도 친환경적으로 관리해야 한다.

<이행계획>

각 당사국은 협약상 의무를 이행할 계획을 세우고 이 계획대로 이행하도록 노력해야 한다. 그리고 수립된 이행계획은 협약이 발효된 후 2년 이내에 당사국회의에 제출해야 하고 당사국회의에서 정하는 바에 따라 정기적으로 이를 검토하고 업데이트 해야 한다. 그리고 이를 용이하게 하기 위하여 지구적, 지역적 협력뿐만 아니라 이해당사자(stakeholders)들과 상의를 해야 한다.

<협약적용 신규 대상물질의 선정 및 통제>

당사국은 부속서 A, B 및 C에 열거될 화학물질을 사무국에 제출할 수 있고 당사국의 이 제안은 부속서 C에 구체적으로 명시된 정보를 포함하고 있어야 한다. 이 제안을 받은 사무국은 이 제안이 부속서 D에서 명시된 정보가 있는지를 확인해야 하고 사무국이 이 제안에 대해 긍정적으로 판단할 경우 이를 잔류성유기물질 검토위원회에 회부해야 한다. 잔류성유기물질 검토위원회는 이에 대해 부속서 D에 명시된 기준에 맞추어 유연하고 투명하게 검토해야 한다.

신규 대상물질 선정시 잠재적(potential)으로 유해하다는 기준을 언급함으로써 사전예방적 접근방식(Precautionary approach)을 적용하고 있다는 점이 특이하다.

<정보교환>

각 당사국은 화학제품의 감소 또는 제거, 잔류성유기물질의 사용 및 방출, 잔류성유기물질의 대체물질 등에 관한 정보교환을 하여야 한다. 이러한 정보교환은 당사국간 직접 또는 사무국을 통하여 할 수 있고 각 당사국은 정보교환을 전담할 담당자(focal point)를 지정해야 한다. 사무국은 잔류성유기물질에 관한 정보교환소(clearing house) 역할을 하여야 한다. 건강과 인간에 대한 안전성 및 환경에 대한 정보는 상호 특별히 약속하지 않는 한 비밀로 분류될 수 없다.

<추가 부속서 개정에 대한 수락여부 결정>

협약 제25조 4항에는 당사국이 협약에 서명하거나 비준할 때 그 부속서만 수락한다는 뜻을 명시할 수가 있다. 이로서 그 이후 나타나는 부속서 개정 또는 새로운 부속서에 대하여는 그 당사국은 이를 수락하지 않는다는 뜻이 된다.

바젤협약 및 로테르담협약과의 협력

이미 앞의 바젤협약에서 설명한 바와 같이 바젤협약, 로테르담협약 및 스톡홀름협약 간에는 모두 유해화학물질을 다룬다는 점에서 상호 공통적인 측면이 있어 이들 협약의 업무에는 조정과 협력의 필요성이 있고 업무조정과 협력을 통하여 업무의 효율성뿐만 아니라 시너지효과도 기대할 수가 있다. 그에 따라 이들 협약은 이미 임시 공동실무그룹(Ad hoc working group)이 구성되어 있다. 이 공동실무그룹은 각각 15명의 협약당사국대표로 구성되어 있고 그룹 회의는 비공개리에 행해지며 첫 그룹회의는 2007년 헬싱키에서 열렸다. 그룹회의는 각 협약의 당사국회의에 대한 권고안을 만든다.

그룹회의에서 나온 권고안에 따라 각 협약이 2010년 공동 특별당사국회의를 개최하기로 결정하여 이들 3개의 협약간에 첫 공동회의를 개최하게 된 것이다. 이 공동회의에서는 협약의 이행을 통합적으로 관리함으로써 이행의 효율성을 제고하는 방안을 논의하였다. 이를 위하여는 우선 각 협약간에 상호 협력 가능한 분야를 파악해야 하고 공동의 수단을 강구해 나가는 방안을 논의하였다.

<세 협정의 이행상 공통분야>

바젤협약, 로테르담협약과 스톡홀름의 이행상 공동협력분야로는 전주기적 관리(life management), 대상화학물질, 규제 인프라(regulatory infrastructure), 수출입 통제, 폐기물 관리, 유해성 정보 등이 될 것이다.

◎ 전주기적(全週期的) 관리

세 협약은 유해화학물질이 생산되어서 소멸 내지 폐기될 때까지 전주기에 있어 핵심요소를 커버한다. 스톡홀름협약은 국가평가계획에 포함될 잔류성유기물질을 확인하는 기준을 제시하고 있고 POPs의 생산과 사용을 제거하고 친환경적 처리를 목적으로 하는 곳에는 수출과 수입을 금지한다.

로테르담협약에 포함될 화학물질의 후보군은 건강이나 환경을 이유로 1차적으로 금지되거나 엄격히 제한되어 있는 물질들이다. 로테르담협약은 장래 POPs에 포함될 가능성이 있는 화학물질에 대해 PIC(사전통고승인)을 이용, 제1선에서 저지할 수 있는 위치에 있다. 바젤협약은 허용되지 않는 화학물질의 재고를 관리하는데 도움을 줄 수 있고 바젤협약의 기술실무그룹에서는 POPs 폐기물 관리에 대한 가이드라인을 개발하고 있다.

◎ 대상화학물질

국제적으로 생산되는 8-10종의 POPs가 로테르담협약의 관리대상이다. 앞으로 국제적으로 생산되어 스톡홀름협약에 포함될 POPs는 그 보다 먼저 로테르담협약에 포함될 것으로 기대된다. 로테르담 협약의 관리대상이든 스톡홀름협약의 관리대상이든 모든 화학물질 폐기물은 바젤협약의 적용을 받아야 한다.

◎ 규제 인프라

바젤협약, 로테르담협약 및 스톡홀름협약 등 세 협약의 당사국들은 바젤협약의 비준 과정에서 드러난 스톡홀름협약과 로테르담협약에 대한 경험, 즉, 스톡홀름협약 제1차 당사국회의에서 채택된 국가이행계획(NIP, National Implementation Plans)을 개발하는 지침이라든지 국내화학물질법규 제정시 로테르담 법률검토지침 같은 것을 이용할 수가 있다

수출입통제

바젤협약, 로테르담협약 및 스톡홀름협약 등 세 협약 모두 수입과 수출을 제한하는 체계를 지원하고 있다. 로테르담협약에서 수입제한은 재고와 폐기물 누적을 억제하는 데 도움을 줄 것이다. 세 협약 모두 유해화학물질의 이동을 추적하는 것을 용이하게 하고 있고 사무국들은 유넵의 그린 커스텀스 이니시어티브(Green Customs Initiative) 및 세계세관기구(World Customs Organization)의 지원 하에 세관 공무원들을 훈련시키는데 공통된 관심을 가지고 있다.

폐기물관리

폐기물의 이동에 관해서는 바젤협약이 이를 관장하고 있지만 로테르담협약과 스톡홀름협약도 재고가 누적되지 않도록 하는데 도움을 줄 수가 있다. 바젤협약은 PCB, 디옥신(Dioxin), 푸란(Furan) 등 유해폐기물에 대한 기술적 지침을 개발하고 있는데 스톡홀름협약도 이 지침을 채택하게 될 것이다.

유해성 정보

세 협약 모두 유해성에 관한 정보를 통보해 주는 체계를 가지고 있는데 협약 당사국내에 지정되어 있는 국가담당관들(focal points)간에는 관계당국간의 주의를 환기시키기 위해 정보를 공유해야 한다. 이들 국가담당관들과 감시자들간 긴밀한 협력은 세계 협약의 통합접근에 도움을 줄 것이다.

우리나라 관련사항

우리나라의 경우 12개의 잔류성유기오염물질(POPs)중 살충제 9종은 국내에 등록되지 않았거나 등록이 취소되어 사용되지 않고 있으며, 산업용 원료인 PCBs는 관련 업계에서 이미 사용이 금지되어 있어 문제될 것이 없다. Dioxin, Furan과 같은 비의도적 POPs의 배출시설에 대한 최적가용기술(BAT, Best Available Technologies)의 적용으로 국내산업계의 추가적 부담이 예상되나, 현재 우리나라 관련기준이 선진국 수준임을 고려할 때 산업계에 미치는 영향이 크지 않을 것으로 보인다.

앞으로 신규 대상물질이 선정될 경우 국민의 건강과 환경보호와 국내산업계에 미칠 영향 등을 종합적으로 판단하여 대응체제를 마련해야 하므로 사안별로 비준하는 것이 바람직하며, 협약 제25조 4항에 따라 부속서 개정내용의 국내발효는 별도의 비준과정을 거치도록 선언하는 것이 필요하다.

[주] 제8장 폐기물 및 유해화학물질 분야

1) 바젤협약 당사국 총회
제1차 당사국회의 1992년2월 우루과이 피리아폴리스
제2차 당사국회의 1994년4월 스위스 제네바
제3차 당사국회의 1995년9월 스위스 제네바
제4차 당사국회의 1998년2월 말레이지아 쿠칭
제5차 당사국회의 1999년12월 스위스 바젤
제6차 당사국회의 2002년12월 스위스 제네바
제7차 당사국회의 2004년10월 스위스 제네바
제8차 당사국회의 2006년11월 케냐 나이로비
제9차 당사국회의 2008년6월 인도네시아 발리
바젤협약, 로테르담협약 및 스톡홀름협약 공동 특별회의 2010년2월 발리
2) 바젤협약의 지역센타 현황
아프리카 및 서아시아 지역
- Basel Convention Regional Centre for the Arab State(Cairo)
- Basel Convention Coordinating Centre for the African Region(Ibadan)
- Basel Convention Regional Centre for French Speaking Countries in Africa(Dakar)
- Basel Convention Regional Centre for English Speaking Countries in Africa(Pretoria)
아시아 및 태평양 지역
- Basel Convention Regional Centre for the Asia-Pacific Region(Beijing)
- Basel Convention Regional Centre for South East Asia(Jakarta)
- Basel Convention Regional Centre in Teheran
- Basel Convention Regional Centre for Training and Technology Transfer for the Joint
- Implementation of the Basel and Waigani conventions in the South Pacific Region(Apia)
중동부 유렵지역
- Basel Convention Regional Centre for Countries of the Common Wealth of Independent State (Moscow)
- Basel Convention Regional Centre for Cetral Europe(Bratislava)
라틴 아메리카 및 카리비아 지역
- Basel Convention Regional Centre for South American Region(Buenos Aires)
- Basel Convention Regional Centre for the Central American Sub-region including Mexico(San Salvador)
- Basel Convention Coordinating Centre for Latin America and the Caribbean(Montevideo).
3) SDR은 특별인출권(special drawing rights)으로서 통화에 준한다. SDR을 가진 국가는 실물화폐 없이 SDR 규모만큼 통화보유를 할 수가 있다.
4) Bamako Convention on the Ban of the Import into Africa and the Control of Transboundary Movement and Management of Hazardous Wastes within Africa
5) 아프리카 국가수는 모두 53개국이며 이 중 30개국이 바마코협약에 서명함.
6) The Convention to Ban the Importation into Forum Island Countries of Hazardous and Radioactive Wastes and to Control the Transboundary Movement and Management of Hazardous Wastes within the South Pacific Region
7) SPREP는 1980년대 창설된 남태평양 지역환경을 총괄하는 기구로서 사무국은 사모아 알피아에 있고 직원은 약 70명이다.

SPREP는 지역차원에서 통합환경보호활동의 통로 역할을 하고 있다. SPREP는 태평양지역 도서국가들간의 협력을 증진시키고 환경을 개선하고 보호하기 위한 지원을 하며 이 지역의 현재 세대와 미래 세대의 지속가능발전을 확립하는 기능을 한다.

8) 1984년 인도 마디아프라데시 주 보팔시의 유니온 카바이트사의 살충제 공장에서 독가스 누출로 일어난 환경재난 사건이다. 이 사고로 약 3,500명 이상의 주민이 죽었고 20만명 이상의 피해자가 발생했다.

9) 로테르담협약 당사국회의
 제1차 당사국회의 2004년 제네바
 제2차 당사국회의 2005년 로마
 제3차 당사국회의 2006년 제네바
 제4차 당사국회의 2008년 로마
 특별 당사국회의 2010년 인도네시아 발레 예정(바젤협약, 로테르담협약, 스톡홀름협약 공동)

10) 구소련체제하에 속한 나라들로서 시장경제체제로 전환하고 있는 동구권 국가를 주로 뜻한다.

11) UNEP Chemicals는 모든 화학물질과 관련된 UNEP 활동의 중심이다. UNEP Chemicals의 목적은 세계를 유해한 화학물질로부터 안전하게 만들려는 것이다. UNEP Chemicals는 각 정부가 화학물질에 대한 건전한 관리를 하는데 필요한 조치를 취할 수 있도록 도와주고, 화학물질에 관한 정보교환을 활성화하고, 각 나라가 화학물질을 안전하게 사용할 수 있는 능력을 형성할 수 있도록 도와줌으로써 이러한 목표를 달성하려는 것이다. 또한 UNEP Chemicals는 인간의 건강과 환경을 보호하려는 목적으로 POPs를 감소시키거나 근절하고 국제법적 구속력을 가진 체제를 구축하기 위하여 국제적 행동을 조정하고 있다.

12) 스톡홀름협약 당사국회의
 제1차 당사국회의 2005년 우루과이 푼타 델 에스테
 제2차 당사국회의 2006년 스위스 제네바

제9장 무역과 환경[1)]

1. 무역과 환경문제의 대두

지구환경문제의 대두는 무역에까지 영향을 미치고 있다. 왜냐하면 무역이란 자원을 결합해서 일정한 공정을 거쳐 만든 물건을 다른 지역으로 옮기는 행위이기 때문에 ①자원의 고갈문제, ②생산공정에서 환경에 해로운 방법의 동원 가능성, ③완성된 물건이 이용되는 과정에서 환경에 해로운 결과를 가져올 가능성 등이 있다.

지구환경문제를 해결하기 위한 국제적 노력은 선진국이 이끌고 개도국이 이끌려 가는 양상을 띠고 있듯이 무역에서도 지구환경보존을 위한 노력은 선진국이 이끌어 가고 있다고 볼 수가 있다. 무역과 관련된 환경보호조치에는 일방적인 국내조치와 다자간환경협약에 따른 조치가 있으며, 각국은 녹색성장을 위한 환경정책을 확대실시하고 있다. 또한 선진국의 주도로 다자협약에 지구환경보호를 위해 무역조치를 포함하는 경우가 나타나고 있다. 1987년에 채택된 오존층 보호를 위한 몬트리올 의정서에 처음으로 무역조치가 포함된 이래 현재 약 200개의 국제환경협약 중 18개의 협약에 무역조치가 포함되어 있다. 현재 미국과 유럽에서 진행되고 있는 무역조치의 예를 들어보면 다음과 같다.

<미국>

오바마 행정부는 탄소배출량을 2005년 기준으로 2020년까지 17퍼센트, 2050년까지 83퍼센트를 감축하기로 하고, 일본은 2020년까지 1990년 대비 25퍼센트를 감축하기로 하였다. 이와 같은 목표아래 미국은 2016년까지 자동차의 평균 연비를 현행 1갤런 당 25마일(1L당 10.6Km)에서 35.5마일(15.1Km)로 상향 조정하고 2013년부터 연비기준을 단계적으로 높여갈 방침이며, 2016년까지 미국자동차의 온실가스 배출량이 현재의 40퍼센트 수준으로 줄어들 것으로 예측했다. 이 기준에 미달하는 자동차는 판매 할 수 없게 된다. 따라서 자동차를 생산 수출하는 일본, 유럽 등은 하이브리드차, 전기차 등 친환경차 생산, 판매체제를 구축하고 있다[2].

<EU>

또한 EU는 2012년부터 차량 1Km 주행시 이산화탄소가 130g 이상 배출되면 많은 액수의 벌금을 물어야 한다. 2010년까지 EU가 도입하기로 한 환경규제는 50여 개, 2020년까지 90여 개에 달하며, 새 환경기준에 맞추지 못하면 우리나라의 수출이 중단될 수 밖에 없다. EU는 2009년 4월부터 섬유와 신발, 세제 등 12개 생활용품에 대해 환경마크(Eco-label) 부착 실시, 2010년 7월부터 에너지효율 기준치 이하의 TV, 냉장고, 세탁기 판매를 금지하고, 2011년 1월부터 TV 등 전자제품, 자동차등에 납땜 사용을 규제한다.

지식경제부는 이 같은 글로벌그린규제로 인해 자동차, 전자, 화학, 석유, 생활용품 등 수출이 30퍼센트 이상 타격을 받을 수 있다고 보고 있다[3]. 한편, 석유자원이 없는 우리나라는 미래의 성장동력으로 저탄소 녹색성장전략을 통해 2020년까지 녹색강국으로의 진입을 목표로 2013년까지 녹색성장 5개년 계획을 발표하였다.

전세계적으로 환경산업은 지난 20년간 빠른 성장을 보여왔다. 경제협력개발기구(OECD)에서 개발한 환경상품[4] 리스트에 의한 환경상품의 수출은 일반상품보다 훨씬 빠르게 증가하였다. 1990년을 기준으로 2002년까지 일반상품의 수출이 2배 증가한 데 비해 환경상품의 수출은 4배 이상 증가하였다[5]. 글로벌 환경산업의 확대에 기여한 주요 요인은 환경문제에 대한 인식의 증대, 환경규제의 확대실시, 급속한 인구증대와 도시화로 자연자원의 고갈 우려, 환경문제에 도전하는 기술발전 등이다. 환경산업이 확대되고 환경 상품이 증가함에 따라 선진국들의 환경보호 조치 또한 강화되기 시작했다. 한편, 60년 역사를 가진 다자 무역제도에서 최근 환경정책의 중요성이 증대되었고 환경산업의 증대와 비례하여 국가간의 분쟁이 발생할 가능성이 커졌다. 이러한 추세에 따라 UR협상이 끝난 1994년에 WTO에 무역과 환경위원회(CTE, Committee on Trade and Environment)가 설치되었고 환경과 지속가능한 개발문제가 WTO 주요업무중의 하나로 부각되었다. GATT/ WTO의 분쟁해결기구에서 처리된 환경분쟁을 보면 GATT(1948-1994년) 하에서 환경조치 및 인간 건강과 관련된 조치에 대한 6건의 패널보고서가 있었고 이중 3건은 판정이 채택되지 않았다. 1995년부터 출범한 WTO하에서는 3건의 환경관련분쟁 판정이 채택되었다. 다자무역제도의 60년 역사에서 최근에 환경정책의 중요성이 증대되었다.

2001년 도하각료회의에서 환경상품과 서비스무역의 자유화, WTO규정과 다자환경협약(Multilateral Environmental Agreements: MEA)상의 무역관련 환경조치, 그리고 WTO와 MEA간의 정보교환에 대해 협상하기로 합의하였다. WTO는 환경을 다루는 특정협정은 없으나 환경과 관련된 다수의 조항들을 포함하고 있다. 환경보호조치에는 일방적인 국내조치와 다자간환경협약에 따른 조치가 있으며, 각국은 녹색성장을 위한 환경정책을 확대실시하고 있다. 이에 따른 무역분쟁에 대비코자 환경관련 WTO 규정과 분쟁사례를 통해 무역관련 환경조치들의 법률적 타당성을 검토하고, 환경과 무역에 관한 도하개발아젠다(DDA)협상의 동향과 미래에 대해 살펴볼 필요가 있다.

2. GATT/WTO의 환경문제 논의 약사 및 논쟁사안

무역관련 환경문제가 검토된 것은 근래 나타난 새로운 일이 아니다. 환경보호와 무역간의 관계 즉 환경정책의 무역에 대한 영향과 무역의 환경에 대한 영향이 1971년에 처음으로 GATT에서 토의되었다.

GATT에서의 토의

이미 누차 언급한 바와 같이 1972년의 스톡홀름 정상회의(Stockholm Conference On the Human and Environment)는 전세계에 지구환경 문제에 대한 눈을 뜨게 한 해였다. 이에 따라 무역분야에서도 환경문제와 관련된 문제가 대두될 것을 예상하고 관련된 토의를 시작했다.

<1971년 GATT 연구보고서>

GATT 사무국은 이 회의를 위하여 '산업공해 통제와 국제무역' 제목으로 국제무역에 대한 환경보호정책의 영향을 연구하였다. 이 보고서는 환경보호 정책이 무역장벽이 될 수 있고, 새로운 형태의 보호무역주의를 만들 수 있다는 우려를 나타내었다. 1971년에 이 보고서가 GATT회원국에 배포되었고 보다 더 검토되어야 한다고 하였다. 회원국들이 이 문제를 전문적으로 검토할 기구 설립을 요청함에 따라 1971년 11월 '환경조치와 국제무역에 관한 그룹(Group on Environmental Measures and International trade (EMIT)'을 설치하기로 결정하였으나 설치되지 않다가 1992년 유엔환경개발회의(UNCED) 준비를 위하여 1991년에 처음으로 소집되어 지속 가능한 개발에 대해 토의하였다[6].

<1973-79년 도쿄라운드 협상>

도쿄라운드라운드 기술장벽협정(Agreement on Technical Barriers to Trade)에서 환경조치가 무역 장벽이 될 수 있음을 인식하고 기술적 규정과 표준을 준비, 채택 및 실행에서 무차별과 투명성을 요구하였다[7].

<1986-94년 우루과이라운드 협상>

무역관련 환경조치가 우루과이라운드협상에서 타결된 무역에 대한 기술장벽에 관한 협정(TBT), 서비스무역에 관한 일반협정(GATS), 농업협정, 위생 및 식물위생조치의 적용에 관한 협정(SPS), 보조금 및 상계조치협정(SCM), 무역관련 지적재산권협정(TRIPs)에 반영되었다[8].

<1989년 유해물질 수출에 관한 작업반 설치>

국내적으로 금지된 제품과 기타 위험한 물질의 수출에 관한 작업반이 설치되었다. 이 조항에 환경을 저해하는 물질도 포함되어 있다.

<1991년 참치-돌고래 분쟁>

멕시코와 미국간의 참치-돌고래분쟁이 환경보호정책과 무역의 관계에 의미가 크다는 점에서 세계적으로 상당한 관심을 끌었다[9]. (후술 참조)

<우루과이 라운드 준비단계에서 무역과 환경 작업반>

우루과이 라운드 협상이 진행되는 과정에서 가트는 무역과 환경 작업반을 설치하여 환경문제가 무역에 미치는 문제를 전반적으로 검토하였다. 여기에서 MEAs의 무역조치에 대한 가트의 입장, 라벨링문제, 패키지 문제 등을 다루었다.

<1994년 WTO 설립을 위한 마라케쉬협정과 무역과 환경위원회 설치 결정>

WTO설립 마라케쉬협정(Marrakesh Agreement Establishing the World Trade Organization) 전문에서 지속 가능한 개발(sustainable development)의 목적과 환경 보호와 보전을 하면서 세계자원의 최적 이용, 생활 수준 향상, 상품과 서비스의 생산과 무역의 증대를 목적으로 한다고 기술되어 있다.

선진국과 개발도상국간에 이견을 보여왔던 환경문제는 무역과 환경위원회 (Committee on Trade and Environment: CTE) 설치와 작업계획이 1994년 4월 마라케쉬 각료회의에서 결정되었다. 무역과 환경위원회는 환경관련 상품, 서비스 및 지적재산권 등 포괄적인 분야를 다룬다. 동 위원회는 무역과 환경간의 관계를 연구하고 무역협정 중 필요하다면 수정할 내용에 관해 권고하는 것을 임무로 한다. 동 위원회의 작업은 다음 두 가지 원칙에 따른다.

첫째, WTO는 무역에 관련된 분야만을 다룬다. 즉 환경정책이 무역에 심각한 영향을 미칠 때 야기되는 문제를 검토하는 것이다.

둘째, 위원회가 제시하는 문제에 대한 해결책은 WTO 무역체제의 원칙을 유지하는 것이어야 한다[10].

WTO에서의 무영과 환경 논의

WTO 체제에서 환경보호를 위한 무역규제와 관련하여 논쟁이 있다. 환경론자는 환경 세이프가드가 없으면 환경이 훼손될 것이라 하고, 자유무역론자는 국제무역 증대는 소득증진으로 환경보전에 도움이 될 것이라고 주장한다. 또한 선진국과 개도국간에도 이견이 있다. 개도국은 무역규제가 불공정한 차별과 보호무역수단으로 악용될 가능성이 있다고 주장하고 있는 반면, 선진국은 자유무역을 주창하지만 필요시 규제를 할 수 있다고 주장하고 있다.

현재 WTO 체제하에서 무역과 환경에 대해 논의를 계속하고 있고 앞으로 도하 체제하에서도 이 문제는 지속될 것으로 예상된다. 논의의 핵심사항 중의 하나는 공정 생산방식에 대한 문제다. 공정 및 생산방식(PPM, Process and Production Method)이란 어떤 제품의 공정 및 생산방식에 환경을 저해하는 요인이 있을 경우, 비록 그 제품이 환경을 저해하지 않는 유사제품과 차이가 없다 하더라도 이에 대한 차별을 할 수 있다는 것이다.

<2001년 도하각료선언 무역과 환경위원회 작업계획과 DDA협상>

2001년도 도하각료선언에서 무역과 환경위원회(CTE)의 작업계획이 재구성됨으로써 WTO 무역협상 에서 환경이 처음으로 의제화 되었고, 재구성된 환경협상의 3가지 분야인 (1) 다자간환경협약(MEA)과 WTO와의 관계, (2) MEA 사무국과 WTO 간 정보교환 및 (3) 환경 상품 및 서비스무역에 대한 관세 및 비관세 장벽의 제거를 중심으로 협상이 진행되어오고 있다.

3. 무역관련 환경정책에 관한 GATT/WTO 규정

WTO에는 환경만을 구체적으로 다루는 특정협정은 없으나, 다수의 WTO협정과 GATT 규정에 환경관련 조항이 포함되어 있다. 무역관련 환경문제를 하나의 협정으로 해결할 수 없으므로 무역관련 환경문제를 다루기 위해서는 다수의 환경관련 조항들을 검토하여야 한다.

GATT/WTO 관련 제규정

GATT/WTO에는 최혜국대우조항, 내국민대우조항, 동종상품 차별금지조항, 일반적 예외조항 등이 있다.

<무차별에 관한 GATT 제1조 및 제3조>

무차별원칙이란 GATT 제1조의 최혜국대우(The Most Favored Nation Treatment)와 GATT 제3조의 내국민대우(The National Treatment)를 말한다. GATT 제1조 최혜국대우란 일방회원국이 제3회원국의 상품에 부여하는 편의, 특권, 면제 등 가장 유리한 대우를 다른 회원국의 동종상품(like products)에 무조건으로 부여하여야 하는 것을 말하며, GATT 제3조 내국민대우란 일단 통관된 수입상품에 대하여 적용되는 내국세나 국내규칙에 관하여 동종의 국내 상품에 부여하는 대우보다 불리하지 않는 대우를 해 주어야 한다는 원칙이다. 따라서 국가의 환경보호 관련 무역정책이 외국과 국내에서 생산된 동종의 상품간에 또는 다른 국가들로부터 수입된 동종의 상품간에 자의적으로 차별해서는 안 된다[11].

<수량제한의 일반적 철폐에 관한 GATT 제11조>

GATT 제11조는 상품의 수출입에 대하여 WTO회원국들은 수량적 제한을 도입 또는 유지해서는 안 된다 라고 규정하고 있다. 다수의 환경분쟁에서 GATT 제11조를 위배한 것으로 나타났는데, 환경보호목적으로 어떤 상품에 대한 수입금지 조치를 취한 것이 이에 해당된다.

<일반적 예외에 관한 GATT 제20조>

GATT 제20조는 「다음의 조치가 동일한 여건이 지배적인 국가간에 자의적이거나 정당화 할 수 없는 차별의 수단을 조성하거나 국제무역에 대한 위장된 제한을 구성하는 방식으로 적용되지 아니한다는 요건을 조건으로, 이 협정의 어떠한 규정도 체약당사자가 이러한 조치를 채택하거나 시행하는 것을 방해하는 것으로 해석되지 아니한다.」

◎ 20조 (b)

인간, 동물 또는 식물의 생명 또는 건강을 보호하기 위하여 필요한 조치다. (b)항의 '보호하기 위하여 필요한 조치'란 보호하는 가치나 이익의 중요성과 수출입에 수반되는 영향 등 일련의 요소들을 형평성에 맞게 판단을 하는 과정이 있어야 함을 말한다.

◎ 20조 (g)

고갈될 수 있는 천연자원의 보존과 관련된 조치로서 「국내생산 또는 소비에 대한 제한과 결부되어 유효하게 되는 경우」 라고 규정하고 있다[12]. (g)항의 '보존조치가 국내 생산 또는 소비에 대한 제한과 결부되어 유효하게 되는 경우'란 수입된 상품뿐만 아니라 국내상품에도 제한조치가 취해져야 한다는 조건을 말한다.

GATT 제20조는 WTO회원국들이 GATT규정으로부터 예외가 될 많은 특수한 경우를 나열하고 있으며, 이중 2개의 예외 즉 (b) 항과 (g)항이 특별히 환경의 보호와 관련된다. 회원국들이 환경보호를 위하여 GATT원칙과 일치하지 않는 정책을 채택할 수 있으며 인간, 동물 또는 식물의 생명과 건강을 보호하기 위하여 또는 고갈될 수 있는 천연자원의 보존을 위하여 필요한 조치를 취할 수 있다.

환경보호관련 무역조치를 위한 여건은 첫째, 제20조의 10개의 예외사항 중 (b)항과 (g)항 중 하나에 해당되어야 하고. 둘째, 이러한 조치가 국가간에 자의적 또는 정당화 될 수 없는 차별의 수단을 구성하거나 국제무역에 대한 위장된 제한을 구성해서는 안 된다[13].

<수량제한의 일반적 철폐에 관한 GATT 제11조>

GATT 제11조는 상품의 수출입에 대하여 WTO회원국들은 수량적 제한을 도입 또는 유지해서는 안 된다 라고 규정하고 있다. 다수의 환경분쟁에서 GATT 제11조를 위배한 것으로 나타났는데 국가들이 환경보호목적으로 어떤 상품에 대한 수입금지 조치를 취한 것이 이에 해당된다.

GATT/WTO와 관련되는 협정상 조항

서비스무역, 무역에 대한 기술장벽, 위생 및 식물위생, 위생 및 식물위생 및 농업 등 분야별 협정에 환경관련 내용이 포함되어 있다.

<서비스무역에 관한 일반협정(GATS)>

GATS는 제14조 일반적 예외에서 GATT 제20조와 비슷한 내용을 포함하고 있다. GATS 제14조(b) 항은 WTO회원국들이 인간, 동물 또는 식물의 생명 또는 건강을 보호하기 위하여 필요한 조치를 취할 수 있으며, 이러한 조치는 유사한 상황에 있는 국가간에 자의적 또는 정당화 될 수 없는 수단이 되거나 혹은 서비스무역에 대한 위장된 제한을 구성하는 방식으로 적용되지 않는 한 GATS원칙에서 면제된다[14].

<무역에 대한 기술장벽에 관한 협정(TBT)>

TBT협정 전문은 기술규정과 표준, 적합한 판정절차가 국제무역에 불필요한 장애가 되지 아니하도록 보장하며, 국가간에 자의적이거나 부당한 차별의 수단 또는 국제무역에 위장된 제한을 구성하지 않으며, 수출품의 품질보증, 안보이익의 보호, 인간, 동물 또는 식물의 생명 또는 건강 보호, 환경보호 또는 기만적인 관행의 방지를 위한 회원국의 적절한 수준에서의 필요한 조치를 방해할 수 없다고 규정하고 있다. 또한 동 협정 제2조 2항은 인간의 건강 또는 안전, 동물 또는 식물의 생명 또는 건강, 환경 보호에 필요한 이상으로 무역을 규제해서는 안 된다고 규정하고 있다[15].

- 인간의 건강 또는 안전의 예: 차량 사고에 대비하여 안전벨트를 갖추어야 한다. 담배포장지에 흡연은 건강을 해친다는 경고 표시를 해야 한다.
- 동물과 식물의 생명 또는 건강 보호의 예: 멸종위기에 있는 물고기를 보호하기 위하여 일정한 크기 이상의 물고기만 어획이 가능한 그물을 사용해야 한다.
- 환경 보호의 예: 종이나 플라스틱 제품의 재생이나 매연 수준에 맞는 차량을 생산, 판매해야 한다[16].

<위생 및 식물위생에 관한 협정(SPS)>

SPS협정은 식품의 안전과 인간, 동물과 식물의 건강과 안전을 위한 규정을 다룬다. 회원국은 식품안전과 동·식물 건강보호를 위해 필요한 위생조치를 취할 권리를 가지나 필요한 범위 내에서만 적용하고, 과학적 원리에 근거해야 하며, 충분한 과학적 증거 없이 유지되지 않도록 하여야 한다. 또한 회원국간에 차별을 해서는 안되며, 위장된 무역제한 수단으로 사용되어서는 안 된다. 국제기준과의 조화(harmonization)원칙에 의거 위생조치는 국제기구의 기준, 지침, 권고에 기초하여 제정되어야 하며, 다만 과학적 정당성이 있거나 위험평가에 기초할 경우 국제기준보다 높은 보호수준을 도입, 유지할 수 있다. 즉 국제기구의 기준, 지침, 권고와 상이한 국내조치를 국제기구에 합치시키거나 과학적 정당성을 확보하여야만 국제기구보다 높은 보호수준을 향후 계속하여 유지할 수 있다.

<농업에 관한 협정(The Agreement on Agriculture)>

농업협정의 전문에 있는 '식량안보 및 환경보호의 필요성을 포함하여 비교역적 관심사항을 유의한다'라는 지침에 따라 회원국은 환경을 보호하는 방식으로 농업을 개혁하는 약속을 한다. 농업협정 '부속2 국내보조감축약속으로부터의 면제를 위한 기초'에서 환경계획관련 연구와 환경계획에 따른 지불은 보조금 감축약속으로부터 면제의 대상이 되도록 하였다.

4. 무역관련 환경보호조치의 GATT/WTO 분쟁 사례

GATT(1948-1994년)체제하에서 GATT 제20조에 따른 환경조치 또는 인간건강관리조치에 관한 6건의 패널 보고서가 작성되었고 이중 3건이 채택되었다. 1995년 WTO가 출범한 이후 3건의 환경조치관련 분쟁해결을 위한 패널보고서가 채택되었다.

WTO 체제하에서의 환경보호조치분쟁 해결

WTO 체제하에서 다음 3건의 판정이 있었다. 이들 케이스에서 WTO 판정에는 환경요소가 많이 고려되었지만 WTO 규정의 동종상품에 대한 무차별 조치, 최혜국대우조항 위반 등도 아울러 고려되었다.

<EC – 석면 또는 석면함유제품 수입 금지>

(캐나다 제소, 패소, 2001년 4월 5일 패널보고서 채택)

석면의 대량 수입국이었던 프랑스는 건강위험을 방지하기 위해 석면과 석면함유제품의 수입을 금지하였다.

패널보고서와 상소기구는 프랑스의 석면과 석면함유 제품의 수입금지에 대해 WTO협정은 적절한 보호수준에서 인간의 건강과 안전을 보호할 회원국의 권리를 지지한다는 견해 (GATT 제20조b항에 부합)를 강조하였고, 다른 국가의 동종 제품에 대해 동일한 금지조치가 적용되었다고 판정하였다.

<미국 – 새우 및 새우제품 수입 금지>

(인도, 말레이시아, 파키스탄, 태국 제소, 승소, 1998년 11월 6일 패널보고서 채택)

미국이 새우와 새우제품의 수입을 금지한 데 대해 1997년 인도, 말레이시아, 파키스탄, 태국이 공동으로 제소했다.

미국은 '1973멸종위기에 처한 동식물법(1973 Endangered Species Act)'에 의거 멸종위기에 처한 5종의 바다거북을 보호하기 위해 미국 새우잡이 어선이 '바다거북 탈출장치(turtle excluder devices: TEDs)'를 설치하도록 의무화했다. 이들 5종의 바다거북이 살고 있는 곳에서 새우를 잡는 국가들이 미국에 새우제품을 수출하는 경우 미국측에 어민들이 미국과 같은 바다거북 탈출장치를 사용해서 새우를 잡았다는 것을 증명해야 한다.

◎ 판정내용

상소기구는 WTO규정에 의거 회원국들은 인간, 동물, 식물의 생명과 건강보호 및 고갈자원 보존을 위하여 무역을 규제할 권한을 가지며, 바다거북을 보호하기 위한 무역조치들이 차별적으로 적용되지 않으면 GATT 20조에 부합한다고 판정하였다. 그러나 미국은 카리브해 국가들에게는 기술과 재정적 지원을 하였고 바다 거북탈출장치를 설치하는데 유예기간을 허용함으로써 WTO 회원국간에 차별적으로 적용하여 최혜국대우 조항을 위반하였다 하여 미국은 패소하였다. 즉 미국의 패소는 환경보호조치 때문이 아니고 국가간에 차별적으로 적용하였기 때문이었다. 또한 판정은 환경보호를 위해 국가들이 양자적 또는 다자적으로 WTO내에서 또는 다른 국제기구에서 멸종위기에 처한 동식물이나 환경보호를 위하여 공동으로 행동을 할 수 있다는 점을 인정하였다[17].

<미국 - 가솔린 기준 적용>

(베네수엘라, 브라질 제소, 승소, 1996년 5월 20일 상소보고서 채택)

미국은 환경보호법(The Environmental Protection Agency: EPA)의 가솔린 규정에 따라 미국에서 공해를 줄이기 위해 가솔린의 성분 및 배기가스 기준을 미국산 및 수입 가솔린에 적용하였다.

◎ 판정 내용

미국은 외국으로부터 수입하는 가솔린에 대해 차별을 하지 않는 한 공기의 질을 보호하기 위해 가능한 한 최고의 기준을 적용할 권리를 가진다. 그러나 미국은 국내 생산자에게 요구한 기준이 수입된 가솔린에 부과된 기준보다 낮았기 때문에 수입가솔린과 내국산 가솔린간의 차별 적용으로(내국민 대우 위배) 패소하였다[18].

GATT 체제하에서의 환경보호조치분쟁 해결

GATT에 제소된 분쟁 케이스에는 다음의 6개가 있었는데 이 중에 3건은 채택되었고 3건은 채택되지 않았다.

1) 미국- 자동차 세금부과 : EU 제소 , 1994년 10월 11일 패널보고서 회람(비채택)
2) 미국- 참치수입 규제: EU 제소, 1994년 6월 16일 패널보고서 회람(비채택)
3) 미국- 참치수입 규제: 멕시코 등 제소, 1991년 9월 3일 패널보고서 회람(비채택)
4) 태국- 담배수입 규제 및 내국세 부과: 미국 제소, 1990년 11월 패널보고서(채택)
5) 캐나다- 비가공 청어와 연어 수출에 영향을 주는 조치: 미국제소, (1988년 3월 패널보고서 채택)
6) 미국- 캐나다산 참치 및 참치제품 수입금지: 캐나다 제소,(1982년 2월 채택[19])

<미국 – 참치수입 규제, 멕시코 등 제소 사례> (위의 3항에 해당)

사건 개요

동태평양 일대에서 황다랑어 떼는 돌고래 떼 아래에서 헤엄친다. 참치를 건착망을 사용하여 잡을 때 돌고래는 그물에 포획되어 풀어주지 않으면 죽게 된다. 미국의 해양포유동물보호법 (Marine Mammal Protection: MMPA)은 자국어선 및 태평양 연안에서 황다랑어 잡이를 하는 타국 어선에 대하여 돌고래 보호기준을 설정하고 있다. 만일 미국에 참치를 수출하는 국가가 미국 돌고래보호기준을 충족시킨다는 사실을 미국당국에 입증하지 못하면 미국은 해당국가로 부터의 참치수입을 금지해야 한다. 이에 따라 멕시코는 대미 참치 수출이 금지되었다. 수입금지는 멕시코에서 참치를 수입, 가공하여 미국에 수출하는 중개국에도 적용되었다. 중개국은 코스타리카, 이탈리아, 일본, 영국, 캐나다, 한국과 아세안국가들이었다.

패널 보고서

미국은 참치를 잡는 과정에 대한 멕시코의 규정이 미국의 규정을 충족시키지 못함을 이유로 멕시코산 참치제품 수입을 금지할 수 없다. 그러나 미국은 수입참치의 품질 혹은 내용에 대해서는 자국의 규정을 적용할 수 있다. 이 사건은 제품 대 공정 사례로 알려졌다.

◎ 패널 보고서 평가

GATT규범은 동물의 건강 또는 자연자원의 고갈을 방지하기 위한 것이라도 자국의 국내법을 타국에 강요하기 위하여 무역조치를 취하는 것을 허용하지 않았다. 그러나 돌고래 안전을 도모하면서 참치를 잡았다는 환경마크의 부착을 미국이 요구한 것은 GATT 규정에 위반되지 않는다.

◎ 보고서 비채택

멕시코가 이 사건을 더 이상 진행시키지 않기로 결정함에 따라 패널보고서는 채택되지 않았고, 멕시코와 미국은 GATT밖에서 합의를 도출할 목적으로 양국간 협의를 개최하였다.

◎ 시사점

만일 미국의 주장이 수용되었다면 어느 국가도 자국과 상이한 환경, 보건 및 사회정책을 추구한다는 이유 하나로 특정제품의 수입금지를 할 수 있게 된다. 이렇게 되면, 어느 국가든 자국의 규정을 국내적으로뿐만 아니라 타국에 적용을 강요할 수 있도록 하여 궁극적으로는 일방적인 무역제한조치를 허용하는 길을 열어 놓게 되어서 보호무역조치의 남용이 홍수를 이루게 될 것이다[20].

5. WTO의 무역과 환경협상

WTO에는 환경만을 구체적으로 다루는 협정은 없으나, 다수의 환경관련 조항이 포함되어 있다. 지속가능한개발(sustainable development) 과 환경보호 목적이 WTO설립 마라케쉬협정 전문에 수록되어 있다. 1994년 4월 15일 우루과이라운드협상 최종협정에 서명하기 위해 개최된 마라케쉬각료회의에서 '무역과 환경에 관한 결정(Decision on Trade and Environment)'이 채택되었다.

무역과 환경위원회 설치

이 결정문은 각료회의 산하에 무역과 환경위원회(Committee on Trade and Environment, CTE)를 설치하도록 하였다. CTE는 환경관련 상품, 서비스 및 지적재산권 등 모든 분야에 걸쳐 포괄적인 분야를 담당한다. 동 위원회는 무역과 환경간의 관계를 연구하고 필요하다면 WTO내용의 수정을 권고하는 것을 주임무로 한다. 동 위원회의 작업은 다음 두 가지 원칙에 기초한다.

(1) WTO는 무역에 관련된 업무만을 추진한다. 그러하기 때문에 환경문제에 있어서는 환경정책이 무역에 심각한 영향을 미칠 때 야기되는 문제만을 검토한다.
(2) 동 위원회는 WTO 무역체제의 원칙을 계속 유지하는 범위 내에서 해결책을 제시한다[21].

위원회의 작업계획은 모두 10개 분야를 의제로 정하였는데 이를 시장접근 사안, 무역과 환경연계 사안, 여타사안으로 구분하여 진행되고 있다.

(1) 시장접근사안
  1. 국내환경정책 및 조치와 WTO와의 관계(의제 2)
  2. WTO규정과 환경 목적의 부과금 및 조세, 표준, 기술규정, 포장, 라벨링, 재활용 등 환경관련 요건(의제 3 A/B)
  3. 환경관련 무역조치의 투명성(의제 4)
  4. 환경조치와 시장접근, 무역왜곡조치의 제거를 통한 환경혜택 (의제 6)

(2) 무역과 환경 연계(linkages)사안
  1. MEAs상 무역조치와 WTO 규정 간의 관계(의제 1)
  2. WTO와 MEAs의 분쟁해결체제(의제 5)
  3. 국내 판매금지품의 수출문제(의제 7)
  4. 무역관련 지적재산권 협정(TRIPs)과 환경(의제 8)

(3) 여타사안
  1. 서비스 무역과 환경(의제 9)
  2. 국제기구 및 비정부간기구(NGOs)와의 관계(의제 10)

도하각료선언 - 무역과 환경관련 협상지침

2001년도 도하각료선언에서 환경을 DDA협상 의제로 채택하고, 작업계획을 협상의제와 검토의제로 구분하였다. 협상의제 (negotiation mandate)로는 다음과 같은 3가지 의제가 선정되었다.

(1) WTO 규정과 MEAs의 구체적인 의무 간의 관계(의제 1)
(2) MEAs 사무국과 WTO 위원회 간 정보교환과 MEAs에 옵서버 지위 부여문제 (의제 10)
(3) 환경상품과 서비스의 관세 및 비관세 철폐(의제9)

또한 각료들은 수산보조금에 적용되는 WTO규정을 명료화하고 개선하기로 합의하였다. 수산보조금은 무역과 환경위원회에서 수년간 연구되어 왔으며, 일부 연구는 수산보조금이 과다한 어획으로 환경 파괴를 초래하였다고 지적하였다[22]. 검토의제(non-negotiating issues)는 기존의 작업을 모두 포함하고 있으나 특히 중점적으로 다루기로 한 의제는 다음과 같다.

(1) 환경조치가 시장접근에 미치는 영향, 특히 개발도상국 및 최빈개발도상국과 관련하여 미치는 영향과 무역제한 및 왜곡을 제거함으로써 무역, 환경, 개발에 유익하게 되도록 하는 방안
(2) 무역관련 지적재산권(TRIPs) 관련 규정
(3) 환경을 목적으로 한 환경마크제도[23](Eco-labelling)

형식상 협상의제는 무역과 환경위원회의 특별회의(Special Session)에서, 검토의제는 정례회의(Regular Session)에서 논의되나, 통상 특별회의와 정례회의는 바로 이어서 개최된다.

도하개발아젠다(DDA) 주요 협상의제별 협상 현황

(1) WTO규정과 다자간 환경협약(Multinational Environmental Agreements : MEAs)상의 관계

무역금지, 수출입허가, 통고, 포장 및 라벨링 요구 등의 무역조치가 환경협약의 목적 달

성을 위한 주요 수단으로 사용됨에 따라 환경협약(MEAs)상 무역조치와 WTO 규정간의 관계에 대한 검토 필요성이 대두되었다. MEAs상 무역조치를 둘러싸고 WTO 회원국간에 MEAs와 WTO규정 중 어느 규정을 따라야 하는지에 대한 문제가 발생할 수 있다. 특히 문제가 되는 것은 WTO 회원국이 MEAs의 당사국과 비당사국으로 나누어져 있는 경우이다. DDA는 환경협약과 WTO 규정 간의 관계에 대한 검토 필요성은 인정하였으나 검토의 범위는 WTO 회원국이면서 환경협약의 당사국인 경우, 환경협약상 구체적인 무역의무(specific trade obligation)로 제한하였다. 환경보호조치를 국내조치와 다자간 환경협약에 따른 조치로 구분하여 검토할 수 있다. 국내조치는 어느 한 국가가 환경보호를 이유로 일방적으로 취하는 무역제한 조치를 말한다.

이미 앞에서 무역관련 환경조치에 관한 WTO규정과 분쟁사례를 통해 검토한 바와 같이 WTO협정은 일정한 조건에 따라 환경조치를 취하는 것을 허락하는 규정을 가지고 있으며, 동시에 무역을 부당하게 제한하지 못하도록 규정하고 있다. 이러한 환경조치가 WTO 규정의 조건들을 충족시킨다 하더라도 무역에 장벽이 되는 것이 사실이며, 이는 환경조치의 비용이다. 환경기준은 선진국에서 주로 만들어지고 개도국들은 이를 받아들여야 하기 때문에 선진국 시장에 진입이 어려운 입장이다. 따라서 한 국가에 의한 일방주의는 자의적인 차별과 위장된 보호주의의 위험이 따르기 때문에 국제협약에 따른 환경조치가 바람직하며, 다수 국가가 참여하는 환경협약 즉 다자간 환경협약(Multilateral Environmental Agreements: MEA)이 많이 체결되었고, 계속 증가하는 추세이다[24]. 유엔환경개발회의(UNCED)도 글로벌 환경문제를 다루기 위한 다자간 환경협정 협상을 장려해왔다. 무역과 환경위원회(CTE)는 다자간 환경협약이 포함하는 무역조항을 어떻게 다룰 것인가를 검토해왔다.

무역조치간의 충돌의 원인은 MEA 조치가 WTO 무차별원칙에 위배되거나, MEA가 특정상품에 대해 회원국간의 무역을 허락하면서 비회원국의 상품에 대해서는 무역을 제한하는 경우이다. MEA회원국간의 분쟁은 MEA분쟁 절차에 따라 해결되나, MEA회원국과 비회원국으로서 양쪽 모두 WTO 회원국인 경우 분쟁은 WTO로 가져오기 쉽다. 왜냐하면 MEA비회원국은 MEA분쟁해결절차의 이용이 불가능하기 때문이다.

무역과 환경위원회는 발효중인 여러 종류의 환경문제를 다루는 200개 이상의 MEA중 18 개가 무역에 영향을 주는 규정을 포함하는 것으로 파악하였다. 이러한 MEA로는 :

- '멸종위기에 처한 야생동식물의 국제거래에 관한 협약 (Convention on Int'l Trade

in Endangered Species of Wild Fauna and Flora)',

- '오존층 파괴물질에 관한 몬트리올 의정서(Montreal Protocol on Substance that Deplete the Ozone Layer)',
- '유해물질 폐기물의 국가간 이동 및 처리에 관한 바젤협약(Basel Convention on the Control of Trans-boundary Movements of Hazardous Wastes and their Disposal)',
- '생물다양성 협약(Convention on Biodiversity)',
- '기후변화에 관한 유엔기본협약(UN Framework Convention on Climate change) 등이 있다[25].

지금까지 MEA의 무역조항과 관련되어 WTO에 제소된 분쟁 사례는 없다. 2001년 도하 각료회의에서 WTO규정과 특히 특정무역의무(Specific Trade Obligations: STO)를 포함하는 다자간 환경협약의 관계를 CTE 특별회의에서 협상하도록 합의하였다. 협상의 범위는 MEA에 가입한 WTO회원국에 국한하고 MEA비회원국의 권리에 영향을 미치지 않는다고 하였기 때문에 현재의 문제점을 해결하기에는 한계가 있다. 즉 MEA회원국과 비회원국간의 갈등을 해결하는 협상에는 동의하지 않았다. 또한 협상에서 다자간 환경협약(MEA)에 어떠한 국제협약이 포함될 것 인지와 특정무역의무(OST)의 의의를 명료화하는 문제가 논의되어 왔으나 합의점을 도출하지 못하고 있다. 따라서 환경협상이 환경상품자유화 의제 중심으로 진행되어 왔으며, WTO와 MEA의 관계에 관한 협상은 진전 없이 간헐적으로 논의되고 있다. 처음부터 WTO와 MEA관계 의제에 반대했던 미국과 호주 및 대다수의 개도국들은 현재까지 양 규범간에 아무런 충돌 없이 원만하게 작용하고 있으니 별도로 협상 필요가 없다는 입장인 반면, 동 의제 요청국가이었던 EC와 스위스는 지금까지 충돌은 없었으나 상호 규범간에 예측성을 증대하기 위해 분명한 지침을 마련할 필요가 있다는 입장이다. 그러나 WTO규범과 MEA 특정무역의무의 관계에 대해 협상하되, 협상의 범위가 WTO규정내 회원국의 기존 권리의무를 변경시키지 않아야 한다는 제한된 DDA 협상지침으로 인하여 의미 있는 성과를 도출하기가 쉽지 않을 것으로 보인다[26].

(2) MEA사무국과 WTO위원회들간의 정기적인 정보교환을 위한 절차 및 참관인 자격 부여를 위한 기준

DDA는 MEAs 사무국과 WTO 위원회간 정보교환 방안과 MEAs에 옵서버 자격을 부여하는 기준을 검토할 것을 요구하고 있다. 정보교환과 관련해서는 CTE에 정보교환 세션(Information Session)의 정례화, MEAs 당사국총회시 WTO부대행사 개최, WTO, UNEP,

MEAs 간 기술지원 및 능력형성 사업 공동추진, 무역과 환경관련 전자 데이터 베이스 구축 등의 의견이 제시되고 있다. 현재 기존에 초청해 오던 6개 MEAs와 UNEP, UNCTAD를 임시 옵서버로 초청하는 데 대해 합의가 되었다. WTO위원회와 MEA사무국간의 긴밀한 협력은 무역과 환경정책이 일관성 있게 발전하도록 보장한다. 요한네스버그에서 개최된 '지속가능한 개발에 관한 2002세계정상회의(WSSSD)'의 실천 계획에서도 유엔환경계획(UNEP)과 다른 유엔기구와 전문기관, IMF, 세계은행, WTO간의 협력 강화를 위해 노력해 줄 것을 요청하였다.

WTO와 MEA 사무국간의 여러 형태의 협력과 정보교환은 이미 자리를 잡았다. WTO 무역과 환경위원회(CTE)와 다자간 환경협정(MEA) 사무국들은 정보회의를 개최하였다. WTO 회의에서 MEA사무국에 옵서버지위를 부여하기 위한 기준문제가 앞으로 협상되어야 할 일이다. 7개의 MEA사무국이 이미 무역과 환경위원회의 옵서버 자격을 부여 받았다. 환경협상에서 가장 쉬운 의제부터 풀어가자는데 공감대가 형성되어 중점적으로 논의된 WTO와 MEA사무국간의 정보교환 정례화와 MEA 사무국의 WTO회의에 옵서버 자격기준에 대한 논의가 환경협상에서 유일하게 구체적 성과를 거둘 가능성이 높은 분야다. DDA환경협상 출발 당시 'WTO와 MEA상 특정 무역의무간의 관계'가 의제에 포함되는 것을 반대했던 미국이 두 번째 의제, 즉 WTO와 MEAs 사무국간의 협력을 포함시킨 측면이 있다. 즉 미국은 WTO와 MEA 규범간의 관계가 충돌 없이 작동하고 있으니 정보교환과 협력을 통해 충돌문제가 발생하지 않도록 미연에 방지하면 된다고 주장하고 있다[27].

(3) 환경상품과 환경서비스에 대한 관세 및 비관세장벽의 감축 또는 철폐

환경상품은 비농산물시장접근협상그룹(NAMA)과 CTE 특별회의에서 다루고 있으며 여타 사안에 비해서는 진전이 있다. 환경상품의 정의와 구체적 환경상품 목록에 관한 문제가 논의 중에 있다. 환경협상 중 가장 주요한 것 중의 하나가 환경상품과 환경서비스의 무역자유화다. 무역자유화의 목적은 무역, 환경 및 개발을 조화시키는 것이라고 볼 수가 있다. 협상의 대상은 환경상품과 서비스에 대한 관세와 비관세장벽을 제거하는 것이다.

2001년 도하각료선언에서 환경상품과 서비스에 대한 관세와 비 관세장벽을 철폐하기 위한 협상을 하고 무역, 환경 및 개발을 위한 지속가능한 개발을 달성하는 것이 목표라고 하였다. 환경상품과 환경서비스의 무역자유화는 비농산물 시장접근협상과 서비스협상에서도 논의되고 있으며, 무역과 환경위원회에서는 환경상품의 개념을 주로 논의하고 있다. 그 동안 아태경제협력체(APEC)와 경제협력개발기구(OECD)에서 개발한 환경상품 목록이 주로 협상에 참조되어 왔다. 미국과 EU는 환경상품과 서비스의 무역자유화를 확대하기 위하여 환경상품을 넓게 인정할 것을 주장하고 있는 반면, 개발도상국들은 환경상품을 좁게 보려고 하면서도 개발도상국의 수출유망상품에 대해서는 특별한 고려를 요구하고 있다.

각국의 이해관계는 환경상품을 어떻게 정의하느냐와 밀접한 관계가 있다. 선진국은 환경상품의 목록(list)을 작성해서 환경상품의 관세를 감축함으로써 무역의 자유화를 달성하자는 리스트접근 방법을 주장하는 반면, 개발도상국들은 각국 정부가 환경사업을 실시하고 여기에 필요한 물품을 사업기간 중에 무관세로 수입할 수 있게 하자는 프로젝트 접근방법을 주장하였다. 프로젝트 접근방법은 구체적 방안이 나오지 못하였기 때문에 리스트 접근방법에 따른 회의를 진행할 수 밖에 없었다. 그러나 개도국들이 리스트접근방법에 따른 협상을 거부하였기 때문에 공식적인 협상이 되지 못하고 '기술적 정보교환'이라 불리는 회의에서 환경상품을 논의하게 되었다.

환경상품으로 제시된 500여 개의 품목 중에서 환경상품으로 볼 수 있다고 합의된 품목은 거의 없다. 현재 제시된 500여 개의 품목에서 환경상품이 아닌 것을 삭제해서 어느 정도까지 축소해야 타협가능한 선이 될 것인지가 문제이다. 환경상품이라고 지정된 상품이 환경목적이 아닌 다른 용도로도 사용됨으로써 완전히 환경보호 용도로만 사용될 수 있는 물건은 거의 없다. 개도국들은 단일환경 용도를 가진 제품을 우선 논의해야 한다고 주장하였으나 이러한 제품은 거의 없는 것으로 판명되었다. 선진국은 현저한 환경용도를 가지고 있으면 다른 용도로 사용되더라도 환경상품이라고 주장하고 있다.

환경상품협상이 환경상품의 관세철폐에 초점을 맞추고 있는데 대해 개도국들은 비관세장벽의 철폐와 기술이전이 더 중요하다고 주장하고 있다. 일례로 개도국이 수출하는 천연마 섬유가 환경상품 리스트에 들어 있는데, 선진국들의 위생 및 검역조치로 인해 수출 길이 막혀 있다고 인도가 주장하면서 선진국의 비관세장벽 철폐를 주장하였다. 또한 환경상품은 선진국의 발전된 기술로 제조된 상품이 대부분이므로 선진국들이 상품을 개도국시장에 수출하는 데만 관심을 가질 것이 아니라 상품과 함께 기술이전을 수반해야 하며, 관세 감축 방안에도 관세 감축 폭과 시행기간에 있어서 선진국에 비해 개도국에 유리하게 개도국 우대가 강구되어야 한다고 주장한다.

환경서비스 사안은 서비스무역이사회 특별회의에서 다루고 있다. WTO 서비스부문 분류목록은 환경서비스를 하수처리, 폐기물 처리, 위생, 배출가스 정화, 소음 경감, 자연 및 경관보호, 기타 서비스로 구분하며, 대부분 WTO 회원국은 이 분류에 따른 양허안을 제출하고 있다. 환경서비스는 대개 법인 설립 등 상업적 주재 형태(mode 3), 자연인의 이동(mode 4)의 형태로 이루어 지고 있다.

도하개발아젠다(DDA) 주요 검토의제 현황

검토의제(non-negotiating issues)는 기존의 작업을 모두 포함하고 있으나 특히 중점적으로 다 다루기로 한 의제는 다음과 같다.

(1) 환경조치와 시장접근, 무역왜곡 조치의 철폐(의제 6)
환경조치가 시장접근에 미치는 영향, 특히 개발도상국 및 최빈개발도상국과 관련하여 미치는 영향과 무역제한 및 왜곡을 제거함으로써 무역, 환경, 개발에 유익하게 되도록 하는 방안

(2) 무역관련 지적재산권(TRIPs)과 관련되는 규정(의제 8)

(3) 환경보호를 목적으로 한 환경라벨링 요건(Eco-labelling)(의제 3B)

(4) 국내 환경정책 및 조치와 WTO와의 관계

(1) 환경조치와 시장접근, 무역왜곡 조치의 제거

환경보호를 위한 기준을 설정하는 것은 각국의 정당한 권리이나 이러한 조치는 개도국 특히 최빈국의 수출에 영향을 줄 수 있다. 따라서 환경보호 조치는 WTO의 비차별원칙을 준수하고 위장된 무역제한으로 작용되지 않도록 하여야 하며, 초기부터 개도국을 참여시키거나 개도국의 사정을 반영하는 것이 필요하다. 무역왜곡 조치를 제거할 경우 무역, 환경 및 개발의 세 측면에서 동시에 이익이 되는 분야를 확인하고 무역왜곡 조치를 제거하기 위한 논의가 진행되고 있다.

이 논의는 농업, 수산, 에너지, 임산물, 자연자원, 섬유 및 의류, 환경서비스, 비철금속 등의 구체적인 분야를 대상으로 검토되어 왔다. 무역왜곡 조치로는 보조금, 고관세, 경사관세, 비관세장벽, 수출제한 등이 대상이나 주로 보조금에 초점이 맞추어져 있다.

보조금은 농업과 수산분야가 주된 대상이며 농업보조금 문제는 파급효과가 지대하여 구체적인 협상은 CTE 차원을 넘어서 농업협정 개정문제를 다루는 농업위원회 특별회의에서 다루고 있다. 수산보조금 문제도 농업을 제외한 분야의 보조금 전반을 다루는 보조

금협정(SCM) 개정문제를 다루는 규범협상 그룹에서 다루고 있다.

(2) 무역관련 지적재산권협정(TRIPs)과 환경(의제8)

무역관련지적재산권협정과 관련된 논의는 TRIPS 이사회 특별회의에서 다루고 있다. 주된 논쟁은 TRIPS와 생물다양성협약(CBD)과의 관계, 전통지식의 보호를 둘러싸고 TRIPs의 개정 필요성 여부에 초점이 맞추어져 있다. TRIPs와 CBD와의 관계에 있어 특히 문제가 되고 있는 부분은 유전자원 제공자의 사전허락 취득(PIC)과 이들과의 이익공유 조치를 특허요건으로 포함하는 문제와 유전자원 활용시 원천을 공개하도록 하는 것이다. 또한 발견이나 자연상태의 유전자원에 대해서는 특허를 부여하지 않는 문제가 논쟁이 되고 있다.

전통지식 보호문제도 유전자원과 동일한 PIC, 이익공유, 원천공개 등의 문제가 관련되어 있다. 개도국들은 전통지식 관련 사안들이 TRIPS에 반영이 되거나 전통지식 문제를 규율할 수 있는 다자제도 구축을 희망하고 있다. 또한 개도국들은 환경보호를 위해 특허에 대한 예외를 인정하여 환경친화 기술의 이전을 촉진하자는 주장과 선진국들은 특허보호는 기술이전의 전제조건이라는 주장을 하고 있다.

(3) 환경라벨링 요건 문제

생활수준이 높아짐에 따라 소비자들은 안전하고 높은 품질의 상품을 요구하고, 물, 대기 및 대지오염문제로 인하여 환경친화적인 제품을 개발하도록 요구함에 따라 환경라벨링의 사용이 증가되고 있다. 또한 환경라벨링이 점점 복잡해 지고 다양화되고 있기 때문에 개발도상국과 중소기업체는 수출시장에서 커다란 비용을 부담하고 있다. 환경라벨링을 위한 국제표준이 환경마크 조건을 표준화함으로써 무역을 촉진시킬 수 있으나, 개도국들은 환경라벨링제도 추진 과정에서 제한적이고 비효율적인 참여로 불리한 입장에 놓이게 된다. 환경라벨링제도는 제품을 생산, 사용, 폐기에 이르는 전 과정에서 부정적 환경영향을 평가하는 전과정평가(Life Cycle Assessment)를 사용할 수 있다. 환경라벨링제도는 소비자에게 친환경상품을 알려 주는데 좋은 제도이다. 그러나 국내시장 보호를 위한 수단이 되거나 국제무역에 불필요한 장애 즉 정당한 목적 수행에 필요한 이상으로 무역을 규제하거나 수입제품이 수입국의 국내규제에 적합한지 여부를 판정하는데 필요 이상으로 엄격하거나 시간이 소요되어서는 안 된다. 환경라벨링표준이 국내적 관심에 초점을 맞추기 때문에 외국공급자의 견해가 반영되지 못한다. 환경라벨링제도에서 특히 문제가 되는 의제는 공정과 생산방법 (PPM) 이다. WTO회원국들은 상품의 생산방법이 상품에 유해잔재 추적을 남긴다면(예: 살충제를 사용한 목화제배에서 목화에 살충제 잔재가 추적되는 경우) 상품의 생산방법에 대한 표준을 설정할 권리가 WTO규정에서 인정되나, 추적을 남기지 않는 PPM의 경우 상품의 생산방법에 대한 표준을 설정해서는 안 된다고 인식하고 있다.

그러나 앞으로 무역환경위원회가 토론해야 할 문제는 TBT에서 상품이 생산되는 방법에 대하여 친환경적임을 표기하는 라벨링 부착을 어떻게 규정하는가에 달려 있다. TBT협정의 조화(harmonization), 동등성, 적합판정의 상호인정, 투명성 등 원칙이 환경보호제도에 적용되어야 한다. WTO회원국들은 TBT협정과 SPS협정 등 WTO규정이 환경마크 문제를 적정하게 다루고 있고, 권리와 의무의 적절한 균형을 이루고 있다고 평가하고 있다. 환경라벨링에 대한 WTO규정은 TBT위원회에서 검토되는 것이 더 적합하며 무역과 환경위원회(CTE)의 결정사항은 사전에 TBT위원회의 기술적 논의를 전제로 하는 것이 올바른 방법이라고 대부분의 회원국은 보고 있다.

(4) 국내 환경정책 및 조치와 WTO와의 관계

무역과 관련된 국내의 환경정책 및 조치와 WTO 규정과의 관계에 대해서는 환경보조금 문제와 무역협정의 환경적합여부 검토가 주로 논의되었다. 보조금은 환경에 긍정적으로 작용할 수도 있고 부정적으로 작용할 수도 있다. 우루과이 협상과정에서 환경개선에 기여할 수 있는 환경보조금에 대한 논의가 진행되었으며 관련 규정이 농업협정과 보조금협정에 반영되었다. 농업협정은 정부의 환경프로그램을 준수함으로써 생산 및 소득 손실 또는 비용이 수반되는 경우 이를 보전해 주는 보조금을 인정하고 있다. 이를 허용보조금이라 한다. 이 이외의 보조금은 허용되지 않는 보조금이다.

◦ 수산보조금 (Fisheries Subsidies)

수산보조금은 규범(Rules)협상그룹에서 협상되고 있으며, 무역과 환경, 개발 등 세가지 측면을 모두 포함하는 복합적인 문제이다. Pascal Lamy WTO사무총장은 2009년6월8일 세계해양의 날 연설에서 다음과 같이 말하였다.

> "오늘 우리는 과잉어획이 바다에서 수산자원을 고갈시켜 많은 어종들이 영원히 사라질 위험에 처해 있다. 이것은 해양을 위해 나쁜 소식일 뿐만 아니라 세계 4,350만 명의 어부들에게 나쁜 소식이다. 정부가 매년 180억 달러 보조금을 어업에 제공함으로써

과잉어업문제를 야기시킨다. 이러한 보조가 바다에 더 많은 어선을 유지하고 바다 속에는 더 적은 물고기가 있게 한다. WTO회원국들은 어업이 지속 가능한 산업이 되도록 이러한 보조금 제도를 개혁하기 위한 협상을 하고 있다."

미국, 뉴질랜드, 호주 등 소위 '피시 프랜즈' 국가들은 수산보조금에 대한 별도의 규범을 만들어 규제할 것을 주장하고 있다. 이들 국가들은 환경측면에서 수산보조금이 과잉어획을 초래하여 수산자원을 고갈시키며, 무역측면에서는 과잉어획물이 무역왜곡을 초래하고 있다고 본다. 개발측면에서는 개발도상국의 경제가 수산업에 의존하고 있으므로 지속가능한 개발을 위해서도 수산보조금 지급이 억제되어야 한다고 주장하고 있다. 한국과 일본은 수산자원의 지속적 이용에 기여하는 보조금을 허용보조금으로 분류하고, 무역왜곡을 초래하는 보조금을 금지해야 한다고 주장하였다. 그러나 대부분의 국가들이 수산보조금의 규제를 요구하기 때문에 어획경비와 관련된 보조금의 금지는 불가피할 것으로 보인다.

2005년 12월 홍콩WTO각료회의에서 채택된 각료선언문에서 과잉어획이나 과잉능력에 기여하는 형태의 수산보조금을 금지하고 개발도상국에 대해서는 효과적인 특별차별대우를 부여하기로 하였다. 이에 따라서 금지보조금, 일반적 예외, 개도국 우대, 투명성, 유예기간 등에 대한 규정이 설정될 것으로 보인다.

6. 도하개발아젠다(DDA)에서 무역과 환경협상의 미래

2008년 7월 우리나라 등 30여 개 WTO 주요회원국들이 참석한 DDA소규모 각료회의가 농업 및 비농산물 시장접근 세부원칙(modalities)에 대한 합의를 목표로 하였으나, 개도국 특별긴급관세(SSM), 면화 등 주요쟁점들에 대한 합의를 도출하지 못함으로써 DDA협상타결에 실패함에 따라 2002년에 시작한 DDA협상은 중단과 재개를 반복하면서 지속되고 있다. 2009년 4월 런던에서 개최된 G20 정상회의와 2009년 7월 싱가포르에서 개최된 아태경제협력체(APEC) 통상장관회의에서 DDA협상 타결을 위하여 전념하기로 결의하였다. 환경협상의 세 가지 분야인 ①다자간 환경협약(MEA)과 WTO의 관계, ②MEA 사무국과 WTO위원회간의 정보교환과 ③환경상품 및 서비스 무역의 자유화 중에서 MEAs와 WTO의 관계는 다수 회원국들이 특별히 상충되는 문제가 없다는 입장이며, 제안국인 EC와 스위스가 관심을 가지고 있으나 추가적인 제안을 내놓지 않고 있어서 별다른 논의가 이루어지지 않고 있다.

환경상품 무역의 자유화 협상에서 환경상품협상은 각국이 환경상품리스트를 제출하고 이를 기초로 합의된 리스트를 도출하는 리스트접근방법 위수로 진행되어 왔으며, 선진국들이 이를 지지하고 있다. 개도국들은 인도가 대안으로 제시한 프로젝트 접근방법을 지지하고 있으나, 인도는 프로젝트접근 방법을 구체적이고 실행 가능한 방법으로 발전시키지 못하고 있다. 따라서 협상은 리스트접근방법에 따라 진행되고 있다. 선진국들은 그 동안 각국이 제출한 품목들(HS 6단위기준으로 500여 개)을 대상으로 환경적 이익을 평가하여 환경상품을 정하자는 입장이다. 반면, 개도국들은 프로젝트접근방법을 포기하지 않았다는 전제하에 동 기술적 논의에 참가하면서도 개도국 관심사항인 기술이전과 특별대우 문제 등도 함께 논의되어야 한다는 주장을 하고 있다. 개도국들은 제시된 품목이 너무 많으며, 환경용도와 다른 용도로 사용되는 품목 보다는 환경용도로만 사용되는 품목들을 우선 논의하자는 입장이다. 리스트로 제출한 국가들 중에서도 미국, EC, 스위스, 뉴질랜드 등은 광범위한 품목 리스트에 대한 합의를 추진하고 있으며, 우리나라, 대만 등은 진정한 환경상품이라고 할 수 있는 적은 규모의 리스트를 희망하고 있어 단일 리스트의 합의가 쉽지 않을 전망이다. 개도국들의 적극적인 논의 참여를 유도하기 위해 개도국 관심품목을 포함시켜야 하는 과제도 있다. 이와 같이 환경상품에 대한 회원국들간의 근본적인 인식의 차이 이외에도 개도국들로부터 많은 어려운 요구사항들이 있어 이 분야 협상이 어려운 상황에 있다.

환경라벨링 문제는 현재의 관련 WTO규정들이 적절하고 권리와 의무의 균형을 이루고 있다고 판단하기 때문에 환경마크제도에 대한 특별한 규정이 제정될 것으로는 보이지 않는다. 반면, 수산보조금은 수산자원이 고갈되고 있다는 평가가 있고, 무역, 환경 및 개발을 위한 과잉어획 방지를 위해 수산보조금의 금지보조금과 허용보조금으로의 분류와 금지보조금의 감축계획에 대한 합의가 있을 것으로 보이며, 아울러 개도국에 대한 특별우대, 유예기간 등을 포함하는 수산업협정이 탄생될 것으로 전망된다. 환경상품과 서비스무역의 자유화는 WTO환경협상에서 가장 중요한 의제라고 할 수 있다.

환경상품의 자유화는 지구온난화 방지 등 환경보호에도 기여할 수 있다. 예로서 세계자원을 지속가능한 발전을 위해 효율적으로 분배하고, 생활수준 향상에 따른 점증하는 환경상품의 수요를 충족시키며, 환경보호를 위한 국내조치는 환경상품의 발전과 환경상품의 판매경쟁을 강화시킴으로써 환경보호 목적을 성취하기 위한 국제환경기구의 역할에 상호 보완적으로 기여할 수 있다. 환경보호기준은 선진국에 의하여 입안되고 개도국은 이를 따르는 입장이며 기술 등 다방면에서 불리한 상황에 있다. 따라서 선진국은 개도국들로부터 수입되는 환경상품에 대해 관세 감축 및 비관세장벽 철폐와 기술이전 등을 통해 개도국의 이익과 관심을 반영하는 WTO환경협정이 도출되어서 개도국의 수혜가 환경기준 준수에 따르는 비용을 능가하는 환경상품의 자유화를 이루어 선진국과 개도국 및 환경에 win-win이 되도록 해야 한다.

무역과 환경 논의의 파장

환경요소가 과연 무역에 어느 정도 관련이 되어 있으며 그 영향이 얼마나 클 지에 대한 체계적 분석은 이루어 지지 않고 있다. 그러나 전 세계 무역량이 2010년 현재 대략 10조억불로 볼 때 화석연료 사용 품목은 줄잡아 그 반 이상이 된다고 본다. 그 이외에도 환경요소로는 유해폐기물, 멸종위기 동식물, 유전자 변형 농산물, 오존층 파괴물질, 유해화학물질 등 이루 말할 수 없이 많다. 거기다 환경상품과 환경서비스를 포함하고 있는 환경산업의 규모는 해마다 커지고 있다. 이러한 환경산업을 기반으로 하는 상품과 서비스의 교역도 증가하고 있다. 이에 따라 일방적인 무역조치도 증가할 것이고 MEAs와 WTO간의 충돌문제도 발생할 가능성이 높아질 것이다. 또한 농업, 수산업 등 분야에서 환경을 파괴할 수 있는 각종 보조금도 관행처럼 지속되고 있다. 무역과 환경을 둘러싸고 각국간의 첨예한 이해관계의 대립과 선진국과 개도국의 입장차이가 좁혀지지 않는다면 환경문제는 점차 악화일로에 놓이게 될 가능성이 있다. 또한 세계는 부익부 빈익빈의 현상이 심화되어 갈등과 대립의 양상을 나타낼 것이다.

DDA 이후 무역과 환경 논의

WTO 체제내에서 CTE의 역할에도 불구하고 부역과 환경 논의는 그 동안 구체적인 성과를 거두지 못했다는 평가를 받고 있다. WTO 규정과 MEAs 간의 관계에 대해 어떠한 결론도 도출하지 못하고 있다. 그러나 그간의 논의를 통해 WTO 규정에 환경적인 우려를 고려하여 해석하는 경향도 생기고 있다. 그러나 DDA에서의 무역과 환경 논의가 차지하는 비중이 크지 않고 더 절박한 사안에 밀려 있는 상황이다. DDA에서 무역과 환경 논의는 무역라운드 협상에서 무역과 환경 논의가 최초로 포함되었다는 데서 일단은 그 의의가 있다 하겠다. 환경문제가 더욱 절실하게 다가오면 결국 무역과 환경은 활력을 얻을 것이다. 기후변화협약 체제가 다루고 있는 대상이 전체 무역액의 50퍼센트 이상을 차지하고 있다는 사실과 미국과 EU간에 GMO 농산물을 둘러싼 분쟁은 WTO와 DDA가 무역과 환경문제를 지금보다 더 심각하게 검토하게 만드는 계기가 될 것이다. 이러한 지표는 환경을 고려한 그린라운드의 도래를 예고하고 있다.

[주] 제9장 무역과 환경

1) 무역과 환경이란 용어는 GATT/WTO에서 널리 쓰이고 있어 일반적으로 쓰이게되었다. 제9장 무역과 환경은 한서대학교 김원태 교수가 지식경제부 무역위원회 무역구제 2009년 11월호에 게재된 내용을 중심으로 전개하였다.
2) 조선일보, 2009년 6.17자 '미 온실가스감축정책 못 지키는 회사는 도태'
3) 조선일보 2009.5.20자 환경 모르면 최악의 수출환경 온다-EU발 글로벌 녹색규제 태풍
4) WTO뿐만 아니라 OECD, APEC 등 국제기구에서 자유무역의 대상이 되는 환경상품의 범위를 정하는 노력이 있다. 그러나 환경상품의 범위를 크게 하려는 선진국측과 환경상품의 범위를 축소하려는 개도국의 입장이 대립되고 있다. 선진국측은 가능한한 환경과 관련된 모든 상품으로 확대하려는 경향이 있고 개도국측은 환경상품이 확대되어 자국의 시장이 선진국의 환경상품에 의해 지배되는 상황을 우려하고 있다. OECD의 환경상품 분류는 ① 오염관리 그룹 ② 청정기술, 제품 그룹 ③ 자원관리 그룹 등 세 그룹 161개 품목으로 구분되어 있고 APEC의 환경상품 분류는 OECD 분류에 기초하여 대기, 수질, 토양, 소음, 열에너지 등
10개 분야 총 109개 품목으로 되어 있다.
5) 주 제네바대표부, DDA협상, 도하에서 홍콩까지, 2005.4, p.108.
6) WTO, Early years: emerging environmental debate in GATT/WTO
7) WTO, Trade anf Environment at the WTO, 2005, p.65.
8) WTO, Trade anf Environment at the WTO, 2005, p.65.
9) WTO, Early years: emerging environmental debate in GATT/WTO, p.3.
10) WTO, Understanding the WTO, 2007.2, p.65.
11) WTO, Trade and Environment at the WTO, 2005, pp.49-50.
12) 외교통상부, GATT협정문, 2001, 7, pp.80-81.
13) WTO, WTO rules and environmental policies: GATT exceptions, pp.1-6.
14) 외교통상부, 우루과이라운드 다자협상 결과(국문협정문집), 2008, pp.299-300.
15) 외교통상부, 우루과이라운드 다자협상 결과(국문협정문집), 2008, p.124.
16) 김원태, 글로벌시대의 WTO 이해, 2006, p.136.
17) WTO, Understanding the WTO, 2007.2, pp.67-69.
18) WTO, environmental disputes: GATT/WTO, p.2.
19) WTO, environmental disputes: GATT/WTO, p.2.
20) WTO, Understanding the WTO, 2007.2, pp.69-70.
21) WTO, Understanding the WTO, 2007.2, p.65.
22) WTO, Trade and Environment at the WTO, 2005, pp.9-10.
23) WTO, Trade and Environment at the WTO, 2005, p.11.
24) 주 제네바대표부, DDA협상, 도하에서 홍콩까지, 2005.4, p.106.
25) WTO, Trade and Environment at the WTO, 2005, p.36.
26) 주 제네바대표부, DDA협상 여전히 돌파구 마련을 위해 고전 중, 2007.4.27, 제7장 무역과 환경협상
27) 주 제네바대표부, DDA협상 여전히 돌파구 마련을 위해 고전 중, 2007.4.27, 제7장 무역과 환경협상

제3부

우리나라의 지구환경 및 자원외교

제10장 지구환경문제에서 우리나라 환경외교의 위치와 나아갈 방향

지구환경문제의 국제적 논의에 있어서 우리나라는 각 분야별로 적극 참여해 오고 있다. 우리나라는 오존층보호, 기후안정, 생태계보호, 멸종위기 동식물보호, 오염방지, 자원보호, 폐기물의 합리적 처리, 해양생물보호, 인체보호 등 현재 발효되고 있는 각종 주요한 국제환경협약에 대부분 가입해 있다. 이에 따라 매 10년마다 개최되는 지구환경관련 정상회의는 물론이고 기후변화협약 관련회의, 생물다양성 관련회의, 사막화방지협약 관련회의 등 다자협의에 적극 참여하고 있다. 한편 동북아환경협력 관련회의 등 지역협의나 한·일, 한·중 등 양자협의에도 적극 참여해 오고 있다.

지구환경문제에 있어서 우리 정부의 전략적 기초는 ① OECD 국가로서의 지구환경보호를 위한 국제적 노력에 동참하여 지구환경보전에 건설적으로 기여한다는 것이다. 그리고 ② 선진환경정책을 국내 환경정책에 적극 반영되도록 촉진하고 ③ 환경친화적인 산업 구조로의 구조조정 작업을 시행해 나가도록 하며, ④ 국제환경논의 결과가 우리의 산업 및 무역에 부정적인 영향이 미치지 않도록 최대한 국익확보에 주력하고 ⑤ 지구환경논의에 있어 선진·개도국 간의 중개역할을 추구함으로써 지구환경보호에 건설적으로 기여한다는 것이다.

실질적으로는 90년대 이후 시작된 우리의 환경외교는 70년대 초부터 지구환경문제에 관련해 온 구미 선진국에 비해서는 지구환경문제에 대한 지식과 정보수집에 있어서 뒤떨어진 것이 현실이다. 이렇게 뒤늦게 시작했기 때문에 무엇보다 협상능력에 있어서도 뒤떨어져 있다고 볼 수가 있다. 그리고 환경보다 성장을 중시하는 국내적 상황은 대외적인 협상에 힘을 실어주기 보다는 오히려 그 반대의 상황을 전개해 왔다고 볼 수가 있다. 우리나라 내에서 환경을 보호하려는 세력과 현실을 우선시 하는 세력간의 대립에서 항상 현실주의자들이 우세한 것이 사실이다. 환경을 보호하려는 주된 세력은 환경단체들이며 현실주의자들의 주된 세력은 대기업을 위시한 산업계이다. 정부 내에서도 정책우선 순위에서는 경제성장 논리가 항상 우위에 서 있었다. 환경부의 환경보호정책은 경제부처의 경제성장 정책에 밀려나 있었다. 국가의 최고 책임자인 대통령들도 경제성장에 몰입하여 왔으며 환경정책은 항상 2차적인 관심권에 머물러 있었다고 볼 수가 있다.

이러한 상황에서 1996년 우리나라의 OECD 가입은 우리나라의 대외적 지위를 향상시키는 데 있어서 하나의 큰 계기가 되었다. OECD 가입 직후 1997년 4월 그 동안 한국이 몸 담았던 개도국 협상그룹인 77그룹으로부터 탈퇴하였다. 우리나라는 1996년 회원국의 의무수락 발표문에서 다른 국제조직이나 그룹에 참여할 경우에는 OECD의 회원국으로서 그 목적 및 활동에 어긋나지 않도록 행동해야 된다고 약속하였기 때문이다[1]. 그러나 한국에게는 OECD에 가입하고 77그룹으로부터 탈퇴를 했다고 곧 바로 선진국으로 진입하는 것을 의미하는 것은 아니었다. 그 좋은 예가 기후변화체제 협상에서 한국이 개도국인 비부속서(non-Annex) I 국가의 지위를 계속 주장해 오고 있는 것이다. 이렇게 본다면 앞서 말한 우리 환경외교의 목표는 현실과의 괴리를 나타내며 실효성이 의문시 된다고 볼 수가 있다. 이러한 자세로는 한국이 지구환경문제에 있어서 선도적인 위치에 서기가 어렵다. 항상 국익우선의 입장을 취하기 때문에 말과 행동에서 차이를 나타내고 있다.

1. 국제사회에서 우리나라 환경외교의 위치

국내사회에서 사회생활을 함에 있어서 개인의 지위가 중요하듯이 국제사회에서도 나라의 지위가 국가의 이미지뿐만 아니라 실질적인 이해관계에서도 중요한 역할을 한다. 예를 들어 우리나라가 1996년 개도국의 지위를 포기함에 따라 2002년 지구환경정상회의 주최에 실패했다고 볼 수가 있다. 우리나라는 세계 환경 정상회의를 개최할 의사가 있었고 이 회의의 유치를 위해 준비를 해 왔으나 개도국들이 단결하여 개도국 주최를 강력히 주장하였기 때문이다. 이러한 현상은 2012년에서도 마찬가지로 재현되어 우리나라는 이 회의의 주최에 또 다시 실패했다. 물론 이 회의를 주최하지 못한 데에는 여러 가지 이유가 있을 수 있으나 그 중 하나가 이러한 지위문제였다는 것이다. 그 이외에도 겉으로 잘 드러내지 않으면서도 우리나라의 국가 이미지와 직간접으로 관계되는 국익문제가 많이 있을 것이다.

국제환경무대에서 우리나라의 개도국 지위문제는 우리나라가 1996년 12월 OECD에 가입하고 이듬해 4월에 77그룹을 탈퇴한 것을 계기로 검토되었어야 할 문제였다. 국제환경무대에서의 지위문제, 현재 협상이 진행되고 있는 기후변화체제와 장차 형성될 국제환경협약, 그리고 각종 국제환경기구에서 한국의 역할과도 깊은 관련이 있다.

국제사회에서 자리매김하는 한국의 지위

우리나라가 OECD에 가입한 이후 국제환경협약에서 개도국인지 아닌지에 대해서 확증과정이 없었다. 그 결과 우리나라의 지위문제에 대한 명확한 대답은 아직까지 없는 셈이다. 과거로 거슬러 올라가 보면 우리나라가 1992년 리오정상회의 이후부터 국제환경협약에 활발히 가입하기 시작하였는데 1996년 12월 OECD에 가입하기 이전에는 국제환경협약에서는 대체로 개도국으로 인정을 받았다. 국제환경협약 자체가 생산 및 소비, 무역 등 경제활동을 제약하거나 금지하는 방향으로 나가고 있어 경제에 미치는 부담이 적지 않았기 때문에 우리나라는 정책적으로 개도국 지위를 적극적으로 수용하는 노력이 있었다.

그러나 재정 및 기술 지원 등 개도국의 수혜가 커지는 만큼 선진국들의 부담이 커짐으로 점차 우리나라와 같은 위치에 있는 나라들에 대한 수혜문제가 대두되었다. 몬트리올의정서의 예가 이러한 상황을 잘 설명해 준다. 우리나라가 OECD에 가입하기 전인 1994년 우리나라는 개도국의 지위는 요구하면서 개도국에 제공되는 재정지원은 받지 않겠다고 발표했던 것이다. 그러나 이러한 태도를 표명하던 1990년대 상황과는 다른 상황이 전개되고 있다. 1996년 우리나라가 OECD에 가입했고, 2010년에는 OECD의 대외원조기구인 개발원조위원회(DAC)의 회원국이 된 것이다. 한국이 OECD회원국일 뿐만 아니라 OECD의 대외원조기구인 개발원조위원회(DAC)의 회원국이 되었다. 명실공히 국제사회에서는 선진국의 대열에 들어선 것이다. 아직도 OECD에는 7개 나라가 DAC 회원국이 아니라는 점을 감안하면 우리나라의 지위가 상승된 위상을 알 수가 있다. 이러한 변화된 지위에 따라 우리나라는 기후변화체제에서 온실가스 감축에 대한 의무부담문제와 관련하여 구체적인 판단을 강요 받고 있는 시점이다. 이러한 지위에 의하면 우리나라는 교토의정서 체제 부속서 II 국가[2)]에 해당하는 것이다.

돌이켜보면 우리나라 역사상 우리나라의 OECD 가입은 국제환경무대에서 한국의 지위에 가장 큰 영향을 준 계기가 되었다. 또 거꾸로 OECD는 한국의 역할에 대한 기대가 크다고 볼 수가 있다. OECD는 개방된 시장경제, 다원적 민주주의, 인권존중이라는 3대 가치관을 공유하는 국가들에게 문호를 개방하는 동질적 집단이며 이러한 동질성을 유지하기 위해 각 개별회원국의 제도와 정책을 검토하여 잘된 것은 칭찬하고 잘 못된 것은 비판하는 동료압력(peer pressure)을 지속적으로 행사하고 있다. 환경분야에서 우리나라의 수준이 OECD가 기대하는 수준이 되지 못할 경우 한국은 지속적인 동료압력에 직면할 것이다.

OECD 가입과 주요 협약

기후변화협약, 몬트리올의정서, 생물다양성협약, 바젤협약, 스톡홀름협약 등 주요 국제환경협약들은 모두 우리나라가 OECD에 가입하기 전후에 우리나라가 당사국이 되어 있는 협약들이다. 이 중 기후변화협약과 관련된 문제는 우리의 산업구조, 나아가 우리나라 경제전반에 영향을 미치기 때문에 우리에게는 어떤 지구환경 분야보다 비중이 매우 높다고 볼 수 있다. 국익이 첨예하게 부각되고 있고 따라서 우리 환경외교에서 비중이 크기 때문에 기후변화협약과 관련된 문제는 항을 달리하여 별도로 다루기로 하고 여기서는 몬트리올의정서, 생물다양성협약 등 그 이외의 협약과 지구환경금융에 대해 알아본다.

<몬트리올의정서>

이미 제4장 대기분야에서 설명한 바와 같이 몬트리올의정서는 오존층 보호를 위해 인위적으로 사람에 의해 생산되어 방출되는 오존층 파괴물질의 궁극적인 제거를 목적으로 1987년 9월 채택 되었다. 이 의정서는 비당사국과의 무역규제, 개도국에 대한 재정지원 등을 통해 오존층 파괴물질을 궁극적으로 제거해 나가고 있는 가장 성공적인 국제협약의 하나로 평가 받고 있다.

1994년 10월 케냐 나이로비에서 개최된 제6차 당사국총회에서는 한국을 포함한 9개국을 5조국으로 분류하는 논의가 있었다. 5조국이라면 개도국으로서 재정 및 기술지원을 받고 선진국보다 오존층 파괴물질을 완전히 폐기하는 시기를 10년 후로 정하게 된다[3]. 논의의 쟁점은 우리나라를 포함한 9개 국가에 대해서도 원래 5조국이 누리는 10년 유예기간 적용, 다자기금 출연 면제, 다자기금 수혜자격 부여 등의 혜택을 제공하는 문제였다.

선진국은 5조국으로 재분류된 국가에 대해서는 원래 5조국과 차등대우를 주장하였으나 우리나라는 10년 유예기간 적용, 다자기금 출연 면제, 다지기금 수혜자격 부여 등 동등한 대우를 요구하였다. 최종적으로 5조국으로 재분류된 국가에 대해서 원래 5조국과 동등한 혜택은 제공하되 다자기금 사용은 자제할 것을 촉구하는 결정문이 채택되었다. 한국의 요구사항들이 관철된 데에는 한국이 다자기금을 사용하지 않겠다는 발표를 한 것이 크게 작용하였다[4]. 한국측의 이러한 요구가 만일 한국이 OECD에 가입하고 난 후였다면 성립되지 않았을 것은 물론이다.

<생물다양성협약>

이미 제5장에서 설명한 바와 같이 생물다양성협약은 기후변화협약과 함께 1992년 6월 리오정상회의에서 채택된 국제환경협약으로 생물다양성의 보전과 생물자원의 지속가능한 이용을 목적으로 하고 있다. 생물다양성협약은 당사국을 생물자원 또는 유전자원 보유국과 비보유국으로 나누고 있고 또 선진국과 개도국 그리고 자발적으로 재정 및 기술지원 의무를 부담하는 여타국가(Other Parties)로 나누고 있다. 선진국, 여타 국가에 대한 리스트는 제1차 당사국총회에서 작성키로 하였으나 현재까지 작성되지 않고 있다. 따라서 생물다양성협약에서는 선진국, 개도국, 여타국가의 구분은 명확하지 않다[5].

<바젤협약>

이미 제8장에서 설명한 바와 같이 바젤협약은 유해폐기물의 국가 간 이동, 특히 선진국에서 개도국으로의 이동을 통제하기 위해 1989년 3월에 채택된 국제환경협약이다. 바젤협약은 1980년대에 선진국 내 제조업체들이 국내에서의 환경규제 강화로 유해폐기물을 개도국 또는 동구국가로 수출하게 됨에 따라 국제사회가 이의 통제 필요성을 느껴서 채택한 것이다.

바젤협약은 협약의 목적을 달성하기 위해 1994년 3월 제2차 당사국총회에서 OECD국가에서 비OECD국가로의 유해폐기물 이동을 금지하는 결정을 채택하고, 1995년 9월 제3차 당사국 총회에서 이를 구체화하는 결정을 채택하여 부속서 Ⅶ 국가(OECD, EC 등)로 부터 비부속서 Ⅶ 국가로 유해폐기물 이동을 금지하는 Ban Amendment를 채택하였다.

바젤협약에서는 OECD국가 여부가 협약의 주된 기준이 되고 있다. 우리나라는 OECD에 가입할 때 개도국으로의 유해폐기물 수출을 금지하는 OECD 결정을 충실히 이행하기 위한 약속을 했다[6]. 그러나 아직 그러한 약속은 국내법에 완전히 반영되지 못하고 있다.

<잔류성유기오염물질협약(일명 스톡홀름협약)>

이미 제8장에서 설명한 바와 같이 잔류성유기오염물질(POPs)협약은 인간 및 야생 동식물의 체내에 축적되어 암, 기형출산 등의 심각한 위해를 야기하는 잔류성유기오염물질을 감축 및 제거하기 위한 협약으로 2001년 5월 스톡홀름에서 채택되었다. 이 협약은 우리나라가 OECD에 가입한 이후에 채택된 대표적 국제환경협약이다.

스톡홀름협약은 개도국 및 경제체제전환국가(ETTs)가 POPs의 감축 및 제거를 할 수 있도록 선진국뿐만 아니라 능력이 있는 여타 국가(Other Parties)도 자발적으로 기술 및 재정을 지원할 것을 요구하고 있다[7]. 스톡홀름협약은 국가를 선진국과 개도국, 경제체제전환국가, 여타국가로 구분은 하나 어느 국가가 어떤 그룹에 속하는지에 대해서는 명시하지 않아 이 협약에서 우리나라의 지위가 분명하지 않다.

<여타 국제환경협약 및 향후 형성될 국제환경협약>

사막화방지협약, 로테르담협약 등 많은 국제환경협약은 당사국을 선진국과 개도국으로 구분하고 있으며 선진국이 개도국에 재정 및 기술을 지원을 하는 내용의 일반적 규정을 포함하고 있다. 그러나 구체적으로 선진국과 개도국에 대한 구분은 명시하지 않고 있는 협약이 대부분이다.

현재 국제환경협약은 약 200여개에 이르고 있다. 그리고 교토의정서 이후에 채택될 의정서, 산림협약 등 앞으로 협상과정을 거쳐 채택될 것으로 전망되는 국제환경협약들이 있다. 이들 협약들은 당사국들의 권리 의무와 역할 등에 있어 지금까지 형성된 국제협약에서의 경험을 살려 보다 명확하게 규정할 가능성이 있다. 그리고 우리나라는 점차 선진국 대열에서 선진국 의무를 이해할 위치에 서게 될 것이다.

<지구환경금융과 한국>

지구환경금융(GEF, Global Environment Fund)은 세계은행에 의해 설립된 환경을 위한 국제금융 기구이다. GEF는 지구환경보호를 위한 국제적인 노력에 개도국의 참여를 도와주기 위한 것으로 선진국이 재원을 출연하여 운영되고 있다. 그 용도는 개도국 내 환경사업에 대해 무상 또는 양허성 재원을 지원해 주고 있다.

GEF는 1991-1994년간은 시범적으로 운영되다가 1994년 공여국뿐만 아니라 수혜국도 참가하는 방향으로 개편되었다. GEF는 1994-1997년 기간(GEF-I)에 20억불 규모로 운영되었고, 1998-2002년 (GEF-II) 기간에는 27.5억불, 2002-2006년(GEF-III) 기간에는 30억불, 2006-2010년(GEF-IV)기간에는 31.4억불 규모로 운영되고 있다. 우리나라는 시범기간에는 참여하지 않았으나 우리나라가 OECD에 가입할 무렵인 GEF-I기간에는 560만불을 출연하고, GEF-II에는 약 400만불, GEF-III에는 약 500만불, GEF-IV에는 600만불을 출연하였다.

GEF의 수혜자격은 기후변화협약, 생물다양성협약과 관련된 사업의 경우에는 각 협약 당사국 총회가 설정한 기준에 따르며 기타 사업의 경우는 세계은행의 융자대상국 또는 UNDP의 국별 프로그램 지원국의 사업으로 규정되어 있다. 우리나라는 현재 설립협정문상의 수혜자격을 충족하고 있어 GEF에 있어 공여국인 동시에 수혜국으로서의 지위를 동시에 유지하고 있다[8].

기후변화문제에 있어서 우리나라의 위치와 외교전략

우리나라의 국내산업구조상 1990년 CO_2 배출 기준에 맞출 수 없는 형편이다. 그렇다고 우리나라는 온실가스감축 방향으로 움직이고 있는 국제사회를 무시할 수도 없다. 우리나라는 온실가스를 많이 배출하는 나라일 뿐 아니라 감축의무를 지고 있는 OECD 회원국이기 때문이다. 왜 우리나라의 산업구조는 1990년 CO_2 배출 기준에 맞출 수 없는가? 이것을 이해하기 위해서는 잠시 우리 경제가 걸어온 과거를 살펴볼 필요가 있다.

> "우리나라는 1960년대 이후 세계에서 유례가 없을 정도로 짧은 시간 내에 경이적인 발전을 이루었다. 경제 분야뿐만 아니라 정치, 사회, 문화의 전반에 걸쳐 발전을 이루어 선진국의 문턱에 와 있다. 1960년대에서 1980년대는 우리가 경제발전의 토대를 이루었고 경제발전과 함께 우리 사회도 급변한 때다. 한편 이 무렵 세계정세도 급변하였다. 좌우이념대립의 격화와 공산주의의 몰락, 컴퓨터의 등장으로 정보통신·교통의 혁신이 이루어졌고 세계는 좁아져서 유례없이 활발한 교류를 하게 되었다. 세계의 교류가 많아짐에 따라 세계는 더욱 복잡해지고 과거에 볼 수 없었던 즉, 빈곤과 빈부의 격차, 에이즈, 마약, 범죄 등 인류의 복지에 부정적인 현상들이 확대되어 왔다. 무엇보다 이 시기에는 지구환경문제가 대두되어 지구 자체의 생존을 위협하는 사안이 대두되기 시작했다. 우리나라는 이 중요한 시기에 경제발전의 토대를 닦았고 지구환경문제로 인한 갖가지 제약은 그 이후에 나타난 것이다. 만약 이 시점에서 우리가 60년 대 시작한 경제기반을 닦자면 우리가 지나온 길 보다 훨씬 험난한 길을 걸어야 했을 것이다.
>
> 지구환경문제에 있어서 기후변화문제는 그 중심에 있고 현재 세계는 지구온난화의 주범인 온실가스 감축을 위해 노력하고 있다. 우리도 그 노력에 동참을 해야 하지만 전체 산업구조가 화석연료를 기초로 하고 있기 때문에 우리에게는 남다른 어려움이 있다. 수출주도형 경제패턴에서 수출상품 제조를 위한 산업구조는 화석연료에 의존한다. 1970년대 이룬 중화학공업은 특히 석유소비를 대폭 증가시킨 것이다. 철강, 자동차, 조선 등은 에너지 다소비형 산업인 동시에 CO_2 과다배출업종이다. 그 결과 온실가스 배출량이 2009년에는 세계 7위가 되었다. 그러나 이러한 산업구조를 갑자기 바꾸기는 매우 어려운 것이다. 사실 1990년대 지구환경문제가 대두될 때부터 장기적인 산업구조 개편을 생각했어야 하였지만 앞만 보고 달리는 우리의 현실에서 그러한 생각은 과욕일 뿐이다. 다행히 우리나라는 그 동안 개도국에 속해 있어서 온실가스를 감축해야 할 의무는 없었기 때문에 그 만큼 시간을 벌었던 것이다."

그러나 이제 상황은 달라졌다. 첫째, 개도국의 온실가스 배출량이 현저히 증가되어서 국제사회에서 개도국도 온실가스 감축의무를 지는 방향으로 논의가 되고 있고 둘째 OECD 가입국으로서 우리나라가 개도국을 탈피한 것이다. 따라서 우리에게 오는 국제적인 압력은 일반 개도국보다 더 크다고 볼 수 있다. 우리는 이러한 압력을 무시할 수도 없고 무시해서도 안 되는 상황에 처해 있다. 우리는 새로운 전략을 짜서 새로운 시대에 임해야 되는 상황에 있다. 이 기회에 우리나라가 국제무대에서 어느 정도의 비중을 차지하는 나라인지 한 번 살펴보는 것도 기후변화문제에 있어서 우리의 위치를 이해하는 데 도움이 될 것이다.

> "우리나라 인구는 2009년 말 현재 5천만 명으로서 세계 24위에 해당하고 (남북한을 합산할 경우 7천3백만 명으로서 세계 17위에 해당) 국토는 약 10만 평방킬로미터로서 세계 108위에 해당한다. (남북한 크기는 약 22만 2천 평방킬로미터로서 세계 75위에 해당). 무역량이 7,190억 달러 (2009년)에 달해 세계 11위 규모를 달성했고, 경제규모도 GDP 9,291억 달러(2009년)로 15위를 마크했다.
>
> 한편 우리나라의 유엔분담금은 연간 약 5천만 달러로서 유엔총예산의 2.173퍼센트를 차지하며 192개 유엔회원국 중 11위에 해당한다. 우리나라는 1997년에 선진국 그룹인 OECD에 가입했고 전세계 주요한 국제협약에는 대부분 가입해 있다. 국제적인 위상이 높아짐에 따라 2005년에 APEC 정상회의를 개최하였는가 하면 2010년에는 세계 주요국 정상회의인 G-20를 개최할 예정으로 있다.
>
> 이와 같이 양적으로는 세계 상위수준에 도달했으나 많은 인구로 인해 아직도 1인당 소득(GNI)은 21,530달러(2009년)로 세계 51위에 해당하여 질적인 면에서는 아직도 선두그룹과 상당한 거리가 있다. 우리나라의 대외원조(ODA)규모는 약 8천9백억 원으로서 GDP의 0.08퍼센트에 머물고 있다. 이는 OECD 내에서도 최하위의 수준이다. 이러한 상황을 감안해서 우리 정부는 2009년 DAC에 가입[9]하면서 이 규모를 2015년까지 0.25퍼센트로 증액할 계획을 밝혔다. 그럼에도 불구하고 선진국들에게 유엔권고 기준인 GDP의 0.7퍼센트 기준과 비교해 볼 때 매우 낮은 수준이다. 이와 같이 우리나라는 좁은 국토, 많은 인구를 가지고 있으며 수출주도형 경제개발로 인해 무역고가 매우 높고 무역을 기초로 한 경제성장이 이루어졌다. 이러한 양적 팽창에 비례해서 국제사회에서 위상이 올라가고 있다. 그렇지만 앞으로 우리 경제는 양적인 팽창만이 아니라 질적인 향상도 기하면서 대외적인 기여도를 늘려야 할 위치에 있다."

이러한 객관적인 데이터를 보면서 과연 우리나라는 선진국인가 또는 개도국인가를 생각해 봐야 한다. 우리 정부나 언론이 대내적으로 우리가 마치 선진국인 것처럼 행세를 하는가 하면 국익이란 명분하에 국제무대에서는 개도국으로서의 지위를 이용한 이익을 챙기는 모습을 보면서 우리 스스로가 혼동 속에 빠질 수도 있다.

<기후변화문제에 있어서 우리나라의 위치>

교토의정서까지는 선진국만 온실가스 감축의무를 지고 개도국들은 감축의무 대상이 아니었다. 그러나 개도국들 중에 중국, 인도, 브라질, 인도네시아 같은 개도국들은 산업화 과정에서 온실가스 배출량이 현저하게 증가되었다. 그 중 중국의 경우는 2007년부터 미국을 제치고 세계 제1위의 온실가스 배출국이 되었다. 대부분 선진국들이 이러한 주요 개도국들의 온실가스 감축의무를 주장하고 있는 상황에서 교토의정서 이후에는 어떠한 형태로든 주요 개도국들은 온실가스 배출을 줄여나가야 될 것으로 예상된다.

개도국 중에서는 세계 제1의 온실가스 배출국인 중국을 비롯하여 인도, 인도네시아, 브라질, 우리나라와 멕시코 같은 온실가스를 많이 배출하는 국가들이 있다. 그러나 우리나라와 멕시코는 다른 개도국과는 달리 우리나라는 선진국 클럽이라고 불리는 OECD 회원국이다. 그럼에도 불구하고 우리나라가 온실가스 감축의무를 지지 않는 것은 우리가 1993년 기후변화협약 가입 당시 개도국으로서 온실가스 감축의무를 부담하지 않는 비부속서 I 국가였고, 1996년 OECD 가입시에는 유보사항으로 개도국 지위에 변함이 없다는 것을 여타 OECD 가입국으로부터 양해를 받았기 때문이었다.

국제사회는 OECD 회원국이자 주요 온실가스 배출국인 우리나라가 Post-교토의정서 체제에서는 경제적 위상에 합당한 의무를 부담해 주길 강력히 희망하고 있다. 따라서 우리나라는 향후 온실가스 감축의무로부터 자유로울 수가 없는 형편이다. 더욱이 우리나라는 OECD 가입시 유보를 하면서 앞으로 최대한 감축을 위해 노력하겠다는 뜻을 표명한 바가 있다.

다음 도표에서 보는 바와 같이 우리나라의 에너지 부문 CO_2 배출지표(2005년, IEA[10])를 보면 우리나라의 연간 CO_2 배출량이 매우 빠르게 증가한다는 것을 알 수가 있다. 우리나라의 연간 CO_2 배출량이 1990년에 2억 9천 7백만톤이었으나 2005년에는 연간 배출량이 5억 9,100만 톤이 되었고 2008년에는 6억 6,350만톤(세계총량의 2.11퍼센트, 세계7위)이 되었다. 이는 1990년의 배출량에 비해 무려 223퍼센트가 증가한 셈이다.

국내온실가스 배출현황

<우리나라의 대응전략>

위에서 설명한 바와 같이 온실가스 감축에 대한 국제적 압력이 점증하는 상황에서 우리나라 정부는 2008년 저탄소 녹색성장(제10장에서 설명)이라는 장기 정책을 발표하고 이를 바탕으로 2009년 11월에는 온실가스 감축일정을 발표하였다. 이러한 감축일정을 배경으로 국제사회에서 협상타결에 기여하려는 것이 우리나라의 전략이다.

◎ 우리나라 정부의 온실가스감축일정 발표

우리 정부의 온실가스 감축목표와 감축일정[11] 수립은 우리 역사상 최초의 일로서 의의가 있다. 우리 정부의 온실가스 감축목표의 내용은 다음과 같다.

- 감축목표는 2020년 배출전망치(BAU) 대비 30퍼센트, 2005년 배출량 대비 4퍼센트 감축한다.
  - 2020년 배출전망치는 8억 1,300만톤
  - IPCC가 개발도상국에 권고한 감축범위(15퍼센트-30퍼센트)의 상한치 해당
  - 2020년까지 온실가스의 배출량이 5억6900만 톤이 될 경우 2005년 현재 배출량(5억 9,400만 톤)보다는 4.7퍼센트 감소 (그러나 1990년 대비 192퍼센트 증가)

- 2010년부터 경제부문별로 세부목표를 정하고 관리하는 온실가스 및 에너지 목표 관리제도를 도입한다.
  - 산업계에도 막대한 영향이 예상됨에 따라 산업부분의 단기적 부담을 최소화하기 위해 상대적으로 감축여력이 많은 건물과 교통 등 비산업 분야를 중심으로 감축노력강화
  - 또한 부문별 감축목표를 정하는 과정에서도 업종별 국제경쟁 상황을 면밀히 분석해 산업경쟁력을 유지 강화하는 방향으로 감축량을 배분하고 맞춤형 지원대책 병행
  - 세부목표달성여부에 따라 인센티브나 페널티 부과예정
- 앞으로 부문별 감축량 할당, 온실가스 배출에 대한 측정·보고·검증(MRV)체계 구축, 배출권거래제도 도입 등을 전향적으로 검토한다.
  - 현재 우리 정부는 비산업분야 온실가스감축을 강조하고 있으며, 온실가스가 산업에 미칠 영향을 고려하여 산업분야 감축은 최소화할 전망
  - 따라서 건물, 교통, 생활 등에 있어서 에너지 효율화를 통한 온실가스 감축에 역점을 두는 한편
  - 원자력, 태양열, 태양광 등 재생에너지원 개발과 온실가스흡수체계를 구축하는 방향으로 전략 수립

◎ 협상 타결에 건설적 기여

국제협상에서 가장 어려운 사안 중의 하나가 선진국과 개도국의 대립문제이다. 기후변화회의에서도 마찬가지이다. 이미 수 차례 말한 바와 같이 기후변화문제에 있어서 우리나라의 국제적인 위치는 매우 독특하다. 개도국도 아니고 선진국도 아니면서도 온실가스 배출량은 많다. 우리나라는 이러한 국제적인 위치를 이용하여 국제사회에 기여할 수가 있다. 즉, 선진국과 개도국간의 입장차이를 조율하고 조정하여 당면한 교토의정서 이후의 온실가스 감축체계를 성공적으로 타결될 수 있도록 선진국과 개도국의 입장을 고려한 건설적 중재안을 제시하는 것이다.

<대응전략에 대한 평가>

우리나라는 1993년에 기후변화협약에, 1998년 교토의정서에 가입하였다. 기후변화협약

에는 의무감축조항이 없기 때문에 모든 나라가 의무감축을 감당하지 않았다. 따라서 우리나라에게는 아무런 부담이 되지 않았다. 의무감축조항이 포함된 것은 교토의정서부터였는데 교토의정서는 의무감축 대상국가들의 사정으로 2005년에 가서야 발효하게 되었다.(우리나라는 2000년 비준)

교토의정서에 의하면 2008년부터 2012년까지 OECD중심의 선진국들이 연 평균 1990년 대비 5.2퍼센트의 온실가스를 감축하도록 되어 있다. 그러나 우리나라는 앞에서 말한 이유로 온실가스 의무감축국에 포함되지 않았다. 따라서 우리나라는 이때까지만 해도 큰 관심을 보이지 않았다. 우리나라가 온실가스감축에 관심을 가지기 시작한 것은 최근의 일로서 교토체제 이후의 새로운 체제 논의에서 우리나라를 포함한 개도국의 온실가스 감축의무가 주요 논의대상이 되기 시작하면서부터이다.

1992년 리오에서 기후변화협약이 탄생해서 온실가스 감축에 대해 긴 논의를 해 오는 동안 우리는 진지한 관심도 없었고 귀를 기울이지도 않았다. 우리 산업계는 목전의 이익에만 급급하면서 기후변화 문제에 대해서는 정부가 해결해 주리라는 막연한 생각과 단편적이고 이기적 자구책만 되풀이해 왔다고 볼 수가 있다. 과거 우리나라의 기후변화 대책은 무대책[12]이었고 전략부재라고 할 수 밖에 없다.

온실가스감축문제는 이제 우리 산업계에도 발등의 불이 되었다. 우리의 관심은 결국 타의에 의한 인식의 전환이라고 볼 수가 있다. 지금이라도 우리나라는 더 이상 개도국으로 행세하지 말고[13] 보다 전향적인 자세를 가져야 된다고 본다. 그러자면 현재 우리 정부가 발표한 바 있는 온실가스 감축일정을 앞당겨 달성하도록 해야 하며 개도국과 선진국간의 협상타결에 실질적 기여를 해야 할 것이다.

◎ 국력에 상응한 실질적 기여문제

앞서 말한 바와 같이 우리 정부는 2009년 11월 온실가스 감축일정을 수립해서 발표했다. 이에 대해 국제사회가 일단 긍정적으로 반응하고 있다. 신흥공업국으로서 산업구조를 단시일 내 바꾸기가 힘든 상황에서 한국이 용단을 내렸다고 평가하고 있다. 위에서 말한 우리 정부의 온실가스 감축일정은 온실가스 감축문제가 서로 다른 나라의 눈치를 보고 있는 현실에서 과감한 제스처임에는 틀림없다. 그러나 과연 OECD 국가로서의 또 세계 7위의 온실가스 배출국가로서 우리나라의 위치로 보아 이 정도의 조치가 합당할 지는 좀 더 생각해 봐야 할 문제이다.

우리나라가 개도국인가? 자발적 감축이 합당할까? 우리나라가 중국이나 인도 등 여타 개도국들과 보조를 맞춘다면 온실가스 의무감축국이 될 가능성은 크지 않다. 현재 이들 국가들의 추세가 자발적 감축방향이기 때문이다. 그러나 국제사회에서 우리나라가 사실상으로는 의무감축국으로 간주되면서 의무감축을 하지 않게 된다면 국제사회가 우리에 대해 직접적으로 강제적 조치를 할 수는 없더라도 우리의 위상에 그 만큼 흠이 갈 수가 있다는 점은 염두에 두어야 한다.

논란이 되는 또 하나의 사안은 온실가스 감축기준의 문제이다. 선진국들은 계속 1990년을 자국의 온실가스 배출량을 기준으로 삼아왔지만 개도국으로서는 이 기준을 적용할 수가 없다. 개도국들은 지난 20년 사이에 비교할 수 없을 정도로 온실가스 배출량이 급증했기 때문이다. 이러한 현실적인 문제를 의식해서 미국도 2009년 6월부터 2005년을 온실가스 감축기준으로 삼고 있다. 브라질, 인도, 멕시코 같은 개도국들은 이번에 우리 정부가 발표한 배출전망치 (BAU, Business As Usual)를 이미 사용하고 있고 IPCC도 이 기준을 적용해서 15-30퍼센트 대개도국 감축권 고안을 내놓고 있다. 그러나 배출전망치라는 것은 일부 개도국에서 온실가스 감축문제와 관련, 궁여지책의 하나인 것이다. 우리나라의 경우 2020년 배출전망치 대비 30퍼센트라고 하면서도 2005년 기준 4.7퍼센트라는 추가 설명이 붙어 있다. 2020년 배출가스 목표를 1990년 배출량을 기준으로 환산하면 무려 192퍼센트가 넘는다. 한편, 중국과 인도의 경우 2005년 대비 1인당 GDP 기준[14]의 온실가스 감축목표를 세우고 있다. 이렇듯 감축기준이 다양화 되어 있고 어떤 의미에서는 혼선이 빚어지고 있는 것이다. 이는 모두 자국의 현실적 상황과 온실가스 감축이라는 국제적 대세 사이의 충돌에서 나타난 현상인 것이다.

이러한 국제사회에서 우리나라의 위치와 우리 국내의 현실을 어떻게 조화할 것인가 하는 것이 우리나라의 고민이다. 이러한 제반 사정을 감안해 볼 때 우리나라는 공식적으로 제안한 온실가스 감축일정을 착실히 추구해 나가야 할 뿐 아니라 가능하면 조기 달성하도록 노력해야 한다. 한편, 교토체제에서 대두된 청정개발체재 사업, 배출권거래제도 등을 조기 실현하도록 노력해야 하며, 탄소세 도입 등 제도적으로 온실가스감축을 위해 전향적으로 노력해 나가야 한다. 이러한 과정에서 중앙정부뿐만 아니라 각 지방자치단체도 대응전략을 세워 감축노력에 동참하도록 유도해야 한다. 아울러 시민과의 협력체계도 구축해 나가는 것이 필요 할 것이다.

코펜하겐 기후변화 당사국총회와 우리나라

우리나라는 대통령이 직접 회의 참석해서 이미 말한 바와 같은 내용(2020년까지 온실가스 배출전망치의 30퍼센트 감축, 2005년 대비 4퍼센트 감축)의 온실가스 감축일정을 표명하면서 다음과 같은 세 가지 의미 있는 제안을 했다.

○ 개도국의 온실가스 감축이행 확인방식(NAMA Registry)
○ 기후변화문제를 전담하는 글로벌 녹색성장연구소 설립
○ 제18차 기후변화 당사국총회 유치

<개도국의 온실가스 감축이행 확인방식(NAMA Registry)>

현재 대립중인 온실가스 감축를 타개하기 위한 유력한 방법의 하나가 개도국의 자발적 감축방법이다. 이는 개도국이 자발적으로 자국의 실정에 맞는 감축수준을 공표하고 이에 맞는 감축 노력을 해 나가는 방식이다. 그러나 이 방식의 가장 큰 문제는 개도국이 설사 자발적으로 온실가스감축을 약속한다 하더라도 그 약속이행을 확인할 수 있는 방법이 문제가 될 수가 있다. 선진국은 개도국의 온실가스 감축방안은 국제적으로 구속력이 있는 의무로 규정되어야 한다고 주장하는 반면, 개도국은 자발적 감축방안을 주장하고 있다. 또한 선진국은 개도국이 감축의무를 이행하지 않을 경우, 현존하는 의무준수체계를 따르는 대신, 제재를 상정하지 않겠다고 하나, 개도국은 이에 대해서도 소극적이다. 이러한 대립은 매우 경직되고 오랫동안 계속되고 있다.

이 대립상황을 타개하고 조정하기 위하여 우리나라는 개도국의 자발적인 감축행동(NAMA, Nationally Appropriate Mitigation Action)을 유엔 등록부 (Registry)에 비치하는 한편, 개도국이 국내적으로 감축의무제도를 만들어 성실한 이행을 도모하도록 한다는 방안을 제의한 것이다.

NAMA Registry는 자발적인 온실가스 감축행동을 국제적으로 인정하고 필요한 기술과 재원을 제공하는 메커니즘이다. 또한 개도국 감축행동에 거래가능한 탄소크레디트(NAAM Credit)를 부여하여 자발적 온실가스 감축에 대한 인센티브를 부여하고 필요한 기술과 재원을 제공하는 방안도 곁들임으로써 그 효과를 더 높이도록 한다는 것이다.

이는 개도국의 감축행동을 법적 구속력이 있는 협정에 규정하려는 선진국과 이에 반대하는 개도국간 입장차이를 메울 수 있는 대안으로 평가를 하여 이 방안에 대하여 논의해 나가기로 합의했다. 만일 이 방안이 앞으로 국제적으로 채택되어 국제사회에 기여한다면 이는 기후변화회의에서 우리의 역할에 대한 성과이자 우리 외교의 성과이기도 할 것이다.

<글로벌 녹색성장 연구[15](GGGI) 설립>

우리나라는 코펜하겐회의에서 글로벌 녹색성장 연구소(GGGI, Global Green Growth Institute)설립을 제의했다. GGGI는 녹색성장을 체계적으로 발전시키고 개발도상국의 녹색성장 정책수립 지원을 목적으로 하는 국제기구의 성격을 가지고 있다. GGGI는 우리나라의 경제개발 경험과 녹색성장을 통한 경제발전의 노우하우를 개도국에게 전수하는 역할을 맡게 될 것이다. 또한 이 기구는 우리 정부가 추진중인 '동아시아 기후파트너십'과 연계해서 아시아 지역 개도국의 녹색성장 정책수립을 지원할 역할도 가지고 있는 것으로 알려지고 있다.

이 기구는 전 세계의 기후변화와 경제성장 분야의 최고 석학과 전문가, 시민활동 지도자들이 선진국과 개도국을 아우르는 글로벌 파트너십에 기반해 녹색성장 방법론을 제시하는 글로벌 씽크 탱크로 발전시켜 나간다는 계획도 가지고 있다.

처음 시작 단계에서 이미 세계 석학인 니콜라스 스턴 영국 런던 정경대학교 교수, 토마스 헬러 미국 스탠포드대학교 교수, 할 하밋 Climate Works 재단 대표, 에릭 바인호커 맥킨지 Global Institute Senior Fellow 등이 참여의사를 밝히고 있다. GGGI의 설립 및 유지 예산은 주로 한국측이 주요 부담국이 되고 기타 참여국 및 기후변화 관련기관 등에서 확보한 예산으로 운영될 예정이다. 정부는 2010년 상반기에 한국에 본부를 설립하고 2012년까지 다른 나라 5곳에 지부를 유치한다는 계획을 가지고 있다.

<제18차 기후변화 당사국총회(2012년) 유치>

제18차 기후변화 당사국총회 유치제의[16]는 시의 적절하다. 2012년은 교토체제의 마지막 해이며 새로운 체제의 시작을 알리는 해이다. 새로운 체제의 시작은 구체적 이행방안이 가시화되는 때로서 온실가스감축에 있어 매우 중요한 의미를 가진다. 이러한 때에 우리의 지구환경문제에 대한 기여를 알릴 수 있고 우리의 글로벌 리더십을 통해 국위를 선양할 수 있는 좋은 기회가 될 것이다.

이미 말한 바와 같이 2010년 제16차 기후변화 당사국총회는 멕시코에서, 제17차 기후변화당사국총회는 남아프리카에서 개최하기로 결정하였다.

우리나라 외교력 테스트

NAMA Registry 제의와 GGGI 제안 등 우리나라의 제안은 매우 중요하고 시의적절하다고 생각된다. NAMA는 개도국과 선진국간의 중재를 설 수 있는 방안이며 이를 중심으로 협의가 가능할 것이다. NAMA에 대한 반응은 매우 긍정적이며 막후 접촉을 통하여 많은 나라들이 수용할 수 있도록 해 나가야 할 것이다. GGGI 제안은 장기적으로 국제사회에 우리나라가 기여함으로써 우리의 위상을 높일 수 있을 것이다. 그러나 이 연구소가 국제적으로 권위 있는 기구로서 인정을 받기 위해서는 권위 있는 몇 사람의 참가로는 부족하고 우리 정부의 노력뿐만 아니라 국민들의 지속적인 관심과 지지가 필요할 것이다.

제18차 당사국 총회를 유치하는 것도 매우 좋은 타이밍이라고 본다. 현재 온실가스 감축논의의 진행 정도로 보아 2012년 이전에는 개도국의 온실가스 감축문제가 해결되기가 어렵고 빨라야 2012년 당사국 총회에서 결정될 가능성이 있을 것으로 전망된다. 2012년 당사국 총회의 장소로 우리나라가 결정되고 또 그 회의에서 개도국 온실가스 감축문제가 해결된다면 우리나라의 실질적 기여도가 매우 높아질 것이 확실시 된다.

위의 노력에 더하여 우리의 온실가스 감축목표 조기 달성이 무엇보다 중요하다. 이미 말한 대로 우리나라 정부는 현재 우리나라가 제안한 온실가스 감축방안과 감축일정이 전향적이고 앞선 정책이라고 설명하고 있으나 이는 다소 과장(誇張)과 주관적 견해가 있을 수 있다. 그 이유는 우리나라 산업구조와 산업계를 크게 염두에 두고 있기 때문이다. 그러나 지구환경에 관한 한 정부가 리더십을 발휘해야 할 분야이고 정부가 산업계를 이끌어 가야 한다고 본다. 따라서 현재 정도의 감축방안과 감축일정에 한 걸음 더 나아가서 그보다 더 전향적으로 나가야 된다고 생각한다. 그리하여 우리가 장기적으로는 선진국 기준, 즉 1990년 기준에 회귀하는 것을 궁극적인 목표로 삼아야 한다고 본다. 그것이 곧 우리가 실질적으로 선진국에 진입하는 길이 될 것이다.

2. 우리나라 환경외교의 방향

현재 우리나라의 위치가 어디 있느냐 하는 것은 중요하지만 그 위치는 한 번 정해졌다고 그대로 가만히 있는 것은 아니다. 시간이 지남에 따라 발전적으로 변하는 것인데 우리나라에게 큰 변화의 계기는 1996년의 OECD 가입이었다. OECD에 가입하기 이전에 우리나라는 개도국으로서의 지위를 가졌다. 1993년의 기후변화협약, 1992년의 몬트리올 의정서에서 개도국의 지위를 누렸다. 그런가 하면 다른 한편에서는 국제사회에서 차지하는 경제력 등 위상을 고려하여 지구환경금융에 재원을 출연하고 몬트리올의정서에 있어 다자기금(Multilateral Fund)의 혜택을 받지 않을 것을 공표했다. 이는 OECD에 가입하기 전이라도 선진국에 부과되는 기술 및 재정지원의무는 부담하지 않더라도 다른 개도국과는 달리 혜택은 받지 않아도 무방하다는 입장이다.

OECD에 가입한 이후에 우리나라는 개도국 협상그룹인 77그룹에서 탈퇴[17]하여 개도국으로 활동할 수가 어렵게 되었다. 지속가능발전정상회의(WSSD) 개최지 결정과정에서 우리나라가 개도국인지 여부에 대해 의문이 제기되어 결국 개최지 유치에 실패하게 되었다. 또한 현재 진행중인 온실가스 감축의무와 관련된 협상에서도 선진국으로부터 부속서 I 국가에 포함될 것을 요구 받고 있다.

이와 같은 상황에서 2010년 우리나라가 DAC 회원이 됨으로써 적어도 지구환경문제에 있어서는 명실상부한 선진국 그룹에 속하게 되었다. 따라서 앞으로 국제사회로부터 우리나라에 대한 기대가 더 커지게 될 것이다. 과거 우리나라는 국익을 지키기 위해서 스스로 개도국임을 주장하고 그로부터 나오는 이익을 취하기에 급급했다. 설사 단기적으로는 일부 국익을 보호할 수도 있었겠지만 이 과정에서 우리나라의 이미지[18]는 결코 긍정적이지 못했다고 본다. 그러나 앞으로는 발상의 전환을 해서 우리나라가 적극적으로 지구환경문제에 기여하는 자세를 취해 나가야 할 것이다. 그렇게 함으로써 오히려 우리나라의 국가위상과 국가이미지를 올림으로써 장기적으로 볼 때 국익에 더 보탬이 될 것이다.

[주] 제10장 지구환경문제에서 우리나라 환경외교의 위치와 나아갈 방향

1) OECD 회원국 의무수락 발표문(1996.10.9) 제7장, Following Korea's accession to the OECD, Korea will Participate in other international Organisations or groupings in a manner consistent with the aims and Undertakings of the OECD and with its position as a Member of the Organization.

2) 교토 의정서체제 부속서 I 국가 중에서 개도국에 원조를 주는 선진국(CIS국가 등 제외) 25개국을 말한다.

3) Multilateral Fund는 1990.6월 런던 개최 제2차 당사국회의의 결정에 따라 1991년부터 활동을 개시하였다. 현재 175개 당사국 중 130개 개도국(5조국) 지원을 위해 선진국(비 5조국)이 유엔분담금 비율에 따라 출연하고 있다.

4) 다자기금은 1994-96년간 4억 5천만불-6억불 규모였으며, 한국이 수혜를 요구할 경우 한국에만 1억 6,900만불이 필요한 상황이었다. 선진국은 다자기금이 국제적 지원이 필요한 국가에 사용되어져야 한다는 입장을 주장하였다.

5) 지구환경보호 활동을 지원학기 위해 설치된 지구환경금융(GEF)은 생물다양성 생물다양성협약의 경우 개도국 리스트가 없어 세계은행(IBRD)의 융자 대상국 또는 UNDP의 국별 프로그램(IPF) 지원국 기준을 원용하여 자금을 지원하고 있다. 한국은 주한 UNDP의 소재로 UNDP의 국별 프로그램 지원국으로 분류되고 있다.

6) 유해폐기물의 국가간 이동에 관한 OECD 이사회 결정(C(88)90(Final)), 국내 관련법은 '폐기물의 국가간 이동 및 그 처리에 관한 법률'

7) technical assistance to be provided by developed country Parties, and other Parties in accordance with their capabilities, Other Parties may also on a voluntary basis and in accordance with their capabilities provide such financial resources

8) 한국은 기후변화협약상 개도국(non-Annex I 국가)이며 UNDP의 IPF를 실시하고 있다. 생물다양성 협약은 선, 개도국 리스트가 없기때문에 세계은행의 융자 대상국 또는 UNDP의 IPF 이행기준을 적용하고 있다.

9) 우리나라는 2009년 OECD 산하 DAC(Development Assistance Committee)에 가입했다. 우리나라의 DAC 회원은 일본에 이어 아시아에서 두 번째로서 이는 지난 반세기 역사에서 원조를 받는 나라에서 원조를 주는 나라로 전환한 첫 케이스가 되었다.

DAC 가입조건은 대외원조액이 GNI 대비 0.2퍼센트를 넘어야 되지만 우리나라는 2015년까지 0.25퍼센트까지 늘린다는 계획아래 DAC가입이 성사된 것이다. 참고로 현재 OECD 평균 대외원조는 GNI 대비 0.3퍼센트이고 2009년 말 현재 우리나라의 대외원조는 GNI 대비 약 0.09퍼센트이다. 따라서 이번 가입으로 만족해서는 안 되고 앞으로 계속 대외원조를 늘려가야 한다는 각오가 되어 있어야 할 것이다.

10) 에너지 소비에 관한 통계는 소스마다 조금씩 차이가 있다. 국제에너지기구(IEA, International Energy Agency)는 에너지에 관한 한 가장 권위 있는 기구로서 IEA의 통계가 가장 권위 있다고 볼 수가 있다. 우리나라는 2002년 IEA에 가입했고 현재 OECD국가중 IEA 회원국이 아닌 나라는 멕시코와 아이슬란드 뿐이다.

11) 2009년 11월에 발표한 온실가스 감축일정에 의한 온실가스 감축은 BAU 대비 30퍼센트를 감축할 예정이나 2005년 기준으로는 4.7퍼센트. 1990년 기준으로는 오히려 223퍼센트가 증가된 수치로서 다른 선진국과 비교가 되지 않는다. 더욱이 브라질, 멕시코 같은 일부 개도국이 원용 하고 있는 BAU를 우리나라가 인용하는 것도 어색하다.

12) 우리나라 경제구조는 민간주도형으로서 정부의 역할에는 한계가 있다. 그러나 단기적인 이익에만 급급한 개인기업, 특히 대기업(재벌기업)들에 대한 장기 국제적 환경과 경제정책 방향 같은 부문

에서는 정부의 역할이 있다. 그럼에도 불구하고 우리나라 정부는 이러한 방향으로 리더십을 발휘하지 못했다고 볼 수가 있다.

13) 우리나라는 선진국 클럽이라고 할 수 있는 OECD의 회원국일 뿐만 아니라 그 중에서도 원조공여국인 DAC과 IEA의 멤버이다. 문제는 우리나라의 실질 경제내용이지만 그것도 적어도 양적인 측면에서는 세계 10대 전후의 경제대국이다. 질적인 측면은 국내정책과 관련이 크다.

14) 인도와 중국과 같은 인구 대국은 1인당 탄소 배출량을 기준으로 할 것을 주장하고 있는데 이는 현재 개도국의 개인 소비량이 선진국의 개인 소비량에 비해 매우 낮은 수준이어서 이 기준을 적용할 경우 자국에게 유리하기 때문이다.

15) 우리나라가 2009년 코펜하겐 기후변화 당사국회의에서 내어 놓은 글로벌 녹색성장 연구소는 약속대로 2010년 6월 개원했다.

16) 제18차 기후변화협약 당사국회의는 2010년 멕시코 당사국회의에서 결정될 예정이며, 현재로서는 카타르 등과 경합을 벌리고 있다. 현재 상황으로 보아 한국과 카타르 양자간에 합의 도출이 남아 있다. 그러나 G-20회의 주최, 원자력 정상회의 주최 등 증대되는 우리의 국제적 위상으로 보아 우리의 유치노력이 성사될 가능성이 크다.

17) OECD 회원국 의무수락 발표문(1996.10.9) 제7항, Following Korea's accession to the OECD, Korea will participate in other international organizations or groupings in a manner consistent with the aims and undertakings of the OECD and with its position as a Member of the Organization.

18) 우리나라의 국가이미지를 평가하기는 쉽지 않다. 왜냐하면 이를 가시적인 지표로 나타낼 수 있는 방법이 없기 때문이다. 그러나 오늘날 국가이미지의 중요성은 더 말 필요가 없을 정도이다. 국가이미지는 단기간 어떤 소수의 주체에 의해 형성되는 것이 아니고 장기간 그 사회 전체의 성향이 표출되어 나타나는 것이다.

제11장 동북아 환경협력

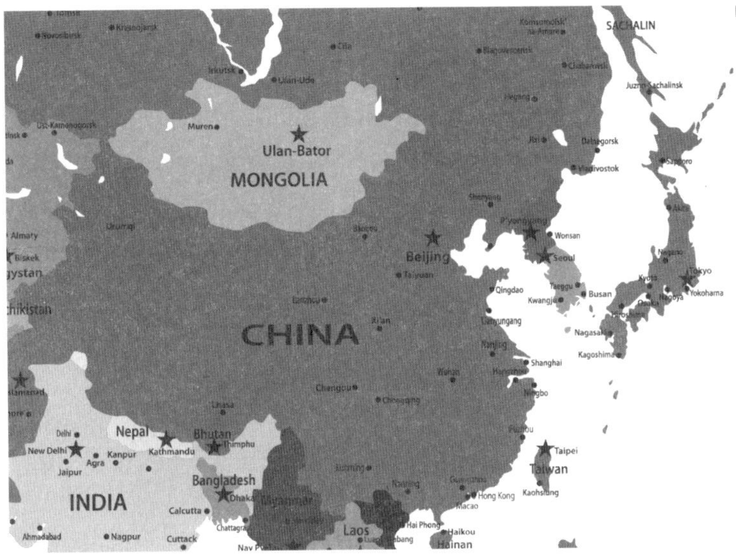

1. 동북아 환경협력의 개요

동북아 지역이라 함은 한반도, 중국, 일본, 몽골, 러시아와 대만을 말한다. 동북아 지역이 다른 지역과 다른 특징은 세계 4강이 한 곳에 모여 있다는 점, 특히 그 중에서도 대국이면서 잠재력이 큰 중국과 맞대어 있다는 점, 남북한간의 적대적 대치와 대만 문제가 있는 지역이라는 점, 세계인구의 근 4분의 1이 밀접해 있다는 점과 편서풍 지역이라서 장거리 대기오염이 중국으로부터 온다는 점과 세계유류의 26퍼센트가 동북아 해상을 통과한다는 점 등일 것이다.

이러한 다이나믹하고도 복잡한 지역에 황사현상, 산성비 등 이동성 환경문제는 환경협력을 필요로 하는 상황이나 각자의 이해관계가 얽혀 있는데다 주도적인 역할을 하는 국가가 뚜렷하지 않기 때문에 환경협력은 기대보다 활발하지 않은 상황이다. 이러한 상황에서 동북아 환경협력의 현황을 살펴보고 앞으로의 방향을 점검해 보는 것은 매우 의의가 있다고 본다.

동북아 환경 협력의 필요성

동북아에서 장거리 이동 환경문제, 해양 및 하천오염, 생태계 보호문제, 대기오염, 유해물질 이동이 모든 문제들이 어느 한 나라의 문제만이 아니고 더욱이 국경 없이 이동할 수 있는 (transboundary) 공동의 문제다. 특히 한국과 중국은 지리적으로 인접해 있을 뿐만 아니라 편서풍의 영향으로 더욱 더 큰 영향을 주고 받는다. 이러한 문제는 어느 한 나라가 단독으로는 감당할 수 없고 어차피 공동으로 대처할 수 밖에 없다. 거대한 중국과 몽골의 사막에서 불어오는 황사를 어떻게 한국 단독으로 막겠는가? 편서풍을 타고 날아오는 산성비를 어떻게 막을 수 있단 말인가? 황해에 쌓여 가는 오염을 어떻게 막겠는가? 이러한 관점에서 역내 국가들이 모두 그 필요성에 대해서는 의견을 같이 하고 있다.

주요 장거리 이동 환경문제

동북아지역에는 편서풍의 영향으로 주로 중국에서 나오는 장거리 이동 산성비문제와 황사문제가 우리나라 등 인근 국가에 영향을 미치고 있다. 세계에는 도처에서 산성비문제와 황사문제가 발생하고 있으나 이러한 문제들은 그 발생원인이나 피해지역 등에 있어 차이가 있기 때문에 공통적으로 다루기 보다 지역별로 다루는 경향이 있다.

<산성비 문제>

산성비(acid rain)를 결정하는 것은 산성도를 나타내는 pH[1)]라는 지표를 사용하는 경우가 많다. pH는 15단계로 구분하여 0이 가장 강한 산성을 나타내고 14가 가장 강한 알카리성을 나타내는데 대개 5.0 이하를 산성비라고 한다. 산성비는 화석연료 연소시 발생하는 황산화물질, 질소산화물질, 염화물 및 탄화수소화학물질 등에 의해 강우의 산성도가 증가되는 현상을 말한다. 즉, 화력발전소, 공장, 자동차 등에서 배출된 황산물이나 질소 산화물이 비에 녹아서 내리는 현상이다.

산성비는 토양과 산림을 황폐화시킴으로써 생태계 훼손, 산림감소, 농작물 및 동·식물에 피해를 줄뿐만 아니라 인체에도 피해를 준다. 동북아 지역은 한·중·일의 계속적인 에너지 소비량 증대로 인해 주요 산성비 피해지역으로 대두되고 있다. 산성비의 근본적인 원인이 산업화와 도시화의 결과이기 때문에 앞으로 나아지기보다 더욱 심각해질 수밖에 없을 것이다. 문제는 산성비도 이동성 경향을 띠고 있어서 편서풍을 타고 중국에서 오는 산성 성분이 우리나라에서 내리는 비에 섞여 있을 수가 있다는 것이다.

◎ 중국과 산성비

산성비의 원인물질 중 이산화황의 배출량은 한국과 일본의 경우 거의 안정화 되었으나 중국의 경우 매년 5퍼센트 정도 증가할 것으로 예상되고 있다. 특히 이 지역은 편서풍의 영향을 받기 때문에 중국의 동쪽에 위치한 한국과 일본에는 중국에서 날아오는 SOx와 NOx으로 인한 산성비 가능성이 높다고 하겠다. 우리나라의 경우 발전소 등 대형 시설에 탈황 설비가 가동되더라도 산업 및 수송 부문의 성장으로 말미암아 이산화황의 배출량은 줄어들지 않을 전망이다. 따라서 이 지역에는 산성비가 내릴 가능성이 더욱 커진다. 또한 질소산화물의 경우 한·중·일 3개국 모두 배출량이 증가할 것으로 예상되고 있고 특히 중국으로부터의 질소산화물 배출 증가는 산성비의 영향권을 확대시킬 것으로 예상된다.

산성비를 포함하는 한·중·일간의 광역 대기오염은 관계국간의 긴밀한 협조 없이는 해결될 수 없다. 한·중·일간의[2] 산성비 문제의 해결은 관계국간, 연구자간의 협조 체제를 더욱 활성화시켜서 산성비 원인물질 유·출입에 대한 실태 파악을 하고, 이러한 연구 결과를 토대로 산성비 원인물질의 배출 저감을 목표로 협력해 나가야 한다. 중국으로부터 대기오염물질이 유입되어 우리나라에 피해를 주는 것이 증명되더라도 피해 보상을 받는 것은 어려우니만큼 책임규명문제보다 실질적 결과가 나타날 수 있는 협력이 중요하다 하겠다.

<황사문제>

중국의 내륙과 몽골지역의 사막 등 건조지대에서 발생하는 황사현상은 자연적 원인에 의해 발생한 것으로 알려져 왔으나 근래에는 인위적인 원인이 관심을 끌고 있다. 황사에 포함되어 있는 중금속 등이 한반도뿐만 아니라 일본, 미국까지 장거리 이동으로 영향을 미치기 때문에 심각한 지역환경문제가 되고 있다.

◎ 황사의 역사와 발원지

황사현상은 중국과 조선의 관측기록에도 남아 있어 꽤 오래 전부터 관측된 것으로 보인다. (신라, 백제, 고구려의 우토) 다만 과거에는 수년에 한 번 나타날까 말까 한 정도였다는 점이 요즘의 황사와는 다른 점이다.

황사의 발원지는 주로 중국 황하유역 및 타클라마칸 사막(위구르어로 "들어가면 나올 수 없는" 이라는 뜻, 40만㎢), 황하유역의 마오우쑤사막, 몽골 고비사막(몽골어로 "풀이 자라지 않는 땅"이라는 뜻, 30만㎢) 일대다. 황사의 새 발원지인 허베이 북부의 바샹은 베이징에서 불과 100km 거리에 있어 최근 황사의 주요 발원지가 되고 있다. 황사 현상의 가장 큰 원인은 중국의 사막화이다. 중국 북부와 몽골의 사막 또는 황토 지대의 작은 모래·황토·먼지 등이 모래폭풍에 의해 고공으로 올라가 부유하거나, 상층의 편서풍을 타고 멀리까지 날아가 떨어지는 현상으로, 중국에서는 모래폭풍(sand storm), 일본에서는 코사(kosa : 상층먼지), 세계적으로는 아시아먼지(Asian dust)로 불린다. 세계 각지의 사막에서도 이와 비슷한 현상들이 나타난다. 특히 아프리카 북부의 사하라사막에서 발원하는 것은 사하라 먼지라고 하여 아시아에서 발생하는 황사와 구별한다.

◎ 황사의 원인과 사막화 정도

중국의 사막화 원인은 무차별적인 초지와 삼림의 과도한 개간, 무분별한 방목, 땔감 채취를 위한 과도한 벌목, 약초 및 식용식물의 과도한 채취, 수자원 낭비다. 그 외에도 중국의 산업화와 도시화가 빠른 속도로 진행되면서 공장, 광산, 도로, 주택 건설 때문에 사막화가 빨리 진행된다고 보고 있다.

중국은 사막화 속도가 60년대 이전에는 년간 1,560㎢ 이었으나, 70~80년대에는 2,100㎢, 현재 매년 2,460㎢(서울면적의 4배)로 가속화되고 있으며, 중국 전역의 가용 초지 가운데 매년 2퍼센트씩 사막화가 진행되고 있는 실정이다. 몽골은 국토의 90퍼센트가 사막화 위기에 처해 있으며 과거 30년 동안 목초지 6.9만㎢가 감소하고 식물 종의 수는 4분의 1로 감소하고 있다. 2001년 말을 기준으로 봤을 때, 중국의 사막화된 토지의 면적은 남한의 17배에 해당하는 174만 3,100㎢이다. 20세기 이후 약 100년 동안 형성된 사막화 토지가 전체의 62.4퍼센트를 차지하고 사막화의 속도는 점점 상승하고 있다.

◎ 황사의 이동 경로

발원지에서 배출되는 황사의 양을 100퍼센트라 할 때 보통 30퍼센트가 발원지 부근에 재침적되고, 20퍼센트는 주변 지역으로 수송되며, 50퍼센트는 장거리 수송되어 한국, 일본, 태평양 등에 침적된다. 발원지에서 우리나라까지 이동시간 및 이동고도는 상층기류의 속도에 따라 다르나 평균적으로 타클라마칸 사막 4~8일(고도 4~8km), 고비사막 3~5일 (1~5km), 황토지대 2~4일 (1~4km) 걸린다. 우리나라는 황사 발원지인 내몽골의 고비사막으로부터 약 2,000km, 신강의 타클라마칸사막으로부터 약 5,000km 이상 떨어져 있다.

◎ 황사 발생 조건

우리나라에 영향을 미치는 황사는 주로 봄에 발생한다. 이는 발원지가 여름에는 비가 내리고, 가을까지는 식물이 뿌리를 내리고 있으며, 겨울에는 땅이 얼어있어 모래먼지가 상대적으로 안정되지만, 봄에는 얼었던 건조한 토양이 녹으면서 잘 부서져 부유하기 쉬운 20㎛ 이하 크기의 모래먼지가 많이 발생하기 때문이다. 우리나라에 황사영향을 미칠 수 있는 기상조건은 다음과 같다.

① 발원지에서의 먼지 배출량이 많아야 하며
② 발원지 부근에서 강한 상승기류(강한 저기압)가 존재하고
③ 발원지로부터 황사가 이동해 올 수 있도록 약 5.5km 고도의 편서풍 기류가 우리나라를 통과하고 상공에 부유 중인 황사가 우리나라 지표면에 낙하하려면 고기압이 위치하여 하강기류가 발생하는 등 기상조건이 구비되어야 한다.

◎ 황사의 피해

황사는 많은 분량의 모래를 동반하기 때문에 그 자체로서 피해가 크다. 문제가 더욱 심각한 것은 중국의 오염 물질이 함께 넘어오는 것으로 추정되기 때문이다. 우리나라의 경우 대기오염 물질의 10퍼센트 정도가 중국으로부터 영향을 받고 있는 것으로 조사되었다. 황사가 오지 않을 때도 편서풍을 타고 오염물질들이 꾸준히 넘어오고 있다. 아직까지는 오염

물질이 얼마나 넘어오는지 확인되지는 않고 있으나 단순하게 결론을 낼 문제가 아니라 장기적인 연구가 필요하다.

유넵의 국가별 대기오염 피해산출 기준에 의해 볼 때 우리나라 연간 피해액은 최소 1조 1천억 원 정도로 추정된다. 황사의 피해는 대략 다음과 같다.

① 건강-호흡기질환

황사가 심해지면 천식환자의 증상이 심해지며, 폐 기능이 감소되는 호흡기 질환이 유발된다. 한반도에 도달하는 황사의 크기는 직경이 약 0.2~20㎛이며, 대부분 0.4~12.0㎛에 분포하고 있는데, 이 중 5㎛이상의 입자크기는 비인강에, 1~5㎛의 입자크기는 기관지에, 1㎛ 이하의 입자크기는 폐포에 각각 침착되어 병을 일으킨다. 황사에 함유되어 있는 각종 중금속과 대기중의 오염물질들은 이물질에 의한 결막염을 일으키기도 하며, 봄철 건조한 공기와 겹치면서 안구건조증을 악화시키는 등 각종 안(眼) 질환의 원인이 되기도 한다.

② 산업 피해

황사는 산업현장에도 영향을 미치게 되는데 특히 그 피해가 큰 곳 중의 하나가 정밀산업이다. 먼지에 민감한 반도체업계, 휴대폰 공장, PCB(인쇄회로기판) 생산라인 등 전자업체들의 황사먼지로 인한 제품결함, 조선업체나 자동차업계의 도장작업, 항공 제트기관의 치명적인 손상과 건설업체에서 안전사고의 위험을 증가시킨다.

③ 기타 피해

분진이 태양 빛을 차단하는 현상은 일조량을 감소시킬 뿐만 아니라 태양복사의 산란과 흡수를 증대시켜, 대기 중 미세먼지 농도가 150㎍/㎥ 존재할 때 시정거리를 약 8㎞ 정도까지 감소시킨다.

◎ 황사의 이점

황사는 이와 같이 우리에게 피해도 주지만 다른 한편으로는 이점도 있다. 황사는 일반토양과 달리 알칼리 성분을 10퍼센트 함유하고 있다. 황사로 인해 산성 땅이 중화 되고 토양과 호수의 산성화를 방지하는 역할을 한다. 또한 황사에는 규소, 알루미늄, 철, 칼슘 등이 다량 함유되어 있어 해양 생태계에도 중요한 역할을 한다.

고비사막과 황토지역의 칼슘성분은 4~6퍼센트이며, 기타지역에서 발생한 황사 중 칼슘성분은 2~5퍼센트 정도로 식물과 해양 플랑크톤에 유기염류를 제공해서 플랑크톤이 잘 자라도록 하는데 플랑크톤은 대기 중 온실가스를 흡수하여 지구 온난화를 줄이는 역할을 한다. 뿐만 아니라 황사의 먼지 입자가 태양빛을 산란시켜 지구온난화를 줄이는 역할을 하기도 한다.

각종 오염

동북아 지역에는 산업활동이 왕성해서 각종 오염물질이 물과 땅 그리고 공기 중에 잠재해 있으면서 하천이나 바다와 공기를 통해 지역간에 이동하기 때문에 인간의 건강과 생태계에 나쁜 영향을 미칠 가능성이 커지고 있다.

<해양 및 하천오염>

우리나라는 3면이 바다로 둘러 쌓여 있다. 그 중에서도 황해 즉 서해는 폐쇄해(closed sea) 이다. 따라서 한번 오염이 되면 치유되기가 어렵다. 서해는 한국과 중국과 접해 있어서 오염의 책임은 한국과 중국 모두에게 있다 하겠다. 현재 서해는 해상교통이 매우 빈번하고 또 한국과 중국의 연안에는 산업도시가 발달되어 있어 인구도 많고 산업 활동도 왕성하다. 서해에서의 오염은 80퍼센트가 육상기인 오염이다. 즉, 하천이나 항구를 통해 오염된다는 말이다. 쓰레기 투기는 바로 육상기인 오염이다. 우리나라의 쓰레기 해양투기 행위는 조속히 근절되어야 한다. 중국측도 황하로부터 나오는 750만 톤의 중금속 배출과 발해만 시추현장에서 방류되는 2천만 톤의 원유방출은 가공할 만하다. 오염 중 또 하나의 중요한 오염원은 유류사고다. 특히 대형 선박 충돌이나 좌초로 발생하는 유류사고는 심각하다. 2007년 태안만에서 발생한 해상 크레인과 유조선 충돌사고는 지역주민뿐 만 아니라 우리나라 전체에도 큰 영향을 미쳤다. 동해 또한 오염이 심화되고 있다. 특히 동해에서 러시아의 핵폐기물 투척사건은 경계해야 한다. 러시아의 동해 핵투기는 한·러 양자회의에서도 논의되고 있으나 러시아측의 불성실한 태도로 별로 진척이 없는 상황이다. 동해에서 오염물은 곧장 태평양으로 이동될 수 있기 때문에 일본, 미국 등이 관계되는 국제문제화 될 수가 있다.

<생태계 오염문제>

동일한 생태계를 구성하는 동북아 지역의 생물다양성 보존 및 자연생태 지역보호문제는 생태계 보호 차원에서 접근하는 것이 바람직하다. 동북아 지역을 오가면서 서식하는 철새와 공유하는 하천이나 해양에 서식하는 동식물을 보호할 뿐만 아니라 이들이 서식할 수 있는 생태환경을 보호하는 것이 중요하다. 앞서 설명한 산성비나 황사처럼 인간의 신체에 직접 영향을 미치는 사안은 아니지만 장기적으로 인간생존의 환경조성에 영향을 미치므로 동북아 국가들간의 상호협력 하에 생태계를 보호해 나가야 할 것이다.

<대기오염>

한국, 중국, 일본 모두 산업국가로서 산업활동이 왕성하다. 특히 중국의 경우 환경유해가스의 배출은 경계할 만하다. 중국의 황산 배출량은 한 해에 2천만 톤으로 한국 50만 1천 753톤과 일본 58만 5천 506톤을 합친 것보다 17.7배가 많다. 황산의 경우 탄소보다 기후변화에 영향을 미치는 온실가스 효과가 훨씬 더 많은 것으로 알려져 있다.

유해물질 이동

유해물질은 여러 경로로 발원지에서 멀리까지 운반되어 결국 인체에 해로운 영향을 미치게 된다. 예를 들러 중국 수은이 미국까지 갈 수도 있고 그 수은이 땅속으로 들어가서 토양 속에 대기 중에 식물에 의해 섭취되어 사람의 몸 속에 들어올 수도 있다. 또한 지하수로 스며들어 물고기의 몸 속에 들어갔다가 결국 사람의 몸 속에 들어올 수도 있다. 중국과 가까이 있는 우리나라에 대한 영향은 불문가지다. 더욱이 우리나라는 많은 식품을 중국으로부터 수입하고 있으니 수은 등 중금속이 함유된 식품이나 야채 과일을 일상적으로 먹고 산다고 봐야 한다. 유해물질은 인체와 직결되기 때문에 수은 등 중금속류 뿐만 아니라 수많은 화학물질을 고려할 때 향후 중요한 문제로 대두될 가능성이 크다.

일반적으로 선진국에서는 이미 이 문제의 중요성을 강조하고 있으나 개도국에서는 아직 문제의 심각성을 인식하지 못하고 있는 실정이다. 일본 이외에는 대체로 개도국인 동북아에서는 문제의 심각성을 인식하기까지 상당한 시일이 걸릴 것으로 예상된다. 앞서 말한 핵폐기물의 이동도 유해물질 이동이라고 볼 수가 있다. 90년대 중반 대만 핵폐기물의 북한 반출 시도, 유럽 핵폐기물의 일본 반입 케이스도 여기에 속한다.

2. 동북아 환경협력의 현황과 한계

이상 살펴본 바와 같이 동북아에서 장거리 이동 대기오염, 해양 및 하천오염, 생태계 보호문제, 대기오염, 유해물질 이동 등은 어느 한 나라의 문제가 아니고 국경 없이 이동할 수 있는 공동의 문제이다. 특히 한국과 중국은 지리적으로 인접해 있을 뿐만 아니라 편서풍의 영향으로 더욱 더 큰 영향을 주고받는 지역이다.

동북아 환경협력의 현황

동북아 국가들 간에는 위에 말한 제반 환경문제를 다루기 위해 논의를 하고 있다. 그 형태는 한국, 중국, 일본, 러시아 등 다자적으로 모여서 논의를 하지만 한국·중국, 한국·일본과 같이 양자적으로도 그 해결방안을 논의하고 있다.

<다자환경협력 노력의 현황>

동북아 지역에서는 동북아환경협력계획, 북서태평양보전실천계획 등 다수의 다자환경협력체가 존재하고 있다.

◎ 동북아환경협력계획[3](NEASPEC)

이 협의체는 우리나라의 제의로 시작되어 1993년 2월. 서울에서 1차 회의를 개최했고 한국, 일본, 중국, 러시아, 몽골, 북한 등 6개국이 참가했다. 2010년까지 15차례의 회의(고위급회의)를 개최했다. 이 협의체는 동북아 지역 내 부분적, 비공식적으로 추진되어오던 지역 환경보전 논의를 통합하고 정부 간 차원의 협력을 통한 포괄적 체제를 형성하는데 의의가 있다.

관심분야는 에너지 및 대기오염, 생태계관리, 능력형성 등 분야이며 ADB 지원으로 화력 발전소 오염 저감을 위한 훈련사업 (한전전력 연구원)과 환경오염 관련 데이터의 수집을 위한 사업 (국립환경 연구원)을 시행한 바 있다. 2000년 6차 회의(서울)에서 비전선언(Vision Statement)을 채택했고 2002년 제8차 회의에서는 생태계분야에 대한 사업 검토를 결정했다. 그러나 이 협의체는 구체적인 행정체계가 결여되어 있어 원활한 사업추진에 애로가 있다. 또한 사업추진에 필요한 재원조달에 대한 참여국가간 합의가 없는 상황에서 중국과 일본이 자국의 이해관계를 고려하여 이 협의체에 대해 소극적으로 일관하고 있는 점이 이 협의체의 발전에 문제로 인식되고 있다.

- 중국은 자국이 역내 환경오염의 주요 발생국으로 인식될 것을 우려하고 있어 적극적인 태도를 보이지 않고 있다
- 일본은 현재 일본의 주도로 추진하고 있는 Eco-ASIA, EANET 등과의 중복성을 우려하여 소극적인 자세를 견지하고 있다.

◎ 북서태평양보전실천계획(NOWPAP, North West Pacific Action Plan)

이 기구는 UNEP의 지역해 사업의 일환으로 1994년 9월 추진키로 결정(서울)하였으나[4] 동해 명칭 때문에 진통을 겪어 진전이 없다가 1996년 동해를 경도(북위 33°-52°, 동경 121°-143°)로 표시하기로 결정한 후 개최되었다. 동북아 해양환경 보호를 위해 한국, 일본, 중국, 북한과 러시아 등 5개국이 참여했다. 북한은 제1차 정부간 회의부터 계속 불참해 오다가 제7차 정부간 회의시부터 옵서버 자격으로 참석했다. 2007년까지 12차례 정부간 회의[5]를 개최했다. 연간 신탁규모를 50만 불로 결정하였으며 1999년 4차 회의(북경)에서 다음과 같이 4개 지역활동센터 설립을 결정했다.

- 한국에는 유류오염방제센터
- 중국에는 데이터 센터
- 일본과 러시아에는 모니터링 센터 설치

NOWPAP은 2000년 12월 그 사무국을 한국(부산[6])과 일본(토야마)에 각각 설치하기로 결정하였다. 이는 우리나라에 설치되는 극소수의 국제기구의 하나가 되는 셈이다. 그러나

유넵과 우리 정부(국토해양부) 간에 한국인 직원에 대한 병역의무면제와 관련 이견[7]이 있어 최종 합의가 2004.3월 유넵의 특별총회(제주)까지 지연되었다.

NOWPAP 사무국 출범은 우리나라에 최초로 유엔소속 해양분야 사무국을 우리나라에 유치했다는 것에 큰 의의가 있다. 이로서 앞으로 NOWPAP 차원의 국가간 협력사업을 효율적으로 추진하고 우리나라가 이러한 동북아 역내 해양환경보호에 주도적 역할을 할 수 있을 것으로 기대된다. 또한 NOWPAP을 통한 남북한간 해양분야 환경협력의 추진도 가능하다. 북한은 그간 정부간 회의에는 불참하였으나 NOWPAP 전문가 회의시에는 참여하여 높은 관심을 표명한 적도 있다. 그러나 NOWPAP의 신탁기금에 대한 참가국의 분담비율 증대에 참가국간 합의가 없어 신탁기금의 조성에 문제가 있다. 앞으로 NOWPAP의 장기적인 발전을 위해서는 신탁기금에 대한 국가간의 영구분담비율을 확정할 필요가 있다.

한·중·일 환경장관 회의[8](TEMM)

1999년 1월 한국의 제의로 시작, 1차 회의는 서울에서 개최되었다. 이 회의의 목적은 공동체 의식 제고, 정보교류 강화, 대기오염방지 및 해양환경보전, 환경기술 및 환경산업 교류, 환경연구, 지구환경문제에 대한 대화 등을 우선 협력분야로 선정했다.

TEMM의 특징은 정책대화보다 실질협력사업을 중심으로 운영하는 데 있다. 2009년까지 한중일 환경장관회의를 11차례 개최하여 황사 등 공동의 환경문제에 대처하고 있다. 제11차 회의(중국, 북경)에서는 기후변화문제가 TEMM의 최우선 과제임을 밝혔고 세계경제위기문제와 환경문제에 대한 견해를 밝히는 등 세계적인 사안이 TEMM의 관심이 되었다.

아·태 환경장관회의[9](Eco ASIA)

아·태 환경장관회의는 일본 환경청이 아·태 지역 환경정책에 관한 대화포럼으로 1991년부터 추진하였으며 2009년까지 제17차례 회의가 개최되었다. Eco ASIA에는 일본, 중국, 한국 이외 모두 29개국이 참가하고 있다. Eco ASIA의 주요 활동 내용은 아·태 지역의 환경상태를 전망하고 정책대안을 발굴하기 위한 "장기전망프로젝트(LTPP, Long-term Perspective Project) 추진과 환경정보의 공유를 추진하기 위한 "아·태 환경정보 네트워크"(ECO ASIA NET)를 구축하는 일이다. LTPP는 1993-1997년과 1998-2001년간 2단계로 구분되어 진행되었으며 아·태 지역이 도시화와 빠른 인구증가, 경제성장 등의 요인으로 CO_2, SO_2 배출,

도시쓰레기, 물부족 등의 문제가 여타 지역보다 심각하므로, 기후변화, 도시환경, 담수자원, 산림보전, 생물다양성, 지속가능성 교육 등 6개 분야를 향후 주요 환경이슈로 지적하였다. ECO ASIA는 2002년부터는 LTPP 추진 성과를 토대로 "아·태 환경혁신전략" (APEIS) 사업을 전개해 나가고 있다.

동아시아 산성비 모니터링 네트워크[10](EANET)

동아시아 산성비 모니터링 네트워크는 일본 환경청 주관으로 1993년 10월부터 전문가 차원에서 사업이 시작되어 1998년부터 정부간 차원의 협력으로 발전되었다. EANET에는 한국, 일본, 중국, 러시아, 몽골, 인도네시아, 말레이시아, 필리핀, 태국, 베트남, 라오스, 캄보디아, 미얀마 등 동북아와 동남아 국가 13개국이 참가하고 있다.

EANET 준비활동으로 1998-2000년간 습성침착, 건성침착, 토양 및 식생, 내수 등 4개 분야에 대해 38개 사이트에서 모니터링을 실시하였으며, 이러한 활동을 거쳐 2001년부터 본격적인 활동에 착수하였다. 2006년 제8차 회의(하노이)에서는 EANET 개발전략 5개년 계획(2006년-2010년)을 채택하였다. 일본 환경청이 맡아오던 임시 사무국 역할은 유넵으로 이전되었으며 니가타에 있는 산성비연구소(ADORC)가 연구센터로서 역할을 하고 있다.

동북아환경협력회의[11](NEACEC)

한국, 중국, 일본, 몽골, 러시아 등 5개국 환경당국간 회의체로서 1988년부터 1991년까지 개최된 한·일 환경과학 심포지움을 확대, 발전시켜 1992년부터 매년 회의를 개최하고 있다.

한국, 중국, 일본, 몽골, 러시아 등 동북아 5개국 환경담당 관계자가 참여하여 역내국가의 대기, 수질, 폐기물 등 환경분야별 환경상태와 지역현안 문제에 대한 정책적인 의견교환을 하는 심포지움 성격의 회의이다. 환경당국자뿐만 아니라 관계전문가, 지방자치단체 공무원, 민간단체 대표 등도 참여함으로써 환경마인드의 확산 및 환경정책에 대한 공감대 형성에 기여하고 있다. 공동의 관심사에 대한 각국의 정책과 입장을 자유롭게 표명할 수 있는 장점이 있다.

기타 협력 노력

황사대응 한중일 국장급회의와 한중일 황사공동연구단 회의 같은 국제협력이 있었다.

전자는 2007년 3월 1차 회의(울산), 2007년 9월 2차 회의(동경)가 개최되었고 후자는 운영위원회 및 2개의 실무그룹으로 구성되어 2008년 1월 1차 회의(동경), 2008년 6월 2차 회의(서울)를 개최한 바 있다.

ESCAP과 같은 지역협력기구를 통한 협력도 있다. 환경문제가 중요해짐에 따라 매 5년마다 아·태환경각료회의를 개최하고 있으며 5년 단위의 지역협력활동계획을 작성하여 이행하고 있다. APEC도 간헐적으로 주요한 환경 이슈에 대해 논의를 하고 있다. (예 : 1995년과 1996년 지속개발각료회의 개최)

<양자환경협력체의 현황>

한·중·일·러는 상호간에 체결한 양자 환경협력협정에 따라 각각의 공동위원회를 운영하고 있다.

◎ 한·일환경공동위원회

1993년 6월 한국과 일본간에 체결된 환경협력협정에 따라 매년 개최하고 있다. 공동위원회에서는 양국의 환경정책, 동북아 및 지구적 환경문제에 관해 정책대화를 나누며 연구기관을 통한 환경협력 사업을 진행시키고 있다. 한편, 환경문제에 있어서 한·일 간에는 구체적으로 산성비, 환경호르몬, 철새보호, 환경기술, 해양환경 등 분야에서 사업을 추진하고 있다. 한·일 환경공동위가 여타 환경공동위와 다른 특징은 동북아 역내 및 지구적 환경문제에 대한 정책대화에 보다 중점을 두고 있다는 점이다.

◎ 한·중환경공동위원회

1993년 11월 한국과 중국간에 체결된 환경협력협정에 따라 매년 개최되고 있다. 중국의 급격한 산업발전과 경제성장에 따라 발생하고 있는 산성비, 황사, 해양오염 등에 대해 공동 대처하기 위한 협력을 진행 중이다. 환경협력사업 중 황해환경 공동조사사업은 1997년부터 매년 실시되고 있으며 측정대상 및 지점의 확대 등을 통해 보다 과학적인 데이터를 축적하는 데 기여하고 있다. 또한 최근 발생 빈도 및 강도가 심해지고 있는 황사문제에 대한 사업이 환경협력사업으로 추진되고 있다.

◎ 한·러환경공동위원회

1993년 3월 러시아 해군의 핵폐기물을 동해에 투기한 사건을 계기로 1994년 6월 한국과 러시아 양국간에 체결된 환경협력협정에 따라 매 2년마다 개최될 예정이나 활성화 되지 않고 있다. 러시아와는 환경협력협정과 별도로 철새보호협정[12]도 체결하고 있으나 이것 역시 활성화 되지 못하고 있다. 2000년에 개최된 제2차 환경공동위는 생물다양성보전, 철새보호, 해양환경보호 등 분야에서 10개 협력사업을 추진키로 합의한 바 있다. 철새보호협정의 효과적인 이행을 위해 공동작업반(Joint Working Group)을 구성하기로 하였다. 그러나 2007년 제4차 한러공동위 이후 한·러간의 환경문제 협력은 활성화되지 않고 있다. 이는 한·러 간의 긴박한 양자 차원의 환경현안문제가 없어 러시아측에서 성의를 보이지 않기 때문이다.

<지구환경금융[13](GEF, Global Environment Facility) 활용>

GEF는 동북아 환경개선을 위해 그동안 많은 지원을 해 왔다. GEF 지원으로 행해진 지역차원의 사업으로는 두만강환경보호사업[14](TumenNET), 동아시아해양환경보호사업[15](PEMSEA), 황해광역 생태계 조사사업[16](YSLME)과 황사대응사업 등을 들 수가 있다.

TumenNET 사업은 두만강 유역에 대한 환경진단과 개선방안을 작성하기 위해 착수되었으나 사업범위가 다우리안 대초원과 몽골대평원으로 확대되었다. 이 사업은 GEF가 52만불 지원하여 2000년 8월부터 2002년 10월까지 한국, 중국, 러시아, 몽골, 북한이 참여하여 진행되었으며, 사업 대상지역의 환경개선을 위한 전략행동계획(SAP)을 작성하였다. SAP은 2004년 중반부터 매 3년 단위로 평가되고 개선되고 있다[17].

PEMSEA 사업은 동아시아 해양환경을 보호하고 관리하기 위해 국별 관리체계간 네트워크를 형성하고, 발해만과 남포항을 시범사업지로 선정하여 환경개선 작업을 하고 있다. 이 사업은 GEF가 1600만 불을 지원하여 1999년 8월부터 2004년 8월까지 한국, 중국, 일본, 북한과 동남아 8개국이 참여하여 진행되었다.

YSLME 사업은 2003년부터 2007년까지 한국과 중국이 황해 생태계 조사 및 오염관리체제 수립을 위해 1400만 불을 GEF로부터 지원받아 시행하였다. 황사대응사업은 GEF와 ADB로부터 100만 불을 지원받아 2003년 1월부터 2004년간 진행되었는데 한국, 중국, 일본, 몽골 등 참여국과 ADB, ESCAP, UNCED 등 국제기구간 협력체제를 구축하고 대응전략을 수립하였다.

동북아 환경협력의 한계

지구환경문제에 있어서 지역적 특성이 있기 때문에 지역협력이 중요하다. 동북아 지역은 냉대와 열대가 걸쳐 있어 다양성이 풍부한 지역이다. 한편으로는 중국과 일본이라는 세계적인 거대국가가 있고 또 다른 한편으로는 다른 어떤 지역보다 국가간에 정치적 문화적 갈등 요소가 있어 지역협력에는 한계와 문제점이 있다.

첫째는 지역내 리더십의 부재이다. 일본의 경우, 경제적으로나 기술적으로 환경협력을 주도적으로 이끌 역량을 갖추고 있고 지역환경문제로 인한 피해자의 위치에 있으므로 지역환경협력에 대한 유인은 충분하나 황사문제에 있어서 일본이 받는 피해가 상대적으로 미약하다고 평가되어 적극적이고 주도적 역할을 기대하기 힘들다. 한국은 황사문제를 포함한 기타 지역환경문제의 가장 큰 피해국으로 분류되며 줄곧 협력에 적극 임해 왔으나 한국 역시 역내 국가들을 주도할 정도의 정치적 경제적 기술적 영향력을 확보하고 있지 못하다는 점에서 촉진자에 머물러 있는 실정이다. 결과적으로 환경문제와 관련한 지역협력을 주도할 국가가 부재하고, 지역내 국가간 환경문제에 대한 대응 역량에서 상당한 격차가 존재하며, 환경협력에 대한 유인이 비대칭적이라는 상황에서 지금과 같은 협력방안은 당사국간에 체결된 협약의 이행을 가로막을 뿐만 아니라 주도권과 비용분담을 둘러싼 분쟁을 초래할 가능성을 내재하고 있다.

두 번째 문제로는 환경협력에 필요한 재원이 부족하고 환경문제에 대처할 경험과 기술도 부족하다는 것이다. 환경보호를 위한 수요는 많으나 재원 확보가 어려움을 겪고 있는데 일본도 추가적 재정지원에 대해서는 주저하고 있다. GEF, ADB 등 재정지원도 능력의 한계가 있다. 또한 일본 이외에는 개도국으로서 경험과 기술이 부족하다. 기술은 특허제도를 기반으로 하는 기술시장에서 거래되고 있어 결국 재원과 연계되어 있다. 공적 소유기술은 이전 받을 수가 있으나 그 범위가 제한되어 있다. 그리고 무엇보다 동북아 국가들 간에는 정치적 역사적 갈등이 있어 자칫하면 지역세력의 영향력 경쟁의 장이 될 수도 있다. 동북아에는 일본의 침략 역사에 대한 부정적 이미지가 상존하고 있으며 남북한 대치, 중국과 대만 관계 등 정치적 갈등이 존재한다. 동북아 환경문제가 국제적 협력이 필요하지만 중국의 무관심으로 지지부진하다. 중국의 국력이 월등하고 편서풍 특성상 우리에게 영향이 크지만 중국을 움직일 만큼 목소리를 못 내는 경향이 있다. 힘의 논리가 작용될 수 있는 여지가 있다.

<동북아 환경협력의 한계로서 남북한 환경협력>

남북한은 단일 생태계로서 효과적인 환경보전을 위해서는 남북한간 환경협력이 절실하다. 그러나 북한은 환경분야에 대한 관심이 부족하고, 남북 협력사업도 경협위주로 되어 있다. 억지로 해석을 하자면 2003.7월 남북 장관급회의에서 합의한 사회문화협력분과위원회의 틀 속에서 환경문제를 논의할 수는 있을 것이다.

북한은 동북아환경협력계획(NEASPEC) 및 북서태평양보전실천계획(NOWPAP) 논의에 부분적으로 참여하긴 했지만 북한의 진지한 참여의사를 확인하지 못한 상태다. 북한은 두만강유역 환경보전사업(Tumen Net) 차원의 지구환경금융 기금을 활용한 두만강 유역 생물다양성 및 수자원 보전을 위한 논의에 참여하였고(한국, 북한, 중국, 러시아, 몽골 등), 2004. 8월 북한 대표단의 UNEP 방문시 북한대표는 동북아 환경협력 논의에 적극 참여하기로 약속한 바 있다. 또한 비무장지대 일원의 자연생태계보전 노력의 일환으로 유네스코 세계유산 지정을 추진한 바 있다(2001.4 유네스코 관계관 방북시).

한편 민간차원의 남북한 협력으로 2002년 12월 남쪽의 환경운동연합과 북한의 국토환경보호성이 "남북환경협력사업 추진" 협정서를 체결하였고 민간차원의 협력으로 DMZ포럼, DMZ 생태복원 국제심포지엄(2003.5월 서울), DMZ의 평화적 이용 토론회(2003.7월 춘천) 등이 있었지만 그 이후 북한측의 무관심으로 진전이 없는 상황이다. 국제기구 차원에서는 유엔공업개발기구(UNIDO)의 대북한 통합사업(식품가공, 농업 폐기물을 이용한 농촌 에너지 개발, 청정생산센터 설립 등 사업)에 우리정부가 40만 불을 지원했다. UNEP이 2004. 8월 북한 환경상태보고서를 발간했는데 이는 세계 최초의 북한에 대한 환경보고서로서 북한정부의 20개 관련부서의 협조를 받아 작성된 것이다. 이로 미루어 보아 UNEP은 북한의 환경개선 의지를 표명한 것으로 평가하고 있다. 그러나 이에 대해서도 역시 북한측의 반응이 없는 상태이다.

◎ 북한환경상태보고서 주요 내용

- 2004년 8월 UNEP은 북한 내 5개 분야 환경상태 점검, 보고서

• 5개분야

산림 : 개간, 땔감용 남벌, 산불, 산사태 등으로 산림면적 급감

수질 : 수자원 풍부불구, 하수처리부족, 산업폐수증가로 수질악화

대기 : 주에너지원인 석탄 사용증가(SO_2, NO_2)로 대기오염악화

토양 : 부족한 경작지가 잇단 홍수, 가뭄, 산사태로 토질 저하

생물다양성 : 산림황폐화, 토양침식 등으로 생물종과 유전자원위협

• 환경개선을 위한 대안제시

① 환경상태 모니터링과 통계체제구축, 환경부문 재정투자확보

② 산림지속가능전략, 수자원관리, 대기보전 등 국제사회지원을 위한 16개 사업 제안

- 산림의 지속가능 관리전략 수립
- 수자원 보호 및 관리
- 하수처리 시범사업
- 대기보호
- 토양오염 모니터링
- 능력형성
- 생물다양성 보전 등

UNEP Executive Director, Klaus Toepfer, with North Korean Environment Diplomat Ri Hung Sik (left) and South Korean Ambassador to Kenya, Suk Jo Lee, at the launch of the first *Report on the State of the Environment in the Democratic People's Republic of Korea, 27 August 2004.* © Bernard Wahihia/UNEP

3. 동북아 환경협력의 평가와 대처방안

이미 살펴본 바와 같이 동북아 환경현실에서 환경협력을 할 필요가 있는 것으로 확인이 되었지만 여기에는 쉽게 협력을 하지 못하는 한계가 있다는 것을 알았다. 따라서 현재와 같은 상황이 지속된다면 동북아 환경협력의 전망은 밝지 않다. 그러나 우리는 이러한 어려운 상황 속에서 지금보다 좀 더 효과적인 동북아환경협력을 위해 노력해 나가야 할 것이다. 이 모든 문제의 한 가운데에는 중국이 있다는 점이다. 사막화의 확대로 인한 황사의 심화, 산업화의 결과 대기오염, 산성비, 해양오염 등 동북아 환경문제의 80퍼센트 이상의 원인 제공국이 중국이다. 그러나 중국은 경제성장에 우선순위를 두고 있기 때문에 환경문제에 대해서는 부차적인 문제로 인식한다. 또한 대국으로서 자존심 때문에 누구의 권유나 충고도 듣지 않는다. 형식상의 여러 형태의 국제적 협력은 하고 있지만 진정성이 부족하다. 거기다 황사문제는 우리나라가 제일 심한 피해국이고 일본만해도 우리 보다는 덜 심각하고 중국과 정면 충돌을 원하지 않기 때문에 적극적으로 나서지 않고 있다.

동북아환경협력이 앞으로 성공적인 방향으로 나가기 위해서는 먼저 현재 동북아에서 진행되고 있는 환경협력에 대한 객관적인 평가를 해 봐야 하며 이를 바탕으로 올바른 전략을 세워 실천해 나가야 할 것이다.

동북아 환경협력 평가

동북아 환경협력에 있어서는 첫째 중국이 가장 중요한 위치에 있다. 황사현상, 산성비, 해양오염 같은 동북아의 공통적인 환경문제에 대하여 각 나라들이 그 나름대로 국내적인 대책을 세우고 이를 이행하려고 노력하고 있는 한편 공동으로 협력하고 있다. 그러나 동북아 지역의 어떤 나라보다 중국의 책임이 더 크다는 것을 부인할 수가 없다. 이동성 환경문제의 대부분이 중국과 관련이 되고 또 그 피해국들은 중국의 주변에 있는 한국, 일본, 대만, 북한과 몽골 등이다. 그러나 중국은 국제법상의 책임을 져야 하는 의무가 없기 때문에 협력사업 추진에 있어서 적극적이지 않다. 따라서 우리나라와 일본은 피해국으로서 자구책을 강구하고 있다. 예를 들어 중국의 황사관측 비용은 우리나라가 중국정부 대신 지원해 주고 있다. 이러한 형태는 중국을 계속 끌어들이기 위해서는 당분간 어쩔 수 없다.

둘째 동북아 환경협력에서는 포괄적 통합적 추진체계가 결여되어 있다고 볼 수가 있다.

즉, 동북아 환경협력을 주도할 리더십이 부족하다. 리더십 부족에는 역사적 갈등관계와 국가간의 경쟁의식, 국가간 실리계산 같은 것이 원인이 된다. 어쨌든 리더십의 부재는 동북아지역에서 환경협력이 그 만큼 어렵다는 뜻이기도 하다.

셋째로 참여국간 공동이해관계가 부족하다. 참여국간 경제발전수준이 최선진국인 일본에서부터 시장경제체제로 전환중인 국가에 이르기까지 경제체제나 경제발전 단계에 있어 매우 큰 격차를 보임으로써 국가별로 환경문제에 대한 관심과 정책적 비중이 다르다. 이는 동북아 환경문제에 대한 인식의 차이로 나타나서 공동의 대응책을 마련하기가 쉽지 않음을 뜻한다.

동북아 환경협력의 올바른 방향

동북아 환경협력이 잘 이루어지기 위해서는 무엇보다 중국이 환경에 관심을 갖도록 유도해야 한다. 중국의 국제정치적인 지위의 특수한 성격으로 보아 한중일 삼국이 협력체를 구성한다 하더라도 현재로서는 수익자부담원칙을 견지하는 것이 중국을 적극적으로 끌어들일 수 있는 유인이 될 것이다. 즉, 협력체를 구성하더라도 중국에 대한 일방적 원조 사업의 형태를 띌 수밖에 없을 것이다. 이런 가운데 한중일간에 주도권 쟁탈이 있을 경우 자칫하면 한중 관계뿐만 아니라 역내 국가들간에 갈등과 분쟁의 소지가 있다. 환경문제가 냉전체제 종식으로 조성된 역내국가간 협력의 분위기를 해치는 갈등내지 분쟁의 요인이 되지 않도록 사전예방 노력이 필요하다. 한반도의 경우 잘 하면 남북한 긴장완화에도 도움이 될 것이다. 동북아에서의 이러한 노력은 UNCED 이후 지구환경문제 해결의 일환으로 평가받을 수가 있을 것이다.

동북아 지역에서 이동성 환경문제가 제기하는 환경 안보의 위기를 해결하기 위한 방안으로서 민간단체, 지역환경단체와 관련국의 지방정부 같은 실체를 참여시킨다면 좀더 효과적인 감시체제를 구축할 수 있을 것이다. 한편, 이동성 환경문제를 해결하기 위해 한중일 뿐만 아니라 주변국을 포함하여 미국이나 캐나다까지 포괄하는 방안도 생각해 볼 수 있다. 이와 관련해서 중국의 적극적인 태도를 유도하기 위해서 국제적인 세력균형문제도 생각해 볼 수가 있을 것이다.

<세력균형문제>

세력균형이란 원래 18세기 유럽의 정치에서 생긴 현상이다. 실제로 환경문제와 관련해서 세력균형문제가 대두된 케이스가 있다. 스웨덴의 산성비 분쟁이 그것이다. 스웨덴은 산성비 원인을 규명하고 월경성 장거리 대기오염 물질의 이동에 관한 규제를 위해 노력한 결과 OECD 국가간에 1979년 제네바에서 월경성 대기오염에 관한 협정을 체결했다. 그러나 이 협정에는 강제규정이 없어 실질적으로 아황산가스의 상당 부분을 배출하던 영국과 미국의 오염배출을 규제할 수가 없었다. 그 후 독일, 프랑스, 이탈리아 등의 주도로 이산화황 30퍼센트 감소를 골자로 한 소피아의정서가 채택되어 효력을 발생함에 따라 미국과 영국도 결국 이산화황의 감소를 하지 않을 수가 없게 됨으로써 스웨덴 산성비를 줄이는데 기여하게 되었다. 이와 같이 필요성이 있음에도 불구하고 각국의 국력차이가 힘의 논리로 작용하면 그 필요성이 있다고 하더라도 반드시 현실화 된다는 보장이 없다. 거기에는 강대국의 인식이 중요하기 때문에 강대국이 필요성을 인식하도록 해야 한다. 그러나 유럽 같은 사회에서 이뤄진 성공 예들이 동북아에서도 가능할 지는 미지수이다. 과연 중국이 세력균형에 의해 동북아협력의 필요성을 인식하고, 태도를 바꿀지는 의문이다.

결론은 환경문제의 특성상 국가는 직접적인 위협이 발견되어야 해결방안을 모색하기 시작한다는 것과 또 상대적으로 힘이 있는 국가가 주도권을 잡고 일을 진행시켜 나간다는 것이다. 만일 힘이 없을 경우 외부의 힘을 끌어들이는 것도 하나의 방법이 될 수도 있겠지만 과연 미국과 캐나다가 환경문제에 관심을 가지고 동북아지역에 발을 들여 놓을 지는 미지수이다.

동북아 환경협력의 전략과 실천

동북아 지역의 다자간 환경협력은 역내 국가간 정치이념과 경제발전의 차이로 인해 초기단계에 머물러 있으나 궁극적으로는 환경협력이 제도화되고 구속력 있는 법규범을 갖는 단계로 발전해야 한다. 그러나 이러한 발전에는 상당한 기간이 소요될 것이며 현 단계에서는 유연하고 융통성 있는 협력을 추구하면서 환경협력체의 결속과 신뢰를 제고하는 방향으로 노력하는 것이 바람직할 것이다. 환경협력을 실질적으로 추진하기 위해서는 과학적 조사에 바탕을 둔 신뢰할 수 있는 환경 데이터가 기반이 되어야 할 것이다. 그러나 수집된 데이터가 오염자와 피해자를 구분하기 위한 목적으로 사용되기보다는 동북아 환경문제를 공동으로 해결하기 위한 건설적인 방향으로 사용될 것이라는 신뢰구축이 필요하다.

<미국과 캐나다간의 산성비 분쟁 케이스가 주는 시사점>

과학적 근거의 중요성에 관한 미국과 캐나다간의 산성비 논쟁 예가 있다. 캐나다는 미국동북부 지역으로부터 캐나다 쪽으로 넘어오는 이산화황 때문에 산성비가 내려 피해가 있다며 미국측에게 이의 시정을 요구하였으나 미국은 이를 묵살하여 왔다. 캐나다 내에서의 산성비에 대해 미국은 줄 곧 무관심했었다.

산성비의 피해로서 특기할 것은 인체에 대한 건강피해이다. 미국의회 기술평가국(OTA)이 1984년 발표한 '산성비와 장거리이동 대기오염'의 보고서에서는 산성비 오염에 의하여 미국과 캐나다에서 연간 5만 명이나 되는 인명이 빠른 사기(死期)를 맞이한다. 산성비는 상수도원으로 사용될 지하수나 기타 수역에 금속이온을 용출시킨다. 특히 알루미늄 이온은 물을 오염시켜 이 물을 먹은 사람의 뇌신경을 손상하게 하며 산성비로 인한 피해가 알츠하이머 병과 같은 노인성 치매의 발병을 촉진할 수도 있다는 통계가 있다. 캐나다는 1980년 정부 차원에서 10년 계획으로 과학적 조사를 했다. 그 결과 캐나다의 산성비 50퍼센트, 미국의 산성비 15퍼센트가 각각 상대방 영향이라고 조사되었다.

한편 Canadian Coalition on Acid Rain란 NGO가 이러한 과학적 증거를 배경으로 미국내뿐만 아니라 세계여론의 조성과 미의회에 대한 설득을 위해 노력을 했다. 이 결과 미국내에서도 캐나다의 산성비에 대해 차츰 관심을 가지게 되었다. 마침내 미국은 1990년에 산성비의 원인에 대해 규제하는 대기청정법을 개정하게 되었고 1991년에는 미국-캐나다간 대기협정의 체결로 이어졌다.

이는 비슷한 때에 멕시코가 오염물질을 미국 쪽으로 이동시킨다고 미국이 제소하여 미국과 멕시코간에 국경지역 환경보호를 위한 협정을 이끌어 낸 것과 대비된다. 이는 과학적 근거 대신에 미국이 힘의 우위를 이용해서 멕시코를 굴복시킨 예이다. 미국-캐나다간 대기협정을 체결한 결과 캐나다 산성비는 40퍼센트 감소되었다. 이는 과학적인 증거에 의한 설득노력이 결실을 거둔 한 예이다. 이는 산성비의 근원과 피해에 대한 과학적인 근거를 밝히고 이를 토대로 상대방에 대한 설득과 로비를 통해 상대방을 움직여 근원적인 문제를 해결할 수 있다는 예이다.

또한 동북아 지역의 환경협력을 강화하기 위해서는 다양한 사업을 추진할 수 있는 재원의 확보가 중요하다. 그러나 현실에 있어서 필요한 재원을 확보하기는 쉽지 않다. 그 동안 동북아환경협력체는 이러한 상황을 타개하기 위해서 GEF, ADB 등 금융기구의 지원을 받았는데 앞으로도 보다 더 많은 지원을 받아야 할 것이다. GEF의 경우 수혜국에게도 공동투자를 요구하고 있어 동북아 국가들도 어느 정도의 자체 재원을 마련해야 한다. 각국은 자국의 능력에 상응한 환경협력 재원을 제공해야 하며 어느 일방의 지원에만 의존해서는 진정한 협력이 이루어지기 어렵다.

동북아 환경협력이 결실을 거두기 위해서는 각 급 차원에서 진행되고 있는 환경협력 활동의 중복을 피하고 시너지를 창출하는 노력이 필요하다. 이를 위해 환경협력 활동이 국내적으로 우선 조율되어야 하며, 지역차원에서도 환경협력체간 활동의 결과가 상호 교류되도록 해야 한다.

① 특히 NEASPEC와 EANET는 동북아 산성비 원인 물질의 발생 및 피해상황을 규명하는데 상호 보완적인 역할을 할 수 있으며
② ECO ASIA의 LTPP 등 활동은 다른 환경협력체가 현재의 상태를 파악하고 장기적인 활동방향을 구상하는 데 유용하다.

동북아 환경협력에 있어 무엇보다 중요한 것은 역내 국가들간에 동북아지역을 하나의 환경공동체로 인식하고 동북아 환경보전이라는 공통의 목표를 추구하는 것이다. 공동체의식이 함양되지 않은 상황에서 동북아 환경보호라는 목표가 각국의 국가정책에서 우선순위를 부여 받기는 어렵다. 국내협력체계 구축과 동북아 환경협력에 대한 인식을 전환시키기 위한 전략이 필요하다. 이를 위해서는 관계부처 및 관련 연구소, 전문가간 상설협력 메커니즘을 구축해야 하고관계부처 및 연구소간 정보공유가 제도화 되어야 한다.

한편, 동북아 환경협력에 대한 국내 인식도 제고시켜야 한다. 정부의 활동이 시민사회와 유리되지 않도록 동북아 환경협력체의 활동을 적극적으로 알리는 노력이 보다 강화되어야 할 것이다. 동북아환경 개선은 정부의 노력만으로 달성될 수 있는 것이 아니며, 정부와 시민사회가 파트너십을 형성할 때 좋은 결과를 얻을 수 있다. 시민사회는 이러한 파트너십을 통해 정부의 활동에 다양한 의견을 개진하고 정부가 추진하기 어려운 현장에서의 환경개선 활동을 추진해 줄 수 있을 것이다.

[주] 제11장 동북아 환경협력

1) ph는 산성농도를 측정하는 기준이다. 측정치는 0에서 15까지 있으며 0에 가까울수록 산성이 강하다.
2) 한중일 간의 산성비 문제 해결을 위해 노력하고 있으며 한·중·일 환경장관회의, 한·일 환경공동위원회, 한·중 환경공동위원회에서다루고 있다. 또한 동아시아 산성비 모니터링 네트워크(EANET)는 현재 정부간 차원의 협력으로 발전되어 동북아 국가 및 동남아국가 11개국이 참가하고 있다.
3) North East Asian Subregional Programme for Environmental Cooperation
4) NOWPAP은 1991 블라디보스톡(러시아)에서 지역해행동계획을 수립하기 위하여 한국, 일본, 중국, 러시아 대표들이 만난 것이발전되어 NOWPAP 추진을 하게 된 발판이었다
5) NOWPAP 정부간회의(IGM, Intergovernmental Meetings)
   1994년 제1차 정부간회의(서울) NOWPAP 채택, 3개의 관련 결의안과 5개의 우선사업 선정
   1999년 제4차 정부간회의(북경) 지역센터(Regional Activity Center) 설립결정
   2000년 제6차 정부간회의(동경) NOWPAP 지역조정 기관(Regional Coordinating Unit) 토야마 및 부산에 설립 원칙적 합의
   2002년 제7차 정부간회의(블라디보스톡) 지역조정기관 설립에 관한 구체안 확정
   2003년 제8차 정부간회의(하이난, 중국) NOWPAP의 기름유출 비상대책 수립
   2004년 제9차 정부간회의(제주) 지역조정기관 창설, 기름유출 대비 지역협력 MOU 채택
   2005년 제10차 정부간회의(토야마) 지역센터의 새방향 결정, NOWPAP의 기름유출 비상대책 범위 확대, 해상쓰레기처리지침 확정
   2006년 제11차 정부간회의(모스크바) 데이터 및 정보공유에 대한 NOWPAP 정책 채택, NOWPAP 지역센터 이행평가 결정
   2007년 제12차 정부간회의(Xiamen, 중국) 해상쓰레기에 대한 지역행동계획 원칙적 승인, NOWPAP 지역 기름유출 비상대책계획 승인
   2008년 제13차 정부간회의(제주) NOWPAP 지역 기름 및 유해물질 투기에 대한 비상대책계획 채택, 2008-2011년간 NOWPAP 지역센터 업무계획 승인
   2009년 제14차 정부간회의(토야마) NOWPAP 지역에서 해양 및 연안 생물다양성의 빠른 평가 결정, NOWPAP 중기계획 개발 결정, NOWPAP 활동의 이행과 조정에 있어서 NOWPAP 지역조정기구의 역할 증대 합의
6) NOWPAP 부산 사무소의 주소는 부산 기장군 기장읍 시랑리 408-1이다.
7) 병역문제로 인한 한국인 신분문제로 교착상태에 빠진 이 협의는 유넵이 한국인 직원 채용시 한국측에 미리 병역의무 관련 의견을 물어 보도록 하는 선에서 합의하여 타결되었다.
8) Tripartite Environment Ministers Meeting
9) ECO Asia : Environment congress for Asia and the Pacific
10) East Asia Network for Acid Deposition Monitoring
11) Northeast Asian Conference on Environmental Cooperation
12) 철새보호협정은 337종의 조류를 부속서에 등재하여 보호하고 있으며, 자료교환 및 공동연구, 전문가회의 개최, 상호방문 등 사업을 추진하고 있다.
13) 지구환경금융(GEF)란?
   지구환경금융은 기후변화, 생물다양성 감소, 오존층 파괴, 국제수자원 악화 등 4개 분야의 지구적 환경문제에 대응하기 위해 1991년에 설립된 최대의 지구환경 개선을 위한 재원 공급처가 되어 있다. 현재는 181개국이 가입하고 있다. GEF는 개도국들과 전환경제 국가들(구동구권 국가들)이

생물다양성, 기후변화, 토양침식, 국제수역(水域), 오존층과 잔류성유기 오염물과 관련된 사업을 할 경우에 지원을 해 줄 수 있다. GEF는 2002년 10월 북경에서 개최된 제2차 총회에서 토양악화와 잔류성유기 오염물질 분야를 지원 대상에 추가하였다. GEF는 165개의 개도국과 전환경제국에 2,400개 이상의 프로젝트를 위하여 475억불의 자금 중에 지구환경 개선을 위해 88억불을 지원해 주고 있다. 또한 GEF는 소규모 무상지원 프로그램(SGP)에서 만 개 이상의 NGO와 지역기구에 무상지원을 해 주고 있다. GEF와 파트너십을 가진 국제기구로는 UNDP, UNEP, World Bank, FAO, UNIDO, 아프리카 개발은행, 아시아 개발은행, 재건과 부흥을 위한 유럽은행, 미주 개발은행(IADB)와 국제농업개발기금(IFAD) 등이 있다. 또한 GEF는 생물다양성협약, 기후변화협약, 잔류성유기오염물에 관한 스톡홀름 협약, 사막화방지협약 등의 재정지구로서 역할을 하고 있다.

GEF 약사

GEF는 1991년 지구환경보호와 지속가능개발을 촉진시키기 위해 World Bank에 있는 10억불 규모의 선도적 프로그램으로 출발했다. 처음에는 UNDP, UNEP와 World Bank가 GEF 프로젝트를 이행하기 위해 최초의 파트너가 되었다. 1992년 리오 정상회의에서 GEF의 조직개편이 결정되었고 이에 따라 1994년에는 World Bank로부터 독립되어 독자적으로 기능할 수 있는 기구가 되었다. 그렇지만 그 후에도 World Bank는 GEF의 이사로 남아있고 GEF의 행정업무를 지원해 주고 있다. GEF의 독립성 유지는 GEF의 의사결정과 프로젝트 이행과정에서 개도국의 참여수준을 높여주었다. GEF는 조직개편의 일환으로 생물다양성협약과 기후변화협약의 재정기구로 위탁되었고 오존층보호를 위한 몬트리올 의정서의 파트너로서 동유럽과 중앙아시아의 오존층 보호조치를 지원하도록 되었다. 2003년에는 잔류성 유기오염물에 관한 스톡홀름협약과 사막화방지협약의 재정기구로도 위탁되었다. GEF는 그동안 시범운영과 2차에 걸친 재원보충을 통해 지구환경보호를 위한 사업에 실질적인 도움을 주었으며, 2007년부터 2011년까지 제4기 지원활동을 진행하고 있다.

14) Preparation of a Strategic Action Program(SAP) and Transboundary Diagnostic Analysis(TDA) for the Tumen River Area, its Coastal Regions and related Northeast Asian Environments
15) Partnership for Environmental Management of the Seas of East Asia
16) Yellow Sea Large Marine Ecosystem
17) TumenNET 사업은 환경상태진단, 대중인식제고, 환경정보체계, 수자원 조사 등을 토대로 전략행동계획(SAP)을 작성하였으며, SAP 작성은 한국이 담당하였다.

제12장 에너지자원 문제의 현황과 에너지자원 외교

인류역사가 전개된 이래 천연자원은 그 시대의 지혜와 기술에 따라 이용의 대상과 이용의 방법이 변천되어 왔었다. 에너지의 종류가 산업혁명을 거치면서 열에서 전기로 바뀌어짐에 따라 에너지자원도 나무, 석탄, 물에서 석유와 천연가스, 우라늄과 같은 물질로 그 대상이 넓어졌다. 19세기말에는 석유를 발견함으로써 인류역사의 새로운 장을 열었다. 20세기는 석유의 시대라 할 만큼 석유는 광범위하게 쓰이고 있다. 20세기부터 석유는 주된 에너지 원천이 된 것이다. 그러나 무한정해 보이던 석유도 대량 채취 앞에서는 그 한계를 드러내고 있다. 석유뿐만이 아니다. 모든 천연자원은 그 양에 있어서 한계가 있다는 것이 점차 확실해 지고 있다. 심지어 지금까지 무한하다고 믿어왔던 물, 토양, 공기까지도 한계가 있음이 드러나고 있다. 이러한 현상이 나타나기까지는 과학기술의 힘이 절대적인 역할을 했다. 자원을 대량으로 찾아내고 채취하는 것도 과학기술이 발달하지 않았으면 불가능한 일이다. 과학기술은 실로 요술과 같아서 과학기술의 힘으로 자원고갈에 대한 대처도 어느 정도 가능하다. 대체자원의 등장이 바로 그것이다. 그렇다고 우리가 안심해도 될까? 대체자원이 나와서 천연자원의 고갈속도를 어느 정도 늦추는 것은 가능하지만 언젠가는 현존하는 천연자원이 고갈되는 것은 막지 못할 것이다. 우리는 이 유한한 자원을 어떻게 다루어야 할까?

1. 에너지자원의 두 얼굴

에너지자원은 양면성을 가지고 있다. 즉, 쓰임새로서의 에너지자원은 인류에게 유용하게 이용되는 반면, 이용하는 과정이나 이용 후에는 온실가스를 배출하여 기후변화를 가져오고 인류 문명에게 커다란 위협이 되고 있다. 산업혁명 후 에너지 자원은 인류문명의 발전에 크게 기여했다. 기계의 원동력이 됨으로써 현대과학기술 발전의 모태가 된 것이다. 과학기술의 발전으로 식량이 획기적으로 증산되었고 의학이 발달되어 인간의 복지영역이 확대되었다. 석유제품은 무한대로 확대되어 아스팔트, 섬유, 의약, 화학제품, 플라스틱, 세제, 살충제 등 석유가 쓰이지 않은 곳이 없을 정도다.

그 반면에 기후변화에 영향을 주는 온실가스는 대부분 화석연료인 석유, 석탄, 천연가스과 같은 화석연료로부터 나온다. 이미 앞에서 본 바와 같이 기후변화는 식량을 감소시킬 뿐만 아니라 사막화 확대, 해수면 상승 등 생태계를 파괴하여 주거환경을 악화시킴으로써 인류문명을 위협하고 있다. 따라서 온실가스를 배출하는 주범인 온실가스를 감축하려는 세계적인 노력이 진행 중에 있다.

이러한 가운데 석탄이나 석유 같은 화석연료는 무한정한 것이 아니고 점차 고갈되어 가고 있는 것으로 나타나고 있다. 이들 에너지 자원은 재생산이 불가능하기 때문에 그 역할을 대신 할 수 있는 대체에너지 개발이 현안문제가 대두되고 있다. 지금까지 나타나고 있는 대체에너지 자원[1]에는 원자력에너지, 신재생에너지 등이 있는데 신재생에너지의 원천으로 수소, 우라늄, 태양열, 풍력, 수력, 지열, 바이오 등을 이용한다.

에너지자원은 경제에 중요한 역할을 함으로써 국민생활수준 향상에 영향을 주기 때문에 국부(國富)로서 역할을 한다. 그러하기 때문에 에너지자원의 핵심인 석유를 안정적으로 확보하기 위해 세계 각국은 각축전을 벌려 왔다. 심지어 전쟁의 배경이 되기도 했다.

근래의 이라크 전쟁은 물론 세계 제 1차대전과 2차대전도 석유자원 확보와 무관하지 않다는 분석도 있다.

한편 석유는 부패와 혼란의 원인이 되기도 한다. 세네갈, 가나, 나이지리아, 수단 같은 경우를 보면 아프리카 분쟁의 대부분이 바로 이 자원의 부정적인 역할을 말해 주고 있다. 에너지자원은 대개 양적으로 제한이 되어 있을 뿐만 아니라 중동, 러시아 등지에 편중이 되어 있다. 이상하게도 자원이 많은 나라들이 잘 살 것 같지만 사실은 자원을 가지고 있는 많은 나라들은 대개 사회가 분열되어 있어서 가난에서 벗어나지 못하고 있거나 전제주의 사회에 속해 있다. 이는 중동에서 보여주는 것과 같이 소수의 사람들이 부를 장악해서 부의 효과를 그 사회 전체를 위해 골고루 이용하지 못하거나 아프리카 같은 곳에서 나타나는 것과 같이 부정부패가 만연하여 국가의 발전을 위해 부를 올바르게 이용할 수가 없기 때문이다.

우리는 오늘날 부유한 선진국들이 자원 보다는 기술을 보유하고 있는 현상에 주목하지 않을 수 없다[2]. 이는 기술이 부가가치를 창출하는 데 자원보다 더 효과적이라는 것을 웅변적으로 나타내 주는 실증적 예가 된다.

2. 세계 에너지자원 상황

시장경제하에서는 공급이 부족하면 가격이 올라간다. 가격이 올라가면 공급자들은 새로운 공급원을 찾아 나서게 된다. 그래서 시차는 다소 있지만 수요와 공급은 항상 균형점을 찾아 움직인다. 우리는 이것을 시장경제 원리라고 부른다. 석유가 그러한 상황에 처해 있어 시장경제원리의 적용을 받는 듯 하지만 원유는 단순한 시장의 상품이 아니고 전략적 상품이기 때문에 시장경제원리의 적용을 받지 않는 측면이 있다. 수년 전부터 신규로 발견되는 유전의 수가 감소되는 등 석유업계는 석유부존량의 한계를 느끼고 있다. 반면에 중국, 인도 등 신흥공업국들의 산업개발에 따라 석유수요는 증대되고 있고 산유국 정세불안 등에 따르는 가격불안정이 지속되고 있다. 그 결과 석유가격이 상승하는 추세에 있다. 유가상승과 비례하여 산유국의 힘이 강세를 나타내고 있다. 국제석유자본(메이저[3])을 전부 합쳐도 세계 석유매장량의 10퍼센트에 불과하다. 그에 비해 산유국의 국영석유회사가 매장량의 77퍼센트를 보유하고 있다. 거인과 난장이에 비교되는 현상이 나타나고 있고 난장이들이 거인들에게 대항하기 위해서 세력을 규합하고 있다. 이러한 상황에서 거인들 중의 일부에서는 앞으로 자원이 고갈될 상황에 대비하고 있다. 그 결과 우리는 이러한 현상을 자원민족주의라고 부를 수가 있다. 좀 더 정확하게 말하자면 새로운 자원민족주의[4]라고 한다. 베네수엘라, 러시아 등의 움직임이 바로 그것이다. 그들은 고갈되어가는 석유부존자원을 한껏 이용하려고 한다.

한편 석유가격 급등과 더불어 새로운 에너지인 바이오 연료의 급속한 발전으로 인해서 식량시장과 에너지시장이 경합을 벌이고도 있다. 옥수수 같은 곡물은 에타놀 생산으로 전용이 될 수가 있기 때문에 농부들은 더 높은 수익을 보장하는 에너지시장으로 식량자원을 이용하려고 한다. 이 경우 자칫하면 식량부족을 촉진할 수도 있는 위험한 상황으로 치닫고 있다.

원유가격의 추이

최근 수년 동안 원유가격이 급격한 상하이동을 계속하고 있어서 세계경제에 불안정한 요인이 되고 있다. 2010년 현재 세계의 에너지자원을 둘러싼 상황을 분석해 보면, 원유가격은 1배럴 당 80달러 전후가 되고 있다. 단기적으로는 여기에서 크게 내려갈 가능성이 적고 석유수출국기구 (OPEC)의 생산량 축소 결정과 중국, 인도의 대폭적인 석유수요 증가 등에 의해서 계속 상승될 전망이다. 석유가격은 국제정치와 안전보장의 측면에서, 평상시에는 시장, 유사시에는 정치에 의해서 결정되는 것이 보통이다. 세계 석유의 확인 매장량의 8할은 산유국 정부의 관리하에 있는 데 산유국 정부의 관리하에서는 시장메커니즘의 발동이 제한된다. 즉, 에너지자원의 특성상 수요자와 공급자간의 거래는 5년 이상의 중장기 계약을 통해 이루어지고 현물시장을 통한 거래는 불과 20 퍼센트 미만이다. 따라서 석유는 완전한 시장경제하에 있지 않다고 볼 수가 있다. 또한 국제사회에서 미국의 지도력이 현저하게 저하되어 정세가 불안한 상태에 있기 때문에 향후 석유가격은 불안전한 측면이 계속해서 강하게 나타날 수가 있다. 원유공급과 원유가격이 불안정해짐에 따라 에너지자원은 더욱 정치상품화 되고 있다. 현재 원유가격에 영향을 미칠 수 있는 요인을 정리해 보면 대강 다음과 같다.

① 알래스카, 북해 등 선진국 석유생산 하향
② 정치정세가 불안한 중동, 아프리카, CIS[5] 등에 석유 편재
③ 러시아, 베네수엘라 등 자원민족주의 대두
④ 미국의 지도력 저하로 인한 세계 파워 패러다임 변화

높은 원유가격이 지속되면 원유보존국들에게는 추가적인 이익을 가져올 것이다. 특히 세계최대 원유보존국인 러시아는 추가된 석유수입에 의해 강력한 정치적 영향력을 가지게 될 것이다. 그러나 원유가격의 과도한 급등은 시장메커니즘에서 가격을 어느 정도 조정할 것이다. 장기적인 관점에서는 에너지 가격의 과도한 수준은 오랫동안 지속되지는 않을 것이다. 새로운 유전개발, 대체에너지 개발, 에너지 효율화 및 정치적 압박 등이 작용할 수 있기 때문이다.

새로운 자원민족주의의 대두

세계적으로 석유가 고갈되어 간다는 증거가 나타나고 있는 상황에서 지금까지 현대 문명의 원동력으로 여겨졌던 석유가 갑자기 문명붕괴의 위험요인으로 대두되고 있다. 그에 따라 석유를 이용하고 있는 나라들은 물론 석유를 부존하고 있는 나라들도 위기의식을 가지게 된 것이다. 이러한 상황에서 9.11과 이라크 전쟁을 통해 미국의 위상이 흔들리게 되면서 1960년대에 이어 다시 한 번 자원민족주의가 대두되기 시작했다.

푸틴이 정권을 잡았던 2000년 당시만 해도 러시아의 영향력은 적었고, 미국이 세계를 주도하고있는 구조였다. 이 때 러시아는 미국에 협력하려는 자세를 명확하게 나타냈다. 푸틴 대통령은 미국의 협력을 기초로 에너지산업을 회복시켰고 세계의 경제통합에 들어서려는 자세를 명확히 했다. 그러나 이라크전쟁 이후 러시아가 미국과 조금씩 거리를 두기 시작했다. 러시아, 중국, 인도, 유럽의 많은 국가들은 미국의 이라크 침공에 반대하는 입장이었다. 미국이 세계를 주도하고 있는 상황이 동요하기 시작했다. 러시아를 위시하여 몇 몇 석유부존국들이 자기방위를 시작하게 되었다. 소비국측에서 보면 이들 국가들이 자원민족주의를 시작한 것처럼 보였지만, 이들 국가들은 불안정한 상황으로부터 스스로 지킬 수밖에 없다는 논리도 아울러 가졌다.

산유국들의 영향력이 상대적으로 높아지고 있고, 러시아와 베네수엘라 등에서는 에너

지를 외교수단, 즉, 국가전략의 무기로 사용하려는 움직임이 나타났다. 지금까지 석유를 둘러싼 구조는 선진국이 자본을 투자하는 대가로 석유채굴권과 석유로부터 나오는 수익의 일정 부분을 받아냈고 산유국은 자원의 독점현상과 비효율적 관리 때문에 석유로부터 나오는 이익을 충분히 이용하지 못하는 악순환을 되풀이 해 왔다. 그러나 산유국들은 점차 이러한 현실을 직시하여 국영석유회사를 설립하여 국가 차원에서 자본을 늘리고 기술습득을 도모하는 한편, 유전개발과 원유수출에 대한 정부통제 강화와 이익분배에서 유리한 고지를 점령하려고 하고 있다.

이러한 과정에서 석유로부터 나오는 이익을 이용해서 석유가 고갈될 것으로 보이는 장래에 대비를 하는 것을 골자로 하는 자원민족주의가 대두되었다. 이러한 일련의 사례들로 보아 세계 최대의 천연가스 보유국 러시아는 자국 자원을 보다 유리한 조건에서 매각하려고 각국을 경쟁시키고 있다고 봐야 할 것이다.

<자원민족주의 사례들>

◎ 러시아 자원민족주의 사례1

이러한 상황에서 미국과 차츰 거리를 두게 된 러시아는 시장경제원리와는 거리가 먼 일련의 행태를 나타내게 되었다. 즉, 자국 내 외국개발업체를 축출하고 자국에 유리한 상황을 만들기 위하여 외국기업체들을 견제하기 시작하였던 것이다. 러시아의 사할린 남단의 극한지에는 러시아를 시작으로 일본, 영국 등 30여 개국에서 총 6천명의 작업인원이 모여있다. 세계 최대의 자원개발사업 사할린2의 심장부인 액화천연가스(LNG) 플랜트 건설현장이다. 국제석유자본의 로열더치 쉘과 일본의 미쓰이물산, 미쓰비시상사 등 3개 회사가 사업을 맡아왔다. 이 프로젝트가 2008년 완성된 후에는 연간 480만톤 이상의 LNG를 일본에 수출하기로 되어있었다.

이 사업은 누적채무를 포함, 자금 여력이 없었던 당시의 러시아가 외국 자본력을 빌리는 형태로 시작하였다. 거대개발은 극동 사할린 주에 가스 호경기를 일으켜 주민의 평균급여가 5년간 4배 이상 인상되었다. 그런데 80퍼센트 정도 공사를 마쳤던 2006년 9월, 러시아 천연자원 감독국이 환경파괴를 이유로 러시아 당국에 공사 허가의 취소를 요구했다. 1조엔 상당의 환경파괴가 있고 하청업자의 공업용수 사업비의 증액은 인정할 수 없다고 했다. 한편, 더욱 거세게 러시아 국영천연가스기업체인 가스프롬[6](Gazprom)이 사할린2의

사업회사의 주식 과반수를 양도하라는 요구를 해왔다. 러시아 당국은 셸, 미쓰이물산, 미쓰비사상사 3개사의 사장을 12월 두 차례 모스크바로 불러들였다. 러시아 푸틴 대통령이 3사 사장을 크렘린궁에 초대하여 주식양도의 보고를 들으면서 사할린2는 모든 협력을 할 용의가 있다고 응했다. 일련의 모양들은 대통령의 의견에 기초한다는 것을 뜻했다.

한편, 사할린 주의회 예레모프 이리치 의장은 가스프롬이 참가하는 방향은 러시아 국민에게 가스를 안정적으로 공급해 주기 때문에 바람직하다고 했다. 지방경제를 윤택하게 해주는 외자기업에 동정적이었던 사할린주가 정부 쪽으로 기울었다. 국가 전체의 압력을 받았던 3사는 사업의 존속을 위하여 요구를 받아들였다. 러시아 제1부수상이 회장을 맡은 가스프롬은 푸틴의 자원외교의 행동대라고 불리고 있다. 이는 정부가 관여하여 국영회사인 가스프롬으로 하여금 외국회사의 지분을 빼앗는 사례가 된 것이다.

◎ 러시아의 자원민족주의의 사례2

러시아 극동의 하바로프스크 근교에는 사할린 섬 앞바다의 천연가스 개발사업 사할린1의 천연가스를 시내까지 운반하는 파이프라인이 매장되어 있다. 이 파이프라인은 2006년 10월 완공되었다. 사할린1의 개발을 주도한 국제석유자본인 미국 엑손모빌은 10월 러시아 정부의 몫을 제외한 천연가스 전량을 중국에 수출하는 가계약을 맺었다. 정식합의를 한다면 파이프라인은 중국의 하얼빈까지 연장될 가능성이 있다. 그러나 비슷한 시기에 사할린1의 천연가스를 중국에 수출하는 계획에 대해 푸틴 대통령은 러시아 극동지역에의 공급을 우선해야 한다고 함으로써 중국에의 매각교섭을 견제하였다.

◎ 러시아의 자원민족주의의 사례3-우호와 견제

2006년 3월 푸틴 대통령은 후진타오 중국국가주석과의 포괄적인 에너지협력에 합의했다. 그 후 중국과 러시아의 석유회사가 협력하는 사례가 잇따르고 있었다. 중국석유화공(SINOPEC)은 러시아의 국영석유회사 로즈네프트[7](Rosneft)와 공동으로 영국 석유회사 BP의 러시아 합병자회사를 매수하였다. 한편, 중국석유천연가스 (CNPC)는 로즈네프트에 투자하여 공동으로 중국에 정유시설을 건설하였다. 그러나 비슷한 시기에 앞서 말한 푸틴 대통령은 대중국 매각교섭 견제는 논리적으로 이해가 되지 않는 것이다. 로즈네프트에 대한 중국석유천연가스의 출자액 또한 중국이 외자에서 최대주주가 되는 30억 달러 정도를 요구했지만 중국의 영향력 증대를 경계했던 러시아가 5억 달러로 제한하였다.

<과거 자원민족주의와 현대 자원민족주의의 차이>

최근의 자원민족주의는 몇 가지 관점에서 60년대의 자원민족주의와는 다르다. 과거에는 식민통치 종식이라는 정치적 목적이 강하여 자산몰수, 강제 국유화 조치를 취했다. 그러나 현재는 실리목적이 강하며 강제적 수단보다는 경제적 수단을 활용한 통제를 하고 있다. 즉, 산유국의 정부지분을 확대하는 한편, 석유산업에 대한 각종 세율을 인상하며 외국계 석유회사와의 재계약을 거절하거나 계약조건을 강화하는 방안을 택한다. 한편, 첨단기술이 필요한 분야에서는 여전히 외국계 석유회사의 참여를 환영하는 입장이다. 예를 들어 심해유전 및 노후유전 개발이라든지 중질유 분해, 천연가스 액화 같은 분야는 첨단기술이 필요하며 아직도 대부분의 기술이 선진국에 의하여 개발되고 소유되고 있다.

<자원민족주의의 현황>

산유국들의 국영석유기업(NOCs)들은 대형 국제석유기업[8](IOC)으로 변모해 나가고 있다. 한편 확장된 국영석유기업은 기존의 외국 석유기업을 축출해 나갈 전망이다. 이는 이미 러시아의 가스프롬이 2007년 사할린2 석유가스 프로젝트에서 쉘을 축출한 전례로 보아 충분히 가능한 일이다. 이와 같이 앞으로 엑손 같은 큰 회사도 베네수엘라에서 축출될 가능성이 큰 것으로 보인다. 신자원민족주의는 아프리카와 아시아 산유국들로 점차 확산되어 가고 있다. 산유국뿐만 아니라 인도 등 석유소비국에서도 자원민족주의 움직임이 감지되고 있고 중국, 러시아 등은 자국의 유전을 보호할 뿐 아니라 해외유전 확보에 주력하고 있다.

<신자원민족주의의 영향 >

석유수급 불균형의 만성화와 석유생산 비용증가로 유가의 추가상승이 가능하다. 이러한 추측에는 몇 가지 근거가 있다. 첫째 산유국들은 신속한 유전개발과 시설증대를 통한 생산확대 보다는 개발시기를 조절하여 이익 극대화를 추구하겠다는 전략을 가지고 있다. 둘째, 대체에너지 개발노력이 단시일 내 성과를 거두기는 어려울 것으로 보이고 유전개발

접근이 어려워진 메이저들도 심해저와 샌드오일을 개발하지 않을 수 없다. 셋째, 산유국은 대내 석유가 인상자제, 소득증가로 인한 자동차 증가 등으로 자체 석유소비가 증가되어, 수출 여력이 감소할 것이다.

산유국 국영석유회사 간의 유전개발 협력도 확대되어 비산유국의 해외유전개발 참여는 상대적으로 더욱 어려워질 것으로 전망된다. 이러한 추측에도 몇 가지 근거가 있다. 첫째, 석유메이저기업과 상업적 관계를 구축함과 동시에 개도국의 국영석유회사와는 전략적인 관계를 구축할 것이다. 둘째, 신자원민족주의를 표방하는 산유국들은 유전개발에 있어서 산업개발, 복지개선, 인프라 확충 등 석유개발과 상관없는 부문까지도 계획하게 될 것이다. 장기적 고유가를 기대하는 산유국은 소비국 입장을 대변하는 민간석유회사 보다 이해관계가 같은 타 산유국의 국영석유회사를 선호하게 될 것이다.

<자원민족주의의 향방>

신자원민족주의의 향방은 고유가의 지속여부 및 독자적인 유전개발 능력여부에 달려있을 것이다. 현재 신흥개도국의 석유수요와 OPEC가 단결하여 소극적 증산의지를 보이고 있기 때문에 고공유가가 지속되고 있다. 또한 석유공급의 43퍼센트를 생산하는 비OPEC와 CIS의 생산감소 추세가 지속되고 있어 OPEC의 영향력이 탄력을 받고 있다.

한편, 산유국들의 국영기업 대형화로 유전개발 능력이 향상되고 있다. 산유국간 결속이 강화되고, 해외유전개발 참여범위가 범국가적 차원으로 확대되면 경제적, 정치적, 군사적 협력도 추진할 것이다. 또한 산유국간의 동맹관계가 강화되고, 산유국의 국영석유기업간에 유전개발 협력도 증대될 전망이다. 2007년 12월에 남미은행을 출범시킨 남미의 경우, 미국 등 서방에 대한 자본의존에서 탈피해 독자적인 경제발전을 도모하게 될 것이다. 중앙아시아의 경우에는 중국과 러시아가 상하이협력기구[9](SCO)를 통해 중앙아시아 국가들과 문화협력, 경제협력, 군사협력 등에서 결속할 것으로 전망된다. 아프리카에서는 중국이 중국-아프리카 포럼을 열어 30억 달러의 우대차관 제공하는 한편 50억 달러의 발전기금을 조성하는 등 결속 다지기에 적극적이다.

그러나 고유가의 지속여부는 세계 정치정세, OPEC와 비OPEC 등 산유국들의 내부사정, 대체에너지의 개발 정도 등 요인들에 의해 가변적이며 산유국들, 특히 이미 자원민족주의 국가로 알려진 국가들의 독자적인 유전개발 능력은 미지수이다. 제2장에서 말한 바와 같이 지구상에 매장된 대략 2조 배럴의 석유 중 이미 1조 배럴은 채굴되었다. 이미 채굴된

1조 배럴의 석유가 채굴하기 쉬운 석유라면 나머지 1조 배럴의 석유는 채굴하기 어려운 석유로서 채굴하는 데 더 고도의 기술을 요하는 석유라고 볼 수가 있다.

3. 에너지자원 외교

에너지자원 외교란 에너지의 안정적인 확보를 위해 국가가 개입해서 자국에게 유리한 방향으로 에너지자원 수급을 유도하는 것을 말한다. 에너지자원의 확보를 위한 국가간의 경쟁이 치열해지면서 에너지자원 분야에서 국가의 역할은 그 어느 때보다 더 중요해 지고 있다.

에너지자원 외교의 특성

에너지자원의 확보를 위해 국가가 개입해야 하느냐, 한다면 어느 정도까지 해야 하느냐에 대해 두 가지 관점에서 볼 수가 있다. 첫째는 자원의 개발과 판매, 운송에 이르는 과정이 민간경제활동 영역에 속한다는 견해다. 기업활동은 시장원리에 따라 행해지며 이 때 국가는 기업의 경제활동이 원활히 이루어질 수 있도록 간접적 또는 제도적 지원만을 해줘야 하는 것을 뜻한다. 다른 하나의 견해는 에너지자원은 국가의 전략적 물품이므로 이의 확보를 위해서 민간기업에게만 맡길 수 없고 국가는 적극적으로 개입해야 한다는 것이다. 특히 자원민족주의가 대두되고 있어서 민간기업의 자원개발 기회가 줄어들 가능성이 크고 민간기업의 안정적인 자원개발 활동이 위협을 받을 수 있기 때문에 국가는 자원협력협정[10]이나 투자보장협정[11] 등을 체결함으로써 기업활동을 보장해 주어야 한다는 것이다. 자원이 고갈되어가고 있고 자원민족주의가 대두된 오늘날 자원의 안정적인 확보는 어느 국가에게나 중요한 만큼, 국가가 적극적으로 자원확보에 나서야 하는 상황이다. 그렇다면 후자의 견해가 더 설득력을 갖게 된다. 현실적으로 보면 어느 국가나 방법만 다를 뿐 모두 다 국가가 나서고 있다는 것을 알 수가 있다.

에너지자원확보를 위한 경쟁

국가는 강성해지기 위해 자원확보를 위해 노력한다. 다만 확보의 방법에는 변화가 있다. 과거에는 힘으로 정복해서 자원을 확보한 때도 있었다. 식민지 시대에는 자원을 수탈하고 식민지를 시장화했다. 현대에는 자본으로서 자원개발권과 소유권을 확보하고 있고 투자를 통해 석유로부터 나오는 이익의 지분을 가지고 있다. 물론 이 과정에서 자국인, 자국의 기업 또는 기관이 첨병적인 역할을 하게 된다. 90년대부터 에너지 수급에 시장원리의 왜곡현상이 두드러지고 있다. 70년대에는 에너지 수급에 있어 비교적 시장원리가 잘 작동되었으나 80년대 이후 시장왜곡 요인이 작용해서 시장원리가 삐걱거리기 시작했다. 시장경제 왜곡의 요인은 앞서 말한 대로 에너지자원의 유한성과 편재성, 산유국의 생산량 조절 그리고 다양한 이유에 의한 국가정책 등이다.

강대국의 에너지자원 확보경쟁은 곧 세력경쟁이라고도 할 수가 있을 것이다. 석유확보를 위한 미·중·러시아의 경쟁은 그 예이다. 석유확보를 놓고 미·러, 미·중 뿐만 아니라 중·러, 중·일, 일·러 간의 파워게임이 치열하다. 이들 강대국들이 자원의 원천적 확보를 위한 방법으로는 채광과 개발, 정제와 판매의 단계 중 국가가 개입하는 것이다. 프랑스의 경우 국가의 외교전략하에 석유회사와 국가가 한 몸이 되어 움직이고 있으며 일본의 경우에는 채광과 개발단계에서는 기업이 주로 활동을 하고 정제와 판매에 국가가 개입한다. 유럽과 미국의 경우에는 에너지안전 보장을 국가정책의 중심에 놓고, 국제시장을 존중하면서 외교와 국가자금의 투입 등에 의한 장기적이고 전략적인 대응을 하고 있다. 중국과 인도 등 신흥국의 경우에는 국영석유회사를 설립하여 자원획득경쟁에 나서고 있다.

<경쟁의 사례>

자원은 곧 국력이므로 자원확보경쟁은 세력경쟁의 핵심에 있다. 20세기 이전에는 영국을 포함한 구주열강간의 경쟁이 있었고, 20세기에는 미국과 러시아의 경쟁구도였다. 20세기 후반부터 일본과 중국이 이에 가세하여 미국, 러시아, 중국과 일본 등 세계 4강은 모두 에너지자원경쟁에 휩싸여 있는 셈이다. 중국의 영향력 확대를 계기로 에너지를 둘러싸고 세계는 패권시대로의 커다란 변환을 시작하였다. 연 9퍼센트가 넘는 고도경제성장이 계속되는 중국에서는 원유수요가 급증하고 있다. 2001년에 6천만 톤이었던 원유의 수입량은 2008년에는 1억 8천만 톤에 달했다. 이와 비례해서 2001년에 배럴당 20달러였던 원유 가격이 2010년에는 80달러까지 올랐다. 경쟁의 대상지는 주로 중동이었으나 경쟁대상지가 중남미, 아프리카, 중앙아시아 등지로 확대되고 있다.

◎ 사례1 - 중국의 아프리카 자원확보외교[12)]

중국은 자원에너지 확보를 위하여 미국, 일본 등이 이미 확보하고 있는 중동과 중남미를 공략하는 대신에 새로운 자원보고인 아프리카를 공략하고 있다. 중국은 원유확보를 겨냥하면서 아프리카 최대의 산유국으로 하루 250만 배럴의 석유를 생산하는 나이지리아와의 관계를 강화하고 있다. 나이지리아에는 중국의 국영석유회사 3사가 진출하여 채광과 개발권을 획득하고 있다. 이 중에서 중국석유 천연가스(CNPC)가 개발권을 획득한 4광구는 고위급 외교의 성과가 주효한 예이다. 2006년 4월 후진타오 국가주석이 나이지리아를 방문하여 발전소건설 등 40억 달러의 원조를 제공키로 약속하였고, 그 이외에도 아프리카 각국의 철도, 병원, 주택, 발전소 등을 무상으로 건설해 주고 있다.

2006년 11월 중국은 아프리카의 48개국 정상을 베이징으로 초청하여 중국-아프리카협력 포럼 베이징정상회담을 개최하였다. 후진타오 국가주석은 중국은 신뢰할 수 있는 아프리카의 지지자라고 선언하고 이후 3년 동안 낮은 이자로 30억 달러의 융자와 채무면제를 행할 것을 약속하였다. 이 모두가 원조를 대량으로 제공하고 정치적으로 밀접한 관계를 구축함으로써 에너지 권익을 획득하려는 전략이다. 1995년 이래 중국이 아프리카에서 획득한 원유의 권익은 15개국에 총 29 건에 이른다.

◎ 사례2 - 중국과 일본간 에너지자원쟁탈전의 한 예

자원이 매장되어 있는 영역의 범위와 관련하여 분쟁이 발생하고 있는 경우도 있다. 동지나해에서 중국의 가스전 개발문제는 중국과 일본간의 어려운 숙제가 되고 있다. 중국은 1970년대부터 동지나해에서의 자원조사를 해왔다. 그리고 1998년부터는 핑후의 채굴시설을 건설하기 시작했다. 2004년 일본측은 중국의 이러한 움직임에 대해 경고하면서 이 문제가 표면화 되었다. 중국측은 언제나 중국 근해에서 개발하고 있는 것뿐이라는 원칙론만 되풀이 하면서 이 문제에 대해 본격적으로 교섭할 뜻이 없었다.

동지나해 가스전 문제 이외에도 원유확보를 둘러싸고 중국과 일본간에는 갈등이 있다. 31년간 계속되었던 중국의 따칭(大慶)유전에서 일본에의 원유수출은 가격인상 문제로 정지되었다. 또한 인도네시아의 탄구 천연가스 사업에서는 미쓰이물산이 권익의 일부를 매입하려고 했을 때 이전부터 사업에 참여했던 중국해양석유(CNOOC)가 먼저 권익을 사들였다. 2006년 이래 중일 관계의 개선으로 에너지를 둘러싼 양국의 대립은 해빙무드가 전개되는 듯했으나 결국 내용문제에 있어 양측의 대립으로 큰 진전이 없는 상태다. 중일의 에너지관계는 표면상의 우호 속에 심각한 대립을 간직한 이중구조라고 볼 수 있다.

◎ 사례3 – 시베리아에서 중국과 일본간 에너지자원쟁탈전 예

세계 석유소비에서 각각 1위와 5위를 차지하는 중국과 일본은 세계 곳곳에서 에너지자원확보를 위하여 첨예하게 경쟁하고 있다. 두 나라 모두 지리적으로 멀리 떨어진 중동에 대한 지나친 석유의존을 탈피하기 위해 이제 막 뚜껑이 열린 러시아 에너지자원에 올인 하고 있다고 해도 과언이 아니다. 중국과 일본은 수 십억 달러가 소요되는 시베리아 파이프라인을 자국에 유리한 위치로 건설되도록 하기 위해 물불을 가리지 않고 러시아에 매달려 왔다. 2003년 5월 후진타오 주석이 모스크바를 방문해 푸틴 대통령과 중국측 루트를 보장하는 결의문을 작성했을 때만 해도 바람은 중국 쪽으로 부는 듯했다. 그러나 같은 해 6월 일본 정부가 파이프라인 건설에 50억 달러, 유전개발에 20억 달러를 제공하겠다는 제안을 하자 지난 해 말 러시아정부는 생각을 바꿔 바이칼호 근처의 타이쉐트에서 태평양 연안의 페레보즈나야까지 이어지는 4,200킬로미터에 달하는 태평양 연안 루트를 확정해 발표했다. 그러나 일본의 승리도 잠시뿐, 2004년 4월 러시아 정부가 아시아에 대한 미국의 영향력을 견제하기 위해 중국과의 새로운 파트너십을 강화하면서 이 루트의 중간 지점인 중국과의 국경지역 도시 스코보로디노까지 파이프라인을 먼저 건설하기로 결정했다. 이에 대해 일본은 즉각 정부와 민간대표단을 러시아에 보내는 등 항의를 하였지만 큰 성과가 없었다.

주요국의 에너지자원 확보를 위한 외교 전략

IEA는 각국의 에너지 정책수립에 있어 에너지 안보, 에너지 효율 및 친환경을 기본방향으로 설정하기를 권고한 바 있다. 각국이 처한 사정에 따라 정책에 다소의 차이는 있지만 러시아, 미국, 중국, 일본 등 주요국들은 대체로 IEA의 이러한 권고의 방향으로 전략을 수립하고 있다. 자원외교 전략을 살펴보는 것이 자원을 둘러싼 세계정세 파악과 나아가 우리의 전략을 수립하는 데 도움이 될 것이다.

<러시아>

러시아는 석유 96억 톤(세계2위, 6퍼센트), 천연가스 343억 톤(세계1위), 석탄 1,570억 톤(세계2위, 15.9퍼센트)의 확인매장량을 보유하고 있다. 러시아에서 석유·가스산업은 러시아 GDP의 25퍼센트, 수출의 50퍼센트를 차지하는 핵심산업이다. 러시아는 미개발 지역이 많아 탐사작업에 따라 상당한 매장량의 증가가 예상된다. 향후 증가가 예상되는 지역은 시베리아, 북부 대륙붕, 사할린, 북 티만-페초라 지역, 카스피해 등이다.

◎ 러시아의 에너지자원 외교

① 에너지 판매시장의 다변화

러시아는 에너지 판매시장의 다변화를 위해 전통적 시장인 EU와의 협력을 지속하면서 새로운 시장으로 부상하는 한국, 중국, 일본, 미국, 인도 등 아시아 및 북미지역 국가들과의 에너지 협력을 강화하는 추세이다. 러시아정부는 이들 국가들과의 에너지 협력을 강화하기 위해 유럽시장에 편중되어 왔던 에너지 교역과 송유·가스관 인프라 구축 및 석유와 가스개발 계획을 극동과 시베리아로 확대하고 있다.

② 주요 에너지소비국과의 협력강화

해외 에너지시장에서 경쟁관계에 놓여있는 서방 메이저들의 참여를 제한하고 한국, 중국, 일본, 인도 등 아시아의 소비국과 협력을 강화하는 추세이다. 인도 및 중국은 러시아에서의 자원개발사업 참여에 상당한 관심을 보이고 있다.

<미국>

미국은 세계 제1위의 에너지 생산 및 소비 국가이다. 에너지자원 보유 면에서는 원유는 세계 11위, 천연가스는 세계 6위, 석탄은 세계 1위를 차지하고 있다. 2005년 확인된 미국의 원유 매장량은 219억 배럴이다.

◎ 미국의 에너지자원 외교

미국은 국내적으로는 에너지관련 법을 정비해서 효율적인 에너지시스템의 도입을 촉진하려고 노력하고 있다. 또한 에너지부, 민간부문, 비정부기관의 역량을 통합하여 미국의 전략적 요충지역의 환경적 안보문제를 해결하려고 한다. 미국정부는 에너지 해외의존도를 낮추기 위한 정책에 우선순위를 부여하고 있으며 대체에너지 기술개발과 효율적인 에너지시스템의 도입에 집중적인 노력을 해나갈 계획이다. 이러한 목표를 위해 국제적인 과학 및 기술협력을 촉진하고 에너지 관련 법과 제도의 발전을 위하여 외국 및 국제기구와의 협력을 강화해 나갈 예정이다. 한편, 에너지자원의 원활한 수급을 위해 자원을 보유하고 있는 개도국과의 협력을 강화해 나갈 계획이다.

<중국>

중국의 원유 잔존매장량은 140억 배럴(2004년 기준)로서 생산량은 일일 340만 배럴이다. 이런 생산 속도로는 2020년이 되기 전에 매장량이 고갈될 전망이다. 천연가스는 잔존매장량이 약 44조 톤(2005년 초 기준)으로서 일일 생산량을 30억 톤으로 볼 때 2040년 이전에 고갈될 것으로 추정된다.

◎ 중국의 에너지자원 외교

중국의 에너지자원 외교정책은 다음과 같이 요약될 수 있다.

① 중동산 원유의 안정적인 확보
② 원유의 수입 다변화
③ 육로를 통한 안정적인 에너지 수송확보
④ 해외자원개발

중국은 이와 같은 에너지외교정책의 효율적 수행을 위해 국가총력전을 펼칠 것이며 그 수단으로서 에너지 정상외교, 산유국과의 직접 교섭, 산유국과의 경제, 투자협력, 높은 외화보유고를 활용, 선점에 주력할 것으로 예상된다.

<일본>

석유는 일본의 1차 에너지 총공급의 52퍼센트를 차지하고 있으며 경제성, 편리성 등의 관점에서 21세기 상당기간 계속해서 중요한 에너지원으로 남을 것으로 예상된다. 따라서 그 안정적 공급확보가 일본의 에너지정책의 중요과제로 남을 것이다. 또한 원유의 거의 전량을 수입하고 그 88퍼센트를 중동지역에 의존하고 있어 여타 선진국과 비교해서 매우 취약하다. 일본은 석유의 비축, 자체적 석유개발, 산유국과의 협력 등을 통하여 이러한 취약점을 보안해서 긴급사태에 대비한 체제정비를 위해 힘쓰고 있다. 그러나 일본은 근본적으로 화석에너지자원의 약점을 극복하기 위하여 최대한 빠른 기간 내에 대체에너지 기술개발에 힘쓸 방침이다. 그 결과 일본은 대체에너지 기술에 있어 세계 최고의 수준을 유지해 나가고 있다.

일본의 에너지자원 외교

일본의 에너지자원 외교는 다음과 같이 요약될 수 있다.

① 긴급시 대응책 강화

- IEA에 있어서의 석유비축제도를 중심으로 한 국제적 긴급대응시스템의 정비 및 강화
- ASEAN +3 및 APEC 등 지역적 협력체제 활용을 통해 아시아지역에서의 긴급대응체제의 정비

② 중동, 에너지 생산국 및 수출연안국과의 우호관계유지, 강화

- 다자차원의 산유국과 소비국간의 대화 촉진
- OPEC 제국과의 대화를 통해 전략적 파트너십 구축
- 에너지 산유국 및 수출 연안국과의 대화 지속

③ 에너지 공급선의 다원화

- 석유공급원의 다각화를 진행하는 한편, 필요한 상대국과의 관계강화 및 투자환경의 정비를 추진(예: 사할린 프로젝트 등 러시아와의 에너지 분야의 협력강화)

④ 에너지원의 다양화

- 천연가스는 석유에 비해 지역 편재성이 낮고, 환경에 부작용이 적기 때문에 천연가스의 이용확대를 위한 환경정비를 위해 노력.(예: 사할린 프로젝트)
- 재생가능에너지 및 신에너지의 이용에 관한 국제적 협력을 위해 일본 내 협력관계 체제 구축

<EU의 에너지 정책>

EU는 다음과 같은 에너지 정책을 수립하고 있다.

① 에너지효율성 증대를 통한 에너지 총수요 감소(2010년까지 20퍼센트 감소)
② 풍력, 바이오 매스, 태양광, 수소 및 연료전지 등의 신재생 에너지 사용의 활성화를 통한 재생에너지 소비비중확대(2010년까지 12퍼센트)
③ EU역내 회원국내의 가스, 전력시장의 개방을 통한 에너지 공급자의 경쟁 및 에너지원 가격인하 유도
④ 안정적 에너지 공급을 위한 OPEC, 러시아 등 핵심 에너지 공급국가들과의 협력 강화

우리나라 에너지자원 정책과 에너지자원 외교

에너지자원이 부족하면서 자원을 많이 소비하는 우리나라는 이중의 위협에 직면해 있다. 하나는 에너지자원과 관련되는 위협이고 또 하나는 국제사회로부터 온실가스 감축에 대한 압력이다. 이 두 가지 문제는 실은 하나의 몸통에서 나온 문제인 것이다. 하나의 몸통을 대적함으로써 두 개의 머리를 동시에 다스릴 수 있는 전략이 바로 저탄소 녹색성장 정책이다. 이렇게 함으로써 우리는 에너지문제도 해결함과 동시에 화석연료에서 나오는 온실가스를 감축하여 기후변화를 막아보려는 국제사회에도 적극적으로 기여하게 될 것이다.

<에너지자원정책>

저탄소 녹색성장의 방향은 세계적인 추세라고 볼 수가 있다. 이제 석유·가스 등 화석연료의 시대는 막을 내리고 있고 새로운 에너지 원천으로서 신·재생 에너지원을 필두로 대체에너지 시대가 열리고 있는 것이다. 물론 이러한 변천의 주요 동기는 지구환경문제의 대두인 것이다.

◎ 저탄소 녹색성장의 배경

세계는 지금 에너지 효율성과 절약의 방향으로 급히 움직이고 있는 한편, 대체에너지를 개발하려고 노력하고 있다. 그 중심에는 선진국들이 있다. 그들은 자신만 그렇게 하는 것이 아니라 남들도 따라 오기를 기대하면서 새로운 규범을 만들려고 한다. 이미 제7장에서 말한 탄소배출권거래[13], 자동차 탄소배출량 규제 같은 것은 EU 국가 등에서 나타나고 있고 그 확산방안을 논의 중에 있다. 지난 20년간 우리나라가 대체에너지 개발에 소홀했던 것에 반해, 현재 선진국들을 비롯한 적지 않은 나라들이 대체에너지 개발에 주력하고 있다. 특히 태양광 발전설비는 가정용 또는 개인용 에너지원으로 관심을 얻고 있다. 또한 산업전력을 위한 풍력에너지와 조력에너지 등에 대한 연구도 늘어나고 있다. 일부 국가에서는 지열에너지연구도 하고 있다. 세계는 그러한 방향으로 움직이고 있고 우리도 따라오도록 강요하는 것은 시간문제인 것이다. 우리는 강요 받기 전에 솔선해서 앞장서 나가는 것이 현명하다고 본다. 이미 제10장 지구환경문제와 우리나라의 외교에서 말한 대로 우리나라는 철강, 자동차, 조선 등 에너지 다소비와 탄소과다 배출업종 중심의 산업구조로 인해 산업구조를 갑자기 바꾸기가 어려운 상황이다.

우리나라는 에너지의 97퍼센트를 수입에 의존하고 있고 2009년 기준 에너지 소비량은 세계 7위에 이를 정도로 에너지 소비량이 많다. 인구는 세계 26위, 경제규모는 세계 15위이면서 에너지 소비는 7위라는 말은 에너지 효율성이 크게 떨어지거나, 우리 사회가 에너지를 낭비하고 있다는 말이 된다. 일본과 비교하면 에너지 효율성이 3분의 1에 불과한 수준이라는 지적도 있다. 이처럼 우리나라는 에너지 낭비가 심각한 수준임에도 불구하고, 지금과 같은 고유가 시대가 오기 전까지는 에너지 문제에 대해 크게 신경을 쓰지 않았다. 앞으로 세계의 석유자원이 고갈되어 가기 때문에 고유가 상황은 장기적으로 지속될 것이 거의 확실하다.

환경문제가 대두되고 특히 자원고갈 문제가 대두된 1990년 이래 선진국들은 이에 대한 대책으로 에너지 효율화와 대체에너지에 대한 연구를 하고 기술을 개발해 왔다. 이러한 선진국들의 움직임에 비해 우리나라는 이러한 노력, 즉, 새로운 아이디어와 기술에 대한 투자와 연구가 부족했다고 평가될 수 밖에 없다. 이러한 시점에서 우리 정부가 2008년 '저탄소 녹색성장' 비전을 제시하면서 2009년에는 '녹색성장 국가전략 및 5개년 계획'을 발표했다. 다소 늦은 감이 있지만 지금이라도 이러한 정책이 나왔다는 것은 다행이라 하겠다. 사실 우리나라가 오래 동안 지구환경문제에 대해서 눈을 감아왔던 데는 이전 정부들의 책임이 크다 하겠다. 에너지 문제가 새로운 차원에서 중요하게 여겨온 지도 20년이 되어가지만 그 동안 우리나라 정부는 자원확보차원에서만 관심을 가졌을 뿐 지구온난화 문제와 관련해서 관심을 가지지는 않았다. 따라서 그 만큼 시대 조류에 뒤떨어질 수 밖에 없었다. 그런 관점에서 정부가 나서서 기업의 활동방향을 제시한 이번 조치는 역사적인 면이 있다고 할 수가 있을 것이다.

◎ 우리 정부의 저탄소 녹색성장 내용

우리 정부의 저탄소 녹색성장 정책을 요약하면 ①태양광, 태양열, 풍력, 조력, 바이오에너지, 메탄 하이드레이트 그리고 원자력 등을 이용한 친환경 산업을 선정해서 육성하고 ②친환경 산업이 해외로 뻗어갈 수 있도록 시장개척을 지원하는 한편, ③이러한 산업을 육성하기 위해 인프라까지 정부가 지원해 나간다는 것이다. 그렇게 함으로써 친환경 상황을 만들 뿐만 아니라 동시에 경제성까지 고려한 비전이라고 말할 수가 있다. 말하자면 이 정책으로서 기후변화로부터 오는 국제적인 압력과 에너지자원의 압박으로부터 오는 고유가 문제를 한꺼번에 해결하면서 우리의 산업구조를 개편하여 산업을 발전시키는 윈윈 전략이라고 할 수가 있다.

• 저탄소 녹색성장의 목표

친환경 산업 발전전략은 친환경 분야에 대한 선택과 집중으로 선진국과의 기술격차를 조기에 해소하고, R&D부터 수출산업화까지 전주기적 지원체계 구축을 통해 지구촌 환경강국을 실현하는 것을 목표로 하고 있다. 이러한 목표에 따라 녹색기술 및 산업, 기후변화 적응 역량, 에너지 자립도, 에너지 복지 등 녹색경쟁력 전반에서 2020년까지 세계 7대, 2050년까지 세계 5대 녹색강국으로 진입하는 것이다. 좀 더 구체적으로는 녹색성장 분야에 향후 5년간(2010-2014년) 매년 GDP의 2퍼센트 수준으로 총 107조원을 투입해 182조원~206조원의 유발효과를 도모하고 156만 명~181만 명의 일자리를 창출한다는 것이다.

• 우리 정부의 '그린에너지(친환경) 산업 발전전략'의 주요내용

저탄소 녹색성장 목표를 달성하기 위해 정부는 첫째, 유망분야를 전략적으로 선정하고, 시장지향형 기술을 개발하도록 하며, 시장창출을 지원하고, 이러한 과정이 원활히 진행되도록 인프라를 구축해 나간다.

• 성장동력화가 필요한 9개 분야를 선정하여 중점 육성

시장성, 기술성, 시급성 등을 고려하여 성장 동력화가 필요한 9개 분야를 선정하여 중점 육성할 계획으로, 먼저, 세계시장이 급성장하고 국내 연관 산업이 발달한 태양광, 풍력 등 4개 분야를 우선 육성해 나가고, 다음, 세계시장의 잠재력이 커서 기술적 우위확보가 시급한 수소연료전지, 청정연료 등 5개 분야도 차세대 성장 동력으로 집중 지원한다.

• 시장지향형 기술개발로 글로벌 기술력 확보지원

앞에서 말한 시장규모와 성장잠재력이 큰 9개 분야에 대해 민관이 공동으로 향후 5년간 총 3조원(정부 1.7조, 민간1.3조)을 투자해서 2012년까지 선진국 수준의 기술력을 확보한다. 이를 위해 분야별로 기술개발 목표를 설정하고, 그린에너지 기술개발 중장기 전략 및 로드맵을 수립한다. 태양광은 2020년에 화석연료 수준의 경제성을 확보하고, 수소연료 전지는 2015년에 kW급 가정용 전지 양산기술을 개발하는 등 분야별로 설정된 목표를 달성한다. 아울러, 분야별 기술력을 감안, 효과적 기술획득 방안을 추진한다. 독자개발은 선진국과 기술격차가 크지 않고 연관 산업의 기술력 활용이 가능한 분야 (디스플레이 ↔ 박막 태양전지 등)나 선진국이 기술이전을 꺼리는 분야(가정용 수소연료전지 등)를 대상으로 한다.

기술제휴 · 공동연구는 선진국에 준하는 연관 기술력을 확보하고 있어 기슬협력을 통한 상호시너지 효과가 가능한 분야(해상풍력 등)를 대상으로 한다. 기술도입으로는 IGCC, MW급 에너지 저장장치는 기술격차 해소에 장기간 소요되므로 원천기술은 도입하고 상용화는 독자추진하며, 외국인투자도 활용하여 핵심부품 소재기술을 확보해 나간다. 또한, R&D과를 조기에 상용화하기 위해 기술개발과 실증연구를 연계하여 추진해 나간다. 이를 위하여 대규모 통합실증단지(Test-Bed)를 구축해서 에너지저장, 전력IT, 신재생 등 기술개

발 제품의 성능을 실증하고 2008-2012년간 300MW 실증 플랜트(서부발전)를 건설한다.

• 시장창출을 통한 산업화를 촉진해 나갈 계획

공공부문의 선도적 수요창출을 통해 민간의 투자를 적극적으로 유도해 나간다. 이를 분야별로보면 다음과 같다.

발전

현행 자발적 신재생에너지 투자제도(RPA, Renewable Portfolio Agreement)를 개혁한다. 즉, 총 발전량 중 일정비율을 신재생에너지로 강제 공급토록 하는 제도(RPS, Renewable Portfolio Standards)로 전환한다. (2012년 3퍼센트, 2020년 10퍼센트 이상)

연료

현행 임의적 바이오디젤 혼입제도를 원료수급 상황을 고려하여 의무화(RFS, Renewable Fuel Standards)해 나간다. (2012년 3퍼센트, 2020년 7퍼센트)

도시건설 등

행복도시, 혁신도시 등 신도시 건설이나 건물 신축시 신재생에너지 사용설계를 반영할 계획이며, 특히 행복도시의 경우 총 에너지 부하량의 10퍼센트를 신재생 에너지로 사용토록 설계할 것이다. 공공건물은 현행 총 건축비의 5퍼센트 이상을 신재생에너지 설비에 투자토록 하고, 총에너지 부하량의 5퍼센트 이상을 신재생에너지로 사용토록 설계할 것을 의무화(2012년) 한다. 민간건물은 신재생에너지 인증제를 도입하여 건물건축 또는 주택단지 개발시 총 에너지부하량의 5퍼센트 이상을 신재생에너지 사용시 인증하고 보조비율 우대 등 인센티브를 부여한다. 아울러, 다음의 태양광, 풍력, 해양 에너지, 바이오 에너지 같은 다양한 신재생에너지원 개발을 적극 추진한다.

태양광, 풍력

태양광은 2012년까지 발전용량을 400MW로, 풍력은 약 1GW로 확대해 나가며, 태양광은 기술혁신 및 양산체제 구축을 통해 단가를 인하하고, 풍력은 해상풍력을 적극 개발하여 입지한계를 극복해 나간다.

○ 태양광 : (2007) 40MW → (2012) 400MW
○ 풍　력 : (2007) 192 → (2012) 1,145 MW(2012년까지 육상 풍력단지 14개소 건설)
○ 해상풍력 단지 건설 (300MW, 2010~2015)

해양에너지

삼면이 바다이고 조수 간만의 차이가 큰 우리나라에 풍부한 조력, 조류 등 해양에너지 자원을 활용하기 위해 조력은 2009년까지 세계 최대의 시화호 발전소를 준공(254MW) 한다. 가로림만 발전소(520MW)를 조기 착공할 계획이며, 조력발전의 주민 수용성 제고를 위해 주변지역의 주민에 대한 적정한 지원방안을 강구해 나간다. 조류는 울돌목에 1MW급 실증발전소를 건설한 후(2008년), 90MW급 상용화 발전소를 2013년까지 건설한다.

바이오에너지

해외자원개발의 투자대상 자원에 바이오연료의 원료작물을 포함하여 지원을 확대(해외자원 개발사업법 개정, 2009년)할 계획이다.
○ 팜유, 자트로파유 등 바이오 연료 확보를 위한 해외투자
○ 사업에 대하여 광물자원개발에 준하는 장기저리로 융자해 준다. 또한 해외시장 개척을 적극적으로 지원해 나가기 위해 그린시장 조사센터 (에너지기술평가원 내)를 설치하여 시장 기술동향 및 비즈니스 정보를 기업에 제공하는 한편, 이 분야에 특화된 조사 분석기관으로 육성한다. 한편, Renewable Korea (2010년) 등 그린에너지 국제전시회 개최, 그린에너지 해외전시회 참가 및 바이어 초청 상담회 개최 등 시장개척 지원을 확대하고, IGCC, CCS 플랜트를 대개도국 수출 전략품목으로 육성(IGCC 300MW 1기당 6억불)해 나간다.

• 인프라 구축 지원 계획

그린 에너지 산업이 시장경제체재 내에서 자생할 수 있도록 조직을 구성하고 투자재원을 확충하며 전문인력을 양성하는 등 환경을 조성해 준다.

범국가적 추진시스템

경제단체와 지식경제부 공동으로 그린에너지산업 추진위원회를 구성하여, 민관 파트

너쉽을 강화한다. 한편, 범 정부차원의 그린에너지 정책협의회를 운영하고, 주요사안은 국가에너지위원회에 보고하도록 함으로써 인프라구축이 통합 조정될 수 있도록 한다.

투자재원 확충

투자재원 확충을 위해 정책자금과 연계한 은행권의 협조융자 제도를 도입하고 (2009년) 그린에너지 투자펀드를 조성하여 유망 중소기업을 지원해 나간다.

○ 신재생에너지 투자 융자를 현행 100퍼센트 정책자금에서 정책자금 50퍼센트, 은행대출 50퍼센트 협조융자 방식으로 변경한다.(2009년 2,600억 원, 정부 1,300억 원)

○ 정책자금 금리를 연 4.25퍼센트(변동금리), 상환: 5년 거치 10년 분할상환(시설자금), 1년 거치 2년 분할상환(운전자금)토록 한다.

전문인력 양성

2012년까지 그린에너지전문인력(석·박사) 1만 5천명을 양성하기 위해 대학 전문학과 개설 및 대학원 실험실지원, 산학연 공동 R&D 등을 확대해 나간다.

규제의 발굴 및 개선

신재생에너지 보급에 장애가 되는 규제는 규제개혁위원회를 통해 해결해 나가도록 한다.

• 정책수립자측의 기대와 전망

그린에너지 발전전략에 따라 2012년 이후에는 그린에너지산업의 성장동력이 가시화 되고, 신재생에너지 보급도 본격적으로 확대될 것으로 기대한다. 그린에너지산업 생산규모는 2012년 170억불, 2030년 3천 억불이 될 것이고 고용규모는 2012년 10만 5천 명, 2030년 154만 명에 이를 것으로 기대한다. 한편, 석유·석탄 등 화석에너지에 대한 의존도를 낮추고, 원자력, 신재생에너지 비중을 대폭확대 한다. 이 결과 2030년까지 다음과 같은 에너지원 비중이 될 것이다.

- 2030년(퍼센트) : 석유(33), 석탄(15.7), 원자력(27.8), LNG(12), 신재생(11.5)
- 2006년(퍼센트) : 석유(43.60), 석탄(24.3), 원자력(15.9), LNG(13.7), 신재생(2.5)

◎ 우리 정부의 에너지정책에 대한 분석 및 평가

위에서 설명한 바와 같이 전세계적 상황으로 보아 우리 산업의 활로를 열고 국제적 압력을 극복하기 위해 새로운 에너지정책이 필요한 시점에서 우리 정부가 '저탄소 녹색성장'을 기조로 에너지정책을 내놓았다. 이는 새로운 에너지인 신·재생에너지 개발의 활성화를 통해 우리의 산업구조를 개편하겠다는 뜻이다. 또 산업구조 개편으로 온실가스를 감축함으로써 국제사회에 기여하겠다는 의미도 포함되어 있다.

우리 정부가 결정한 저탄소 녹색성장 정책은 결코 시기적으로 빠른 것은 아니다. 선진국들은 우리보다 몇 걸음 앞서서 이미 이러한 정책을 실천해 오고 있기 때문이다. 친환경 기술면에서 선진국의 기술은 이미 우리의 기술과 격차가 나있고 우리는 지금부터 이러한 격차를 줄여 나가는 노력을 해야 할 시점이다. 이러한 관점에서 우리의 이 정책은 말로만이 아닌 반드시 실천이 뒤따라야 된다. 실천을 독려하기 위해서 다음과 같이 몇 가지 점에서 비판이 있을 수 있다.

(첫째) 새로운 산업구조를 통해 장기적으로 대외적인 경쟁력은 강화될 가능성이 있다. 그러나 새로운 산업구조의 시대에도 국내에서는 자본동원력이 큰 대기업이 중소기업에 비해 유리한 입장이다. 새로운 산업구조에서 중소기업의 위치가 안정되어야 된다고 보면 정부가 어느 정도 대기업과 중소기업간에 균형을 잡아 주어야 할 것이다. 시장경제에서 어느 선까지 정부가 개입해서 방향을 바로 잡아 주느냐는 오늘날 매우 중요한 하나의 이데올로기적 사안이 되고 있다. 새로운 산업구조를 만들어 가는데 있어 대기업, 중소기업, 시민이라는 경제구조의 주요 요소들을 균형있게 참여시키는 것이 바람직하다고 본다.

(두 번째) 지적하고자 하는 것은 진정성 문제이다. 2009년 구체화 된 우리 정부의 저탄소 녹색성장 정책과 2009년 11월 17일 발표한 온실가스 감축목표는 2009년 12월 코펜하겐 기후변화 정상회의를 앞두고 나왔다. 당시 코펜하겐 기후변화 정상회의는 교토의정서체제 이후의 새로운 온실가스 감축체제를 결정하도록 예정되어 있었고 코펜하겐회의의 성공여부에 대해서 반신반의하면서도 새로운 온실가스 감축체제의 성사를 위해 노력하던 때였다. 이러한 계기를 앞두고 국제사회에서는 우리나라를 비롯한 일부 개도국의 온실가스 감축의무 부담에 대한 강력한 기대가 있었다. 이러한 기대는 우리에게는 국제사회로부터 오는 압력이었다. 혹시 우리 정부의 저탄소 녹색성장 정책과 여기에 근거한 온실가스

감축목표 설정은 이러한 압력으로부터 벗어나기 위해 급조된 정책이 아니었을까?

2020년 배출전망치[14](BAU) 대비 30퍼센트 감축이란 점을 내세워 공치사 하기에 바쁜 인상이 그러한 의구심의 시발점이다. 그렇게 해 봤자 2005년 대비 4.7퍼센트를 줄이는 셈이다. 2020년까지 2005년 기준으로 배출량을 4퍼센트 줄인다는 것은 선진국들이 2012년까지 이미 1990년 기준으로 평균 5.2퍼센트 줄인 것, 2020년까지 1990년 기준 25퍼센트 감축노력과 비교해 볼 때 턱 없는 수치다. 그것마저 기업들에게 타격을 준다며 걱정하는 것은 지난 20년 동안 온실가스 감축문제에 대해 이러한 현실에 대해 눈을 감아 왔다는 것을 반증하는 것 밖에 안 된다. 미국의 온실가스 감축노력 부족을 핑계로 삼는 것도 올바른 태도는 아닌 것 같다. 만일 미국이 온실가스 감축노력에 동참[15]한다면 그 다음 핑계는? 한편으로는 우리가 마치 선진국에 진입하고 있는 듯한 홍보를 하면서 다른 한편으로는 개도국 기준을 적용한다는 것은 정치적 논리와 실리적 논리를 혼합한 것이다. 선진국 그룹에 해당하는 OECD에 가입해 놓고 온실가스문제에 대해서는 OECD에 가입한 사실을 내세우지 않고 개도국으로 처신을 한다는 것은 우리로 하여금 생각을 하게 한다. BAU란 무엇인가? 우리가 다른 개도국과 같이 궁여지책의 BAU를 기준으로 삼아야 하는가?

(셋째는) 원자력에 대한 높은 의존도문제다. 확실히 원자력은 고유가 추세를 피할 수 있는 수단이고 온실가스를 배출하지 않는 장점이 있다. 현재 우리나라는 원자력발전 기술에 있어서 세계적인 수준에 이르고 있다. 2009년 말 우리 원자력발전소의 중동시장 개척은 국제적으로 어려운 상황에 처해 있는 우리나라에게 큰 희망을 주고 있다. 앞으로 계속 시장을 확대해 나가려는 계획도 가지고 있다. 우리의 기술진들은 안전성문제는 해결되었다고 한다. 그럼에도 불구하고 걸리는 것이 있다. 과연 안전한가? 세계에는 안전성 문제로 원자력 에너지에 대해 반대하는 사람들이 많다. 사용하고 난 핵연료폐기물 처리는 매립할 수밖에 없다. 영구매립 방안은 숙제로 남아있다. 선진국들도 이점을 우려하고 있다. 우리나라 좁은 국토 안에서 매립지가 매우 제한되어 있다고 봐야 한다. 더욱이 우리는 아직 북한문제가 남아 있어 더욱 불안하다. 선진국에서는 안전성 면에선 우리보다 더 철저한 경향이 있다. 원자력의 안전성 문제는 보다 신중하게 대처해 나가는 것이 좋을 것이다.

(네 번째는) 소비절약과 에너지의 효율성 제고 문제이다. 지식경제부의 통계에 의하면 우리나라는 일일 231만 배럴의 석유를 소비하는 세계 7위의 석유 소비국이다. 우리에게 소비절약과 에너지 효율성 제고 문제는 공급 못 지 않게 중요한 사안이다. 석유 소비는

산업부문이 48.8퍼센트, 가정 및 상업부문이 39.5퍼센트, 수송부문이 6.7퍼센트, 에너지산업(전력)이 4.1퍼센트, 공공부문이 4.1퍼센트이다. 즉, 산업과 가정, 상업부문이 전체 유류제품 사용의 약 90퍼센트를 차지한다는 것이다. 그런데 고유가에 대한 정부의 정책에는 산업부문에 대한 언급이 빠져 있다.[16)]

산업부문의 소비를 최대한 절약해야 한다. 실제로 작은 실천으로 에너지를 절약했다는 사업장이 많이 있는데 이것은 산업계에서 에너지를 절약할 여지가 그 만큼 많다는 뜻이다. LG 경제연구원이 펴낸 '위기 극복을 위한 정책 패러다임의 변화'라는 보고서에 따르면 일본, 프랑스, 독일 등 많은 선진국에서는 기업의 에너지 효율성 제고를 제도적으로 의무화하고 있다. 예를 들어 일본에서는 선두주자 방식을 적용해 최고의 효율성을 달성한 기업 수준으로 모든 기업이 에너지 효율을 향상시킬 것을 강제하고 있고, 프랑스에서는 효율성 지표를 달성하지 못하는 기업에 대해서는 벌금을 부과하고 있다. 독일의 마부르크(Marburg) 시의 경우 모든 신규, 재건축 주택에 태양광 설비 도입이 의무화돼 가정 부문의 에너지 절약을 도모하고 있다.[17)]

(다섯번째) 지금까지 세계경제에서 기술은 가장 핵심적 요소이다. 마찬가지로 구조 개편이 되는 새로운 산업구조에서도 기술문제가 핵심에 있다. 그런데 우리가 후발 주자로서 앞으로의 대단한 각오 없이는 이미 앞선 나라의 기술을 따라잡기가 힘들다. 이 문제는 정치적인 문제와 혼동해서는 안 된다고 본다. 우리는 선진국에 비해 기술의 낙후에 대해서는 솔직히 인정을 하고 그 현실적 바탕 위에서 선진국의 기술을 따라 잡기 위해 혼신의 힘을 기울여 새 출발을 하는 것이 장기적으로 기술극복 문제를 해결하는 데 도움이 될 것이다. 예를 들어보자. 우리가 앞으로 있을 진전된 전기차의 핵심부품을 로열티를 주고 사서 쓴다고 하자. 자동차 생산비는 그 만큼 많이 들 것이고 국제경쟁력을 갖추자면 누군가가 희생(지금까지는 노동자의 값싼 노임)을 해야 할 것이다. 겉 보기엔 국산 전기차라도 실제 내용면에선 그 만큼 모자라는 측면이 있게 된다.

이러한 현상이 모든 산업부분에 적용된다면 그것은 바로 종속적이고 후진적임을 면하지 못 한다는 뜻이다. 전체적으로 보면 국민경제에 그 만큼 다격이고 국민생활 수준이 그 만큼 낮아진다는 뜻이고 선진국 진입이 어려워진다는 뜻이다. 이러한 측면에서 보면 이번 정책이 자칫하면 과거의 정책과 별반 다를 바가 없을 수도 있게 된다. 오늘날 경제에 있어서 기술은 핵심사안이기 때문에 기술개발은 전력을 다해 개발해야 한다. 지금까지처럼 하다가 안 되면 로열티 주고 사고 나중에 적당히 눈치 봐 가면서 카피하면 된다는 생각은

안이하고도 위험하다. 배수의 진을 치고 모두가 기술개발에 나서야 한다. 대기업의 기술개발에만 의존해서는 안 되고 정부의 보다 적극적인 역할이 있어야 할 것이다.

(끝으로) 이 정책이 소비자나 시민참여 없이 공급자 중심으로 만들어졌다는 점은 이 정책이 에너지소비의 효율성 문제를 소홀히 한 것으로 문제로 지적될 수가 있다. 효율적인 에너지소비문제는 전국민의 헌신적인 동참 없이는 해결하기가 어렵다. 그렇기 때문에 정책수립과 정책결정 단계뿐만 아니라 정책시행 단계에서의 대국민 인식문제는 무엇보다 중요하다고 본다. 따라서 이러한 정책은 위에서 일방적으로 결정하기 보다 가급적 많은 시민들을 정책결정과정에 참여시키는 것이 중요하다.

◎ 우리나라 에너지 자원정책의 바람직한 방향

우리는 1천억 불 대의 세계 7대 에너지 소비국이고 에너지 자립도가 매우 낮다. 화석에너지의 고갈이 다가오고 에너지 대란이 일어날 경우, 세계 어느 나라보다 가장 먼저, 가장 많이 타격을 입게 될 가능성이 크다. 그런 점에서 볼 때, 그 동안 우리나라는 대책 없이 신·재생에너지 개발에 너무 소홀해 왔다고 말할 수 있다. 온실가스 감축문제가 전세계적으로 매우 중요한 사안이 된지 이미 20년이 지났다. 많은 나라들이 국익이라는 잣대를 가지고 서로의 눈치를 보고 있는 것이 현실이다. 그 와중에서도 미국을 제외한 대부분의 선진국들(OECD 가입국들)은 이미 자국들의 산업구조를 개편했거나 개편 중에 있고 온실가스감축을 실천하기 시작했다. 반면에 신흥공업 개도국들은 눈치를 보면서 좀처럼 앞으로 나가려 하지 않는다. 이로 인해 추진중인 경제성장에 부정적인 영향을 받을 가능성이 있다고 보기 때문이다.

우리의 위치는 곧 선진국에 합류하려고 하는 상위권 중진국이다. 우리가 왜 개도국과 보조를 맞추어 나가야 하는가? 그것이 국익일까? 장기적인 기업보호일까? 우리가 적극적으로 온실가스 감축을 위해 선제적인 조치를 취해나갈 때 국제사회에서 우리에 대한 인식이 달라지고 우리나라의 위상이 올라가는 것은 당연할 것이다. 그 경우 장기적으로 우리에게 돌아오는 이익은 왜 생각을 하지 않는 것일까? 결국 불안한 단기적 목전의 이익 대비 장기적 안정적 이익간의 선택이 아닌가? 단기적 목전의 이익은 주로 대기업인, 정치인에게 돌아간다면 장기적 이익은 국민전체에게 돌아간다는 점은 왜 생각을 하지 않을까?

에너지 난의 해결책은 에너지 소비를 줄이는 수밖에 없다. 소비절약과 에너지 효율성을 제고하기 위해서 정부가 민간 기업에 대해서 어느 정도 강제성을 띤 정책을 취해야 한다. 그러나 우리나라 정부의 에너지에 영향을 줄 수 있는 세금정책에는 허점이 많다. 그런 의미에서 정부가 유가 인상에 따른 소비자들에게 각종 지원금도 세금 혜택을 주는 것은 오히려 에너지 소비를 부추기는 모순적인 정책이 아닐 수 없다. 또한 에너지와 관련되는 각종 세금도 합리성을 결여하고 있다. 에너지에 붙는 세금이 환경오염에 따른 사회적 비용을 반영한 것이라고는 하지만 실제로는 탄소 배출량에 비례해서 세금이 부여되지 않고 있다. 정부가 유류에 대해서는 수요관리와 환경보호 차원에서 많은 세금을 부과하면서 석탄이나 유연탄에 대해서 세금을 물리지 않는 것은 앞뒤가 맞지 않다. 특히 우리나라도 국제적으로 온실가스 감축에 대한 압력을 받고 있기 때문에 온실가스를 감안한 세제를 채택해야 한다. 이런 맥락에서 배출거래제도를 도입해 나가야 하고 이러한 방향아래 보다 장기적으로는 간접세에 대한 준비도 해 나가야 한다.

에너지를 전량 수입하는 우리나라와 같은 처지에서 싼 값으로 에너지를 공급할 수 있는 시대는 다시 오지 않을 것으로 봐야 한다. 에너지를 확보하고 효율적으로 공급하는 모든 수단에 대한 경제적 자율성을 최대한 확보해 주어야 한다. 그렇게 하고도 안 되는 부분은 국가가 정책적으로 요금을 올려서 시장에서 해결해야 한다. 수요를 적극적으로 관리하고 에너지를 절약하는 고난 극복 모드로 해결할 수밖에 없다. 현재 석유가격은 실제 가격에 비해 매우 낮게 책정되어 있다. 간접비용[18]이 포함되어 있지 않기 때문이다. 석유를 발굴하고 채굴해서 소비자에게 운송하는 과정에서 발생한 비용을 직접비용이라 한다면, 간접비용이란 석유를 확보하기 위해 국가가 해양수송 안전을 위해 쓴 비용이나 석유로 인한 오염으로 입은 호흡기 질환을 치료하는 비용, 기후변화에 따른 비용과 같은 비용이다. 이러한 간접비용을 석유가격에 포함하면 석유가격은 지금보다 훨씬 더 올라갈 것이다. 간접비용은 시장가격을 왜곡해 오고 있기 때문에 간접비용을 현실화하여 시장가격화하면 소비를 억제하고 석유를 좀 더 효율적으로 사용할 수가 있게 될 것이다. 이렇게 해서 추가로 흡수된 돈은 소득세 감면 등을 통하여 사회에 재배분될 수도 있을 것이다.

<우리나라 에너지자원외교>

에너지 수급의 불확실성이 커짐에 따라 에너지 확보의 중요성이 뚜렷이 인식된다. 이에 따라 에너지 수급은 시장경제에만 의존할 수 없고 정부의 지원이 필요하게 된다. 에너지의 안정적 수급은 국가에 있어서는 매우 중요한 전략적 기반이 된다. 따라서 자원외교의 목표는 에너지 수급의 안전보장을 확립하는 데 있다. 장기적인 에너지 수급의 안전보장을 위하여는 한편으로는 안정적인 에너지 공급원을 확보하여야 하며, 다른 한편으로는 대체에너지 개발을 추진하여야 한다. 안정적인 에너지 공급원을 확보하기 위해서는 에너지 산출국 및 주요국들과의 협력관계를 강화해 나가야 한다. 협력관계를 통해 에너지 공급원을 다양화하고 해외에너지 개발에 적극 참여해야 한다. 에너지 산출국 및 주요국들과의 협력을 위하여는 이들 국가들과 종합적인 관계강화가 필요하다. 이는 에너지자원의 거래 차원을 넘어서 자원국이 원하는 협력에 최대한 부응하면서 우리 기업의 에너지 확보와 개발활동을 측면지원 해야 한다는 뜻이다. 또한 자원국에서의 불안한 정치상황, 관계수역의 안전문제, 사고, 천재지변, 테러와 같은 시장혼란 요인과 투기적 자금의 에너지시장 유입 등으로 긴급상황발생시 신축적인 대응체계를 확립해야 할 것이다. 긴급사태에 대응할 능력으로는 안정적인 석유비축, 유사시 상황별 긴급 수급체계 구축 등을 생각해 볼 수 있다.

한편, 에너지외교와 환경협력의 조화를 통한 지속가능한 성장기반을 확립해 나가야 한다. 에너지문제와 환경문제는 동전의 양면과 같다는 점에서 에너지획득에만 노력할 것이 아니라 에너지의 효율화, 절약, 친환경기술의 개발 등 환경보전 측면에서의 노력도 병행해야 한다. 대체에너지는 환경보전 측면도 강하게 반영하고 있다. 그러나 신재생에너지 기술개발은 막대한 예산과 인력이 필요해서 어느 한 국가의 힘만으로는 해결될 수 없다. 양자간 또는 다자간 국제협력을 통한 기술개발협력이 필요하다. 이미 산업화가 되어 있는 기존의 화석연료를 기반으로 하는 에너지에 비해 신재생에너지분야는 아직까지는 국제협력의 장(場)에서 대체로 개방적으로 기술개발 상황이 공유되고 있어 필요에 따라 양자간 및 다자간 국제협력을 통해 기술개발을 가속화할 수 있는 좋은 분야이다.

우리나라의 자원문제 현황과 자원외교의 중요성

이미 말한 대로 우리나라는 자원의 대부분을 해외자원에 의존하고 있다. 따라서 자원외교는 다른 어떤 나라보다 우리에게 매우 중요한 사안이다. 지금까지 우리나라는 자원확보의 필요성을 깊게 인식해서 이의 확보를 위해 노력해 왔다. 그러나 장기적인 전략부재로 인해 많은 노력에도 불구하고 자원확보의 불안감[19]은 해소되지 않고 있다. 오히려 수요가 팽창함에 따라 그 불안감은 가중되고 있다고 볼 수가 있다. 우리에게 주어진 에너지자원 외교의 의미는 국가의 사활이 걸린 안보문제이다. 자원외교가 미래의 국가생존과 번영을 좌우할 사안으로 자리매김하고 국가안보 차원에서 전략적으로 추진되고 있음을 뜻한다.

더욱이 우린 인구는 많고 남북한이 대치되어 있는 상황이다. 우리 경제에서 특수한 위치를 차지하고 있는 자원은 경제발전의 사활문제이기도 하다. 그 중에서도 석유는 핵심적인 전략자원이다. 국가 전략적 차원에서 심도 있고 체계적으로 에너지자원외교를 전개시켜 나가야 할 것이다.

◎ 우리나라의 에너지자원외교 형태

자원외교란 앞에서 말한 바와 같이 에너지의 안정적 확보를 위한 대외적 노력을 의미한다. 또한 에너지 위기에 대응한 양자, 다자 차원에서의 국제협력을 의미한다. 자원을 확보하기 위해서는 국가의 총력을 전개하기 때문에 정부가 선두에 서고 민관이 혼연일체가 되어 이루어 내야 한다. 민간기업이나 NGO 같은 민간자원의 역할도 중요하다. 그러나 국가 대 국가, 정부 대 정부의 차원에서 해야 할 역할이 크기 때문에 여기서는 주로 정부의 역할 면에서의 자원외교를 말한다.

우리로서 자원외교는 에너지안보의 근간을 이루는 사안으로 21세기 국가생존 전략과도 관계가 있다. 에너지를 둘러싼 국제질서 재편과정에서 자원외교의 환경변화와 함께 에너지문제는 이제 단순한 경제문제가 아니라 국가안보문제이다. 에너지안보 개념에는 첫째, 안정적 비용으로 지속성 있는 에너지공급, 둘째, 환경친화적인 에너지 공급구조, 셋째, 위기대응능력, 넷째, 국제협력 구축 등이 포함된다. 자원문제는 향후 동북아 질서안정과 평화, 국가번영에도 커다란 영향을 미칠 것으로 판단된다. 고유가 시대의 장기화와 자원외교의 환경변화에 대비하여 자원정책 추진체계 개선을 포함한 종합적인 전략 마련이 중요할 것이다.

자원외교의 형태로는 양자외교와 다자외교가 있는데 그 실례들을 살펴보자.

• 에너지분야에서 양자협력의 예

양자협력으로는 한·일같이 비자원국가간의 협력도 있으나 주로 러, 중동국가, 인도네시아, 우즈베키스탄, 카자흐스탄 등과 같이 에너지 자원이 많은 국가들과의 협력이 있다. 양자협력에는 정부간 협력과 민간차원의 협력이 있으며 최고의 정부간 협력은 정상외교에 의해 이루어진다. 주요 자원국들과는 대개 정상외교에 의해 협력의 큰 틀이 형성되고 실무회담에 의해 세부사항이 논의된다. 그리고 정부간 합의에 의해 결정된 프로젝트나 사업의 최종 시행자는 대개 민간기업체나 단체가 된다.

양자협력의 예로서 2010년 4월 한·카자흐스탄 정상회의를 들어보자. 양국은 에너지자원은 물론 농업, 건설인프라, IT, 교통 등 많은 분야에서 상호협력할 것을 약속하였다. 한국측의 기술과 경험을 카자흐스탄측의 석탄, 우라늄 등 에너지자원에 접목 하는 형식의 상호협력이 기본틀이다. 그 기본틀 내에서 카자흐스탄의 쿠릭항만개발, 주택건설, 교통체계 구축, 석유 화학, IT, 방산, 보건, 농업, 관광 등 광범위한 분야에 한국 기업들의 기여를 기대하고 있다.

위의 예에 비해 에너지 자원보유국이 아닌 한일간의 에너지분야에서 양자회의는 주로 다자회의에서 양국간의 협력을 논의하게 된다. 그 하나의 예로서 2006년 1월 도쿄에서 열린 제12회 한·일 에너지비공식협의에서는 IEA, APEC, 산유국-생산국 대화 등의 다국간 협력에서 아시아의 리더로서 역할을 하기 위해 양국간에 공동보조를 취할 것을 합의했다.

• 다자협력의 예

에너지의 공동개발, 에너지 수급과 에너지 가격 안정화, 에너지 개발기술의 공유 등 에너지분야에서 다자간 협력은 매우 중요하다. 그러하기 때문에 우리나라도 다자간 에너지 협력에 매우 적극적으로 참여하고 있다. 우리나라가 다국간 에너지협력에 참여하고 있는 예는 많이 있다. 우리나라는 OECD 산하의 독립기구인 국제에너지기구(IEA)와 아시아 태평양경제협력체 (APEC)의 에너지 실무그룹(EWG) 등 국제기구를 통한 다자간 에너지협력활동에 참여하고 있다. 특히 2002년 3월 IEA 회원국 가입과 2002년 12월의 에너지헌장조약(ECT) 옵서버 가입에 따라 세계 주요 에너지소비국 및 생산국과의 협력을 확대하게 되었다.

한편, 동북아지역은 시베리아가 있는 북쪽에 막대한 양의 에너지자원이 있고 남쪽으로는 한국, 중국, 일본 등 대규모 수요자가 인접하고 있어 개발이익이 매우 크고 역내 국가간의 협력 가능성도 높다. 앞으로 동북아지역에서 에너지자원 개발사업이 구체화될 경우 타당성조사 등 개발초기단계에서부터 본격적으로 참여할 토대를 쌓아 나가야 할 것이다. 우리나라의 자원외교에 영향을 미치는 동북아지역의 자원수급 상황은 불안하다. 에너지위기에 대비한 석유비축 등 동북아지역의 긴급 시 대응체제는 매우 취약한 상태다. 현재 이 지역에서 석유의 민간비축 이외에 국가비축을 보유하고 있는 나라는 한국과 일본밖에 없다. 중국도 앞으로 30일까지 비축을 확대할 계획이나 현재는 7일분에 불과한 실정이다.

이는 역내 불안정을 가져오는 요인이므로 한중일 동북아 지역국가들간에 슬기롭게 대처하는 것이 바람직하다. 다국간 에너지협력의 구체적인 예로는 ASEAN +3과의 협력, APEC와의 협력, 아시아 태평양 파트너십 같은 것이 있다.

ASEAN+3(한중일)와의 협력[20)]

ASEAN 및 한중일(ASEAN+3) 제1회 에너지 장관회의가 2004년 6월에 필리핀에서 개최되었고, 2005.12월 말레이시아 ASEAN+3 정상회담에서는 석유비축, 에너지 절약 및 에너지 효율화 등 협력을 논의하였다. 2008.7월 ASEAN+3 싱가폴 장관회의에서는 에너지 재난관리에 대해 논의하였고 2009.7월 태국 ASEAN+3 장관회의에서는 에너지 안보, 오일시장, 오일 비축, 천연가스, 신재생에너지와 에너지 절약 및 효율화, CDM사업 등에 대해 논의하였다.

APEC과의 협력

2005년 부산 APEC 정상회의에서 에너지 사무국을 만들기로 합의하였다. 사무국은 IEA 회의, 국제에너지회의, G-8 회의와 같은 국제회의에서 대두되는 에너지 문제에 대한 분석과 의견을 회원국들에게 제공하는 역할을 하게 된다.

2010년 6월 일본 후쿠이현에서 개최된 APEC 에너지 장관회의에서는 ①에너지안보 강화 ②에너지효율 증진 ③저탄소(청정)에너지원의 확대를 세부주제로 공동선언문을 채택하였다.

아시아태평양 파트너십(APP, Asian Pacific Partnership)

아시아태평양파트너십은 2005년 7월 일본, 미국, 호주, 한국, 중국, 인도 등 6개국이 청정기술의 개발과 실용화를 촉진할 목적으로 결성한 지역협력협의체이다. 공식 명칭은 청정개발과 기후에 관한 아시아태평양 파트너십(The Asis-Pacific Partnership on Clean Development and Climate)이다. 제1차 각료회의는 2006년 1월 호주의 시드니에서 개최되었고, 제2차 각료회의는 2007년 10월 인도의 뉴델리에서, 제3차 각료회의는 2009년 10월 중국의 상하이에서 개최되었다. 상하이 각료회의 결과 상하이 커뮤니케[21)]를 발표하였다.

우리나라의 에너지자원외교의 문제점

우리나라 자원외교는 근래에 와서 큰 변화를 가져왔다. 무엇보다 자원외교에 대한 대통령의 중점 관심사항 중의 하나가 되어 대통령이 직접 관련국을 순방하는 등 몸소 실천하면서 정책적 변화를 보여주고 있다. 자원외교를 외교정책의 우선순위의 상위에 둔 것은 최근의 일이다. 그러나 여전히 국민적 인식은 부족한 상황이므로 앞으로 에너지외교의 중요성에 대해 대국민홍보가 필요하다고 하겠다.

주요국은 이미 오래 전부터 자원외교의 중요성을 인식하고 국가최고지도자들이 정상외교에 나섰다. 그러나 우리나라는 이러한 인식이 부족했기 때문에 총체적 틀에서 전략적 접근을 하기보다 에너지 위기 발생시 그 때마다 미봉책으로 임한 결과 체계적으로 외교적 대응체제를 마련하지 못했다. 앞으로 에너지 확보경쟁이 더 치열해질 가능성이 높고, 지역정치정세와도 관련이 있는 만큼, 에너지의 안정적인 확보를 위한 체계적인 노력이 필요하다.

에너지외교에서 또 하나의 과제는 관계부처간 역할과 정책조정, 전문가의 양성 같은 제도개선이 이루어져야 한다. 자원외교의 중요성에 대한 인식전환만으로 제도개선이 저절로 이루어지는 것은 아니다. 끝으로 정부와 기업의 자원확보를 위한 투자가 부족하고 담당할 기구와 인력이 부족해서 전반적인 역량이 부족하다. 정부담당 인력은 극소수에 불과하며, 민간기업의 경우도 10명 내외의 인력이 사업을 전담해 오고 있다. 석유공사 또한 해외 정보수집 기능이 취약한 상태다. 빠른 시일 내에 자원확보를 위한 투자가 강화되어야 하고 에너지 문제를 전담하는 기구가 확장되어야 한다.

우리나라의 바람직한 에너지자원외교 방향

우리나라 에너지 자원외교의 기본방향은 무엇보다 자원외교가 국가발전의 중요한 전략적 요소로서 인식이 되는 것이다. 현재 대통령부터 인식을 전환하기 위해 노력하고 있기 때문에 우리나라는 자원외교에 있어서 좋은 계기를 맞이 하고 있다. 그러나 그 계기를 확실히 이용해서 우리 모두가 그러한 인식형성에 동참해야 할 것이다. 인식의 전환과 함께 다음 네 개 분야에서 추진이 되어야 할 것이다.

(첫째) 긴급대응체제를 강화해야 한다. 석유와 천연가스 등 에너지자원의 전량을 수입

에 의존하고 있는 상황에서 에너지의 중요성을 인식하여 에너지절약을 생활화하고, 위기 상황에 대응하는 체제를 구축해 나가야 한다. 자원외교에서 간과할 수 없는 것은 긴급사태에 대비한 대응능력을 강화하는 것이다. 이를 위해 신축적 대응체계를 확립해서 ①자원국에서의 정치상황 불안, ②관계수역의 안전문제, ③사고, ④천재지변, 테러나 투기적 자금의 에너지 시장에의 유입시 시장혼란 등에 대비해야 한다. 에너지공급의 긴급사태 발생시 대응책으로는 에너지비축 확대, 에너지공급국과의 대화, 국내수요 억제 및 신속한 정보제공 등이 포함된다. 국제에너지시장은 80퍼센트 이상이 장기계약이며 불완전 시장이다. 게다가 신자원민족주의의 대두와 에너지 보호주의 경향 때문에 에너지자원의 확보는 경쟁적인 성향을 띠지 않을 수 없다. 중국, 일본, 인도 같은 나라들이 우리의 강력한 경쟁상대이다.

에너지 확보에는 국가가 개입하지 않을 수 없다. 본 장 2에서 본 바와 같이 채광과 개발, 정제와 판매 과정에서 국가는 개입한다. 설사 민간기업에게 맡긴다 하더라도 국가는 항상 후견인 역할을 할 수가 있는 것이다. 에너지공급에서 국내수요까지 전과정뿐만 아니라 이를 위한 원활한 환경조성에도 국가의 역할은 절대적이다. 예를 들어 파이프라인과 해상수송로 안전확보문제는 개별기업이 해결할 수 없는 문제이고 투자보장협정 또한 정부의 보호 장치이다. 또한 세제 등 국내보호 장치도 정부가 할 일이다.

(둘째) 에너지 산출국과의 우호관계를 구축하는 것이다. 자원의 안정적인 공급선 확보를 위하여는 무엇보다 자원국과 긴밀협조체제를 구축하고 구축된 체제를 잘 유지해야 한다. 이를 위하여는 자원고갈 후 대비에 부심하는 자원국의 관심에 부응해야 한다. 또한 자원국의 환경보호 산업개발, 도시개발, 인프라 정비, 석유관련 기술개발, 인재육성 등 자원국이 필요로 하는 분야에도 협력해야 한다. 이렇게 하는 것이 자원의 안정적인 공급선 확보뿐만 아니라 우리 기업의 해외진출에도 실질적인 도움이 될 것이다.

한편 에너지와 환경문제는 한 국가가 해결할 수 없는 시대에 돌입하기 때문에 주변국가들과도공동협조체제를 강화해야 한다. 우리의 경우 에너지 절약 등을 통한 에너지 효율성 강화, 석유비축, 혹은 바이오 연료와 같은 대체에너지의 개발 등 에너지의 수입국과 소비국으로서 상호 공동의 이해관계가 있는 중국, 일본, 러시아 등과의 협조체제를 구성하는 것이 바람직하다.

(셋째) 에너지자원의 장기공급선을 확보하는 경우 자원공급선의 다양성이 고려되어야

한다. 어느 특정 공급국이 공급에 있어 어려움에 처해 있을 경우 그 충격을 완화시킬 수 있기 때문이다. 근래에 우리 대통령은 러시아, 우즈베키스탄 등 중앙아시아, 나이지리아 등 아프리카, 베트남, 인도 등 아시아, 브라질 등 중남미, UAE 등 중동지역 등 에너지자원 산출국들을 방문했다. 이러한 대통령 정상외교 성과는 모두 자원의 안정적 공급과 관련이 된다. 대통령의 정상외교 결과 조성된 우호적인 분위기를 유지 발전시키기 위해서는 이들 국가와의 정부간 대화 및 민간 자원협력 채널을 계속 구축, 유지해 나가야 한다. 특히 규모가 큰 시베리아 자원개발에 발을 들여 놓기 위해서 러시아뿐만 아니라 관련국인 중·일과의 지속적인 대화가 필요하다.

(넷째) 선진국에 비해 크게 뒤져 있는 해외자원개발을 획기적으로 확대할 필요가 있다. 현재 우리나라의 해외자원개발 투자는 총 규모가 50억 달러에도 미치지 못한다. 해외개발 석유수입량은 전체 석유수입량의 3퍼센트에 불과한 실정이다. (일본은 500억 달러 투자규모에 개발수입은 15퍼센트). 우리나라는 현재 베트남, 인도네시아, 중동 등 22 개국의 자원개발에 참여하고 있으며, 향후 2013년까지 해외개발 수입량을 석유수입의 15퍼센트, 천연가스 수입의 30퍼센트로 높여 나갈 계획이다. 그렇게 하기 위하여는 석유공사를 대형화하는 등 자원개발 기업의 국제경쟁력을 강화시켜 나가야 할 것이다.

(끝으로) 동북아 에너지협력 강화이다. 동북아지역에는 러시아의 원유 및 천연가스 개발, 중국, 일본, 한국의 에너지 수요증가가 맞물려 에너지협력을 추진 중에 있다. 특히 동시베리아, 중국, 한국 및 일본을 연결하는 가스파이프라인 건설은 단순한 에너지협력의 차원을 넘어 21세기에 동 지역의 정치, 경제, 문화협력을 선도하는 주춧돌 역할을 할 것으로 기대되고 있다. 동북아 지역은 석유의존도가 지나치게 높고 천연가스도 LNG로 전량 수입되고 있는 데다, 지역적으로도 중동 의존도가 높기 때문에 에너지공급의 다변화 및 다양한 측면에서 에너지 협력이 필요한 상황이다. 그렇지만 동북아는 국별 에너지체계를 유지하고 있어 에너지 위기시 공동대응이 어려운 체제이기도 하다. 이러한 점들을 고려해서 현재 진행중인 APEC 역내 에너지협력 사업을 보다 내실화하는 방안을 모색할 필요가 있다. 또한 ASEAN +3 에너지장관들이 합의한 긴급 네트워크 구축, 석유비축 확충, 아시아 석유시장 공동연구 등의 협력방안도 적극적으로 검토하는 것이 바람직하다. 지속적으로 추진해 온 '동북아 에너지 협력체' 구축노력도 게을리 하지 말아야 함은 물론이다.

한편, 역내 양자협력의 강화도 중요하다. 이미 우리나라는 중국 및 러시아와의 양자협력뿐만 아니라 인도네시아, 호주, 중국 등 8개 자원보유국과 자원협력위원회를 운영하고 있다. 한·중 에너지협력 부문에 있어서는 이미 경협분야가 자원공동개발과 전력사업 협력을 포함한 에너지 분야로 확대되었음을 활용 하는 것이 바람직하다. 중국의 원자력발전소 건설에 참여하는 것도 모색해야 한다. 대러시아 에너지 협력은 에너지 전략대화의 정기적 개최하는 등 물류, 에너지, 정보통신 네트워크를 통하여 공동번영 기반구축을 위해 나아가고 있다. 앞으로 기존 사업 이외에 시베리아 자원에 대한 조사 연구 강화 등 자원에 대한 정보와 인프라 구축에도 관심을 기울여야 한다.

[주] 제12장 에너지자원 문제의 현황과 에너지자원 외교

1) 대체에너지는 대략 다음과 같다.
  - 원자력 에너지
  - 신재생 에너지 : 신에너지(수소에너지, 연료전지, 석탄액화・가스화)
    재생에너지(태양열, 태양광, 풍력, 수력, 지열, 해양, 바이오, 폐기물)
  - 기타 에너지 (알코올, 식물성기름)

2) 영국, 독일, 프랑스, 일본 등 현재 선진국들의 대부분(미국은 예외)은 자원빈국에 속한다. 이는 자원보다 자원을 이용할 수 있는 기술이 더 중요함을 말해 준다. 기술은 자원보다 월등 높은 부가가치를 가져다 주기 때문이다. 대부분 선진국들은 기술부국이라고 볼 수가 있다. 그러나 이러한 관점에서 볼 때 호주는 다소 예외라고 볼 수가 있다. 그렇지만 호주는 국토의 크기나 자원의 풍부함에 비해 인구가 적다는 특수성이 있다. 이렇게 본다면 선진국이란 무엇인가 하는 문제에까지 이른다. 복잡한 문제를 야기할 수가 있지만 단순한 물질적 부만이 선진국을 결정할 수 있는 것은 아닐 것이다.

3) international major oil companies를 줄여서 major(메이저)라고 한다. 당초에는 7개 회사를 지정하여 seven sisters라고도 하였다. 이중 걸프 오일사가 1984년 셰브론사에 합병됨으로써 1985년부터는 미국 계열의 엑슨사+모빌사+텍사코사+셰브론사 등 4개 자본과 영국계열의 브리티시 석유회사(BP) 자본 및 영국과 네델란드 계열의 로열 더치쉘사 자본 등 6대 석유자본이 메이저로 활약해 왔다. 대규모 자본을 앞세워 석유의 생산, 유통, 정제, 판매 등을 통합한 회사로서 세계석유산업을 지배해 온 이들 국제적 메이저 7개 회사는 1965년에는 하루에 1,692만 배럴의 원유를 생산, 서방측 세계원유생산량의 68퍼센트를 기록한 바 있으며, 한 때 중동 석유생산의 99퍼센트를 장악한 적도 있다. 그러나 1970년대에 들어와 중동 산유국을 중심으로 결성된 석유수출기구(OPEC)가 원유 생산량 믹 가격 수준의 결정권을 점차 획득해 갔으며, 더욱이 1973년 제1차 석유파동을 겪으면서 메이저의 점유율은 크게 줄어들어, 1978년에는 39.2퍼센트까지 내려갔다. 이 상황하에서 메이저 6개사는 각기 생존의 전략을 모색, 중동 이외의 지역에서 원유의 탐광, 개발에 주력하는 것을 비롯, 비용절감을 위해 신규개발을 억제하고 타기업 흡수를 통해 자사석유매장량을 증대시키고, 채산성이 낮은 석유정제부문을 줄이며, 장비의 고도화로 제품 가치를 향상, 이익을 증대시키는 방향으로 나가고 있다.

4) 70년대의 자원민족주의에 대해 2000년대 자원민족주의를 신자원민족주의라고 부른다. 60년대 후반 미국의 패권이 약화되면서 70년대 중동을 중심으로 자원민족주의가 대두되었다. 신자원민족주의는 9.11 사태 이후 미국의 일방주의에 반발하여 나타난 경향이다.

5) Commonwealth of Independent States로 1991년 소련 연방체제의 해체로 독립한 10개 공화국의 지역기구이다. 러시아 · 몰도바 · 벨라루스 · 아르메니아 · 아제르바이잔 · 우즈베키스탄 · 우크라이나 · 카자흐스탄 · 키르기스스탄 · 타지키스탄이 회원국이다. CIS는 매우 느슨한 국가연합이라고 볼 수 있는데 EU에는 비교할 바가 못 되고 오히려 영연방에 비교가 된다.

6) Gazprom은 러시아의 국영 가스회사이다. Gazprom은 막대한 러시아 가스를 배경으로 설립되었으나 정치가 개입된 운영문제로 방대한 적자를 기록하고 있으며 2010년 현재 경영이 위기에 처해 있다.

7) Roseneft는 러시아 최대의 국영석유생산업체

8) international oil companies는 석유의 탐사, 개발, 소송, 정제, 판매의 전 분야에 걸쳐 일관체제를 갖추고 폭넓게 사업을 전개하고 있는 대기업 국제석유회사를 말한다.

9) 상하이 협력 기구(-協力機構. Shanghai Cooperation Organization, SCO)는 러시아, 우즈베키스탄, 중국, 카자흐스탄, 키르기스스탄, 타지키스탄의 정상들이 2001년 7월 14일에 만든 국제 기구이다. 우

즈베키스탄을 제외한 나머지 5개 국가는 상하이 파이브(Shanghai Five)의 회원국이었다. 우즈베키스탄이 2001년 합류하면서 상하이 파이브는 상하이 협력 기구로 개명되었다. 상하이 협력 기구가 북대서양 조약 기구(NATO)를 견제하기 위해 만들어 졌다고 보는 시각도 있다.

10) 두 국가간에 특정한 또는 일반적 자원을 대상으로 협력하는 협정

11) 투자기업의 재산보전은 물론 투자 상대국에서 국유화를 단행하는 경우 정당한 절차에 따라 신속하고 효과적으로 시장가격에 따라 보상하고 자유로운 본국 송금도 보장하고 필요에 따라서는 정부가 기업을 대신하여 손해 등 청구를 할 수 있다는 내용의 양자 협정이다.

12) 중국은 미국이나 유럽국가들 보다 더 폭 넓고 깊이 아프리카에 진출해 있다. 아프리카 54개 국 모두에 진출해 있고 대다수 아프리카 국가들에게 원조를 주고 있다. 원조의 특징은 재원을 제공하는 것 보다 인프라 구축을 지원하는 것인데 그것도 대개 중국인들이 직접 건설하고 있다.

13) 어떤 국가가 자국에 부여된 할당량 미만으로 온실가스를 배출하게 되면 그 여유분을 다른 국가에 돈을 받고 팔 수 있고, 반대로 할당량을 넘겨 온실가스를 배출할 수밖에 없는 국가는 초과분에 해당하는 배출권을 다른 국가로부터 사들이도록 한 것이다. 온실가스 감축 실적을 자산으로 인정해 자유롭게 거래하도록 함으로써 기업이나 정부의 온실가스 감축 노력을 활성화하려는 목적이다. 배출 할당량은 국가별로 주어지지만 실제로 배출에 제약을 받는 것은 산업활동을 하는 일선 기업들이어서 탄소배출권 거래는 주로 기업들 사이에서 이뤄지게 된다. 세계 탄소배출권 거래 시장은 2005년 교토의정서 공식 발효 이후 매년 가파르게 성장하고 있다. 특히 2008년부터 감축 의무를 이행해야 하는 선진국 중심으로 신장세가 뚜렷하다. 탄소배출권거래제 대상은 유럽내 자체 시장의 배출권(EUA), 청정개발체제(CDM)에 따른 배출권(CER), 2008년부터 시행된 선진국간 공동이행제도(JI)에 따른 저감권(ERU)과 각국 국내의 자발적거래 발생분 등이 있다.

탄소시장은 일반적으로 할당량 거래시장(allowances market)과 프로젝트 거래시장(project-based market)으로 나눈다. 할당량 거래시장이란 온실가스 배출 허용량이 할당된 국가나 기업들이 할당량 대비 잉여분과 부족분을 거래하는 시장으로 EU-ETS(EUEmissions Trading Scheme), 미국의 CCX(Chicago Climate Exchange)가 대표적이다. EU-ETS는 유럽연합이 역내 탄소 배출권을 거래할 수 있도록 2005년부터 가동한 세계최대의 탄소시장이다. 프로젝트 거래시장은 온실가스 감축 프로젝트를 실시해 거둔 성과에 따라 획득한 크레딧(Credit)을 배출권 형태로 거래하는 시장으로 청정개발체제(CDM; Clean Development Mechanism)와 JI(Joint Implementation)가 대표적이다. 청정개발체제는 선진국이 개발도상국에 투자해 감축한 온실가스 일정량을 자국의 실적으로 인정하는 제도로, 개도국이 자체적으로 사업을 시행해 선진국에 배출권을 판매할 수도 있다. JI는 선진국이 다른 선진국에 투자하여 감축한 온실가스의 일정량을 자국의 실적으로 인정하는 제도다.

기획재정부가 2008년 8월 27일 내놓은 '세계 탄소시장 동향' 자료에 따르면 세계은행은 세계 탄소시장 거래규모가 2006년 312억 달러에서 2007년 640억 달러로 두 배 증가한 데 이어 2010년에는 1,500억 달러에 이를 것이라고 전망했다. 할당량 거래시장은 2006년 247억 달러에서 지난해 504억 달러로 늘어났다. 프로젝트 거래시장도 2006년 65억 달러에서 지난해 136억달러로 증가했다. 시장별로는 할당량 거래시장의 대표 격인 유럽연합(EU)의 배출권거래시스템(ETS)은 지난해 501억 달러 규모로 전년 대비 2배로 늘어났다. 이는 금액 기준으로 세계 탄소시장에서 78퍼센트 비중에 해당한다. 또 배출권 가격은 2007년말 CO_2 t당 0.3유로까지 하락했지만 현재 2008년 12월 인도분은 12~30유로로 높은 수준이다. 프로젝트 시장의 경우 청정개발체제(CDM)에서 지난해에 전년 대비 106퍼센트 증가한 129억달러 규모가 거래돼 전체 프로젝트 시장 거래금액의 91퍼센트를 차지했다. 배출권 가격은 2007년 평균 9.9유로로 전년보다 24퍼센트 상승했다.

14) Business As Usual은 브라질, 멕시코 같은 중진국에서 제안한 아이디어로 그 후 일부 개도국도 이를 수용하였기 때문에 지금은 IPCC 같은 국제기구도 이를 인정하고 있다. 우리나라도 이를 원용하고 있으나 우리나라는 브라질이나 멕시코와는 상황이 다르다. OECD 내에서도 우리나라는 DAC와 IEA의 회원인 반면 멕시코는 회원이 아니다.

15) 미국의 기후변화체제로의 복귀 가능성은 높지는 않더라도 가능한 일이다. 현재 온실가스 감축을 위한 에너지 법안이 2009년 하원을 통과해서 상원에 계류 중에 있다.
16) 녹색성장시대 에너지 이야기, 권민철, 하이미디어피앤아이, 03에너지 정책에 대한 반성, pp.123-124.
17) 주요국 에너지 세금체제(녹색성장시대 에너지 이야기, p.127-130).

✿ 핀란드
핀란드는 1990면 1월에 화석연료의 탄소함량에 따라 부과되는 탄소세를 세계 최초로 도입한 국가다. 핀란드 탄소세의 특징은 산업에 대한 조세감면이나 환급제도가 없거나 매우 낮은 것이다. 또한 핀란드의 탄소세율은 1992년보다 1993년에 거의 2배가 증가하는 등 매년 연속적으로 증가했는데 이는 핀란드의 전력회사들에도 적용돼 전기의 국내 생산량 하락과 이웃 국가들로부터의 수입량이 증가하는 계기가 됐다. 또한 1998년에는 노동과세 중심에서 에너지 환경세에 법인이윤세를 추가해 과세기준을 확대했다. 그로 인한 세수감소 예상액이 1998년 15억 FIM, 1999년 35억 FIM이었다. 핀란드에서는 비석탄 고체에너지를 제외한 모든 형태의 에너지원에 대해 부가가치세를 부과하고 있으며, 1991년 이후 지금까지 적용되는 일반소비세인 부가가치세율은 22퍼센트로 책정하고 있다.

✿ 스웨덴
스웨덴은 최초로 소득세에서 에너지 및 환경오염세로의 조세체계 전환을 시도한 국가다. 1998년에 환경부담금에 관한 스웨덴위원회를 조직·운영해 세부담을 노동에서 환경오명으로 전환시키면서 환경세의 개혁을 일으켰다. 이어 1991년 의회를 통해 탄소세, 유황세 및 질소세를 도입해 환경개선 효과를 가져왔으며 이로 인해 발생한 세수를 이용, 소득세의 한계세율을 인하해 고용증진 효과를 가져왔다. 또한 스웨덴 정부는 2002년에 에너지세율을 인상해 유럽연합지침(EU Council Directives)의 최저한도 세율을 지킴으로써 EU의 조세정책 방향과 조화를 이루고 있다. 2001년 세제개편으로 2010년까지의 총 33억 유로, 즉 GDP 1.4퍼센트에 사용하는 세수가 환경세로 이동할 계획이나, 2003년까지는 세수중립적인 세제개편이 이뤄지지 않았다. 스웨덴에서의 에너지에 대한 세율은 국가가 목표로 하는 대기오염 수준을 달성할 수 있도록 결정되며, 에너지 관련 세수는 세수중립 원칙에 따라 소득세를 감면해 주는 데 사용하고 있다.

✿ 네덜란드
네덜란드의 환경세는 1988년 4월 1일 '일반환경보호법'에 일반연료부과금의 신설이라는 신규 조항이 추가 시행됨으로써 그 기초를 마련했다. 그리고 1989년에는 세계에서 가장 혁신적이라고 불리는 '국가환경정책계획(NEPP: National Environment Policy Plan)을 발표해, 2010년까지 오염물질 배출량을 70~90퍼센트 삭감하는 것을 목표로 했다. 네덜란드에서는 에너지규제세로 증가한 세수는 다른 세금의 감소를 유도하는 방향으로 세수를 재순환시켰으며, 세주중립적인 입장에서 사회보장 기여금의 사용자 부담분 인하와 근로소득세 및 법인세 등을 낮추는데 사용했다.

✿ 덴마크
덴마크의 에너지관련 세제를 살펴보면, 에너지세와 유황세, 탄소세로 구성돼 있다. 탄소세는 1990년 4월 발표한 '에너지 2000'이라는 보고서를 계기로 1992년 에너지 소비 감소와 CO2 저감을 목표로 도입됐으며 휘발유, 천연가스, 바이오연료를 제외한 모든 유형의 CO2 배출원에 탄소세를 부과했다. 덴마크는 1995년의 세제개편으로 에너지세가 확대되고 천연가스와 CO2를 새롭게 과세 대상에 포함했으며, 에너지세 확대로 인해 증대된 세수는 고용주의 사회보장기여금을 줄이기 위해, 에너지절약에 대한 투자와 소규모 기업 및 중견기업에 대한 지원에 이용되고 있다.

✿ 영국
영국은 석탄, 가스 및 전력 LPG에 대해 에너지세를 부과해 왔으며 1996년 10월 쓰레기매입세, 2001년 기후변화세를 도입했다. 쓰레기매입세로 인한 추가 수입은 사회보장기여금의 사용자 부담분을 0.2퍼센트 낮추는 데 사용되고, 기후변화세를 통한 세수입은 고용자의 국민보험 분담금의 삭감이나 재생에너지 도입을 위한 보조금, 에너지절약 정책에 필요한 자금으로 환원돼 사용됐다. 2002년에는 새로 채취한 모래, 자갈과 바위에 대해 새로운 환경세를 도입했으며, 이로 인한 추가 수입은 사회보장기여금의 사용자 부담분을 0.1퍼센트 낮추는 데 이용했다. 기후변화세 관련 조항 중에는 국제경쟁력, 환경, 지역에 대한 영향을 배려해주는 면제·경감조치가 있는데, 에너지 사용 기업이 정부와 법적 구속력이 있는 자주협정인 기후변화협정을 맺어 에너지 감축 목표치를 달성할 경우에 80퍼센트의 감세조치를 적용한다.

✿ 노르웨이

노르웨이의 탄소세 도입은 환경개선을 주목적으로 추진된 것이기는 하지만 다른 요소까지 함께 고려된 에너지세제로 평가되고 있다. 노르웨이의 에너지관련 조세정책은 모든 형태의 에너지원에 일반소비세인 부가가치세를 부과하며, 부가가치세 외에 개별소비세와 환경관련 특별세로 유황세와 탄소세를 부과하는 것이다.

✿ 독일

독일은 1999년 석유 및 전기에 대한 세율은 단계적으로 인상하고 재생가능 에너지에 대해서는 재정지원을 강화하는 등 대대적인 친환경 세제개편을 추진했다. 모든 석유류 제품에 일반소비세인 부가가치세를 부과하고 있으며, 2007년 1월부터 19퍼센트의 부가가치세율을 적용하고 있다. 단, 산업 및 전력발전용으로 사용되는 에너지원과 상업목적으로 사용되는 경유에 대해서는 부가가치세를 환급해 준다. 독일은 환경오염을 오염자부담원칙 차원을 넘어 세수기반으로 인식하고 동시에 세수중립적 환경세제 개편의 틀 속에서 기존의 소득 관련세를 감면 했다.

18) 석유 가격에 포함되지 않은 간접비용은 지금까지 국가가 국민의 세금으로 부담하여 왔지만 이를 석유가격에 포함시켜야 한다는 경제이론도 등장하고 있다. 경제학자들은 환경을 파괴하는 활동에는 세금을 올리는 반면에 일하여 번 소득에는 세금을 내리는 조세 전환이 필요하다고 널리 인정하고 있다. 예를 들어 석탄에 매기는 세금에는 석탄을 채굴하고 오염된 공기를 마신 탓에 늘어난 건강관리 비용, 산성비로 인한 피해 비용, 기후 파괴 비용이 포함되어야 하며 이것은 바람이나 태양과 같이 깨끗한 재생 에너지원에 대한 투자를 촉진시킨다. 재화와 용역의 가격 책정에 간접비용을 무시하도록 방임하는 시장은 불합리하고, 비경제적이고, 결국에는 자멸에 이른다. 이것은 니콜라스 스턴(Nicholas Stern)이 화석연료의 가격에 기후변화 비용을 포함시키지 않는 것은 '세계에서 가장 규모가 큰 시장 실패'라고 언급한 바로 그것이다(Lester R. Brown 플랜 B 3.0 p.399).

19) 우리나라는 에너지자원 이외에도 우리나라의 밀 · 옥수수 · 콩 등 곡물의 해외의존도 역시 97퍼센트에 달하고 있는데 곡물의 해외의존도는 쌀을 포함하였을 때 약 75퍼센트로 추산된다. 앞으로 쌀도 수입될 예정이므로 자급도는 갈수록 하락될 전망이다. 광물자원의 경우는 경제성장이 지속됨에 따라 그 품목의 수가 증가하지만 한국은 이 분야에서도 부존자원이 거의 없다. 산업분야에서 필요한 광물자원의 수는 대략 30여종이지만 그 중에서도 전략적 중요성을 지닌 품목은 니켈, 알루미늄, 아연, 동, 철광석, 우라늄, 유연탄 등이다. 이들 자원에 대한 수급 역시 해외로부터 대부분 이루어지며 한국경제의 취약점이다. 자원안보문제가 제기되는 이유가 여기에 있다. 우리나라의 에너지 관련 실태는 석유와 가스의 자주개발이나 신재생에너지 보급에서 매우 취약하다. 또한 유가 상승에 따른 부정적 여파도 커서 유가 1달라 상승시 매년 7억 5천만 달러의 비용부담이 추가되고, 경제성장률도 0.1퍼센트 하락하며 인플레도 0.15퍼센트 추가상승 효과를 초래한다.

20) 아세안 10개국 및 한중일 회의이며 1997년부터 개최되었다. 그러나 최근에는 동아시아 정상회의(EAS, East Asia Summit)에 가려진 상황이다. EAS는 아세안+3에 인도, 호주, 뉴질랜드가 추가되었는데 2005년부터 시작되었다.

21) 상하이 커뮤니케에는 2006년 이래 APP가 회원국들간에 175개의 협력 프로젝트를 지원했으며 이 지원으로 발전소 에너지 효율과, 시멘트 공장 운영자 훈련, 태양전지의 상용화, 건물 및 기구의 디자인, 장비, 운영체계 개선 등 성과를 거두었다는 것과 앞으로도 이러한 노력을 계속해 나가겠다는 내용이 있다.

결어 – 지속가능한 사회 건설

46억년이란 긴 지구역사에서 보면 인간은 그 보다 훨씬 짧은 역사를 가진 지구의 생물종의 하나에 불과하다. 인류의 역사는 줄 잡아 천만년이 되지 않는다. 46억년을 1년짜리 달력으로 볼 때 12월 31일에 인류가 탄생했다. 인류는 수백만 년 동안 자연의 일부분으로 다른 자연계와 조화를 이루면서 살아왔다. 그러나 인류문명이 발전하기 시작하면서부터 인류는 마치 만물은 인간을 위해 존재한다는 생각아래 지구의 주인인양 행세하면서 자연을 훼손하면서 살고 있다. 자연을 이용한 결과 인간이 번성하고 인구도 획기적으로 많이 늘었다. 그것을 우리는 인류의 발전이라고 부른다. 그러나 그 발전의 대칭되는 측면에서 인류문명을 위협하는 요인들이 대두되고 있는 것이다. 그것을 우리는 지구환경문제라고 부른다.

인류가 번성한다는 것은 자연계의 모든 것을 이용하기 때문에 가능했고 그 결과 지구환경을 훼손하는 것은 당연한 이치다. 유사이래 많은 인구가 살아가면서 엄청난 속도로 자연계를 이용하고 훼손하고 있다. 훼손의 속도를 늦추고 자연계를 덜 훼손하는 방향으로 살아 갈 수 없을까? 우리는 그렇게 살아가는 사회, 즉 지구환경을 보존하면서 발전하는 사회를 지속가능한 사회로 부른다. 지속가능한 사회란 어떠한 방법으로 도달할 수가 있는가? 우리가 지금까지 공부한 대로 국제사회에서 지구환경을 보전하려는 노력은 현실적인 방법이라고 할 수가 있다. 현실을 인정하는 토대 위에서 좀 더 지속가능한 방법으로 개발도 하고 생활도 하면서 지구환경이 더 악화되지 않는 사회로 가려는 것이다. 우리는 이러한 방법을 주장하는 사람들을 현실론자 또는 성장론자라고 부른다. 그 반면에 지금까지 우리가 살면서 나타난 지구환경문제는 우리의 사고방식과 생활태도에 근본적인 문제가 있기 때문에 나타난 현상이라고 보는 사람들이 있다. 그들은 지구환경을 개선하기 위해서는 혁신적 사고로 전환하지 않으면 안 된다고 말한다. 그래서 우리의 생활사고방식과 생활태도를 바꾸어야 한다고 주장한다. 우리는 이러한 방법을 주장하는 사람들을 환경론자라고 부른다. 물론 성장론자와 환경론자의 양극단간에 그 중간층에 해당 하는 사람들도 많이 있을 것이다. (이 장은 Lester W. Milbrath의 'Envisioning a Sustainable Society-Learning Our Way Out'(지속가능한 사회)에서 중요한 부분을 발췌하였다.)

1. 성장론자와 환경론자

지구환경문제를 바라보는 관점에는 두 가지 패러다임이 있다. 하나는 지금까지 현실세계에서 보아온 현실주의적 패러다임이고 또 하나는 환경주의적 패러다임이다. 환경론자들과 성장론자들은 현대 산업사회에 있어 많은 것들이 잘못 되어 있다는 점에 대해서는 의견이 같지만 그 원인분석과 해결방법에 있어서는 차이가 있다. 모든 분야에서 지속가능한 발전이 이루어진다면 결국 지속가능한 사회에 이르게 될 것이라고 믿고 있는 것이 성장론자들의 입장이다. 성장론자들은 과학기술의 힘과 인간의 현명함이 지구가 파괴적인 상황이 되도록 버려 두지는 않을 것이라고 믿고 있다. 성장론자들은 이미 앞에서 말한 국제적 노력 가운데 그들의 해결방법이 나타나 있듯이 시장원리를 적용해서 자원을 합리적으로 재분배하고, 대체자원 개발과 자원의 효율적 이용을 강화해 나감으로써 지속가능한 사회를 건설할 수 있다고 믿고 있다. 그들은 인구문제에 있어서도 낙관적인 견해를 가지고 있다. 인구가 무한정 증가될 수 없고 교육과 여성의 역할, 빈곤퇴치에 따라 어느 시점에서 정체될 것이라고 보며, 과학기술의 힘으로 증가된 인구를 먹여 살리는 데는 걱정이 없을 것으로 보고 있다. 성장론자들은 현재의 환경문제는 심각하지만 부분적 조정과 기술개발로 치유가 가능하다고 생각한다. 그들은 보다 신속하게 일을 처리하기 위해 소수의 사람들이 중요한 결정을 해나가는 체제를 선호한다. 또한 그들은 시장에서 수요와 공급을 통해 공공재의 극대화를 위한 자원배분이 가능하다고 보며 활발하게 경쟁할 때 사회가 발전한다고 본다. 그들은 또한 노동은 물질적 재화를 얻기 위한 수단일 뿐이며, 생산성 극대화를 위한 조직화된 노동을 강조한다.

그에 비해, 환경론자들은 근본적으로 환경을 훼손하는 이유는 사회체제의 결점이 있기 때문이라고 보고 지속가능한 사회에 이르자면 이러한 체제를 변화시켜야 한다고 생각한다. 환경론자들은 현재 지구환경문제가 보여주고 있는 부정적 현상은 삶의 패턴에 있어 근본적 결함의 누적적 결과인 것으로 보고 있다. 생태계 경시현상과 경쟁을 숭배하는 지배체계 문화가 그것이다. 즉, 오늘날 나타나고 있는 환경문제는 오랫동안 축적되어온 인간 본연의 습성과 태도 그리고 인간이 만든 사회제도에 그 문제가 있다고 보는 것이다. 따라서 이들은 이러한 삶의 패턴을 바꾸지 않으면 안 된다고 보고 있다. 환경론자들은 인구증가와 경제성장의 추진 또한 이러한 생활태도 즉, 생태계 경시태도와 경쟁숭배에서 나왔으며 이러한 태도는 필연적으로 자원을 고갈시키고 지구의 기후를 변화시키며 각종 환경문제를 유발해서 결국 지구 자체가 생명의 유지능력(carrying capacity)을 상실하는 방향으로 나간다고 보고 있다. 환경론자들은 이러한 문제를 근본적으로 개혁하기 위해서는 의사결정에 있어 시민의 참여를 선호한다. 그리고 공공재를 극대화하기 위해서 예측과 계획의 필요성을 강조하면서 정부의 강력한 리더십을 발휘할 것을 주문한다. 그리고 사회가 최상의 상태로 작동하기 위해서는 사회 각 부문간의 협력과 정부의 선의적 적극적 역할을 요구한다.

이미 설명한 대로 지속가능한 사회란 바로 위기의 지구환경문제를 해결하는 유일한 길이며 방향이다. 그러하기 때문에 지구환경문제를 위하는 모든 논쟁은 그것이 성장론자이든 환경론자이든 모두 이 길에 대한 방법론의 문제일 뿐이다. 지속가능한 사회 건설을 위해 환경론자들은 현실을 무시하는 경향이 있기때문에 그들의 방법론에 대해 전적으로 동의하기가 어렵지만 적어도 지구환경문제의 원인에 대한 그들의 견해는 되새겨 볼 만 하다. 각국의 이해관계가 얽혀있는 현실에 안주하는 성장론자들의 방법론에 대해서도 선뜻 동의하기가 어려운 점도 있지만 현실성이 있다는 점에서 그들의 의견에도 귀를 기울여 보는 것이 좋다. 어쨌든 우리는 난파에 직면하고 있는 지구호에 대해 특단의 조치를 취하지 않으면 안 된다. 문제는 우리에게 주어진 시간이 별로 없다는 것이다.

지속가능한 사회를 추구하기 위하여 현실주의적 방법과 환경위주의 방법 양극단 사이에 다양한 스펙트럼이 있을 것이다. 어느 방법이든 출발점은 위기에 처한 지구이다. 그리고 목표는 우리 자신과 우리의 후손을 위기로부터 구하는 것이다. 지구환경의 위기여부, 정부의 개입필요성여부, 미래의 지구상황 예측, 성장위주의 사회에 대한 평가, 지속가능한 사회를 이루는 방안 등에 대해 성장론자들의 입장과 환경론자들의 입장을 비교해 보는 것이 지구환경문제를 폭 넓게 이해하는 데 유용할 것이다. 성장론자들의 입장은 이미 많이 언급이 되었기 때문에 여기서는 주로 환경론자들의 입장을 살펴본다.

환경론자 입장에서 생각하는 인류의 위기

긴 지구역사에서 보면 우리는 갓 시작한 지구의 생물종의 하나에 불과 하지만 인류는 마치 지구의 주인인 양 행세하고 만물이 인간을 위해 존재하고 있는 것처럼 생각하면서 자연을 이용하고 훼손해 왔다. 그 결과 오늘 날 전례 없이 기후변화문제가 나타나고 물, 공기 등 공공재가 오염되고 있으며, 자연자원이 감소 되고 있는 것을 목격하고 있다. 사람들은 환경 악화현상을 목격하면서도 이 문제는 기술의 힘과 시장의 기능이 해결해 줄 것이라는 믿음을 가지고 있다. 그러나 좀 더 깊이 있게 생각해 보면 사람들은 근거 없는 낙관을 하고 있고 인간의 능력을 과신하고 있는 것이다. 사람들은 무한에너지를 발굴해서 에너지 부족을 해결해주리라 막연히 기대한다. 과학기술의 발전은 많은 분야에서 불가능하던 것을 가능하게 해 준 것은 사실이다. 그러나 과학기술을 과신하면 안 된다. 첼린저호 사고, 체르노빌 사고, 최근 멕시코만 해저 기름유출 사건의 예 같은 것을 보면 인간의 불완전성을 알 수가 있다. 또한 상업주의와 결탁되고 권력의 도구로 이용되는 과학기술에 지구의 미래를 맡길 수가 없다. 과학기술은 결코 가치중립적일 수가 없기 때문이다. 또한 시장 메커니즘이 많은 물자를 손쉽게 거래되도록 함으로써 자원을 효율적으로 배분한 것은 사실이다. 그렇지만 시장기능에는 큰 결함이 있다. 시장기능에는 정의가 결여되어 있고 무엇보다 미래를 예측하고 인류의 올바른 행동방향에 대해선 장님이나 마찬가지이다.

따라서 자원고갈이나 빈부격차나 인구증가문제 같은 외부요소를 다루지 못한다. 이 모두가 근거 없는 기대이지만 사람들은 과학기술과 시장이란 신화에서 벗어나지 못한다. 한편에서는 지구환경이 악화되어가는 현상을 목격하면서도 다른 한편에서는 이러한 허구의 믿음이 있기 때문에 사람들은 장래에 대한 걱정을 덜 하고 있는 것이다. 무지와 허구의 믿음 같은 것은 현재의 잘못된 방향을 고칠 생각을 못하게 한다. 이러한 현상이야 말로 인류의 위기인 것이다. 지금의 위기는 인간과 자연과의 관계에 있어 위기라 할 수 있다. 인류는 과학기술의 덕택으로 생태권과 문명 그리고 자신을 파괴할 수 있는 강력한 힘을 보유하고 있다. 한편, 현질서는 자율성이 상실될 정도로 기술의존도가 높고, 전문화되어 있으며 상호의존적 상황이 심화되어 있어 재앙이 닥쳤을 때 급속하고 거대한 붕괴를 가져올 수 있는 것이다. 과학기술을 올바른 방향으로 이끌고 시장에 앞을 보는 눈을 달아주기 위해서는 정의로운 정부가 개입할 수 밖에 없다. 정부가 개입함으로써 환경보호를 할 수가 있고, 복지를 위해 공공재를 형성할 수 있으며, 양적 팽창성향의 경제체계를 질적 성숙의 지속가능한 체계로 설계할 수 있다.

환경론자 입장에서 본 백년 후의 지구

앞으로 사람이 살아가는 태도가 혁신적으로 변하지 않는다면 21세기 말 쯤에는 인구가 증가되어 식량과 물부족 현상이 만연될 것이다. 공기와 물, 땅의 오염이 심화되고 지구온도의 상승으로 생태계가 파괴되고 해수면이 상승해서 사람이 살 수 있는 환경이 전반적으로 악화될 것이다. 또한 석유와 천연자원의 부족현상이 심화될 것이다. 한편, 빈부의 격차가 더욱 커지고 따라서 계층간의 갈등이 증대될 것이다. 이 결과 정부와 이익집단들은 정치적 경제적 통제권을 강화할 것이고 마침내 심한 전체주의적 억압현상이 나타날 것이다. 여러분들은 21세기 말에 있을 지도 모르는 다음과 같은 풍경을 머릿속에 그려 본 적이 있는가?

> 값싼 에너지 확보, 나노 테크놀로지의 실용화가 이루어지면서 21세기 말까지 인구는 200억 명이 되고 엄청난 열을 방출해서 너무 더워 복합단지 내에서 생활할 수 밖에 없게 된다. 사람들은 주거지 때문에 홍콩 같은 대도시화가 이루어지고 거대한 복합단지를 형성해서 그 안에서만 산다.
>
> 인위적으로 정화되고 관리되는 물과 공기가 중앙 공급식으로 제공된다. 시골은 사람이 살지 않는 텅 빈 공간이 된다. 자연녹지와 야생동식물도 사라지고, 동물원에서나

자연동물을 구경하게 된다. 또한 해수면 상승으로 일부 도시나 육지는 침수되고 사막화는 확대되어 살 땅이 현재보다 3분의 1 이상이 줄어 든다. 현존하는 문명은 파괴되고 많은 종들이 멸종되며 살아 있는 사람들도 가난과 질병에 시달리게 된다. 급기야는 인간의 평균수명조차 짧아지게 되어 인구는 줄어들게 된다. 말하자면 강요된 위축 상황이 된다.'

여기에서 우리는 흥하는 것은 언젠가는 망하게 되어있고 빨리 흥하면 빨리 망한다는 우주적 원리를 떠 올리지 않을 수가 없다. 예를 들어 물속의 부영양화[1]는 단시간에 해조류를 증가시키지만 영양분 공급의 원인이 없어지면 증가된 해조류는 삽시간에 죽고 만다. 인류는 부영양화에 해당하는 식량증산, 의학발전과 기술발전 때문에 짧은 시간에 유사 이래 최고의 인구증가율을 나타내고 있다. 증가된 인구는 지구환경을 악화시킴으로써 식량증산, 의학발전과 기술발전의 효과를 차단할 수 있기 때문이다. 인구가 어디까지 증가할 것인가 하는 문제는 인류의 장래와 관련하여 매우 중요하다. 그러나 증가된 인구는 증가된 해조류가 그 밑에 있는 모든 생물들을 말살하듯이 거꾸로 인류를 포함한 모든 생물들을 말살할 수 있다.

성장 위주의 사회에 대한 환경론자들의 비판

우리는 그 동안 너무 성장위주로 살아왔다. 그 배경에는 인간이 만물의 영장이라는 인간위주의 사상이 있음은 말할 필요가 없다. 인간위주의 사상은 과학기술의 발전에 큰 기여를 했다. 인간은 보다 나은 삶을 위해서 자연을 정복하고 이용할 수가 있다는 생각을 하게 된다. 이렇게 되면 자연을 훼손하는 것은 시간문제인 것이다. 과학기술이 급격히 신장한 18세기의 산업혁명 이후에 인구증가와 경제성장이 있었고 이에 따라 자연환경이 급격히 훼손되어 왔다. 기계의 등장은 여러 부문에 영향을 미쳤다. 농업부문에 영향을 미쳐 식량증산을 가져와서 인구증가에 결정적 영향을 미쳤다. 의학에도 영향을 미쳐 유아사망을 크게 줄이고 질병을 퇴치함으로써 평균수명 연장과 인구증가에 큰 영향을 미쳤다.

20세기에 들어와서 과학기술의 발전, 시장경제의 확대는 물질문명의 획기적인 팽창을 가져왔다. 민주체제의 국가는 이러한 국민들의 성향을 수용해서 성장정책을 추구하고 이것이 시장경제와 결부되어 더욱 확산하게 된 것이다. 사람들은 과학과 시장경제에 대한 맹신을 하게 되었고 인구는 계속 증가되어 미증유의 상황을 초래하고 있다. 반면, 생태계는 날로 파괴되어 가고 있다. 생태계는 상호 연계되어 있어 어떠한 행위도 독립적으로 이루어질 수 없다. 부분적 파괴는 전체 생태계의 파괴로 이어진다. 또한 사람들은 이기심을 억제하지 못하고 더욱 더 경쟁적이 되어간다. 이기심이란 사람들의 속성일 수도 있지만 결코 본능은 아니다. 그럼에도 불구하고 사람들이 경쟁체제에 익숙해져 있는 것은 오랫동안 그러한 체제에 살아왔기 때문이다.

이상의 설명에서도 알 수 있듯이 인구의 증가, 이기심으로 인한 맹목적 경쟁심, 과학기술의 비중립성[2], 시장경제의 눈먼 현상 같은 것이 결국 인간 사회를 병들게 하고 지구를 파멸로 유도하는 것이다. 문제는 급속히 그리고 거대한 형태로 일어날 수 있다는데 있다. 이 중요한 문제를 더 이상 시험하면서 시행착오를 할 시간적 여유가 없다.

환경론자들이 보는 지속가능한 사회 건설 방안

우리는 오늘날을 살아가는 우리 자신 뿐만 우리들의 후세에까지 신경을 써야 한다. 즉, 인류의 생존에 대한 걱정 없이 안정되게 살아갈 수 있는 사회를 이룩해야 한다. 이러한 사회를 이루기 위해서는 현재 사회에 대한 비판과 함께 현대 사회의 문제점을 정확히 파악해야 하고 필요하다면 사회를 변화시켜야 한다. 사회를 변화시키는 데에는 단편적인 처방이나 정책보다는 철학적인 통찰이 필요하다.

<기존가치가 변화되어야 한다>

우리는 대개 자신도 모르게 과거에서부터 내려오고 있는 가치관에 따라 생각하고 행동한다. 그 중에 인간은 만물의 영장으로서 만물은 인간을 위해 존재한다는 것은 오랫동안 인간을 지배해 온 가치이다. 또한 인간 사이에는 강자가 되려는 경쟁은 지금까지 확고한 가치로 자리잡고 있다. 깊이 생각해 보면 이러한 고정가치들이 무비판적으로 내려왔고 그 결과 오늘날 지구환경문제의 근본적인 원인과도 관련이 되고 있다. 새로운 사회를 만들려면 이러한 기존의 가치들이 바뀌어져야 한다.

생태계 보존에 최우선 가치를 두는 사회를 만들어야 한다.

원시시대에는 사람들이 자연을 존경하고 자연의 일부로서 살아왔다. 그러나 언제부터인가 생태계를 경시해 왔다. 아마도 인간본위의 사상과 과학의 발달이 가져온 결과가 아닌가 싶다. 인간의 생명과 복지를 위해 생태계를 스스럼 없이 훼손해 온 것이다. 그 결과 오늘과 같은 생태계의 위기를 초래한 것이다. 46억년이란 지구 역사 중에서 인간이 차지하는 부분은 극히 짧다. 대부분 기간 생태계는 인간 없이 잘 지내왔다. 인간 없는 생태계는 오히려 더 건강해 질 수도 있다. 그러나 건전한 생태계 없이 인간은 지탱할 수가 없다. 이와 같이 생태계, 즉 자연의 중요성을 통찰한 중국의 성현들은 일찍부터 자연의 중요성을 역설한 바 있다. 무위자연설도 그 한 예일 것이다. 우리는 자연을 최대한 보존하고 자연과 더불어 살 태도를 가져야 할 것이다. 오늘날의 생태계 훼손은 아마도 인간본위의 사상과 과학의 발달이 가져온 결과가 아닌가 싶다. 사람이 만물의 영장이라고 믿기 시작한 이래 사람들은 인간의 생명과 안위에 최우선 가치로 두고 사람의 생명을 보호하기 위해서는 자연을 파괴할 수도 있다고 믿게 되었다. 인명이 최우선이라면 인명 이외의 생명은 어떻게 되는가? 인구가 증가된 직접적인 원인은 식량증산과 의학발달, 그리고 영역확대 같은 것이었지만 인명중시 사상 또한 인구증가에 큰 역할을 하고 있다고 본다. 다시 말하자면 자연을 희생해 가면서 인구가 증가된 측면을 무시해서는 안 된다.

가레트 하딘[3]은 이렇게 말했다.

> "단기적으로 개개의 생명을 소중히 다루는 것은 장기적으로는 생명의 수를 감소시키고 삶의 고통을 증가시킨다. 기본목적을 놓고 볼 때 생명의 신성함은 반생산적이고 부양능력의 고귀함이라는 개념에 우선권을 양보해야 한다."

하딘은 자연의 범위를 벗어난 인구의 증가는 궁극적으로 인구의 감소를 가져오고 살아 있는 사람들에도 고통스러운 삶을 살게 한다고 했다. 생태계는 통합적으로 기능하고 있어서 인간 없이도 잘 기능하지만 인간은 잘 기능하는 생태계 없이는 살아갈 수가 없다. 즉, 좋은 삶을 영위하려면 인간은 잘 기능하는 생태계에 최고의 가치를 둬야만 한다는 뜻이다.

잘 기능하는 사회를 만들어야 한다.

지속가능한 사회에서 두 번째 중요한 가치는 잘 기능하는 사회를 건설하고 유지하는 것이다. 잘 기능하는 사회란 무엇인가? 그것은 생태계에 부담을 주지 않고 활동을 수행할 수 있는 사회다. 과학기술의 발달로 인간은 쉽사리 생태계를 훼손할 수 있는 상황까지 왔다. 핵무기뿐 만 아니라 독성 화학물질로도 얼마든지 생태계를 훼손할 수가 있다. 그렇다고 과학기술 자체가 잘 못 되었다는 것은 아니다. 생태계를 훼손하지 않는 방향으로 과학기술을 이용하기 위해서 개인의 역량에 이를 맡기기에는 위험하다. 제도나 체제의 구축만으로는 불안하고 생태계를 존중하는 가치체계를 정립해야 한다. 인간은 만물의 영장이고 인간생명은 무한한 가치가 있어서 인간의 생명을 연장시키기 위해서는 무엇이든지 할 수 있다는 사상은 잘못 된 것이다. 인간 생명은 귀한 것이지만 생태계와 조화를 이룰 때 그 존재 가치가 있다는 가치체계를 정립해야 한다.

지배중심 사회에서 협동사회로 변해야 한다.

태초에 인간은 자연과 조화롭게 공존했다. 그 후 인간은 문화를 발전시키고 보다 큰 사회를 이루면서 권력과 물질적 부에 대한 투쟁을 시작했다. 즉, 영향력 확대를 위해 노력해 온 것이다. 그 결과 권력을 잘 전개한 문화들만 생존해 왔다. 사람들은 권력을 극대화하고 경쟁지향적 사회질서를 형성했다. 이 과정에서 폭력과 힘이 사회적 서열을 결정하게 되었다. 경쟁은 당연한 것이고 경쟁하지 않으면 생존할 수 없다는 인식이 상존하게 되었다. 이러한 역사 속에서 전개된 자본주의와 시장경제 제도에는 경쟁이 핵심요소로 자리잡고 있으며 기업은 다른 기업을 패배시키면서 성장해 갔다. 가부장적 지배자 사회는 힘의 획득에 전념, 인구증가의 위험성을 인식하지 못할 뿐 아니라 오히려 인구의 증가는 그 사회의 힘의 증대로 인식하였다. 과학기술은 지배체제를 유지하기 위한 방편으로 이용되고 있다. 남성지배 체제는 경쟁을 상습화 함으로써 파괴적이며 생태계를 황폐화시킨다. 전쟁은 지배자 문명구조 속에 내재하게 되고 전쟁에 승리하는 것이 최고의 가치로 자리 잡게 된다.(슈무클러[4])

경쟁의 논리에서 다윈의 진화론을 생존경쟁으로 해석하는 것은 잘못이다. 정확히 말하자면 진화는 자연에서 적응 노력의 결과이고 제로섬[5]의 경기가 아니다. 경쟁체제하에서 환경파괴는 당연한 결과다. 이러한 관점에서 볼 때 지구환경문제는 단순한 기술적 실패가 아닌 체제적 실패인 것이다. 지금까지의 체제는 경쟁을 필연적으로 가져왔다. 체제적 실패는 오직 새로운 사회를 건설함으로써만이 해결될 수가 있다. 이를 위해서는 보다 지속가능한 유형으로 새로운 사회를 설계하는 수 밖에 없다. 여기에서는 경쟁보다 협동이 최선의 가치가 된다. 태초에 인간은 다른 생물들과 같이 협동적이고 순응적이었으나 집단생활을 하기 시작하면서 점차 상대방을 이기기 위해 공격적인 성향을 띠게 되었다. 생물권의 범위 안에서 생존하기 위해서는 탐욕스러운 성장을 위한 경쟁이 최선의 가치가 되어왔다. 20억년 동안 미생물은 지구상의 유일한 생명체로 존재하면서 스스로 조직하고 협력하며 분화하고 변화하고 적응하는 법을 터득했다. 이제 우리는 이러한 생존태도를 배워야 한다.

지금 우리는 매우 각박함을 느끼고 있다. 지금 보다 물질적으로 가난했던 6,70년대에도 이러한 각박함은 없었다. 지금의 각박함은 절대적인 것이 아니라 상대적인 것이다. 그것은 바로 경쟁의식 때문일 것이다. 남들은 다들 잘 살고 있다고 생각되는데 나만이 동떨어진다는 상대적인 궁핍감이 들 수도 있다. 왜 경쟁이란 상황이 생겼을까? 절대적인 빈곤을 극복하려는 과정에서 생겼을까? 아니면 슈무클러가 말한 것처럼 힘을 바탕으로 한 지배체계가 경쟁의 기본구조일까? 경쟁에서 우위를 확보하기 위해서 더 많은 인구를 원할까? 남성지배체제가 경쟁을 상습화하여 생태계를 파괴하고 있을까? 전쟁은 지배자 문명구조 속에서는 피할 수 없고 전쟁에서 승리하는 것이 최고의 가치일까? 생각해 보면 경쟁은 변화와 발전의 어머니라 할 수 있을 것이다. 그러나 그 정도가 심해질 때에는 경쟁은 혼란과 무질서를 초래한다. 공산주의가 무경쟁 때문에 파멸되었다면 과도한 경쟁은 그 대각선상에서 또 다른 파멸을 초래할 요인이 될 가능성이 크다. 어떻게 하면 과잉경쟁을 막고 건전한 협동체제로 전환할 수가 있을까? 경쟁에 대한 비판이 패배자의 목소리일까? 우리는 이러한 것에 대해 냉철하게 생각해 보아야 한다.

<잘못된 현실적 태도를 과감히 탈피해야 한다>

환경론자나 소수의 선각자 몇 사람의 생각만으로 세상을 바꿀 수는 없다. 인류의 대부분이 새로운 생각을 가지고 그것을 실천해 나가야 한다. 우선 우리가 실천해 나가야 할 중요한 몇 가지를 살펴 본다.

과학과 기술에 대한 지나친 신봉 버려야 한다.

과학이 우리를 어디로 이끌고 있는지에 대해 무비판적 태도는 곤란하다. 생명공학기술의 위험성에 대한 엄격한 검토절차 없이 경쟁적으로 실생활에 적용하고 있다. 새로운 기술이 생태계와 사회에 부정적인 결과를 초래해선 안 된다. 과학에 대한 지나친 신봉 때문에 중요한 가치들이 흔히 무시 또는 간과되고 있다. 선출직 공직자들은 관료들에게 결정을 위임하고 관료들은 과학에 책임을 전가시키고 있다. 그들은 과학이 가치중립적이라고 한다. 그러나 과학은 결코 가치중립적 위치에 설 수가 없는 것이다. 가치중립적이라고 주장하는 사람들은 책임을 모면하기 위한 수단으로 그러한 말을 할 따름이다. 이는 중세 암흑기에 과학자들이 종교적 탄압으로부터 모면 하기 위한 변명으로 과학의 중립성을 주장했던 것과 유사하다. 과학이 실패하여 사람들에게 손상을 끼쳤을 때 비로소 건설적 비평을 수용하게 될 것이다. 이러한 시행착오는 너무 큰 손실을 가져온다.

이론과 실천의 통합 필요

'환경을 보호해야 한다는 말은 이해하지만 환경론자들은 좀 더 현실적이어야 한다'고 했을 때 현실의 의미는 단기적으로 행동해야 하며 시급한 문제에 먼저 주목해야 한다든지, 일단 이론은 제쳐두고 이것저것 닥치는 대로 시도해야 한다든지, 이론적인 것보다 현실적인 것이 더 가치 있다는 것을 뜻한다. 이 말은 환경보호문제는 현실에 있어서 2차적인 사안이 된다는 뜻이다. 그렇다면 환경보호는 자신이 현실적으로 임하고 있는 일보다 우선순위에서 밀리게 된다. 그러나 환경보호는 말과 실천이 합일될 때 그 첫 시작이 되며 거기서부터 출발해야 한다.

미래에 대한 주의 깊은 예견 가져야 한다.

"우리는 결코 하나만을 할 수가 없다"는 환경 격언이 생겼다. 인간이 똑똑하고 지혜롭다 하더라도 하나의 문제로 인해 그 후 발생하는 다른 문제들에 대해서는 완벽하게 예후를 예측할 수가 없다. 예를 들어 곤충이 살충제 흡수, 곤충을 먹은 동물이나 조류를 통로로 살충제는 예상하지 못한 경로를 통해 결국 인체에 흡수되어, 축적된다. 화학제조업자들은 인체와 생태계에 영향이 적은 새로운 살충제를 제조했다고 주장한다. 그러나 그 새로운 살충제 역시 유해하다는 것이 증명될 때까지는 시간이 걸리며 이와 같은 '증명과 새로운 발명'이 되풀이 되어 온 것이다[6]. 결과적으로 볼 때 2차 대전 이전에는 7종의 곤충이 내성이 있었으나 오늘날 447종의 곤충에서 내성을 발견할 수가 있다. 이는 화학 독성물질들은 사방에 산재해서, 공기와 물, 토양 속에서 순환 하고 있다는 뜻이며 또한 이는 구조적으로 앞날을 보지 못했기 때문이다. 또한 이는 자본주의 경제체제에서 자본의 흐름을 막을 수가 없고 그 체제 속에서는 장기적 지속가능성보다 단기적 현실성을 중시하고 있다는 뜻이기도 하다.

인류애를 더욱 확산해야 한다.

우리는 지금까지 지구의 위기상황과 이 위기의 근본 원인에 대해 살펴 보았다. 현재 우리는 지구환경에 위기적 문제가 있다는 것과 어떠한 형태로든 그 위기에 대처해 나가야 한다는 데에도 대체로 의견을 같이 하고 있는 것 같다. 그러나 좀 더 생각해 보면 먼 훗날을 대비한다는 생각보다는 현재 당장 자신을 위한 생각이 앞서 있다는 생각이 더 현실적일는지 모른다. 평균적인 인간의 속성으로 보아 현실에는 남을 생각할 수 있는 여지가 적다. 조금이라도 더 남을 생각하는 태도를 가진다면 결국 전체적으로 또 장기적으로 그렇지 않은 경우와는 커다란 차이를 낳을 것이다. 그렇기 때문에 우리는 현실에서도 남을 생각하는 태도를 현재보다는 훨씬 더 강화해 나가야 한다. 우리는 과연 미래의 자손을 얼마나 생각하고 위하면서 살고 있을까? 아메리칸 인디안의 경우 7대 자손까지 생각하라는 격언이 있다고 한다. 이는 인류애를 바탕으로 한 후손에 대한 생각을 하라는 말과 같은 것이다. 그렇게 함으로써 우리는 인류애에 더 가까이 다가가야 하고 진정한 세계인으로 살아가야 할 것이다. 그 것이 결국 지구환경을 보전함으로써 오늘의 우리에게도 도움이 되고 또 먼 훗날 누군지 모르는 우리의 후손에게도 도움이 되는 길이 될 것이다.

지구환경을 아끼는 마음은 곧 바로 인류애와 직결된다. 지구는 나와 내 후손뿐만 아니라 모든 인류가 공통으로 살아가는 집이기 때문이다. 우리는 흔히 아는 남과 모르는 남을 구분해서 모르는 남에 대해서는 등한 시 하기 일쑤다. 이는 진정한 인류애라고 할 수가 없다. 사실 따지고 보면 우린 모두 한 조상에서 나온 그 자손이라고 할 수가 있다. 인류애로서 살아간다면 한정되어 있는 지구의 자원을 아껴야 한다. 아끼는 마음은 자원의 고갈 상황을 조금이라도 늦추어 줄 것이며 그 동안에 대체 자원을 마련할 시간적 여유를 줄 것이다. 또한 인류애로서 전쟁과 폭력을 배척한다면 바로 지구환경을 위하는 길이 될 것이다. 전쟁과 폭력이 얼마나 지구환경을 파괴하였는지는 과거 역사가 증명을 하고 있다.

인구문제에 대한 깊은 생각을 해야 한다.

이미 말한 바와 같이 지구환경문제의 핵심에는 인구문제가 자리 잡고 있다. 인구문제[7]는 환경뿐만 아니라 오늘날 지구상 모든 문제의 핵심인 것이다. 인간 개개인의 생명의 존엄성에 대해서 아무도 이의를 제기할 수가 없다. 그러나 이제 인간과 생태계간의 균형에 대해서 우리는 인간은 생태계의 일부라고 말할 수가 있다. 우리는 낙태에 대해 어떻게 생각하고 있는가? 대국주의 경향에 따른 인구대국 추구에 대해 어떻게 생각하고 있는가? 우리가 중국을 강국이라고 생각하고 이를 부러워한다면 그것이 그들의 거대한 인구 때문이 아닌가? 과연 국가란 무엇인가? 인구문제는 개도국만의 문제인가? 세계 인구는 어디까지 갈까? 인구를 둘러싼 많은 의문에 대해 진지하게 생각해 봐야 한다.

2. 지속가능한 사회 건설을 위한 몇 가지 정책적 방안

과거 마야문명의 멸망과 같이 부분적으로 한 문명이 지상에서 사라진 경우는 있었지만 지구문명 전체가 위기를 맞고 있는 것은 인류 역사상 일찍이 없었던 일이다. 마야문명의 멸망의 원인은 지구온난화와 이에 따른 식량부족이었던 것으로 알려지고 있다. 그러나 현대문명은 총체적인 환경문제에 직면해 있다. 물론 그 크기나 질이 과거의 문명에 비할 바는 아니지만 분명히 우리는 환경문제로 인하여 문명의 위기에 봉착해 있다고 볼 수가 있다. 과거의 환경문제가 자연적으로 발생한 환경문제인데 비해 오늘날의 환경문제는 인위적으로 발생한 환경문제이다.

지구의 역사는 약 46억년, 인류의 기원은 대략 500만년, 현대문명의 기원은 약 1만년 정도인 것으로 추정되고 있다. 인류가 자연의 일부로서 더불어 살 때에는 문제가 없었다. 문제는 산업혁명과 더불어 일어난 과학기술의 발달과 더불어 발생했다. 산업혁명은 과학기술의 발달을 가져왔고, 이는 인구의 증가와 더불어 인간에게 엄청난 힘을 주었던 것이다. 산업혁명 후 300년도 채 안 된 짧은 기간 동안 과학기술의 발달→인구증가→개발과 복지추구라는 과정을 거쳐 지구환경문제가 발생한 것이다. 과학기술이 발달했다는 것과 발달된 과학기술을 어떻게 이용하느냐 하는 것은 전혀 다른 문제로서 전적으로 인간의 의지에 달려있다. 사람들은 발달된 과학의 결과물을 지구환경을 훼손하는 방향으로 많이 이용해온 것이다. 지구환경에 충격을 줄 만한 인구증가와 산업발달은 특히 세계 제2차 대전 이후에 나타났다. 대량생산, 대량소비 체제하에서 지구에는 여러 가지 환경적 현상이 동시다발적으로 일어나고 있다. 그 가장 대표적인 문제가 오늘날 우리가 알고 있는 기후변화로 대변되는 지구온난화 현상이다. 그 이외에도 오존층 파괴현상, 사막화, 산림훼손, 토양의 상실, 각종 오염, 생물종의 멸종, 자원고갈 현상, 폐기물 폭증, 유해물질의 이동 등 이루 말할 수 없이 많다. 이러한 현상은 인류문명을 위협하기 때문에 우리는 이것을 위기라고 부를 수 있다.

현재 위기의 추세가 오래 계속되지는 않을 것이다. 위기로 인해 문명이 붕괴되든지 아니면 인류의 지혜로 위기를 슬기롭게 극복하든지 할 것이다. 화석연료를 기반으로 하는 자동차 중심의 쓰고 버리는 경제가 오래 지속하지 못하리라는 것은 충분히 예측할 수가 있다. 재생에너지원으로 동력을 얻고 다양한 수송체계를 갖추고 모든 것을 재사용하거나 재활용하는 새로운 경제체계를 구축할 필요가 있다. 우리는 경제를 개조하기 위해 신속하게 움직여야 한다.

생태적 진실을 말하는 시장

경제발전을 지속할 수 있는 범세계적 경제체제는 정직한 시장을 구축하는 일이다. 정직한 시장이란 시장가격 안에 생태적 진실을 말하는 경제를 구축하는 것이다. 정직한 시장을 창조하기 위해서는 노동에 대한 세금을 줄이고 간접비용을 시장가격에 통합하기 위해 환경을 파괴하는 다양한 활동에 대한 세금을 높이는 쪽으로 세제를 개혁할 필요가 있다. 엑슨에서 노르웨이와 북해담당 부사장을 지낸 오이스타인 달은 다음과 같이 관측했다.

> "사회주의가 무너진 것은 시장이 경제적 진실을 말하도록 허용하지 않았기 때문이다. 자본주의 또한 시장이 생태적 진실을 말하도록 허용하지 않으면 무너질지도 모른다."

<조세와 보조금 전환>

경제학자들은 환경을 파괴하는 활동에는 세금을 올리는 반면, 일하여 번 소득에는 세금을 내리는 조세전환이 필요하다고 널리 인정하고 있다. 예를 들어 석탄에 매기는 세금에는 석탄을 채굴하고 오염된 공기를 마신 탓에 늘어난 건강관리 비용, 산성비로 인한 피해비용, 기후파괴 비용이 포함되어야 하며 이것은 바람이나 태양과 같이 깨끗한 재생에너지원에 대한 투자를 촉진시킨다[8]. 정직한 시장을 만드는 첫째 단계는 간접비용을 계산하는 것이다. 흡연을 함으로써 관련된 질병을 치료하는 비용과 이 질병으로 상실된 노동생산성이 흡연의 간접비용이다. 이 간접비용, 즉, 사회적 비용이 담배 한 갑당 얼마냐 하는 계산이 나온다. 실제로 유럽의 일부 국가나 미국의 일부 주에서는 이러한 간접비용을 담뱃값에 적용시키고 있다. 나무를 베어내면 나무에서 기대할 수 있는 탄소 안정, 홍수방지 같은 서비스에 대한 대가를 계산할 수 있고 이것을 벌목세금 형태로 나무 값에 포함할 수 있다. 마찬가지로 화석연료를 이용하는 경제 전체에 적용될 수가 있다. 바로 탄소세이다. 석탄에 부과되는 세금은 천연가스에 부과되는 세금의 곱절이 되어야 한다. 석탄이 탄소를 훨씬 더 많이 함유하고 있기 때문이다. 자동차 배기가스와 관련된 호흡기 질환을 비롯한 수많은 사회간접비용은 얼마나 되며 현실적으로 누가 부담을 할까? 사회간접비용은 나라마다 지역마다 다르겠지만 2005년을 기준으로 할 때 휘발유 1리터 당 대체로 4불-6불 정도가 될 것이라고 추정된다. 원래 휘발유 가격이 이를 추가하면 실제 정직한 휘발유 가격은 리터당 7불 이상이 될 것이다.

이러한 간접비용은 지금까지는 국민들의 세금으로 지불되어 왔다. 우리는 막연한 세금사용을 사용자부담원칙에 입각해서 담배를 피우는 사람, 휘발유를 쓰는 사람이 부담하는 체제로 가야 할 것이다. 유럽의 높은 휘발유세는 효율적인 석유경제에 기여하고, 고품질의 대중교통수단에 훨씬 더 많이 투자하도록 이바지했고, 석유공급 교란에 덜 취약하게 만들었다. 그리고 조세전환을 통해 더 많은 일자리를 만들어 냈다[9].

세계의 납세자들은 화석연료 연소, 과도한 대수층 취수, 삼림벌채, 물고기 남획과 같이 환경을 파괴하는 활동에 해마다 대략 7천억 달러의 보조금을 제공하고 있다. 세계가 자신을 파괴하는 활동에 해마다 수천억 달러의 보조금을 주고 있는 것이다. 예를 들어 이란이 나라 안에서 사용하는 석유에 엄청난 보조금을 주어 석유가격을 세계 가격의 10분의 1에 묶어두어, 자가용 소유와 휘발유 소비를 크게 조장하고 있다. 이란은 매년 석유가격에 370억불의 보조금을 주고 있다. 이란만이 아니고 인도, 인도네시아, 베네수엘라 같은 나라도 비슷한 경우다. 지구추적(Earth Track)의 설립자 더글러스 코플로에 의하면 미국도 2006년 기준 매년 740억 달러 규모의 에너지 보조금이 지출되는 것으로 나타났다. 이 보조금은 석유와 가스 산업에 390억 달러, 석탄에 80억 달러를 지출한다. 석유자원을 보호할 시기에 미국의 납세자들은 석유자원을 고갈시키는데 보조금을 주고 있다.

이러한 보조금을 풍력, 태양열, 바이오 메스, 지열 등 기후를 교란시키지 않는 에너지원 개발로 전환하는 방향으로 쓰여져야 한다. 도로건설에서 철도건설로 보조금을 전환하고, 파괴적인 남획을 조장하는 수산업에 대한 연간 보조금 220억 달러를 어업을 되살리는 해상공원 건설에 전환해야 한다. 그것이 결국 지구의 기후를 안정시키고 어업자원을 보호하는 데 도움이 된다. 이렇게 함으로써 재정적자에 직면해 있는 침체된 경제에서 일자리를 추가로 만들고, 생태계를 보존하며 에너지 효율성을 나타내고 탄소배출량 감소를 가져오는 원원 상황을 보장할 것이다.

기후안정방안

2009년 12월 코펜하겐기후변화 당사국총회에서 장래 지구의 기온을 섭씨 2도 이내 상승 범위에서 기후를 안정시키고자 결의했다. 이렇게 하자면 온실가스배출량을 대폭 줄여야 한다. 지금까지 선진국들은 IPPC의 권고에 따라 1990년을 기준으로 2020년까지 온실가스 배출량을 25퍼센트 이상 줄이기 위해 노력하고 있다. 만일 1990년 기준을 2005년 또는 2006년 기준으로 바꾼다면 2020년까지 80퍼센트 이상을 줄여야 된다는 계산이 나온다. 우리나라 정부가 2009년 발표한 온실가스 감축일정에 의하면 2020년까지 4퍼센트를 줄인다는 것이다. 이것과 비료를 해 보면 우리의 감축방안이 얼마나 낮은 수준인지 짐작이 갈 것이다. 지구전체에 걸쳐서 2006년 대비 80퍼센트를 줄이자면 다음과 같은 온실가스 감축 방안이 검토되어야 한다.

에너지구조개선으로 인한 온실가스 감축량

에너지구조개선	이산화탄소량(억톤)
화석연료를 재생가능한 전기와 열로 교체	31.4
교통체제 개선	11.9
산업에서 석탄과 석유사용 저감	1

생물학적 탄소 격리로 인한 온실가스 감축량

생물학적 탄소격리	이산화탄소량(억톤)
삼림벌채종식	15
탄소격리를 위한 나무심기	9.5
탄소격리를 위한 토양관리	6
2020년까지 총 온실가스 감축량	74.8억톤

위의 제반 온실가스 감축을 위한 감축수단 중 가장 큰 몫을 차지하는 것이 에너지구조 개선이고 그 중에서도 재생 가능한 대체에너지분야이다. 그리고 교통체제를 개선하는 방안도 매우 중요하다. 이산화탄소를 흡수하는 산림과 토양의 관리도 중요하다. 그 중에서도 삼림벌채를 종식하는 것이 가장 중요한데, 삼림벌채 종식은 시급한 과제이다. 위의 방안 중에 포함되어 있지 않은 생활양식의 변화를 통한 탄소절감도 중요하다. 가까운 거리는 자동차 대신 자전거를 탄다든지, 여름에 사무실에서 넥타이를 매지 않는다든지, 식생활 습관을 바꾸는 것과 같은 생활습관은 에너지자원을 절약할 뿐만 아니라 이산화탄소의 배출량을 줄이는 데에도 큰 역할을 할 것이다.

문명을 구하기 위한 총동원

문명을 구하기 위해서 우리는 시간적 여유가 많지 않다. 경제를 개조하고 생태계를 복원하고, 빈곤을 근절하고, 인구와 기후를 안정시키고, 그리고 무엇보다 희망을 회복해야 한다. 우리에게는 이 일을 위한 기술경제도구 그리고 재정자원이 있다. 2006년 기준으로 대략 연간 1,900억불 정도만 있으면 지구문명을 구할 수가 있는 것이다. 이 돈은 현재 전 세계 국방예산의 6분의 1 규모이고 미국 국방 예산의 3분의 1이다. 그리고 전 세계 부자나라들 GDP의 1퍼센트밖에 되지 않는다.

지구 문명 구조에 추가로 필요한 세출

사회개선 항목	세출예산(억달러)
초등교육 의무화	100
성인 문맹 근절	40
최빈국을 위한 학교급식 프로그램	60
최빈국의 미취학 아동과 임산부 지원	40
생식보건과 가족계획	170
범세계적 기초 건강관리	330
콘돔 부족 해소	30
소계	770
지구소생 목표	
(홍수를 줄이고 토양을 보존하기 위한)나무심기	60
(탄소를 격리하기 위한) 나무심기	200
경작지의 표토 보호	240
초지복구	90
어업회생	130
생물다양성 보호	310
지하수면 안정화	100
소계	1,130
총계	1,900

개발도상국들이 초등교육 의무화를 달성하기 위해서는 오늘날 쓰이고 있는 예산에 약 연간 100억 달러의 기금이 추가로 필요하다. 개발도상국들의 가장 기본적인 건강관리에 필요한 추가 기금을 연간 330억 달러로 추정하고 있다. 또한 개발도상국들의 모든 여성에게 생식보건 관리와 가족계획 서비스를 제공하는데 필요한 추가기금은 연간 170억 달러다. 지구소생노력이 수반되지 않는 빈곤퇴치 노력은 실패하게 되어 있다. 표토를 보호하고, 재조림하고, 해양어업을 회복하고, 그 밖에 필요한 조치를 취하는 데에는 대략 1년에 1,130억 달러가 든다. 이 중에 생물다양성 보호와 경작지 표토 보호에 드는 비용이 지구소생에 소요되는 비용의 약 절반이 된다.

이렇게 함으로써 우리가 빈곤을 근절하고, 인구를 안정시키고, 지구의 천연자원 기반을 보호할 수가 있을 것이다. 이를 위하여는 정치와 경제의 개혁이 필요하다. 전쟁을 줄이고 평화를 정착하기 위해 노력하는 한편 시장이 생태적으로 정직하도록 하는 세제개혁을 해야 한다. 추가 예산 없이 세제를 개혁하는 것은 에너지 경제를 개혁하는 관건이다.

바람직한 국제적 노력의 방향

현재 지구환경문제를 해결하기 위해서 국제적인 노력이 전세계적으로 또 지역적으로 다각도로 진행되고 있다. 전체적으로 보면 지속가능한 발전이 진행되고 있으며 분야별로는 기후변화, 생물다양성 감소. 물 부족, 삼림자원 감소 등 제반 지구환경문제에 대하여 해결방안을 모색하고 있다. 그러나 지구환경문제에 대한 전지구적인 인식은 아직 부족한 상태이며 구체적 사안들을 두고 개별 국가간, 지역간 또 선진국과 개발도상국간 대립 상황이 나타나고 있다. 이러한 상황이 바로 국제적 노력의 한계라고 볼 수가 있지만 지구환경을 보호하기 위해서 반드시 이 한계를 극복해 나가야 한다.

<지구환경문제에 대한 인식제고문제>

지구환경문제에 대한 인식은 날로 올라가고는 있으나 아직은 기존의 태도를 바꿀 정도의 수준에 이르지는 않았다고 본다. 우리에게 주어진 시간이 얼마 남지 않았다는 점과 인식을 확산시키는 일은 시간이 많이 걸리는 일이라는 점을 감안할 때 결코 낙관할 수가 없다. 기존의 생활태도를 바꾼다는 것은 매우 어렵다. 이는 가치관과 세계관의 문제와도 관련이 되어 있기 때문이다. 지구환경문제로 인한 인류문명의 붕괴는 거대하고도 갑작스레 찾아올 수도 있기 때문에 앞으로 생태계와 협동의 중요성을 신속하고도 효율적으로 인식시키기 위해서는 노력이 절실하다.

더욱이 빈곤이 만연한 개도국에서는 지구환경문제에 대한 인식보다 당장의 배고픔이 더 급박한 문제이다. 따라서 개도국 국민들에 대한 인식 확산문제는 빈곤문제와 함께 다루어져야 한다. 개도국에서의 절대적 빈곤문제와는 달리 상대적 빈곤문제도 지구환경문제 인식확산에 부정적인 영향을 미친다. 상대적 빈곤은 개도국뿐만 아니라 선진국 내에서도 존재하기 때문에 이 문제는 각 나라들이 국내정책으로서 해결해 나가야 될 부분이다. 그러나 국가들간에 상호 정보교류를 통해서 국제적인 공조를 해 나갈 수도 있을 것이다.

<국가간, 지역간의 협력문제>

기후변화문제를 비롯하여 생물다양성문제, 산림감소대책, 무역과 환경문제 등 중요한 지구환경문제에 있어서 국가간의 이해관계가 대립되어 진전이 없는 사안들이 산적해 있다. 생물다양성협약에 규정되어 있는 ABS관련 규정도 아직 해결되지 않고 있으며 산림문제에 있어서도 산림협약을 체결할 필요성은 있지만 아직 그 윤곽조차 만들어지지 않고 있다. 또한 지구환경보호를 무역제한 조치들에 대한 국제적인 해결방안이 WTO와 도하개발의제에서 모색 중에 있으나 쉽지 않은 상황이다.

그러나 기후변화협약에 있어서 온실가스 감축문제를 둘러싸고 의견대립을 하고 있는 것은 무엇보다 시급히 극복되어져야 할 문제이다. 각국의 이해관계가 걸려있기 때문이지만 특히 개도국측에서 성장일변도로만 나갈 수 없다는 것을 인식하는 것이 중요하다. 선진국측도 온실가스 축적에 대한 역사적 책임에서 자유로워 질 수가 없으며 지금까지 보다 더 무거운 책임을 져야 할 것이다.

<선진국과 후진국 간의 협력문제>

브란트란트 위원회의 우리 공동의 미래는 '가난은 복잡한 환경문제와 분리할 수 없는 문제로서 환경문제의 주요 원인이며 결과이다'라고 하면서 환경, 개발, 에너지 위기는 서로 분리될 수 있는 위기가 아니고 하나의 위기라고 했다. 그리고 지속가능한 개발은 모든 국가에서 최우선적 목표가 되어야 한다고 했다. 생태적 공동 미래를 위한 세계주의를 인정한 것이다. 세계는 생태적, 경제적, 문화적으로 하나의 세계를 이루고 있으나, 정치적으로 더 분열하고 있다. 정치적 분열의 주요 원인은 개인과 집단의 경쟁과 이기심에서 비롯된다. 국가는 그 구성원인 국민의 지지를 받아야 하기 때문에 결국 개인의 이익에 도움이 되는 방향으로 이끌어 나가게 된다. 개별국가는 국제경쟁에 효율적으로 대처하기 위해 경제력, 군사력, 기술력을 강화하고 있다. 그 결과 불필요하게 자원을 고갈시키고 생태권에 상처를 주며 핵전쟁을 불러 일으킬 수도 있다. 선진국은 자신들의 문제에 몰두, 시장, 자본, 기술에 충실하면서 가난한 국가를 돕는 일은 우선순위에서 하위에 두고 있다. 그 결과 선진국과 저개발국간의 경제적 불평등은 지속되고 있다. 한편, 개도국은 인구증가 억제와 지속가능한 경제성장 추진에는 관심이 부족하다. 이러한 관점에서 현재 지구환경문제를 둘러싸고 선진국 그룹과 개도국 그룹이 대립하고 있는 것을 우리는 목격하고 있다.

문제는 우리에게 지체할 시간적 여유가 없다는 것이다. 우리가 할 수 있는 모든 것을 빠른 시간 내에 실천해야 될 것이다. 한편으로는 전인류를 설득시키는 작업과 동시에 위기의 지구환경을 구하기 위하여 최대한 효율적인 수단과 방법이 강구되어야 할 것이다. 이 모든 책임은 우리 모두가 져야 한다. 선진국 국민들은 소비를 줄이고 자연의 질서에 조화하는 생활방식에 대해서 배워야 하며 지구환경보존을 위하여 대개도국 지원, 즉, 재정 및 기술지원 수준을 한층 더 높여 나가야 한다. 한편, 개도국 국민들은 가족의 숫자를 제한하는 방법을 배워야 하고, 생태계의 작동방식과 자신들의 생활방식을 보다 잘 조화하는 방법을 배워야 한다. 또한 모든 국가들이 지구환경보호를 우선순위에 두고 조세전환과 환경보호에 반하는 보조금폐지를 실천해 나가야 한다.

3. 지속가능한 사회로의 진입을 위한 몇 가지 시나리오[10)]

지금까지 우리는 지구의 위기, 인류의 위기라 할 만한 지구환경문제에 직면해 있고 지구환경문제를 어떻게 해결하느냐는 문제를 놓고 성장론자와 환경론자간에 입장의 차이가 있다는 것을 알았다. 그 방법이야 어떻든 우리는 지속가능한 사회로 가지 않을 수 없고 우리에게 주어진 시간은 그리 많지 않은 것 같다. 현재의 시점에서 앞으로 세계가 어떻게 전개될 것이냐에 대해 로마클럽 학파인 Donella H.Meadows, Denis L. Meadows 및 Jorgen Randers 는 그들의 공저인 '한계를 넘어서'(Beyond the Limits)에서 자원, 기술, 자본의 투자방법, 인구의 크기에 따라 지구의 상태를 나타내는 핵심지표인 ①평균수명, ②1인당 식량소비, ③1인당 소모하는 소비재, ④1인당 서비스 상태 등이 시간의 변화에 따라 어떻게 변해가는가에 대한 시뮬레이션을 만들었다. 이 시뮬레이션에 의해 12개의 시나리오를 제시되었으나 좀 더 알기 쉽게 하기 위해 중요한 단계별 시나리오를 예로 들어 보았다.

시나리오1은 환경적 고려 없이 현재의 상태 그대로 진행되는 경우
시나리오2는 자원을 두 배 증가시키고, 오염제어, 토지생산성증가, 토지유실보호 및 자원이용의 효율화 기술을 신속히 적용시킨 경우
시나리오3은 현재의 과도한 지구환경 상태를 인정하고 사회경제적 시스템의 구조변경을 하려는 노력을 하는 경우, 즉 인구를 90억 정도에서 고정시키고 성장을 위한 투자대신 감가상각 투자만 지속하는 한편, 가용 자본을 서비스, 식량증산, 자원증산, 환경에 유리한 개량된 기술에 투자한 경우

앞으로 50년 후, 100년 후, 150년 후 평균수명, 1인당 식량소비, 1인당 소모하는 소비재, 그리고 1인당 받게 될 복지혜택, 환경오염 피해의 영향과 같은 사회적 서비스가 어떠한

양상을 띠게 될 것인지를 나타낸다.

시나리오 1

아무런 추가적인 변화 없이 현재의 상태가 지속되는 경우

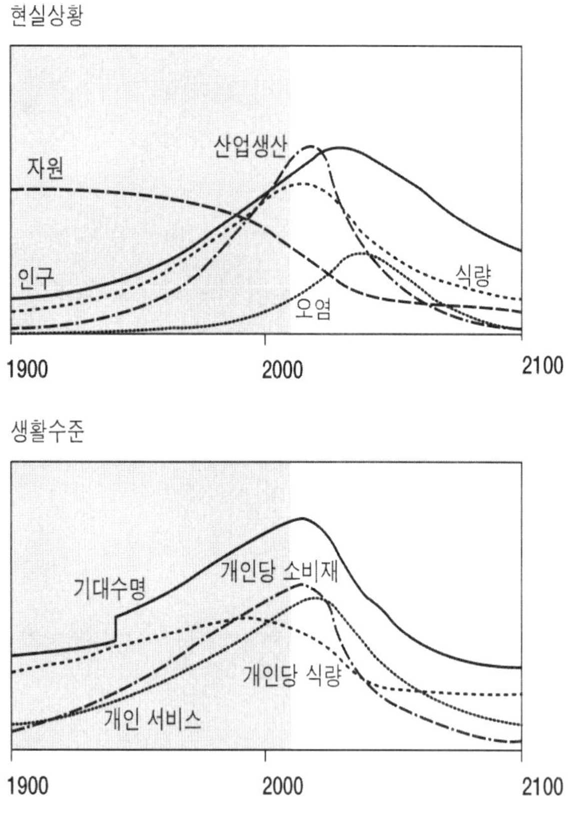

21세기 초 생산량은 극대를 이루지만 차츰 자원의 부족, 오염의 증가, 식량의 부족 현상이 나타나 결국 2020년 경부터는 생산량 저하, 인구 감소, 평균수명이 단축되는 현상이 나타난다.

시나리오 2

시나리오1보다 자원을 두 배 증가시키고, 오염제어, 토지생산성증가, 토지유실보호 및 자원이용의 효율화 기술을 신속히 적용시킨 경우

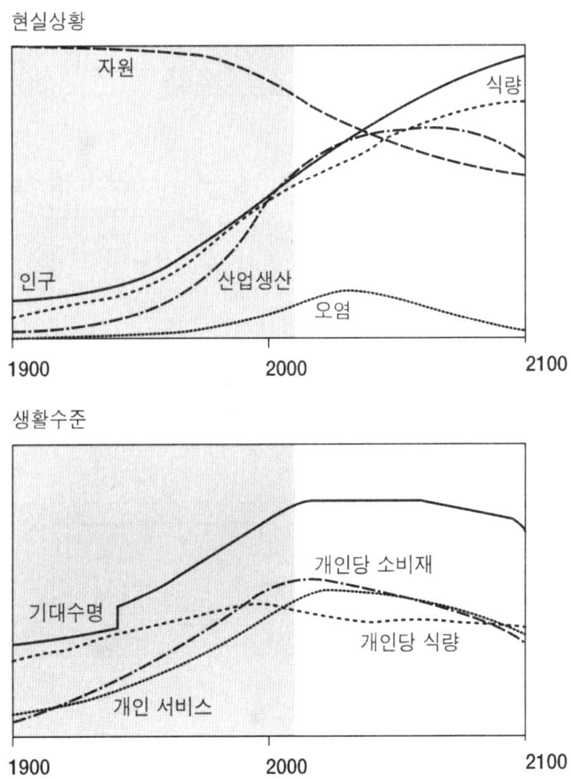

이 경우 21세기 중반 까지는 생산량도 증가하고 식량도 증산되지만 인구는 지속적으로 증가한다. 그러나 21세기 중반 이후부터는 인구는 증가하지만 생산량과 자원은 점차 감소하고 식량사정도 인구증가를 따라가지 못하게 된다.

시나리오 3

시나리오 2에서 인구를 90억 정도에서 고정시키고 성장을 위한 투자 중단, 감가상각 투자만 지속하는 한편, 가용 자본을 서비스, 식량증산, 자원증산, 환경에 유리한 개량된 기술에 투자한 경우

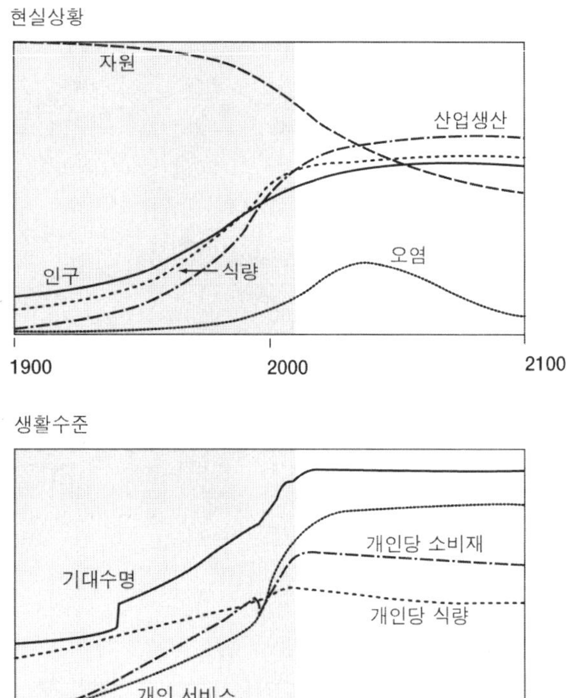

이 경우 계속적인 새 기술지원으로 비재생산자원이 80퍼센트 절약되며 초기에 오염증가로 토지생산성이 감소되지만 2040년 오염 감소로 토지의 생산성이 회복되고 높은 생활수준과 산업수준을 유지할 수 있게된다. 물론 적절한 식량수준도 유지하게 된다. 인간의 평균수명은 80세 이상이 되고, 세계 인구는 80억 정도에서 안정적으로 유지된다. 우리는 이러한 상황이 전개되는 사회를 지속가능한 사회로 보고 있다.

4. 지속가능한 사회건설을 위한 생활

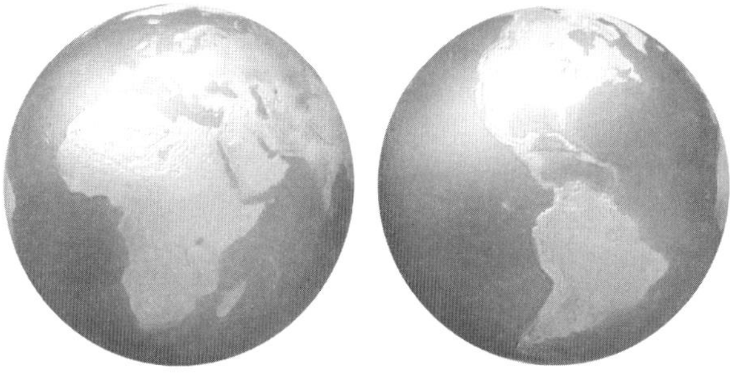

지금까지 우리는 한 학기 동안 지구환경문제와 관련되는 주요한 이슈들을 일별해 봤다. 물론 아주 깊게 전문적인 지식은 아니더라도 이제 일반적인 수준 이상의 지식은 가진 셈이다. 물론 이미 그 보다 깊은 내용을 알고 있는 분들도 있겠지만 이제 여러분들 모두가 일반적인 수준 이상의 지식을 습득했다고 말할 수가 있을 것이다. 그저 마음 속에만 남아서는 안 되고 앞으로 이것을 염두에 두고 살아가면서 실천할 수 있는 자세를 갖도록 해야 되겠다. 무엇을 어떻게 실천해야 하느냐에 대해서는 다소 막연한 생각이 든다. 우리가 생활하는 모든 분야와 관계가 되기 때문에 특히 무엇이라고 집어 내기도 그렇고 또 너무나 광범위해서 분류하기 조차 쉽지 않다. 그럼에도 불구하고 특히 중요하면서도 여러분들이 조금만 신경을 쓰면 쉽게 실천할 수 있다고 생각되는 몇 가지 예만 들어보면서 한 학기 강의를 마칠까 한다. 이 이외에도 지구환경문제를 해결하기 위하여 우리가 할 수 있는 일은 많이 있을 것이다. 앞으로 여러분들이 생활해 나가면서 여기서 배운 것들을 창의적으로 실천해 나가면 될 것이다. 이 모든 것은 여러분들의 몫이다.

선진국에서는 에너지 절약이 생활화 되어 있는 곳이 많다. 캘리포니아 주는 각종 에너지 절약 조치를 통해, 에너지 소비를 절반 정도 줄였다. 미국의 시사 주간지 '타임'은 에너지 절약을 '제5의 에너지'라고 했다.[1] 에너지를 절약하면 에너지 부족을 상당부분 보충할 수가 있다. 우리나라 에너지 수입액은 한 해 대충 1천억불이다. 에너지를 10퍼센트 절약하고, 에너지 효율을 10퍼센트만 높여도 한 해 200억 달러가 절약된다. 여기에 CO_2 배출을 줄이는 것까지 감안하면 그 효과는 매우 크다.

절전

<백열등을 절전형으로 교체하기>

절전의 방법은 수없이 많을 것이다. 먼저 생각할 수 있는 것이 백열등을 형광등이나 절전 전구(LED)로 갈아 끼우는 것이다. 백열등을 교체함으로써 10퍼센트 이상의 전력을 절약할 수가 있다.

우리나라는 전국민의 70퍼센트가 이미 백열등을 형광등이나 절전형 전구로 갈아 끼운 세계적 모범국가다. 전 세계에서 가장 높은 비율이라고 한다. 그러나 아직도 혹시라도 남아있는 백열등이 있으면 생각해 볼 일이다. 전세계 시간당 전력소모는 18조 5천억 킬로와트인데 현재 쓰고 있는 백열등을 절전형 전구로 바꾸면 12퍼센트의 전력을 줄일 수 있다고 한다. 이는 평균치 규모의 화력발전소 705기에서 나오는 전력량과 같다고 한다.

<대기전력 아끼기>

대기전력으로 소모량이 전체 전력 소비량의 10퍼센트가 된다고 한다. 우리가 플러그를 빼지 않고 무심코 지내는 컴퓨터, TV, 가전제품, DVD 플레이어 등에서 우리도 의식하지 못한 사이에 전기가 줄줄 새 나간다. 현재 전세계적으로 대기전력 소모량은 백열등과 비슷한 양이며 화력발전소 약 700기의 발전량과 같다고 한다.

<엘리베이터 단추>

엘리베이터 안에서 문이 빨리 닫히거나 열리도록 「열림」「닫힘」 단추를 누를 때마다 전력이 소모된다. 약간의 기다림을 못참는 것이 결과적으로 20퍼센트 전력의 낭비를 가져온다. 전국 32만개 엘리베이터에서 이와 같은 현상이 일어난다는 것을 상상하여 보라.

<주방에서 사용하는 전력 아끼기>

냉장고, 전기밥솥, 세탁기, 전자레인지, 토스트기, 믹서기 등에서 사용되는 전기는 전체 가정에서 사용하는 전기의 50퍼센트가 넘는다. 냉장고의 경우 냉장고의 내용물이 많을수록 냉각효율이 떨어지기 때문에 그만큼 많은 전력을 소비한다. 또한 보관음식이 많으면 그만큼 문을 자주 열게 되는데 문을 자주 열게 되면 더운 공기를 다시 냉각해야 하기 때문에 전력 소모량도 많아진다. 하루 4회 정도 문을 더 열면 전력 소비량이 1.4퍼센트 증가한다. 냉장고와 벽 사이의 공간을 10cm 이상 띄우는 것도 냉장고의 열을 방출시키는 효과를 가져와 에너지 절감에 도움이 된다.

식량절약

우리나라 식단은 특히 음식 쓰레기를 많이 배출하는 형이다. 전세계적으로 볼 때 식량을 생산단계에서 식탁에서 소비하기까지 40퍼센트 정도의 손실이 있다고 한다. 보관문제, 쥐와 새가 먹는 부분, 음식쓰레기로 나오는 부분 등을 모두 합산한 것이다. 전세계적으로 매일 1만 8천명의 어린이가 영양실조로 사망하고 2003년 현재 연간 기아선상에 있는 인구가 8억 3천만 명이 된다고 한다. 2025년에는 12억 명으로 늘어날 것으로 예상되고 있다. 음식이 쓰레기로 나올 때는 처리 문제 이외에도 에너지 문제와도 직결된다. 식량은 그저 농부의 힘으로만 생산되는 것이 아니고 거기에는 막대한 에너지가 소요된다. 비료도 결국은 에너지고, 물 퍼 올리기, 논밭에서 도매 집산지까지, 또 소매까지 모두 운반과 관련된다. 운반에는 기름이 든다. 이 모든 과정에서 소요되는 에너지는 엄청나다. 쓰레기 처리문제에도 결국 에너지가 관련된다. 우리 식단에는 문제가 있다. 식당에는 항상 남은 음식들이 가득하다. 쓰레기처리문제, 위생문제가 뒤따른다. 쓰레기 처리문제는 집에서도 마찬가지로 남아있다. 요즘 음식쓰레기 처리하는 제도가 있긴 하지만 궁극적으로 쓰레기를 줄여 나가는 방법을 찾아야 한다.

대중교통 이용, 자건거 타기

우리가 직접 손쉽게 석유절약을 생각할 수 있는 것은 가능한 한 대중교통을 많이 이용하고 자가용 사용을 억제하는 것이다. 그리고 자전거 타기도 장려되어야 한다. 고속열차는 버스의 3분의 1, 비행기의 4분의 1의 연료를 절약할 수가 있다. 화물운송의 경우 자동차 60대 분을 버스 한 대가 실어 나를 수가 있다.

<자동차 크기>

자동차 크기도 문제다. 우리보다 잘 사는 유럽에 가 보면 대개 중소형 자동차가 많다. 그에 비해 우리나라에는 중대형 자동차가 많다. 이는 우리나라 사람들의 태도와 성향이 실용적이지 못하고 매우 명분적이고 신분적이라는 것을 나타내 준다고 본다. 이러한 성향은 고쳐 나가야 하며 자동차 선정과 관련해서 앞으로 대두될 하이브리드차나 전기차를 선택하는 것이 현명할 것이다.

<자동차 경제속도로 달리기 등>

자동차가 움직이려면 연료와 공기가 혼합되어 폭발해야 하는데, 70~80km/h로 주행시 비율이 잘 맞아 연료가 적게 들며, 고속 주행시 또는 출발 시에는 연료가 많이 분사되는 반면 공기는 부족하여 연료가 전부 연소되지 않고 배출되므로 연료 소모와 매연은 많아지게 된다. 따라서 경제속도를 유지하여 연료를 대부분 연소시키면 매연이 거의 발생하지 않는다. 또한 불필요한 공회전을 자제, 5분간 불필요한 공회전을 하면 1㎞를 주행할 수 있는 연료가 소비되므로, 3분 이상 대기하여야 할 때에는 시동을 끄는 등 불필요한 공회전을 하지 않도록 하는 것이 좋다.

<자전거 타기>

하루 자동차 대신 자전거를 2km 타면 600g의 이산화탄소 배출을 줄일 수 있다. 만일 하루 자동차를 쓰지 않는다면 얼마나 많은 이산화탄소 배출을 막을까? 또 교통체증이 없다면 얼마나 많은 이산화탄소 배출을 막을까? 교통체증 문제는 개인이 해결할 수 없는 문제이니만큼 정부도 이 점을 감안해야 한다.

쓰레기 적게 만들기

쓰레기 문제는 어느 나라나 할 것 없이 큰 사회적인 문제로 대두되고 있다. 앞서 말한 대로 우리나라는 특히 음식 쓰레기가 문제다. 물기가 많은 음식쓰레기 처리가 문제인 것이다. 식단은 문화와 깊은 관계가 있다. 과연 우리 식단을 얼마나 어떻게 변화시킬 수가 있을까? 우리나라만 해도 쓰레기는 8톤 트럭으로 매일 1,670대 분이 나오고 그것도 점점 증가하는 추세라고 한다. 쓰레기는 얼른 생각하면 태우거나 묻으면 그만이라고 생각할 지 모르지만 그렇지 않다. 태워도 결국 유해 가스는 남아 있고 묻어도 매립지 조성 문제뿐만 아니라 차후 메탄 가스 등 유해가스가 얼마나 많이 얼마나 오랫동안 생성될지 그 결과가 어떻게 될지 미지수인 것이다.

<포장문제>

쓰레기 적게 만들기와 관련해서 포장문제가 있다. 사실 물건을 살 때 포장이 중요한 역할을 한다. 마케팅의 중요한 부분이다. 그러나 이제 포장에 관한 한 생각이 바뀌어야 한다고 본다. 유럽에 가면 거창한 포장이 점차 없어진다는 것을 느끼게 된다. 포장은 뜯는 순간 쓰레기로 변하기 때문이다. 포장문제에 있어서 또 하나의 문제는 플라스틱 용기문제다. 플라스틱 용기는 여러 가지 점에서 좋지 않다고 한다. 첫째 건강문제이고 둘째 쓰레기로서 처리문제이다. 그리고 석유 사용문제가 있다. 미국에서만 연 600억 개의 물병 플라스틱 생산에 약 5천만 배럴의 석유가 소비된다고 한다.

물 아껴쓰기

현재 우리가 쓰고 있는 물은 생활용수다. 농업용수가 70퍼센트, 공업용수가 20퍼센트고 생활용수는 10퍼센트인 셈이다. 물에도 우선순위가 있다. 전 세계에 물 부족 현상이 나타난다고 할 때 농업용수가 제일 문제가 된다. 생산성이 높은 공업 쪽에서 농업용수를 끌어가기 때문이다. 그러나 요즘은 생활 용수 조차 많이 모자란다고 한다. 인구가 증가한 데다 오염이 많고 대수면이 낮아져서 물의 근원이 줄어들기 때문이다. 이러한 상황에서 물 부족은 당연한 결과이고 따라서 우리가 아껴 써야 한다. 사실 우리나라는 물 값이 물 부족 현실에 비해 매우 싼 편이다. 물 값이 싸더라도 함부로 낭비하는 것은 안 된다.

세수를 할 때에도 물을 콸콸 틀어 놓은 채 하면 1분간에 20리터 이상 나온다. 중간 정도 틀 때는 10리터, 좀 약하게 틀면 5리터 정도 나온다. 실제 세수하는 데 쓰이는 물은 5리터 미만이다. 요즘 아파트 마다 목욕실이 구비되어 있어 손쉽게 목욕을 한다. 한 사람이 매일 샤워 사용하는 시간을 1분 줄인다면 매년 1,900리터의 물을 절약하게 된다. 가급적 공중 목욕탕을 이용하면 그 만큼 물을 절약하게 되는 셈이다.

유럽에 가면 변기에 꼭 크고 작은 버튼이 두 개 있다. 작은 것은 3리터짜리 소변용이고 큰 것은 6리터짜리 대변용이다. 우리는 미국식을 닮아서 그러한 구분이 없다. 우리가 스스로 알아서 할 수 밖에 없는 형편이다.

자원 아끼기

요즘 우리나라에는 이상한 풍조가 있다. 너무 상업화가 되어서 그런지 본 받지 않아도 될 것을 본 받고 있다. 조그만 부품 하나만 고장이 나도 전체를 교체한다. 그래서 멀쩡해 보이는 쓰레기 들이 너무 많이 나도는 것이다. 고장 난 기계를 수리하는 곳도 찾아보기가 어렵다. 그 만큼 고쳐서 쓰는 사람이 없기 때문이다.

지금 세계는 자원 고갈에 대해 우려를 하고 있다. 그래서 쓰던 물건을 다시 활용하는 방안이 강구되고 있다. 폭스바겐은 그 대표적인 예이다. 헌 자동차를 수거해서 감쪽같이 새 차로 만드는 기술이 매우 진전되어 있다. 도요타라든지 피아트 같은 차종도 이를 본받아 지금은 재활용 기술 개발이 한창이다. 그에 비해 우리의 경우 자동차뿐만 아니라 자동차 부품은 어떤가? 기아 박스의 고무 바킹하나만 잘 못되어도 기아박스를 통째로 바꾸라고 하지 않는가? 이러한 상황을 과연 민간 기업체에 맡겨만 둘 수가 있을까?

생태계 보호 앞장서기

우리나라의 산림 조성은 세계적으로 표본이 되어 있다. 한국전쟁 후 우리나라 산에 있던 나무는 대부분 사라졌지만 1960년 경부터 재조림이 시작되어 기적적으로 짧은 시간 내에 숲이 다시 태어나게 된 것이다. 우리나라는 이제 조림지의 약 65퍼센트, 즉 600만 헥타르의 숲을 가지고 있다. 그러나 오늘날 숲은 관상용이나 또는 수자원 보존만이 아니라 탄소 저장 용도로서도 매우 중요하다. 우리나라는 아직 도시나 도시 부근에서 나무가 모자랄 뿐만 아니라 현재 산에 있는 수종(樹種) 또한 좀 더 유용한 수종으로 점차적으로 교체해 나가야 한다. 또한 우리나라는 농산물 생산성을 일시적으로 높이기 위해서 너무나 많은 양의 화학비료와 농약을 남발해 왔다. 그 결과 토지의 생산성이 떨어질 뿐 아니라 생물다양성 마저 위협을 당하고 있다. 시골 사람들이 하는 말이 있다. 농약 안 치면 농사가 됩니까? 요즘 어디든지 농약 안 치는 과일이나 야채는 없다는 말이다. 최근 스위스에서 들은 스위스 농부의 이야기는 매우 대조적이다. 그들은 환경기준이 엄격해진 정부의 간섭이 매우 심해졌다고 다소 불평을 하면서도 그 결과로 자기들은 스위스 이외의 지역에서 생산된 농산물을 선택할 수가 없다고 했다. 우리 연안은 오랫동안 많은 종류의 어족들이 서식하고 있었는데 요즘은 그 어족들이 대부분 사라져 버렸다. 남획을 한 데다 해양이 오염되었기 때문이다. 부끄럽게도 우리는 근해에 폐기물이나 오물을 투척하는 세계 몇 안 되는 나라중의 하나라고 한다. 아마 지금도 엄청난 양의 오물이 동해로, 서해로, 남해로 흘러 들어가고, 뿌려지고 있을 것이다. 알다시피 우리나라에서 호랑이나 곰, 살쾡이 같은 야생동물들이 사라진 지가 오래다. 그 뿐만이 아니다. 시골에 가면 개울에 그 많던 물고기나 수중 생물들은 어디에도 찾아 볼 수가 없다. 이 모두가 우리 스스로가 생태계를 파괴했기 때문이다. 우리는 어떻게 우리 안과 주변에 있는 생태계를 보호할 지에 대해 관심을 가져야 한다. 이상 몇 가지 우리가 실천할 수 있는 사례들을 살펴 보았다. 이 외에도 수없이 많은 사례가 있을 터이고 일일이 말하기가 어렵다. 여러분들이 응용하여 실천에 옮기는 수밖에 없다.

기타

우리가 지구환경보호를 위해서 할 수 있는 일들은 무수히 많이 있을 것이다. 그러므로 우리는 왜 지구환경을 보호해야만 하느냐에 대한 철학과 가치관을 가지고 작은 것부터 실천하는 것을 생활습관화 하는 것이 무엇보다 중요하다. 끝으로 추가로 우리의 환경을 보호하기 위해 우리의 주변에서 쉽게 할 수 있는 몇 가지 일들을 더 생각해 보면서 끝을 맺을까 한다.

① 우리가 산이나 물가에 갈 때 오물이나 쓰레기를 투척하지 말아야 한다. 또 산이나 물로 놀러 갈 때에도 그 부근에서 음식을 가급적 사서 먹지 않는 것이 좋을 것이다. 식당이나 행상들은 결국 먹다 남을 것을 그 부근에 모두 버리는 경향이 있다.

② 농약을 살포하지 말아야 한다. 가급적이면 농약을 살포한 음식물을 먹지 말아야 하고 그렇게 되면 농약을 살포하여 생산하는 행위가 줄어들 것이다.

③ 바다나 물가에 사는 사람들은 바다나 물로 흘러 들어가는 하수처리를 자제해야 한다. 만약 기존의 그러한 시설이 있다면 당국에 새로운 시설을 해 줄 것을 건의한다.

④ 산불이 나지 않도록 각별히 주의해야 한다. 우리는 흔히 입산금지라는 표지판을 무시하기가 일쑤다. 그리고 대부분 산불의 원인이 주의부족이다. 조금만 주의하면 발생하지 않을 산불이 많다.

⑤ 요즘 많은 물품에 환경상표가 부착되는 제도를 실시하고 있다. 이 제도는 강제성을 띠고 있지는 않으나 적어도 물품이 생산되는 과정에서 환경적으로 고려가 되었느냐 하는 표시는 하고 있다. 그러므로 환경상표가 부착되어 있는 상품이 잘 팔리는 것은 당연하다. 환경상표가 환경보호에 도움이 되고 있다.

[주] 결어 – 지속가능한 사회 건설

1) 부영양화는 비료 화학 비료나 오수의 유입 등으로 물 에 영양분이 과잉 공급되어 식물의 급속한 성장 또는 소멸을 유발하고 물 속의 산소를 빼앗아서 생물을 죽게 하는 현상을 말한다.
2) 가치중립적이려고 노력하는 과학은 주요 사회지도자의 가치를 충족시키고 있다. 현대 사회에서, 특히 거대한 국가의 경우 과학연구의 상당부분은 군사력 증대와 관계된다. 거대기업 또한 과학의 도움을 받아 성장과 부를 증대시켜 나간다. 대학은 명성과 돈, 그리고 더 많은 학생을 위해 과학을 이용한다.(밀브래스, '지속가능한 사회' p.108)
3) 가레트 하딘(Garret Hardin), 'The Tragedy of the Commons'
4) 슈무클러(Schmookler, Andrew Bard), The Parable of the Tribes : The Problem of Power in Social Evolution, Berkeley, Calif., University of California Press, 1984.
5) 제로섬은 승패의 합계가 제로가 된다는 뜻이며 승이 많은 포인트를 가질 경우 패는 적은 포인트를 가질 수 밖에 없고 그 반대의 경우도 마찬가지다. 이는 경쟁사회의 한 단면을 나타낸 것이다. 1971년 L.C. 더로의 《제로섬 사회》가 발간되면서 유명해졌으며, 무역수지의 내왕을 일종의 게임으로 볼 때 무역수지의 흑자국이 있으면 반드시 동액의 적자국이 존재하는 것을 말한다. 이에 대해 한 쪽에 이득이 생겼어도 다른 쪽에 별로 손해가 없는 관계는 넌 제로섬 게임이 되는 것이다.
6) 유죄가 입증될 때까지는 무죄라는 원칙보다 무죄가 입증될 때까지는 유죄라는 것이 생태계 보존에는 더 타당할 것이다.
7) 인구문제에는 양적인 인구문제와 질적인 인구구조문제가 있다.
8) 하버드 대학교 경제학 교수인 그레고리 맨큐는 ≪포춘≫지에서 다음과 같이 썼다. "휘발유세를 올리는 반면에 소득세를 줄여주면, 장기적으로 재정상 지불능력을 위태롭게 하지 않으면서도 경제는 더 빠르게 성장하고, 교통혼잡은 줄어들고, 도로는 더 안전해지고, 지구온난화 위험은 감소한다."
9) 독일이 1999년 채택한 4개년 계획은 세금의 원천을 노동에서 에너지로 전환했다. 이러한 전환은 2003년까지 해마다 CO_2 배출량을 2천만 톤 줄였으며 대략 23만 개의 일자리를 추가로 만드는데 도움을 주었다.
10) 이 시나리오는 Donella H. Meadows, Dennis L. Meadows, Jorgen Randers의 공저인 Beyond the Limits 에서 인용한 시나리오의 일부이다.
원래 시나리오는 13가지가 있지만 중간 단계는 생략했다.
11) 타임 2009년 신년호는 불을 '제1의에너지', 석유를 '제2의에너지', 원자력은 '제3의에너지', 수소 · 태양을 '제4의에너지'라고 규정했다.

지구환경관련 주요 선언일

내용	일자	행사내용	유래	주창자
세계 습지의 날	2월 2일	습지의 중요성과 보존 필요성을 알리기 위한 기념식을 지방정부 주관, 중앙정부 지원으로 행사개최	1971년 람사르협약 채택을 기념하기 위하여 그 25주년이 되는 1996년 지정	
세계 물의 날	3월 22일	물 부족과 수질오염을 방지하고 물의 중요함을 되새기기 위해 95년부터 매년 정부차원의 기념식 개최	1992년 UNCED 권고에 따라 1992년 유엔총회에서 물의 날 지정, 93년부터 기념	유엔
세계 기상의 날	3월 23일	세계 기상이 생활에 미치는 잠재적인 영향의 중요성을 인식시키기 위해 WMO 주관으로 각종 행사 주최	세계기상기구(WMO) 협약이 발표된 1950년 3월 23일을 기념하기 위해서 지정	WMO
지구의 날	4월 22일	세계 각국에 지부가 결성되어 나라별(184개국)로 기념행사, 인간이 환경파괴와 자원낭비로 인해 자연과 조화롭게 살던 전통적 가치가 파괴되고 있음을 경고하면서 기업의 사회적 책임과 시민의 생활문화 개선 촉구	1969년 산타바바라 기름유출사건을 기념하기 위해 미국의 게이로드 안톤 닐슨 상원의원과 데니스 헤이즈가 선언문 발표하고 행사 주최	개인
세계 생물다양성의 날	5월 22일	해마다 생물다양성과 관련되는 테마를 지정 나라별로 기념 (예: 2010년은 생물다양성과 개발 및 빈곤)	1993년 유엔총회에서 그 해 생물다양성협약이 발효한 것을 기념하기 위하여 국제 생물다양성의 날 지정	유엔
지구 환경의 날	6월 5일	우리나라는 1996년 법정기념일로 지정하여 매년 기념	1972년 세계환경회의(스웨덴)를 기념하기 위해서 27차 유엔총회에서 6월5일을 지구환경의 날로 지정	유엔
세계 해양의 날	6월 8일	해양 자원의 지속가능한 관리와 국제개발목표를 달성하는 방향으로 해양을 이용하도록 인식제고	2009년 6월 5일 유엔결의 63/111에 의해 매년 6월 8일을 세계 해양의 날로 지정	유엔
세계사막화 방지의 날	6월 17일	2011년 제10차 사막화방지협약 제10차 당사국총회 개최를 앞두고 인식제고 필요	1994년 사막화방지협약 채택을 기념하기 위하여 유엔총회에서 제정	유엔
세계 오존층의 날	9월 16일	오존층 보호를 위한 몬트리올 의정서는 가장 성공적인 지구환경보호 조치로 인식	1987년 오존층보호를 위한 몬트리올 의정서 채택을 기념하기 위해 1994년 유엔총회에서 지정	유엔

참고자료

<책>

1. 21세기 환경외교 (김찬우, 교보문고)
2. 지속가능한 사회 (레스터 밀브래스 지음, 이태건, 노병철, 박지운 옮김, 인간사랑)
3. 플랜 B 3.0 (레스터 브라운 지음, 황의방, 이종옥 옮김, 환경재단 도요새)
4. 지구의 딜레마 (레스터 브라운, 고은주 옮김)
5. Beyond the Limits((Donella Meadows, Dennis Meadows, Jorgen Fanders. Chelsa Green Publishing Company, Post Mills, Vermont)
6. 지속가능발전 세계정상회의(WSSD) 결과보고서 (외교통상부 2002년)
7. You can change the world (이르빈 라즐로 지음, 변경옥 옮김, 유토피아)
8. Ice & Snow (UNEP)
9. 국제회의 참가요령 (임홍재)
10. 환경외교편람 (외교통상부)
11. 에너지 자원개발의 이해 (외교통상부)
12. 글로벌 시대의 WTO의 이해 (김원태, 2006)
13. 지구환경 오염문제와 국제적 협약 (이민희)
14. 환경과 인간 (강치구, 권영두 외 8인, 도서출판 동화기술)
15. 녹색성장시대 에너지 이야기 (권민철, (주)하이미디어 피앤아이)

<논문, 기고문>

1. WTO무역환경 논의 및 협상의 전개 (이호생 논문)
2. 국제환경동향과 우리의 대응 (환경부 국제협력관 지구환경담당관실, 2003년)
3. 무역과 환경협상 (주제네바 김선영 서기관 기고)

4. 개발과 환경윤리 (http://blog.daum.net/changup365/3106203)
5. 지속개발가능성 문제 (김상겸 한국경제개발원 연구위원 기고)
6. 녹색성장과 일자리 창출 (김성훈 상지대 총장·환경정의 이사장)
7. 유라시아대륙의 에너지 자원보고 (2008년 4월호 통권 144호)
8. 고유가시대의 신자원민족주의 (이광우, 2008. 1.23)
9. 일본의 자원외교 (김성철 세종정책연구 2007 제3권 2호)
10. 자원수급의 지정학과 한국의 자원외교 (이민룡 육사교수, 정세와 정책 2008년 3월호)
11. '무역과 환경' 지식경제부 무역위원회 무역구제 2009년 11월 가을호 (김원태 한서대학교 교수)

■ 저자 소개

◦ 이석조

경북사대부고, 서울대학교 법과대학 행정학과를 졸업하고 미국 존스 홉킨스 대학교 국제대학원(SAIS) 석사(MIPP) 과정을 이수했다.

1971년 외무고시 합격 후 외교부에 입부, 주 브라질, 주 포르투칼, 주 인도 한국대사관 및 주 제네바 대표부에서 근무했고, 주 불가리아 및 주 케냐 대사를 역임했다.

주 불가리아 대사 재직시 불가리아 최고 수교훈장 및 불가리아 외교부 장관 선정 최고 외교관상을 받았다. 주 케냐 대사 재직시 UNEP의 Governing Council 부의장 및 임시의장, CPR 의장을 맡아 국제환경분야에 기여했다.

외교부 본부에서는 여권과장, 마그레브과장 및 경제협력2과장, 감사관, 문화협력국장을 역임했고, 월드컵 조직위원회 국제협력 실장, 대구광역시 국제관계 자문대사, 2006년~2008년간 재한 유엔기념공원에서 관리처장을 역임했다.